U0647494

南宋史研究丛书

王国平 主编

南宋临安工商业

徐吉军 著

人民出版社

国家“十一五”重点图书出版规划项目
杭州市社会科学院重大课题

浙江文化研究工程成果文库总序

习近平

有人将文化比作一条来自老祖宗而又流向未来的河，这是说文化的传统，通过纵向传承和横向传递，生生不息地影响和引领着人们的生存与发展；有人说文化是人类的思想、智慧、信仰、情感和生活的载体、方式和方法，这是将文化作为人们代代相传的生活方式的整体。我们说，文化为群体生活提供规范、方式与环境，文化通过传承为社会进步发挥基础作用，文化会促进或制约经济乃至整个社会的发展。文化的力量，已经深深熔铸在民族的生命力、创造力和凝聚力之中。

在人类文化演化的进程中，各种文化都在其内部生成众多的元素、层次与类型，由此决定了文化的多样性与复杂性。

中国文化的博大精深，来源于其内部生成的多姿多彩；中国文化的历久弥新，取决于其变迁过程中各种元素、层次、类型在内容和结构上通过碰撞、解构、融合而产生的革故鼎新的强大动力。

中国土地广袤、疆域辽阔，不同区域间因自然环境、经济环境、社会环境等诸多方面的差异，建构了不同的区域文化。区域文化如同百川归海，共同汇聚成中国文化的大传统，这种大传统如同春风化雨，渗透于各种区域文化之中。在这个过程中，区域文化如同清溪山泉潺潺不息，在中国文化的共同价值取向下，以自己的独特个性支撑着、引领着本地经济社会的发展。

从区域文化入手，对一地文化的历史与现状展开全面、系统、扎实、有序的研究，一方面可以藉此梳理和弘扬当地的历史传统和文化资源，繁荣和丰富当代的先进文化建设活动，规划和指导未来的文化发展蓝图，增强文化软实力，为全面建设小康社会、加快推进社会主义现代化提供思想保证、精神动力、智力支持和舆论力量；另一方面，这也是深入了解中国文化、研究中国文化、发展中国文化、创新中国文化的重要途径之一。如今，区域文化研究日益受到各地重视，成为我国文化研究走向深入的一个重要标志。我们今天实施浙江文化研究工程，其目的和意义也在于此。

千百年来，浙江人民积淀和传承了一个底蕴深厚的文化传统。这种文化传统的独特性，正在于它令人惊叹的富于创造力的智慧和力量。

浙江文化中富于创造力的基因，早早地出现在其历史的源头。在浙江新石器时代最为著名的跨湖桥、河姆渡、马家浜和良渚的考古文化中，浙江先民们都以不同凡响的作为，在中华民族的文明之源留下了创造和进步的印记。

浙江人民在与时俱进的历史轨迹上一路走来，秉承富于创造力的文化传统，这深深地融汇在一代代浙江人民的血液中，体现在浙江人民的行为上，也在浙江历史上众多杰出人物身上得到充分展示。从大禹的因势利导、敬业治水，到勾践的卧薪尝胆、励精图治；从钱氏的保境安民、纳土归宋，到胡则的为官一任、造福一方；从岳飞、于谦的精忠报国、清白一生，到方孝孺、张苍水的刚正不阿、以身殉国；从沈括的博学多识、精研深究，到竺可桢的科学救国、求是一生；无论是陈亮、叶适的经世致用，还是黄宗羲的工商皆本；无论是王充、王阳明的批判、自觉，还是龚自珍、蔡元培的开明、开放，等等，都展示了浙江深厚的文化底蕴，凝聚了浙江人民求真务实的创造精神。

代代相传的文化创造的作为和精神，从观念、态度、行为方式和价值取向上，孕育、形成和发展了渊源有自的浙江地域文化传统和与时俱进的浙江文化精神，她滋育着浙江的生命力、催生着浙江的凝聚力、激发着浙江的创造力、培植着浙江的竞争力，激励着浙江人民永不自满、永不停息，在各个不同的历史时期不断地超越自我、创业奋进。

悠久深厚、意韵丰富的浙江文化传统，是历史赐予我们的宝贵财富，也是我们开拓未来的丰富资源和不竭动力。党的十六大以来推进浙江新发展的实践，使我们越来越深刻地认识到，与国家实施改革开放大政方针相伴随的浙江经济社会持续快速健康发展的深层原因，就在于浙江深厚的文化底蕴和文化传统与当今时代精神的有机结合，就在于发展先进生产力与发展先进文化的有机结合。今后一个时期浙江能否在全面建设小康社会、加快社会主义现代化建设进程中继续走在前列，很大程度上取决于我们对文化力量的深刻认识、对发展先进文化的高度自觉和对加快建设文化大省的工作力度。我们应该看到，文化的力量最终可以转化为物质的力量，文化的软实力最终可以转化为经济的硬实力。文化要素是综合竞争力的核心要素，文化资源是经济社会发展的重要资源，文化素质是领导者和劳动者的首要素质。因此，研究浙江文化的历史与现状，增强文化软实力，为浙江的现代化建设服务，是浙江人民的共同事业，也是浙江各级党委、政府的重要使命和责任。

2005 年 7 月召开的中共浙江省委十一届八次全会，作出《关于加快建设文化大省的决定》，提出要从增强先进文化凝聚力、解放和发展生产力、增强社会公共服务能力入手，大力实施文明素质工程、文化精品工程、文化研究工程、文化保护工程、文化产业促进工程、文化阵地工程、文化传播工程、文化人才工程等“八项工程”，实施科教兴国和人才强国战略，加快建设教育、科技、卫生、体育等“四个强省”。作为文化建设“八项工程”之一的文化研究工程，其任务就是系统研究浙江文化的历史成就和当代发展，深入挖掘浙江文化底蕴、研究浙江现象、总结浙江经验、指导浙江未来的发展。

浙江文化研究工程将重点研究“今、古、人、文”四个方面，即围绕浙江当代发展问题研究、浙江历史文化专题研究、浙江名人研究、浙江历史文献整理四大板块，开展系统研究，出版系列丛书。在研究内容上，深入挖掘浙江文化底蕴，系统梳理和分析浙江历史文化的内部结构、变化规律和地域特色，坚持和发展浙江精神；研究浙江文化与其他地域文化的异同，厘清浙江文化在中国文化中的地位和相互影响的关系；围绕浙江生动的当代实践，深入解读浙江现象，总结浙江经验，指导浙江发展。在研究力量上，通过课题组织、出版资助、重点研究基地建设、加强省内外大院名校合作、整合各地各部门力量等途径，形成上下联动、学界互动的整体合力。在成果运用上，注重研究成果的学术价值和应用价值，充分发挥其认识世界、传承文明、创新理论、咨政育人、服务社会的重要作用。

我们希望通过实施浙江文化研究工程，努力用浙江历史教育浙江人民，用浙江文化熏陶浙江人民，用浙江精神鼓舞浙江人民，用浙江经验引领浙江人民，进一步激发浙江人民的无穷智慧和伟大创造能力，推动浙江实现又快又好发展。

今天，我们踏着来自历史的河流，受着一方百姓的期许，理应负起使命，至诚奉献，让我们的文化绵延不绝，让我们的创造生生不息。

2006 年 5 月 30 日于杭州

以杭州(临安)为例　还原一个真实的南宋

——从“南海一号”沉船发现引发的思考

(代　序)

王国平

2007 年 12 月 22 日,举世瞩目的我国南宋商船“南海一号”在广东阳江海域打捞出水。根据探测情况估计,整船金、银、铜、铁、瓷器等文物可能达到 6 万—8 万件,据说皆为稀世珍宝。迄今为止,全世界范围内都未曾发现过如此巨大的千年古船。“南海一号”的发现,在世界航海史上堪称一大奇迹,也填补与复原了南宋海上“丝绸之路”历史的一些空白①。不少专家认为“南海一号”的价值和影响力将不亚于西安秦始皇兵马俑。这艘沉船虽然出现在广东海域,但反映了整个南宋经济、文化的繁荣,标志着南宋社会的开放,也表明当时南宋引领着世界的发展。作为南宋政治、经济、文化、科技中心的都城临安(浙江杭州),则是南宋社会繁华与开放的代表。从某种意义上讲,没有以临安为代表的南宋的繁荣与开放,就不会有今日“南海一号”的发现;而“南海一号”的发现,也为我们重新审视与评价南宋,带来了最好的注解、最硬的实证。

提起南宋,往往众说纷纭,莫衷一是。长期以来,不少人把“山外青山楼外楼,西湖歌舞几时休?暖风熏得游人醉,直把杭州作汴州”②这首曾写在临

---

① 参见《“南海一号”成功出水》一文,载《人民日报》2007 年 12 月 23 日。

② 林升:《题临安邸》,转引自田汝成《西湖游览志余》卷二《帝王都会》,上海古籍出版社 1980 年版,第 14 页。

安城一家旅店墙上的诗，当作是当时南宋王朝的真实写照。虽然近现代已有海内外学者开始重新认识南宋，但相当一部分人仍认为南宋军事上妥协投降、苟且偷安，政治上腐败成风、奸相专权，经济上积贫积弱、民不聊生，生活上纸醉金迷、纵情声色。总之，南宋王朝是一个只图享受、不思进取的偏安小朝廷。导致这种历史误解的原因，在很大程度上是出于人们对患有"恐金病"的宋高宗和权相秦桧一伙倒行逆施的义愤，这是可以理解的。但是，我们决不能坐在历史的成见之上人云亦云。只要我们以对历史负责、对时代负责、对未来负责的精神和科学求实的态度，以科学发展观为指导，对南宋进行全面、深入、系统的研究，将南宋放到当时特定的历史发展阶段中、放到中国社会发展的历史长河中、放到整个世界的文明进程中进行考察，就不难发现南宋时期在社会经济、思想文化、科学技术、国计民生等方面所取得的成就，就不难发现南宋对中华文明所产生的巨大影响，以此对南宋作出科学、客观、公正的评价，"还原一个真实的南宋"。

宋钦宗靖康元年(1126)闰十一月，金军攻陷北宋京城开封。次年三月，俘徽、钦二帝北去，北宋灭亡。同年五月，宋徽宗第九子、钦宗之弟赵构，在应天府(河南商丘)即位，是为高宗，改元建炎，重建赵宋王朝。建炎三年(1129)二月，高宗来到杭州，改州治为行宫，七月升杭州为临安府，此时起，杭州实际上已成为南宋的都城。绍兴八年(1138)，南宋宣布临安府为"行在所"，正式定都临安。自建炎元年(1127)赵构重建宋室，至祥兴二年(1279)帝昺蹈海灭亡，历时153年，史称"南宋"。

我们认为，研究与评价南宋，不应当仅仅以王朝政权的强弱为依据，而应当坚持"以人为本"的理念，以人们生存与生活状态的改善作为社会进步的根本标准。许多人评价南宋，往往把南宋王朝作为对象，我们认为所谓"南宋"，不仅仅是一个历史王朝的称谓，而主要是指一个特定的历史阶段和历史时期。在马克思主义看来，历史的进步是社会发展和人的发展相统一的过程，"人们的社会历史始终只是他们的个体发展的历史"①，未来理想社

---

① 《马克思恩格斯选集》第4卷，人民出版社1972年版，第321页。

会“以每个人的全面而自由的发展为基本原则”①。人是社会发展的主体,人的自由与全面发展是社会进步的最高目标。这就要坚持“以人为本”的科学发展观,将人的生存与全面发展作为评价一个历史阶段的根本依据。南宋时期,虽说尚处在封建社会的中期,人的自由与发展受到封建集权思想与皇权统治的严重束缚,但南宋与宋代以前漫长的封建历史时期相比,这一时期所出现的对人的生存与生活的关注度以及南宋人的生活质量和创造活力所达到的高度都是前所未有的。

研究与评价南宋,不应当仅仅以军事力量的大小作为评价依据,而应当以其社会经济、文化整体状况与发展水平的高低作为重要标准。我们评判一个朝代,不但要考察其军事力量的大小,更要看其在经济、文化、科技、社会等各方面所取得的成就。两宋立国320年,虽不及汉、唐、明、清国土辽阔,却以在封建社会中无可比拟的繁荣和社会发展的高度,跻身于中国古代最辉煌的历史时期之列。无论是文化教育的普及、文学艺术的繁荣、学术思想的活跃、科学技术的进步,还是社会生活的丰富多彩,南宋都达到了前所未有的程度,在当时世界上也都处于领先地位。著名史学家邓广铭认为“宋代的文化,在中国封建社会历史时期之内,截至明清之际西学东渐的时期为止,可以说,已经达到了登峰造极的高度”。②

研究与评价南宋,不能仅仅以某些研究的成果或所谓的“历史定论”为依据,而应当以其在人类文明进步中所扮演的角色,以及对后世产生的影响作为重要标准。宋朝是中国封建社会里国祚最长的朝代,也是封建文化发展最为辉煌的时期。南宋虽然国土面积只有北宋的五分之三左右,却维持了长达153年(1127—1279)的统治。南宋不但对中国境内同时代的少数民族政权和周边国家产生了积极影响,而且对后世中华文化的形成产生了巨大影响。近代著名思想家严复认为:“中国所以成于今日现象者,为善为恶,姑不具论,而为宋人所造就,什八九可断言也。”③近代史学大师陈寅恪先生

---

① 《马克思恩格斯全集》第23卷,人民出版社1972年版,第649页。

② 邓广铭:《宋代文化的高度发展与宋王朝的文化政策》,载《历史研究》1990年第1期。

③ 严复:《严几道与熊纯如书札节钞》,载《学衡》第13期,江苏古籍出版社1999年影印本。

也曾经指出："华夏民族之文化，历数千载之演进，造极于赵宋之世。"①因此，我们既要看到南宋王朝负面的影响，更要充分肯定南宋的历史地位与历史影响，只有这样，才能"还原一个真实的南宋"。

一、在政治上，不但要看到南宋王朝外患深重、苟且偷安的一面，更要看到爱国志士精忠报国、南宋政权注重内治的一面

南宋时期民族矛盾异常尖锐，外患严重之至，前期受到北方金朝的军事讹诈和骚扰掠夺，后期又受到蒙元的野蛮侵略，长期威胁着南宋政权的生存与发展。在此情形下，南宋初期朝廷中以宋高宗为首的主和派，积极议和，向女真贵族纳贡称臣，南宋王朝确实存在消极抗战、苟且偷安的一面。但也要承认南宋王朝大多君王也怀有收复中原的愿望。南宋将杭州作为"行在所"，视作"临安"而非"长安"，也表现出了南宋统治集团不忘收复中原的意图。我们更应该看到南宋时期，在153年中，涌现了以岳飞、文天祥两位彪炳青史的民族英雄为代表的一大批爱国将领，众多的爱国仁人志士，这是中国古代任何一个朝代都难以比拟的。

同时，南宋政权也十分注重内治，在加强中央集权制度、推行"崇尚文治"政策、倡导科举不分门第等方面均有重大建树。其主要表现在：

1. 从军事斗争上看，南宋是造就爱国志士、民族英雄的时代

南宋王朝长期处于外族入侵的严重威胁之下，为此南宋军民进行了一百多年艰苦卓绝的抵抗斗争，涌现了无数气壮山河、可歌可泣的爱国事迹和民族英雄。因而，我们认为：南宋时代是面对强敌、英勇抗争的时代。众所周知，金朝是中国历史上继匈奴、突厥、契丹以后一个十分强大的少数民族政权，并非昔日汉唐时期的匈奴、突厥与明清时期的蒙古可比。金军先后灭亡了辽朝和北宋，南侵之势简直锐不可当，但由于南宋军民的浴血奋战，虽屡经挫折，终于抵挡住了南侵金军一次又一次的进攻，在外患深重的困境中站稳了脚跟。在持久的宋金战争中，南宋的军事力量不但没有削

① 《陈寅恪先生文集》第2卷，上海古籍出版社1980年版，第245页。

弱,反而逐渐壮大起来。南宋后期的蒙元军队则更为强大,竟然以20年左右的时间横扫欧亚大陆,使全世界都为之谈“蒙”色变。南宋的军事力量尽管相对弱小,又面对当时世界上最为强大的蒙元军队,但广大军民同仇敌忾,顽强抵抗了整整45年之久,这不能不说是世界抗击蒙元战争史上的一个奇迹。①

南宋是呼唤英雄、造就英雄的时代。在旷日持久的宋金战争中,造就了以宗泽、韩世忠、岳飞、刘锜、吴玠吴璘兄弟为代表的一批南宋爱国将领。特别是民族英雄岳飞率领的岳家军,更是使金军闻风丧胆。在南宋抗击蒙元的悲壮战争中,前有孟珙、王坚等杰出爱国将领,后有文天祥、谢枋得、陆秀夫、张世杰等抗元英雄,其中民族英雄文天祥领导的抗元斗争,更是可歌可泣,彪炳史册。

南宋是激发爱国热忱、孕育仁人志士的时代。仅《宋史·忠义列传》,就收录有爱国志士277人,其中大部分是南宋人②。南宋初期,宗泽力主抗金,并屡败金兵,因不能收复北宋失地而死不瞑目,临终时连呼三次“过河”;洪皓出使金朝,被流放冷山,历尽艰辛,终不屈服,被比作宋代的苏武;陆游“死去元知万事空,但悲不见九州同”的诗句,表达了他渴望祖国统一的遗愿;辛弃疾的词则抒发了盼望祖国统一和反对主和误国的激情。因此,我们认为,南宋不但是造就民族英雄的时代,也是孕育爱国政治家、军事家、文学家和思想家的沃土。

2. 从政治制度上看,两宋时期是加强中央集权、“干强枝弱”的时期

宋朝在建国之初,鉴于前朝藩镇割据、皇权削弱的历史教训,通过采取“强干弱枝”政策,不断加强中央集权统治,南宋时得到了进一步强化。在中央权力上,实行军政、民政、财政“三权分立”,削弱宰相的权力与地位;在地方权力上,中央派遣知州、知县等地方官,将原节度使兼领的“支郡”收归中央直接管辖;在官僚机构上,实行官(官品)、职(头衔)、差遣(实权)三者分离制度;在财权上,设置转运使掌管各路财赋,将原藩镇把持的地方财权收

① 参见何忠礼《论南宋在中国历史上的地位和影响》,载《杭州研究》2007年第2期。

② 参见俞兆鹏《南宋人才之盛及其原因》,载《杭州日报》2005年11月14日。

归中央；在司法权上，设置提点刑狱一职，将方镇节度使掌握的地方司法权收归中央；在军权上，实行禁军“三衙分掌”，使握兵权与调兵权分离、兵与将分离，将各州军权牢牢地控制在中央手里，从而加强了中央对政权、财权、军权等方面的全面控制。南宋继承了北宋加强中央集权的这一系列措施，为维护国家内部统一、社会稳定和经济发展提供了良好的国内环境。尽管多次出现权相政治，但皇权仍旧稳定如故。

3. 从用人制度上看，南宋是所谓“皇帝与士大夫共治天下”的时代

两宋统治集团始终崇尚文治，尊重知识分子，重用文臣，提倡教育和养士，优待知识分子。与秦代“焚书坑儒”、汉代“罢黜百家”、明清“文字狱”相比，两宋时期可谓是封建社会思想文化环境最为宽松的时期，客观上对经济、社会、文化发展起到了积极的促进作用①。其政策措施表现在：

推行“崇尚文治”政策。宋王朝对文人士大夫采取了较为宽松宽容的态度，“欲以文化成天下”，对士大夫待之以礼、“不得杀士大夫及上书言事人”②，确立了“兴文教，抑武事”③的“崇文抑武”大政方针。两宋政权将“右文”定为国策，在这种政治氛围下，知识分子的思想十分活跃，参政议政的热情空前高涨，在一定程度上出现了“皇帝与士大夫共治天下”的局面，从而有力地推动了宋代思想、学术、文化的大发展。正由于两宋重用文士、优待文士，不杀文臣，因而南宋时常有正直大臣敢于上书直谏，甚至批评朝政乃至皇帝的缺点，这与隋、唐、明、清时期的动辄诛杀士大夫的政治状况大不相同。

采取“寒门入仕”政策。为了吸收不同阶层的知识分子参加政权，两宋对选才用人的科举制度进行了改革，消除了魏晋以来士族门阀造成的影响。两宋科举取士几乎面向社会各个阶层，再加上科举取士的名额不断增加，在社会各阶层中形成了“学而优则仕”之风。南宋时期，取士更不受出身门第的限制，只要不是重刑罪犯，即使是工商、杂类、僧道、农民，甚至是杀猪宰牛

① 参见郭学信《试论两宋文化发展的历史特色》，载《江西社会科学》2003 年第 5 期。
② 陶宗仪：《说郛》卷三九上，台北商务印书馆 1986 年影印文渊阁《四库全书》本。
③ 李焘：《续资治通鉴长编》卷一八，太平兴国二年正月丙寅条，中华书局 2004 年版，第 392 页。

的屠户，都可以应试授官。南宋的科举登第者多数为平民，如在宝祐四年（1256）登科的601名进士中，平民出身者就占了70%。①

二、在经济上，不但要看到南宋连年岁贡不断、赋税沉重的状况，更要看到整个南宋生产发展、经济繁荣的一面

人们历来有一种误解，认为南宋从立国之日起，就存在着从北宋带来的“积贫积弱”老毛病。确实，南宋王朝由于长期处于前金后蒙的威胁之下，迫使其不得不以加强皇权统治作为核心利益，在对外关系上，以牺牲本国的经济利益为代价，采取称臣、割地、赔款等手段来换取王朝政权的安定。正因为庞大的兵力和连年向金朝贡，加重了南宋王朝财政负担和民众经济负担，也一定程度上影响了南宋的经济发展。但在另一方面，我们更应当看到，南宋时期，由于北方人口的大量南下，给南宋的经济发展带来了充足的劳动力、先进的生产技术和丰富的生产经验，再加上统治者出台的一些积极措施，南宋在农业、手工业、商业、外贸等方面都取得了突出成就。南宋经济繁荣主要体现在：

1. 从农业生产看，南宋出现了古代中国南粮北调的新格局

由于南宋政府十分注重水利的兴修，并采取鼓励垦荒的措施，加上北方人口的大量南移和广大农民的辛勤劳动，促进了流民复业和荒地开垦。人稠地少的两浙等平原地带，垦辟了众多的水田、圩田、梯田。曾经“几无人迹”的淮南地区也出现了“田野加辟”、“阡陌相望”的繁荣景象。南宋时期，农作物单位面积产量比唐代提高了两三倍，总体发展水平大大超过了唐代，有学者甚至将宋代农作物单位面积产量的大幅提高称为“农业革命”②。“苏湖熟，天下足”的谚语就出现在南宋③。元初，江浙行省虽然只是元十个行省中的一个，岁粮收入却占了全国的37.10%④，江浙地区成了中国农业最为发达的地区，并出现了中国南粮北调的新格局。

---

① 参见俞兆鹏《南宋人才之盛及其原因》，载《杭州日报》2005年11月14日。

② 张邦炜：《瞻前顾后看宋代》，载《河北学刊》2006年第5期。

③ 范成大：《吴郡志》卷五〇《杂志》，中华书局1990年《宋元方志丛刊》本。

④ 脱脱：《元史》卷九三《食货一·税粮》，中华书局2005年版，第2361页。

2. 从手工业生产看，南宋达到了中国古代手工业发展的新高峰

南宋时期，随着北方手工业者的大批南下和先进生产技术的传入，使南方的手工业生产上了一个新的台阶。一是纺织业规模和技术都大大超过了同时代的金朝，南方自此成为了中国丝织业最发达的地区。二是瓷器制造业中心从北方移至江南地区。景德镇生产的青白瓷造型优美，有"饶玉"之称；临安官窑所造青瓷极其精美，为此杭州在官窑原址建立了官窑博物馆，将这些精美的青瓷展现给世人；龙泉青瓷达到了烧制技术的新高峰，并大量出口。三是造船业空前发展。漕船、商船、游船、渔船，数量庞大，打造奇巧，富有创造性；海船所采用的多根桅杆，为前代所无；战船种类众多，功用齐全，在抗金和抗蒙元的战争中发挥了重要作用。

3. 从商业发展看，南宋开创了古代中国商品经济发展的新时代

虽然宋代主导性的经济仍然是自然经济，但由于两宋时期冲破了历朝统治者奉行"重农抑商"观念的束缚，确立了"农商并重"的国策，采取了惠商、恤商政策措施，使社会各阶层纷纷从事商业经营，商品经济呈现出划时代的发展变化，进入了一个新的历史发展阶段。一是四通八达的商业网络。随着商品贸易的发展，出现了临安、建康（江苏南京）、成都等全国性的著名商业大都市，当时的临安已达16万户，人口最多时有150万—160万人①，同时，还出现了50多个10万户以上的商业大城市，并涌现出一大批草市、墟市等定期集市和商业集镇，形成了"中心城市—市镇集市—边境贸易—海外市场"的通达商业网络②。二是"市坊合一"的商业格局。两宋时期由于城市商业繁荣，冲破了长期以来作为商业贸易区的"市"与作为居民住宅区的"坊"分离的封闭式坊市制度，出现了住宅与店肆混合的"市坊合一"商业格局，街坊商家店铺林立，酒肆茶楼面街而立。从《梦粱录》和《武林旧事》的记载来

① 杨宽先生在《中国古代都城制度史》一书中认为，南宋末年咸淳年间，临安府所属九县，按户籍，主客户共三十九万一千多户，一百二十四万多口；附郭的钱塘、仁和两县主客户共十八万六千多户，四十三万二千多口，占全府人口的三分之一。宋朝的"口"是男丁数，每户平均以五人计，约九十多万人。所驻屯的军队及其家属，估计有二十万人以上，总人口当在一百二十万人左右，包括城外郊区十万人和乡村十万人。

② 参见陈杰林《南宋商业发展：特点与成因》，载《安庆师范学院学报》2003年第4期。

看,南宋临安城内商业繁荣,甚至出现了夜市刚刚结束,早市又告兴起的繁荣景象。三是规模庞大的商品交易。南宋商品的交易量虽难考证,但从商税收入可窥见一斑。淳熙(1174—1189)末全国正赋收入6530万缗,占全国总收入30%以上,据此推测,南宋商品交易额在20000万缗以上,可见商品交易量之巨大①。南宋商税加专卖收益超过农业税的收入,改变了宋以前历代王朝农业税赋占主要地位的局面。

4. 从海外贸易看,南宋开辟了古代中国东西方交流的新纪元

两宋期间,由于陆上"丝绸之路"隔断,东南方向海路成为对外贸易的唯一通道,海外贸易成为中外经济文化交流的主要通道。南宋海外贸易繁荣表现在:一是对外贸易港口众多。广州、泉州、临安、明州(浙江宁波)等大型海港相继兴起,与外洋通商的港口已近20个,还兴起了一大批港口城镇,形成了北起淮南/东海,中经杭州湾和福、漳、泉金三角,南到广州湾和琼州海峡的南宋万余里海岸线上全面开放的新格局,这种盛况不仅唐代未见,就是明清亦未能再现②。二是贸易范围大为扩展。宋前,与我国通商的海外国家和地区约20处,主要集中在中南半岛和印尼群岛,而与南宋有外贸关系的国家和地区增至60个以上,范围从南洋(南海)、西洋(印度洋)直至波斯湾、地中海和东非海岸。三是出口商品附加值高。宋代不但外贸范围扩大、出口商品数量增加,而且进口商品以原材料与初级制品为主,而出口商品则以手工业制成品为主,附加值高。用附加值高的制成品交换附加值低的初级产品,表明宋代外向型经济在发展程度上高于其外贸伙伴。③

三、在文化上,不但要看到封闭保守、颓废安逸的一面,更要看到南宋"百家争鸣、百花齐放"的繁荣局面

由于以宋高宗为首的妥协派大多患有"恐金病",加之南宋要想收复北

---

① 参见陈杰林《南宋商业发展:特点与成因》,载《安庆师范学院学报》2003年第4期。

② 参见葛金芳《南宋:走向开放型市场的重大转折》,载《杭州研究》2007年第2期。

③ 参见葛金芳《南宋:走向开放型市场的重大转折》,载《杭州研究》2007年第2期。

方失地在军事上和经济上确实存在着许多困难,收复中原失地的战争,也几度受到挫折,因此在南宋统治集团中,往往笼罩着悲观失望、颓废偷安的情绪。一些皇亲贵族,只要不是兵荒马乱,就热衷于享受山水之乐和口腹之欲,出现了软弱不争、贪图享受、胸无大志、意志消沉的"颓唐之风"。反映在一些文人士大夫的文化生活中,就是"一勺西湖水。渡江来、百年歌舞,百年酣醉"的华丽浮靡之风。但是,这并不能掩盖两宋文化的历史地位与影响。宋代是中国古代文化最为光辉灿烂的时期之一。近代的中国文化,其实皆脱胎于两宋文化。著名史学家邓广铭认为:"宋代文化发展所能达到的高度,在从十世纪后半期到十三世纪中叶这一历史时期内,是居于全世界的领先地位的。"[①]日本学者则将宋代称为"东方的文艺复兴时代"[②]。著名华裔学者刘子健认为:"此后中国近八百年来的文化,是以南宋文化为模式,以江浙一带为重点,形成了更加富有中国气派、中国风格的文化。"[③]这主要体现在:

1. 南宋是古代中国学术思想的巅峰时期

王国维指出:"宋代学术,方面最多,进步亦最著","近世学术多发端于宋人"。宋学作为宋型文化的精神内核,是中国古代学术思想的新巅峰。宋学流派纷呈,各臻其妙,大师迭出,群星璀璨,尤其到南宋前期,思想文化呈现出一派勃勃生机和前所未有的活跃局面。

理学思想的形成。两宋统治者以文治国、以名利劝学的政策,对当时的思想、学术及教育产生了重要影响,最明显的一个标志是新儒学——理学思想的诞生。南宋是儒学各派互争雄长的时期,各学派互相论辩、互相补充,共同构筑起中国儒学发展史上一个新的阶段。作为程朱理学集大成者的朱熹,是继孔孟以来最杰出的儒家学者。理学思想中倡导的国家至上、百姓至上的精神,与孟子的"君轻民贵"思想是一脉相承的。同时,两宋还倡导在儒

---

① 邓广铭:《国际宋史研讨会开幕词》,载《国际宋史研讨论文选集》,河北大学出版社 1992 年版,第 1 页。

② 宫崎市定:《宫崎市定论文选集》下册,商务印书馆 1963 年版。

③ 刘子健:《代序——略论南宋的重要性》,载黄宽重主编《南宋史研究集》,台湾新文丰出版公司 1985 年版。

家思想主导下的“儒佛道三教同设并行”,就是在“尊孔崇儒”的同时,对佛、道两教也持尊奉的态度。理学各家出入佛老;佛门也在学理上融合儒道;道教则从佛教中汲取养分,将其融入自身的养生思想,并吸纳佛教“因果轮回”思想与儒家“纲常伦理”学说。普通百姓“读儒书、拜佛祖、做斋醮”更是习以为常。两宋“三教合流”的文化策略迎合了时代的需要,使宋代儒生不同于以往之“终信一家、死守一经”,从而使得南宋在思想、文化领域均有重大突破与重大建树。

思想学术界学派林立。学派林立是南宋学术思想发展的突出表现,也是当时学术界新流派勃兴的标志。在儒学复兴的思潮激荡下,尤其是在鼓励直言、自由议论的政策下,先后形成了以朱熹为代表的道学,以陆九渊为代表的心学,以叶适为代表的永嘉事功之学,以吕祖谦为代表的婺学,以陈亮为代表的永康之学等主要学派,开创了浙东学派的先河。南宋时期学派间互争雄长和欣欣向荣的景象,维持了近百年之久,形成了继春秋战国之后中国历史上第二次“百家争鸣”的盛况,为推动南宋经济文化的发展起到了积极作用。尤其是浙东事功学派极力推崇义利统一,强调“商藉农而立,农赖商而行”,认为只有农商并重,才能民富国强,实现国家中兴统一的目的。这种功利主义思想,反映了当时人们希望发展南宋经济和收复北方失地的强烈愿望。

2. 南宋是古代中国文学艺术的鼎盛时期

近代国学大师王国维认为:“天水一朝人智之活动与文化之多方面,前之汉唐、后之元明皆所不逮也。”①南宋文学艺术的繁荣主要表现在:一是宋词的兴盛。宋代创造性地发展了“词”这一富有时代特征的文学形式。词的繁荣起始于北宋,鼎盛于南宋。南宋词不仅在内容上有所开拓,而且艺术上更趋于成熟。辛弃疾是南宋最伟大的爱国词人,豪放词派的最高代表,也是南宋词坛第一人,与北宋词人苏轼一样,同为宋词最为杰出的代表。李清照是婉约词派的代表人物,形成了别具一格的“易安体”,对后世影响很大。陆

① 王国维:《静庵文集续编·宋代之金石学》,载《王国维遗书》第5册,上海古籍出版社1983年版。

游既是著名的爱国诗人，也是南宋词坛的巨匠，他的词充满了奔放激昂的爱国主义感情，与辛弃疾一起把宋词推向了艺术高峰。二是宋诗的繁荣。宋诗在唐诗之后另辟蹊径，开拓了宋诗新境界，其影响直到清末民初。宋诗完全有资格在中国诗史上与唐诗双峰并峙，两水并流。三是话本的兴起。南宋话本小说的出现，在中国文学史上是一件极有意义的大事，它标志着中国小说的发展已进入到了一个新的阶段。宋代话本为中国小说的发展注入了新鲜的活力，迎来了明清小说的繁荣局面。南宋还出现了以《沧浪诗话》为代表的具有现代审美特征的开创性的文学理论著作。四是南戏的出现。南宋初年，出现了具有很强的现实性和感染力的“戏文”，统称“南戏”。南宋戏文是元代杂剧的先驱，它的出现标志着中国古代戏曲艺术的成熟，为我国戏剧的发展奠定了雄厚基础①。五是绘画的高峰。宋代是中国绘画史上的鼎盛时期，标志我国中古时期绘画高峰的出现。有研究者认为：“吾国画法，至宋而始全。”②宋代画家多达千人左右，以李唐、刘松年、马远、夏圭等人为代表的南宋著名画家，他们的作品在画坛至今仍享有十分崇高的地位。此外，南宋的多位皇帝和后妃也都是绘画高手。南宋绘画形式多样，山水、人物、花鸟等并盛于世，其中尤以山水画最为突出，它们对后世的影响极大。南宋画家称西湖景色最奇者有十，这就是著名的“西湖十景”的由来。宋代工艺美术造型、装饰与总体效果堪称中国工艺史上的典范，为明清工艺争相效仿的对象。此外，南宋的书法、雕塑、音乐、歌舞等也都有长足的发展。

3. 南宋是古代中国文化教育的兴盛时期

宋代统治者大力倡导学校教育，将“崇经办学”作为立国之本，使宋代的教育体制较之汉唐更加完备和发达。南宋官学、私学皆盛，彻底打破了长期以来士族地主垄断教育的局面，使文化教育下移，教育更加大众化，适应了平民百姓对文化教育的需求，推动了文化的大普及，提高了全社会的文化素质，促进了南宋社会文化事业的进步和发展。在科举考试的推动下，南宋的中央官学、地方官学、书院和私塾村校并存，各类学校都获得了蓬勃的发展。

---

① 参见何忠礼、徐吉军《南宋史稿》，杭州大学出版社 1999 年版，第 657 页。

② 潘天寿：《中国绘画史》，上海人民美术出版社 1983 年版，第 158 页。

南宋各州县普遍设立了公立学校,其学校规模、学校条件、办学水平,较之北宋有了更大发展。由于理学家的竭力提倡和科举考试的需要,南宋地方书院得到了大发展,宋代共有书院397所,其中南宋占310所[①]。南宋私塾村校遍及全国各地,学校教育由城镇延伸到了乡村,南宋教育达到了前所未有的普及程度。

4. 南宋是古代中国史学的繁荣时期

南宋以"尊重和提倡"的形式,鼓励知识分子重视历史,研究历史,"思考历代治乱之迹"。陈寅恪先生指出:"中国史学莫盛于宋。"[②]南宋史学家袁枢的《通鉴纪事本末》,创立了以重大历史事件为主体,分别立目,完整地记载历史事件的纪事本末体;朱熹的《资治通鉴纲目》创立了纲目体;朱熹的《伊洛渊源录》则开启了记述学术宗派史的学案体之先河。南宋在历史上第一次提出了"经世致用"的修史思想。南宋史学家不仅重视当代史的研究,而且力主把历史与现实结合起来,从历史上寻找兴衰之源,以史培养爱国、有用的人才。这些都对后代的史学家有很大的启迪和教益。

四、在科技上,既要看到整个宋代在中国古代科技史上的地位,又要看到南宋对古代中国科学技术的杰出贡献

宋代统治集团对在科学技术上有重要发明及创造、创新之人给予物质和精神奖励,为宋代科技发展与进步注入了前所未有的强大动力。宋朝是当时世界上发明创造最多的国家,也是中国为世界科技发展贡献最大的时期。英国学者李约瑟说:"每当人们在中国的文献中查找一种具体的科技史料时,往往会发现它的焦点在宋代,不管在应用科学方面或纯粹科学方面都是如此。"[③]中国历史上的重要发明,一半以上都出现在宋朝,宋代的不少科技发明不仅在中国科技史上,而且在世界科技史上也号称第一。《梦溪笔

① 参见何忠礼《论南宋在中国历史上的地位和影响》,载《杭州研究》2007年第2期。

② 陈寅恪:《陈垣明季滇黔佛教考序》、《陈垣元西域人华化考序》,载《金明馆丛稿二编》,上海古籍出版社1980年版,第240、238页。

③ 李约瑟:《李约瑟文集》,辽宁科技出版社1986年版,第115页。

谈》的作者北宋沈括、活字印刷术的发明者毕昇这两位钱塘(浙江杭州)人,都是中外公认的中国古代伟大科学巨匠。南宋的科技在北宋基础上进一步得到发展,其科技成就在很多方面居于世界领先地位。这主要表现在:

1. 南宋对中国古代"三大发明"的贡献

活字印刷术、指南针与火药三大发明,在南宋时期获得进一步的完善和发展,并开始了大规模的实际应用。指南针在航海上的应用,始见于北宋末期,南宋时的指南针已从简单的指针,发展成为比较简易的罗盘针,并将它应用于航海上,这是一项具有世界意义的重大发明。李约瑟指出:指南针在航海中的应用,是"航海技艺方面的巨大改革","预示计量航海时代的来临"。中国古代火药和火药武器的大规模使用和推广也始自南宋。南宋出现的管形火器,是世界兵器史上十分重要的大事,近代的枪炮就是在这种原始的管形火器基础上发展起来的。此外,南宋还广泛使用威力巨大的火炮作战,充分反映了南宋火器制造技术的巨大进步。南宋开始推广使用活字印刷术,出现了目前世界上第一部活字印本。此外,南宋的造纸技术也更为发达,生产规模大为扩展,品种繁多,质量之高,近代也多不及。

2. 南宋在农业技术理论上的重大突破

南宋陈旉所著的《农书》是我国现存最早的有关南方农业生产技术与经营的农学著作,他是中国农学史上第一个提出土地利用规划技术的人。陈旉在《农书》中首先提出了土壤肥力论等多种土地的利用和改造之法,并对搞好农业经营管理提出了卓越的见解。稻麦两熟制、水旱轮作制、"耕耙耖"耕作制,在南宋境内都得到了较好的推广。植物谱录在南宋也大量涌现。《橘录》是我国最早的柑橘专著;《菌谱》是世界历史上最早的菌类专著;《全芳备祖》是世界上最早的植物学辞典,比欧洲要早300多年;《梅谱》是世界上最早的有关梅花的专著。

3. 南宋在制造技术上的高度成就

宋代冶金技术居世界最高水平,南宋对此作出了卓越的贡献。在有色金属的开采与冶炼方面,南宋发明了"冶银吹灰法"和"铜合金铁"冶炼法;在煤炭的开发利用上,南宋开始使用焦煤炼铁(而欧洲人是在18世纪时才发明了焦煤炼铁),是我国冶金史上具有重大意义的里程碑。南宋是我国纺织技术高度发展时期,特别是蚕桑丝绸生产,已形成了一整套从栽桑到成衣的过程,生产工具丰富,为明清的丝绸生产技术奠定了基础。南宋的丝纺织品、织造和染色技术在前代的基础上达到了一个新水平。南宋瓷器无论在胎质、釉料,还是在制作技术上,都达到了新的高度。同时,南宋的造船、建筑、酿酒、地学、水利、天文历法、军器制造等方面的技术水平,也都比过去有很大的进步。如现保存于杭州碑林的石刻《天文图》,是迄今为止所能见到的最早的全天星图;绘于南宋绍定二年(1229)的石刻《平江图》,是我国现存最完整的城市规划图,至今仍完好地保存在苏州市博物馆。

4. 南宋在数学领域的巨大贡献

南宋数学不仅在中国数学史上,而且在世界数学史上取得了极为辉煌的成就。南宋杰出的数学家秦九韶撰写的《数学九章》提出的"正负开方术",与现代求数学方程正根的方法基本一致,比西方早500多年。另一位杰出的数学家杨辉,编撰有《详解九章算法》、《日用算法》、《乘除通变本末》、《田亩比类乘除捷法》、《续古摘奇算法》、《杨辉算法》等十余种数学著作,收录了不少我国现已失传的数学著作中的算题和算法。杨辉对级数求和的论述,使之成为继沈括之后世界上最早研究高阶等差级数的人。杨辉发明的"九归口诀",不仅提高了运算速度和精确度,而且还对明代珠算的发明起到了重要作用。因此,李约瑟把宋代称为"伟大的代数学家的时代",认为"中国的代数学在宋代达到最高峰"。①

5. 南宋在医药领域的重要贡献

南宋是中国法医学正式形成的时期。宋慈《洗冤集录》是世界上第一部法医学专著,比西方早350余年。它不仅奠定了我国古代法医学的基础,而且被奉为我国古代"官司检验"的"金科玉律",并对世界法医学产生了广泛影响。南宋是中国针灸医学的极盛时期。王执中《针灸资生经》和闻人耆年

① 参见《中国科学技术史》第1卷第1册,科学出版社1975年版,第273、284、287、292页。

《备急灸法》两书，皆集历代针灸学知识之大全，反映了当时针灸学的最高水平。南宋腧穴针灸铜人是针灸学上第一具教学、临床用的实物模型。陈自明所著《外科精要》一书对指导外科的临床应用具有重要意义。陈自明《妇人大全良方》是著名的妇产科著作，直到明清时期仍被妇科医生奉为经典。朱瑞章的《卫生家宝产科方》，被称为“产科之荟萃，医家之指南”。无名氏的《小儿卫生总微论方》和刘昉的《幼幼新书》，汇集了宋以前在儿科学方面所取得的成就，是我国历史上较早的一部比较系统、全面的儿科学著作。许叔微《普济本事方》是中国古代一部比较完备的方剂专书。

五、在社会生活上，不但看到南宋一些富豪官绅生活奢华、挥霍淫乐的一面，更要看到南宋政府关注民生、注重民生保障的一面

南宋社会生活的奢侈之风，既是南宋官僚地主腐朽的集中反映，也是南宋经济文化空前繁荣的缩影。我们不但看到南宋一些富豪官绅纵情声色、恣意挥霍的社会现象，更要看到南宋政府倡导善举、关注民生、同情民苦的客观事实。两宋社会保障制度，在中国古代救助史上占有重要地位，并为宋后社会保障制度的建立奠定了基础。有学者认为，中国古代真正意义上的社会保障事业是从两宋开始的。同时，两宋时期随着土地依附关系的逐步解除和门阀制度的崩溃，逐渐冲破了以前士族地主一统天下的局面。两宋社会结构开始调整重组，出现了各阶层之间经济地位升降更替、社会等级界限松动的现象，各阶层的价值取向趋近，促进社会各阶层的融合，平民化、世俗化、人文化趋势明显①。两宋社会的平民化，不仅体现在科举取士面向社会各个阶层，不受出身门第的限制，而且体现在官民之间身份可以相互转化，既可以由贵而贱，也可以由贱而贵；贫富之间既可以由富而贫，也可以由贫而富②。其具体表现在：

1. 南宋农民获得了更多的人身自由

两宋时期，租佃制普遍发展，这是古代专制社会中生产关系的一次重大

---

① 参见邓小南《宋代历史再认识》，载《河北学刊》2006年第5期。

② 参见郭学信《宋代俗文化发展探源》，载《西北师大学报》2005年第3期。

调整。在租佃制下,地主招募客户耕种土地,客户只向地主交纳地租,而不必承担其他义务。在大部分地区,客户契约期满后有退佃起移的权利,且受到政府的保护,人身依附关系大为减弱。按照宋朝的户籍制度,客户直接编入国家户籍,成为国家的正式编户,并承担国家某些赋役,而不再是地主的"私属",因而获得了一定的人身自由。两宋农民在法律上可以自由迁徙,这是历史的一大进步[①]。南宋随着商品经济的发展,农民获得了更多的人身自由,他们可以比较自由地离土离乡,转向城市从事手工业或商业活动。

2. 南宋商人社会地位得到了提高

宋前历朝一直奉行"重农轻商"政策,士、农、工、商,商人居"四民"之末,受到社会的歧视。宋代商业已被视同农业,均为创造社会财富的源泉,"士、农、工、商,皆百姓之本业"[②]成为社会共识,使两宋商人的社会地位得到前所未有的提高。随着工商业的发展,在南宋手工业作坊中,工匠主和工匠之间形成了雇佣与被雇佣关系。南宋官营手工业作坊中的雇佣制度,代替了原来带有强制性的指派和差人应役招募制度,雇佣劳动与强制性的劳役比较,工匠所受的人身束缚大为松弛,新的经济关系推动了南宋手工业经济的发展,又促进了资本主义生产关系的萌芽。

3. 南宋市民阶层登上了历史舞台

"坊郭户"是城市中的非农业人口。随着工商业的日益发展,宋政府将"坊郭户"单独"列籍定等"。"坊郭户"作为法定户名在两宋时期出现,标志着城市"市民阶层"的形成,市民阶层开始作为一个独立的群体正式登上了历史舞台,成为不可忽视的社会力量[③]。南宋时期,还实行了募兵制,人们服役大多出自自愿,从而有效保障了城乡劳力稳定和社会安定,与唐代苛重的兵役相比,显然是一个进步。

---

① 参见郭学信、张素音《宋代商品经济发展特征及原因析论》,载《聊城大学学报》2006年第5期。

② 陈耆卿:《嘉定赤城志》卷三七《风土》,中华书局1990年《宋元方志丛刊》本。

③ 参见郭学信《宋代俗文化发展探源》,载《西北师大学报》2005年第3期。

4. 南宋社会保障制度更为完善

南宋的社会保障体系主要表现在：一是“荒政”制度。就是由政府无偿向灾民提供钱粮和衣物，或由政府将钱粮贷给灾民，或由政府将灾民暂时迁移到丰收区，或将粮食调拨到灾区，或动员富豪平价售粮，并在各州县较普遍地设置了“义仓”，以解决暂时的粮食短缺问题。同时，遇丰收之年，政府酌量提高谷价，大量收籴，以避免谷贱伤农；遇荒饥之年，政府低价将存粮大量粜出，以照顾灾民。二是“养恤”制度。在临安等城市中，南宋政府针对不同的对象设立了不同的养恤机构。有赈济流落街头的老弱病残或贫穷潦倒乞丐的福田院，有收养孤寡等贫穷不能自存者的居养院，有收养并医治鳏寡孤独贫病不能自存之人的安济院，有收养社会弃子弃婴的慈幼局，等等。三是“义庄”制度。义庄主要由一些科举入仕的士大夫用其秩禄买田置办，义田一般出租，租金则用于赈养族人的生活。虽然义庄设置的最初动机在于为本宗族之私，但义庄的设置在一定范围内保障了族人的经济生活，对南宋官方的社会保障起到了重要的辅助作用。南宋的社会保障政策与措施对倡导善举、缓和社会矛盾、维护社会稳定等发挥了积极作用。①

六、在历史地位上，既要看到南宋在当时国际国内的地位，又要看到南宋对后世中国和世界的影响

1. 南宋对东亚“儒学文化圈”和世界文明进程之影响

两宋的成就居于当时世界发展的顶峰，对周边国家和世界均产生了巨大影响。

南宋对东亚“儒学文化圈”的影响。南宋朱子学对东亚“儒学文化圈”各国文化的作用不容低估，对东亚各民族产生了广泛而深刻的影响，至今仍然积淀在东亚各民族的文化心理中，对东亚现代化起着重要作用。在文化输入上，这些周边邻国对唐代文化主要是制度文化的模仿，而对两宋文化则侧

---

① 参见杜伟《略述两宋社会保障制度》，载《沙洋师范高等专科学校学报》2004 年第 1 期；陈国灿《南宋江南城市的公共事业与社会保障》，载《学术月刊》2002 年第 6 期。

重于精神文化的摄取,尤其是对南宋儒学、宗教、文学、艺术、政治制度的借鉴。南宋儒学文化传至东亚各国,与各国的学术思想和民族文化相融合,产生了朝鲜儒学、日本儒学、越南儒学等东亚儒学,形成了东亚"儒学文化圈"。这表明南宋儒学文化在东亚民族之间的文化交流和传播中,对高丽、日本、越南等国学术文化与东亚文明的形成和发展的历史产生了重大影响,这可以说是东亚文明发展中的一大奇观。同时,南宋儒学文化中的优秀成分和合理精神,在现代东亚社会的政治、经济、思想文化、社会生活、家庭关系等方面仍然发挥着重要影响和作用。如南宋儒学中的"信义"、"忠诚"、"中庸"、"和"、"义利并取"等价值观念,在现代东亚经济社会中的积极作用也显而易见。

南宋对世界经济发展的影响。随着南宋海外贸易的发展,与我国通商的海外国家与地区从宋前的20余个增至60个以上。海外贸易范围从宋前中南半岛和印尼群岛,扩大到西洋(印度洋至红海)、波斯湾、地中海和东非海岸,使雄踞于太平洋西岸的南宋帝国与印度洋北岸的阿拉伯帝国一起,构成了当时世界贸易圈的两大轴心。海上"丝绸之路"取代了陆上"丝绸之路",成为中外经济文化交流的主要通道。鉴于此,美籍学者马润潮把宋代视为"世界伟大海洋贸易史上的第一个时期"①。同时,随着商品经济的发展,北宋出现了世界上最早的纸币——交子,至南宋时,纸币开始在全国普遍使用。有学者将纸币的产生与大规模的流通称为"金融革命"②。纸币流通的意义远在金属铸币之上,表明我国在货币领域的发展已走在世界前列。

南宋对世界文明进程的影响。宋代文化对世界文化的影响,主要表现在两宋的活字印刷术、火药、指南针"三大发明"的西传上。培根指出:"这三种发明已经在世界范围内把事物的全部面貌和情况都改变了:第一种是在学术方面,第二种是在战事方面,第三种在航行方面;由此产生了无数的变化,这种变化是如此巨大,以至没有一个帝国,没有一个教派,没有一个赫赫

① 转引自葛金芳《南宋:走向开放型市场的重大转折》,载《杭州研究》2007年第2期。
② 参见张邦炜《瞻前顾后看宋代》,载《河北学刊》2006年第5期。

有名的人物，能比得上这三种机械发明。”[①]马克思的评价则更高：“火药、指南针、印刷术——这是预告资产阶级到来的三大发明。火药把骑士阶层炸得粉碎，指南针打开了世界市场并建立了殖民地，而印刷术则变成了新教的工具和科学复兴的手段，变成对精神发展创造必要前提的强大杠杆。”[②]两宋“三大发明”对世界文明的决定性作用是毋庸赘言的。两宋科举考试制度也对法、美、英等西方国家选拔官吏的政治制度产生了直接作用和重要影响，被人誉为“中国的第五大发明”。

2. 南宋对中国古代与近代历史发展之影响

中外学者普遍认为：“这时的文化直至20世纪初都是中国的典型文化。其中许多东西在以后的一千年中是中国最典型的东西，至少在唐代后期开始萌芽，而在宋代开始繁荣。”[③]

南宋促进了中国市民社会的形成。随着商品经济的繁荣，两宋时期不仅出现了一大批大、中、小商业城市与集镇，而且形成了杭州、开封、成都等全国著名商业大都市，第一次出现了城市平民阶层，呈现了中国古代社会前所未有的时代开放性。到了南宋，市民阶层更加壮大，世俗文化与世俗经济更加繁荣，意味着中国市民社会开始形成，开启了中国社会的平民化进程。正由于南宋时期出现了欧洲近代前夜的一些特征，如大城市兴起、市民阶层形成、手工业发展、商业经济繁荣、对外贸易发达、流通纸币出现、文官制度成熟等现象，美国、日本学者普遍把宋代中国称为“近代初期”。[④]

南宋促成了中国经济重心的南移。由于南宋商品经济的空前发展，有些学者甚至断言，宋代已经产生了资本主义萌芽。西方有学者认为南宋已处在“经济革命时代”。随着宋室南下，南宋经济的发展与繁荣，使江南成为全国经济最为发达的地区。南宋时期，全国经济重心完成了由黄河流域向

① 培根：《新工具》，商务印书馆1984年版，第103页。

② 马克思：《机械、自然力和科学应用》，人民出版社1978年版，第67页。

③ 费正清、赖肖尔：《中国：传统与变革》，江苏人民出版社1995年版，第118—119页。

④ 张晓淮：《两宋文化转型的新诠释》，载《学海》2002年第4期。

长江流域的历史性转移,我国经济形态自此逐渐从自然经济转向商品经济,从封闭经济走向开放经济,从内陆型经济转向海陆型经济,这是中国传统社会发展中具有路标性意义的重大转折①。如果没有明清的海禁和极端专制的封建统治,中国的近代化社会也许会更早地到来。

南宋推进了中华民族的大融合。南宋时期,中国社会出现了第三次民族大融合。宋王朝虽然先后被同时代的女真、蒙古等少数民族所征服,但无论是前金还是后蒙,在其思想文化上,都被南宋所代表的先进文化所征服,融入中华民族的大家庭之中。10—13 世纪,中原王朝与北方游牧民族的时战时和、时分时合,使以农耕文化为载体的两宋文化迅速向北扩散播迁,女真、蒙古等少数民族政权深受南宋所代表的先进的政治制度、社会经济和思想文化的影响,表现出对南宋文化的认同、追随、仿效与移植,自觉不自觉地接受了先进的南宋文化,使其从文字到思想、从典章制度到风俗习惯均呈现出汉化趋势②。南宋文化改变了这些民族的文化构成,提高了文化层位,加速了这些民族由落后走向文明、走向进步的进程,从而在整体上提高了中国北部地区少数民族的文化水平。

南宋奠定了理学在封建正统思想中的主导地位。理学的形成与发展,是南宋文化对中国古代思想文化的重大贡献。南宋理宗朝时,理学被钦定为封建正统思想和官方哲学,确立了程朱理学的独尊地位,并一直垄断元、明、清三代的思想和学术领域长达 700 余年,其影响之深广,在古代中国没有其他思想可以与之匹敌③。同时,两宋时期开创了中国古代儒、佛、道"三教合流"的文化格局。与汉武帝"罢黜百家、独尊儒术"不同,南宋在大兴儒学的前提下,加大了对佛、道两教的扶持,出现了"以佛修心,以道养生,以儒治世"的"三教合一"的格局。自宋后,在古代中国社会中基本延续了以儒学为主体,以佛、道为辅翼的文化格局。

两宋对中国后世王朝政权稳定的影响。两宋王朝虽然国土面积前不及

---

① 参见葛金芳《南宋:走向开放型市场的重大转折》,载《杭州研究》2007 年第 2 期。
② 参见虞云国《略论宋代文化的时代特点与历史地位》,载《浙江社会科学》2006 年第 3 期。
③ 参见何忠礼《论南宋在中国历史上的地位和影响》,载《杭州研究》2007 年第 2 期。

汉唐,后不如元明清,却是中国封建史上立国时间最长的王朝。两宋王朝之所以在外患深重的威胁下保持长治久安的局面,很大程度上取决于两宋精于内治,形成了一系列的中央集权制度和民族认同感,因此,自宋朝后,中华民族"大一统"的思想深入人心,中国历史上再也没有出现过地方严重分裂割据的局面。

3. 南宋对杭州城市发展之影响

正是南宋经济、文化、社会各方面的高度发展,促成了京城临安的极度繁荣,使其成为12—13世纪最为繁华的世界大都会;也正是南宋带来的民族文化的大交流、生活方式的大融合、思想观念的大碰撞,形成了京城临安市民独特的生活观念、生活方式、性格特征、语言习惯。直到今天,杭州人所独有的文化特质、社会习俗、生活理念,都深深地烙上了南宋社会的历史印迹。

京城临安,一座巍峨壮丽的世界级的"华贵之城"。南宋朝廷以临安为行都,使杭州的城市性质与等级发生了根本性的巨大变化,从州府上升为国都,这是杭州城市发展的里程碑,杭州由此进入了历史上最辉煌的时期。南宋统治者对临安城的建设倾注了大量的心血,并倾全国之人力、物力、财力加以精心营造。经过南宋诸帝持续的扩建和改建,南宋皇城布满了金碧辉煌、巍峨壮丽的宫殿,与昔日的州治相比已不可同日而语。同时,南宋对临安府也进行了大规模的改造和扩建,南宋御街便是其中的杰出代表。南宋都城临安,经过100多年的精心营建,已发展成为百万人口以上的大城市,成为当时亚洲各国经济文化的交流中心,城市规模已名列十二三世纪时世界的首位。当时的杭州被意大利著名旅行家马可·波罗称赞为"世界上最美丽华贵之天城"。与此同时,12世纪的美洲和澳洲尚未被外部世界所发现,非洲处于自生自灭的状态,欧洲现有的主要国家尚未完全形成,北欧各地海盗肆虐,基辅大公国(俄罗斯)刚刚形成①。到了南宋后期(即13世纪中叶)临安人口曾达到150万—160万人,此时,西方最大最繁华的城市威尼斯也

① 参见何亮亮《从"南海一号"看中华复兴》,载《文汇报》2008年1月6日。

只有10万人口，作为世界最著名的大都会伦敦、巴黎，直至14世纪的文艺复兴时期，其人口也不过4万—6万人[①]。仅从城市人口规模看，800年前的杭州就已遥遥领先于世界各大城市。

京城临安，一座繁荣繁华的“地上天宫”。临安是全国最大的手工业生产中心。南宋临安工商业发达，手工业门类齐、制作精、分工细、规模大、档次高，造船、陶瓷、纺织、印刷、造纸等行业都建有大规模的手工业作坊，并有“四百一十四行”之说。临安是全国商业最为繁华的城市。城内城外集市与商行遍布，天街两侧商铺林立，早市夜市通宵达旦；城北运河樯橹相接、昼夜不歇；城南钱江两岸各地商贾海舶云集、桅杆林立。临安是璀璨夺目的文化名城。京城内先后集聚了李清照、朱熹、尤袤、陆游、杨万里、范成大、辛弃疾、陈起等一批南宋著名的文化人。临安雕版印刷为全国之冠，杭刻书籍为我国宋版书之精华。城内设有全国最高的学府——太学，规模最为宏阔，与武学、宗学合称“三学”，临安的教育事业空前繁荣。城内文化娱乐业发达，瓦子数量、百戏名目、艺人人数、娱乐项目和场所设施等方面，也都是其他城市所无法比拟的。临安不但是全国政治中心，也是全国经济中心和文化中心。今日杭州之所以能成为“人间天堂”，成为全国历史文化名城，成为我国七大古都之一，很大程度上就是得益于南宋定都临安，得益于南宋经济文化的高度繁荣。

京城临安，一座南北荟萃、精致和谐的生活城市。北方人口的优势，使南下的中原文化全面渗透到本土的吴越文化之中，形成了临安独特的社会生活习俗，并影响至今。临安的社会是本地居民与外来人员和谐相处的社会，临安的文化是南北文化交融、中外文化交流的结晶，临安的生活是中原风俗与江南民俗相互融合的产物。总之，南宋临安是一座兼容并蓄、精致和谐的生活城市。其表现为：一是南北交融的语言。经过南宋100多年流行，北方话逐渐融合到吴越方言之中，形成了南北交融的“南宋官话”。有学者指出：“越中方言受了北方话的影响，明显地反映在今日带有‘官话’色彩的

① 参见何忠礼《论南宋在中国历史上的地位和影响》，载《杭州研究》2007年第2期。

杭州话里。”[①]二是南北荟萃的饮食。自南宋起，杭人饮食结构发生了变化，从以稻米为主，发展到米、面皆食。“南料北烹”美食佳肴，结合西湖文采，形成了具有鲜明特色的“杭帮菜系”，而成为中国古代菜肴的一个新的高峰。丰富美味的饮食，致使临安人形成了追求美食美味的饮食之风。三是精致精美的物产。南宋时期，在临安无论是建筑寺观，还是园林别墅、亭台楼阁和小桥流水，无不体现了江南的精细精致，更有陶瓷、丝绸、扇子、剪刀、雨伞等工艺产品，做工讲究、小巧精致。四是休闲安逸的生活。城市的繁华与西湖的秀美，使大多临安人沉醉于歌舞升平与湖山之乐中，在辛劳之后讲究吃喝玩乐、神聊闲谈、琴棋书画、花鸟鱼虫，体现了临安人求精致、讲安逸、会休闲的生活特点，也反映了临安市民注重生活与劳作结合的城市生活特色，反映了临安文化的生活化与世俗化，并融入今日杭州人的生活观念中。

七、挖掘南宋古都遗产，丰富千年古都内涵，推进“生活品质之城”建设

今天的杭州之所以能将“生活品质之城”作为自己的城市品牌，就是因为今日杭州城市的产业形态、思想文化、城市格局、园林建筑、西湖景观等方面都烙下了南宋临安的印迹；今日杭州人的生活观念、生活内涵、生活方式、生活环境、生活习俗，乃至性格、语言等方面，都与南宋临安人有着千丝万缕的历史渊源。因此，我们在共建共享“生活品质之城”的同时，就必须传承南宋为我们留下的丰富的古都遗产，弘扬南宋的优秀文化，吸取南宋有益的精神元素，不断充实千年古都的内涵，以此全面提升杭州的经济生活品质、文化生活品质、政治生活品质、社会生活品质和环境生活品质，让今日的杭州人生活得更加和谐、更加美好、更加幸福。

1. 传承南宋“经世致用”的务实精神，引领“和谐创业”，提升杭州经济生活品质

南宋经济之所以能达到历史上的较高水平，我们认为主要是南宋“富民”思想和“经世致用”务实精神所致。南宋经济是农商并重、求真务实的经

① 参见徐吉军《论南宋定都杭州对当地经济文化的重大影响》，载《杭州研究》2007 年第2 期。

济。南宋浙东事功学派立足现实,注重实用,讲究履践,强调经世,打破"重农轻商"传统观念和"厚本抑末"国策,主张"农商并重",倡导轻徭薄赋、与民休息,实现藏富于民,最后达到民富国强。浙东事功学派的思想主张,为南宋经济尤其是商品经济的发展起到了推波助澜的作用,使南宋统治者逐步改变了"舍利取义"、"以农为本"的思想,确立了"义利并重"、"工商皆本"的观念,推动大批农村剩余劳动力不断涌入城市,从事商业、手工业、服务业等经济活动,促进了南宋经济的繁荣。同时,发达的南宋经济也是多元交融、开放兼容的经济,是士、农、工、商多种经济成分相互渗透的经济,是本地居民与外来人员多元创业的经济,是中原经济与江南经济相互融合的经济,是中外交流交换交融的经济。因此,南宋经济的繁荣,也是通过多元交流,在交融中创新、创造、创业的结果。

今日杭州,要保持城市综合实力在全国的领先优势,增强城市综合竞争力,不断提升城市经济生活品质,就应吸取南宋学者"富民"思想的合理内核,秉承南宋"经世致用"和"开放兼容"的精神,坚持"自主创新"与"对外开放"并重,推进"和谐创业",实现内生型经济与外源型经济的和谐发展。今天我们传承南宋"经世致用"的务实精神,就要以走在前列、干在实处的姿态,干实事、求实效,开拓创新,将儒商文化融入到经济建设中,放心、放手、放胆、放开发展民营经济,走出一条具有杭州特色的创新发展之路。同时,秉承南宋"开放兼容"的精神,就要以更加开阔的视野、更加宏大的气魄,顺应经济全球化趋势,在更大范围、更广领域、更高层次参与国际分工和国际合作,提高杭州经济国际化程度,把杭州建设成为21世纪国际性区域中心城市、享誉国际的历史文化名城、创业与生活完美结合的国际化"生活品质之城",不断提升杭州的经济生活品质。

2. 挖掘南宋"精致开放"的文化特色,弘扬"精致和谐、大气开放"的人文精神,提升杭州文化生活品质

"精致和谐、大气开放",是杭州城市文化的最大特色。人们可以追溯到距今8000年的"跨湖桥文化",从那里出土的一只陶器和一叶独木舟,去寻找杭州的"精致"与"开放";可以在"良渚文化"精美的玉琮和"人、禽、兽三

位一体”的图腾图案中，去品味杭州的“精致”与“大气”；也可以在吴越的制瓷、酿酒工艺和“闽商海贾”的繁荣景象中，去领略杭州的“精致”与“开放”。但是，我们认为能最集中、最全面体现“精致和谐、大气开放”的杭州人文特色的是南宋文化。南宋时期，临安不但出现了吴越文化与中原文化的大融合，也出现了南宋文化与海外文化的大交流。多民族的开放融合、多元文化的和谐交融，不但使南宋经济呈现出高度繁荣繁华，而且使南宋文化深深融入临安人的生活之中，也使杭州城市呈现出精致精美的特色。农业生产更加追求精耕细作，手工业产品更加精致精细，工艺产品更加精美绝伦，饮食菜肴更加细腻味美，园林建筑更加巧夺天工，诗词书画更加异彩纷呈。正是因为南宋临安既具有“多元开放”的气魄，又具有“精致精美”的特色，两者的相互渗透与融合，使杭州的城市发展达到了极盛时期，从而成为当时世界上最繁华的大都会。今天我们能形成“精致和谐、大气开放”的杭州人文精神，确实有其深远的历史渊源。

今天，我们深入挖掘南宋沉淀的、至今仍在发挥重要影响的文化资源，就是“精致精美”、“多元开放”的南宋人文特色。杭州“精致和谐、大气开放”的人文精神，既是对杭州历史文化的高度提炼，是“精致精美”、“多元开放”的南宋人文特色的高度概括，也是市委、市政府在新世纪立足杭州发展现实，谋划杭州未来发展战略，解放思想、实事求是、与时俱进、创新思维的结果。在思想观念深刻变化，经济体制深刻变革，社会结构深刻变动，利益格局深刻调整，国内外各种思想文化相互激荡的今天，杭州不仅要挖掘、重振南宋“精致精美”、“多元开放”的人文特色，使传统特色与时代精神有机结合，而且要用“精致和谐、大气开放”的城市人文精神来增强杭州人的自豪感、自信心、进取心、凝聚力，以更高的标准和要求、更宽的胸怀和视野、更大的气魄和手笔、更强的决心和力度，再创历史的新辉煌。

3. 借鉴南宋“寒门入仕”的宽宏政策，推进“共建共享”，提升杭州政治生活品质

宋代打破了以往只有官僚贵族阶层才可以入仕参政的身份性屏障，采取“崇尚文治”政策，制定保护文士措施，以宽松、宽容的态度对待文人士

大夫,尊重知识分子,重用文臣,提倡教育和养士,优待知识分子,为宋代文人士大夫提供了一个敢于说话、敢于思考、敢于创造的空间,使两宋成为封建社会中思想文化环境最为宽松的时期。同时,由于"寒门入仕"通道的开辟,使一大批中小地主、工商阶层、平民百姓出身的知识分子得以通过科举入仕参政,士农工商成为从上到下各级官僚的重要来源,使一大批有才华、有抱负、懂得政治得失、关心民生疾苦的社会有识之士登上了政治舞台。这种相对自由的政治环境和不拘一格选拔人才的政策,不但为两宋政权的巩固,而且为整个两宋经济、文化、社会的发展提供了人才支撑和知识支撑。

南宋"崇文优士"的国策和"寒门入仕"、网罗人才的做法,对于今天正在致力于建设"生活品质之城"的杭州,为不断巩固人民群众当家作主的政治地位,形成民主团结、生动活泼、有序参与、依法治市的政治局面,提高人民群众政治生活品质方面都有着现实的借鉴意义。我们应借鉴南宋"尊重文士、重用文臣"的做法,尊重知识、尊重人才。要营造"凭劳动赢得尊重、让知识成为财富、为人才搭建舞台、以创造带来辉煌"的氛围,以一流环境吸引一流人才,以一流人才创造一流业绩,鼓励成功、宽容失败,真正做到事业留人、感情留人、适当待遇留人,从政治上、工作上、生活上关心、爱护人才,并将政治、业务素质好,具有领导能力的复合型人才大胆提拔到各级领导岗位上来。我们应借鉴南宋"寒门入仕"、广开言路的做法,推进决策科学化、民主化。要坚持党务公开、政务公开,按照"问情于民"、"问需于民"、"问计于民"的要求,深入了解民情,充分反映民意、广泛集中民智,不断完善专家决策咨询制度,建立有关决策的论证制和责任制,真心实意地听取并吸收各方专家学者的真知灼见,切实落实人民群众的知情权、参与权、选择权、监督权,推进决策科学化、民主化。我们应围绕建设"生活品质之城"的目标,营造全民"共建共享"的社会氛围。要引导全市广大干部群众进一步解放思想、更新观念、开拓创新,自觉地把提高生活品质作为杭州未来发展的根本导向和总体目标,贯彻落实到经济、政治、文化、社会建设和党的建设各个方面,在全市上下形成共建"生活品质之城"、共享品质生活、合力打造"生活品质之城”城市品牌的浓厚氛围，推进杭州又好又快地发展。

4. 借鉴南宋“体恤民生”的仁义之举，建设全民共享的“生活品质之城”，提升杭州社会生活品质

两宋统治集团倡导“儒术治国”，信奉儒家的济世精神。南宋理学的发展和繁荣，使新儒家“仁义”学说得到了社会各阶层的认可与效行。在这种思想的影响和支配下，使两宋在社会领域里初步形成了“农商并重”的格局，“士农工商”的社会地位较以往相对平等；在思想学术领域，“不杀上书言事者”，使士大夫的思想言论较以往相对自由；在人身依附关系上，农民与地主、雇工与手工业主都较宋代以前相对松弛；在社会保障制度上，针对不同人群采取不同的社会福利措施，各种不同人群较宋前有了更多的保障。两宋的社会福利已经初具现代社会福利的雏形，尽管不同时期名称不同，救助对象也有所差异，但一直发挥着救助“鳏寡孤独老幼病残”的作用；两宋所采取的施粥、赈谷、赈银、赈贷、安辑和募军等措施，对缓解灾荒所造成的严重困难发挥了积极作用。整个两宋时期，在长达320年的统治过程中，尽管面对着严重的民族矛盾，周边先后有契丹（辽）、西夏、吐蕃、金、蒙古等政权的威胁，百姓负担也比前代沉重得多，但宋代大规模的农民起义却少于前代，这与当时人们社会地位相对平等、社会保障受到重视、家庭问题处理妥当不无关系。

南宋社会“关注民生”、“同情民苦”的仁义之举，尤其是针对不同人群建立的较为完备的社会保障体系，在构建社会主义和谐社会，建设覆盖城乡、全民共享的“生活品质之城”的今天，有着特别重要的现实意义。建设覆盖城乡、全民共享的“生活品质之城”，既是一项长期的历史任务，又是一个重大的现实课题。要使“发展为人民、发展靠人民、发展成果由人民共享、发展成效让人民检验”的理念落到实处，就必须把老百姓的小事当作党委、政府的大事，以群众呼声为第一信号，以群众利益为第一追求，以群众满意为第一标准，树立起“亲民党委”、“民本政府”的良好形象。要始终坚持以人为本、以民为先的理念，既要关注城市居民，又要关注农村居民；既要关注本地居民，又要关注外来创业务工人员；既要关注全体市民

生活品质的整体提高，又要特别关注困难群众、弱势群体、低收入阶层生活品质的明显改善。要始终关注老百姓的衣食住行、安危冷暖、生老病死，让老百姓能就业、有保障，行得便捷、住得宽畅，买得放心、用得舒心，办得了事、办得好事，拥有安全感、安居又乐业，让全体市民共创生活品质、共享品质生活。

5. 整合南宋“安逸闲适”的环境资源，打造“东方休闲之都”，提升杭州环境生活品质

杭州得天独厚的自然山水环境，经过南宋100多年来“固江堤、疏西湖、治内河、凿新井”、“建宫城、造御街、设瓦子、引百戏”等多方面的措施，形成都城“左江(钱塘江)右湖(西湖)、内河(市区河道)外河(京杭运河)”的格局，使杭州的生态环境、旅游环境、休闲环境大为改观，极大地丰富了杭州的旅游资源。南宋为我们留下的不但是一面“南宋古都”的“金字招牌”，还留下了“安逸闲适”的休闲环境和休闲氛围。在“三面云山一面城”的独特环境里，集中了江、河、湖、溪与西湖群山，出现了大批的观光游览景点，并形成了著名的“西湖十景”。沿湖、沿河、沿街的茶肆酒楼，鳞次栉比，生意兴隆；官私酒楼、大小餐馆充满着“南料北烹”的杭帮菜肴和各地名肴；大街小巷布满大小馆舍旅店，是外地游客与应考士子的休息场所。同时，临安娱乐活动丰富多彩，节庆活动繁多。独特的自然山水，休闲的环境氛围，使临安人注重生活环境，讲究生活质量，追求生活乐趣。不但皇亲国戚、达官贵人纵情山水，赏花品茗，过着“高贵奢华”的休闲生活；而且文人士大夫交接士朋，寄情适趣，热衷“高雅脱俗”的休闲生活；就是普通百姓也往往会带妻携子，泛舟游湖，享受“人伦亲情”的山水之乐。

今天的杭州人懂生活，会休闲，讲究生活质量，追求生活品质，都可以从南宋临安人闲情逸致的生活态度中找到印迹。今天的杭州正在推进新城建设、老城更新、环境保护、街区改善等工程，都可以从南宋临安对“左江右湖、内河外河”的治理和皇城街坊、园林建筑的建设中得到有益启示。杭州要打造“东方休闲之都”，共建、共享“生活品质之城”，建设国际旅游休闲中心，就必须重振“南宋古都”品牌，充分挖掘南宋文化遗产，珍惜杭州为数不多的地

上南宋遗迹。进一步实施好“西湖”、“西溪”、“运河”、“市区河道”等综合保护工程;推进“南宋御街”——中山路有机更新,以展示杭州自南宋以来的传统商业文化;加强对南宋“八卦田”景区的保护与利用,以展示南宋皇帝“与民同耕”的怀古场景;加强对南宋官窑遗址的保护与利用,以展示南宋杭州物产的精致与精美;加强对南宋皇城遗址和太庙遗址的保护利用,以展示昔日南宋京城的繁荣与辉煌。进入21世纪的杭州,不但要保护、利用好南宋留下的“三面云山一面城”的“西湖时代”,更要以“大气开放”的宏大气魄,努力建设好“一主三副六组团六条生态带”的大都市空间格局,形成“一江春水穿城过”的“钱塘江时代”,实现具有千年古都神韵的文化名城与具有大都市风采的现代化新城同城辉映。

序　言

徐　规

靖康之变，北宋灭亡。建炎元年（1127）五月初一日，宋徽宗第九子、钦宗之弟赵构在应天府（河南商丘）即帝位，重建宋政权。不久，宋高宗在金兵的追击下一路南逃，最终在杭州站稳了脚跟，并将此地称为行在所，成为实际上的南宋都城。

南宋自立国起，到最终为元朝灭亡（1279），国祚长达一百五十三年之久。对于南宋社会，历来评价甚低，以为它国力至弱，君臣腐败，偏安一隅，一无作为。近代以来，一些具有远见卓识的史学家却有不同看法，如著名史学大师陈寅恪先生在上个世纪四十年代初指出：

> 华夏民族之文化，历数千载之演进，造极于赵宋之世。①

著名宋史专家邓广铭先生更认为：

> 宋代是我国封建社会发展的最高阶段，两宋期内的物质文明和精神文明所达到的高度，在中国整个封建社会历史时期之内，可以说是空前绝后的。②

很显然，对宋代的这种高度评价，无论是陈寅恪还是邓广铭先生，都没

---

① 《金明馆丛稿二编》，三联书店2001年版。

② 《关于宋史研究的几个问题》，载《社会科学战线》1986年第2期。

有将南宋社会排斥在外。我以为,一些人之所以对南宋贬抑至深,在很大程度上是出于对患有“恐金病”的宋高宗和权相秦桧一伙倒行逆施的义愤,同时从南宋对金人和蒙元步步妥协,国土日朘月削,直至灭亡的历史中,似乎也看到了它的懦弱和不振。当然,缺乏对南宋史的深入研究,恐怕也是其中的一个原因。

众所周知,南宋历史悠久,国土虽只及北宋的五分之三,但人口少说也有五千万人左右,经济之繁荣,文化之辉煌,人才之众多,政权之稳定,是历史上任何一个偏安政权所不能比拟的。因此,对南宋社会的认识,不仅要看到它的统治集团,更要看到它的广大人民群众;不仅要看到它的军事力量,更要看到它的经济、文化和科学技术等各个方面,看到它的人心之所向。特别是由于南宋的建立,才使汉唐以来的中华文明在这里得到较好的传承和发展,不至于产生大的倒退。对于这一点,人们更加不应该忽视。

北宋灭亡以后,由于在淮河、秦岭以南存在着南宋政权,才出现了北方人口的大量南移,再一次给中国南方带来了充足的劳动力、先进的技术和丰富的生产经验,从而推动了南宋农业、手工业、商业和海外贸易显著的进步。

与此同时,南宋又是中国古代文化最为光辉灿烂的时期。它具体表现为:

一是理学的形成和儒学各派的互争雄长。

南宋时候,程朱理学最终形成,出现了以朱熹为代表的主流派道学,以胡安国、胡宏、张栻为代表的湖湘学,以谯定、李焘、李石为代表的蜀学,以陆九渊为代表的心学。此外,浙东事功学派也在尖锐复杂的民族矛盾和阶级矛盾的形势下崛起,他们中有以陈傅良、叶适为代表的永嘉学派,以陈亮、唐仲友为代表的永康学派,以吕祖谦为代表的金华学派。理宗朝以前,各学派之间互争雄长,呈现出一派欣欣向荣的景象。

二是学校教育的大发展,推动了文化的普及。

南宋学校教育分中央官学、地方官学、书院和私塾村校,它们在南宋都获得了较大发展。如南宋嘉泰二年(1202),仅参加中央太学补试的士人就达三万七千余人,约为北宋熙宁(1068—1077)初的二百五十倍①。州县学在北宋虽多次获得倡导,但只有到南宋才真正得以普及。两宋共有书院三百九十七所,其中南宋占三百一十所②,比北宋的三倍还多,著名的白鹿洞、象山、丽泽等书院,都是各派学者讲学的重要场所。为了适应科举的需要,私塾村校更是遍及城乡。学校教育的大发展,有力地推动了南宋文化的普及,不仅应举的读书人较北宋为多,就是一般识字的人,其比例之大也达到了有史以来的高峰。

三是史学的空前繁荣。

通观整个南宋,除了权相秦桧执政时期,总的说来,文禁不密,士大夫熟识政治和本朝故事,对国家和民族有很强的责任感,不少人希望借助于史学研究,总结历史上的经验和教训,以供统治集团作为参考。另一方面,南宋重视文治,读书应举的人比以前任何时候都多,对史书的需要量极大,许多人通过著书立说来宣扬自己的政治主张,许多人将刻书卖书作为谋生的手段。这样就推动了南宋史学的空前繁荣,流传下来的史学著作,尤其是本朝史,大大超过了北宋一代。南宋史家辈出,他们治史态度之严肃,考辨之详赡,一直为后人所称道。四川路、两浙东路、江南西路和福建路都是重要的史学中心。四川路以李焘、李心传、王称等人为代表,浙东以陈傅良、王应麟、黄震、胡三省等人为代表,江南西路以徐梦莘、洪皓、洪迈、吴曾等人为代表,福建路以郑樵、陈均、熊克、袁枢等人为代表。他们既为后世留下了宝贵的史料,也创立了新的史学体例,史书中反映的爱国思想也对后世史家产生了重大影响。

四是公私藏书十分丰富。

南宋官方十分重视书籍的搜访整理,重建具有国家图书馆性质的秘书省,规模之宏大,藏书之丰富,远远超过以前各个朝代。私家藏书更是随着

① 《宋会要辑稿》崇儒一之三九。

② 参见曹松叶《宋元明清书院概况》,载《中山大学语言历史研究所周刊》第10集,第111—115期,1929年12月至1930年版。

雕版印刷业的进步和重文精神的倡导而获得了空前发展。两宋时期，藏书数千卷且事迹可考的藏书家达到五百余人，生活于南宋的藏书家有近三百人[①]，又以浙江为最盛，其中最大的藏书家有郑樵、陆宰、叶梦得、晁公武、陈振孙、尤袤、周密等人，他们藏书的数量多达数万卷至十数万卷，有的甚至可与秘府、三馆等。

五是文学、艺术的繁荣。

南宋是中国古代文学、艺术繁荣昌盛的时代。词是两宋最具代表性的文学形式。据唐圭璋先生所辑《全宋词》统计，在所收作家籍贯和时代可考的八百七十三人中，北宋二百二十七人，占百分之二十六；南宋六百四十六人，占百分之七十四，李清照、辛弃疾、陆游、姜夔、刘克庄等都是南宋杰出词家。宋诗的地位虽不及唐代，但南宋诗就其数量和作者来说，大大超过了北宋。有北方南移的诗人曾几、陈与义，有"中兴四大诗人"之称的陆游、杨万里、范成大、尤袤，有同为永嘉（浙江温州）人的徐照、徐玑、翁卷、赵师秀，有作为江湖派代表的戴复古、刘克庄，有南宋灭亡后作"遗民诗"的代表文天祥、谢翱、方凤、林景熙、汪元量、谢枋得等人。此外，南宋的绘画、书法、雕塑、音乐、舞蹈以及戏曲等，都在中国文化史上占有一定的地位。

在日常生活中，南宋的民俗风情、宗教思想，乃至衣、食、住、行等方面，对今天的中国也有着深刻影响。

南宋亦是我国古代科学技术发展史上最为辉煌的时期，正如英国学者李约瑟所说："对于科技史家来说，唐代不如宋代那样有意义，这两个朝代的气氛是不同的。唐代是人文主义的，而宋代较着重科学技术方面……每当人们在中国的文献中查找一种具体的科技史料时，往往会发现它的焦点在宋代，不管在应用科学方面或纯粹科学方面都是如此。"[②]此话当然一点不假，不过如果将南宋与北宋相比较，李约瑟上面所说的话，恐怕用在南宋会更加恰当一些。

---

① 参见《中国藏书通史》第五编第三章《宋代士大夫的私家藏书》，宁波出版社 2001 年版。

② 李约瑟：《中国科学技术史 · 导论》，中译本，北京科学出版社 1990 年版。

首先，中国古代四大发明中的三大发明，即就指南针、火药和印刷术而言，在南宋都获得了比北宋更大的进步和更广泛的应用。别的暂且不说，仅就将指南针应用于航海上，并制成为罗盘针使用这一点来看，它就为中国由陆上国家向海洋国家的转变创造了技术上的条件，意义十分巨大。再如，对人类文明作出重大贡献的活字印刷术虽然发明于北宋，但这项技术的成熟与正式运用是在南宋。其次，在农业、数学、医药、纺织、制瓷、造船、冶金、造纸、酿酒、地学、水利、天文历法、军器制造等方面的技术水平都比过去有很大进步。可以这样说，在西方自然科学没有东传之前，南宋的科学技术在很大程度上代表了中国封建社会科学技术的最高水平。

南宋军事力量虽然弱小，但军民的斗争意志异常强大。公元1234年，金朝为宋蒙联军灭亡以后，宋蒙战争随即展开。蒙古铁骑是当时世界上最为强大的军队，它通过短短的二十余年时间，就灭亡了西夏和金，在此前后又发动三次大规模的西征，横扫了中亚、西亚和俄罗斯等大片土地，前锋一直打到中欧的多瑙河流域。但面对如此劲敌，南宋竟顽强地抵抗了四十五年之久，这不能不说是世界战争史上的一个奇迹。从中涌现出了大量可歌可泣的英雄人物，反映了南宋军民不畏强暴的大无畏战斗精神，他们与前期的岳飞精神一样，成为中华民族宝贵的精神财富。

古人有言："以古为镜，可以知兴替。"近人有言："古为今用，推陈出新。"前者是说，认真研究历史，可为后人提供历史上的经验和教训，以少犯错误；后者是说，应该吸取历史上一切有益的东西，通过去粗取精，改造、发展，以造福人民。总之，认真研究历史，有利于加强精神文明的建设，也有利于将我国建设成为一个和谐、幸福的社会。

对于南宋史的研究，以往已经有不少学者作了辛勤的努力，获得了许多宝贵的成果，这是应该加以肯定的。但是，不可否认，与北宋史相比，对南宋史的研究还不够，需要进一步探讨的问题、需要填补的空白尚有很多。现在杭州市社会科学院南宋史研究中心在省市有关部门的大力支持下，在全国广大南宋史学者的积极支持和参与下，计划用五六年的时间，编纂出一套五十卷本的《南宋史研究丛书》，对南宋的政治、经济、军事、学术思想、文化艺术、科学技术、重要人物、民俗风情、宗教信仰、典章制度和故都历史进行全面的、系统的、深入的研究。这确实是一项有胆识、有魄力的大型文化工程，不仅有其重要的学术价值，更有其重要的现实意义。当然，这也是曾经作为南宋都城的杭州义不容辞的责任。我相信，随着这套丛书的编纂成功，将会极大地推动我国南宋史研究的深入开展，对杭州乃至全国的精神文明建设都有莫大的贡献，故乐为之序。

2006 年 8 月 8 日于杭州市道古桥寓所

目　录

上编　手工业

下编 商 业

导　论

第一节　南宋临安工商业发达的社会背景

一、良好的经济基础

杭州的工商业早在唐代起，就呈现出迅猛发展的势头。当时杭州的丝织、造船、酿酒、煮盐、造纸等手工业已经具备一定的基础，并生产出了一些全国知名的产品。商业更是成规模，“骈樯二十里，开肆三万室”。① 城内“夜市桥边火，春风寺外船”②；城外“鱼盐聚为市，烟火起成村”。③

五代入宋以后，继续呈现迅猛的发展势头。这种现象在苏轼《表忠观碑》中有比较详细的阐述：

> 皇宋受命，四方僭乱以次削平。而蜀、江南负其险远，兵至城下，力屈势穷，然后束手。而河东刘氏，百战死守以抗王师，积骸为城，洒血为池，竭天下之力，仅乃克之。独吴越不待告命，封府库、籍郡县，请吏于

① 李华：《杭州刺史厅壁记》，《全唐文》卷三一六，上海古籍出版社1990年版，第1417页。

② 杜荀鹤：《送友游吴越》，《全唐诗》卷六九一，上海古籍出版社1986年版，第1740页。

③ 《白居易全集》卷二〇《东楼南望八韵》，上海古籍出版社1999年版，第300页。

朝。视去其国,如去传舍。其有功于朝廷甚大。……①

正是在这种背景下,杭州在当时人们的心目中已经是一个非常富丽的人间天堂。这在当时的文学作品中表现得尤其突出:陶穀说:“轻清富庶,东南为甲。富兼华夷,余杭又为甲。百事繁庶,地上天宫也。”②潘阆云:“长忆钱塘,不是人寰是天上。万家掩映翠微间,处处水潺潺。异花四季当窗放。出入分明在屏障。别来隋柳几经秋。何日得重游。”③

到北宋中后期,杭州更成为“东南第一州”④,其城市的经济地位仅次于当时的都城东京开封。以商税论,杭州所交的税额是全国第一,绝对超过其他地区。北宋熙宁十年(1077)商税额上交税额比较多的城市,第一就是杭州,约十七万三千余贯;第二才是都城开封,为十五万三千余贯;第三是楚州(今江苏淮安市)的十一万三千余贯;第四是扬州,税额为九万六千余贯;第五是河北大名府的九万五千余贯;第六是河北沧州(今沧县)的九万四千余贯;第七是郓州(今山东东平县)和长沙,同为九万二千余贯;第八是密州(今山东胶县)和齐州(今山东济南),并为八万七千余贯;第九位的税额则比上一位下降更多,是苏州的七万七千余贯。⑤ 从酒税来看,杭州的税额也是相当高的。根据苏轼《杭州乞度牒开西湖状》的奏文,有“天下酒税之盛,未有如杭者也,岁课二十余万缗……”等语⑥,二十余万贯的酒税,比商税的收入还多,可知当时杭州是全国最大的酒消费地。有鉴于此,王畴《送同年蒲叔范察判杭州监》诗有“杭城东南剧,地将湖海邻。榷利冠天下,旗亭压重闉”的诗句。⑦ 而曾经跟随苏轼居于杭州的北宋词人晁补之,在《七述》中赞美杭

---

① 《苏轼文集》卷一七,中华书局 1986 年版,第 499-500 页。

② 陶穀:《清异录》卷上《地理·地上天宫》,载《宋元笔记小说大观》,上海古籍出版社 2001 年版,第 11 页。

③ 潘阆:《酒泉子》,载《全宋词》,中华书局 1965 年版,第 5 页。

④ 宋仁宗《赐梅挚出守杭州诗》赞美杭州“地有湖山美”,是“东南第一州”,由此可见,当时杭州的城市地位已经得到了皇帝的首肯。见周淙《乾道临安志》卷三《牧守》,载《南宋临安两志》,浙江人民出版社 1983 年版,第 59 页。

⑤ 《宋会要辑稿》食货一六之七、一七之一,中华书局 1957 年版。

⑥ 《苏轼文集》卷三〇,第 864 页。

⑦ 《宋文鉴》卷一七,中华书局 1992 年版,第 240 页。

州经济时说：

> 杭故王都，俗上工巧，家夸人斗，穷丽殚好，纷拏错纠，晃荡精皛，若八方之民，车凑舟会，角富而衍。实木则花梨，美枞棁柏香檀阳平阴秘，外泽中坚，以斩以刊，以刳以剜，以漆以胶，以墨以丹，为床为匦，为楱为几，为盘为豆，为盂为篚，庄严之佛，惨烈之神，诙怪之鬼，颀姣之人，涂以铅英，镂以金文，依以灵山，乘以飞云，霞烟雾霭，焕烂五采。渠输陆运，投钱竞买。……宝则璆琳珊瑚、玛瑙碔砆、药化之玉、火化之珠，红黄白绿，磊落满楱。北商东贾，白金不霻。沙河雨晴月照，灯明席张，案设左右，煌荧远而望之，夺人目睛……

其时，杭州的手工业中的造船、酿酒、印刷、丝织等就已经名列全国前列。商业亦是如此，日本高僧成寻来到杭州时，曾在《参天台五台山记》卷一中对杭州的商业繁华盛况作了极为详细的生动描述：

> 四月廿二日（辛未）……戌时，吴船头林廿郎、李二郎，相共出见市，以百千七宝庄严，一处或二三百灯，以琉璃壶悬并，内燃火玉，大径五六寸，小三四寸，每屋悬之，色青赤白等也。或悬玉帘庄严，女人咔琴吹笙，伎乐众多，不可思议。或作种种形象，以水令舞、令打鼓、令出水，二人如咒师回转，二人从口吐水，高四五尺，二人从肘出水，高五尺，二人驰马，总百余人。造立高台，人形长五寸许，种种巧术，不可宣尽。每见物人与茶汤，令出钱一文。市东西卅余町，南北卅余町，每一町有大路，小路百千，卖买不可言尽。见物人满路头并舍内，以银茶器每人饮茶，出钱一文……

从这段文献记载中，我们可以看出这里的商家店铺鳞次栉比，街头店内到处是行人和顾客，给一文钱就可以用银制的茶器喝茶。而夜市中不可或缺的灯火，点燃后装在琉璃壶中，呈现出青、赤、白等颜色，每一处都要悬挂上二三百个之多，以致整个夜市灯火辉煌，如同白日，极其壮观。为了招徕客人，店家还采用了各种各样的表演手法、魔术和奇技等，特别是众多的戏水师，更是技艺惊人。总之，如此壮丽的尽善尽美的夜市——在那时日本的都城京都一带完全是无法想象的，所以使当时的留学僧成寻等人惊异得瞠目结舌——这样大规模的夜市，同时也毫无疑问地表明了杭州都市商业的发达。

北宋杭州工商业的发达和都市经济的繁华，在当时文人士大夫的作品中更是得到了淋漓尽致的表达。大文豪欧阳修在《有美堂记》中便赞美杭州说：

> 若乃四方之所聚，百货之所交，物盛人众，为一都会，而又能兼有山水之美，以资富贵之娱者，惟金陵、钱塘。然二邦皆僭窃于乱世。及圣宋受命，海内为一，金陵以后服见诛。今其江山虽在，而颓垣废址，荒烟野草，过而览者，莫不为之踌躇而凄怆。独钱塘自五代时，知尊中国效臣顺，及其亡也，顿首请命，不烦干戈。今其民幸，富足安乐，又其俗习工巧，邑屋华丽，盖十余万家……可谓盛矣。①

他还在庆历三年(1043)《送慧勤归余杭》诗中进一步生动细致地描述杭州的天堂生活：

> 越俗僭宫室，倾赀事雕墙。
> 佛屋尤其侈，眈眈拟侯王。
> 文彩莹丹漆，四壁金焜煌。
> 上悬百宝盖，宴坐以方床。
> 胡为弃不居，栖身客京坊。
> 辛勤营一室，有类燕巢梁。
> 南方精饮食，菌笋鄙羔羊。
> 饭以玉粒粳，调之甘露浆。
> 一馔费千金，百品罗成行。②

柳永《望海潮》词则咏杭州：

> 东南形胜，三吴都会，钱塘自古繁华。烟柳画桥，风帘翠幕，参差十

---

① 欧阳修:《居士集》卷四〇《有美堂记》，载《欧阳修全集》，中国书店1986年版，第281页。
② 《居士集》卷二，载《欧阳修全集》，第10页。

万人家。云树绕堤沙，怒涛卷霜雪，天堑无涯。市列珠玑，户盈罗绮竞豪奢。……①

二、北方先进工商文明的影响

随着宋室的南迁，特别是南宋建都临安，全国各地的士民纷纷来到了这个新的都城，这便是时人陆游在《老学庵笔记》卷八所说的："大驾初驻跸临安，故都及四方士民商贾辐辏。"在这众多的移民中，北方移民占据了很大的比例。据史书载，"中原士民，扶携南渡，不知其几千万人"②，其中"西北士大夫多在钱塘"③。由于移民的大量迁入，使临安城内外的移民人数远远超过了当地的土著人口。绍兴二十六年（1156），起居舍人凌景夏说："切见临安府自累经兵火之后，户口所存，裁十二三，而西北人以驻跸之地，辐凑骈集，数倍土著。今之富室大贾，往往而是。"④

这些外来人口的成分颇为复杂，除大批随高宗南下的官吏外，还有大量的士人成群结队来京都求取功名，成为"士大夫渊薮"之地。李心传言当时"天下贤俊多避地于此"⑤。如北宋理学家程颐的后代程迥，就流寓于临安前洋街。⑥ 而商贾、工匠、僧道、艺人等也寓居于此。北方商人纷纷奔赴这个当时世界上最大的商业城市来淘金。他们大多在风景优美的凤凰山、吴山一带建造豪华住宅，寄寓于此，乐此不返。这些北方移民带来了北方先进的文化和生活方式，它进一步促进了北方文明向南方、特别是临安的渗透，从而使临安的都市文明有了一个质的飞跃。具体反映在以下几个方面：

（一）商业

南宋临安的商业十分发达，远远胜过北宋的汴京。对此，时人吴自牧在

---

① 《全宋词》第1册，第39页。

② 《建炎以来系年要录》（以下简称《系年要录》）卷八六，绍兴五年闰二月壬戌，中华书局1988年版，第1422页。

③ 《宋史》卷四三七《儒林七·程迥传》，中华书局1985年版，第12949页。

④ 《系年要录》卷一七三，绍兴二十六年七月丁巳，中华书局1988年版，第2858页。

⑤ 《系年要录》卷二〇，建炎二年二月庚午，第405页。

⑥ 田汝成：《西湖游览志余》卷二六《委巷丛谈》，上海古籍出版社1998年版，第385页。

其所作的《梦粱录》一书中有载："大抵杭城是行都之处，万物所聚，诸行百市，自和宁门杈子外至观桥下，无一家不买卖者，行分最多，且言其一二，最是官巷花作，所聚奇异飞鸾走凤，七宝珠翠，首饰花朵，冠梳及锦绣罗帛，销金衣裙，描画领抹，极其工巧，前所罕有者悉皆有之。"①又说："盖因南渡以来，杭为行都二百余年，户口蕃盛，商贾买卖者十倍于昔，往来辐辏，非他郡比也。"②楼钥说："钱塘古都会，繁富甲于东南。高宗南巡，驻跸于兹，历三朝五十余年矣。民物百倍于旧。"③耐得翁《都城纪胜》序云："自高宗皇帝驻跸于杭，而杭山水明秀，民物康阜，视京师其过十倍矣。虽市肆与京师相侔，然中兴已百余年，列圣相承，太平日久，前后经营至矣，辐辏集矣，其与中兴时又过十倍也。"但毫无疑义，南宋临安商业的繁荣，是与北宋东京开封的影响密不可分的。

据史籍记载，当时流寓到临安的北方人，特别是东京的一些商人，纷纷在此经营商业。"如厢王家绒线铺，自东京流寓，今于御街开张，数铺亦不下万计"④。他们往往以达官贵人为经营对象，"堆上细匹段，而锦绮缣素，皆诸处所无者"。⑤ 绍兴二年(1132)二月，高宗赵构对秦桧说："前日百姓揭牌，题以'供御绣服'。问之，乃十年前京师铺户，用其旧牌。已令毁撤。不知者将谓旧习未除。朕所服者多缯素，岂复有绮绣也。"⑥

特别需要指出的是，在临安众多的商铺中，东京人开设的饮食店更占有举足轻重的地位。时人耐得翁在《都城纪胜·食店》里述及临安的食店时说："都城食店，多是旧京师人开张。"同书"市井"条又载孝宗(1162－1189年在位)时事云："是时尚有京师流寓经纪人，市井遭遇者，如李婆婆羹、南瓦子张家团子。"这些东京人不仅纷纷在临安开设酒楼、茶肆和食店，把中原传

---

① 吴自牧：《梦粱录》卷一三《团行》，浙江人民出版社 1984 年版，第 115 页。
② 《梦粱录》卷一三《两赤县市镇》，第 114 页。
③ 楼钥：《钱塘录壁记》，载《咸淳临安志》卷五四。
④ 耐得翁：《都城纪胜·铺席》，载《南宋古迹考》(外四种)，浙江人民出版社 1983 年版，第 91 页。
⑤ 《都城纪胜·铺席》，载《南宋古迹考》(外四种)，第 91 页。
⑥ 《系年要录》卷五一，绍兴二年二月己卯，第 906 页。

统的烹饪技术、东京风味制作以及饮食店的经营管理方法等带到了临安，从而使当时的都城临安颇多“汴京气象”。袁褧《枫窗小牍》卷上就称赞说：“旧京工伎，固多奇妙。即烹煮盘案，亦复擅名。如王楼梅花包子、曹婆肉饼、薛家羊饭、梅家鹅鸭、曹家从食、徐家瓠羹、郑家油饼、王家乳酪、段家爊物、不逢巴子南食之类，皆声称于时。若南迁湖上鱼羹宋五嫂、羊肉李七儿、奶房王家、血肚羹宋小巴之类，皆当行不数者也。”

在他们的影响下，当地商人也纷纷效学汴京，从而使得临安的商业以异乎寻常的速度蓬勃发展起来了。《都城纪胜·食店》载：“如猪胰胡饼，自中兴以来只东京脏三家一分，每夜在太平坊巷口，近来又或有效之者。”周辉在《清波杂志》卷中也十分感慨地说道：“辉小时见人说，京师人家日供常膳，未识下箸食味，非取于市不属餍。自过江来，或有思京馔者，命仿效制造，终不如意。今临安所货节物，皆用东都遗风，各色自若，而日趋苟简，图易售也。”此外，东京饮食店为招揽顾客而采取的注重门面装饰和店内陈设的一些方法也传到了临安。例《梦粱录》卷一六《茶肆》云：“汴京熟食店，张挂名画，所以勾引观者，留连食客。今杭城茶肆亦如之，插四时花，挂名人画，装点店面。”同卷《酒肆》条又载：“如酒肆门首，排设杈子及栀子灯等，盖因五代时郭高祖游幸汴京，茶楼酒肆俱如此装饰，故至今店家仿效成俗也。”有些高级酒楼的门首更是“以枋木及花样沓结，缚如山棚，上挂半边猪、羊，一带近里面窗牖，皆朱绿五彩装饰”，一如东京酒楼的“欢门”。并沿袭东京风习，拓宽府堂，厅院廊庑，花木森茂，酒座雅洁，分阁坐次，重帘遮隔，自成天地，不使食客群集一处，以避免人来客往，嘈杂不适。《梦粱录》卷一六《分茶酒店》载：“杭城食店，多是效学京师人。开张亦效御厨体式，贵官家品件。”同书卷一八《民俗》又载：“杭城风俗，凡百货卖饮食之人，多是装饰车盖担儿，盘合器皿新洁精巧，以炫耀人耳目，盖效学汴京气象。及因高宗南渡后，常宣唤买市，所以不敢苟简，食味亦不敢草率也。”

不仅坐贾待沽的店家如此，而且连那些肩挑车推、走街串巷的流动小贩，也纷纷学起东京商人的生意经。《梦粱录》卷一三《天晓诸人出市》就对此作了非常详细的描述：每日交四更，“御街铺席，闻钟而起，卖早市点心”。

各行铺食及流动食贩,“填塞街市,吟叫百端,如汴京气象,殊可人意”。同卷《夜市》条又载:“赏新楼前仙姑卖食药。又有经纪人担瑜石钉铰金装架儿,共十架,在孝仁坊红杈子卖皂儿膏、澄沙团子、乳糖浇。寿安坊卖十色沙团。众安桥卖澄沙膏、十色花花糖。市西坊卖(鲍)螺滴酥,观桥大街卖豆儿糕、轻饧。太平坊卖麝香糖、蜜糕、金铤裹蒸儿。庙巷口卖杨梅糖、杏仁膏、薄荷膏、十般膏子糖。内前杈子里卖五色法豆,使五色纸袋儿盛之。通江桥卖雪泡豆儿、水荔枝膏。中瓦子前卖十色糖。更有瑜石车子卖糖糜乳糕浇,亦俱曾经宣唤,皆效京师叫声。”

此外,东京的传统烹饪技术、风味制作以及冷藏食物等方法和技术也随着宋室的南迁而传入临安,且为当地人所采用。例如,临安的菜肴就融合了南下“京师人”所带来的烹饪方法,保持和发展了鱼米之乡特色丰盛的优势,“南料北烹”,结合临安西湖胜迹风貌的文采,形成了具有鲜明特色的菜系,把中国的古代菜肴发展到了一个新的高峰。东京人宋嫂的鱼羹制作技术就在临安广为流传。据《武林旧事》卷七《乾淳奉亲》载:“时有卖鱼羹人宋五嫂,对御自称东京人氏,随驾至此。”又如杭城有“效学京师古本十般糖”的糖食方法①。正是经过这种南北饮食文化一百余年的交流与融合,临安城中的饮食遂“混淆无南北之分矣”。②

总之,以汴京为代表的北方饮食文化的南传,不仅丰富了南宋都城临安市民的饮食生活,而且进一步提升了杭州饮食业在全国的地位,确立了杭州在全国的龙头作用,以至社会上时有“不到两浙辜负口”的谣谚③。

(二)手工业

南宋临安的手工业十分发达,纺织、酿酒、造纸、印刷、陶瓷、造船及军火等工业都居全国前列。虽然杭州这些手工业的生产历史非常久远,且至北宋时已有相当的规模和水平,但南宋临安手工业的发达往往又跟宋室的南迁联系在一起。特别是宋室定都临安后,直接为皇室、官府服务的、规模庞

---

① 《梦粱录》卷一三《夜市》,第119页。

② 《梦粱录》卷一六《面食店》,第146页。

③ 杨亿:《谈苑·辜负口眼》,载曾慥《类说》卷五三。

大的官方手工业作坊在临安纷纷建立,同时东京等地大量具有各种手工业技艺的专业人才移居临安,大大改变了当地官、私手工业的结构与比重,并对都城临安手工业生产的发展产生了极其重要的影响。

以陶瓷业为例,宋室南迁前,杭州的陶瓷业在全国并无地位,也没有影响。但宋室定都杭州后,不久即在当地设立了两座新窑,一是凤凰山下的修内司窑,另一个是南宋郊坛东侧乌龟山南麓的"郊坛官窑"。这两座官窑都是东京官窑的继续。南宋叶寘《坦斋笔衡》明确记载说:"中兴渡江,有邵成章提举后苑,号邵局,袭故宫遗制,置窑于修内司,造青器,名内窑;澄泥为范,极其精致,油色莹澈,为世所珍。"这样,临安一下子就成为全国陶瓷业的中心之一。

又如丝织业,宋室南迁后,东京的织锦院、染院、文绣院、裁造院等机构也相继在临安恢复起来了。工匠们带来了东京和北方其他地区精湛的纺织技艺,对临安官方及民间丝织业的发展起了积极的促进作用,使临安成为全国丝织业最为发达的地区。

印刷业也在北方工匠的参与之下而愈加发达了。如从东京迁到临安的国子监,其印本在当时最为精良,号称"监本"。寄居临安府中瓦南街东荣六郎家开的书肆在当时较为著名,主要印刷和出售经史书籍,并在书上刻明他们在开封时的原址。

文具业、酿酒业等同样如此。例建炎绍兴年间随高宗南迁到杭州的笔工屠希制作的笔,就在当时深受大家的喜爱,"自天子、公卿、朝士四方士大夫皆贵希笔,一筒至千钱,下此不可得"。① 而杭州的酿酒业虽然在北宋时就很著名,但到南宋时更盛。当时,东京宫中盛行的以羊肉为主料酿成的羊羔酒,就在临安城中风行一时,成为人们争相品用的补身名酒。

三、都城效应

南宋定都杭州后,当地都市文明的发展除受到北方中原文化的强烈渗

① 陆游:《渭南文集》卷二五《书屠觉笔》,载《陆游集》第5册,中华书局1976年版,第2220页。

透外，还受到都城效应的强烈影响。

从数千年的中国历史来看，无论是全国性的都城，还是地区性的都城，只要存有一定长的时间，基本上都是当时全国性或地区性的经济和文化中心。也就是说，凡是都城必定是集全国性或地区性政治、经济、文化三个中心于一体的。这便是中国封建社会时期都城特有的效应。南宋定都杭州后，杭州城市的发展便享受到了这种都城效应带来的好处。它迅速促进了杭州都市的繁荣，使杭州从北宋一个国内的中等城市跃升为当时世界上首屈一指的大都市。这突出反映在城市人口的急速膨胀上。

杭州城区人口至北宋中期已经“甲于两浙”，达到了四五十万人。但至南宋建炎年间(1127－1130)，因金兵的屡次烧杀，人口锐减。曹勋说：“临安在东南，自昔号一都会。建炎及绍兴间三经兵烬，城之内外所向墟落，不复井邑。”①但随着金兵的北撤和宋室的南迁，特别是南宋建都临安，都城人口有了大幅度的增长。到南宋后期，临安已经是百万人口以上的大城市了。当时的文献就对此作了大量的描述，如《梦粱录》云：“杭城今为都会之地，人烟稠密，户口浩繁，与他州外郡不同。”②又云：“杭州人烟稠密，城内外不下数十万户，百十万口。”③“城内外数十万户口，莫知其数”④；“近百万余家。”⑤《都城纪胜·坊院》曰：“柳永咏钱塘词云：‘参差十万人家’，此元丰以前语也。今中兴行都已百余年，其户口蕃息，仅百万余家者？城之南西北三处，各数十里，人烟生聚，市井坊陌，数日经行不尽，各可比外路一小小州郡，足见行都繁盛。”《西湖老人繁胜录·街市点灯》：“城内外有百万人家。”《马可波罗游记》载：“全城凡一百六十万户。”学术界一般以为，当时临安城内外的

① 曹勋：《松隐集》卷三一《仙林寺记》，文渊阁《四库全书》本。
② 《梦粱录》卷一八《户口》，第161页。
③ 《梦粱录》卷一六《米铺》，第148页。
④ 《梦粱录》卷一三《铺席》，第118页。
⑤ 《梦粱录》卷一九《塌房》，第180页。

人口为一百五十万至一百六十万人。① 甚至有的学者认为，南宋临安人口最高时有一百万户、五百万人。②

需要说明的是，除临安城中上百万的居民外，每年还有不计其数的流动人口来到这里，如外来的官员和商人、游客等。潜说友《咸淳临安志》便载道："国朝承平之时，四方之人以趋京邑为喜。盖士大夫则用功名进取系心，商贾则贪舟车南北之利，后生嬉戏则以纷华盛丽而悦。"③特别是科举士人，每遇考试进士的年份，全国各地的士人纷纷前来赶考，其人数约有十万人。如果每一位赴考的士人平均每人带一个仆人，那么加起来总共就达二十万人。④ 他们的到来，无疑有力地促进了临安工商业和文化的发展以及海内外的文化交流。梁庚尧《南宋城市的发展》一文就对此作了比较透彻的论述，他说：

> 由于北方沦入金人之手，宋的首都由开封迁移到南方的杭州，也就是临安府。据估计，约有二万名官员、数以万计的胥吏、近四十万的军队以及这些官吏、军人的家眷，随着政治中心的南迁而流寓到南方来。这种情形，对于南宋的商业发展也有重大的影响。首先就行都临安府本身来说，由于成为政治中心，驻有皇室、中央政府官吏和护卫行都的军队，使得临安府的消费量骤增，需要外地大量物资输入，近如两浙，远

---

① 杨宽在《中国古代都城制度史》（上海古籍出版社 1993 年版）第 410 页论"临安的密集人口"中认为，南宋末年咸淳年间，临安府所属九县，按户籍，主客户共三十九万一千多户，一百二十四万多口；附郭的钱塘、仁和两县主客户共十八万六千多户，四十三万二千多口，占全府人口的三分之一。宋朝的"口"是男丁数，每户平均以五人计，约九十多万人。所驻屯的军队及其家属，估计有二十万人以上，总人口当在一百二十万人左右，包括城外郊区十万人和乡村十万人。

② 有关南宋临安城市人口的不同估计，可参阅日本学者加藤繁：《论南宋首府临安的户口》、《临安户口补论》，载加藤繁著、吴泽译：《中国经济史考证》第 2 卷，商务印书馆 1963 年版；日本学者池田静夫：《南宋首都临安的户口再探讨》，载《文化》第 5 卷第 12 期；林正秋：《南宋都城临安》，西泠印社出版社 1986 年版，第 174 – 185 页；梁庚尧：《南宋城市的发展》（上），载《食贷月刊》第 10 卷第 10 期，1981 年；美国学者赵冈：《南宋首府临安人口》，载《中国历史地理论丛》1994 年第 2 辑；吴松弟：《中国人口史》第 3 卷《辽宋金元时期》，复旦大学出版社 2000 年版，第 574 – 584 页。

③ 潜说友：《咸淳临安志》卷九二《纪遗四 · 纪事》，第 4200 页。

④ 以上依据《西湖老人繁胜录》"混补年"条，载《南宋古迹考》（外四种），第 106 页。

至淮南、四川、闽粤,都有大量商品运往临安府销售,自然增进了临安府的商业繁荣。不仅临安府如此,邻近的地区,由于生活环境优裕,有不少达官贵人来此定居……这类达官贵人,是社会上最富有分子,消费能力远较常人高,对于物资的需要最大,因此,以临安府为中心的江浙地区就形成一个大消费中心,促进当地商业的发展。①

第二节　南宋临安工商业发达的不俗表现

临安作为南宋的都城,其在工商业上有着不俗的惊人表现,具体来说,主要有以下几个方面:一是工商业氛围浓厚;二是行业划分空前细微;三是名品与名店迭出;四是在海内外影响重大而深远。

一、工商业氛围浓厚

在中国漫长的封建社会里,统治者长期实行"重本抑末"、"重农轻商"的国策。然而,在宋代,由于社会生产力水平的提高,尤其是商品经济的发展明显超过了前代,使人们的经济观念呈现出转折时期的鲜明特征。传统的"重本抑末"、"重农轻商"这一商品经济观念发生了根本性的变化,"农本工商末"的传统观点已在宋代得到了的否定,人们对工商业的社会价值给予了充分的肯定。在这一时期,朝廷奖掖商业经营,关怀商旅。而文人士大夫更是对传统的"农本工商末"的观点进行了有力的批判。如以天下为已任的范仲淹发出了"吾商则何罪？君子耻为邻"②的呼喊,对社会上抑商、轻商的观念进行了强烈的谴责。而南宋时的陈耆卿、叶适更是旗帜鲜明地认为工商业是"本业",如陈耆卿说:"古有四民,曰士,曰农,曰工,曰商。士勤于学业,

① 梁庚尧:《南宋城市的发展》,载《南宋史研究论丛》上册,杭州出版社 2008 年版,第 263－264 页。

② 《范文正公文集》卷二《四民诗·商》,载《范仲淹全集》上册,四川大学出版社 2002 年版,第 25 页。

则可以取爵禄;农勤于田亩,则可以聚稼穑;工勤于技巧,则可以易衣食;商勤于贸易,则可以聚财货。此四者,皆百姓之本业,自生民以来,未有能易之者也。"①叶适也尖锐地指出:"夫四民交致其用,而后治化兴。抑末厚本,非正论也。"②正是在这种社会氛围下,商人的社会地位也有了明显的提高,他们可以以合法的身份参与科举考试,跻身于仕宦行列,③从而使社会上出现了全民皆商的新风尚。"凡人情莫不欲富,至于农人、商贾、百工之家,莫不昼夜营度,以求其利。"④清人沈尧还对此作了生动而精彩的论述:"宋太祖乃尽收天下之利权归于官,于是士大夫始必兼农桑之业,方得赡家,一切与古异矣。仕者既与小民争利,未仕者又必先有农桑之业方得保朝夕,以专事进取,于是货殖之事益急,商贾之势益重……古者,士之子恒为士,后世商之子方能为士,此宋、元、明以来变迁之大较也。天下之士多出于商,则纤啬之风益甚。"他认为,士大夫与商人的关系之所以发生这样大的变化,"则以天下之势偏重在商,凡豪杰有智略之人多出焉。其业则商贾也,其人则豪杰也。为豪杰则洞悉天下之物情,故能为人所不为,不忍人所忍。是故为士者转益纤啬,为商者转敦古谊。此又世道风俗之大较也。"⑤

毫无疑义,杭州在开风气方面起到了创先和示范的作用。据文献记载,早在北宋时,杭州市民就竞相从事工商业。为此,当时任杭州知府的蔡襄有"钱塘风俗本夸奢,上商射利尤加勇"之诗句。⑥ 陈襄更是专门写了一篇《杭州劝学文》,想改变这一风气,他在文中说:

> 某尝谓学校之设,非以教人为辞章、取禄利而已,必将风之以德行道艺之术,使人陶成君子之器,而以兴治美俗也。杭东南之会藩也,其

① 陈耆卿纂:《嘉定赤城志》卷三七《风土门·重本业》,载《宋元方志丛刊》,中华书局1990年版,第7578页。

② 叶适:《习学记言序目》卷一九《史记一》,中华书局1977年版。

③ 如苏辙在《栾城集》卷二一《上皇帝书》中说:"凡今农工商贾之家,未有不舍其旧而为士者也。"

④ 蔡襄:《蔡忠惠集》卷三四《福州五戒文》,载《蔡襄集》,上海古籍出版社1996年版,第619页。

⑤ 沈尧:《落帆楼文集》卷二四《费席山先生七十双寿序》。

⑥ 蔡襄:《蔡忠惠集》卷三《和王学士水车》,载《蔡襄集》,第53页。

山川清丽，人物秀颖，宜有美才生于其间。然自建学以来，弦歌之声萧然，士之卓然有称于时者盖鲜，反不迨于支郡，何也？岂非渤海之民罕传圣人之学，习俗浮泊，趋利而逐末，顾虽有良子弟，或沦于工商释老之业，曾不知师儒之道尊而仁义之术胜也。某之至是邦也，固当以教育为先务，而必致学者首明周官三物之要，使有以自得于心而形于事业，然后可以言仕，此所谓学之序也。虽然自以为愚蔽弗明，而力不足且胜其任，责不逮思得明诚笃行之士，相与讲议其道而推行之。①

然而他的努力徒劳，杭人从事工商业的风气愈来愈烈。至南宋，商人与工匠在临安的居民结构中已经占有举足轻重的地位。据时人记载，临安有四百十四行，每行大约数十至百户。② 如以百户计算，则城区从事工商业的户数为四万一千四百余家。一家以五口计，则达二十万七千人，约占城区居民总数的三分之一左右。而据《马可波罗行纪》所述，临安的工商户则要远远超过此数："此城有十二种职业，各业有一万二千户，每户至少有十人，中有若干户多至二十人四十人不等。其人非尽主人，然亦有仆役不少，以供主人指使之用。"③如以每家十二人计算，则临安城内仅从事工商业的人数高达十四万四千人。这个数字达到了中国都城发展史上的最高水平，远非唐代长安、北宋东京所能望其项背。

二、行业划分的空前细致和地区的专业分工

在中国，长期流行着这样一句俗语："三百六十行，行行出状元。"这说明在人们的心目中，"三百六十行"已经是行业划分的最细了。然而，在南宋都城临安，其行业划分远比这细化得多，达到了"四百十四行"，比唐代最多的"二百二十行"④足足增加了近一倍。《西湖老人繁胜录·诸行市》就对临安

① 陈襄：《古灵集》卷一九，文渊阁《四库全书》本。

② 《西湖老人繁胜录·诸行市》："京都有四百十四行。"《武林旧事》卷六《小经纪》："每一事率数十人。"

③ [法]沙海昂注、冯承钧译：《马可波罗行纪》，中华书局2004年版，第570页。

④ 宋敏求《长安志》卷八《次南东市》载"市内货财二百二十行"。

的行业种类作了十分详细的记载：

京都有四百十四行，略而言之：闹慢道业、履历班朝、风筝药线、胶矾斗药、五色箭翎、银朱印色、茶坊吊挂、琉璃泛子、粘顶胶纸、染红牙梳、诸般缠令、修飞禽笼、修罘罳骨、成套筛儿、接象牙梳、诸般要曲、札熨斗、丁香窗、修砧头、照路遣、扫金银、蠲糨纸、造翠纸、乾红纸、简笏袋、幞头笼、腰带匣、读书灯、笔砚匣、窗子匣、了事匣、黄草罩、修合溜、淹猪丈、医飞禽、接旧条、修破扇、醋碗儿、丁鞋络、掩漆子、搭罗儿、面花儿、香果合、截板尺、印香脱、画眉篦、造槐简、开科套、教虫蚁、剔图书、起鱼鳞、攀膊儿、手巾架、头巾盝、蛤粉桶、花夹儿、肥皂团、淋了灰、茶花子、出衣粉、做诨裹、注水管、旧铺帛、木仙官、字牌儿、洗衣服、钻真珠、赁花檐子、解玉板、钉鱼带、碾玉藁、赁茶酒器、锦褥子、发驼儿、烟突帚、扇牌儿、织鞋带、锦胭脂、七香丸、稳步膏、雁牌额、开先牌、鹁鸽铃、葫芦笛、牛粪灰、漆茼孙（此三字，不解，然无从臆改）、细扣子、闹城儿、消息子、揪金线、真金条、香饼子、香炉灰、打香印、卖朝报、金莲子、竹夫人、箅子筒、食罩儿、食辟子、白及末、解粥米、熟水草、选官图、批刷儿、屿鱼尾剔、供席草、卖插药、写文字、纸画儿、提茶瓶、花架儿、卖字本、笛谱儿、小螃蟹、蛇蚪儿、便桥、试卷、试卓、交床、试篮、拄杖、粘竿胡梯、水草、风袋、使绵、劈柴、炭墼、捉漏、担帚、钓钩、绪底、拂子、鬲粉、占坐、歌舞、歌琴、歌棋、歌乐、歌唱、棕索、发索、金麻、虫、端亲。四山四海，三千三百。衣山衣海（南瓦），卦山卦海（中瓦），南山南海（上瓦），人山人海（下瓦）。

周密《武林旧事》卷六《小经纪》还记载了只有在临安才有而他地没有的一百七十七种职业：

班朝录	供朝报	选官图	诸色科名	开先牌	写牌额
裁板尺	诸色指挥	织经带	棋子棋盘	蒱牌骰子宋刻"蒲摔"	
交床试篮	卖字本	掌记册儿	诸般簿子	诸色经文	刀册儿
纸画儿	扇牌儿	印色	剪字	缠令	耍令

琴阮弦 开笛 靓笙 鞔鼓 口簧 位牌
诸般盏儿 屋头挂屏 剪镞花样 檐前乐 见成皮鞋 提灯龊灯
头须编掠 香橼络儿 香橼坐子 拄杖 粘竿 风幡
钓钩 钓竿 食罩 吊挂 拂子 蒲坐
椅褥 药焙 烘篮 风袋 烟帚 糊刷
鞋楦 桶钵 搭罗儿 姜擦子 帽儿 鞋带
修皮鞋 穿交椅 穿罣罳 鞋结底 穿珠 领抹
钗朵 牙梳 洗翠 修冠子 小梳儿 染梳儿
接补梳儿 香袋儿 面花儿 绢孩儿 符袋儿 画眉七香丸
胶纸 稳步膏 手药 凉药 香药 膏药
发垛儿 头髲宋刻“髮” 磨镜 弩儿 弩弦 弹弓
箭翎 射帖 壶筹 鹁鸽铃 风筝 药线
象棋 毽子 斗叶 香炉灰 纰刷儿 篦子剔
剪截段尺 出洗衣服 簇头消息 提茶瓶 鼓炉钉铰 钉看窗
札熨斗 供香饼 使绵 打炭墼 补锅子 泥灶
整漏 箍桶 襻膊儿 竹猫儿 消息子 老鼠药
蚊烟 闹蛾儿 凉筒儿 纽扣子 接绦 修扇子
钱索 麻索 红索儿 席草 鸡笼 修竹作
使法油 油纸 油单 毡坐子 修砧头 磨刀
磨剪子 棒槌 舂米 劈柴

播槌俗谚云:“杭州人一日吃三十丈木头。”以三十万家为率,大约每十家日吃播槌一分,合而计之,则三十丈矣。

淘井 猫窝 猫鱼 卖猫儿 改猫犬 鸡食
鱼食 虫蚁食 诸般虫蚁 鱼儿活 蛇蚪儿 促织儿
小螃蟹 金麻 马儿 蝍蟟 虫蚁笼 促织盆
麻花子 荷叶 灯草 发烛 肥皂团 茶花子
买瓶掇 旧铺衬 圪伯纸 竹钉 淘灰土 淘河
剔拨叉 黄牛粪灰 挑疥虫 卖烟火 鏇影戏

> 若夫儿戏之物，名件甚多，尤不可悉数，如相银杏、猜糖、吹叫儿、打娇惜、千千车、轮盘儿。每一事率数十人，各专藉以为衣食之地，皆他处之所无也。

从上述两则记载中，我们可以看出，临安工商业的划分已经细得不能再细了。毫无疑义，这是临安工商业高度繁荣的结果。

与此同时，临安还与周围地区形成了特色鲜明的专业化分工。如“苏、秀州出米至多，逐年和籴，既已甲于他郡，而杭、湖等州属县多以桑蚕为业，故和买绸绢比他郡为多”。由此便出现了这样一种情况：“苏、秀两州乡村，自前例种水田，不栽桑柘。每年人户输纳夏税物帛，为无所产，多被行贩之人，预于起纳日前，先往出产处杭、湖州乡庄，贱价僦揽百姓合纳税物，抬价货卖，人户要趁限了纳，费耗甚多，官中又不纳得堪好物帛。”①即在纳税期限前牙人前往杭州、湖州的乡村，以廉价购买税绢，然后再以高价转卖给苏、秀两州的农民。

三、名品与名店迭出

在高度发达的手工业和浓厚的商业氛围下，临安城内外出现了众多的名品和名店。耐得翁《都城纪胜·诸行》中曾列举了不少名品、名店：

> 都下市肆，名家驰誉者，如中瓦前皂儿水、杂卖场前甘豆汤，如戈家蜜枣儿、官巷口光家羹、大瓦子水果子、寿慈宫前熟肉、钱塘门外宋五嫂鱼羹、涌金门灌肺、中瓦前耿家羊饭、彭家油靴、南瓦宣家台衣、张家团子、候潮门顾四笛、大瓦子丘家筚篥之类。

人们追求名牌产品，买物多趋有名的店家。② 这一方面是认为名牌商品的质量好、口碑佳，能够得到好的享受；另一方面，或许是临安人爱面子的虚荣心在作怪。

---

① 程俱：《北山集》卷三七《乞免秀州和买绢奏状》，文渊阁《四库全书》本。
② 《都城纪胜·食店》曰：“大抵都下买物，多趋有名之家。”

四、影响重大而深远

南宋临安的工商业,在中国、在世界的城市发展史上,均具有重大而深远的影响。日本许多汉学家认为,南宋临安已发展到了可与西欧近世都城相比的高度文明水平。借用宫崎市定的话,即相当于"东方文艺复兴"时期。[①] 而法国著名汉学家贾克·谢和耐(Prof. Jacques Gernet)更是在其所著、一本主要阐述南宋都城临安社会生活历史的著作中认为:"在蒙人入侵前夕,中国文明在许多方面正达灿烂的巅峰";"十三世纪的中国,其现代化的程度是令人吃惊的:它独特的货币经济、纸钞、流通票据,高度发展的茶、盐企业,对外贸易的重要(丝绸、瓷器),各地出产的专业化等等。国家掌握了许多货物的买卖,经由专卖制度和间接税,获得了国库的主要收入。在人民日常生活方面,艺术、娱乐、制度、工艺技术各方面,中国是当时世界首屈一指的国家,其自豪足以认为世界其他各地皆为化外之邦。"[②]

南宋都城临安,在中世纪城市革命中扮演了极其重要的角色。西方著名汉学家丹尼斯·埃尔文提出的"中世纪在市场结构和城市化上的革命",施坚雅认为具有鲜明的特点:(1)放松了每县一市,市须设在县城的限制;(2)官市组织衰替,终至瓦解;(3)坊市分隔制度消灭,而代之以自由得多的街道规划,可在城内或四郊各处进行买卖交易;(4)有的城市在迅速扩大,城外商业郊区蓬勃发展;(5)出现具有重要经济职能的大批中小市镇。而伴随着这些变革而来的是:赋税和贸易日益钱币化了;商人的人数、财富和力量增长了;社会和官府轻视商业和商人阶级的态度缓和了。在这场轰轰烈烈的城市革命中,临安极其活跃,极其出色。按美国著名汉学家施坚雅的话来说,即:"大城市变得更大了,城市人口大大增长了,城市体系的结合更紧密了;但在所有这些变化中,最重大的变化却是原为都邑的中心地的比例大为

---

① [日]宫崎市定:《东洋的文艺复兴与西洋的文艺复兴》,载《史林》第25卷第4期、第26卷第1期,1940年、1941年。

② [法]贾克·谢和耐著、马德程译:《南宋社会生活史》,台北中国文化大学出版部1982年印行。

减少了。城市发展的这一特点，是一场不断推进着的革命的信号，这场革命是整个社会的管理方式上的革命。"①正因为如此，日本著名汉学家斯波义信将其列为"9－13世纪发生在中国的商业革命、城市革命的颇具代表性的一个范例"。②

① ［美］施坚雅主编、叶光庭等译、陈桥驿校：《中华帝国晚期的城市》，中华书局2002年版，第23－24、26页。

② ［日］斯波义信：《宋代江南经济史研究》，江苏人民出版社2001年版，第321页。

上编 手工业

第一章 发展概况

第一节 官营手工业发展概况

一、官营手工业的组织机构

与过去其他封建王朝的都城一样，南宋都城临安也是全国官营手工业最集中、最发达的地区，其组织机构大致如下：

（一）工部

工部为宋代尚书六部中最末之部，其职事按《宋史》所云："掌天下城郭、宫室、舟车、器械、符印、钱币、山泽、苑囿、河渠之政。凡营缮，岁计所用财物，关度支和市；其工料，则饬少府、将作监检计其所用多寡之数。凡百工，其役有程，而善否则有赏罚。兵匠有阙，则随以缓急招募。"①南宋时期，工部的管辖范围有所扩大。绍兴三年(1133)，少府监并入工部；五年，又增立御前军器案，另把御前军器所、文思院改隶工部。从而，工部成为管理全国手工业生产、水利建筑和兵器生产的部门。

---

① 《宋史》卷一六三《职官志三·工部》，第3862页。

工部的长官称为尚书,官品定为从二品;次长为侍郎,从三品官阶;每部又分四曹,曹之官长为郎中,为从六品官。员外郎为次,是正七品官。尚书、侍郎办公室称为长贰厅,郎中、员外郎的办公室称为郎中厅。曹下分案,分别经办各种具体事务。其官吏工作的情况和福利待遇,在南宋六部机关中当属最差,南宋著名诗人陆游对此有生动的描述:

> 自元丰改制,尚书省复二十四曹,繁简绝异。在京师时,有语曰:"吏勋封考,笔头不倒;户度金仓,日夜穷忙;礼祠主膳,不识判砚;兵职驾库,典了袯裤;刑都比门,总是冤魂;工屯虞水,白日见鬼。"
>
> 及大驾幸临安,丧乱之后,士大夫亡失告身、批书者多;又军赏百倍平时,赂贿公行,冒滥相乘,饷军日滋,赋敛愈繁,而刑狱亦众,故吏、户、刑三曹吏胥,人人富饶,他曹寂寞弥甚。吏辈又为之语曰:"吏勋封考,三婆二嫂;户度金仓,细酒肥羊;礼祠主膳,淡吃虀面;兵职驾库,咬姜呷醋;刑都比门,人肉馄饨;工屯虞水,生身饿鬼。"①

工部的办公场地在三省枢密院南,而长官的办公室在兵部的东面。

(二)少府监

少府监专管皇宫日常用品生产。"旧制,判监事一人,以朝官充。凡进御器玩、后妃服饰、雕文错彩工巧之事,分隶文思院、后苑造作所,本监但掌造门戟、神衣、旌节,郊庙诸坛祭玉、法物,铸牌印朱记,百官拜表案、褥之事。凡祭祀,则供祭器、爵、瓒、照烛。元丰官制行,始置监、少监、丞、主簿各一人。监掌百工伎巧之政令,少监为之贰,丞参领之。凡乘舆服御、宝册、符印、旌节、度量权衡之制,与夫祭祀、朝会展采备物,皆率其属以供焉。庀其工徒,察其程课、作止劳逸及寒暑早晚之节,视将作匠法,物勒工名,以法式察其良窳。凡金玉、犀象、羽毛、齿革、胶漆、材竹,辨其名物而考其制度,事当损益,则审其可否,议定以闻。少府所掌,旧有主名,其工作之事,则监自亲之。"②

---

① 陆游:《老学庵笔记》卷六,中华书局 1979 年版,第 82－83 页。

② 《宋史》卷一六五《职官志五·少府监》,第 3917－3918 页。

从当时的文献记载来看，少府监下辖五个机构：

1. 文思院

宋代文思院，始设于太平兴国三年(978)，掌金银、犀玉工巧之物，金彩绘、素装钿之饰，以供舆辇、册宝、法物及凡器服之用。当时置官四人，分别以京朝官、诸司使副、内侍、三班使臣充任。四人中，提辖官一员、监官三员，其中一员必须为文臣，且由京朝官充任。当时有领作卅二，又有额外一十作。熙宁三年(1070)，诏文思院两界监官，立定文臣一员、武臣一员，并朝廷选差，其内侍勾当官并罢。至熙宁九年，东西坊杂料凡三十余作，全部并入文思院。从此以后文思院职务既繁，历时浸久，积弊逐渐多起来了，而关防之法更加严厉。元丰改制后，属少府监。绍兴三年(1133)三月，工部请仿北宋东京制度，置设文思院，属少府监。置提辖官和监官。① 其中，监官分两界，上界造金银珠玉，下界造铜铁竹木杂料。

临安文思院设在北桥之东。而据《西湖游览志》第二十卷《北山分脉城内胜迹》所载，其地在广福寺。南渡初，割其两旁地为文思院、军头司，而寺额改吉祥。

根据文献记载，临安文思院除一般性的生产外，还做了以下几件大事：

绍兴十七年(1147)，诏文思院制鞍鞯以赐天祚。②

绍兴二十五年(1155)，有官员奏言："仓场受纳，惟只用斗，可以轻重其手，至有二石以上，而才足输一石者。"希望改用斛，以避免这一弊病。为此，户部乞令文思院造一石斛斗，用火印降下诸路转运司依式制造，付所辖州县及应受纳官司行使，庶免吏胥轻重其手，重为民病。违者按劾。③

绍兴三十二年(1162)十月，礼官言："皇子邓、庆、恭三王遇行事，服朝服，则七梁额花冠、貂蝉笼巾、金涂银立笔、真玉佩绶、金涂银革带、乌皮履；若服祭服，则金涂银八旒冕、真玉佩绶、绯罗履韈。"诏文思院制造。④

---

① 《宋会要辑稿》职官二九之一、三六之七二、七三。

② 《宋史》卷四八八《外国传四》，第14070页。

③ 《系年要录》卷一六八，绍兴二十五年四月庚辰，第2746页。

④ 《宋史》卷一五一《舆服志三·天子之服(皇太子附、后妃之服命妇附)》。

熊克和赵善湘两人均担任过文思院的提辖官。熊克,字子复,建宁建阳人。曾被荐入为提辖文思院。① 赵善湘,字清臣,为濮安懿王五世孙。其父亲赵不陋曾任武翼郎,从高宗渡江,闻明州多名儒,遂定居于此。善湘以恩补保义郎,转成忠郎,监潭州南岳庙。庆元二年(1196)举进士,以近属转秉义郎,换承事郎,调金坛县丞。五年,知余姚县。开禧元年(1205),添差通判婺州。嘉定元年(1208)以招茶寇功,赴都堂审察,提辖文思院。②

由于宫廷工艺珍玩的制作材料多为价格昂贵的黄金、宝石等,故文思院有一套比较严格的管理制度。绍兴三年(1133)七月,太常寺簿张贵谟提辖官题名记就对此作了比较详细的记载:

> 自是职务既繁,历时浸久,积弊滋多,而关防之法益严。咸平,诏内东门验凿色号。景德,诏左藏库拣阅销镕。天圣,诏皇城司差人搜检出入,听人告匠作入外料及诸奸弊,盖其势积而至此。伏自渡江之后,虽事力小变,而宿弊萌生,转料之名,始于绍兴至淳熙,亏陷官缗钱以万计,银两以千计,监临窃取工食缗钱,月以百计,事发,因偿多不及五分之一,其时建议固有乞罢转料及亲事官者。迩来上下相蒙,吏不自爱,至有以身而获戾者矣。提辖林端阳复亲目其弊,不得已首论三事,得请于朝,一置部历,以防其转料之欺;二复亲事官,而夺其监视之权;三乞监官两界通签,以绝独员自肆之私。考之札牍,粲然可见。凡簿书朱墨间,数十年奸欺蠹弊之根穴,一洗而尽。吾固喜端阳居官任事,其才识通明如此哉!

隆兴二年(1164),孝宗又应左司叶颙的奏请,诏并礼物局入文思院,要求上下两界监官厅廨舍不得与本院邻墙,以防他们弊欺。③

其中对工匠的管理更是严格,淳熙九年(1182)七月十三日,将作监为此专门制订了详细的管理制度来防止文思院革弊事件,详细措施主要有以下

---

① 《宋史》卷四四五《熊克传》,第 13143 页。

② 《宋史》卷四一三《赵善湘传》,第 12400－12402 页。

③ 《咸淳临安志》卷八《行在所录·文思院》,载《宋元方志丛刊》,第 3433－3434 页。

几项：

一，两院造作虽有作家官工掌管，监官专副监视，往往关防不尽，致行人匠偷盗。今乞应人匠各令送饭，不得非时出作；及令监作亲事官专一在两院作下机察监视，遇晚看验，秤盘点对数足，入库讫，方得放作，不得于作下别立小库寄收。如有违犯，密切令监作赴省部陈告。

一，打造器物，系临安府籍定铺户一十名，监视钚销，交付作匠，以免夹杂。近缘前界作弊，止差浮泛牙人。今欲下临安府拘集元来铺户，周而复始。日后遇阙，从本院报临安府踏逐拨填，各正身赴院(有)[看]验。

一，作匠入作时，合用金银各支一色，令铺户看验色额秤盘。遇晚收作，令铺户将器物再行看验。元色额秤盘数足，方得入库，同专副封锁。

一，两院各用工钱，乞委官同文思院官躬亲监视，当官支散。

一，两院手分，近来往往令兼权专副，至通同作弊。乞自今并不许兼权专副。其秤、库子、门司、手分合干人等，并不许亲属在院执役，及作过曾经断勒人并私名不得入院。

一，昨礼物局制造正旦生辰礼物、人使衣带，自来系户部牒临安府使臣院长火下及本地分都监、巡警造作，机察工匠。今乞照应礼物局礼例，每遇造作，具申省、监，牒临安府仍旧差拨。

一，文思院上界打造金银器皿，自来止凭作家和雇百姓作匠，承揽掌管金银等，拘辖人匠造作，以致作弊。今乞将合用打作作头等，令本院召募有家业及五百贯以上人充。仍召临安府元籍定有物力金银铺户二名委保。如有作过人，令保人均赔。若召募未足，即令籍定前项铺户权行隔别，承揽掌管。①

从上述措施来看，可谓极其具体细密了！

---

① 《宋会要辑稿》职官二九之四、五。

2. 绫锦院

北宋乾德五年(967)十月丙辰朔,以灭后蜀所得锦工六百人在东京昭庆坊置绫绫院,命常参官监领。[①] 绫锦院最初称内绫院或机杼院,"掌织纴锦绣,以供乘舆凡服饰之用"。[②] 太平兴国二年(977),一度分为东西两院。太平兴国六年废湖州织绫务,二十名工匠送京师,入绫锦院。端拱元年(988),又合为一院,设监官三人,以京朝官、诸司使、诸司副使、内侍充任。咸平元年(998),绫锦院以新织绢上进朝廷,真宗乃改命织绢。当时,绫锦院有锦绮机四百余,工匠一千零三十四人。[③] 熙宁六年(1073)七月丙子,详定编修令敕所言裁省绫锦院织匠以四百人为额,神宗从之。[④] 宋室南迁时,有许多锦工随从高宗南逃。高宗遂命监织锦院姜焕择良工,就御前军器所专织战袍,专门用来赏赐有功的将士。建炎二年(1128),高宗诏御前军器所见织战袍工匠发还绫锦院,依限织进。[⑤] 宋室定都临安后,绫锦院也随之搬迁到了临安,并逐渐恢复或超过了往前的盛况。

绫锦院的劳动制度相当严格,有"月供物料帐",除记帐目外,还记"某月日至某月日织造若干数,于某库送纳"。"长阔斤重,不须更桩"。可见其长宽重量也有标准。[⑥]

3. 染院

染院,"掌染丝枲币帛"。[⑦] 这个与纺织密切相关的从事染色的机构,与绫锦院一样,亦始设于太平兴国三年(978),当时分为东西两个染院,"染丝帛绦线、绳、革、纸、藤之属"。东西染院设有监官二人,分别名使与使副,以京朝官及内侍充。《宋史》载"武臣三班借职至节度使叙迁之制"时云:东染院副使,转洛苑副使,有战功转文思副使;西染院副使,转如京副使,有战功

---

① 李焘:《续资治通鉴长编》卷八,太祖乾德五年十月丙辰朔,上海古籍出版社1986年版,第75页。

② 《宋会要辑稿》食货六四之一八;《宋史》卷一六五《职官志五·少府监》,第3918页。

③ 《续资治通鉴长编》卷四三,真宗咸平元年九月丁丑,第353页。

④ 《续资治通鉴长编》卷二四六,神宗熙宁六年七月丙子,第2305页。

⑤ 《系年要录》卷一五,建炎二年夏四月己未,第309-310页。

⑥ 《宋会要辑稿》职官二九之八。

⑦ 《宋史》卷一六五《职官志五·少府监》,第3918页。

转内园副使；东染院使，转洛苑使，有战功转文思使；西染院使，转如京使，有战功转内园使。① 除诸司使副内侍监领外，有工匠六百一十三人。咸平六年(1003)，有司上言西染院水宜于染练，两院遂合并。宋室南渡后，朝廷按旧制，也在临安设立染院。

4. 裁造院

裁造院，"掌裁制服饰"。② 监官二人，以京朝官及内侍充。裁造院中从事服饰制作的大多为女工。其来源主要有二：一是招募而来；二是在京军士的妻子及有罪的女子。③

5. 文绣院

文绣院，"掌纂绣，以供乘舆服御及宾客祭祀之用"。北宋崇宁三年(1104)三月辛巳，从殿中少监张康伯之请，东京置文绣院，招绣工三百人。④ 不久，保义郎陈梦文监文绣院。建炎初，以将作少府监并归工部。绍兴三年(1133)复置，将作监少府事总焉。寄禄官少府监后，为中散大夫。⑤ 临安的文绣院沿袭东京，其绣工人数大致同前朝。

(三)将作监

将作监，"掌宫室、城郭、桥梁、舟车营缮之事"。宋初以来有判监事一人为长官，元丰改官制，置监、少监各一人，丞、主簿各二人。"监、少监为之贰丞参领之，凡土木、工匠、版筑、造作之政令，总焉。"元祐七年(1092)，朝廷颁布《将作监修成营造法式》，作为营缮各项工程的标准。建炎三年(1129)，高宗诏将作监并归工部。绍兴三年(1133)复置将作监，置丞一员，仍兼领监事，凡计料监造行在官司营房舍屋之类，全部由其负责。此后，将作监再未见变动。绍兴十年十月，置主簿一员。绍兴十一年四月，高宗又诏依司农、大府寺，置长贰一员。隆兴以来，因孝宗"上法慈训，躬履俭约，宫室无所营缮，器用不作，车服从给"，故将作监的职务简省。于是，百工器用属之文思

---

① 《宋史》卷一六九《职官志九·叙迁之制》，第4030页。

② 《宋史》卷一六五《职官志五·少府监》，第3918页。

③ 《宋史》卷二〇一《刑法志三》，第5016页。

④ 《宋史》卷一六五《职官志五·少府监》，第3918页。

⑤ 陈均：《九朝编年备要》卷二七《徽宗皇帝》，起甲申崇宁三年，止庚寅大观四年。

院，以隶工部，监、少监两职长久空缺，但一直没有废除，惟置丞一员，兼治其事。其余官职，虚而不除。乾道以后，由于人材甚多，因此监、少监、丞、簿等官位无阙。“凡台省之久次与郡邑之有声者，悉寄俓于此。自是号为储才之地，而营缮之事，多俾府尹、畿漕分任其责焉。”①

将作监内分为五案，属吏二十七人，下辖修内司、东西八作司、竹木场、事材场、麦麸场、窑场、丹粉所、作坊物材库、退材场、帘箔场等十个机构，各司其职。但南宋中期以后，各类营造工程由临安府分管，将作监职事较少，成为人材储备之地。②

修内司，掌宫城、太庙缮修之事。

东西八作司，掌京城内外缮修之事。据《淳祐临安志》卷七《坊巷》所载，在左一北厢的康裕坊，御史台侧。谢采伯《密斋笔记》卷一载：“《东京记》：旧八作司，太平兴国二年分东西二司，乃泥作、赤白作、桐油作、石作、砖作、瓦作、竹作、井作，以上名八作。后兼备攻城之事，乃二十一作。天圣元年，置官属。今八作司独传伎巧之物，若致远务、裁造院、茶汤磨院、针线院、布库、铸场务、煎胶务、击鞠院、云韶班院、印经院、烧朱所、新衣库、菜库，纤悉毕备，及前宰执侍从，大第环拱，盖以百数。钱塘驻跸，庶事草创。追想全盛，太息久之。”

竹木务，掌修诸路水运材植及抽算诸河商贩竹木，以给内外营造之用。

事材场，掌计度材料，前期朴斫，以给内外营造之用。

麦䴸场，掌受京畿诸县夏租䴸、䴸，以给巧墁之用。

窑务，掌陶为砖瓦，以给缮营及缾缶之器。

丹粉所，掌烧变丹粉，以供绘饰。

作坊物料库第三界，掌储积材物，以备给用。

退材场，掌受京城内外退弃材木，抡其长短有差，其曲直中度者以给营造，余备薪爨。帘箔场，掌抽算竹木、蒲苇，以供帘箔内外之用。

---

① 《宋史》卷一六五《职官志·将作监》，第 3919－3920 页。

② 《咸淳临安志》卷八《将作监》，《宋元方志丛刊》，第 3428 页。

将作监初建于修文坊，后迁保民坊内。①

（四）军器监和制造御前军器所

1. 军器监

军器监是生产与管理兵器等的官署，“监掌监督、缮治兵器什物，以给军国之用”。后来曾划归工部。

宋初，军器制造为三司胄案专管，军器监官员无专职。熙宁六年（1073），废除了胄案，乃按《唐六典》置监，以从官总判。元丰改官制，始置监、少监各一人、丞二人、主簿一人。其中，少监为之，贰丞参领之。南渡初，承平官府大多裁并，但高宗以用武之时，所务为急，仍置御前军器所。建炎三年（1129），高宗诏军器监并归工部，东西作坊、都作院并入军器所。绍兴三年（1133），复置丞一员，令工部相度合管职事归之。十一年，诏复置监、少监各一员。十四年，以朝奉大夫赵子厚守军器监，宗室为寺监长贰自此始。隆兴（1163）初，孝宗诏置造军器。已有军器所隶属工部，本监惟置丞一员。乾道五年（1169），复置少监及簿。六年，以少监韩玉往建康点检物马以奉使军器少监为名。是年，复置监一员。淳熙（1174－1189）初，诏令军器不得进出，由是呈验浸省。淳熙二年（1175），钱良臣以少监总领淮东财赋。淳熙八年（1181），沈揆复以监长行诸监，长贰自是始许总饷外带，然二人实初兼版曹职事。嘉定十四年（1221），岳珂独以军器监总饷淮东，是后戎所作坊已备官于下宥府起部，并提纲于上监。在此期间，军器监事务稀简，这里成为储才之所。

军器监的管理办法，据《宋史》载：

> 凡利器以法式授工徒，其弓矢、干戈、甲胄、剑戟战守之具，因其能而分任之，量用给材，旬会其数以考程课，而输于武库，委遣官诣所隶检察。凡用胶漆、筋革、材物必以时，课百工造作，劳逸必均，岁终阅其良否多寡之数，以诏赏罚。器成则进呈便殿，俟阅试而颁其样试于诸道……政和三年，应御前军器监所颁降军器样制，非长贰当职官不得省

---

① 《宋史》卷一六五《职官志五·将作监》。又，参见《咸淳临安志》卷八《行在所录·将作监》。

阅，及传写漏泄，论以违制。①

据上述可知，宋代统治者将军器制造置于特别重要的地位。弓矢、干戈、甲胄、剑戟等军器的制作，均按一定的样式制作。朝廷每十天则派官员去视察检查上述兵器的质量。同时，要求制作兵器用的材料要及时供应。年终时，朝廷根据军器监生产的兵器多少和质量的好坏，进行赏罚。质量特别好的兵器，则进呈给皇帝鉴赏，得到皇帝首肯后，将其样式颁布到全国有关州县生产兵器的手工场仿制。军器样式要严加保密，不是主管军器监的当职官员不得省阅，如违犯或泄密，都以违制论处。

军器监下面设有东西坊场、作坊物料库、皮角场四大坊场。

东西坊场，"掌造兵器、旗帜、戎帐、什物，辨其名色，谨其缮作，以输于受藏之府。兵校工匠，其役有程，视精粗利钝以为之赏罚"。

作坊物料库，掌收铁锡、羽箭、油漆之属。

皮角场，掌收皮革、筋角，以供作坊之用。②

军器监设于保民坊内。

2. 御前军器所

制造御前军器所，在礼部贡院之西。绍兴初，置提举官，以内侍或阁门领之，事得专达。绍兴五年(1135)春，始隶工部，诏日轮郎官与军器监官视其役。孝宗皇帝即位后，复以内省都知李绰为提举，不久采用台臣的意见，仍隶工部。乾道四年(1168)六月，隶步军司。其后，又以知阁门事为提点。景定三年(1262)，改隶殿前司，凡奏请文移，部若监悉不预，惟干办公事以下得受举，而监长书其到替月日于历。

绍兴年间(1131－1162)，制造御前军器所以工匠二千、杂役兵五百为额。后来数额逐渐减少，至咸淳年间(1265－1274)，惟剩工匠七百余人。殿司又自以所隶作匠附益之。

制造御前军器所每季上所制器于内库。

---

① 《宋史》卷一六五《职官志五·军器监》，第3920页。

② 《宋史》卷一六五《职官志五·军器监》，第3920页。

（五）其他官营手工机构

除上述这些官营机构外，临安还设有惠民和剂局、会子库、造会纸局、交引库、国子监书版库、丝鞋局等官营手工机构。下面着重就惠民和剂局、丝鞋局两个官营手工机构作一概述。

1. 惠民和剂局

宋朝政府向来重视医疗、制药、配方的设施。北宋熙宁年间（1068－1077）太医局设置熟药所，陆续编订卖药的处方。南宋继续了这一传统做法。据《咸淳临安志》卷九《行在所录·监当诸局》所载，绍兴五年（1135），高宗根据户部侍郎王俣之奏请，在太府寺内右面设立了太平和剂局，分设五局，专门从事药材的生产和批发、销售等业务①。南局在御街南段三省前，西局在御街北段众安桥北，北局在御街中段市西坊南，南外局在嘉会门外浙江亭北，外二局以余杭门外北郭税务兼领药局的事。十八年，改熟药所为太平惠民和剂局。

在当时，皇帝往往将和剂局和御药院生产的药品颁赐给文武大臣。如《武林旧事》卷三《岁晚节物》载："腊日，赐宰执、亲王、三衙从官、内侍省官并外阃、前宰执等腊药，系和剂局造进及御药院特旨制造银合，各一百两以至五十两、三十两有差。伏日，赐暑药亦同。"一部分将发往各地销售，如吴兴府（治今浙江湖州）一带的官营药店就"转取行都本局熟药货卖"。②

但太平惠民和剂局存在着严重的官商作风，其服务质量无法与私营药店相比，时人俞文豹就曾撰文加以揭露和批判：

> 今惠民局以药材贵而药价廉，名虽存而实则泯。职其事者，太府丞也，非惟药材不能通晓，而骤迁倏易，亦不暇究心职业。所谓四局官，止于受成坐肆而已。惟吏辈寖处其间，出入变化，皆在其手。药材既苦恶，药料又减亏，稍贵细药，则留应权贵之需；四局所卖者，惟泛常粗药；缺者多而赎者亦罕。一局输费，为数不赀。民受其名，吏享其实。故都

① 《宋史》卷一六五《职官志五》："和剂局、惠民局，掌修合良药出卖，以济民疾。"

② 《嘉泰吴兴志》卷八《公廨·军资库》，载《宋元浙江地方文献集成》第6册，杭州出版社2009年版，第2566页。

人谓惠民局为"惠官局"、和剂局为"和吏局"。①

2. 丝鞋局

陆游《老学庵笔记》卷二载："禁中旧有丝鞋局，专挑供御丝鞋，不知其数。尝见蜀将吴珙被赐数百緉，皆经奉御者。寿皇即位，惟临朝服丝鞋，退即以罗鞋易之。遂废此局。"由此可以看出，丝鞋局是专门为宫中生产丝鞋的机构。其存在的时间较短，只在高宗一朝。孝宗即位后就废止了。

二、官营手工业的生产分工

宋代官府手工业不仅规模庞大，而且分工也细。如北宋东京时，东西作坊的内部分成五十二个作，即：木作、杖鼓作、藤席作、锁子作、竹作、漆作、马甲作、大弩作、絛作、椶作、胡鞍作、油衣作、马甲生叶作、打绳作、漆衣甲作、剑作、糊粘作、戎具作、掐素作、雕木作、蜡烛作、地衣作、铁甲作、钉钗作、铁身作、马甲造熟作、磨剑作、皮甲作、钉头牟作、铜作、弩桩作、钉弩桩红破皮作、针作、漆器作、画作、镴摆作、纲甲作、柔甲作、大炉作、小炉作、器械作、错磨作、樜作、鳞子作、银作、打线作、打麻线作、枪作、角作、锅炮作、磨头牟作、灯球作。② 这个作坊又称南北作坊，设在东京兴国坊，有兵校及工匠七千九百三十一人③，是东京最大的工场之一。

文思院在北宋东京时有四十二个作，即：打作、棱作、钑作、镀金作、钨作、钉子作、玉作、玳瑁作、银泥作、碾砑作、钉腰带作、生色作、装銮作、藤作、拨条作、榡洗作、杂钉作、场裹作、扇子作、画平作、裹创作、面花作、花作、犀作、结絛作、捏塑作、旋作、牙作、销金作、镂金作、雕木作、打鱼作、绣作、裁缝作、真珠作、丝鞋作、琥珀作、弓梢作、打弦作、拍金作、珆金作、刻丝作。

后苑造作所，在北宋东京时有八十一个作，即：生色作、缕金作、烧朱作、腰带作、钑作、打造作、面花作、结条作、玉作、真珠作、琥珀作、花作、蜡裹作、装銮作、小木作、锯匠作、漆作、雕木作、平拨作、钨作、旋作、宝装作、缨络作、

① 俞文豹：《吹剑录外集》，文渊阁《四库全书》本。
② 《宋会要辑稿》方域三之五〇、五一。
③ 《宋会要辑稿》职官二九之一。

染牙作、砑作、胎素作、竹作、镞镂作、糊粘作、像生作、靴作、折竹作、棱作、匙筋作、拍金作、铁作、小炉作、错磨作、乐器作、球子作、棆棒作、球杖作、丝鞋作、镀金作、榇洗作、牙作、梢子作、裁缝作、拽条作、钉子作、刻丝作、绣作、织罗作、绦作、伤裹作、藤作、打弦作、铜碌作、绵胭脂作、胭脂作、桶作、杂钉作、响铁作、油衣作、染作、戎具作、扇子作、鞍作、冷坠作、伞作、剑鞘作、打线作、金线作、裹剑作、冠子作、角衬作、浮动作、沥水作、照子作。

其他官营手工业工场的分工也很细,此不一一赘述。据周宝珠统计,在东京东西作坊、文思院、后苑造作所、东西八作司、广备指挥五个单位,就有二百零四作,去掉名称相同的各作,尚有一百五六十种。这种手工业中大量"作"的出现,证明了手工业种类增多,分工较前更细,专业性更强,是宋代手工业发展的一个重要方面。①

南宋临安的官营手工业沿袭北宋东京,且其兴盛的程度要超过北宋东京,因此,我们可以推测出临安官营手工业的专业分工要比过去细,至少与东京相差不大。

官营手工业直接为皇室和官府服务,规模庞大,在当时占有主导地位。因此,其制作的物品不惜血本,精致异常。如七夕前,修内司进摩睺罗十桌,每桌三十枚,大者至高三尺,或用象牙雕镂,或用龙涎拂手香制造,悉用镂金珠翠衣帽,金银钗钏,佩环真珠,头须及手中所执戏具,皆七宝为之,各护以五色镂金纱厨。②

第二节 私营手工业发展概况

在官营手工业迅速发展的同时,南宋临安的私营手工业也有了相当大的发展。其特征有四:

一是人数庞大。如《马可波罗行纪》载道:"此城有十二种职业,各业有

① 周宝珠:《宋代东京研究》,河南大学出版社 1992 年版,第 209 - 210 页。

② 《武林旧事》卷三《乞巧》,浙江人民出版社 1984 年版,第 43 页。

一万二千户,每户至少有十人,中有若干户多至二十人四十人不等。”①

二是分工细,几乎每一类商品都有专门制作的作坊。仅《梦粱录》卷一三《团行》中所列举的就有以下二十三种,即:碾玉作、钻卷作、篦刀作、腰带作、金银打钑作、裹贴作、铺翠作、裱褙作、装銮作、油作、木作、砖瓦作、泥水作、石作、竹作、漆作、钉铰作、箍桶作、裁缝作、修香浇烛作、打纸作、冥器作、花作。《武林旧事》卷六《作坊》中也列举有“熟药圆散、生药饮片、麸面、团子、馒头、爊炕鹅鸭、爊炕猪羊、糖蜜枣儿、诸般糖、金橘团、灌肺、馓子、萁豆、印马、蚊烟”十多个。他在列举了这些作坊后,慨叹地说道:“都民骄惰,凡买卖之物,多与作坊行贩已成之物,转求什一之利。或有贫而愿者,凡货物盘架之类,一切取办于作坊,至晚始以所直偿之。虽无分文之储,亦可糊口。此亦风俗之美也。”

三是采用雇工制。《马可波罗游记》云:“此种商店富裕而重要之店主,皆不亲手操作,反貌若庄严,敦好礼仪,其妇女妻室亦然,妇女皆丽,育于婉娩柔顺之中,衣丝绸而带珠宝,其价未能估计,其旧王虽命居民各人子承父业,第若致富以后,可以不必亲手操作,惟须雇用工人,执行祖业而已……”②

他们生产的大都是百姓日常生活所需的各种商品,有的制作非常精巧美丽。如“官巷花作,所聚奇异飞鸾走凤,七宝珠翠,首饰花朵,冠梳及锦绣罗帛,销金衣裙,描画领抹,极其工巧,前所罕有者悉皆有之”。③ 即使是鸟笼,也同样如此精致。陶宗仪《南村辍耕录》卷五《雕刻精绝》载:“詹成者,宋高宗朝匠人,雕刻精妙无比。尝见所造鸟笼,四面花版,皆于竹片上刻成宫室、人物、山水、花木、禽鸟,纤悉具备,其细若缕,而且玲珑活动,求之二百余年来,无复此一人矣。”由此可以看出,詹成的雕刻技艺已经到了惊人的程度。

---

① 《马可波罗行纪》,第 570 页。又,陈开俊等译《马可波罗游记》为:“这个地方经营的手工业,有十二种高于其他行业,因为它们的用途比较广泛和普遍。每一种工艺都有成千个铺子,每个铺子雇用十个、十五个或二十个工人工作。”(福建科学技术出版社 1982 年版,第 178 页)

② 《马可波罗行纪》,第 581 页。

③ 《梦粱录》卷一三《团行》,第 115 页。

四是涌现出了一大批名匠，如上述的詹成外，还有著名的泥塑名家雷潮。他擅塑罗汉，苏州洞庭紫金庵正殿的彩塑罗汉十六尊，就是雷潮夫妇的杰作。罗汉各高三尺四寸，比例合度，容貌、衣褶，手法写实，神态十足，姿势生动。每尊罗汉都表现出各自具有的性格，充满了人情意趣。服饰色调丰富，虽年代久远，还相当鲜艳。所塑艺术造诣很高，是现存古代彩塑珍品之一。传杭州净慈寺罗汉也是他所塑的。①

① 参见钱定一编著《美术艺人大辞典》，上海古籍出版社2005年版，第177页。

第二章　印刷业

杭州的印刷业历史悠久，早在唐代中晚期，杭州一带就刊刻了白居易的集子。到五代时，杭州的印刷业已经非常发达，当时吴越国王钱俶和延寿和尚所刊印的佛教经像、咒语，有数字可考的，共计有六十八万二千卷（本）。数量之巨，在中国印刷史上是空前的。北宋时的杭州，与四川成都、汴京（今河南开封）、福建建阳并称为全国四大刻书中心。“北宋刊本，刊于杭者，殆居泰半。”①不仅数量多，而且质量也是全国最好。时人叶梦得在《石林燕语》一书中评论说：“今天下印书，以杭州为上，蜀本次之，福建最下。京师比岁印板，殆不减杭州，但纸不佳；蜀与福建多以柔木刻之，取其易成而速售，故不能工；福建本几遍天下，正以其易成故也。”②正是在此背景下，毕昇发明了活字印刷术，成为举世闻名的中国古代四大发明之一。

南宋时期是我国古代雕版印刷业全面发展的时期，首都临安是全国雕版印刷业最发达的地区，出现了许多刻书机构、书肆和知名刊工，官刻和私雕并举，其雕版数量之多，质量之高，印本流传范围之广，远非其他地区可比，在全国首屈一指。王国维在《两浙古刊本考》序中说：“南渡以后，临安为行都，胄监在焉，板书之所萃。”即使在明清两朝，在某些方面也很难与之相匹敌。

---

① 王国维：《两浙古刊本考》序，《王国维遗书》第 12 册，上海古籍书店 1983 年版。
② 叶梦得：《石林燕语》卷八，中华书局 1984 年版，第 116 页。

第一节 刻书盛况

南宋临安印刷业，从投资和经营的性质来看，大致可分为官刻、私刻和民间刻三大类。

一、官营刻书业

官刻刻书可分为二种，一是由中央各殿、院、监、司、局等机关所刻；一为设在都城临安的各地方政府机构所刻。

（一）国子监刻书

南宋朝廷主持印刷事务的机构是设在纪家桥的国子监书库，它的出版范围，根据《宋史·职官志》载，是"掌印经史群书，以备朝廷宣索赐予之用，出鬻而收其直以上于官"。所刻的书即所谓的"监本"，作为通行全国的范本。如《法帖谱系》载："南宋绍兴中，以御府所藏淳化旧帖刻板，置之国子监，称绍兴国子监本。其首尾与淳化阁本略无少异。御府拓者多用匮纸，盖打金银箔者也。字画精神极有可观。淳熙修内司本，淳熙奉旨刻石禁中，卷帙规模悉同淳化阁本，而卷尾乃楷书，题云：'淳熙十二年乙巳岁二月十五日修内司恭奉圣旨模勒上石。'"

国子监刻书，始于绍兴末年。对此，李心传《建炎以来朝野杂记》一书有详细的记载：

> 监本书籍者，绍兴末年所刊也。国家艰难以来，固未暇及。（绍兴）九年九月，张彦实待制为尚书郎，始请下诸道州学，取旧监本书籍，镂板颁行。从之。然所取诸书多残缺，故胄监刊《六经》无《礼记》、正史无《汉》、《唐》。二十一年五月，辅臣复以为言。上谓秦益公（桧）曰："监中其他阙书，亦令次第镂板，虽重有所费，盖不惜也。"繇是经籍复全。先是，王瞻叔为学官，尝请摹印诸经义疏及《经典释文》，许郡县以赡学或系省钱各市一本，置之于学。上许之。今士大夫仕于朝者，率费纸墨

钱千余缗,而得书于监云。①

据王国维《两浙古刊本考》所载,南宋临安国子监所刻的书,主要有经部书四十种、史部书二十二种、子部书四种、集部书二种,它们是:唐孔颖达撰《周易正义》、《尚书正义》、《毛诗正义》、《周礼正义》、《仪礼正义》、《礼记正义》、《春秋正义》、《左传正义》、《公羊正义》、《谷梁正义》、《孝经正义》、《论语正义》、《周易传》、《略例》、《尚书传》、《毛诗传》、《周礼注》、《仪礼注》、《礼记注》、《春秋经传集解》、《春秋公羊传集解》、《春秋谷梁传集解》、《孝经注》、《论语集解》、《尔雅注》、《孟子章句》、《史记》、《汉书》、《后汉书》、《三国志》、《晋书》、《宋书》、《南齐书》、《梁书》、《陈书》、《魏书》、《北齐书》、《后周书》、《隋书》、《南史》、《北史》、《新唐书》、《五代史记》、《淳熙礼部韵略》五卷、《增修互注礼部韵略》五卷、《说文解字》三十卷、《经典释文》三十卷、《尔雅疏》十卷、《国语解》二十一卷、《新唐书艺文志》六卷、《资治通鉴》二百九十四卷(附目录三十卷、考异十卷)、《刑统》三十卷、《刑统申明》一卷、《扬子法言注》十三卷、《冲虚至德真经注》八卷、《孔子家语》十卷、《大观证类本草》三十二卷、《释音》一卷、《白虎通德论》十卷、《昌黎先生集》四十卷(附《外集》一卷、《遗文》一卷等)。

从上述所列书目中,我们可以看出,南宋临安国子监所刻之书以经史为主,其主要原因当然是因为金人攻陷东京,北宋监本经史被劫掠一空,而儒家理学思想是维系封建统治的生命线,所以南宋统治者十分重视雕印这方面的书籍。

(二)皇家内府及其他中央机构刻书

皇家内府、德寿宫及左司廊局、修内司、太医局、太史局等中央机关也刻印过不少书。

德寿宫中的德寿殿,刻有宋刘球的《隶韵》十卷,其第十卷末行有“御前应奉沈享刊”七字。沈享当是御前供奉刻字匠人。②

---

① 李心传:《建炎以来朝野杂记》甲集卷四《监本书籍》,第114-115页。

② 叶德辉:《书林清话》卷三《宋司库军郡府县书院刻书》,辽宁教育出版社1998年版,第50页。

左司廊局为皇家内府服务机构，其所刻的书，有晋代杜预所撰的《春秋经传集解》三十卷及《春秋左传》、《国语》、《史记》等书。清彭元瑞《天禄琳琅书目后编》卷三就对此作了记载："淳熙三年四月十七日，左廊司局内曹掌典秦玉桢等奏闻：《壁经》、《春秋》、《左传》、《国语》、《史记》等书，多为蠹虫伤牍，不敢备进上览。奉敕用枣木椒纸各造十部，四年九月进览。监造臣曹栋校梓，司局臣郭庆验牍。"

修内司刻书，见于文献记载的有《乐府混成集》（时人简称《混成集》）一百零五卷和时人王继先等撰的《绍兴校定本草》二十二卷。关于前书，周密《齐东野语》有载："《混成集》，修内司所刊本，巨帙百余。古今歌词之谱，靡不备具。只大曲一类凡数百解，他可知矣，然有谱无词者居半。《霓裳》一曲共三十六段。尝闻紫霞翁云：幼日随其祖郡王曲宴禁中，太后令内人歌之，凡用三十人，每番十人，奏音极高妙。翁一日自品象管作数声，真有驻云落木之意，要非人间曲也。又言：'无太皇最知音，极喜歌。木笪人者，以歌《杏花天》，木笪遂补教坊都管。'间忆旧事，因书之以遗好事者，盖二曲皆今人所罕知云。"①后书则在陈振孙《直斋书录解题》卷一三中有载："《绍兴校定本草》十二卷，官王继先等奉诏撰。绍兴二十九年上之，刻板修内司。每药为数语，辨说浅俚，无高论。"

太医局在嘉定年间（1208－1224）刻有《小儿卫生总微论方》、《脉经》等书。前书据《四库全书》"子部五·医家类"《小儿卫生总微论方》一书的提要曰："谨案：《小儿卫生总微论方》二十卷，不著撰人名氏。凡论一百条，自初生以至成童，无不悉备。论后各附以方。前有嘉定丙午和安大夫特差判太医局何大任序，称家藏是书六十余载，不知作者为谁，博加搜访，亦未尝闻此书之流播，因锓于行在太医院，以广其传。"

秘书监下的太史局，设有"印历所，掌雕印历书。南渡后，并同隶秘书省"②。

交引库专门印刷造茶、盐钞引。

---

① 周密：《齐东野语》卷一〇《混成集》，上海古籍出版社1983年版，第187页。

② 《宋史》卷一六四《职官志四·太史局》，第3879页。

行在会子库，专门印造纸币“会子”。

（三）地方官府机构刻书

地方官府机构也竞相参与刻书工作。淳熙十三年（1186），秘书郎莫叔光上言：“国家崇建馆阁，文治最盛，太上皇帝再造区夏，绍兴之初已下借书及分校之令，至十三年诏求遗书，十六年又定献书推赏之格，图籍于是备矣。然至于今又四十年，承平滋久，四方之人益以典籍为重，凡搢绅家世所藏善本，外之监司、郡守搜访得之，往往锓板以为官书……”①浙西转运司、两浙东路茶盐司、临安府等都拥有大量的刊工，并刻印了不少书籍。

1. 浙西转运司刻书

浙西转运司曾刊有《易数钩隐图》、《中兴馆阁书目》、《中兴百官题名》、《活民书》、《林和靖先生诗集》、《龟溪集》等书。

《易数钩隐图》三卷，附《遗论九事》一卷，宋刘牧撰。南宋时，刘敏士尝刻于浙右漕司，前有欧阳修序。南宋陈振孙《直斋书录解题》卷一《易类》载是书时云：“三衢刘敏士刻于浙右庾司者，有欧阳公序，文浅俚，决非公作。”吴澄亦曰：“修不信《河图》，而有此序，殆后人所伪为，而牧之后人误信之者。”俞琰亦曰：“序文浅俚，非修作。”其言有见，故今据而削之。②

《中兴馆阁书目》三十卷，陈骙等撰。淳熙四年（1177）十月，少监陈骙等言：中兴馆阁藏书前后搜访，部帙渐广，乞仿《崇文总目》类次。五年六月九日，上《中兴馆阁书目》七十卷，《序列》一卷，“凡五十二门，计见在书四万四千四百八十六卷，较《崇文》所载多一万三千八百十七卷，复参三朝史志多八千二百九十卷，两朝史志多三万五千九百九十二卷。闰六月十日，令浙漕司摹板”。③

《中兴百官题名》五十卷，绍熙年间（1190－1194）监察御史何异编④。

---

① 佚名：《南宋馆阁续录》卷三《储藏》，载《南宋馆阁录 续录》，中华书局1998年版，第174页。

② 《钦定四库全书总目》卷二《经部二·易类二》，上册，中华书局1997年版，第9页。

③ 马端临：《文献通考》卷一七四《经籍考一》，中华书局1986年版，第1510页；王应麟：《玉海》卷五二《艺文·书目·淳熙中兴馆阁书目、嘉定续书目》，第2册，江苏古籍出版社、上海书店1988年版，第999页。

④ 《玉海》卷一一九《官制·绍兴祖宗官制旧典》，第4册，第2203页。

陈振孙《直斋书录解题》卷六《职官类》对此书有简要介绍:"《中兴百官题名》五十卷,监察御史、临川何异同叔撰。首卷为《宰辅拜罢录》,余以次列之。刻板浙漕。其后以时增附。渡江之初,庶务草创,诸司间有不可考者,多阙之。"

《救荒活民书》(简称《活民书》)三卷,《拾遗》一卷,宋董煟撰。董煟,字季兴,鄱阳德兴人。受学沙随程氏。绍熙五年(1194)进士,尝知瑞安县(今属浙江)。后改辰溪(今属湖南),正值该地发生饥荒,遂行救荒策,百姓赖以生。宁宗闻后褒之,专门召见他,董煟遂进所撰《救荒活民书》。敕曰:"尔忠为报国,诚在爱民。"①此外,董煟还著有《寿国脉书》一书。南宋张世南《游宦纪闻》卷六对董煟的生平及这两本书的刊刻情况也有简略的记载:"董讳煟,字季兴、所创。季兴向为瑞安邑大夫,有志斯世。所著《活民书》、《寿国脉书》,尝经乙览。今浙漕有刊本。"

2. 浙西提点刑狱司刻书

浙西提点刑狱司,于淳熙六年(1179)刊有宋代李元弼撰《作邑自箴》十卷。

3. 两浙西路茶盐司刻书

两浙西路茶盐司曾有绍兴二十一年(1151)刊有宋王安石撰的《临川王先生文集》一百卷。据王国维《两浙古刊本考》所云,绍兴二十一年刊的《临川先生文集》,书前有王安石曾孙、时为朝散大夫、提举两浙西路常平茶盐公事的王珏写的序,叙述了刊刻此书的缘起。

4. 临安府刻书

临安府刊刻的书籍,据王国维《两浙古刊本考》所载,有《仪礼疏》、杜佑的《通典》二百卷、贾昌朝《群经音辨》七卷、姚铉《文粹》一百卷、《西汉文类》四十卷等。这些书多在绍兴初年刻印。如:绍兴九年(1139)一月,临安府刻《文粹》一百卷,卷末有"临安府今重行开雕唐文粹壹部,计二十策。已委官校正讫。绍兴九年正月□日"的字样。同年三月,临安府刻《群经音辨》七

---

① 《文献通考》卷一九九《经籍考二十六》,第1668页。

卷、《汉官仪》三卷，书卷末有"绍兴九年三月临安府雕印字"的字样。① 临安府刊本《西汉文类》，现代版本学家傅增湘曾在《藏园群书经眼录》卷一八中云此书曰："宋刊本，半叶十三行，行二十四字，白口，左右又阑。版心鱼尾下记西汉文类几，下记刊工姓名。版框高六寸六分，阔四寸八分，卷四十末题：'绍兴十年四月日临安府雕印。'"

孝宗时则刻印有《圣宋文海》一书，李心传《建炎以来朝野杂记》乙集卷五《文鉴》载："《文鉴》者，吕伯恭被旨所编也。先是，临安书坊有所谓《圣宋文海》者，近岁江钿所编。孝宗得之，命本府校正刻板，时淳熙四年十一月也。其七日壬寅，周益公以学士轮当内直召对清华阁，因奏：'陛下命临安府开《文海》，有诸？'上曰：'然。'益公曰：'此编去取差谬，殊无伦理，今降旨刊刻，事体则重，恐难传后。莫若委馆阁官铨择本朝文章成一代之书。'上大以为然，曰：'卿可理会。'益公奏乞委馆职。上曰：'特差一两员。'后二日，伯恭以秘书郎转对，上遂令伯恭校正，本府开雕，其日甲辰也。始赵丞相以西府奏事。上问伯恭文采及为人何如？赵公力荐之，故有是命。伯恭言：'《文海》元系书坊一时刻行，名贤高文大册，尚多遗落，乞一就增损，仍断自中兴以前铨次，庶几可以行远。'十五日庚戌，许之。后数日，又命知临安府赵磻老并本府教官二员，同伯恭校正。二十日乙卯，磻老言：'臣府事繁委，若往来秘书同共校正，虑有妨碍本职，兼策府书籍亦难令教官携出，乞专令祖谦校正。'从之。于是，伯恭尽取秘府及士大夫所藏本朝诸家文集，旁采传记他书，悉行编类，凡六十一门，为百五十卷。"这便是后世流行的吕祖谦编纂的《宋文鉴》。

此外，这一时期临安府还刻印有《说文解字系传》、《广韵》等书。

《说文解字系传》四十卷，南唐校书郎、广陵徐锴撰。据陈振孙《直斋书录解题》卷三曰："为《通释》三十篇，《部叙》二篇，《通论》三篇，《祛妄》、《类聚》、《错综》、《疑义》、《系述》各一篇……此书援引精博，小学家未有能及之者。"此书刻于孝宗朝(1163－1189)。北京国家图书馆藏有残本(卷三十至

① 参见王国维《两浙古刊本考》卷上。

四十),共十一卷。

《广韵》五卷,宋陈彭年等撰。北京国家图书馆藏有此书。据傅增湘《藏园群书经眼录》卷二称:是书为白麻纸,初印精湛,每纸均有程氏朱记,当是造纸者印记。

二、坊刻、私刻和寺院刻书

在官刻的影响下,南宋临安的私宅以及专以营利为目的的私营书坊、书肆、书棚、书籍铺、经籍铺也迅速发展起来。坊刻、私刻之盛居全国首位。

(一)坊肆刻书

南宋临安街市最兴盛的是"御街"。而与御街并行、戒民坊之后即谓御河,河有棚桥,这一带街巷皆以"棚"名,其街甚长,曰"南棚"、"中棚"尾至棚北大街。棚前至众安桥,书坊甚多,它们所刊书籍、形式、字体、风格亦相近,故通称为"棚本"。

临安专门从事雕版印刷的书坊,在南宋初年尚不甚盛,当时私人刊书出售,有的还附属于纸铺或纸马铺,有的还带有一定的寄居性质。孝宗时有所发展,但此时的书坊刻书仍得不到统治者的认可,国家法律禁止私人刻书。如淳熙七年(1180)五月己卯,申饬书坊擅刻书籍之禁。① 然而,这种禁令在南宋中晚期便随着临安工商业的发展而被冲破了。"南宋临安之书棚、书铺,风行一时"。②

临安坊肆刻书铺名可考的,有以下十八家:

(1)临安府棚北大街睦亲坊南陈宅书籍铺;

(2)临安府棚北大街睦亲坊巷口陈解元书籍铺;

(3)临安府洪桥子南河西岸陈宅书籍铺;

(4)临安府鞔鼓桥南河西岸陈宅书籍铺;

(5)临安府太庙前尹家书籍铺;

(6)临安府众安桥南街东开经书铺贾官人宅;

---

① 《宋史》卷三五《孝宗纪三》,第672页。

② 《书林清话》卷二《书肆之缘起》,辽宁教育出版社1998年版,第27页。

(7)临安府修文坊相对王八郎家经铺；

(8)钱塘门里车桥南大街郭宅经铺；

(9)保佑坊前张官人经史子文籍铺；①

(10)行在棚南街前西经坊王念三郎家；

(11)杭州沈二郎经坊；

(12)杭州猫儿桥河东岸开笺纸马铺钟家；

(13)太学前陆家；

(14)临安府中瓦南街东开印输经史书籍铺荣六郎家；

(15)大河北段油蜡桥(新桥)西桥橘园亭文籍书房。

(16)铺塘俞宅书塾；

(17)钱塘王叔边宅；

(18)临安府金氏。

下面根据文献记载，择要介绍最著名的三家：

1. 陈解元书籍铺

陈解元书籍铺，其主人姓陈名起，字宗之，号芸居，自称陈道人，钱塘(今浙江杭州)人。宁宗时乡贡第一，时称陈解元。事母至孝，居都城睦亲坊，开书肆，以刻书、卖书为生。

陈起能诗，所著有《芸居乙稿》。是时，凡江湖诗人均与其交友，往来极为密切。刘克庄《赠宗之》诗云："陈侯生长繁华地，却以芸香自沐熏。炼句岂非林处士，鬻书莫是穆参军。雨檐兀坐忘春去，雪案清谈至夜分。何日我闲君闭肆，扁舟同泛北山云。"②陈起常常将铺中的书籍借给经济困难的江湖诗人，如许棐《陈宗之迭寄书籍小诗为谢》曰："江海归来二十春，闭门为学转辛勤。自怜两鬓空成白，犹喜双眸未肯昏。君有新刊须寄我，我逢佳处必思

① 元刊本《大唐三藏取经诗话》卷三末题"中瓦子张家印"。此"中瓦子张家"，王国维认为"此张家殆即张官人经史子文籍铺"。但杨宽认为宝祐坊在御街东侧，而中瓦子在御街西侧，不能认为一地。中瓦子内当另有专印小说的张家书铺，以配合瓦子中爱听小说的游客的需要(杨宽《中国古代都城制度史研究》，上海古籍出版社1993年版，第372页)。

② 《全闽诗话》卷五，文渊阁《四库全书》本。

君。城南昨夜闻秋雨，又拜新凉到骨恩。”①张彦发《夏日从陈宗之借书偶成》诗云：“自从春去后，少省出柴扉。树暗鸦巢隐，檐空燕迹稀。忆山怜有梦，当暑咏《无衣》。案上书堆满，多应借得归。”②

史弥远擅权之际，陈起曾作诗加以讥诮：“秋雨梧桐皇子府，春风杨柳相公桥。”哀理宗无能而诮弥远擅权。谗言者将其与刘克庄《落梅》诗论列。特别是陈起《江湖集》刊出之后，“诗祸之兴”给他以很大的打击。《江湖集》一书的书板被劈，陈起与刘克庄皆坐罪，陈起流配外地。从此以后，理宗诏禁士大夫作诗。绍定六年（1233），史弥远死，诗禁始解。③

陈起在其所刊书本上，往往加以“临安棚北睦亲坊南陈宅书籍铺”、“临安睦亲坊陈宅经籍铺”、“临安府棚北大街睦亲坊南陈宅”、“临安府棚北大街睦亲坊巷口陈解元宅”等题记，其刊本是棚本中最著名的。睦亲坊为都城临安众多厢坊中的坊，后世称弼教坊。

陈起所刊唐人诗集很多，有“诗刊欲遍唐”之称。近代学者王国维推定“今日所传明刊十行十八字本唐人专集、总集，皆出陈宅书籍铺本也”，他还认为“唐人诗集得以流传至今，陈氏刊刻之功为多”④。明人翻刻《唐人小集》，大抵源于临安陈解元书籍铺。陈氏保存当代诗人的诗作也有贡献，他从当时数百家诗集选编而成《江湖集》一书以售。陈起在《题适安清湖寓居》诗中云：“琴逢良夜时挥弄，诗欲名家巧剪裁”，⑤充分反映了这位诗人兼出版家非凡的学术才能与对出版事业的自信。

2. 陈宅书籍铺

陈思，字续芸，亦称陈道人，钱塘人。从其所著《小字录》一书卷端上有“成忠郎缉熙殿国史院秘书省搜访陈思纂”一行词句来看，陈思曾出仕过，并有上述官衔。后开书肆于都城临安。有《小字录》、《海棠谱》、《书苑菁华》、《书小史》、《宝刻丛编》等书行世。近人以陈思为陈起之子，称“陈起父子”。

---

① 许棐：《梅屋集》卷四，文渊阁《四库全书》本。
② 《江湖小集》卷六八，文渊阁《四库全书》本。
③ 方回《瀛奎律髓》卷四二在刘潜夫“落梅”诗的注文中详细地记载了这场“诗祸”的经过。
④ 《两浙古刊本考》卷上。
⑤ 《江湖小集》卷二八。

如石门顾修汇刊《南宋名贤小集》时，在序文称："思为续芸，殆起之子欤？"自此之后，人们著书、写文章，往往称陈起、陈思为父子者。其实，此说误。南宋时周端臣挽芸居时有诗云："天地英灵在，江湖名姓香。良田书满屋，乐事酒盈觞。字画堪追晋，诗刊欲遍唐。音容今已矣，老我倍凄凉。""诗思闲逾健，仪容老更清。遽闻身染患，不见子成名。易箦终婚娶，求棺达死生。典刑无复睹，空有泪如倾。"①据此可见，陈思非陈起之子甚明。

陈思主要生活于理宗绍定到度宗咸淳年间（1228－1274）。与社会名流交往频繁，其事迹略有所见。如其在《海棠谱》自序中题开庆元年（1259），则可知其为理宗时人。又，天台谢愈修《书小史》咸淳丁卯（三年，1267）序云："《书小史》者，中都陈道人所编也……道人趣尚文雅，编类之勤，可不苟于用心矣。予识之五十余年，每一到都，必先来访，证订名帖，饱窥异书，愈久而不相忘。"②也从另一个侧面证明了陈思是理宗时人。

陈思嗜书成癖，为此他专门开设了书店收集旧书，并出售自己刊刻的新书。魏了翁于绍定二年（1229）为陈思所撰的《宝刻丛编》序中就对此作了比较详细的记载：

> 余无他嗜，唯书癖殆不可医。临安陈思多为余收揽，叩其书颠末，辄对如响。一日以所粹《宝刻丛编》见寄，且求一言，盖屡却而请不已，发而视之，地世年行，炯然在目。呜呼！贾人窥书于肆，而善其事若此，可以为士而不如乎！掩卷太息，书而归之。

又，陈振孙序《宝刻丛编》曰：

> 都人陈思，卖书于都市。士之好古博雅，搜遗访猎，以足其所藏，与夫故家之沦坠不振，出其所藏以求售者，往往交于其肆。且售且卖，久而所阅滋多，望之辄能别其真赝。一旦尽取诸家，所录辑为一编。③

正因为如此，陈思遂成为一位知识渊博的学者。他编著的书颇多，现今

---

① 周端臣：《挽芸居二首》，载《江湖后集》卷三。
② 见《书小史》谢愈修序，钱塘丁氏八千卷重雕宋本。
③ 又见倪涛《六艺之一录》卷一二六《石刻文字一百二·集录金石序记》。

见世的主要有《宝刻丛编》二十卷、《两宋名贤小集》三百八十卷(元陈世隆补)、《书小史》十卷、《书苑精华》二十卷、《海棠谱》三卷、《小字录》一卷。

陈思还是一位著名的刻书家和书商。清叶德辉《书林清话》评价说:“至于陈思,但卖书开肆及自刻所著书,世行宋书棚本各书,于思无与也。”①

3. 尹家书籍铺

尹家书籍铺,亦称尹家文字铺或尹家经籍铺,位于太庙前。② 据近人考证,该书铺曾刊行不少笔记小说,如《北户录》、《却扫编》、《钓矶立谈》、《渑水燕谈录》、《曲洧旧闻》、《述异记》、《续幽怪录》、《茅亭客话》、《箧中集》等书③。如《北户录》一函二册,唐段公路纂。“书中目录后别行刊‘临安府太庙前尹家书籍铺刊行’。则知是书先有宋椠。此本规仿为之,意欲伪充宋刊,故犹存尹家之名耳”。④ 又如《四库全书总目》在介绍江苏巡抚采进本《钓矶立谈》时云:“《钓矶立谈》一卷,是书世有两本。此本为叶林宗从钱曾家宋刻抄出,后题‘临安府太庙前尹家书籍铺刊行’,不著撰人名氏,前有自序。”⑤又在介绍浙江汪汝瑮家藏本《曲洧旧闻》时说:“《曲洧旧闻》十卷,宋朱弁撰。弁字少张,朱子之从父也。事迹具《宋史》本传……然此本从宋椠影抄,每卷末皆有‘临安府太庙前尹家书籍铺刊’字。”⑥南宋周密曾对尹家书籍铺也有述及:

> 先子向寓杭,收奇异书。太庙前尹氏尝以粉画《三辅黄图》求售,每官殿各绘成图,甚精。后为衢人柴氏所得。⑦

明代有人曾根据尹家书籍铺影抄《春渚纪闻》,对此傅增湘《藏园群书题记》卷七跋云:“此天一阁旧藏,余昔年得之于上海坊市者。棉纸,蓝格,钞本,半叶十行,行二十字,目录后有‘临安府太庙前尹家书籍铺刊行’一行,此

---

① 《书林清话》卷二《南宋临安陈氏刻书之一》,第 44 页。

② 《梦粱录》卷一三《铺席》云,杭城市肆“淳祐年有名相传者,如……太庙前尹家文字铺……”

③ 《两浙古刊本考》卷上。

④ 《天禄琳琅书目》卷六《元版子部》。

⑤ 《钦定四库全书总目》卷六六《史部二二 · 载记类》,第 907 页。

⑥ 《钦定四库全书总目》卷一二一《子部三一 · 杂家类五》,第 1611 页。

⑦ 周密:《云烟过眼录》卷四。

即毛斧季所谓宋刻尹氏本也。”

从上述这些坊肆刻书品种来看，与官刻有所不同，官刻侧重于经、史，而坊肆刻书则四部之书全有，且似乎更多地偏重于子、集。如杭州猫儿桥河东岸开笺纸马铺钟家刻有《文选五臣注》，钱塘门里车桥南大街郭宅经铺刻有《寒山子诗》，等等。此外，再从文献记载和流传至今的刻本来看，这些坊肆刻书主要是依靠家内劳力雕版，所以产品上一般不附刻刊工。即使附刻刊工的，人数也极为稀少。如陈宅经籍铺雕印的《岑嘉州集》，刊工只一子文。《杜审言诗》一书的刊工只一范仙村。《江湖集》好像最多，但也不过十余人。这样少数的刊工，即或全部作长期雇佣，也改变不了这种书坊小商品生产的性质。①

需要指出的是，宋代对书坊刻印的图书内容有比较严格的限制。有宋三百年，统治者多次申饬书坊擅刻书籍之禁。现以《宋会要辑稿》刑法禁约为例：

> （元祐五年）七月二十五日，礼部言："凡议时政得失、边事军机文字，不得写录传布，本朝会要、实录不得雕印，违者徒二年，告者赏缗钱十万。内国史、实录仍不得传写。即其它书籍欲雕印者，选官详定，有益于学者方许镂板，候印讫送秘书省，如详定不当，取勘施行。诸戏亵之文，不得雕印，违者杖一百。委州县、监司、国子监觉察。"从之。②

> （大观二年）七月二十五日，新差权发遣提举淮南西路学事苏棫札子："诸子百家之学，非无所长，但以不纯先王之道，故禁止之。今之学者程文，短晷之下，未容无忤，而鬻书之人急于锥刀之利，高立标目，镂板夸新，传之四方。往往晚进小生以为时之所尚，争售编诵，以备文场剽窃之用，不复深究义理之归，忘本尚华，去道逾远。欲乞今后一取圣裁，傥有可传为学者式，愿降旨付国子监并诸路学事司镂板颁行，余悉

① 宿白：《南宋的雕版印刷》，载《唐宋时期的雕版印刷》，文物出版社1993年版。

② 《宋会要辑稿》刑法二之三八。

断绝禁弃,不得擅自卖买收藏。"从之。①

(绍兴)十五年十二月十七日,太学正孙仲鳌言:……自今民间书坊刊行文籍,先经所属看详,又委教官讨论,择其可者许之镂板。从之。

绍兴十七年六月十九日,左修职郎赵公传言:近年以来,诸路书坊将曲学邪说不中程之文擅自印行,以朦胧学者,其为害大矣。望委逐路运司差官讨论,将见在板本不系六经子史之中而又是非颇缪于圣人者,日下除毁。从之。②

从上述的禁令来看,统治者对以下几类图书是严行禁止书坊刻印的:一是有关时政得失的。如绍熙四年(1193)六月十九日,根据臣僚上言,禁止泄漏、传播及书坊刊行朝廷大臣之奏议、台谏之章疏、内外之封事、士子之程文机谋密划。其书坊现刊板及已印者,并日下追取,当官焚毁,具已焚毁名件,申枢密院。今后雕印文书,须经本州委官看定,然后刊行。③ 二是有关国家安全的军事机密。三是涉及有关社会风化的。如"曲学邪说"、"诸戏亵之文"。其他书籍如果要雕印,书坊刻印者必须将图书送官府相关机构详细审定,"有益于学者方许镂板,候印讫送秘书省。如详定不当取勘施行,诸戏亵之文不得雕印"。④

(二)私家刻书

按清代叶德辉《书林清话》、丁丙《善本书室藏书志》、陆心源《皕宋楼藏书志》等书有关版本资料的记载说明,宋代私家刻书的名称大致可以分为以下六种,即:私宅、家塾、堂、台、室、斋。南宋临安的私家刻书,主要属于前面两种。如钱塘王叔边宅刻有《汉书》一百卷,钱塘俞宅书塾刻有《乖崖张公语录》。而权臣贾似道和其幕僚廖莹中,则是私家刻书中的佼佼者。

---

① 《宋会要辑稿》刑法二之四八。
② 《宋会要辑稿》刑法二之一五一。
③ 《宋会要辑稿》刑法二之一二五。
④ 《宋会要辑稿》刑法二之三八。

廖莹中(？－1275)，字群玉，号药洲，邵武军邵武(今属福建)人。为南宋末年奸相贾似道幕客。开庆元年(1259)蒙古军攻鄂州时，贾似道率兵出援，私向忽必烈乞称臣纳币，于是蒙古军退兵北上。贾似道回来后，诈称大捷，骗得理宗的重奖，廖莹中撰《福华编》一书以颂贾似道的"丰功伟绩"。度宗时，贾似道被封为太师，擅朝政，终日在西湖葛岭上的府宅内作乐，大小政事，决于莹中。德祐元年(1275)，因贾似道害国革职放逐，廖莹中遂服冰脑自杀。廖莹中精翰墨，刻《世彩堂帖》及陈简斋、姜尧章、任希逸、卢柳南四家遗墨十三卷，临《淳化帖》、《玉枕兰亭》。为似道刊《全唐诗话》、《悦生随钞》一百卷。周密《癸辛杂识》一书对廖莹中编书、刻书的情况有比较详细的记载：

> 贾师宪常刻《奇奇集》，萃古人用兵以寡胜众如赤壁、淝水之类，盖自诧其援鄂之功也。又《全唐诗话》乃节唐《本事诗》中事耳。又自选《十三朝国史会要》。诸杂说之会者，如曾慥《类说》例，为百卷，名《悦生堂随抄》，板成未及印，其书遂不传。其所援引，多奇书。廖群玉诸书，则始《开景福华编》，备载江上之功，事虽夸而文可采。江子远、李祥父诸公皆有跋。《九经》本最佳，凡以数十种比校，百余人校正而后成，以抚州萆抄纸、油烟墨印造，其装褫至以泥金为签，然或者惜其删落诸经注为可惜耳，反不若韩、柳文为精妙。又有《三礼节》、《左传节》、《诸史要略》及建宁所开《文选》诸书，其后又欲开手节《十三经注疏》，姚氏注《战国策》，注《坡》诗，皆未及入梓，而国事异矣。

又曰：

> 贾师宪以所藏定武五字不损肥本禊帖，命婺州王用和翻开，凡三岁而后成，丝发无遗，以北纸古墨摹拓，与世之定武本相乱。贾大喜，赏用和以勇爵，金帛称是。又缩为小字，刻之灵璧石，号"玉板兰亭"。其后传刻者至十余，然皆不逮此也。于是其客廖群玉以《淳化阁帖》、《绛州潘氏帖》二十卷，并以真本书丹入石，皆逼真。又刻《小字帖》十卷，则皆近世如卢方春所作《秋壑记》、王茂悦所作《家庙记》、《九歌》之类。又

以所藏陈简斋、姜白石、任斯庵、卢柳南四家书为小帖,所谓世彩堂小帖者。世彩,廖氏堂名也。其石今不知存亡矣。①

从文献记载和现今流传的廖氏刻本来看,廖莹中世彩堂刻本中除《淳化阁帖》等书帖外,最负盛名的当推《昌黎先生集》和《河东先生集》两书。

《昌黎先生集》四十卷、《外集》十卷、《遗文》一卷,唐韩愈著。刻于咸淳年间(1265－1274),各卷后镌篆书"世彩廖氏刻梓家塾"八字。《中国版刻图录》曾著录:是书框高19.8厘米,广12 .8厘米,9行,行17字,注文双行,行字同。细黑口,四周双边。唐柳宗元《河东先生集》,则除书框的高广略有差异外,其他均与上书相同。

(三)寺院刻书

南宋临安的寺院刻书风气也很盛行,如净戒院刻印有《长短经》九卷,南山开院刻有《四分律比丘尼钞》六卷,南山慧恩院梓有《华严经随疏演义钞》六十卷等。

第二节　特色和刊工

一、刻书特色

南宋临安的公私刻书,不仅以数量多著称,而且更以技术质量优胜居全国第一。其刻书特色,主要有以下两点:

(一)雕版印刷,质量精良

从现存的杭版书籍来看,字体工整,书写多用欧体;字体结构呈长方形,上下较长,左右较短,书写笔画认真不苟,无懈怠处,显得挺拔秀丽;版心多为白口,有上鱼尾,上下双鱼尾者较少;版框大都是左右双边,上下单边,四周双边的较少。杭本大部分在版心中缝下端镌刻刻工姓名,有的只一姓,或

① 《癸辛杂识》后集《贾廖刊书》、《贾廖碑帖》,第84－86页。

者名字。书品宽大，多为麻纸。[①] 刀法圆润，用纸色白，坚韧耐久，墨色香淡，以至保存至今的有些书，仍可闻到淡淡的清香味。后世研究者，将这种具有自己独特风格的杭版书籍，称为“杭本”。[②] 廖莹中世彩堂刻本中的《昌黎先生集》和《河东先生集》两书，因其写刻精美，纸润墨香，在宋版书中被称为“世无二帙”的“无上神品”。而贾官人所刻的《佛国禅师文殊指南图赞》和佛经扉画，王念三郎所刻的连环画式的《金刚经》，都是当时版画中的精品。[③] 韩侂胄《群玉堂帖》也是其中的代表，据王澍《淳化秘阁法帖考正》云：

闲者轩帖考云：《群玉堂帖》十卷，韩侂胄刻本，名为《阅古堂帖》首卷。南渡后，帝后御书二则；晋隋帖三则；唐帖四则，怀素千文五六九悉；宋帖七，山谷帖八，元章帖十，则蔡君谟、石曼卿帖。后韩以罪死，籍帖入秘省。嘉定中，改今名。模刻极精，而纸墨亦妙。其米帖视绍兴帖、英光堂帖俱胜，盖韩之客向若水精于鉴定，帖乃其手摹也。[④]

这些图书均为历来藏书家所重视，明毛氏汲古阁、清初朱氏曝书亭、钱塘吴氏瓶斋等都多方搜罗收藏。

（二）校对认真，“的无差错”

当时官刻的图书，要经过多次校勘，至少是三次，并在书末记上校勘等责任人的职衔和姓名，做得十分认真负责。如临安府于绍兴九年所刻印的《姚铉文粹》一书，其书末附刊记：

今重行开雕《唐文粹》壹部，计贰拾策。已委官校正讫。绍兴九年正月日。

右文林郎临安府观察推官林憓；

左承直郎宁海军节度推官周公才；

右承直郎临安府观察判官苏彦忠监雕；

---

① 魏德隐：《中国古籍印刷史》，印刷工业出版社1984年版，第75页。

② 《书林清话》卷一《古今藏书家纪板本》，辽宁教育出版社1998年版，第4页。

③ 傅增湘：《藏园群书题记》初集卷四《宋刊金刚经跋》。

④ 王澍：《淳化秘阁法帖考正》卷一一《群玉堂帖》，文渊阁《四库全书》本。

左从事郎浙西安抚使准备差遣刘嵘重校；

左从事郎临安府府学教授陈之渊重校；

……①

坊刻和私刻也是如此。如钱塘王叔边宅刻印的《汉书》、《后汉书》两书，其书末同样附有刊记："本家今将前后《汉书》精加校订，并写作大字锓板刊行，的无差错，收书英杰，伏望炳察。钱唐王叔边谨咨。武夷吴骥仲逸校正。"②又，临安府中瓦南街东开印输经史书籍铺荣六郎家，其书铺刻印的《抱朴子》一书，在书末附刊记云："旧日东京大相国寺东荣六郎家，见寄居临安府中瓦南街东，开印输经史书籍铺。今将京师旧本《抱朴子内篇》校正刊行，的无一字差讹，请四方收书好事君子，幸赐藻鉴。绍兴壬申岁六月旦日。"③凡此种种，使杭版图书具有较高的质量水平。

（三）重视市场，追求利润

临安的各个刻书机关和作坊，都非常重视图书的市场效应，追求利润的最大化。

官方的刻书机构，除了刻印具有文化积累价值的图书外，还花大力气刻印一些跟平民百姓日常生活密切相关的历法、园艺种植以及士子科场应试之类的用书，这是因为这些图书印数庞大，再加上官府垄断，所以利润极其丰厚。

而民间的书坊，也往往选择读者面较广的图书加以刻印，如佛教经书。睦亲坊内的沈八郎、众安桥南街东的"开经书铺贾官人宅"（或作"贾官人经书铺"）和棚前南街西经坊的"王念三郎家"，似乎是专刻零本佛经的。其中，贾官人所刻的《佛国禅师文殊指南图赞》和佛经扉画，王念三郎所刻的连环画式的《金刚经》都是当时版画中的精品。同时，为了招揽生意，各个书坊还注意进行广告宣传。如沈二郎经坊广告云：

① 《两浙古刊本考》卷上。

② 《两浙古刊本考》卷上。

③ 参见北京图书馆编《中国版刻图录》图版12，文物出版社1998年版。

本铺今将古本《莲经》，一一点句，请名师校正重刊。选捡道地山场抄造细白上等纸札，志诚印造。见住杭州大街棚前南钞库相对沈二郎经坊新雕印行。望四远主顾，寻认本铺牌额，请赎。谨白。①

需要说明的是，当时临安的一些书坊为求速成以取高额利润，力求简易，在我国印刷史上最早使用了简体字。如罗振玉在日本影印的南宋临安中瓦子张家雕印的《大唐三藏取经诗话》中"过狮子林及树人国"一章里，有"一个'驴'儿吊在'厅'前，及到山西王长者儿'处'……"句，其中的"驴"、"厅"、"处"三个字都是简体字，这对以后的刻书事业及文字改革曾产生过深远的影响。

二、临安的知名刊工及其对周围地区印刷业的影响

（一）临安的知名刊工

临安雕版印刷业的发达，表明该行业具有数以千计的工人，以至官府在刻印图书时，往往能够集中数以百计的刊工。如绍兴年间（1131－1162），国子监复刊《汉书注》使用了一百二十名以上的刊工。大约在孝宗以后，即十二世纪末叶，临安府刊刻《仪礼疏》时一次就使用了一百六十多位工人。②

在长期的刻印工作中，临安涌现出了大量技术熟练的刊工，并在刻本中留下了他们的"大名"。

南宋初年，临安参与汉郑玄撰《礼记注》二十卷刻印工作的，有孙勉、王受、牛实、毛谅、徐高、宋俅、董昕、陈锡、梁济、陈彦等刊工。

参与唐孔颖达撰《周易正义》十三卷刻印工作的，有包端、王政、朱宥、章宇、陈常、顾仲、弓成、王允成、李询、徐高等刊工。

参与南朝刘宋裴松之撰《三国志注》六十五卷刻印工作的，有乙成、李通、牛实、贾琚、屠友、张通、蒋湮、朱宥、杨谨、李询、牛智、李忠等刊工。

参与汉许慎撰《说文解字》三十卷刻印工作的，有何升、何泽、许忠、顾

① 丁申：《武林藏书录》卷末。

② 宿白：《南宋的雕版印刷》，载《唐宋时期的雕版印刷》，文物出版社1993年版。

永、蔡邠、阮于、张升、周明等刊工。

参与唐陆德明撰《经典释文》三十卷刻印工作的，有孙勉、徐茂、徐升、陈明、徐政、张清、徐杲、余集、骆宝、毛谅、陈彦、陈锡、骆升、顾渊、包正、葛珍、张谨等刊工。

参与三国吴韦昭撰《国语解》二十一卷刻印工作的，有张升、卓宥、张明、方通、骆升、王介、严忠、马松、何泽、陈彬、陈寿、詹世荣等刊工。

参与《周易注疏》十三卷刻印工作的，有王祎、毛端、李秀、陈明、毛昌、梁文、朱明、徐茂、顾忠、陈锡、求裕、刘昭、毛祖、马祖、徐珙、凌宋、马松、高异、丁松年、庞至柔、庞汝升、曹兴祖、缪春、邵亨等刊工。

参与唐孔颖达撰《尚书正义》二十卷刻印工作的，有李实、李询、陈锡、陈安、陈俊、王珍、朱明、徐茂、丁璋、包端、洪先、毛昌、洪乘、徐颜、徐亮、朱静、徐章、梁文等刊工。

参与唐贾公颜撰《周礼疏》五十卷刻印工作的，有徐亮、梁济、朱明、陈锡、徐茂、梁文、王珍、丁璋、毛昌、洪乘、陈高、洪新、黄琮、李宪、王恭、宋琚、方至、方坚等刊工。

参与后晋刘昫等撰《唐书》二百卷刻印工作的，有王成、丁珪、陈锡、施章、施蕴、徐颜、阮于、王华、章楷、骆升、陈迎、徐杲、朱明、姚臻等刊工。

参与宋吴淑撰《事类赋》三十卷刻印工作的，有丁珪、毛谅、王珍、朱琰、包正、余竑、徐高、徐杲、徐政、徐升、阮于、陈锡、陈明仲、顾忠、孙勉、梁济、洪茂等刊工。

参与唐王焘撰《外台秘要方》四十卷刻印工作的，有徐政、徐高、阮于、章楷、徐升等刊工。

……

毫无疑义，这些在每本书附记的刊工，当是技术熟练的名匠，或者是工匠中的负责人。

在上述众多的熟练刊工中，舒通就是其中的一位杰出代表。

舒通，生平不详。据《三朝北盟会编》卷一八九载：“上幸海道，得开书匠舒通，能刻金银铜铁图书，镂板取白字。上喜之，铸金为印，令刻白字为玺。

由是士大夫皆用白字图书。至是,金人遣使来,有铸金成宝文,曰'御前之宝',乃白字也。舒通之刻,岂偶然哉。"由此可见,舒通的刻技得到了高宗的好评。清人有诗赞曰:

陶冶金银更铸铜,缕尘白字起方空。
制从玉镂琼雕外,字在龙蟠凤舞中。
封到紫泥文宛转,印来红沫篆玲珑。
元章花乳吾家擅,艺苑争传刻楮工。①

(二)临安刊工对周围地区印刷业的影响

临安的刊工还往往支持周围地区的刻印工作。如绍兴二年(1132)四月密州观察使王永从一家输资湖州思溪圆觉禅院,刊刻了五千四百卷以上的佛藏,这是南宋最早的一次雕版大工程。这个大工程能够在短短的一年内完成,说明那里聚集了大批的刊工。② 我们把该藏和利用该藏余版所刻的《新唐书》③与临安、绍兴诸官府所刻的书籍相比较,就可知道这批湖州刊工中的很大一部分来自临安。此外,杭州的刊工还参与平江(今江苏苏州)、明州(今浙江宁波)等地的刻印工作。平江紧邻临安,"苏杭间一苇可通",因此其刊工互见的情况也较别处为尤甚。嘉泰四年(1204),平江刊刻的《嘉泰普灯录》刊记有"钱塘李师正",可能就是一位领头的刊工。④ 明州同样如此。绍兴二十八年(1158),明州重新刻印《文选注》,其熟练刊工的大部分便来自临安等地。《文选注》完工后,他们中的一部分又南去台州。

此外,温州、婺州(今金华)、严州(今建德)、衢州、镇江以及福建等地,也多有临安及其附近刊工的足迹。以福建的雕版印刷为例,北宋元丰三年(1080)迄政和二年(1112)福州东禅寺雕印的《崇宁万寿大藏》,是福建大规

① 《西泠怀古集》卷六《钱塘怀舒通》,载王国平主编《西湖文献集成》第27册,杭州出版社2004年版,第281页。

② 《两浙古刊本考》卷下。

③ 据《百衲本二十四史》,上海商务印书馆1918年影印本。

④ 傅增湘:《藏园群书题记》初集卷四《宋刊残本嘉泰普灯录六卷跋》,上海古籍出版社1989年版。

模刊书之始。该藏为后来印本佛藏开创了梵(上竹下夹)装和六行十七字的固定行款。其字体方整,俨若浙刻,当是在两浙影响下产生的《崇宁万寿大藏》完工之后,福州开元寺即开始雕造《毗卢大藏》。该藏自北宋政和二年(1112)迄南宋乾道八年(1172)始告竣,参加此藏的刊工,有好多来自临安及其附近地区。大约比福州略晚,福建西北隅建宁(今建阳、建瓯一带)的雕版印刷也兴盛起来了,它的兴起,同样也得到浙江刊工的帮助,原在国子监、临安府和平江、明州的刊工蔡仁参加了建瓯官署所刻的《育德堂奏议》,在临安陈宅经籍铺刻《碧云集》的余士,又见于建安书院的《周易玩辞》等均为佳例。①

当然也有许多外地的刊工来临安参与官私的刻印工作。如上述湖州刊工的一部分,在湖州完成佛藏工程后,即在次年参加了绍兴府余姚县雕印《资治通鉴》②和自绍兴九年(1139)开始的国子监、临安府、绍兴府主持的大规模的雕版工作。③

① 《南宋的雕版印刷》,载《唐宋时期的雕版印刷》,文物出版社 1993 年版。

② 《四部丛刊初编》所收的《资治通鉴》目录,即据此本影印。

③ 以上参见宿白《南宋的雕版印刷》。

第三章　丝织业

第一节　南宋临安丝织业发展概况

一、历史悠久的临安丝织业

临安的丝织业早在唐代就已经知名于世，其时当地上贡的丝织品有白编绫、绯绫等。① 唐代曾任杭州刺史的大诗人白居易曾有诗赞曰："红袖织绫夸柿蒂，青旗沽酒趁梨花。"在诗中，作者将杭州所产的柿蒂绫与当地的名酒梨花春相提并论，并在诗中自注曰："杭州出，柿蒂花者尤佳也。"②

晚唐时，著名书法家褚遂良的九世孙褚载，从当时丝织为最为发达的广陵郡（今江苏扬州）回到家乡，并带来了扬州先进的织造技术，进一步促进了杭州丝织业的发展。褚载，字厚之。工诗，乾宁二年（895）进士。有诗一卷，今存诗十四首。后来杭人为了纪念他的功绩，在城内褚家堂建通圣土地庙，供其为神。

五代吴越国时，杭州作为首都所在，官营织造十分发达。据《吴越备史》卷二所载，唐天复二年（902），钱镠部将徐绾叛，当时"城中有锦工二百余人，

① 《新唐书》卷四一《地理志五》，中华书局1975年版，第1059页。

② 白居易：《白居易全集》卷二〇《杭州春望》，上海古籍出版社1999年版，第299页。

皆润人也”。钱镠子元瑛虑其为变，乃命曰：“王令百工悉免今日工作。”遂放出城，而发悬门。钱镠入城，闻其事颇为嘉奖。从这条史料中我们可以看出，杭州城中仅锦工就达二百余人，且已能生产技术含量极高的锦了。不仅如此，贵族们还大量使用锦。如光化四年(901)二月，钱镠功成还乡，大摆酒宴，招待乡亲父老。当时“山林树木皆覆以锦幄，表衣锦之荣也”。[①] 后来，钱镠又亲巡衣锦军，并制《还乡歌》一首，歌曰：

三节还乡兮挂锦衣，碧天朗朗兮爱日晖。
功臣道上兮列旌旗，父老远来兮相追随。
家山乡眷兮会时稀，今朝设宴兮觥散飞。
斗牛无孛兮民无欺，吴越一王兮驷马归。[②]

吴越国生产的大量精美丝织品，除供统治者使用外，还源源不断地进贡给中原王朝，数量巨大。仅钱俶有一次上贡给宋太祖的丝绸织物就有“绫罗锦绮二十八万余匹，色绢七十九万七千余匹”。[③]

到北宋时，杭州的丝织业更达到了一定的规模，在全国居于前列。特别是这里的绫，是上贡的物品之一。有鉴于此，宋太宗至道元年(995)，朝廷诏杭州“置织务，岁市诸州丝给其用”[④]。崇宁元年(1102)，宋徽宗又命童贯置局于苏、杭两州，“造作器用……雕刻织绣之工，曲尽其巧。诸色匠日役数千”[⑤]。直到北宋末的宣和三年(1121)，统治者才罢苏杭造作局。晁补之《七述》描述杭州丝织业之盛况曰：

杭故王都，俗尚工巧……衣则纨绫绮绨，罗绣縠绨，轻明柔纤，如玉如肌，竹窗轧轧，寒丝手拨，春风一夜，百花尽发。其制而服也，或袍或鞶，或绅或纶，或缘或表，或缝或襕，或紫或缥，或绀或殷。严以奉祠，亵

---

① 钱俨：《吴越备史》卷一《武肃王上》。又见吴任臣：《十国春秋》卷七七《吴越一·武肃王世家上》。

② 《吴越备史》卷一《武肃王下》，文渊阁《四库全书》本。

③ 佚名：《吴越备史补遗》，文渊阁《四库全书》本。

④ 《咸淳临安志》卷八九《纪遗一》，载《宋元方志丛刊》，第4182页。

⑤ 《宋史纪事本末》卷五〇《花石纲之役》。

以养安，薄以却暑，厚以御寒。以锡三军，以赍四国，以供耳目之玩，以备土木之饰……

二、突飞猛进的临安丝织业

南宋定都临安后，当地的丝织业有了突飞猛进的发展。这突出地表现在上供数和税收中。据文献记载，南宋初年临安城中上供绢仅四万匹，到宁宗庆元间(1195－1200)增至十二万匹，占两浙路上供数额的十四分之一强。丝织品的税额也较唐代增加了七倍。从乾道至咸淳间，临安府夏税纳绢九万五千多匹，绸四千四百多匹，绫五千二百多匹，锦五万四千多两。① 出产的丝织品，花色品种较过去更为丰富，已经从过去生产的一般性的绸、缎、绢、锦、绫、纱、罗发展到鹿胎、透被、绣锦等新名目，甚至连名贵的“绒背锦”也能织造了。②

从经营方式来看，临安的丝织业主要可以分为官营和私营两种。

官营的以少府监所属的绫锦院、织染所和文思院为代表。其中设在武林门外夹城巷晏公庙的绫锦院，“造作事务繁冗”。据《中兴会要》记载，绫锦院在绍兴三十一年(1161)时有织机三百架，工匠数千人，其间除厢兵役卒外，还有从民间鳞差或和雇的工匠。③ 文思院设于北桥东(今仙林桥一带)，设有绫作、刻丝作。生产的丝织品主要有供官方文书官告、度牒等之用，以及岁赐所用的罗、帛等。淳熙十四年(1187)四月七日，据文思院的报告，“一岁合织绫一千八百匹，用丝三万五千余两”，因生丝不足数，请求减免定额，“岁织生丝三万两，织造绫一千五百余匹”。④ 得到朝廷的批准。由此可知，文思院的丝织品生产规模较大。此外，东库的织染所也生产官府所需的丝绸产品。宫廷内侍省后苑造作所设有刻丝作、罗作，殿中省后苑有御服所、丝帛所、腰带所等。官营纺织工场生产的大量高档丝织品，除供皇室耗用

---

① 《乾道临安志》卷二《税赋》，载《南宋临安两志》，第37页。

② 《梦粱录》卷一三《团行》、《铺席》等条。

③ 《宋会要辑稿》食货六四之一七、一八；《宋会要辑稿》职官二九之三。

④ 《宋会要辑稿》职官二九之六。

外，还用于文武百官的俸禄、岁赐时服和给金国的进贡，以及邻近小国来临安朝贡时的回赠品。①

除官营丝织业外，私营丝织业也达到了一定的生产规模。洪迈《夷坚志》中提到的临安丰乐桥侧平机坊周五家，就是其中的代表。② 又同书载：

> 王锡文在京师，见一人推小车，车上有瓮，其外为花门，立小榜曰“诸般染铺”，架上挂杂色缯十数条。人窥其瓮，但贮浊汁斗许。或授以尺绢，曰：“欲染青。”受而投之，少顷取出，则成青绢矣。又以尺纱欲染茜，亦投于中，及取出，成茜纱矣。他或黄、或赤、或黑、或白，以丹为碧，以紫为绛，从所求索，应之如响，而斗水未尝竭。视所染色，皆明洁精好，如练肆经日所为者，竟无人能测其何术。③

毫无疑义，“诸般染铺”也是私营丝织业的重要组成部分。另外，《咸淳临安志》中提到的“街坊”、“机坊”，也指的是这种私营性质的手工业作坊。当时，城中除早在唐代已经形成的城东菜市桥、忠清巷一带的丝织街坊外，在文思院邻近的北桥一带又形成了另一个新的丝织区，而且其生产规模超过了前者。④

第二节　南宋临安丝织品的品种和生产技术

一、丝织品的品种

南宋临安丝织业生产的丝绸品种，更是花色繁多，织染缂绣样样齐全。据《梦粱录》卷一八《特产 · 丝之品》所载，品种主要有绫、锦、克丝、纻丝、杜

① 《宋史》卷一七一《职官志一一 · 俸禄制上》，第 4101 - 4112 页；《宋史》卷一五一《舆服志三》，第 3534 页。

② 洪迈：《夷坚志》支丁卷八《周氏买花》，中华书局 1981 年版，第 1033 页。

③ 《夷坚志》乙志卷一五《诸般染铺》，第 310 页。

④ 参见程长松编《杭州丝绸史话》，杭州出版社 2002 年版，第 22 页。

缠、鹿胎、罗、纱、绢、绵、绸等。

绫为杭州传统丝织品，早在唐代就已经成为杭州著名的贡品。至南宋时，临安城中有柿蒂绫、狗蹄绫、白编绫、樗蒲绫等。其中柿蒂绫，“花者为佳。内司有狗蒂绫，尤光丽可爱”。① 绫的产量也极大，绍兴二十六年(1156)七月二十七日，宋高宗曾下诏：“临安府岁贡御服绫二百匹，自二十六年以后，特与放免。”②从这一记载中，我们也可知这种绫的质量极佳。

锦是各种丝织品中的精品，代表着当时丝织技术的最高水平，故《释名·释彩帛》曰：“锦，金也。作用之功，重其价如金，故惟尊者得服之。”早在秦汉时期，黄河流域的陈留郡襄邑(治今河南睢县)即以织锦闻名。而杭州也早在五代吴越国时就已经生产这种技术含量较高的丝织品了，并知名于时。至南宋时，锦的生产技术和生产规模更是远远超过了以前。其时，锦在内司和街坊都有生产，主要品种有捻金锦、绒背锦。其中以绒背为贵，《梦粱录》卷一八《特产·丝之品》载道：“锦，内司街坊以绒背为佳。”时人许棐《织锦词》曰：

彩丝愁绪杂春机，咿轧声中日又西。
织到花枝连理处，玉骢门外一骄嘶。③

罗，是一种经丝经过绞转而织成的丝织品。南宋时，临安城中有结罗、博生罗、暗花罗、金蝉罗等品种。其中，结罗又分为花、素两种，“染丝织者名熟线罗，尤贵”。④ 需要指出的是，博生罗是当时开发出来的新产品。它采用经线相互环结为链状的绞结方法织成，具有良好的服用性能，而且在外观上还有类似针织的效果，深受消费者的欢迎。但这种博生罗的制作工艺极为复杂，制作一匹约费时五十多大。统治者往往用这种名贵的丝织品作为御

① 《咸淳临安志》卷五八《丝之品》，载《宋元方志丛刊》，第3871页。

② 《宋会要辑稿》崇儒七之六三。《咸淳临安志》卷五九《土贡》作“临安府岁贡御服绫一百匹”(第3879页)。又，《西湖游览志余》卷二《帝王都会》载：绍兴二十六年七月，诏罢临安府岁贡御服绫。上曰：“临安民有纳本户绢一匹，被退出，询之云：‘官中以不经揽户，不肯受。’朕令人以五千五百钱买之，乃是好绢。”

③ 许棐：《梅屋集》卷四，文渊阁《四库全书》本。

④ 《咸淳临安志》卷五八《丝之品》，载《宋元方志丛刊》，第3871页。

赐品。如《武林旧事》卷八《人使到阙》载:“北使到阙……赐牲饩,折博生罗十四。”

克丝,在当时又称为刻丝、缂丝,是宋代著名的丝织品。其制作是用许多特制的小梭子,穿引各色丝线,根据画稿花纹色彩的轮廓边界,一小块一小块地盘织出来的。运用这种织法,能积出极精细的花纹,但很费工夫,大件作品往往要几年时间才能织成。① 唐代定州等地已生产有这种产品,并能织造出大幅的佛像。至北宋,这种技术更为成熟了,庄绰《鸡肋编》卷上载道:“定州织‘刻丝’,不用大机,以熟色丝经于木柠上,随所欲作花草禽兽状。以小梭织纬时,先留其处,方以杂色线缀于经纬之上,合以成文,若不相连。承空视之,如雕镂之象,故名‘刻丝’。”南宋时,临安、苏州、镇江、松江等地都出产有此种产品,其品种有花、素两种。当时的一部分克丝已经脱离了过去彩锦的装饰性质,从实用转向装饰化,向单纯欣赏的独立艺术发展,力求模仿名人书画,也就是评论家所说的“书画织物化,或织物书画化”。当时所织图案大都是唐宋名画家的作品,采用细经粗纬的纬起织法,表现山水、楼阁、花卉、禽兽、翎毛和人物,以及正、草、隶、篆等书法。还涌现出了一批缂丝高手,如朱克柔、沈子蕃等。其中以朱克柔最为著名,朱克柔是“云间人,宋思陵时以女红行世。人物、树石、花鸟精巧,疑鬼工。品价高,一时流传,至今尤成罕购”②。他能把唐代锦绣所不能表现的绘画作品,用缂丝巧妙地表现出来。作风洒脱、轻快,艺术造诣很高。③ 以朱克柔《刻丝山茶图》为例,此图“蓝地方本,织水红山茶,绿叶掩映,一蝶飞来。针神绝技,足使黄、徐阁笔”。④

杜缠,又名起线。具体织法不详。

缎,除民间常见的销金线缎外,还有混织染色线的花缎、绣色缎子。⑤

鹿胎,次者名透背。据《西湖游览志余》卷一七《艺文赏鉴》所载:“鹿胎

---

① 参见祝慈寿《中国古代工业史》,学林出版社 1988 年版,第 96 页。

② 卞永誉:《式古堂书画汇考》卷三三《画三》,文渊阁《四库全书》本。

③ 吴淑生、田自秉:《中国染织史》,上海人民出版社 1986 年版,第 186 页。

④ 卞永誉:《式古堂书画汇考》卷三三《画三》。

⑤ 《梦粱录》卷四《观潮》,第 28 页。

用白粉底，紫花样。”

纻丝，是用染丝所织而成的，其花色有织金、闪褐、间道等几种。其中，“织金”是指在织物中嵌入捻金或片金；“闪褐”指的是织物的色彩具有闪光的效果；“间道”指的是织物的色彩间的排列，如“黑白相间”等。①

纱，杭州早在唐代就已经出产纱了。至南宋时，其生产技术更为成熟，规模也更大。产品有素纱、天净纱、三法暗花纱、粟地纱、茸纱等，均为机坊所织。与博生罗一样，三法暗花纱也是南宋临安丝织工人开发出来的丝织名品。据学者研究，这是一种二经相交起平行花的稀经密纬提花织物，织成以三行工斜形纹为基础的图案，底明花暗，故名三法暗花纱。这种纱的纹结组织看起来比较简单，实则不然。工匠们在制作时，充分利用纹纱的特点，采用了非常大胆的经纬密度配置，从而使织物呈现出透明、清新飘逸的特点，深受消费者的欢迎。同时，由于织物图案多取青铜器上常见的“矩纹”，因此民间又称其为“矩纹纱”。它弥补了因平纹花纹面积大而容易出现的发披现象，使其质量更胜一筹。

绢，为南宋最为普遍的一种丝织品。其品种主要有官机绢、唐绢。官机绢，顾名思义就是由官机出产。而在民间，机坊多织唐绢，当时临安府属於潜县所产的官绢就著名于时。据文献记载，临安城中名妓苏小娟的阿姐盼奴（另一说为苏小娟本人），一次就诱骗商人“於潜官绢”达百匹之巨。② 而杜村出产的唐绢更为著名，时人称为“杜村绢”，该绢幅狭而机密，画家多用之。绍兴二十六年（1156）七月丙寅，诏罢临安府岁贡御殿服绫。有旨临安府岁贡御服绫一百匹，自二十六年以后特与放免。高宗曰：“临安民有纳本户绢一匹，被退出，因询之云：官中以不经揽户，不肯交。朕令人用钱五千五百买之，乃是好绢。”③

绵，以临安、余杭、於潜白而细密者为佳。其产品“有绩绵、绩线为之者，

① 参见程长松编著《杭州丝绸史话》，杭州出版社 2002 年版，第 26 页。

② 郎瑛：《七修类稿》卷二七《辩证类·苏小小考》，上海书店出版社 2001 年版，第 288 页。

③ 《咸淳临安志》卷四七《秩官五》，载《宋元方志丛刊》，第 3773 页；《西湖游览志余》卷二《帝王都会》，第 12 页。

谓之绵线紬,土人贵之"①。绍兴元年(1131),宋高宗慕余杭清水丝绵质地优良,特谕将其列为贡品。

绸,"有绵线织者,土人贵之"。② 光绪《浙江通志》卷一〇一《物产一》谨按:"杭绸有一等最轻纤者,用湖水漂净,宜于染色,大红尤佳,以杭丝多锤炼故也。如帽缨一种,亦较胜于他处。绒丝等线亦然。是皆杭之专产志物,亦宜备焉。"

缬,是中国古代的丝绸印染产品的总称,在南宋临安城中极为常见,如"方形缬",图案是一个方形环状;"玛瑙缬绡",图案是鲜红色的玛瑙状花纹。产品有"绯锦缬衫"、"红缬锦团褡"、"红缬团花衫"等。临安生产的缬,人称为"京缬",是当时十分抢手的品牌产品。刘克庄有诗称:

儿女用京缬,经时买未归。
似嫌无艾虎,不肯换生衣。③

总之,临安生产的丝织品,品种丰富,质量高。它不仅深受国人喜爱,而且还远销到海外。如都城中的"妇女步通衢,以方幅紫罗障蔽半身,俗谓之盖头"。④ 曾任台州知州的唐仲友,曾在家乡婺州(今浙江金华市)开设彩帛铺,高价出售临安出产的暗花罗,仅一次的销售量就多达三四百匹。⑤ 而被封为清河郡王的张俊,更是利用其手中的职权,"广收绫锦奇玩、珍馐佳果及黄白之器"到海外贸易,"获利几十倍"。⑥

二、丝织技术

南宋临安不仅丝织业发达,而且丝织业的生产技术也达到了世界最高的水平,这可从当时任於潜县(今杭州临安)县令楼璹所绘制的《耕织图》画

---

① 《咸淳临安志》卷五八《丝之品》,载《宋元方志丛刊》,第3871页。

② 《梦粱录》卷一八《特产·丝之品》,第163页。

③ 刘克庄:《后村居士大全集》卷二二《己卯端午十绝》,《四部丛刊》初编本。

④ 《清波杂志》卷二《凉衫》,中华书局1994年版,第53页。

⑤ 《晦庵集》卷一八《申尚书省状》:"陆侃支公使库钱,往仲友私家婺州所开彩帛铺,高价买到暗花罗并瓜子春罗三四百匹……"

⑥ 罗大经:《鹤林玉露》丙编卷二《老卒回易》,中华书局1983年版,第269页。

卷中清楚地看出。

（一）楼璹的生平及其《耕织图》的刊布

楼璹（1090－1162），字寿玉，一字国器，鄞县（今浙江鄞州区）人。初为婺州（今浙江金华）幕僚，绍兴初任於潜（今浙江临安）县令。后"除行在审计司，后历广闽舶使，漕湖北、湖南、淮东，摄长沙帅，维扬麾节十有余载，所至多著声绩，实基于此。晚而退闲，斥俸余以为义庄，宗党被赐者近五纪，则其居官时惠利之及民者多矣"。[①] 官至朝议大夫。

楼璹撰《耕织图》，是在绍兴三年至五年（1133－1135）他任於潜县令之时。其时国家偏安不久，"高宗皇帝身济大业，绍开中兴，出入兵闲勤劳，百为栉风沐雨，备知民瘼，尤以百姓之心为心，未遑他务，下重农之诏，躬耕耤之"[②]。六年五月，提举浙西常平茶盐颜师鲁奏设劝课之法，欲重农桑，以广种植。在统治者的极力提倡下，"今乡民于己田连接闲旷硗确之地，垦成田园，用力甚勤"。[③] 楼璹在担任於潜县令时，"笃意民事"，经常深入民间，了解农业耕作及蚕织生产操作的详细过程，"深念农夫、蚕妇之劳苦"，几经辛苦，"画成耕、织二图"。高宗皇帝召对，《耕织图》曾以进呈。宋高宗阅后，极为赞赏，并将《耕织图》"宣示后宫，书姓名屏间"，一时间名动朝野。据说，宋高宗和吴皇后十分喜欢楼璹的《耕织图》，吴皇后还曾命画院中的画家临摹此图的蚕织部分，并根据她自己的亲身经验，为画中的内容作了题注。[④] 不久，便有官员将此书进行了刊刻，程珌《缴进耕织图札子》对此有比较详细的记载：

> 臣近因进读《三朝宝训》，内"农穑门"一段云：太宗朝有同州民李元真者，献《养蚕经》。太宗留其书于宫中，赐钱一万。臣读毕，奏云："绍兴间有於潜令楼璹尝进《耕织图》。耕则自初浸谷以至舂簸、入廪，织则自初浴蚕以至机杼、剪帛，各有图画，纤悉备具，如在郊野，目击田家。

---

① 楼钥：《攻媿集》卷七六《跋扬州伯父〈耕织图〉》，文渊阁《四库全书》本。

② 《攻媿集》卷七六《跋扬州伯父〈耕织图〉》。

③ 《宋史》卷一七三《食货志上一·农田》，第 4176 页。

④ 林桂英、刘锋彤：《宋〈蚕织图〉卷初探》，载《文物》1984 年第 10 期。

高宗嘉奖，宣示后宫，擢置六院。绍兴帅臣汪纲，近开板于郡治。臣旦夕当缴进一本以备宴览，玉音嘉纳之。臣今已装背成帙，谨以进呈，伏望陛下置之坐隅，时赐睿览。一则知稼穑之艰难，而崇节俭之化；二则念民生之不易，而轻租赋之敛。则高宗称赏其图之意，迨今犹一日也，天下幸甚！①

嘉定三年(1210)，楼璹侄子楼钥将家中所藏的此书副本呈献给东宫。②"伏望讲读余闲，俯赐观览，或可备知稼穑之艰难及蚕桑之始末，寘诸几案，庶几少裨聪明之万一，亦以见下寮拳拳之诚"③。与此同时，璹之"孙洪、深等虑其久而湮没，欲以诗刊诸石，钥为之书丹，庶以传永久"。④

(二)楼璹《耕织图》中记载的蚕桑丝绸生产

楼璹的《耕织图》分为耕图和织图两大部分，其中"耕自浸种，以至入仓，凡二十一事；织自浴蚕，以至剪帛，凡二十四事。事为之图，系以五言诗一章，章八句。农桑之务，曲尽情状。虽四方习俗间有不同，其大略不外于此"⑤。即耕图二十一幅，织图二十四幅，每幅图都配有五言诗一首。⑥ 它以写实的手法，详尽地描绘了南宋临安一带农耕、蚕织生产的整个生产过程。特别是此图中的《织图》，对蚕桑丝绸生产过程的描述更是详尽，因此，它被人誉称为"我国最早完整地记录男耕女织的画卷"、"世界上第一部农业科普画册"。⑦

楼璹《耕织图》中的织图部分，内容有浴蚕、下蚕、喂蚕、一眠、二眠、三眠、分箔、采桑、大起、捉绩、上簇、炙箔、下簇、择茧、窖茧、缫丝、蚕娥、祀谢、络丝、经、纬、织、攀花、剪帛等。现选取"浴种养蚕"、"贮茧缫丝"、"经纬准备"与"楼机织绫"四部分加以介绍：

---

① 程珌：《洺水集》卷二，文渊阁《四库全书》本。
② 《玉海》卷一七八《食货·绍兴耕织图》，第3275页。
③ 《攻媿集》卷三三《进东宫耕织图札子》。
④ 《攻媿集》卷七六《跋扬州伯父〈耕织图〉》。
⑤ 《攻媿集》卷七六《跋扬州伯父〈耕织图〉》。
⑥ 《钦定四库全书总目》卷一〇二《子部一二·农家类》，第1327页。
⑦ 中国农业博物馆编：《中国古代耕织图》，中国农业出版社1995年版，第33页。

1. 浴种养蚕

养蚕前首先要做的事是浴蚕。即在养蚕活动开始以前，先将布满蚕种的纸入浴消毒，以保证孵化出来的蚕儿健康。一般分两次进行，一次在寒冬腊月，一次在谷雨前后，蚕儿孵化（催青）以前，“细研朱砂，调温水浴之……以辟其不详也”①。《蚕织图》所绘的应是催青以前的浴种场面。

养蚕开始后，先要暖种，以一定的温湿度让蚕儿孵化，然而下蚕（收蚁蚕）、喂蚕，蚕儿渐渐长大，经过一眠、二眠、三眠，成为大蚕，这时要为蚕儿分箔、并急采桑，等大蚕眠起后喂以大叶，然后将熟蚕上簇（装山）结茧，很快，蚕簇上布满了白色的蚕茧。最后下茧，整个养蚕过程才算告一段落。由于临安地处江南，养蚕季节潮湿多雨，故此在整个过程中必须以人工用火来控制蚕室的温湿度。《蚕织图》将养蚕的每一道步骤就作了详细描绘，包括蚕室用火，都用直观形象的方式作了表达。

2. 贮茧缫丝

蚕茧下簇后，不几天就要出蛾，因此必须采取措施，延迟出蛾时间。南宋采取的是盐浥法，这在《蚕织图》上有明确图示。

宋代丝绸生产中的缫丝工艺已有生熟之分，机具则有南北之别。从《蚕织图》看，当时於潜一带使用的是南缫车和生缫工艺。生缫，即缫鲜茧；而南缫车为宋代盛行的一种脚踏缫车，是从唐代手摇缫车发展而来的。北宋秦观《蚕书》中保存有至今关于脚踏缫车的最早、最详细的记载，但缺乏形象的佐证，而楼璹绘制的《蚕织图》却提供了脚踏缫车的具体形象，它将其结构与操作方法形象准确地表达了出来。从图中看，这种脚踏缫车由机架部分、集绪和拈鞘部分以及络绞和卷绕部分组成。整部缫车由脚踏板通过一个曲柄连杆机构而传动，缫车上的络绞装置与传动装置相连。整个络绞装置就是为了使丝均匀卷绕，不至于过偏。毫无疑义，南宋临安这种脚踏缫车的广泛使用，“标志着缫丝生产力的飞跃发展，脚踏可以减轻劳动强度，加快丝簑旋转速度，并可以把一只手从摇柄中解放出来，进行索绪、理绪、添绪等工作，

① 陈旉：《农书》卷下《收蚕神之法篇》，文渊阁《四库全书》本。

利于提高丝质”。[1] 此后，这种缫车直至明清均无大变。

3. 经纬准备

缫好的蚕丝还不能直接上机，织造之前要对丝线进行准备加工，包括络丝、并捻、整经和摇纬等工序。《蚕织图》中描绘了络丝、并捻和摇纬的工序和纺车，还有一幅对丝线进行过糊的图。过糊的目的是增加经丝的抱合力和强度，以承受织造时产生的各种张力，今称“浆丝”。原来人们一直以为过糊出现在明代，《蚕织图》的发现使人们改变了这一看法，而且了解到南宋浙江用于过糊的工具与明代宋应星《天工开物》的中描述的完全一致，亦可称为“印架”。[2]

4. 楼机织绫

《蚕织图》中史料价值最高的乃是图中描绘的一台高楼式的束综提花机，这是我国目前发现的最早的提花机图像。在宋代以前，唐代人广泛使用的纺织机具是多综多蹑机。而宋代人创制的束综提花机，较之唐代的多综多蹑机在技术上已经有了很大的改进。多综多蹑机可织花纹不太复杂的锦绮等类丝织品，只需一人操作，宋代仍在广泛使用。[3] 但织造“对雉、斗羊、翔凤、游麟”之类复杂、大型的图案，非束综提花机不可。因此，束综提花机的发明是中国对于世界物质文明作出的重要贡献之一，也是当时世界上最先进的丝织生产工具，为临安丝绸技术高度发达的重要标志。

束综提花机又分小花本和大花本两种。其中，束综小花本的具体图像直到南宋才出现，中国历史博物馆《耕织图》中的提花罗机和原藏北京故宫博物院《蚕织机》中的提花绫机均属此种机型。这类提花机的机身平直，中间高耸花楼，花楼悬挂线制花本（此即“束综”），专门一人拉动花本（此即“提花”），花本下连衢线，衢线穿过衢盘，下用竹制小棍（此即“衢脚”）使其悬垂于机坑之中。花楼前有两片地综，踏脚板通过鸦儿木将地综踏起，在此

① 何堂坤、赵丰撰：《纺织与矿冶志》，《中华文化通志》第68本，上海人民出版社1998年版，第55页。此书纺织篇系赵丰所撰。

② 以上参见袁宣萍、徐铮《浙江丝绸文化史》，杭州出版社2008年版，第62－64页。

③ 陈维稷：《中国纺织科学技术史》，第四章第三节，科学出版社1984年版。

再设一人踏机用梭。即此机至少需两人同时操作，一坐花楼专司提花挽综，一坐机前专司踏机用梭。从南宋初年楼璹《耕织图》可知，提花机技术至南宋却已发展到成熟阶段。这种束综提花罗机的提花综更多，“一人提花，花样无穷”，①能织出花纹极其复杂的“四经绞提花罗”。在北宋时，一匹罗用提花机一般只要十一二日即可织出；而到南宋时，由于技术更加发达，速度当更快了。② 纺织史家赵丰指出：“整个宋元明清时期，占据提花技术主流的就是这两种机型，一直用到20世纪初叶（1911年）杭州城内出现新式纹版提花机为止。”③

---

① 王祯：《农书》卷一二《樊花》，文渊阁《四库全书》本。

② 《续资治通鉴长编》卷六三，真宗景德三年五月，第1400页。

③ 《纺织与矿冶志》，第185页。

第四章　陶瓷业

第一节　官窑的生产

南宋临安的陶瓷业，同样在全国占有重要地位。“袭故京遗制”而建的官窑，是当时生产工艺最为先进、产品质量最优的瓷窑之一。

一、关于修内司官窑主持者的探讨

(一)邵成章没有主持过修内司官窑的工作

关于南宋临安的官窑，时人的文献记载较少，主要有以下两处：

一是南宋人叶寘《坦斋笔衡》的记载：

本朝以定州白磁器有芒，不堪用，遂命汝州造青窑器，故河北、唐、邓、耀州悉有之，汝窑为魁。江南则处州龙泉县，窑质颇粗厚。政和间，京师自置窑烧造，名曰官窑。中兴渡江，有邵成章提举后苑，号邵局，袭故京遗制，置窑于修内司，造青器，名内窑。澄泥为范，极其精致，釉色莹彻，为世所珍。后郊坛下别立新窑，比旧窑大不侔矣。余如乌泥窑、余杭窑、续窑，皆非官窑比。若谓旧越窑，不复见矣。①

① 陶宗仪：《南村辍耕录》卷二九《窑器》。

按叶寘的生卒年不详，但其事迹在南宋人俞文豹《吹剑录外集》中曾有述及："胡榘既论罢，九华叶寘作《三学义举颂》，其序曰：'嘉定十二年五月五日己亥，太学生何处恬等二百七十三人相率上书，言工部尚书胡榘及其兄槻，中外相挺……'"嘉定十二年为公元1219年。据此我们可以推测出，叶寘生活在南宋中期。他的记载当是根据其亲耳所听或亲眼所见的，基本上是比较可靠的。

二是南宋顾文荐的《负暄杂录》，原文如下：

> 本朝以定州白磁器有芒，不堪用，遂命汝州造青窑器，故河北、唐、邓、耀州悉有之，汝窑为魁。江南则处州龙泉县窑，质颇粗厚。政和间（《坦斋笔衡》作"宣政间"），京师自置窑烧造，名曰官窑。中兴渡江，有邵成章提举后苑，号邵局。袭旧徽宗遗制（《坦斋笔衡》作袭"旧京遗制"），置窑于修内司，造青器，名内窑。澄泥为范，极其精致，油色莹澈，为世所珍。后郊下（《坦斋笔衡》作"郊坛下"）别立新窑，亦曰官窑。比旧窑（《坦斋笔衡》作"比之内窑"）大不侔矣。

在上述这两处文献记载中，所述的文字基本相同。由于两位作者的生卒年及事迹，在历代文献中记载不详，故此很难判断谁抄袭谁。其主要内容，可以概括为以下四点：

一是南宋修内司官窑由邵成章主持，时称内窑或邵窑；

二是沿袭"旧京遗制"或"徽宗遗制"；

三是南宋官窑前后分别设有修内司官窑和郊坛下窑两座；

四是南宋官窑的质量较高，特别是修内司官窑"澄泥为范，极其精致，油色莹澈，为世所珍"。但后来另设的郊坛下窑，质量明显不如内窑。

但这两处文献记载的内容，并不非常确切。首先，我们可以确定邵成章没有来临安主持过南宋修内司官窑的工作，因为在有关南宋史的主要史料中找不到其依据。如徐梦莘撰的《三朝北盟会编》卷一一八"炎兴下帙起建炎二年八月二十一日癸酉尽十月二十六日"中，对邵成章的生平事迹有着非常详实的记载：

> 邵成章，字茂文，一字天素，开封人也。少为内侍，博通经史，性好谅直。诸内侍皆不喜之，常出之于外。宣和初，为淮南路廉访使者，条奏宣府童贯五十罪，中外大骇。贯请上皇移成章为河南路廉访使者，亦不加罪。渊圣即位，内侍用事者多贬罢。超擢成章入内知内侍省事，赐梁师成宅以居。时军民一岁两杀，内侍皆知成章忠贤，独不加害。建炎二年，行在扬州。大金攻河北、陕西，群盗起京东西路，宰相黄潜善、汪伯彦皆蔽匿不奏。及张遇攻真州，去行在六十里，上亦不闻。成章上疏条潜善、伯彦之罪，且曰必误国。及申潜善使之闻，上怒，送章吉州编管。明年，果失中原。上思其忠，召之，诸内侍忌其忠直，遂谮之曰："邵九百若来，陛下无欢乐矣！"乃使居于洪州。大金军破洪州，召之曰："知公忠直，能事金国，则当富贵长享矣！"成章坚不从，屡逼欲杀之，监守两月，复释之曰："忠臣难得，吾不忍杀。"复遗之金帛，俄以病卒。

《宋史》卷四六九《宦者传四·邵成章》的记载也大致相同，现再摘录如下：

> 邵成章，钦宗朝内侍也。帝入青城，命成章卫皇太子赴宣德门称制行事。太子北去，成章留于汴。康王将即位，佑太后遣成章奉乘舆服御至南京，从幸扬州。金人掠陕西、京东诸郡，群盗起山东，黄潜善、汪伯彦匿不以闻。及张遇焚真州，去行在六十里，帝亦不之知也。成章上疏条具潜善、伯彦之罪，曰必误国，且申潜善等使闻之。帝怒，除名南雄州编管。侍御史马伸言成章缘上书得罪，今是何时以言为讳。久之，帝思成章忠直，召赴行。康履附在，其徒忌之，谮于帝曰："邵九百来，陛下无欢乐矣！"遂止之于洪州。金人入洪，闻其名，访求得之，谓之曰："知公忠正能事，吾主可坐享富贵。"成章不应，胁之以威，亦不从。金人曰："忠臣也，吾不忍杀。"遗之金帛而去。

同书《高宗本纪》亦载"建炎二年正月辛丑，内侍邵成章坐辄言大臣除名，南雄州编管"。此外，李心传《建炎以来系年要录》、《建炎以来朝野杂记》和熊克《中兴小纪》等书也没有记载邵成章主持南宋修内司窑的事。据此可知，邵成章除名后一直下放在外，不曾还朝，且早在建炎年间就死了，因此，邵成章“中兴渡江”、“提举后苑”之说全属误传，不符合历史事实。

（二）邵谔曾主持修内司官窑的工作

如前所述，南宋修内司窑的主持者不是邵成章。那么，南宋主持修内司窑的为何人呢？根据笔者的研究，当是邵谔。邵谔生卒年及籍贯均不见文献记载。他与邵成章一样，都是宦者，但邵谔生活的主要时间比邵成章要晚，是在南宋绍兴年间（1131－1162），并曾受高宗和秦桧的委托，主持修礼乐的工作，这在当时及后世的众多重要文献中均有记载。如《建炎以来系年要录》卷六八载，绍兴三年（1133）九月甲寅，吕颐浩再求去，诏干办御药院邵谔宣押视事。绍兴十二年（1142）七月己酉，“命有司制常行仪仗，自上南巡，仪物草创。时以皇太后且至，上将躬迎于郊，诸王宫大小学教授石延庆以仪卫未讲为请，乃命工部尚书莫将、户部侍郎张澄与内侍邵谔、董治，将等乞先造玉辂，及黄麾仗二千二百六十五人，从之”。[①] 绍兴十二年十二月乙亥，景福殿使、奉国军承宣使、入内内侍省押班邵谔为宣庆使，“以郡亭驿成推恩也”。[②] 绍兴十四年四月丙戌，命太师秦桧提举制造浑仪，诏有司求苏颂遗法来上。上谓桧曰：“宫中制成小范，可窥测，日以晷度、夜以枢星为则。枢星，中星也。非久降出，用以为式，但广其尺寸耳。”遂命内侍邵谔专主其事。[③] 又，南宋熊克《中兴小纪》载：绍兴十二年（1142）七月，“诏车辂仪仗委工部尚书莫将、户部侍郎张澄同内侍邵谔制造”。[④]《宋史》卷四八《天文志一·仪象》：“至（绍兴）十四年，乃命宰臣秦桧提举铸浑仪，而以内侍邵谔专领其事。久而仪成，三十二年始出其二，寘太史局，而高宗先自为一仪，寘诸宫中以测天象，其制差小。而邵谔所铸，盖祖是焉，后在钟鼓院者是也。清台之仪后，其一在秘书省。”此外，王应麟《玉海》、马端临《文献通考》、周密《齐东野语》等书，均对邵谔的事迹有载。

邵谔主持的场所，称为“邵局”。如南宋谢采伯《密斋笔记》卷一载：

---

① 《系年要录》卷一四六，第2337页。

② 《系年要录》卷一四七，第2372页。

③ 《宋会要辑稿》运历二。

④ 熊克：《中兴小纪》卷三〇，福建人民出版社1985年版，第362页。

秦桧修礼乐，文太平，止专用一宦者邵谔主之，人呼为邵局。今浑仪、乐器中犹铸邵姓名。

元陆友仁《研北杂志》卷上的记载更为具体：

宋绍兴中，秦桧修礼乐以文太平，用内侍邵谔主之，时方造玉辂及卤簿仪仗，百工皆录之，谓之邵局。故浑礼仪器，犹铸谔姓名。

由此可见，邵谔在绍兴年间曾主持“修礼乐”的工作，而设立官窑，制作礼仪活动所用的瓷礼器，就是他的重要任务之一。

需要说明的是，顾文荐和叶寘将邵谔主持修内司窑之事误说成是邵成章，可能是自己生活年代距南宋初年已久（达百年左右），有些事情由于记载不详，到后世逐渐模糊不清。也有一种较小可能，是后人刻书时刻写所误。这种现象，在南宋末年人吴自牧所著的《梦粱录》、周密的《武林旧事》等书中不胜枚举，因我在拙著《南宋都城临安》及《南宋临安社会生活》中多有述及，此不赘述。

二、修内司官窑和郊坛下窑

（一）修内司窑

如前所述，南宋朝廷曾先后在都城临安设立修内司窑与郊坛下窑两处。然而，修内司窑设立于南宋哪一年？位于临安城的哪一处？烧制的瓷器有何特色？质量如何？烧制的瓷器有哪些品种？……这一系列的问题，由于文献史料的贫乏，至今尚有许多没有得到解决，令人非常遗憾。

关于修内司窑的主持者，已在前面作过探讨，此不赘述。下面就其他问题谈谈笔者的一些看法：

1. 南宋修内窑的窑址

关于南宋修内窑的窑址，南宋叶寘《坦斋笔衡》、顾文荐《负暄杂录》两书均记载“置窑于修内司，造青器，名内窑”。而明高濂《遵生八笺》更明确指出:“所谓官者,烧于修内司中,为官家造也,窑在杭之凤凰山下……”①即认为修内司窑在“杭之凤凰山下”。这一观点得到了当今许多学者的赞同,有人根据上述文献与《乾道临安志》“修内司壮役等指挥,在万松岭下”、《咸淳临安志》卷一〇《内诸司》“提举修内司,在孝仁坊内青平山口”等记载,认为南宋修内司窑在凤凰山下,万松岭一带。20世纪20年代,日本人米内山庸夫在凤凰山一带曾采集到大量的瓷器标本,同时还发现了匣钵、支钉等窑具。据此,他也认为修内司官窑就在凤凰山一带。② 然而,沙孟海在《南宋官窑修内司窑址问题的商榷》一文中认为:“南宋官窑窑址应该只有凤凰山南麓郊坛左右一个地带,别无所谓‘修内司窑址’的存在。”③朱伯谦根据当时临安城考古队的钻探与试掘资料,认为:

> 皇城北面自万松岭至清平山、宝莲山一带是朝廷的中枢机构三省枢密院。所以从皇城到这里是建筑华丽,禁卫森严的禁区。在这样的地方,能允许建瓷场吗?人所共知,瓷场内要堆放瓷土、木柴、坯件与窑具,很不整洁与雅观;同时粉碎原料的碰击声、辘轳的转动声响个不停,声音嘈杂,加上烧窑时烟火四散,容易引起火灾。南宋初年临安经常发生火灾,为了减少火患,火禁甚严。皇族与臣僚是绝不会允许在这一带建设官窑的。④

朱文发表于1990年,当时杭州老虎洞南宋官窑窑址尚未发现,因此难免判断失误。事实证明,明高濂《遵生八笺》的记载是可靠的。

1996年9月,考古工作者在杭州市上城区凤凰山麓万松岭南面、凤凰山与九华山之间一条长约700米的溪沟西端、被当地人称为老虎洞的地方,发现了大量青瓷残片和窑具。由此,杭州市文物考古所从这一年起至2001年,先后对该窑址进行了三次考古调查与发掘,全面、完整地揭露了老虎洞窑

---

① 高濂:《遵生八笺·燕闲消赏笺·论官哥窑器》,巴蜀书社1992年版,第531页。

② [日]米内山庸夫:《南宋官窑古窑址的发现》,《世界陶瓷全集》第10卷,河出书房1955年版。

③ 沙孟海:《南宋官窑修内司窑址问题的商榷》,载《考古与文物》1985年第6期。

④ 朱伯谦:《谈南宋官窑》,载《中国古陶瓷研究》创刊号,1987年版。

址。现场为两千多平方米的山岙平地，距南宋皇城北城墙不足百米。根据《咸淳临安志》卷首所附《临安府城图》，老虎洞窑址的位置在图中的清平山与海口子之间，正位于南宋临安修内司营中无疑，南宋时期应属皇宫禁苑范围。故此，不具有民窑在此进行烧造活动的可能。从地理位置分析，老虎洞窑址亦和《坦斋笔衡》所载修内司官窑相符。从老虎洞窑址南宋层遗迹的保存情况看，该窑场的建筑材料和工场建筑物残存的遗物绝非一般民窑作为，在以往的中国古陶瓷考古中极为罕见。香糕砖作为窑场的建筑材料是中国古代窑址中绝无仅有的发现，这却又与南宋时期一些皇家建筑用料相同。因此，通过对老虎洞南宋层窑址现存遗迹的分析，可以看出该层遗迹营建得非常精致，是一般民间窑场难以企及的。另外，在对老虎洞窑址的考古发掘中，南宋地层出土的瓷片堆积很有特色，大量瓷片集中出土于四个瓷片堆积坑中。这说明南宋层窑址的废弃品不是随便堆放的，而是埋藏于一处。打碎以后挖坑深埋是避免残次品外流，这种对作废产品的处理方法符合中国传统官窑处理废弃品的特征。据此，学术界普遍认为老虎洞窑址的南宋层窑址，即文献记载的南宋“内窑”窑址，也就是学术界所谓“南宋修内司官窑”窑址。①

2. 老虎洞窑址南宋层保存情况

经过几年的考古发掘工作，基本弄清了老虎洞窑址南宋层遗迹的保存情况。其中，有龙窑窑炉 2 座，素烧炉 4 座，澄泥池 4 个，采矿坑 1 处，釉料缸 2 个，作坊遗址 1 组。同时，这里出土了大量的官窑瓷片、素烧坯及各类支烧窑具、匣钵残件等遗物。

龙窑为长条斜坡式窑，长约 15 米，最宽处约 2.1 米，该窑炉东、南两侧用石块砌成挡土墙以保护窑炉，两座素烧炉形状基本相同，平面呈马蹄形。窑炉用香糕砖错缝平砌而成，炉壁外侧依炉形砌成护墙，墙和炉壁之间用黄泥填实，起到保温的作用。窑炉通长 1.8 米，最宽处为 1.25 米。出烟室与炉室用香糕砖砌墙分隔，隔墙底部用砖隔成 5 个出烟道。这种窑炉与北方地区常

① 详见杜正贤《杭州老虎洞南宋官窑窑址的考古学研究》，载《故宫博物院院刊》2002 年第 5 期。

见的半倒焰式馒头窑相似。6座房基保存良好，其中用于拉坯、晾坯的F5以石条或砖头作墙基，长方形砖平砌成墙，墙宽0.15米，室内铺砖，房基外侧的散水用砖砌成倒梯形状，在房的内部清理出多个辘轳坑；用于上釉的F4位于窑址的东北角，朝向不清，柱础石和地面保存良好，面积约16平方米，地面上发现口径0.64米、腹径0.72米、南北并列的釉料缸两个。澄泥池位于F9南侧，编号C1—C4，均为长方形，以石块、残砖或废弃的匣钵围砌而成，池与池之间的平面高度不同，以水沟相连，有的池子用砖或石块铺底，有的以原生土加以平整。挡土墙位于F1西侧，以大石块迭砌而成，石墙外侧平整，北侧与山坡岩石相接，残长3.4米，宽0.25米，残高1.5米，底部砌有砖砌散水，道路位于澄泥池南侧，略高于周围地面，并由东向西顺坡而上。道路两侧用石块砌边，残长1.9米，宽0.8米。采矿坑位于窑址南面，残存断面宽4.35米，高2.50米。由于近地表的土不易制瓷，因此挖洞取深层的原料，洞残深约2米，直径1.8米，紫金土与瓷石共生。经测试，土质的主要化学组成与瓷片胎体的组成相符①。通过对老虎洞南宋层窑址现存遗迹的分析，可以看出该层原窑场营建得非常精致，是一般民间窑场难以企及的。尤其是香糕砖铺地面的作坊和砌成倒梯形状的作坊外侧的排水设施，以及用平整的大石砌成的与山坡岩石相接、并于底部置有砖砌散水的挡土墙，这在以往的中国古陶瓷考古中均极为罕见。

在1998年和1999年-2001年间两次对老虎洞窑遗址的考古发掘中，南宋地层中出土的瓷片比较少，其中大量瓷片集中出土于4个瓷片堆积坑中。以H3和H20为例，H3为一边长2米、深0.45米的正方形瓷片堆积坑，四边相当规整，上面用致密的黄土覆盖，质地非常坚硬；H20平面近似长方形，长2.2米，宽1.14米，厚约0.06米-0.15米，利用自然低洼处略加修整而成，表面覆盖一层碎瓦片和残砖。H3内出土一万余片瓷器碎片，仅完器或可复原器就达400余件，有200多种器形，胎的颜色和釉色有多种，器类有

---

① 周少华等：《南宋官窑原料的研究与浙江青瓷二元配方起源的探讨》，上海古陶瓷科学技术研究会ISA·2002，待出版。

生活用具,也有仿青铜器的礼器。①

3. 南宋修内窑的置窑时间

南宋修内窑的置窑时间,应该是在朝廷定都临安以后,确切来说,是在绍兴中期(即绍兴十年至二十年,1140－1150)。其理由有以下几点:

一是绍兴初期朝廷所需的祭祀用瓷均来自越州余姚、平江府等地。宋室仓促南迁,原来东京宫廷的青铜礼器或被金人拿走,或毁于兵燹。而新建立的南宋朝廷,由于政府财政紧张,加上铜材和熟练工匠的稀缺,一时无法大批量地重新铸造各种祭祀用的青铜礼器,因此在绍兴初年的祭典活动中,只能将多数祭器暂时改用成本较低、制作较容易的瓷木等材料制作的礼器,以替代传统的铜制礼器。例如绍兴元年(1131),南宋朝廷为了在绍兴府的明堂祀典,令越州制作匏尊、陶器,"乞依现今竹木祭器样制烧造"②。但这次烧制的瓷器,因"绍兴府沿火烧毁不存"。于是,在绍兴四年(1134)朝廷于临安府再次举行明堂祭祀时,所需用的七千余件祭器中的陶瓷礼器仍然下到绍兴府余姚县烧造:

> 绍兴四年四月六日……诏将来行明堂大礼,令有司条具合行礼仪闻奏。今具下项:一、昨绍兴元年以明堂大礼为称,今来大礼欲依绍兴元年体例施行。一、神位系设昊天上帝、皇地祇,配以太祖、太宗皇帝,共四位。并天皇大帝、神州地祇已下从祀,共七百六十七位,总计七百七十一位,并合用神位版。乞下工部,指挥文思院,计会(大使)[太史]局指说,依数制造施行。一、祭器共计七百七十一位,合用陶器:豆六十只,并盖,内十二只准备。簠十二只,并盖,内四只准备。簋十二只,并盖,内四只准备。尊五十只,内十只准备。罍五十只,内十只准备。樿杓一百只,登四百三十二只,并盖。内二十只准备。铜器:铏鼎二只,并盖。牛鼎四只,羊鼎四只,豕鼎四只,扃、毕、罩并全。搏黍豆一只;并

① 以上参见杜正贤《杭州老虎洞南宋官窑窑址的考古学研究》,载《故宫博物院院刊》2002年第5期。

② 佚名:《中兴礼书》卷五九《明堂礼器》。又,《宋会要辑稿》礼二四之八六载:"应奉绍兴元年明堂大礼……诏陶器令绍兴府余姚县烧变,余令文思院制造,余从之。"

盖。竹木器:笾一千八百只,内十只准备。豆千七百五十只,内十只准备。簠七百七十三只,并盖。内一只准备。簋七百七十三只,并盖。内二只准备。尊一百四十三只,并杓。内二十只准备。毛血盘二十五只,内三只准备。币篚四十五只;内六只准备。匏爵并玷各十五副,内三副准备。盘匜一副,罍洗共十二副,内爵洗二副准备。爵盏并玷各七百七十五只,内八只准备。饮福俎一面,铁烛台八百一十六只,大八只,中十六只,小七百九十二只。俎九百一十面。内三十面准备。昨绍兴元年明堂大礼,绍兴府烧变制造到殿上正、配四位祭器,并文思院铸造到牛羊豕鼎等,昨绍兴府沿火烧毁不存。今来开坐到祭器名件,并合创造,乞令太常寺图画样制,下两浙转运司,令所属州军均摊制造。所有陶器,乞下绍兴府余姚县烧变,并乞于大礼前十六日起发赴太常寺送纳。①

二是临安府烧制朝廷祭祀用的陶瓷礼器是在绍兴十九年(1149)。这表明,朝廷建立的官窑已经能够提供朝廷祭祀用的瓷器。而修内司官窑的设立肯定早于绍兴十九年,具体年份当是绍兴十四年(1144)朝廷设置礼器局始。是年七月八日,宋高宗对绍兴十三年平江府烧造的礼器不满意,谕宰执曰:"国有大礼,器用宜称,如郊坛须用陶器,宗庙之器,亦当用古制度等。卿等可访求通晓礼器之人,令董其事。"既而,高宗以给事中段拂、户部侍郎王鈇、内侍王晋锡三人充当此任。② 于是,礼器局成立。礼器局成立后,由王晋锡入内侍省东头供奉官睿思殿祗候,并提举修内司承受提辖。

关于王晋锡所领修内司官窑烧造祭器的情况,《中兴礼书》卷九有详细的记载:

(绍兴十五年十一月四日)诏令段拂、王鈇一就讨论,同王晋锡制造。一、圆坛正配位,尊、罍并系陶器,牺尊、象尊各二十四,豆一百二十并盖,簠、簋各二十四副,已以《博古图》该载制度于绍兴十三年已行烧造外,内有未详《博古图》样制。今讨论合行改造太尊六十四、太罍二十

① 《宋会要辑稿》礼二四之八六至八八。
② 《宋会要辑稿》礼一四之八一。

四，以上《博古图》不该载，见依《三礼图》烧造……（绍兴十六年）二月二十八日……其圆坛正配位尊、罍并豆，并系陶器，除太尊、太罍、牺尊、象尊、簠簋依已降指挥，各有该载数目，合行改造，其余各造陶器尊罍。窃虑将来大礼铺设，今来见造礼器不一，着牺尊、罍、太尊、象罍、壶罍、山尊、山罍各二十四，伏望朝廷指挥一样改造施行。后批：送礼部看详。申尚书省行下太常寺看详。欲依制造礼器局所申事由施行。诏：依。①

据此可知，窑器瓷礼器的烧制，是绍兴十五年（1145）十一月初由段拂、王鈇两人讨论器样后，交王晋锡制造的。次年二月，这批依据《宣和博古图》、《三礼图》而烧造成的陶瓷礼器，因其式样符合古制，制作精美，得到了宋高宗的好评，宰相秦桧也认为其“考古制度极为精致”②。

4. 官窑的生产与管理

同其他官营手工业一样，官窑也是由政府派人进行直接管理的。官府提供资金并组织人工进行生产活动，从事瓷器制作的工人则是政府通过遴选当差的办法从民间“和雇”来的优秀瓷业匠人。③

关于官窑的生产与管理，《宋会要辑稿》中较为详细地记载了北宋时期京东西窑务这一机构的职掌和人员构成——其职掌为挖、炼陶土，制作砖瓦，以供营缮之用，并制造瓶罐等器皿，供宫廷日常生活使用；设监官三人，工匠一千二百人，分为瓦匠、砖匠、装窑匠、火色匠、粘胶匠、鸟兽匠、青作匠、积匠、合药匠等十余种。④ 如前所述，南宋时期的官窑仿照东京，自然其管理和生产状况也是与东京一致的。

（二）郊坛下窑

郊坛下窑又称为郊坛下新窑，在潜说友所纂《咸淳临安志》中有载，该书卷一〇《内诸司》下胪列有入内内侍省、皇城司、御药院、内东门司、天章阁、后苑、御前库等三十三个官署，其中第十八个官署就是“提举修内司”。下

① 又见《宋会要辑稿》礼一五之一九。
② 《宋会要辑稿》礼一四之八一。
③ 参见葛金芳《南宋手工业史》，人民出版社2008年版，第216页。
④ 《宋会要辑稿》食货五五之二〇。

注:"在孝仁坊内青平山口。"第十九个官署是"御前内辖司",下注:"在东华门外东库内。"次行低一格列叙下一级七个单位,即:东库、西库、南库、北库、青器窑、八作司、教乐所。"青器窑"下注:"雄武营山上圆坛左右。"据此,我们可以知道,提举修内司和御前内辖司下面设有东、西、南、北四库及青器窑等具体工作单位。

青器窑"在雄武营山上圆坛左右"。圆坛就是皇帝每年春天郊祀先农神农氏、亲行"三推"之礼的场所。这座圆形的高丘,直到现在还有它的遗迹,人们在玉皇山上远望,好似一幅八卦图,所以杭人俗称为"八卦田"。

1930 年,人们在今杭州闸口乌龟山下后郊发现此窑。此后,不断有学者前往这里实地考察。如前中央研究院周子竞等先后三次到窑址调查,并撰写了《发掘杭州南宋官窑报告书》;1937 年,朱鸿达在调查采集的基础上,编写出版了《修内司官窑图解》一书。日本米内山庸夫等人也千里迢迢来此作了深入细致的勘察,撰写了《南宋官窑的研究》一文,连续发表在《日本美术工艺》杂志上。但由于该窑址没有进行全面系统的发掘,因此人们对其窑址的范围、结构、作坊布局、生产设备及产品种类等仍然模糊不清。1956 年,浙江省文物管理委员会在窑址南部发掘了长 23.5 米的龙窑一座;1985 年 10 月至 1986 年 1 月,由中国社会科学院考古研究所、浙江省考古研究所、杭州市园林文物局联合组成的临安城考古队,对这个窑址进行全面的考古发掘,清理出了练泥、成型、上釉等作坊遗址和龙窑一座,出土了大量的瓷片与窑具标本,为人们研究南宋官窑提供了大量的实物资料。

1. 郊坛官窑窑址的选择与作坊遗址

郊坛官窑的窑址,在江干区闸口乌龟山西麓与山岙平地上,地方比较偏僻。乌龟山是凤凰山南部向东南延伸的一座小山,面向钱塘江北岸的狭长平原,距钱塘江很近,西面与桃花山为邻。窑场三面环山,工房在乌龟山与桃花山之间的山岙平地上,规模较大的龙窑建在乌龟山西坡。窑旁有制瓷用的瓷土矿和紫金土矿,取材极其方便,瓷器生产的自然条件很好。东北距皇城两公里,窑场排泄的污水与烟火对皇城没有影响;西面离郊坛很近,故有青瓷窑在"圆坛左右"之说。同时与钱塘江边管理窑务的八作司(即瓦作、砖作和青瓷作等)很近,管理与联系方便。窑址的选择十分理想。

作坊中共发现工房遗迹三座。北面一座是坐西朝东的三开间平房,内有拉坯成型用的辘轳,是官窑的成型车间。在它的南面空地上有一个直径约四米的圆形练泥池,池底和壁用匣钵底和石块铺砌。池内残留着少量细洁的坯泥,显然是用来踩练坯泥的,使坯泥更加细腻和提高可塑性。练泥池的南侧有低温素烧炉,炉的上部已被破坏,仅存炉底部分。再往南就是上釉作坊,在工房的东南部放置南北平列的大陶缸两只,缸已残破,仅存底部,缸内积聚少量釉料。釉缸西面不远处有辘轳一个,现在只剩固定木轴的红色黏土和木轴腐朽后留下的圆孔。在练泥池、素烧炉和釉缸的周围,堆积着经低温素烧的坯件,有的已上了釉,证明这里是坯件素烧、上釉的工场。工房的东面有一条南北向的出入路。路的东面和工房的后面即场房的东西两侧,各有一条用石块砌壁的排水沟,可以及时排泄山水。

龙窑在场房东面乌龟山的西坡上,距场房很近。窑依山的自然坡度建造,长40.5米,宽1.4米—1.85米。窑头有半圆形火膛(即燃烧室),尾部有出烟坑。窑身狭长,两边有墙,顶部为半圆形拱顶,形状像火车车箱。龙窑头低尾高,窑身自头至尾逐渐向上斜伸,形似一条向下俯冲的火龙,故名"龙窑";也像一条向下爬行的蜈蚣或蛇,所以也有叫"蜈蚣窑"或"蛇窑"的。龙窑用砖砌墙,建筑比较讲究。在西墙开窑门4个,用于装窑出窑,窑内的废品与渣滓倒在山坡上,年长日久,形成厚厚的一层废品堆积层。龙窑使用寿命长,乌龟山官窑先后用二座龙窑烧瓷说明生产的时间很长,很可能在南宋期间自始至终都在为生产宫廷用瓷而忙碌着。

2. 郊坛官窑始建的时间

根据《坦斋笔衡》等文献记载,"郊坛下新窑"的设置时间是在"修内司窑(又名'内窑')"之后,但哪一年设立,史载不详。至于烧制年代,有的认为修内司窑只烧到宋高宗绍兴八年(1138),以后就移到郊坛下;有的认为修内司窑是与金媾和的绍兴十一年(1141)以后建立的,郊坛下新窑始建于南宋中期以后。众说纷纭,莫衷一是。

朱伯谦认为郊坛官窑从它的早期产品保持着北宋官窑和汝官窑的浓厚

风格看,其开创年代在南宋初年。从窑址中发现的“淳熙六年己亥岁”、“嘉熙三年”等纪年瓷片和少量元代的瓷器,以及《咸淳临安志》和《梦粱录》中的“青瓷窑”的记载,它的下限应在南宋灭亡之时。窑址中保留的元代比较粗糙的瓷片,说明乌龟山在元代还烧造了很短一段时间,但那时已不属于南宋官窑了。①

第二节 南宋临安官窑瓷器的特色与种类

一、官窑瓷器的特色

(一)深受北宋官窑的影响

北宋官窑的瓷器,以汝窑为代表。其风格便对南宋官窑,特别是南宋前期的修内司窑,产生了极其重大的影响。明曹昭《格古要论》卷下《古窑器论·官窑》便说:

> 官窑器,(南)宋修内司烧者。土脉细润,色青带粉红,浓淡不一。有蟹爪纹,紫口铁足,色好者与汝窑(器)相类。

从这条文献记载中可知,南宋修内司官窑烧制的瓷器仿照北宋汝窑。乾隆《咏宋官窑八方瓶》诗也点明了这一点:

> 邵局仿东京,官窑因得名。
> 兼隅同卦列,守口匹如城。
> 可以事观世,盖云瓶寓平。
> 尔时南北判,何谓八方瓶。②

考古资料同样证实了这一点。如老虎洞窑址南宋层出土的大批精美瓷

---

① 《朱伯谦论文集》,紫禁城出版社1990年版。

② 《御制诗五集》卷二一,文渊阁《四库全书》本。

器和窑具,与宝丰清凉寺窑址有许多相似之处。① 老虎洞南宋层窑址清理的素烧炉与宝丰清凉寺汝官窑窑址清理的 Y14 在外形、内部结构上都十分相似,平面均呈马蹄形,都由窑门、半圆形的火膛、横长方形窑床、砖砌的隔火墙、用砖分隔的出烟道以及出烟室组成,这说明老虎洞南宋层窑址的素烧炉脱胎于北宋末年汝官窑的馒头窑。在烧制工艺上,汝官窑和老虎洞南宋层窑所用的匣钵和支、垫烧具基本相同。在器物造型上,汝官窑的 D 型碗,A、B 型器盖,B 型盏托,B 型盒,A、B 型套盒等在老虎洞南宋层出土遗物中都有相类似的器物,这表明老虎洞南宋层窑和宝丰汝官窑在制作工艺和器物造型上有明显的承继关系,和历史文献的有关记载相吻合。② 与修内司官窑一样,郊坛官窑所产的瓷器同样受汝窑的影响。朱伯谦认为:

> (郊坛)官窑与越窑、瓯窑青瓷有很大的不同,也与同时期的龙泉窑瓷器有别。宋代越窑青瓷胎较厚呈灰色,施艾青色釉,釉层透明,外底无釉,用垫环或垫饼支烧,南宋前期的龙泉窑青瓷为灰胎或灰白胎,器底厚重,挖足很浅,圈足宽矮,施青釉,釉层薄而透明。盛行单面刻花,即碗、盘类内壁刻花,瓶、炉类外壁刻花,常见的纹饰有莲花、荷叶、水草和鱼纹,用比较粗厚的泥饼垫烧。可见南宋官窑早期的产品,受浙江制瓷工艺的影响不大,而是根据汝窑的技术而生产的,所以从胎、釉配方、胎色、器形、釉层不透明、开裂和用支钉支烧等都与汝窑官窑相似。很可能是在宋室南迁时,带来一部分北宋官窑或汝窑的工匠来到临安,在乌龟山建造官窑,生产官廷用瓷,成为南宋第一个"御窑厂"。③

又说:

> 南宋前期官窑的青瓷受北宋官窑和汝官的影响比较大。瓷器壁薄胎细,胎色有浅灰、灰、深灰和紫色多种,胎外上一层粉青、青灰或米黄

---

① 河南省文物考古研究所:《宝丰清凉寺汝官窑窑址 2000 年发掘简报》,载《文物》2001 年第 11 期。

② 详见杜正贤《杭州老虎洞南宋官窑窑址的考古学研究》,载《故宫博物院院刊》2002 年第 5 期。

③ 朱伯谦:《谈南宋官窑》,载《中国古陶瓷研究》创刊号,1987 年版。

色的薄釉。釉色淡雅，表面有光泽。釉面普遍开裂，裂纹疏密不一，成为官窑青瓷的一种装饰，人们把这种裂纹称之为“纹片”或“开片”。①

汝窑是北宋著名的瓷窑，也是当时最重要的官窑，烧制出来的产品质量极高。明曹昭《格古要论》卷下《古窑器论·汝窑》：“出北地，宋时烧者淡青色，有蟹爪纹者，真无纹者，尤好土脉，滋媚薄，甚亦难得。”其特色，据《博物要览》载：“汝窑，色卵白，汁水莹，厚如堆脂。然汁中棕眼隐若蟹爪，底有芝麻花细小挣钉。”在北宋时，宫中的瓷器多出于此。《清波杂志》卷五曰：“汝窑宫中禁烧，内有玛瑙末为油，唯供御，拣退方许出卖。近尤艰得。”《老学庵笔记》卷二云：“故都时，定器不入禁中，惟用汝器，以定器有芒也。”至南宋时，汝窑瓷器仍然受到人们的珍爱。如绍兴二十一年(1151)十月，高宗幸清河郡王第，清河郡王张俊进奉的汝窑产品就有“酒瓶一对，洗一，香炉一，香合一，香球一，盏四只，盂子二，出香一对，大奁一，小奁一”。②

(二)质量“极其精致”

关于南宋官窑瓷器的质量，历代文献均给予高度的评价。南宋人叶寘《坦斋笔衡》、顾文荐《负暄杂录》均言其“澄泥为范，极其精致，油色莹澈，为世所珍”。这种评价在当时及后世并无多少争议，所述也大致相同，当是自南宋以来世人的确论。南宋官窑澄泥做胎，紫口铁足，釉色莹澈类玉，这种极其精致的瓷器自从出世以来，便为时人所珍爱。

南宋赵彦卫《云麓漫钞》卷一〇则从另一角度阐述了南宋官窑瓷器的质量，他说：“青瓷器，皆云出自李王，号秘色；又曰出钱王。今处之龙溪出者色粉青，越乃艾色……近临安亦自烧之，殊胜二处。”《云麓漫钞》成书于宋宁宗开禧二年(1206)，当时龙泉窑已能生产粉青釉瓷器，临安官窑烧的瓷器质量比它好，说明在此以前官窑的工艺技术有了很大的提高。事实上也是如此。从郊坛官窑出土的瓷器来看，制作工整，器形优雅，质量较高。其早期产品，从胎釉配方、胎色、器形、釉层不透明、开裂和用支钉支烧等都与北宋汝州官

---

① 参见朱伯谦《釉质肥润，珍世瑰宝——南宋官窑》，载《朱伯谦论文集》，紫禁城出版社 1990 年版。

② 《武林旧事》卷九《高宗幸张府节次略》，第 149 页。

窑相似。特别是它发明的多次素烧、多次上釉的制瓷工艺,使青瓷的釉层厚若堆脂,宛如美玉雕琢而成,从而把中国古代青瓷生产工艺推到了前所未有的高度,大大提高了青瓷的质量。①

其时,瓷器的胎壁进一步减薄,特别是碗、盘、洗、碟的口腹部,胎厚仅一毫米左右,真是壁薄如纸,使瓷器更加轻巧优美。与此同时,釉层大大增厚。如工场中发现的已经上釉的素烧坯,釉层分三或四层,这说明此类瓷器的烧制需要经过三四次素烧和上釉的复杂工艺。其过程是:先将坯件在六百度左右的低温中素烧,使坯体干燥和增加机械强度,然后上第一次釉→二次素烧→上第二次釉→三次素烧→上第三次釉→四次素烧→上第四次釉,最后在龙窑中正式烧成。釉的厚度,大多数在一毫米以上。

釉色以粉青为最好,此外尚有青灰、淡黄、蜜腊、鹅皮黄和浅紫色等,色泽淡雅,乳浊性良好,滋润如玉。釉层普遍有开片,其中青釉纹片较少,黄釉纹片细密。

由于釉层丰厚,装坯用的窑具也由支钉改成垫饼,以免烧成时支钉尖被厚厚的釉层粘住,变成残次品。垫饼多数为扁圆形,装窑时它放在坯件的底部或圈足下,所以与垫饼接触的器底或圈足底端的釉层必须刮去,烧成后无釉部分的胎面因经第二次氧化变成铁灰色,通称"铁足"。同时装窑时,器口朝上,在烧到一千二三百度高温时,上口部釉汁下流,釉层较薄,隐现胎骨的灰紫色,名为"紫口"。薄胎厚釉,釉层柔和如玉,开片疏密有致,紫口铁足,是南宋后期官窑青瓷的特点。

二、官窑瓷器的种类

南宋临安官窑生产的瓷器,品种繁多。如老虎洞官窑遗址中出土的大量精美瓷片,总数达上万片之多,经拼对可复原的器物达八百件左右,器物种类丰富,主要有碗、盘、碟、洗、盏、盏托、杯、箸架、钵、罐、盒、盆、花盆、瓶、壶、炉、尊、觚、筒形器、器盖及器座等二十一大类,其中以碗、盘和瓶的数量

---

① 参见朱伯谦《釉质肥润,珍世瑰宝——南宋官窑》。

最多。郊坛下官窑因后代屡遭破坏，出土量并不大，完整器几乎不见，能复原的器形亦不多。从发掘所得的瓷片中，能看出器形的约有一万五千余片。有的器形系参照传世品复原，计有炉、尊、坛、觚、灯盏、瓶、罐、壶、器盖、器座、弹丸等二十三类七十多种形式的器物。其中有碗、盘、碟、盏、杯、壶等饮食器皿和罐、钵、坛等盛贮器，也有唾盂、熏炉、灯盏、盆、盒、水盂、笔洗等日用瓷，还有一些仿照古代铜、玉器形式的瓶、炉、花盆等祭器和陈设用瓷，以及鸟食罐、象棋（模与范）、弹丸等等，品种齐全，以满足宫廷各种用瓷需要。①

明高濂在《遵生八笺》一书中则对官、哥窑器的种类和品质高低以及两者的区别等作了极其细致的阐述：

官窑品格，大率与哥窑相同。色取粉青为上，淡白次之，油灰色色之下也。纹取冰裂鳝血为上，梅花片墨纹次之，细碎纹纹之下也。论制如商庚鼎、纯素鼎、葱管空足冲耳乳炉、商贯耳弓壶、大兽面花纹周贯耳壶、汉耳环壶、父已尊、祖丁尊，皆法古图式进呈物也。俗人凡见两耳壶式，不论式之美恶，咸指曰："茄袋瓶也。"孰知有等短矮肥腹无矩度者，似亦俗恶。若上五制，与喝姬壶样，深得古人铜铸体式，当为官窑第一妙品，岂可概以茄袋言之？又如葱管脚鼎炉、环耳汝炉、小竹节云板脚炉、冲耳牛奶足小炉、戟耳彝炉、盘口束腰桶肚大瓶、子一觚、立戈觚、周之小环觚、素觚、纸槌瓶、胆瓶、双耳匙箸瓶、笔筒、笔格、元葵笔洗、桶样大洗、瓮肚盂钵、二种水中丞、二色双桃水注、立瓜、卧瓜、卧茄水注、扁浅磬口橐盘、方印色池、四入角委角印色池、有文图书戟耳彝炉、小方蓍草瓶、小制汉壶、竹节段壁瓶，凡此皆官、哥之上乘品也。桶炉、六棱瓶、盘口纸槌瓶、大蓍草瓶、鼓炉、菱花壁瓶、多嘴花罐、肥腹汉壶、大碗、中碗、茶盏、茶托、茶洗、提包茶壶、六棱酒壶、瓜壶、莲子壶、方圆八角酒瓮、酒杯、各制劝杯、大小圆碟、河西碟、荷叶盘浅碟、桶子箍碟、绦环小池、中大酒海、方圆花盆、菖蒲盆底、龟背绦环六角长盆、观音弥勒、洞宾神像、鸡头罐、楂斗、圆砚、箸搠、二色文篆隶书象棋子、齐箸小碟、螭虎

① 参见邓禾颖、唐俊杰《南宋官窑》，杭州出版社2008年版，第38、62－63页。

镇纸，凡此皆二窑之中乘品也。又若大双耳高瓶、径尺大盘、夹底骰盆、大撞梅花瓣春胜合、棋子罐、大扁兽耳彝敦、鸟食罐、编笼小花瓶、大小平口药坛、眼药各制小罐、肥皂罐、中果盒子、蟋蟀盆内中事件、佛前供水碗、束腰六脚小架、各色酒案盘碟，凡此皆二窑之下乘品也。要知古人用意，无所不到，此余概论如是。其二窑烧造种种，未易悉举，例此可见。所谓官者，烧于宋修内司中，为官家造也。窑在杭之凤凰山下，其土紫，故足色若铁，时云紫口铁足。紫口，乃器口上仰，泑水流下，比周身较浅，故口微露紫痕。此何足贵？惟尚铁足，以他处之土咸不及此。哥窑烧于私家，取土俱在此地。官窑质之隐纹如蟹爪，哥窑质之隐纹如鱼子，但汁料不如官料佳耳。二窑烧出器皿，时有窑变，状类蝴蝶禽鱼麟豹等象，布于本色，泑外变色，或黄黑，或红绿，形肖可爱。是皆火之文明幻化，否则理不可晓，似更难得。后有董窑、乌泥窑，俱法官窑，质粗不润，而泑水燥暴，溷入哥窑，今亦传世。后若元末新烧，宛不及此。近年诸窑美者，亦有可取，惟紫骨与粉青色不相似耳。若今新烧，去诸窑远甚。亦有粉青色者，干燥而无华，即光润者，变为绿色，且索大价愚人。更有一种复烧，取旧官哥磁器，如炉欠足耳，瓶损口棱者，以旧补旧，加以泑药，裹以泥合，入窑一火烧成，如旧制无异。但补处色浑而本质干燥，不甚精采，得此更胜新烧。奈何二窑如葱脚鼎炉，在海内仅存一二，乳炉、花觚存计十数，彝炉或以百计，四品为鉴家至宝。无怪价之忘值，日就增重，后此又不知凋谢如何。故余每得一睹，心目爽朗，神魂为之飞动，顿令腹饱。岂果耽玩痼僻使然？更伤后人闻有是名，而不得见是物也，慨夫！①

在官窑名目繁多的器类中，根据它们的用途，主要可以分为两大类：一是根据古代铜礼器仿制的礼器；一是日常的生活用具。

(一)礼器

仿青铜器的礼器，有鼎式炉、奁式炉、鬲式炉、葱管足炉、簋式炉、贯耳

---

① 《遵生八笺·饮馔服食笺下·论官哥窑器》，第529－532页。

瓶、胆瓶、盘口长颈瓶、六棱瓶、八棱瓶、花口瓶和觚、尊等祭器及陈设瓷，品种丰富。其中，觚、尊、炉、瓶等多数是仿照古代铜器和玉器的形式，有的器形还非常大，式样稳重端庄。

1. 炉

炉有奁式炉、镂空奁式套炉、鬲式炉、盂式炉、簋式炉、鼎式炉等。

奁式炉的数量较多，筒形腹有浅有深，下承三个兽蹄足，腹部饰三组或四组凸弦纹。

镂空奁式套炉外腹除弦纹外，另有镂空缠枝花卉装饰。

鬲式炉造型源于先秦时期的青铜器，原为一种炊具。而瓷质鬲式炉盛行于南宋，老虎洞及郊坛南宋官窑窑址均有出土。其造型一般为腹部较扁圆，平底下接三个空心锥形足，肩、腹部有凹弦纹。考古工作者根据上述两个官窑遗址出土的瓷片曾复原成2件鬲式炉。其中，郊坛出土的一件为尖唇，宽平折沿，束颈，鼓肩，弧腹，袋形裆，实足跟。口径13.8厘米、腹径15.4厘米、通高11.6厘米。器身系轮制后手制加工，实足跟由模制后粘接。足底无釉，粘有小垫块，为足底垫烧。腹至足部侧面贴有竖扉棱。深灰色夹浅灰色厚胎，质较粗松，气孔多。米黄夹灰青色釉，欠烧，釉面有裂纹，光泽差。老虎洞南宋官窑窑址出土的一件鬲式炉，器高9.9厘米、口径15.1厘米、腹径16.5厘米。圆唇，宽平折沿，矮直束颈，扁鼓腹，平底微外弧，三足中空。器身应为轮制，足系模制后粘接。腹壁至足部饰有扉棱，扉棱呈尖圆状突起，肩部饰凹弦纹一周，腹部饰凹弦纹两周。胎较薄，施灰青厚釉，釉层厚薄不匀，釉面开细密纹片，胎骨灰黑。烧造方法分刮足垫烧、支烧和支垫结合三种，此器采用刮足垫烧而成。

盂式炉在老虎洞南宋官窑遗址仅发现一件，从口肩部的缺口看，原来应置有对称的两个小圆环耳，造型较为特殊。

簋式炉，在博物馆尚可见到传世品。如台北故宫博物院就收藏有一件南宋修内司官窑生产的簋式炉。此器形制规整，施粉青釉，釉质莹润，通体开细密纹片。圈足外撇，采用刮釉垫烧法烧成，足部呈现铁褐色。口径17.5×19.7厘米，高12.7厘米，足径15.8厘米。造型上为颈部饰二道凸弦纹，腹部有对称的龙首形双耳，显得古朴端正。日本静嘉堂文库美术馆也同样收藏有南宋官窑生产的一件鼎式炉，这件鼎式炉在文物界又名为双耳三足香炉，高13.7厘米，口径16.8厘米。唇口，平沿，肩部划阴弦纹两道，肩、足贴饰短扉棱，三足微微向外撇。釉色清亮呈粉青色，通体开片。日本学者认为该器系郊坛下官窑所烧制，理由是其釉色风格完全与郊坛下遗址出土标本相同。但从图上看，这件香炉的器身外底留有八个呈长方形的支烧痕。考古资料表明，“低岭头类型”常使用一种短筒状齿口支钉，齿顶面呈长方形，所烧器物的外底会留下类似的长方形支烧痕。这种窑具在当时浙江青瓷窑口中为“低岭头类型”所独创，在南宋的两处官窑遗址中均未发现，在龙泉窑中也没有使用。因此将该器贸然归同于郊坛下官窑的制品显然不够妥当。郊坛下南宋官窑窑址也出土有两个款式的仿商周青铜簋造型而制作的鼎式炉：1式，斜撇沿，束颈。口径14厘米，高9.5厘米，足径8.5厘米。颈部有二道凸弦纹，龙首形双耳。浅灰色胎，质细较硬。黄褐色薄釉，光泽差，釉面有碎裂纹。支烧，外底有5个支钉痕。2式，敞口，束颈，鼓腹，龙形双环耳，腹上部有两道弦纹，大圈足外撇，圈足内壁起棱呈阶状。垫烧。口径17.4厘米，高10.5厘米，足径13.7厘米。浅灰色薄胎，质细较松。粉青色厚釉，厚处0.15厘米，外观为二次上釉，质感如玉。釉面有棕色大裂纹，有气泡及跳釉。从郊坛下官窑窑址的出土物与台北故宫博物院的收藏品相比，两者有一定的差异，这主要表现在，郊坛下官窑窑址的出土物为圆形器，此器的足呈圆形而口略呈椭圆形，更显出纯熟的制作技巧。但台北故宫博物院的这件收藏品明显比郊坛下官窑窑址的出土修复器，尺寸要大一些。老虎洞南宋官窑窑址也出土有多件鼎式炉，鼎式炉从造型上可以分为方鼎和圆鼎两种。方鼎有大小之分，胎厚釉薄，造型基本相同，惟腹部装饰略有差异。圆鼎也同样有大小之分，小鼎的双耳有方耳，也有环耳，底下承三个实心足；大鼎的双耳均为方耳，底下接三个空心柱状足。粉青釉莹润淡雅，堪称修内司窑之绝品。

樽式炉在宋代极为流行，汝窑、定窑、龙泉窑等均有烧造。在南宋官窑生产的瓷器中，这种器物颇为常见。从老虎洞南宋官窑出土的樽式炉来看，形制均为直口，宽唇，深直腹，平底，蹄足。腹部饰三或四组二、三、四道不等的凸弦纹。大多为裹足支烧，也有外底中部刮釉垫烧的。考古工作者曾复原了一件樽式炉，器高 14 厘米，口径 18.4 厘米，底径 17.2 厘米。直口，宽唇，筒腹，平底，三个兽蹄形足。外壁饰四组三道凸弦纹。胎较厚，呈深灰色，施灰青釉，开细碎纹。外底中部刮釉一圈垫烧，露紫红胎。三个蹄足尖都有釉水悬凝。

2. 瓶

瓶的出土数量较多，造型多样，有长颈瓶、镂空套瓶、折肩瓶、卷沿瓶、穿带瓶、弦纹瓶、琮式瓶、梅瓶等。清宫廷内曾收藏有一定数量的宋官窑瓷瓶，乾隆十分喜爱，时常把玩鉴赏，并有多首诗作赞美它们，如其《题宋官窑瓶》诗：

陶成修内司，六百岁兹贻。
火气全消泯，泑光益润滋。
几人曾阅赏，五字合题诗。
吟罢还自笑，由今视底为。①

又，乾隆《咏官窑瓶》诗：

当年邵局号为官，轻用民间禁有干。
今作市鄽私货物，慨然鉴古发清叹。②

(1)长颈瓶。长颈瓶有大中小三种，颈部与腹部的造型也略有差异。

(2)折肩瓶。折肩瓶有圆折肩与平折肩之分，腹部稍有差异。卷沿瓶的数量较少，仅见于 1 号瓷片堆积（编号 H1）之中。

(3)穿带瓶。穿带瓶有大小之分，直口、粗颈、垂腹，高圈足上有两个对称方形穿孔，造型敦实。

(4)镂空套瓶。镂空套瓶整体造型与长颈瓶较为接近，但腹部镂空为缠

---

① 《御制诗四集》卷一五。
② 《御制诗四集》卷八七。

枝花卉，内置小瓶，造型较为别致，部分瓶满施粉青釉，实用与美观兼顾。老虎洞南宋官窑窑址就出土有镂孔套瓶。其中，有一器高21.2厘米、口径5.8厘米、底径7.5厘米，敞口，圆唇，细颈，溜肩，鼓腹略垂，圈足外撇。其独特之处在于腹部分为内外两层，内层为胆瓶，外腹部作镂空装饰。上腹刻双线仰莲，下腹刻双重仰莲，中段以镂空缠枝花卉相连。深灰胎，施灰青釉，乳浊失透，开细密纹片。圈足刮釉垫烧，露胎处呈灰褐色。从其的制作工艺来看，此器应为拉坯成型，再在外腹进行镂雕，制作及烧造工艺难度都很大，反映出南宋官窑工匠高超的制瓷水准。

(5)弦纹瓶。弦纹瓶一般为长颈，腹部有扁圆形和圆形两种，但均有弦纹作装饰，弦有四弦、六弦、八弦之分。清乾隆《咏官窑四弦瓶》诗曰：

邵局窑工法政和，惟供御用号官科。
四弦纵匪官商寓，一意应期祥瑞罗。
宝露古曾贮有几，晨星今亦见无多。
簪花雅称拈毫对，不谢偏欣馥籁过。①

而八棱弦纹瓶在世间有传世品，日本就收藏有一件官窑八棱瓶，八个棱角非常分明。在考古资料中也可见到这种器物。杭州考古工作者曾根据1985年-1986年郊坛下南宋官窑遗址出土的瓷片精心修复成这种瓶。此器物的造型为小口，圆唇，长颈，扁鼓腹，圈足。口径6.5厘米，足径12.5厘米，足径8厘米，通高21.8厘米。浅灰色胎，质地较细硬，米黄色釉，釉面有细开片，圈足刮釉垫烧。内壁有轮旋痕，颈至上腹部有三道凸弦纹。

(6)琮式瓶。琮式瓶系仿新石器时代玉琮造型的一种瓶。一般形制为圆口，短颈，方柱形长身，圈足，口、足大小相若，有的器身四面有凸起的横线装饰。最早见于南宋官窑，在南宋官窑两个窑址中均有发现，但在形制和制作方法上有所不同。老虎洞窑琮式瓶为圆口，圆唇内折，在直筒腹的外壁，对称堆贴四组装饰附件，上下共五层，整器厚重，较矮，施二次釉。灰黑胎，胎质较疏松。器底留有清晰的拉坯旋纹。成型方法应是先将直筒腹拉坯成

① 《御制诗四集》卷七六。

形，再在其外壁堆贴附件，形成琮式瓶的式样。台北故宫博物院就收藏有南宋修内司官窑生产的琮式瓶。器高18.8厘米，深17.4厘米，口径12.8厘米，底径12.4厘米。施青灰厚釉，底部刮釉垫烧，露深褐色胎骨。开片自然。饰五节驵纹，整体比例恰当，造型大气庄重，不失古朴之风。此器的成型方法与老虎洞窑址出土器相似，即先将直筒腹拉坯成形，再在其外壁堆贴附件，形成琮式瓶的式样。此系反映南宋官窑甚高成就的工艺成品。而出土于郊坛下窑的琮式瓶为口腹残片，圆口，尖唇，直沿，方体，折肩，直腹，施粉青色厚釉。应为合模而成，与前者相比在成型方法上要便捷得多。但从造型上看，老虎洞官窑的琮式瓶与古代玉琮的造型更接近，而郊坛下官窑的造型已趋简单化。这种简化了的琮式瓶，在南宋晚期以仿官窑产品著称的龙泉窑大为盛行。入清以后，琮式瓶的器身横线装饰演变为八卦纹，故人们又俗称其为"八卦瓶"。

(7)梅瓶。梅瓶系北宋创烧的一种瓶式，因口之小仅容梅枝而得名。又称"经瓶"。造型为小口、短颈、丰肩、敛腹，瓶体修长。磁州窑制作的梅瓶上有开光黑彩书"清沽美酒"、"醉乡酒海"等文字，可知其为酒具。但辽墓壁画中所见用来插花，又可见其也可用来作室内的陈设品。在南宋官窑中，梅瓶是一种常见的产品，宫中用来贮酒或作室内陈设品。时人多有诗咏，如韩淲诗：

雪消春意动，楼外已东风。
兰佩新输绿，梅瓶久荐红。
人生虽向老，岁事岂终穷。
青琐黄扉地，西湖一望中。①

从上述两个南宋官窑遗址的出土情况来看，梅瓶有大、中、小三种，均有覆杯式盖，瓶体一般为小盘口，短束颈，丰肩或圆肩，斜腹，隐圈足。如根据老虎洞窑址南宋层出土瓷片复原的一件梅瓶，器高33.5厘米，口径6.2厘米，上腹径19.8厘米，底径9.5厘米。直口，圆唇，短颈，圆肩，弧腹斜收，暗

① 韩淲：《涧泉集》卷七《雪后如春》，文渊阁《四库全书》本。

圈足,足面露紫胎。通体施粉青釉,釉色均匀,釉面质感好,有稀疏开片,外壁釉略厚于内壁,胎骨灰黑。

(8)纸槌瓶。纸槌瓶因形似纸槌而得名。根据老虎洞官窑窑址出土瓷片复原的一件纸槌瓶,器高 20 厘米,口径 7.9 厘米,腹径 12 厘米,底径 10.2 厘米。造型为平口,折沿,细直颈,平直肩,直腹,下腹微收,暗圈足。施粉青釉,釉面光泽滋润,颈部釉面有细开片。薄胎厚釉,外壁釉厚 0.15 厘米,内壁施薄釉,底部薄釉呈灰青夹米黄色。圈足刮釉垫烧,足面圆削露紫胎,胎骨灰黑疏松。整件器物显得挺拔秀美,当是南宋官窑的代表性产品。乾隆《咏官窑纸碰瓶》诗赞曰:

> 邵局由来胜处州,官窑臣庶敢轻留。
> 即今庙市货一二,宋制更谁遵守不。
>
> 釉色全消火气鲜,碌青卵白润成瑀。
> 若论纸碰传官式,应与澄心时并传。①

(9)玉壶春瓶。玉壶春瓶是北宋时创烧的一种瓶式,其特征呈现为撇口、细颈、垂腹、圈足,以变化的弧线构成柔和、匀称的器型。当时定窑、汝窑、耀州窑、磁州窑等北方窑口烧制。南宋官窑更是大量生产这种造型优美的器物,如老虎洞南宋官窑窑址就出土有大量的玉壶春瓶,其器型呈现出由北南传的特点。从复原的一件玉壶春瓶来看,器高 22.2 厘米,口径 5.6 厘米,底径 8.5 厘米。撇口,圆唇,细颈,溜肩,鼓腹略垂,圈足外撇。深灰胎较薄,胎体坚致。施灰青釉,釉面亮而透明,开稀疏纹片。圈足露胎处呈紫灰色,外底中部釉下刻“亥”字。

(10)花口瓶。花口瓶在传世官窑器中不见此器形。但在 1985 年 - 1986 年南宋官窑遗址中曾有出土。考古工作者根据出土的瓷片精心修复一件花口瓶,器高 25.6 厘米,口径 12 厘米,底径 9.5 厘米,口外撇呈六瓣花形,束颈,溜肩,圆腹,圈足与口对称呈六瓣花形。壶身分六棱与口、底相一致。

---

① 《御制诗四集》卷六一。

肩部堆贴对称的铺首衔环。黑灰色厚胎，质细。外壁釉色粉青匀净，滋润如玉，釉面有不均匀大开片；内壁灰青色釉，釉面有细碎裂纹。制作方法特殊，先将口沿、腹片、圈足等分别轮制或模制，然后粘接成型，修坯上釉、垫烧而成。整体造型挺拔秀美，花形口足上下呼应，别具匠心。

(11)贯耳瓶。贯耳瓶流行于宋代，仿古代青铜器式样烧制，造型秀丽。考古工作者曾根据郊坛下南宋官窑窑址的出土瓷片，参照传世品复原而成一件贯耳瓶。这件器物口径7厘米－9厘米，腹径11厘米－14厘米，足径7厘米－10厘米，残高17厘米，复原通高22厘米。直口微敞，圆唇，高颈，弧肩，椭圆腹，高圈足，通体横断面呈腰圆形，颈肩两侧各贴竖圆管形耳，圈足两侧与耳垂直处分别镂有长方形孔，孔径0.8厘米－2厘米，作穿带提携用。灰色厚胎，灰青色薄釉，有裂纹，足底无釉，垫烧。颈肩处贴饰粗弦纹三道，外底有釉下褐彩楷书，字迹模糊，可依稀辨认为“外二”两字。

3. 尊

尊为一种青铜礼器。南宋仿青铜器的尊，常见的有觚形尊和大口尊两种。觚形尊配以莹润的米黄釉或粉青釉，既古朴又典雅。大口尊的特点是大口，深腹，矮圈足。台北故宫博物院就收藏有南宋修内司官窑生产的大口尊。此器高25.9厘米，口径16.5厘米，足径13厘米，造型既具青铜器的庄重大气，又不失青瓷的典雅秀丽，线条流畅，关节过渡自然柔和，粉青色厚釉上饰以疏朗开片，尽显南宋官窑青瓷之风采。器身四侧的出筋线微显胎骨颜色，起到了很好的装饰效果。杭州考古工作者根据1985年－1986年南宋官窑遗址发掘时出土的瓷片精心修复而成的一个尊，造型与上述两种尊有异，此器口径14.2厘米，足径8.4厘米，高11.5厘米。口内敛，深直腹，近底处斜收，圈足外撇，垫烧。灰色薄胎，质细较硬。灰青色厚釉，釉面有细裂纹，足底无釉。传世官窑器中不见此类器形，查《明集礼》卷二所附祭祀礼器图样，有3件名为概尊、散尊、蜃尊的器皿，造型与其相似。

4. 觚

觚原是先秦时期盛行的一种青铜酒器。而南宋官窑生产的瓷质觚，为南宋官窑瓷器中的一款常见器型。它依商代和西周初期盛行的青铜觚仿制，俗称为“花觚”，造型纤秀。瓷觚有大小之分，造型相同。考古工作者曾根据1985年－1986年发掘的郊坛下官窑遗址出土的瓷片复原成一件瓷觚。从复原后的瓷觚来看，瓷觚为敞口，圆唇，斜沿，细长颈，直腹，喇叭形圈足。足壁下折，腹及把侧贴饰四条扉棱，棱侧呈锯齿状。深灰色胎，质细硬。青绿色薄釉，釉面光泽强。采用轮制，分段粘接，足底刮釉垫烧。复原口径16厘米，足径10厘米，复原高32厘米。而老虎洞窑出土的觚，釉色大致可分为粉青和炒米黄色两类，成型方法与郊坛下官窑所出的一致。其中，有一件高25厘米，口径15.3厘米，底径9.7厘米，口呈大喇叭形，尖圆唇，斜沿，细长颈，把部呈玉琮式四方形，把侧贴饰四条锯齿纹扉棱，使整体造型显得流畅而富有变化。喇叭形高圈足，足壁内敛呈盘状，上贴饰与把相对应的四条扉棱。施粉青釉，釉色莹润，内壁釉色均匀，外壁釉面有黄斑，开细碎纹片，圈足部有蚯蚓走泥纹。胎骨呈灰黑色。

（二）日常生活用具

除礼器外，还有大量日常生活用具，如碗、盘、杯、罐、碟、壶、洗、盏、瓶、盆、盏托、三足盘等饮食器皿和文具。

1. 碗

碗有敞口碗、侈口碗、花口碗、盖碗、夹层碗等，数量较多。其中侈口碗、敞口碗和盖碗的圈足有卷撇和直立之分，前者圈足较高，裹足满釉，后者圈足较矮，底足露胎；前者胎体较厚，青釉薄而明亮，釉面较透明，气泡清晰可见，后者既有青釉，也施粉青釉，胎薄釉厚，可见多次釉层。部分敞口碗和侈口碗的腹部饰有浅浮雕莲瓣纹。夹层碗俗称诸葛碗，是当时常见的一种碗式。虽有大小之别，但造型均同。始见于北宋龙泉窑，造型为敛口、弧腹、圈足。底与碗心呈双层夹空，底面有孔与空腹相通。此独特造型源于“三国”的传说：诸葛亮六出祁山，司马懿屡遭败绩，困守不出。亮修书遣使赠巾帼衣物以羞辱之。据使者回报，懿阅札受礼不怒，却祥询丞相寝食办事之繁简，继言：“食少事烦，其能久乎。”亮为惑敌，乃于对方来使刺探时，用双层碗进餐，明示食可盈碗，实仅上层有饭，后世遂称此种双层碗为诸葛碗，又称孔明碗。用途为供器。在老虎洞南宋层中有较多量出土。此器高9厘米，口径

24.2 厘米,底径 14.3 厘米。圆唇,盘面较深,深腹,壁斜收,腹中空,环形底,刮釉露胎,底心有圆孔。壁胎较薄,底胎厚重。器体表面釉色青灰泛黄,釉面开片疏密不一。内壁釉色偏黄,无开片。胎骨灰黑呈夹心状。

2. 盘

盘有敞口盘、侈口盘、花口折腹盘等,数量较多。其中侈口盘和敞口盘的底足也有卷撇与直立之分,胎釉特征及纹饰与同类碗相同。

3. 碟

碟有圈足与平底之分。一般器形较小,深灰胎,胎体略厚,釉层较薄。少量平底碟胎薄釉厚,制作精致,粉青釉莹润光洁。

4. 盏和盏托

盏有圜底盏和圈足盏之分,其中圜底盏也有大小之分。

盏托系放置茶盏的托盘,是与盏配套使用的一种茶具。由托盘发展而来,始见于东晋时期。南北朝时由于饮茶之风盛行,盏托也成为当时风行一时的茶具,在全国各地普遍生产。当时常见的器形为圆盘形,饼形足或圈足,为固定盏足,盘心有的做成圆形凹槽,有的凸起一周托圈,还有的盏托与盏连成一体。唐宋时期,盏托更为常见,晚唐时定窑、越窑,宋代的汝窑、定窑、钧窑、越窑、景德镇窑等窑,都生产这种茶具。其时的盏托,盘心托圈普遍加高,盘沿除圆形,还有花瓣形。此外,宋代的钧窑还烧制一种托圈下通透无底的盏托。

南宋官窑生产的盏托,可以分为实底盏托和空底盏托两种。其中,实底盏托和部分空底盏托又可分为大、中、小三种,造型相同。空底盏托有圆形和花瓣形两种,后者胎薄釉厚,粉青釉,造型别致,釉色滋润如玉。其实物在国内外博物馆有藏,如北京故宫博物院就收藏有一件南宋官窑盏托。此器高 5.7 厘米,口径 8.1 厘米,足径 6.7 厘米。盏敛口圆唇,弧腹中空,与托连成一体。托敞口圆唇,边沿宽大,下承高圈足。胎较薄,施灰青釉,釉色莹润,有大开片。垫烧,足端呈褐色。盏托在老虎洞南宋官窑窑址中多有出土,且多数器型与之相类。如考古工作者复原的一件盏托,上部为盏形托圈,口微内敛,弧腹中空,与托连成一体。托作高足盘形,花口圆唇,浅盘,高圈足外撇。高 6 厘米,口径 7.6 厘米,底径 6.9 厘米,灰黑胎,施粉青釉。垫烧,紫口铁足。

5. 杯

杯有莲花杯、八角杯、把杯等,其中把杯直口弧腹,圈足矮直,旁安如意形把手,腹部饰两道凸弦纹,一侧有环形把,显得优雅大方。

6. 罐

罐有鸟食罐、四系罐。鸟食罐的器形较小,一侧有小耳,有六角、八角、扁圆形和橄榄形等;四系罐仅发现 1 件,器形较大,腹部呈鼓形,上下饰有两道凸弦纹,上部对称置双复系。罐有盖,钮的造型较别致。

7. 盒

盒有套盒、粉盒等。套盒是指多层套迭组合在一起的器物,青瓷套盒在五代时期的越窑和耀州窑均有生产,越窑产品一般作四方委角式,四边均有镂空壶门装饰。北宋越窑仍在烧造,器形有圆形的。五代耀州窑生产的青瓷套盒造型更加丰富,有圆形、五曲圆形、八曲圆形、十曲圆形等,且多有划花装饰。壁上虽也雕刻壶门,但并不像越窑那样将壶门镂空。汝窑亦烧造套盒,虽不见于传世品,但清凉寺窑址出土了很多标本,均为委角方形,与越窑和耀州窑的区别在于无划花装饰,亦不见壶门。

南宋临安官窑生产的盒,有圆形和委角之分。圆形套盒一般胎色深灰,青釉较亮,釉下气泡较清晰可见;委角套盒则胎色灰黑,粉青釉较厚,乳浊滋润。英国大维德中国艺术基金会藏有一件南宋官窑套盒,高 19 厘米。造型为子母五瓣花口,圆唇,直壁,足面平削露紫胎。通体施青釉,釉色莹亮,开满冰裂纹。子母口沿釉薄处微显紫色。制作精细规整,造型端庄大方。套盒在老虎洞南宋官窑窑址也有较多出土,器物只有圆形一个品种,量较多,应是当时的主要器物之一。造型均为子母口、圆唇、浅盘,盘底有平面,直壁,足面平削露紫胎。此器高 8 厘米,口径 17 厘米,底径 18.9 厘米,青灰釉微泛黄,釉面有光泽,浅碎开片,盘面釉略厚,胎骨灰黑疏松。

粉盒为子母口,有盖,灰黑胎,施较厚的粉青釉。

8. 盆

盆主要为圆形折沿盆，数量较多，有平折沿和凹折沿、平底和圈足之别，器形有大小之分，部分盆的腹部饰有浅浮雕莲瓣纹。一般施青釉或灰青釉者胎厚釉薄，而施粉青釉者胎薄釉厚，部分断面可见清晰的多次釉痕迹。清宫廷内曾收藏有修内司窑生产的猧食盆，乾隆《猧食盆》诗赞曰：

官窑莫辨宋还唐，火气都无有葆光。
便是讹传猧食器，蹴枰却识豢恩偿。
龙脑香熏蜀锦裾，华清无事饲康居。
乱棋解释三郎急，谁识黄虬正不如。

诗题注曰："实宋修内司窑器也，俗或谓之太真猧食盆。戏题。"①

9. 花盆

花盆有渣斗式花盆、奁式花盆和方形深腹花盆三种。渣斗式花盆也可分为大、中、小三种，造型基本相同，口沿部位及腹部常堆贴花边或凸弦纹。奁式花盆较为少见，器形较大，腹部饰有三组凸弦纹，施较厚的粉青釉。方形花盆仅发现2件，折沿，斜直腹，平底，隐圈足，造型规整，施粉青釉。老虎洞官窑窑址出土有一件形似渣斗的花盆，不同之处在于花盆底部有孔，用于漏水透气；而渣斗则用来盛放骨刺、菜渣等，故无孔。此器形虽在南宋官窑传世器中很少见，但考古发掘资料表明，它在南宋初期的"低岭头类型"中就有烧造，也是老虎洞南宋窑址的常见产品。此器高20厘米，口径23.5厘米，腹径21厘米，底径11.2厘米。圆唇，喇叭状口和颈，斜肩，圆腹，下腹斜收，圈足高而外撇，足面刮釉垫烧，露紫胎，略显粗糙，底心有一小圆孔。唇外贴饰弦纹一周。施粉青釉，内壁釉色较匀，外壁釉色略泛灰，釉面有稀疏开片，薄胎厚釉，胎骨灰黑疏松。

10. 壶

壶有兽首环耳壶、短颈直口壶、贯耳壶等。兽首环耳壶仅发现1件，器形较大，仿青铜器造型，施粉青釉，局部为米黄釉。贯耳壶长方形口、方耳、椭

① 《御制诗三集》卷九。

圆腹，造型别致，线条简洁明快，胎体薄，釉色滋润如玉。乾隆《咏官窑两耳壶》诗曰：

耳贯非俗制，口圜略椭形。
有冰纹缕缕，无火气冥冥。
较昔觉微大，成双果是灵。
丰城宁让剑，邵局此遗型。

诗注曰："内府旧藏一器，较此微小，亦曾有诗。"①

11. 洗

洗是古代常用的盥洗用具，多为折沿、宽唇。汉代制品多于腹部饰弦纹和铺首，三国西晋时除沿袭旧俗外，还常在内底刻双鱼纹，而东晋时则以素面为主。常见的多为青釉器，尤以越窑为精。宋代的南北瓷窑均有烧制。

南宋临安官窑生产的洗，可以分为浅腹圆洗、深腹圆洗、双耳小洗等数种。其中，双耳小洗仅发现1件，灰黑胎较薄，粉青釉。两侧置环形耳，造型别致。清刘体仁《七颂堂识小录》载"官窑螭耳洗，宋修内司窑。杯直如筒，色如猪肝，皆北海物"。这里所说的"官窑螭耳洗"，便属小洗。天津市艺术博物馆收藏的南宋官窑龙纹洗，也是一只小洗。此器口径19.5厘米，高5.6厘米，直壁、宽底、矮圈足，刮釉垫烧，圈足呈紫黑色。通体施青釉，开片器内大、器外小。口部镶有铜口。内底模印盘龙纹。因釉汁肥厚，龙纹朦胧，令该器倍添高贵神秘感。

大洗也有出土，如考古工作者根据1985年－1986年郊坛下南宋官窑遗址出土的瓷片精心修复而成的一件大洗，是郊坛下窑所有出土修复器中尺寸最大的一件。口径44厘米，足径37.4厘米，高10.4厘米。直斜腹，大圈足，足壁直，垫烧。圆唇，内底平，矮足，足壁方正。深灰夹浅灰色胎，质较细硬。灰青色厚釉，釉面有大裂纹，光泽差，足底无釉，釉厚0.1厘米－0.25厘米。器型制作规整匀称。

① 《御制诗四集》卷一五。

12. 箸架、钵、筒形器、笔洗及其他

箸架驼峰形，平底。钵的器形较大，敞口，深腹，矮圈足。筒形器的出土数量较少，一般为直口，筒形腹，腹下部对称置方形穿孔，底空，用途不明。笔洗有的形如把杯，高仅2厘米，口沿细薄，圈足小巧，配以丰厚如玉的青釉，文静雅致，确是文房中的佳品。

除上述这些器物外，南宋官窑还生产一些其他的日常用品。其中，八卦纹熏炉盖便是其中的典型代表。考古工作者曾根据郊坛下南宋官窑遗址出土瓷片精心修复成一件八卦纹熏炉盖。盖径18.5厘米，顶径15.5厘米，钮径2厘米，高4.5厘米。器盖以立式盖钮为圆心，内圈为两组对称的缠枝花草纹，外圈为简洁的八卦纹，顶心贴笠帽形钮。浅灰色胎，质较细。灰青色薄釉，光泽差。盖底一周内外无釉，可能与器身合烧。轮制。它在造型上巧妙地以透雕镂孔为出烟口，显示了工匠们在设计上的巧妙构思，是官窑传世器物中未见收藏的器型，当属难得一见的艺术珍品。①

① 以上文物考古部分的内容，基本上采自邓禾颖、唐俊杰《南宋官窑》第二章第四节《产品与工艺》、第五章《青瓷的巅峰之作——南宋官窑瓷鉴赏》，特此说明，并致谢意。

第五章　酿酒业

杭州的酿酒业早在北宋时就很发达。这体现在以下两个方面：一是商品酒的产量大。宋真宗乾兴元年(1022)，“杭州酒务每岁卖酒一百万瓶”①。如每瓶以一升计，一百万瓶就是十万斗；每瓶若以三升计，一百万瓶就是三十万斗。二是政府的酒课收入高。以熙宁年间(1068－1077)为例，酒课收入达三十万贯以上的地区只有三个，即开封府、杭州和秦州。② 据《宋会要辑稿》载：“杭州旧在城及余杭、盐官、富阳、新城、南新、於潜、昌化、临安、汤村十务，岁三十六万三百四十六贯。熙宁十年，祖额四十七万七千三百二十一贯一百二十六文，买扑二万二千二十六贯一百九十二文。”③

至南宋时，杭州的酿酒业更加发达。这表现在以下几个方面：一是生产规模较过去更大。在北宋中叶，杭州不过酿造十万至三十万斗酒，但到绍兴初年，一年造酒即达二百五十万斗，相当于北宋中叶的八至二十五倍，增幅十分惊人！毫无疑义，这是与杭州从北宋时期的东南六路区域中心城市上升到南宋政权的政治、经济中心城市的地位变化是分不开的。这再次说明，都市化过程的加速和城市人口的膨胀所带来的市场扩大和需求拉动确是酿酒生产发展的主要刺激因素。④ 二是酒的生产技术比过去有了较大的提高，

---

① 《宋会要辑稿》食货二〇之六。

② 赵珣：《熙宁酒课》，载《说郛》卷九四下。

③ 《宋会要辑稿》食货一九之一二。

④ 葛金芳：《南宋手工业史》，第395－396页。

质量更好，名酒品种更多了。

第一节　酒的酿造

南宋临安酿酒的生产主体，可以分为以下三个：一是宫廷酿酒；二是官府酿酒；三是私人酿酒。

一、宫廷酿酒

南宋时南北两宫均设有一些酿酒机构，专门酿造宫中所需的酒，整体生产规模相当可观。其中，“御前甲库者，绍兴中置……禁中既有内酒库，而甲库所酿尤胜”①。甲库之外又有御前酒库，“系在内中直局”，由禁军、厢军充役作酒。淳熙九年（1182）四月二十四，诏：“御酒曲料库支卖新煮酒并行住罢；将在栈煮兰液酒二十万瓶，付点检赡军酒库所，令本所自今每岁抱纳息钱一十二万贯供纳内藏库，仍自今岁为始。”②可见，御酒库所酿的酒产量极大，且还向市场卖酒取利。

德寿宫同样设有御酒库。据岳珂《桯史》卷八《袁孚论事》所载，光尧内禅，寿皇穷天下之养以奉，经营德寿宫，数倍大内，巧丽无匹。宫内设立小市，因不免有私酿者。为此，右正言袁孚奏北内私酤，有违国家法律。太上皇赵构听后大怒。孝宗得知这个消息，立即召集大臣袁孚商议曰：昨天太上大怒。宫中夜宴，太上皇派人送酒一壶，并在酒壶上御笔亲书“德寿私酒”四字。于是，这件事就遂此搁置下来了。不仅如此，宋孝宗为了表示自己的孝意，于乾道元年（1165）正月七日诏：“德寿宫供进御酒，令本宫置库酝造，令两浙转运司每岁支供糯米五千石。”③

由于御前酒库和德寿宫大量酿酒，故所需的原料也极巨。《思陵录》便

---

① 《系年要录》卷一八四，绍兴三十年春正月丁酉条，第3072页。

② 《宋会要辑稿》食货五二之一。

③ 《宋会要辑稿》食货二一之五。

载："四月庚辰国忌行香，运司令承受奏每粂米五千石，内二千石御前酒库，三千石德寿酒库。内批：'德寿宫三千石，更不供纳。'遂申中书省照会。"

两宫内酒坊中，除集中着国内一流的大批高级"酒匠"和"酒工"外，还有许多做"炊淘之类"具体工作事宜的杂役。孝宗时，甚至还差充禁军士兵到御前酒库充任杂役。如淳熙七年(1180)四月一日主管御前酒务库言：

> 元降指挥，于步军司差破兵士三十人，殿前司差破兵士二十人，充杂役使唤。缘本库系在内中置局，若差拨厢军，窃虑冗杂不晓部辖，难以凭信。乞比附省马院等处体例，差破禁军使唤。遇阙依旧于逐处差填。①

朝廷采纳了这个建议。

二、官府酿酒

据文献记载，南宋都城临安，各官府机构竞相酿酒以获利，其中当以中央政府机构的户部居首。绍兴七年(1137)十一月甲午(六日)，户部尚书章谊等言，建议行在设立赡军酒库，"委司农寺丞盖谅同两浙运副汪思温措置应副"，"以措置户部赡军酒库所为名"，并"于浙东州军合发总制司钱内截拨五万贯循环充本支使"。② 即行在赡军酒库命以司农寺丞盖谅主持，并赐浙东总制钱五万缗为酿本，其后岁收息钱五十万缗。十年(1140)闰六月一日，户部侍郎张澄等奏言，乞罢措置赡军酒库所，官吏全部归户部，以左曹郎中兼领，以点检赡军酒库为名，与本路漕臣共其事。③"以南北十一库并充赡军激赏酒库，隶左右司。"④即改由尚书省主管。宋孝宗乾道元年(1165)三月十六日，行在赡军激赏酒库正库改为新中南库，子库改为新中北库，添监官

① 《宋会要辑稿》食货五二之一。

② 《系年要录》卷一一七"绍兴七年十一月甲午"条下注："二十九年七月，南外、东外二库共收三十万缗。三十年二月癸亥，增置新中库，又收二十万缗。三十一年三月庚寅，所书可考。"(第1877页)

③ 《宋会要辑稿》食货二〇之一八。

④ 《宋史》卷一八五《食货下七》，第4521页。

一员。①

点检所就拥有十三个大型的酒库,即:

东库,清、煮俱为一,在崇新门里。

西库,又名金文正库,也是清、煮各为一,其中清界库在三桥惠迁桥侧,煮界库在涌金门外。

南库,原名升阳宫,其煮界库在社坛南,新界库在清河坊南。

北库,煮界库在祥符桥东,清界库在鹅鸭桥东。

中库,在众乐坊北,造清界,煮库在井亭桥北。

南上库,呼为银瓮子库。其中,煮酒库在东青门外,造清界库在睦亲坊北。

南外库,造清界库在便门外清水闸,造煮界库在嘉会门外(名雪醅库)。

北外库,造煮界库在江涨桥南,清界库在左家桥北。

西溪库,清、煮两界俱在九里松大路,为一门分两库。

天宗库,造清界库在天宗水门里,煮界库在余杭门外上闸东。

赤山库,造清界库在赤山教场,煎煮库在左军教场侧。

崇新库,清、煮两界俱在崇新门外。

徐村库,在六和塔南徐村市中。

这些点检所官酒库,各库有两个监官,下面又有专吏酒匠具体经营酿酒、售酒等业务。

绍兴十年(1140)十月十六日,陈康伯言:"所管赡军十一酒库并曲院钱库共一十三处,今诸军发纳课息,即自置办,蒸造岁计煮酒,全要人吏分头主管行遣,缘旧来措置所系手分四人,书写人五人,即目点赡军酒库,止许手分、书写人名二名,委是人力不胜。止乞量添手分、书写人各一名相兼行遣文字。"从之。② "但新、煮两界,系本府关给工本,下库酝造,所解利息,听充本府赡军,激赏公支,则朝家无一毫取解耳。"③

---

① 《宋会要辑稿》食货二一之五。

② 《宋会要辑稿》食货二〇之一八。

③ 《梦粱录》卷一〇《点检所酒库》,第 87 页。

点检所除上述大型酒库外，尚有安溪、余杭、奉口、解城、盐官、长安、许村、临平、汤镇九个小酒库。更有碧香诸库，“如钱塘门外上船亭南名为钱塘正库，有楼，匾曰先得；钱塘县前名钱塘前库；鹅鸭桥北曰北正库，正对醋坊口也；西桥东曰煮碧香库；礼部贡院对河桥西曰藩封栈库；外有藩封正库，在常州无锡县，并隶临安府点检酒所提领耳”。①

点检所官酒库生产的酒，产量巨大，所获的酒息也大。据文献记载，“户部之有曲部，其在西湖，六七年为曲六百余万斤，官获其利三十余万缗”，②平均每年约为一百万斤。如以一比二点五的比率计之，则杭州一年可产酒二百五十万斗。根据李华瑞研究，这个数字也仅是商品酒，并且是南宋绍兴年间户部酒库产酒的情况。③ 因此，周密《武林旧事》卷六《诸色酒名》云：“点检所酒息，日课以数十万计，而诸司邸第及诸州供送之酒不与焉。盖人物浩繁，饮之者众故也。”

两浙安抚司、临安府同样酿酒谋利，共设有酒库六所。孝宗乾道二年（1166）初，户部侍郎兼点检赡军激赏酒库曾怀向皇帝上奏说：“行在赡军诸酒库，比年以来亏欠日积。自绍兴三十年前，总诸（军）[库]所欠已数百万贯，三十年后截日终所欠二百余万贯。缘酒库相继增添，见今已十五所，又子库十一所，并临安府、安抚司酒库六所，共三十二所，互相搀夺，缘此利入之源尽归拍户，以致失陷官钱。”为此，孝宗下诏：“临安府、安抚司酒库悉归赡军；并赡军诸库及临安府、安抚司酒务，令户部取三年所收一年中数立额。”④

临安府酿酒，多见于文献记载。如绍兴三年（1133）十月十九日，知府梁汝嘉向高宗奏言：“临安府素号会府，前此费用悉籍酒税。今日事体既倍于

① 以上均据《梦粱录》卷一〇《点检所酒库》所载，第87－88页。

② 周紫芝：《太仓稊米集》卷一九《与张尚书论移曲院》，文渊阁《四库全书》本。

③ 李华瑞：《宋代酒的生产和征榷》，河北大学出版社1995年版，第79页。

④ 《宋史》卷一八五《食货志下七》，第4522页；《宋会要辑稿》食货二一之六载：乾道二年（1166）“五月二十五日，诏临安府、安抚司酒库悉归赡军，并将赡军诸库共并为七库。临安府及安抚司酒务，令户部取三年所趁息钱，以一年酌中之数立为定额，却于赡军库息钱拨还”。

昔,费用滋广,而酒税之利益薄。盖税课以驻跸之地多蠲除,而酒课比之往时十无三四。乞给降度牒五百道,以周给阙穴。”这一奏议得到了高宗的允准,诏令礼部给降两浙路空名度牒三百道付梁汝嘉,专究造煮酒支用。① 临安府经营酿酒业的机关,称作“都酒务”,其职责是酿卖酒曲、征收酒课。此外,在府下县一级又设立“酒务”,内部都设有仓库、碾碓、酝室、糟池、灶舍、摊场等制酒设备,规模亦不小。绍兴八年(1138)二月二日,根据户部员外郎周聿建言,“乞将临安府都酒、后洋比较、龙山、江涨桥四酒务,系自来依法兴置,权令依旧外,自余创行兴置并诸军无专降指挥酒库、脚店,并行改充户部赡军。如临安府酒务更欲在留,且权留南北较务一处,户部所置赡军较库,缘创置之物全要脚店拍户收取课利净息,若不将逐处酒库尽行拘收,委是侵损,沽卖不行。今欲将临安府都酒、后洋比较、龙山、江涨桥四处并便与存留。南北较(比)[务]及安抚司酒库各一处,且行依旧外,其余去处并依所乞”②。即临安府除原置都酒、后洋比较、龙山、江涨桥四酒务外,其余酒库、脚店并行改充户部赡军。绍兴十三年(1143)十月十九日,内东门司言:“临安府每月供奉皇太后法酒一石五斗,法糯酒一石计二十五瓶。奉皇太后圣旨,每日供一瓶。”诏令临安府每月特添法酒五瓶,通作三十瓶。③ 绍兴十七年(1147)七月乙丑,诏临安府更置酒库,造祠祭法酒。旧取水于西湖,高宗认为取水口军民环居,水源遭到严重污染,乃命别酝。④

据周密《武林旧事》卷六《诸色酒名》所载,临安府所酝的名酒有有美堂、中和堂、雪醅、真珠泉、皇都春、常酒、和酒七种名酒,其中,皇都春、常酒、和酒三种用于在市场上出售,时人称为“京酝”。

此外,殿司、浙西仓、三省激赏库、江阃、海阃等机构也都酿酒赢利。

殿司为殿前司的简称,其职掌是殿前诸班、御龙诸直、骑军诸指挥、步军诸指挥官兵名籍,及统制、训练、轮番宿卫与戍守、迁补、赏罚之政令。⑤ 为了

① 《宋会要辑稿》食货二〇之一五。

② 《宋会要辑稿》食货二〇之一七、一八。

③ 《宋会要辑稿》后妃二之八、九。

④ 《系年要录》卷一五六,绍兴十七年七月乙丑,第2534页。

⑤ 《宋会要辑稿》职官三二之四。

弥补军费之缺，自绍兴初年起便在都城临安等处建立了数十个酒库，酿酒赢利。殿前司酒库的酒利非常可观，据绍兴三十二年(1162)七月二十三日户部言："殿前司元献酒坊取拨归户部外，有五十二处一岁计收息钱二十余万贯。"①殿司所出的名酒有凤泉。

浙西仓的酿酒状况，据绍兴三十一年(1161)四月二十九日两浙转运副司使王时升等言："殿前司献纳两浙路买扑酒坊，承指挥就用元差使臣主管，依旧开沽，从本司检察。乞将所趁息钱以十分为率，七分起赴行在，三分应副漕计支用。本部契勘殿前司酒坊并杨存中献纳内上伯、硖石两坊，共六十五处，报到一岁所收钱，内周材、荻篇两坊未经收钱外，其余六十三处除纳名课等支用外，实有净息钱四十余万贯起赴左藏库(纳送)[送纳]。"②可知其酒库是由"殿前司献纳两浙路买扑酒坊"而来的。浙西仓所产的名酒有皇华堂。

由于中央和地方机构及军队竞相酿酒赢利，以至形成了恶性竞争。乾道二年(1166)五月二十五日，孝宗诏临安府安抚司酒库悉归赡军，并将赡军诸库共并为七库。临安府及安抚司酒务，令户部取三年所趁息钱，以一年酌中之数立为定额，却于赡军库息钱拨还。以户部侍郎兼点检赡军激赏酒库曾怀言："行在赡军诸酒库比年以来，亏欠日积，自绍兴三十年前，总诸军所欠已数百万贯，三十年后截日终，所欠二百余万贯。缘酒库相继增添，见今已十五所，又子库十一所，并临安府安抚司酒库六所，共三十二所，互相搀夺，缘此利入之源尽归柏户，以致失陷官钱。"故有是命。③

宋代都酒务、酒务设有监官吏人，据舒州《在城酒务造酒则例》，其职责主要有七项：(1)约度每天酿卖酒数和酒类品种；(2)据每天酿卖酒数，赴州仓请支糯米、小麦等酿酒原料；(3)核算造酒成本细目；(4)监督造卖酒事宜；(5)支付作匠、吏人、役夫工食钱；(6)向州府申报州账；(7)按比例上缴酒

① 《宋会要辑稿》食货二一之三。
② 《宋会要辑稿》食货二一之二。
③ 《宋会要辑稿》食货二一之六。

利。[①] 临安府酒务的设置,当与此相同。

酒库内部设酒坊或子坊作为基本生产单位,如两浙犒赏酒库所共管辖"诸坊三十二处"。[②] 酒坊不仅差注官吏、使臣掌管,"蒸造、岁计、煮酒全要人吏分头主管行遣"[③],有时也募召土豪人家充作管干人,从事经营。[④]

三、私人酿酒

私人酿酒,即所谓的家酿。

在宋代,为了保障政府独享酒利,国家制定法律禁止私人酿酒或私贩酒。如北宋建隆二年(961),宋太祖在即位后马上就颁布了"货造酒曲律",规定:"民犯私曲十五斤,以私酒入城至三斗者始处极典,其余论罪有差。私市酒曲,减造者之半。"[⑤]建隆三年,"又修酒曲之禁,凡私造差定其罪,城郭二十斤,乡闾三十斤,弃市。民敢持私酒入京城五十里,西京及诸州城二十里至五斗,死。所定里数外有官署沽酒,而私酒入其地一石,弃市"。[⑥] 南宋亦然。绍兴二十五年(1155)八月二十四日,户部言:"旧法:品官之家有官酒者,不限数,若私自酝造沽卖,已有等格罪赏禁约。绍兴六年,续降指挥:州县寄居官及有荫之家造酒沽卖,一等作杖罪科断,赏钱三百贯。仍作本州军县界与旧法抵牾,今欲依旧法。"从之。[⑦] 绍兴三十年(1160)八月七日,高宗命临安府张榜,禁私酤酒、开创酒库肆。[⑧] ……然而在封建社会,往往是权大于法。一些持有特权的人在家中违法酿酒,甚至以此赢利。如在绍兴末年,南宋都城临安,就普遍存在着这种现象。宗室、戚里和品官之家私营酒业的现象非常严重。丞相秦桧家中便大肆酿酒,家中表勋酒颇佳。表勋,乃是高

---

① 上海市文物管理委员会、上海博物馆编:《宋人佚简》第5册《舒州在城酒务》、《衙西店造酒则例》,上海古籍出版社1990年版。

② 《宋会要辑稿》食货二一之三。

③ 《宋会要辑稿》食货二〇之一八。

④ 参见《南宋手工业史》,第405-406页。

⑤ 《续资治通鉴长编》卷二,建隆二年四月乙卯,第16页。

⑥ 《续资治通鉴长编》卷三,建隆三年三月记事,第24页。

⑦ 《宋会要辑稿》食货二〇之二〇、二一。

⑧ 《宋会要辑稿》食货二〇之二二。

宗所赐的酒名，可见其家酿酒得到了高宗的认可。清厉鹗有诗云：

玉练槌香破鼻闻，蔷薇露滑大瓢分。
御前漫赐黄封酝，不及秦家有表勋。①

中官梁康民在宫廷旁边开沽营利。② 在京的高级将领也“广行造酒”。绍兴三十一年（1161）二月，“殿帅赵密以诸军酒坊六十六归之户部，同安郡王杨存中罢殿帅，复以私扑酒坊九上之。岁通收息六十万缗有奇，以十分为率，七分输送行在，三分给漕计”。③ 大将张俊，作酒肆名太平楼，役使大批军人在店中酿酒、售酒，大发横财。京城谣曰：

张家寨里没来由，使他花腿抬石头。
二圣犹自救不得，行在盖起太平楼。④

绍兴三十年（1160）八月七日，有官员就向皇帝反映权贵们私营酒业的状况，希望能够抑止这种现象的漫延。奏议中说：

酒库之设，正为赡军，今权豪恃势，竞为私酤，开创酒库肆布在诸处，所知者如都亭驿相对，如教坊相对，如内钱西街之南，如八盘岭之南，如七宝山，如西溪方井一带七处。间以打赡军酒牌为名，人多用巨舟，自潘葑、五本、乐社等坊场载酒以来，散在内外酤卖。造曲用麦，动以数万解计，所用糯米，并于浙西产州军兑便钱物，节次收籴载来，先贮于东仓侧近，俟支军人月粮，令坐仓籴所请米，却般运以归糯米。又转运司临安府及诸贵显之家坐船兵、兵梢等人类皆循习私酤，望委清疆官逐一体索，重作施行。如般载他乡酒及米麦等，亦立赏，许人告。

高宗接报后，诏令户部、临安府措置，仍出榜限五日止绝。“如限满依前违

① 厉鹗等：《南宋杂事诗》卷六，浙江古籍出版社 1987 年版，第 231 页。
② 周必大：《龙飞录》，起绍兴壬午六月止隆兴癸未四月壬戌，载《文忠集》卷一六四。
③ 《宋史》卷一八五《食货志下七·酒》；《宋会要辑稿》食货二一之二。“岁通收息”，《建炎以来系年要录》卷一八八作“岁通收息钱八十万缗有奇，以其半为行在诸军马草之费”。
④ 庄绰：《鸡肋编》卷下，中华书局 1983 年版，第 92 页。

戾，仰户部、临安府差人收捉，具姓名申尚书省，取旨重作施行。”①……面对文武官员放肆私酝沽卖行为，即使是宋孝宗见后，心中也是“悚然”。但由于权豪势大，这些告状的官员大多得不到好的下场。袁孚就因此而丢了京官，被迫出知温州。②

此后，官员们私营酒业的现象愈来愈严重。隆兴两年（1164）闰五月十六日，两浙路转运判官吕正己言：“行在百司等处见占本司座船，并不承受差使，往往要闹处舣泊，私酝沽卖，酒气熏蒸。”③而“北新桥外赵十四相公府侧，有殿前司红坐船，于水次管船。军士专造红酝，在船私沽。官司宽大，并无捉捕之忧”。④ 权相贾似道家中还酿有著名的“长生酒”。据周密《齐东野语》卷一八《长生酒》载：“穆陵晚年苦足弱，一日经筵，宣谕贾师宪曰：‘闻卿有长生酒甚好，朕可饮否？’贾退，遂修制具方并进，亦不过用川乌、牛膝等数味耳。”

据文献记载，南宋临安达官贵人家大规模酿酒的有秀邸、杨府、杨郡王府、杨驸马府、张府、荣邸等，并出现了不少名酒，如秀邸的庆远堂、杨府的清白堂、吴府的蓝桥风月、杨郡王府的紫金泉、杨驸马府的庆华堂、张府的元勋堂、荣邸的眉寿堂和万象皆春、谢府的济美堂和胜茶等。⑤ 以及张镃家的花白酒，他在每年六月季夏之时要在现乐堂举办品尝花白酒的宴会活动⑥。他们酿制的酒除部分自己享用和私售外，也用于馈赠亲朋好友。如张镃《五日荥阳郡王饷酒》诗：

闲中滋味谙来惯，懒费心情为节辰。
丹篆但期诗祟去，红泥俄见酒壶新。
移船遣送随鱼信，洗盏开尝对鹤宾。

---

① 《宋会要辑稿》食货二〇之二二。
② 周必大：《文忠集》卷一六四。
③ 《宋会要辑稿》食货五〇之二三。
④ 《梦粱录》卷一二《河舟》，第113页。
⑤ 《武林旧事》卷六《诸色酒名》，第102页。
⑥ 《武林旧事》卷一〇《张约斋赏心乐事》，第161页。

绝胜渊明过重九，东篱空伴白衣人。①

至于普通百姓酿酒赢利的现象，在临安也曾一度出现过。如袁韶在任期间，勤于政务，多有建树。“为临安府尹几十年，理讼精简，道不拾遗，里巷争呼为‘佛子’，平反冤狱甚多”。为了增加政府的财政收入，他就鼓励市民酿酒，转销到浙西各地，从而大大增加了临安府的酒课收入。②《马可波罗行纪》也载：“有若干商店仅售香味米酒，不断酿造，其价甚贱。”③

第二节 酒的生产技术和名品

一、酒的生产技术

如前所述，北宋时的杭州是全国重要的产酒地，同时这里的酿酒技术也居全国领先的地位，其标志是朱肱在这里著成了《北山酒经》一书。

朱肱的生平事迹，在《宋史》等书中只有片言只语，语焉不详，只知他著有《南阳活人书》、《北山酒经》、《内外景图》等书。而明董斯张《吴兴备志》卷一三《艺术征第八》却对其事迹有比较详细的记载，现摘录如下：

朱肱，吴兴人。进士登科。善论医，尤深于伤寒。在南阳时，太守盛次仲疾作，召肱视之。曰：“小柴胡汤证也。”请并进三服，至晚乃觉满。又视之，问所服药安在，取以视之，乃小柴胡散也。肱曰：“古人制㕮咀，谓剉如麻豆大，煮清汁饮之，名曰汤，所以入经络，攻病取快。今乃为散，滞在鬲上，所以胃满而病自如也。”因依法旋制，自煮以进二服，是夕遂安。因论经络之要，盛君立赞成书，盖潜心二十年，而《活人书》成。道君朝诣阙，投进得医学博士。肱之为此书，固精赡矣。尝过洪

① 张镃：《南湖集》卷四，文渊阁《四库全书》本。
② 《宋史》卷四一五《袁韶传》，第12451页。张端义：《贵耳集》卷下《拍户》，中华书局1958年版。
③ 《马可波罗行纪》，第580页。

州，闻名医宋道方在焉，因携以就见。宋留肱款语，坐中指驳数十条，皆有考据，肱惘然自失，即日解舟去。由是观之，人之所学固异耶。将朱氏之书亦有所未尽耶，后之用此书者能审而慎择之，则善矣。

另从方勺《泊宅编》卷下和陈振孙《直斋书录解题》卷一三《南阳活人书》及其《北山酒经》的序等来看，朱肱字翼中，归安（今浙江湖州）人。元祐三年（1088）进士，并授医学博士，官至朝奉郎、直秘阁。政和五年（1115）七月，因坐论东坡诗及元祐学术，被贬到达州。后以宫祠召还，他遂急流勇退，隐居杭州西湖上，人称大隐先生，他在这里酿酒著书，《北山酒经》一书便成书于此。

《北山酒经》共三卷，其上卷主要内容可以归纳为四个方面：一是阐述了酒的起源；二是阐述了酒的社会功能；三是阐述了他写酒经的缘由；四是详细介绍了当时的酿酒工艺。中卷详细阐述了制曲的理论和十三种曲的制作方法。下卷阐述酿造工艺理论，详细介绍了酿造的一般技术理论和不同酒类品种的具体制作方法。①

南宋临安的酿酒技术在过去的基础上又有了进一步的发展。当时酒的生产，一般是根据酝酿时间的长短分为小酒和大酒。所谓"小酒"，即"自春至秋，酤成即鬻"。这种小酒未经蒸煮，而是将酿好的酒醅进行压榨，使其"澄折得清"，故此人们又称其为清酒或生酒。"其价自五钱至三十钱，有二十六等"。而所谓的"大酒"，即"腊酿蒸鬻，候夏而出"。它是在生酒蒸煮后酿制而成的，故时人又称为煮酒，其价格"自八钱至四十八钱，有二十三等"②。杨万里《生酒歌》一诗对这两种酒的色泽和质感作过对比，诗曰：

生酒清于雪，煮酒赤如血，煮酒不如生酒烈。
煮酒只带烟火气，生酒不离泉石味。
石根泉眼新汲将，曲米酿出春风香。

---

① 参见李华瑞《宋代酒的生产和征榷》第一章《宋代酿酒工艺理论的新发展》，河北大学出版社 1995 年版。

② 《宋史》卷一八五《食货志下七·酒》，第 4514 页。

坐上猪红间熊白，瓮头鸭绿变鹅黄。

先生一醉万事已，那知身在尘埃里。①

宋代各地区酿制出来的酒，因当地原料的不同，故酒的风味不一，“凡酝用秔、糯、粟、黍、麦等及曲法、酒式，皆从水土所宜”。② 南宋临安地区一般以酿造米酒为主，用大米作原料，用麦作曲。其中，官府所酿的酒以“甜如蜜”著称。陆游有诗曰：

长安官酒甜如蜜，风月虽佳懒举觞。

持送盘蔬还会否，与公新酿斗端方。③

值得一提的是，在临安酿制黄酒的过程中常加入适量的石灰，例庄绰说：“二浙造酒，皆用石灰。”④两浙当然包括临安。据现代黄酒工艺学的知识，在发酵醪液压榨的前一天加入适量的石灰水，可以降低醪液的酸度，从而起到防止酒压榨后易酸败的作用。使用石灰，还能加速酒液的澄清。故时人云：“二浙造酒，非用灰则不澄而易败”；如果造酒没有使用石灰，“云无之则不清”。其使用方法，为“每醅一石，用石灰九两（作者按：约0.5%）”。⑤可见宋代在使用石灰处理黄酒酸败现象，特别是在掌握醪量与石灰用量的比例关系方面，已达到了相当高的水平。这是黄酒生产取得显著进步的反映。⑥

二、名酒

南宋临安名酒众多。据周密《武林旧事》卷六《诸色酒名》、《西湖老人繁胜录》等书所载，著名的有竹叶青、碧香、白酒、梨花酒、蔷薇露、流香、思堂春（一作思春堂）、凤泉、宣赐、碧香、玉练槌、有美堂、中和堂、雪醅、真珠泉

① 杨万里：《诚斋集》卷一〇，文渊阁《四库全书》本。

② 《宋史》卷一八五《食货志下七·酒》，第4521页。

③ 陆游：《剑南诗稿》卷一《以石芥送刘韶美礼部刘比酿酒劲甚因以为戏》，载《陆游集》第1册，中华书局1976年版，第17页。

④ 《鸡肋编》卷下，第94页。

⑤ 《鸡肋编》卷上，第16、17页。

⑥ 参见《南宋手工业史》，第394页。

（一作珍珠泉）、皇都春、常酒、和酒、皇华堂（一作黄华堂）、爱咨堂、齐云清露、爱山堂、得江、留都春、静治堂、第一江山、北府兵厨、锦波春、秦淮春、清心堂、丰和春、思政堂、庆元堂、清白堂、蓝桥风月、紫金泉、庆华堂、元勋堂、眉寿堂、万象皆春、济美堂、胜茶、十州春、小槽、夹和、太常、琼花露、蓬莱春、六客堂、龙游等。这些名酒，往往被王公贵族及市民们用作馈赠亲朋好友的礼品。下面择要介绍数种临安生产的名酒。

1. 羊羔儿酒

羊羔儿酒在临安又称作为羊羔酒，为宫中御库所造的一种御酒。这种以羊肉为主料酿成的上等美酒，具有滋生补身等功效。明李时珍《本草纲目》卷二五称“羊羔酒大补元气，健脾胃、益腰肾”。

关于羊羔酒的制作方法，古人多有记载。如元邹铉《寿亲养老新书》卷三《羊羔酒》载有宣和年间化成殿制作羊羔酒的方子，其造法是：

> 米一石，如常法浸浆。肥羊肉七斤，曲十四两，诸曲皆可。将羊肉切作四方块，烂煮。杏仁一斤同煮，留汁七斗许。拌米饭、曲，更用木香一两同酝。不得犯水，十日熟，味极甘滑。

而北宋朱肱《北山酒经》卷下《白羊酒》所载的方法更为详尽，据其所述，其法为：

> 腊月取绝肥嫩羯羊肉三十斤（肉三十斤内要肥膘十斤），连骨，使水六斗已来，入锅煮肉，令息软，漉出骨，将肉丝擘碎，留着肉汁，炊蒸酒饭时，酌撒脂肉于饭上，蒸令软，依常拌搅，使尽肉汁六斗泼馈了。再蒸良久，卸案上摊，令温冷得所，拣好脚醅，依前法酘拌，更使肉汁二升以来，收拾案上，及元压面水，依寻常大酒法日数，但曲尽于酴米中用尔。（一法，脚醅发只于投饭内方，煮肉取脚醅一处，搜拌入瓮）。

朱肱这里所说的白羊酒，即宋代羊羔酒的别名。

羊羔酒早在北宋东京时就颇为盛行，是达官贵人追求的一种名酒。据孟元老《东京梦华录》所载,“羊羔酒八十一文一角”。①

至南宋,临安宫廷中的羊羔酒生产方法仿效东京,如赵令畤《侯鲭录》卷四《内库酒法》载:“内库酒法,自柴世宗破河中,李守正得匠人至汴,迄今用其法。”统治者常用其作为赏赐给文武大臣的礼品。《武林旧事》卷三《赏雪》就载:“禁中赏雪,多御明远楼。……并造杂煎品味,如春盘饾饤、羊羔儿酒以赐。”文人士大夫更是以饮此酒为荣、为幸,如周必大《再赋羊羔酒》诗云:

日日茅柴帚扫愁,膻荤暂逐富儿游。
山中万足无美禄,剩作酒材供拍浮。②

2. 流香酒

为宫中御库所酝。这种酒产量极少,除专供宫中食用外,还用来赏赐文武百官。如淳熙五年(1178)六月,少保、丞相、卫国公史浩,知枢密院事王淮,参知政事赵雄、范成大,以《中兴馆阁书目》成,被旨观书,置酒会修史官并馆职于道山堂。酒半,中使传旨,赐流香酒四壶,果肴五盘。且宣谕曰:“雨凉,多饮。”丞相既上章谢旨,即与二府及三馆官员更相劝酬,一时称为秘阁之“无穷盛事”。③ 又,淳熙六年(1179)七月,孝宗恩赐新荔子、流香酒给赵雄等人。④ 陆游曾有诗述及此酒,诗云:

八十山翁病不支,出门也赋喜晴诗。
小楼酒旆阑街处,深巷人家晒练时。
本借微风欹帽影,却乘新暖弄鞭丝。
归来幸有流香在,剩伴儿童一笑嬉。

诗注:“流香,盖赐酒名。”⑤

---

① 孟元老:《东京梦华录》卷二《宣德楼前省府宫宇》,中华书局 1982 年版,第 52 页。

② 周必大:《文忠集》卷二。

③ 《南宋馆阁续录》卷六《故实·宴集》,载《南宋馆阁录续录》,中华书局 1998 年版,第 223 页。

④ 《宋史全文》卷二六下,黑龙江人民出版社 2005 年版。

⑤ 《剑南诗稿》卷五二《乍晴出游》,《陆游集》,第 1280－1281 页。

3. 蔷薇露

蔷薇露酒为宫中御库所酝，除供宫中使用外，常用来赏赐文武百官。据陆游《老学庵笔记》卷七所载："寿皇时，禁中供御酒，名蔷薇露。赐大臣酒，谓之流香酒。分数旋取旨，盖酒户大小已尽察矣。"如淳熙三年（1176）八月二十一日，寿圣皇太后生日时，太上皇赐给侍宴官吴郡王等人的物品中就有"蔷薇露酒"。① 楼钥《三月七日上赐牡丹并蔷薇露劝酒》诗：

几见牡丹东海涯，暮年敢谓到京华。
休论千品洛中谱，惊看百枝天上花。
况有八珍来禁苑，更加双榼赐流霞。
阖门饱暖聊同醉，稽首将何报宅家。②

4. 思春堂

思春堂一作思堂春，又名碧香思春堂，为三省激赏库所产的名酒。李保《续北山酒经》载有思春堂酒酝酒法。据罗大经《鹤林玉露》所载，作者在太学时曾喝过此酒：

唐子西在惠州，名酒之和者曰"养生主"，劲者曰"齐物论"，杨诚斋退休，名酒之和者曰"金盘露"，劲者曰"椒花雨"。尝曰："余爱椒花雨，甚于金盘露"，心盖有为也。余尝谓，与其一于和劲，孰若和劲两忘。顷在太学时，同舍以思堂春合润州北府兵厨，以庆远堂合严州潇洒泉，饮之甚佳。余曰："不刚不柔，可以观德矣；非宽非猛，可以观政矣。"厥后官于容南，太守王元邃以白酒之和者、红酒之劲者，手自剂量，合而为一，杀以白灰一刀圭，风韵顿奇。索余作诗，余为长句云："小槽真珠太森严，兵厨玉友专甘醇。两家风味欠商略，偏刚偏柔俱可怜。使君袖有转物手，鸬鹚杓中平等分。更凭石髓媒妁之，混融并作一家春。季良不用笑伯高，张竦何必讥陈遵。时中便是尼父圣，孤竹柳下成一人。平虽有智难独任，勃也未可嫌少文。黄龙丙魏要兼用，姚宋相济成开元。试

① 《武林旧事》卷七《乾淳奉亲》，第119页。
② 《攻媿集》卷一一。

将此酒反观我，胸中问学当日新。更将此酒达观国，宇宙皆可归经纶。书生触处便饶舌，以一贯万如斲轮。使君闻此却绝倒，罚以太白眠金尊。"①

思堂春酒是皇帝赏赐文武百官的主要物品之一。如周必大《思陵录》下载：

甲子，晴。朝晡，临闻土人是日皆发廪，初恐其雨则夏旱也。赐洪迈不允诏到闻，再入文字。治平斋记昌王、东平郡王号国公皆以茶药酒果遗之，又十掇遗宇文尚书、洪内翰，余职官及修奉、都护、钤辖、都大主管、中贵人各遗以思堂春十尊或八尊，其余诸使属官皆不及。②

又，《南宋馆阁续录》卷六《故实·再讲暴书会》载：

淳熙五年六月十九日，诏秘书省暴书会久废，令今年举此故事，仍仰临安府排办，以九月二十三日会于道山堂，侍从、给舍、台谏、正言以上及馆职、前馆职、贴职、寄职赴坐者四十八人，铺设图画、古器、琴砚，如绍兴十三年之制，分走纸籍、香茶有差。三省、枢密院两厨各送思堂春酒三十瓶，折食钱一百千。

但由于这种酒的质量并不好，有时大臣谢绝不要，以致弄得皇帝的面子也下不来。张端义《贵耳集》卷上便对此有载：

寿皇忽问王丞相淮及执政，近日曾得李彦颖信否？臣等方得李彦颖书，绍兴新造蓬莱春酒甚佳，各厅送三十樽。寿皇曰："此间思堂春不好，宰执郄不敢受。"嘉定以来有珠玉之贡，闻此可愧矣！

思堂春酒在市场上有售，如《梦粱录》卷一二《湖船》载，湖船上"卖买羹汤、时果；掇酒瓶，如青碧香、思堂春、宣赐、小思、龙游新煮酒俱有。及供菜蔬、水果……"

---

① 罗大经：《鹤林玉露》丙编卷四《酒有和劲》，中华书局1983年版，第298－299页。

② 《文忠集》卷一七三《丁未八月庚寅止戊申二月》。

5. 玉练槌

玉练槌，为太庙所酝，专门供祠祭所用。据宋伯仁《酒小史》所载，唐代即有玉练槌的酒名。南宋赵彦卫《云麓漫钞》卷三对此酒作为祠祭用酒深有非议，他说：

《周礼》有五齐三酒。五齐以供祭祀，三酒以酌有事者。今临安岁供祠祭酒一千六百余瓶坛，又供天章阁、景灵宫及取赐酒一万四千二百余瓶坛。其酒名则曰玉练槌、真珠、中和堂、有美堂等。玉槌、真珠名既不典，而中和、有美乃守臣便坐，因以名酒，遂以供御及祭祀，失礼甚矣。予尝言之，今曰祠祭酒，宜酌五齐之名以供祠祭。三酒之名以酌有事者，取赐酒则别为一名，庶几名正理顺。

宋末元初方回《古今考》卷三〇《五齐三酒恬酒》曰："酒美名，近世思堂春，高庙之堂也。玉练槌，美之如玉也。羊羔，白如其色也。静江府酒，尤佳。"①据此可知，此酒之名取其"美之如玉也"。其味较柔，犹如村人所酿之酒，故南宋诗人陈舜道在《春日田园杂兴》诗中有"村声荡耳乌盐角，社酒柔情玉练槌"之句。②

6. 雪醅

雪醅，因为点检所酒库雪醅库所产，故名。该酒库在嘉会门外。

据文献记载，其酒名在北宋时已见于世。如徐积《寄朱至机》诗云：

云出无心鹤倦飞，还家欢笑彩为衣。
雪醅为寿酒初熟，玉脔供甘鱼正肥。
侍燕每操笫杖去，看花常御板舆归。
故人愿了无穷庆，莫使淮南音信稀。③

又，周辉《清波杂志》载：

酝法言人人殊，故色、香、味亦不等，醇厚、清劲，复系人之嗜好。泰

① 邢凯：《坦斋通编》（外五种），上海古籍出版社1992年版，第853－515页。
② 《宋诗纪事》卷八一，第1982页。
③ 徐积：《节孝集》卷一七，文渊阁《四库全书》本。

州雪醅著名，惟旧盖用州治客次井蟹黄水，蟹黄不堪他用，止可供酿。绍兴间，有呼匠辈至都下，用西湖水酿成，颇不逮。有诘之者，云："蟹黄水重，西湖水轻。"尝较以权衡得之。辉向还乡郡，饮所谓雪醅，亦未见超胜，岂秫米日损、水泉日增而致然耶？抑酝法久失其传？大抵今号兵厨皆有此弊，不但泰之雪醅也。①

由此可知，此酒原是淮南泰州的名产，用蟹黄水酿成。绍兴年间（1131－1162），朝廷召泰州酿酒工匠到临安，用西湖水酿制雪醅酒，但其质量明显要比原产地差，有人认为这是"蟹黄水重，西湖水轻"的缘故。周辉则认为其原因有二：一是"秫米日损、水泉日增而致然"；二是"酝法久失其传"。

7. 玉醅

"玉醅"的酒名在北宋时已有，为深州的一种名酒。叶西涧有"芦笋满洲银鲙美，琼花滴露玉醅醇"之诗句。② 又，梅尧臣诗云：

淮南寄我玉醅酒，白蚶海月君家有。
欲持就味明日期，穷羹易覆已反手。
从事开筵不可辞，燕脂秀脸罗前后。
长颈善讴须剩讴，只恐老来欢意休。③

南宋后期，玉醅酒在临安也有仿制，并得到了人们的好评，竞相饮用。如王炎《壬戌立春》诗：

畹晚流年度，凄凉短景催。
月圆疑腊半，岁闰已春回。
一箸青丝菜，三杯白玉醅。
主人无喜事，蜡炬误花开。④

① 《清波杂志》卷一〇《雪醅》，第439页。
② 陈景沂：《全芳备祖》前集卷五，文渊阁《四库全书》本。
③ 梅尧臣：《宛陵集》卷四二《杜和州寄新醅。吴正仲云家有海鲜，约予携往就酌。逡巡又云幕中有会，且罢此饮》，文渊阁《四库全书》本。
④ 王炎：《双溪类稿》卷七，文渊阁《四库全书》本。

又,杨万里《廷弼弟坐上绝句》:

黄雀初肥入口消,玉醅新熟得春饶。
主人更恐香无味,沉水龙涎作伴烧。①

8. 十洲春

“十洲春”的酒名,当源自相州的“十洲春色”酒名。周辉《北辕录》便载道:“十五日至相州,阛阓繁盛,观者如堵。二楼曰康乐,曰月白风清。又二楼,曰翠楼、曰秦楼。时方卖酒其上,牌书‘十洲春色’酒名也。”

9. 竹叶清

竹叶清一作竹叶青,其酒名的历史较早,据黄震《黄氏日抄》卷六五载:“竹叶出张华《轻薄篇》云:‘苍梧竹叶青,宜城九酝酒。’”在北宋时,杭州的竹叶青酒已经扬名天下,成为全国名酒之一。至南宋,名声更大了。这在当时许多诗人的作品中可以清楚地看出,如邹浩《简君瑞觅竹叶清》诗:

信道三杯如李白,解酲五斗似刘伶。
尔来心渴鸭头绿,应许唇沾竹叶青。②

周必大《韵为谢兼简周孟觉知县》:

清晨自扫落花厅,小瓮新篘竹叶青。
簪盍同时过陋巷,胪传相与记彤庭。
翻阶红叶曾重见,敕赐朱樱亦屡经。
老去飘零无此梦,诗来吟咏有余馨。③

---

① 杨万里:《诚斋集》卷一四,文渊阁《四库全书》本。
② 邹浩:《道乡集》卷一一,文渊阁《四库全书》本。
③ 《文忠集》卷五。

第六章 造船业

杭州是中国造船业的起源地之一。早在八千年前，生活于这里的人就开始造船了。萧山跨湖桥出土的独木舟，是目前发现的世界上最早的独木舟。而杭州水田畈新石器时代遗址出土的距今五千年左右的木船桨，进一步说明杭州地区悠久的造船史。到东汉后期，杭州已经能够制造一些技术含量较高的船只。唐朝的杭州，已经成为我国重要的造船基地之一。五代吴越国时的杭州，造船业已经比较发达。当时钱塘江边，舟楫辐辏，望之不见首尾。在北宋开国至吴越国国王钱俶纳土称臣的短短十九年里，吴越国就向宋王朝进献了银装花舫、画舫、龙舟计二百艘。其造船技术也非常高超，据北宋科学家、钱塘（今浙江杭州）人沈括《梦溪笔谈·补笔谈》卷下载："国初，两浙献龙船，长二十余丈，上为宫室层楼，设御榻，以备游幸。"而北宋时的杭州，造船业仍然非常发达，为我国重要的造船基地之一，每年承造大量的江河舰船和纲船。

南宋是我国历史上造船业最繁盛的时期。在这一时期，我国的造船技术超过了世界上的任何一个国家。在唐中叶以前，往来于南洋的海船大都是外国的，在新旧《唐书》中，"西域舶"、"西来夷舶"、"蛮舶"、"蕃舶"的名称屡见不鲜。中国人对外国船舶也是备加赞赏，如唐代李肇《国史补》卷下载："南海舶，外国船也。每岁至安南、广州。师子国舶最大，梯而上下数丈，皆积宝货。"但在唐末以后，中国的造船水平已经超过了外国。到了宋代，中国的海洋船几乎垄断了西太平洋、印度洋的航行。当时不但中国客商坐中国制造的海船，而且连外国客商也都搭乘中国制造的海船。中国海舶以体积大、负载多、安全平稳、设施完备等著称于世，再加上指南针在航海上的使用，更受到了各国客商的欢迎。而作为当时首都的临安，更是全国造船业最发达的地区之一，集中而全面地反映和代表了当时中国的造船水平。

第一节　临安的船舶类型

南宋临安，不仅有官置的造船场，而且也有私人船坊。所造的船舶以内河船舶为主，兼及游船、战船和海洋船舶。其海船制造业虽不及明、温、泉三州著名，但也比较发达，这表现在它先进的造船工艺上。当时临安所造的船舶，种类之多、形状之异、船体之大、工艺之先进，都令人惊叹不已。

南宋临安的造船业，从其船舶的类型来看，主要可以分为海船、湖船、河船三大类。

一、海船

海船是指航行于近海及远洋的各种船舶，它又可分为远洋船和浅海船两种。

（一）远洋船

制造载重量大的远洋船舶，是临安造船技术进步的一个重要标志。据《梦粱录》卷一二《江海船舰》的记载，当时由临安所造的远航出海的海洋船舰，“大小不等，大者五千料，可载五六百人；中等二千料至一千料，亦可载二三百人；余者谓之钻风，大小八橹或六橹，每船可载百余人。”南宋时的一料等于一石，载重五千料就是五千石，折合成今制约为三百吨。载重两千料，折合成今制约为一百二十吨，“其长十余丈，深三丈，阔二丈五尺，可载二千斛粟”，“每舟篙师、水师可六十人”。① 这与日本人的记载大致吻合。当时

① 徐兢：《宣和奉使高丽图经》卷三四《客舟》，台北商务印书馆1971年版，第117页。

由临安一带去日本等国的远洋商船，多是乘坐六七十人（最多不过百人左右）的小型的、轻便的帆船。①

这些远洋船舶已有较好的抗沉性能，“皆以全木巨枋，搀迭而成”②。造船木料一般是用松木或杉木，除部分来自附近州县外，主要从日本进口。这可从日本学者中村新太郎、斯波义信等人的著作中得到证实。据中村新太郎《日中两千年》一书记载，进入12世纪后，日本向南宋输出的物品主要是周防（山口）的松、杉、桧等木材和硫黄岛的硫黄。这些进口的木材，除部分用于房屋建筑和棺木外，大都用于造船。船侧板用二重或三重木板，并用桐油、石灰舱缝，以防止漏水。每船一般隔成十余舱，有的大船船舱为数更多。每个船舱之间相互密隔，即便有一二个舱漏水也不至于船只沉没。

海船的形体和设备，还具有快航的特点。海船一般尖底，如V字形，据北宋末年徐兢著的《宣和奉使高丽图经》卷三四《客舟》所载，这种海船“上平如衡，下侧如刃，贵其可以破浪而行也”。航行主要依靠风力，“大樯高十丈，头樯高八丈，风正则张布帆五十幅，称偏则用利篷，左右翼张，以便风势。大樯之巅，更加小帆十幅，谓之野狐帆，风息则用之”。由于充分利用了各种不同形式的风帆，航行时“风有八面，唯当头不可行”。船腹两旁“缚大竹为橐以拒浪”，起到稳定船身、加速航行的作用。船尾舵有“大小二等”的正舵，还有三副舵，根据水的深浅和离岸的远近分别使用，对于掌握船的航向有很大的作用。船上还有铁锚和矴石，以保证船只的完全停泊。铁锚大者重数百斤，下有四爪③。矴石上连着“其大如椽”、长数百尺的藤索，用车轮转动上下。不仅近岸抛泊时可用铁锚、矴石，就是逆风时也可以用矴石使船只固定不走。④

另外，在远洋船舶的设计上，还注意了中外客商和海员们的日常生活。

---

① ［日］藤家礼之助：《日中交流二千年》，北京大学出版社1982年版；中村新太郎：《日中两千年》，吉林人民出版社1980年版；斯波义信：《宋代商业史》第二章《宋元时代交通运输的发达》，日本株式会社风间书房昭和43年版。

② 《宣和奉使高丽图经》卷三四《客舟》，第117页。

③ 《癸辛杂识》续集上《海蛆》，中华书局1988年版，第157页。

④ 朱彧：《萍洲可谈》卷二，上海古籍出版社1989年版，第26页。

为了让长期航行在茫茫大海上的中外客商和海员们能够过上比较舒适的海上生活，船上还设有装饰比较豪华、可以携带家属的幽静船舱。“其后一舱，谓之庨屋，高及丈余，四壁施窗户，如房屋之制，上施栏楯，采绘华焕，而用帟幕增饰，使者官属，各以阶序分居之”①。

然而总的来说，临安海船的制作技术不及邻近的明州和温州，更不及海船制造业发达的福建。吕颐浩论舟楫之利时说：“海舟以福建船为上，广东西船次之，温、明州船又次之。”②

关于海船造价，在当时也有记载。绍兴三十一年（1161），“以财雄东南，因纳粟授官”的金鼐，为升官而行贿，造海舟献给得到高宗赵构宠幸的医官王继先，“其直万缗，舟中百物皆具”。③ 据此可知，这艘海船的造价在一万贯左右。

（二）浅海船（包括江船）

浅海船和江船的制造，在南宋临安造船业中也占有重要地位。这是因为钱塘江的部分水域，对吃水深的大型远洋帆船，航行是很困难的，这自然便成为小型轻便的船舶活动的区域。据史籍记载，当时临安的浅海船舶主要有舠鱼船、湖底船、三板船、战船、渡船等类。

既能捕鱼、又能作战的舠鱼船，是我国造船史上带有创造性的船只。舠鱼船又称刀鱼船、钓鱼船、钓漕，李心传《建炎以来系年要录》卷七云：“浙江民间有钓鱼船，谓之钓漕。其船尾阔可分水，面敞可容兵，底狭尖可以破浪，粮储器仗，置之簧版下，标牌矢石，分之两傍；可容五十卒者，面广丈有二尺，长五丈，率直四百缗。”它主要活动于钱塘江下游及杭州湾沿海一带。

湖底船是一种主要不靠使帆而更有赖于人之划力的多桨船。其底是平底，可以在比较浅的泥沙水域中行驶。战船盖可以迎敌。这种船舶的性能极佳，往来快捷，江河湖海都可以行驶，可以说是一种综合各种船型之长处而设计出来的一种新式的中型快速舰艇。

---

① 《宣和奉使高丽图经》卷三四《客舟》，第117页。

② 吕颐浩：《忠穆集》卷二《论舟楫之利》，文渊阁《四库全书》本。

③ 《系年要录》卷一八九，绍兴三十一年三月辛卯，第3158页。

三板船又称为舢板、舢舨。这是一种在钱塘江上专门进行“网鱼买卖”的小型船只，体积较小，划行便捷，是当时内河或沿海使用最为普遍的一种船只，它似乎也是一种多桨的魛鱼船。①

此外，钱塘江上还有众多的渡船，供往来客商渡江之用。但在南宋初期，钱塘江上的渡船不仅数量较少，而且载客量也不大。绍兴二年(1132)二月六日，高宗诏天章阁祖宗神御可先行趁潮汛逼江，仰临安府差渡船五只，令巡检引带，保护过江。② 绍兴五年(1135)闰二月十三日，尚书省言：“车驾驻跸临安，四方辐凑，钱塘江水阔流湍，全藉牢固舟船往来济渡。近日添置渡船，往往怯薄，每遇济渡，篙梢乞觅钱物，以多寡先后放令上船，以致争夺，压过力胜。或遇风涛，每有覆溺。”针对渡口渡船数量较少、船只安全性差等情况，高宗诏令两浙转运司，限十日更行添置三百料舟船五只，专一济渡，不得别将他用。为此，梁汝嘉按高宗要求添置了五只三百料渡船，专门用于济渡，并对存在安全问题的渡船进行整修③。绍兴六年(1136)，吕颐浩尹临安，“始奏浙江渡以舟之大小定人数多寡，后遵用之”。④ “渡船三百料许载空手一百人，二百料六十人，一百料三十人，一百料已下递减”。⑤ 此后，汪思温“更为大舟，择不如式者，悉去之”⑥。“更造大舰十数，每一舰受若干人，制号如其数，以五采别异之。置吏监渡，给号登舟，即过数而号与舟不类，皆不受人。给直有定例，除十之一以备缮舟。自是人不病涉”⑦。嘉泰元年(1201)，两浙转运司再次增加渡船十九只，临安府增渡船十六只，共三十五只，供浙江、龙山、西兴、渔浦四个渡口使用，“专一济度，不得他用”。⑧

① 《梦粱录》卷一二《江海船舰》，第 111 页。
② 《宋会要辑稿》方域二之一一。
③ 《宋会要辑稿》方域一三之七。
④ 《中兴小纪》卷二一，第 256 页。
⑤ 《宋会要辑稿》方域一三之九。
⑥ 《延祐四明志》卷四《人物考上·汪思温》，载《宋元方志丛刊》，第 6196 页。
⑦ 《宝庆四明志》卷八《叙人上·汪思温》，载《宋元方志丛刊》，第 5089 页。
⑧ 《宋会要辑稿》食货五〇之一六。

二、河船

河船为南宋临安造船业中的主要产品。徽猷阁待制、知临安府张澄言："临安古都会，引江为河支流于城之内外，交错而相通，舟楫往来，为利甚溥。"①吴自牧说："论之杭城辐辏之地，下塘、官塘、中塘三处船只，及航船、鱼舟、钓艇之类，每日往返，曾无虚日。缘此是行都士贵官员往来，商贾买卖骈集，公私船只，泊于城北者多矣。"②

（一）河船的种类

从当时临安里河船只所载运的对象及所属关系来看，主要有客货混杂船、货船、客船、纲船、家船、贩米船、舸船、渔船、红座船、撩河船等。

1. 客货混杂船

这类船只专门载运往来士贾诸色等人，及搬载香货杂色对象等，时称为"落脚头船"。如《梦粱录》卷一二《河舟》载："杭州里河船只，皆是落脚头船，为载往来士贾诸色等人，及搬载香货杂色物件等。"

2. 货船

专门用来搬载诸铺米、盐袋和跨浦桥柴炭、下塘砖瓦灰泥等。

3. 客船

客船主要有舫船、航船、飞篷船、舸船等类。

舫船为大型客船，载重量约为二三百石。司马迁《史记》卷七〇《张仪列传第十》载："秦西有巴蜀，大船积粟。起于汶山，浮江以下，至楚三千余里。舫船载卒，一舫载五十人与三月之食。下水而浮，一日行三百余里。里数虽多，然而不费牛马之力。"司马贞《史记索隐》曰："舫音方，谓并两船也。"这种舫船在宋代颇为常见，如南宋刘过《次张昌化合溪新亭韵》诗：

燕尾溪流上下分，中余里许地翻平。
林疏邑屋高低见，水长舫船来往轻。③

---

① 《系年要录》卷一二三，绍兴八年十一月癸巳条，第 1986 页。
② 《梦粱录》卷一二《河舟》，第 113 页。
③ 刘过：《龙洲集》卷五，文渊阁《四库全书》本。

又，叶茵《舫斋》诗：

居家巧作浮家样，此即人生不系舟。
政恐风波起平地，直教砥柱屹中流。
浪花影动重帘月，潮汛声喧万叶秋。
梦里不知容膝计，翻身栩栩逐轻鸥。①

航船为一种大中型客船，根据载重量大小，又可分为大航船、小航船。一般长数丈②。如周辉《清波杂志》卷九《野艇》云："山谷云：'野艇恰受两三人。'别本作'航'。'航'是大舟，当以'艇'为正。今所航船者，俗名轻舠。如'航湖'、'航海'，亦为常谈。"又，赵彦卫《云麓漫钞》卷六曰："六朝自石头东至运署总二十四度，皆浮航往来。建康城外有朱雀航，即今之浮桥是也。今浙西临流州县，凡载行旅之舟，谓之航船，义或取此。"这种大中型客船，主要往来于都城临安至苏州、湖州、常州、秀州以及江淮等州。③

航船因为在夜中航行，故此又名夜航船，其名早已出现。龚明之《中吴纪闻》卷四《夜航船》载："夜航船，唯浙西有之。然其名旧矣，古乐府有《夜航船》之曲，皮日休答陆龟蒙诗云：'明朝有物充君信，沈酒三瓶寄夜航。'"元陶宗仪《辍耕录》卷一一《夜航船》还对此船的含义作了解释："凡篙师于城埠市镇人烟凑集去处招聚客旅，装载夜行者，谓之夜航船。太平之时，在处有之。"又，明叶盛《水东日记》卷二曰："航船，吴中所谓夜航船。接渡往来，船中群坐多人，偶语纷纷，盖言其破碎摘裂之学，衹足供谈笑也。"南宋华岳有诗曰：

缆解西风拍岸颠，雁拖秋色上航船。
挂帆未作乘风客，举棹先惊捉月仙。
楚些有渊心石殒，贺狂无井眼花眠。
殷勤为酹一杯酒，断送西江浪拍天。④

---

① 《江湖小集》卷四〇。

② 宋王禹偁有"数丈轻舠载一家"的诗句（王禹偁《小畜集》卷一二《送晁监丞赴婺州关市之役》）。

③ 《梦粱录》卷一二《河舟》，第113页。

④ 华岳：《翠微南征录》卷五《捉月仙》，载《翠微南征录北征录合集》，黄山书社1993年版，第48－49页。

方回更作有《听航船歌》十首，对夜航船作了极其生动细致的描写：

北来南去雁还飞，四十年间万事非。
惟有航船歌不改，夜深老泪欲沾衣。

莫笑船家生事微，新红米饭绿蓑衣。
一声欸和一声乃，谁识人间有是非。

家住斜塘大户边，时荒米贵欠他钱。
从此驾船归不得，无钱且驾小航船。

四千五百魏塘船，结拆船牙鲜半千。
一千修柁贯三米，三日盘缠无一钱。

十千债要廿千偿，债主仍须数倍强。
定是还家被官缚，且将贯百寄妻娘。

南到杭州北楚州，三江八堰水通流。
牵板船篙为饭碗，不能辛苦把锄头。

雇载钱轻载不轻，阿郎拽牵阿奴撑。
五千斤蜡三千漆，宁馨时年欲夜行。

南姚村打北姚村，鬼哭谁怜枉死魂。
争似梢工留口吃，秀州城外鸭馄饨。

赌钱输了阿侬哥，黄草单衫破孔多。
相趁缩砂红豆客，霜风九月上淮河。

船头船尾唱歌声，苏秀湖杭总弟兄。
喝拢喝开不相照，阿牛贼狗便无情。①

根据诗人诗注，上述诗歌描述的情况，“或节其私语为之”。即使不是普遍的

---

① 《桐江续集》卷一三。

情况，但至少“予所雇船如此”。又曰：“旧航船不过扬子江，今直至淮河、三江者（钱塘江、吴淞江、扬子江）、八堰者（杭州萧公闸、北关堰，常州奔牛堰、吕城堰，润州海鲜河堰，扬州瓜州闸，而召伯堰小不与，其一楚州北神镇堰）。”

飞篷船为中小型的河船，叶茵《苕溪行》有“吴松江头田舍翁，年年苕溪摇飞篷”的诗句。①

舸船为小船，如《说文》曰：“舸，小船也。”

4. 纲船

纲船又称为漕船、漕运船，它是封建王朝专门运送“田赋”的船舶，载重量一船为五六十吨。南宋时的临安“乃辇毂之地，有上供米斛，皆办于浙右诸郡县，隶司农寺所辖。本寺所委官吏，专率督催米斛，解发朝廷，以应上供支用。搬运自有纲船装载，纲头管领所载之船，不下运千余石或六七百石。官司亦支耗券雇稍船米与之。到岸则有农寺排岸司掌拘卸、检察、搜空”。②杨万里《得临漳陛辞第二札子》云：“度其千艘衔尾，日至中都，无住滞折阅之弊。”③

关于宋代的纲船制度，李廌《师友谈记》有比较详细的记载：

> 国朝法：纲船不许住滞一时，所过税场不得捡税。兵梢口食，许于所运米中计，口分升斗借之。至下卸日折算，逐人之俸粮除之，盖以舟不住，则漕运甚速。不捡则许附私商贩，虽无明条，以许人而有意于兼容，为小人之啖利，有以役之也。借之口粮虽明许之，然漕运既速，所食几何？皆立法之深意也。自洛司置舟官载客货，沿路税场既为所并，而纲兵搭附遂止。迩来导洛司既废，然所过税场有随船捡税之滞，小人无所啖利，日食官米甚多。于是，盗粜之弊兴焉。既食之，又盗之，而转搬纳入者，动经旬月，不为交量，往往凿窦自沉，以灭其迹。有司治罪，鞭配日众，大农岁计不充，虽令犯人逐月克粮填纳，岂可敷足？张文定为

① 《江湖小集》卷四〇。

② 《梦粱录》卷一二《河舟》，第113页。

③ 《诚斋集》卷六九。

三司使日,云岁亏六万斛。今比年不啻五十余万斛矣!而其弊乃在于纲兵也。东坡为扬州,尝陈前弊于朝,请罢沿路随船捡税,江淮之弊往往除焉。然五十万之阙未能遽复,数年之后可见其效。淮南楚扬泗数州,自刑纲,吏不啻百人,能救其弊。此刑自省仁人之言,其利溥哉!

5. 家船

南宋时的临安城,大都是石板路,非泥沙可比,车辆难以运行,所以往往用船只或人力搬运货物。一些富户人家,如宅舍府第庄舍,自己建造船只,以方便自己及家人出行,又无官府捉拿差拨之苦。

6. 贩米船

在临安府的下塘等处,聚集着大量的贩米船。这些贩米船多是铁头舟,大小不一,有的来自外地,有的却由临安所造。大的可以载重五六百石。贩米客的全家大小全部居住在船中,往来兴贩,可见船上的生活设施也比较齐全。

7. 寺观庵舍船只

寺观庵舍船只,在当时均称为"红油桐滩",大小船只往来河中,搬运斋粮、柴炭等物。南宋时的临安,城内外仅佛教就有大小寺院五百所左右。如果每座寺院有一只船,则寺院所属的船只就达五百只之多,数量颇为可观。

8. 粪船

临安有"百万人家",因此垃圾、粪便的清理搬运任务十分艰巨,每日有成群结队的粪船来往于城内外的大小河道上。朱熹"向见辛幼安说,粪船亦插德寿宫旗子。某初不信,后提举浙东,亲见如此"。①

9. 渔船

临安城内外湖泊星罗棋布,河流众多,盛产鱼类及其他水产品。因此,渔舟、钓艇群集。渔民们一边捕鱼,一边将捕到的水产品运送到城中鱼市中去卖,"每日往返,曾无虚口"②。

---

① 《朱子语类》卷一一一《论民》,第7册,中华书局1986年版,第2714页。

② 《梦粱录》卷一二《河舟》,第113页

10. 红座船

在北新桥外赵十四相公府旁，有殿前司的红座船，专门负责管理河上运行的各类船只。其船制曾对后世产生深远的影响。清雍正五年(1727)十一月二十一日，湖北巡抚马会伯曾上奏曰："窃查湖北水邮额设有红座船、沙唬船、宣楼船，共九十只，以应往来勘合差使。"①

11. 撩河船

由官府置办，专门用于疏通河道淤塞之用。在南宋，沟通都城临安与国内外各地联系的浙西运河和浙东运河，关系着都城的生死存亡。船只往来频繁，因此其疏浚开撩工作也极其繁重，如《宋史》载：

绍兴初，高宗次越，以上虞县梁湖堰东运河浅涩，令发六千五百余工，委本县令、佐监督浚治。既而都省言：余姚县境内运河浅涩，坝闸隳坏，阻滞纲运，遂命漕臣发一万七千余卒，自都泗堰至曹娥塔桥，开撩河身、夹塘。诏漕司给钱米。

萧山县西兴镇通江两闸，近为江沙壅塞，舟楫不通。乾道三年，守臣言："募人自西兴至大江，疏沙河二十里，并浚闸。里运河十三里，通便纲运，民旅皆利。复恐湖水不定，复有填淤，且通江六堰，纲运至多，宜差注指挥一人，专以开撩西兴沙河系衔。及发捍江兵士五十名，专充开撩沙浦，不得杂役，仍从本府起立营屋居之。"②

而临安更是如此，潜说友《咸淳临安志》载道：

中兴驻跸，河事尤所加意。绍兴四年，尝起发近郡厢军开修。马运副承家等因奏申严填塞之禁。自是以来为守者，率以时察视惟谨。至乾道四年，周安抚淙出公帑钱，大浚治城内外河，凡六千二百五十丈。又置巡河铺屋三十所，撩河船三十只，计虑益深远矣。③

① 《世宗宪皇帝朱批谕旨》卷三一上，文渊阁《四库全书》本。
② 《宋史》卷九七《河渠志七·东南诸水下》，第2408页。
③ 《咸淳临安志》卷三五《山川十四·河·清湖河》，载《宋元方志丛刊》，第3674页。

(二)河船的类型和特点

上述这些船舶,从地区上看,主要属吴船类型。这类船的特点是吃水浅,性能多样化,适宜于航行在河湾和灌溉渠道中。元袁桷《吴船行》一诗便对这种船作了生动细致的描述:

吴船团团如缩龟,终岁浮家船不归。
茅檐旧业已漂没,一去直北才无饥。
清晨煮茶茶味恶,薄暮熬虀虀力薄。
不忧江南云气多,止畏淮南风雨作。
去年水浅留金沟,今年水深上新州。
终朝但知行客苦,尽岁不识离家愁。
大儿跳踉新九岁,小儿学行蓬作地。
维舟未解矴舟牢,尽日弯篙仰天视。
船头娶妇通姻谱,知是淮南捕鱼户。
寄语乡侬莫怨尤,它年水深为汝忧。

并注曰:“吴人不解矴舟,终日操篙。”①

三、湖船

湖船是指西湖上划行的各类船舶,包括御舟、大船、小船等。其制造,在临安造船业中占有重要的地位。

(一)御舟

御舟是西湖中最为豪华醒目的游船,史载:“御舟之华,则非外间可拟。”②“其船皆是精巧雕刻创造,俱用香楠木为之”;③“四垂珠帘锦幕,悬挂七宝珠翠、龙船、梭子、闹竿、花篮等物”④。南宋时,安顿于小湖园水次的御舟共有三只,名为“兰桡、荃桡、旱船”。宋理宗时,又制有御舟“梅槎”,停泊

① 袁桷:《清容居士集》卷八《歌行》。
② 《武林旧事》卷四《故都宫殿》,第53页。
③ 《梦粱录》卷一二《湖船》,第111页。
④ 《武林旧事》卷三《西湖游幸》,第37页。

在翠芳园内。① 这些御舟平时都不使用，只有在重大节日时偶尔露一下脸。“至景定间，周汉国公主得旨，偕驸马都尉杨镇泛湖，一时文物亦盛，仿佛承平之旧，倾城纵观，都人为之罢市”。②

（二）大型游船

除御舟外，湖上尚有许多供游人租赁的大小游船上千只，其中仅名叫头船、楼船、大舫（或称画舫）的大船就有数百只。这些大船，包括头船、楼船、大舫（或称画舫）等在内，大小不一，大者“有一千料，约长五十余丈，中可容百余客；五百料，约长二三十丈，可容三五十客”。③ “皆精巧创造，雕栏画栱，行如平地。各有其名，曰百花、十样锦、七宝、戗金、金狮子、何船、劣马儿、罗船、金胜、黄船、董船、刘船，其名甚多，姑言一二”。④ 这些大型游船，按其载重量大小，又可划分为头船、第二船、第三船、第四船、第五船、槛船、摇船、脚船、瓜皮船、小船等⑤。头船自然是这些大船中最大的一种，清厉鹗《湖船录》一书解释说：“大者谓之头船。”当时西湖上的游船，仅头船就达百余艘。其名称也甚多，《武林旧事》卷三《西湖游幸》载道：“承平时头船如大绿、间绿、十样锦、百花、宝胜、明玉之类，何翅百余。其次则不计其数，皆华丽雅靓，夸奇竞好。”这些头船，一般都供给达官贵人或富商巨贾等使用，马虚中有诗道：“贵家游赏占头船。”《西湖老人繁胜录》亦载道：“节日大船，多是王侯节相府第及朝士赁了，余船方赁市户。”头船的服务也十分周到，“舟中所须器物，一一毕备，但朝出登舟而饮，暮则径归，不劳余力，惟支费钱耳”。⑥ 正因为如此，因此头船“无论四时，常有游玩人赁借”。⑦

毫无疑义，这些装饰豪华的大型游船主要是由官家制造和使用的，如“淳熙间，寿皇以天下养，每奉德寿三殿，游幸湖山，御大龙舟，宰执从官，以

① 《武林旧事》卷四《故都宫殿》，第53页。

② 《武林旧事》卷三《西湖游幸》，第39页。

③ 《都城纪胜·舟船》，载《南宋古迹考》（外四种），第90页。

④ 《梦粱录》卷一二《湖船》，第110页。

⑤ 《西湖老人繁胜录》，载《南宋古迹考》（外四种），第105页。

⑥ 《都城纪胜·舟船》，载《南宋古迹考》（外四种），第90页。

⑦ 《都城纪胜·舟船》，载《南宋古迹考》（外四种），第90页。

至大珰应奉诸司，及京府弹压等，各乘大舫，无虑数百”。① 当然，“其有贵府富室自造者，又特精致耳”。② 当时，西湖上有一只名叫“小乌龙”的湖舫，“其舟平底有柁，制度简朴”。相传此舫“凡遇撑驾，即风波大作，坐者不安，多不敢撑出，以为弃物”③。然周密坐后却说：“余尝屡乘，初无此异也。”④

西湖大型游船的命名也非常讲究，据周辉《清波杂志》载：“顷年，西湖上好事者所置船舫，随大小皆立嘉名。如‘泛星槎’、‘凌风舸’、‘雪篷’、‘烟艇’，扁额不一，夷犹闲旷，可想一时风致。今贵游家有湖船，不患制名不益新奇，然红尘胶扰，一岁间能得几回领略烟波？但闲泊浦屿，资长年三老闭窗户以适昼眠耳。园亭亦然。”⑤

（三）中小型湖船

湖中的中小型船只，数以千计。中型船只一般为“二三百料者，亦长数丈，可容三二十人”⑥。如摇船、小脚船便属于这类船。

摇船是指用橹划船航行的船。早在北宋时就已经流行于西湖上。如郭祥正《巾子山》诗：“崒峨插天顶，寒翠洒湖光。吟客摇船子，犹疑漉酒香。”⑦至南宋时，这种湖船更加常见。如高翥《西湖二首》之一：

浅水摇船冷戛沙，平林暝色接栖鸦。
湖边老树垂垂白，半是梅花半雪花。⑧

小脚船“专载贾客、妓女、荒鼓板、烧香婆嫂、扑青器、唱耍令缠曲，及投壶、打弹、百艺等。船多不呼而自来，须是出著发放支犒，不被哂笑”⑨。

小型船只有“瓜皮船”，这种船因其形状如切开的西瓜，两头小、中间大，

---

① 《武林旧事》卷三《西湖游幸》，第37页。
② 《都城纪胜·舟船》，载《南宋古迹考》（外四种），第90页。
③ 《梦粱录》卷一二《湖船》，第111页。
④ 《武林旧事》卷三《西湖游幸》，第39页。
⑤ 《清波杂志》卷一二《船舫立名》，第521－522页。
⑥ 《梦粱录》卷一二《湖船》，第110页。
⑦ 郭祥正：《青山集》卷二五，文渊阁《四库全书》本。
⑧ 高翥：《菊涧集》，文渊阁《四库全书》本。
⑨ 《梦粱录》卷一二《湖船》，第111页。

故名。《梦粱录》卷一二《湖船》曰:“湖中有撒网鸣榔打鱼船,湖中有放生龟鳖螺蚌船,并是瓜皮船也。”

此外,还有别具风格的采莲船,《梦粱录》载道:“更有豪家富宅,自造船只游嬉,及贵官内侍,多造采莲船,有和青布幕撑起,容一二客坐,装饰尤为精致。”①宋伯仁《戏作》诗曰:

青梅黄尽雨无多,柳影重重午日过。
忽听隔篱人语笑,采莲船子上新河。②

陈居仁《西湖感旧》诗:

苏公堤畔采莲船,蘸碧楼台动管弦。
山色湖光宛如昔,心情不似十年前。③

(四)龙舟与车船

“西湖春中……皆有龙舟争标,轻捷可观,有金明池之遗风”。④ 在每年的二月初八日,西湖上一般都要举行龙舟竞渡活动。这一天,“西湖画舫尽开,苏堤游人来往如蚁”。龙舟少则六只,多则十余只,戏于湖中。“其舟俱装十太尉、七圣、二郎神、神鬼、快行、锦体浪子、黄胖,杂以鲜色旗伞、花篮、闹竿、鼓吹之类。其余皆簪大花、卷脚帽子、红绿戏衫,执棹行舟,戏游波中”。⑤

值得注意的是,南宋临安及其附近地区已能大量生产车船。车船出现于唐朝,到宋代时已经在社会上广泛应用。它是一种以人力为动力的木船,但不用帆樯、篙桨之类的设备,而是安置轮子,边附短桨,由人踏动,激水行驶。其构造和设计原理和近代轮船已无甚差异。绍兴五年(1135)二月“丙寅,诏江东、浙西路各造九车战船十二艘,浙东造十三车战船八艘。时王瓊

① 《梦粱录》卷一二《湖船》,第111页。
② 《江湖诗集》卷七二。
③ 《宋诗纪事》卷五〇,第1266页。
④ 《都城纪胜·舟船》,载《南宋古迹考》(外四种),第90-91页。
⑤ 《梦粱录》卷一《八日祠山圣诞》,第7页。

自荆湖得二巨舰以归，故命三路漕司仿其制为之”。[①] 五月癸未，又诏江、浙四路共造五车十桨小船五十，仍以贴纳盐袋钱五万缗为造船之费。[②] 这些车船多用于军事，杨么起义时，曾以车船大败官军。当时义军所用的车船，大者达三四十车，[③]如杨么用的“和州载”大车船，长三十余丈，宽四丈余，五层楼，装有二十四个车轮，每个车轮有十二个人踩踏。它的上层建筑分为三层，高达十丈以上，可以载一千名士兵。毫无疑义，这种以轮代桨的车船，是当时最先进的船型。[④] 到南宋末年，西湖上“有贾秋壑（似道）府车船，船棚上无人撑驾，但用车轮脚踏而行，其速如飞”[⑤]。

总之，南宋临安的造船业是十分发达的，已能制造各种不同用途的专门船舶。如用于河上的有客船、航船、落脚头船、大滩船、舸船、舫船、飞篷船、纲船、米船、红油桐船、粪船、红座船、渔舟、钓艇、撩河船等；江海船舰则有海舶、大舰、网艇、渡船、客船等；用于湖上的则有御舟、湖舫、车船、钓鱼船、渔舟、瓜皮船、小脚船、采莲船、放生船等。从其所造船舶的形式上看，已呈多样化，有舶、舸、舰、舸、航、艇、舫等；从所造船舶的载重量来看，既有载重三百吨左右的大型远洋海船，也有仅载一二人的小船；从船的动力和船体的构造来看，有尖底船、平底船、浅底船、单桨船、多桨船、八橹船、六橹船、车船等；从船舶的数量上来说，也十分浩大，总数不下万余只。可谓盛哉！[⑥]

---

① 《系年要录》卷八六，第1425页。

② 《系年要录》卷八九，第1483页。

③ 李纲：《梁溪全集》卷一○三《与宰相论捍贼札子》。

④ 参见《宋史》卷三六五《岳飞传》；《建炎以来系年要录》卷六六，绍兴三年六月条；《杨么事迹》卷上；《老学庵笔记》卷一。

⑤ 《梦粱录》卷一二《湖船》，第110－111页。

⑥ 参见徐吉军《论南宋临安的造船业》，《中国古都研究》第四辑，浙江人民出版社1989年版。

第二节　临安造船业的经营方式和技术创新

一、造船业的经营方式

临安造船业的经营方式，是官民并举，而以官府为重。在中央一级，船政归属于工部的业务范围，具体是由工部下属的水部负责管理。

根据《宋史》所载，水部设郎中、员外郎各一员，其职责是“掌沟洫、津梁、舟楫、漕运之事”。①

临安的官营船场有数处，一设在东青门外北，里面藏教练忠节水军船只。② 一设在荐桥门外。③ 一设在海盐澉浦。据常棠《海盐澉水志》卷二《山门》载：“长墙山在镇东三里，高八十丈，周围十九里。山之阿有黄道祠，山之下有造船场。”

西湖边也设有船场，恐也属官府所有。刘辰翁《江城子·西湖感怀》词有“涌金门外上船场”之句。④

此外，临安府还设有修船场。海阳陈坦之，有女五人，其中次女便嫁给修职郎、新监临安府排岸兼修船场公事梁均余。⑤

官营船场的劳动者，主要是厢军士卒和民间的和雇船匠。特别是后者，在临安较为普遍。如庆元二年(1196)三月二十五日，两浙漕臣王溉言：

> 临安之浙江、龙山，绍兴之西兴、渔浦四渡舟船，仿镇江都统制司所造扬子江见用渡船样打造以便往来，仍乞下镇江都统制司时暂差借高手工匠二十人应副差使，所有材料、工食、往来之费乞于本司桩管钱内

---

① 《宋史》卷一六三《职官志三·工部》，第3863页。

② 《咸淳临安志》卷五五《官寺四·场·船场》，载《宋元方志丛刊》，第3842－3843页。

③ 《梦粱录》卷一〇《本州仓场库务》中除载有设在东青门外北的船场外，还载有此船场。

④ 刘辰翁：《须溪集》卷八，文渊阁《四库全书》本。

⑤ 刘克庄：《后村集》卷三七《孺人郑氏墓志铭》。

支拨。

得到了皇帝的允准。[①] 从这条史料中我们也可以看出，官府对于这些造船技术高明的“高手工匠”，往往是高薪招募，聘请他们担负造船的技术工种。毫无疑义，这是商品经济发达的一种反映。

造船所需的费用，除中央下拨一部分外，大多由它们自筹解决。如乾道八年(1172)四月十三日，两浙路计度转运副使沈度、胡坚常言：“浙西逐州年额合发上供苗米及和籴米料，窃闻近州多乘急下诸邑，名则和雇，科扰不一，相度欲下浙西逐州各措置造三百五十料舟船，专一应副相兼船运米料。”但孝宗却诏令两浙转运司自造三十只，“不得科扰”地方。[②] 于是，官营船场的主管机构如转运司、临安府等只有自筹经费了。抽取竹木实物税，便是它们自筹经费的一个重要来源。如建炎三年(1129)八月四日工部言：“勘会发运副使叶焕札子，欲将两浙路州军抽税竹木依嘉祐敕以十分为率，三分应副发运司修整纲船。”从之。[③] 绍兴元年(1131)六月二十六日，发运副使宋辉言：“阙少纲船漕运，乞将两浙州府抽税竹木通拨五分付本司打造铁头船，般运行在军储。”诏依内临安府抽税竹木，以十分为率，转运司并本司各四分，将二分应副发运司。[④]

二、造船业的技术创新

临安造船业的技术创新，首要表现在远洋海船上配备了当时最先进的用于航海导向的罗盘指南针。

早在两千年前，中国人就已经研制出一种实用的原始罗盘，这就是古代文献中所指的“司南”。但在宋代以前，船工们并没有使用这种先进的设备。他们在茫茫大海中只能依靠长期积累的航海经验辨别航向，“昼则观日，夜则观星”，但在大雾或阴雨天，由于看不到太阳和星星，船只就很容易迷失方

---

① 《宋会要辑稿》食货五〇之三二。

② 《宋会要辑稿》食货五〇之二五。

③ 《宋会要辑稿》食货五〇之一一。

④ 《宋会要辑稿》食货五〇之一一、一二。

向，危及船只及船工的安全。这种现象直到北宋前期时，才得到了根本性的改变，当时的“司南”为方士们寻找风水佳地的必备工具。北宋中叶科学家沈括在《梦溪笔谈》中指出：“方士们用磁石摩擦针尖，使其指向南方。”书中，他还介绍了当时指南针的四种装法，即“水浮法”、“碗唇旋定法”、“指甲旋定法”和“丝悬法”。① 稍后的寇宗奭则更是完善了水浮法，即将指南针穿在灯草心中，再浮于水面。② 这种“浮针”再装在刻有二十四个方向的罗盘上，就成了世界上最早的“水罗盘”。大约到北宋中晚期，中国航海家开始把这种当时世界上最先进的科研产品——水罗盘装备到远洋船只上，用于远洋航行。这是中国和世界航海史上具有划时代意义的重大技术突破。世界著名的中国科技史家李约瑟指出：指南针在航海中的应用，是“航海技艺方面的巨大改革”，它把“原始航海时代推到终点”，“预示计量航海时代的来临”③。成书于北宋末年的朱彧《萍洲可谈》和徐兢《宣和奉使高丽图经》两书就对此作了记载。

朱彧《萍洲可谈》卷二在述及当时广州航海业的盛况时说：“舟师识地理，夜则观星，昼则观日，阴晦观指南针……便知所至。”这是中外科技史上公认的世界上关于航海罗盘的最早记载。稍后的徐兢《宣和奉使高丽图经》一书也再次证实了航海罗盘的运用：

> 舟行过蓬莱山之后……是夜，洋中不可住维，视星斗前迈。若晦冥，则用指南浮针，以揆南北。④

但指南针在航海中大展身手，却是从南宋开始的。这一时期的指南针，已从过去简单的单针进一步发展成为比较复杂的罗盘针。如南宋福建崇安人陈元靓在《事林广记》后集卷一一《器用类》中就介绍了一种当时流行的指南龟装置新法，即将一块天然磁石安装在木刻的指南龟腹内，在木龟腹下挖

---

① 沈括：《梦溪笔谈》卷二四《杂志一》，文物出版社 1975 年影印元刻本，第 15 页。

② 寇宗奭：《本草衍义》卷五《磁石》，商务印书馆 1957 年重印本。

③ 参见《李约瑟文集》第二〇篇《中国对航海罗盘研制的贡献》等，辽宁科教出版社 1986 年版。

④ 《宣和奉使高丽图经》卷三四《半洋焦》，第 120 页。

一光滑的小穴，对准了放在顶端尖滑的竹钉子上，使支点处摩擦阻力很小，木龟便可自由转动以指南。这就是后来出现的旱罗盘的先声①。曾二聘所著的《因话录》也称子午针为地螺（罗）。赵汝适《诸蕃志》卷下《海南》载："舟舶来往，惟从指南针为则，昼夜守视惟谨，毫厘之差，生死系矣。"毫无疑义，这里所说的用来定向导航的"指南针"就是航海罗盘，如果没有航海罗盘上的指向分度，便无法做到"守视惟谨，毫厘不差"。此后，成书于咸淳年间的《梦粱录》卷一二《江海船舰》也载："风雨晦冥时，惟凭针盘而行，乃火长掌之，毫厘不敢差误，盖一舟人命所系也……海洋近山礁则水浅，撞礁必坏船。全凭南针，或有少差，即葬鱼腹。"可见，指南针在航海中具有十分重要的作用。

① 参见杜石然等《中国科技史稿》下册，科学出版社 1982 年版，第 11 页。

第七章 其他手工业

第一节 文化用品制造业

南宋临安是全国的政治和文化中心,故此纸、笔、墨等文化用品制造业极其发达。

一、造纸业

杭州的造纸业,早在北宋时就已经达到一定规模。① 到南宋,临安的造纸业更是盛极一时,出现了“打纸作”这一行业。都城内外及郊县设有多处造纸基地。孝宗乾道四年(1168),朝廷认为从四川成都运输楮纸费用高昂,开始在行在临安“赤山湖滨”设立官营的造纸作坊(即“造会纸局”),“诏杭州置局于九曲池”,“安溪亦有局,仍委都司官属提领”。“工徒无定额,今在者一千二百人,咸淳五年(1269)之二月有旨住役”。② 这个专门生产用于印制纸币纸张的“造会纸局”的兴建,极大地推动了临安造纸业的发展。

---

① 据《元丰九域志》卷五载,杭州贡藤纸一千张;熙宁七年(1074)六月乙酉,杭州贡纸五万张(《续资治通鉴长编》卷二五四)。

② 《梦粱录》卷九《监当诸局》,第 80 页;《咸淳临安志》卷九《造会纸局》,载《宋元方志丛刊》,第 3438 - 3439 页。

(一)临安纸的品种

南宋临安的蠲纸,钱塘的油纸,余杭县由拳村的赤亭纸、谢公笺,富阳县的小井纸,都负有盛名,为时人所珍重。

1. 蠲纸

临安的蠲纸,在南宋人文献中多有记载,如赵与时《宾退录》对临安蠲纸的特点及其名称的由来作了比较详细的记载:"临安有鬻纸者,泽以浆粉之属,使之莹滑,谓之蠲纸。蠲犹洁也。《诗》:'吉蠲为饎。'《周礼》:'宫人除其不蠲。'名取诸此。又记五代《何泽传》载:'民苦于兵,往往因亲疾以割股,或既丧而庐墓,以规免州县赋役。户部岁给蠲符,不可胜数。而课州县出纸,号蠲纸。'蠲纸之名适同,非此之谓也。"①由此可以看出,蠲纸具有洁白如莹、光滑如霜的特点。

蠲纸由于质量好,便于书写,因此得到了朝野上下的喜爱。孝宗便非常喜欢这种纸,据周必大《玉堂杂记》记载,"御前设小案,用牙尺压蠲纸一幅,傍有漆匣小歙砚,寘笔墨于玉格"。② 上有所好,下有所趋。文人士大夫也是竞相用之。周密《癸辛杂识》前集《简椠》中就对此有记载:

> 简椠,古无有也。陆务观谓始于王荆公,其后盛行。淳熙末,始用竹纸,高数寸,阔尺余者,简版几废。自丞相史弥远当国,台谏皆其私人,每有所劾荐,必先呈副,封以越簿纸书,用简版缴达,合则缄还,否则别以纸言某人有雅故,朝廷正赖其用。于是,旋易之以应课,习以为常。端平之初,犹循故态。陈和仲因对首言之,有云:"稿会稽之竹,囊括苍之简。"正谓此也。又其后括苍为轩样纸,小而多,其层数至十余迭者,凡所言要切则用之,贵其卷还,以泯其迹。然既入贵人达官家,则竟留不遣,或别以他椠答之。往者御批至政府从官皆用蠲纸,自理宗朝亦用黄封简版,或以象牙为之,而近臣密奏亦或用之,谓之御椠,盖亦古所无也。

钱塘名士张九成还以家乡所产的纸送给朋友写字所用,他在给友人的

① 赵与时:《宾退录》卷二,上海古籍出版社1983年版,第24页。

② 周必大:《文忠集》卷一七五。

信中说道:“令似学士,学问日新,恨未得一见。想见神骨清峻,双瞳照人,庚甲乃与贱命同,老汉抑何幸耶!蠲纸二百,聊作挥洒供。”①

2. 油纸

钱塘的油纸,牢度较高,且可以防雨,故在当时往往用作窗纸。范成大曾有诗述及油纸的使用:

万壑无声海不波,一窗油纸暮春和。
醉眠陡觉氍毹赘,围坐翻嫌榾柮多。
水暖玉池添漱咽,花生银海费揩摩。
端如拥褐茅檐下,只欠乌乌击缶歌。②

当时临安城中从事油纸制作的人较多,成为都城众多的行业之一。《武林旧事》卷六《小经纪》中所列的“他处所无有”的行业中便有油纸制作一行。

3. 赤亭纸

赤亭纸产于富阳赤亭山。赤亭山,又名赤松子山、鸡笼山,在富阳县县东九里,高一百五十丈,周围四十里一百步。相传赤松子驾鹤时憩此,因而得名。其形孤圆,望之如华盖,故又名华盖山。③

4. 由拳纸

由拳纸,出自余杭县由拳村。这是一种藤纸,早在北宋时就已经名闻一时。蔡襄说:“今世纸多出南方,如乌田、古田、由拳、温州、惠州皆知名。”④李之仪还在杂书中对这种纸作了比较详细的描述:

由拳纸工所用法,乃澄心之绪余也。但其料或杂,而吴人多参以竹筋,故色下而韵微劣。其如莹滑受墨,耐舒卷适人意处非一种。今夏未涉秋,多暴雨,潮水大,圩田之水不能泄,吾之野舍,浸及外限,户内著屐乃可行。会庄夫以收成告,既来,复值雨,寸步不能施,终日临几案,忽

---

① 张九成:《横浦集》卷一八,文渊阁《四库全书》本。

② 范成大:《范石湖集·诗集》卷二一《大厅后堂南窗负暄》,上海古籍出版社2006年版,第306页。

③ 《咸淳临安志》卷二七《山川六·富阳县》,载《宋元方志丛刊》,第3614页。

④ 《蔡忠惠集》卷三四《文房四说》,载《蔡襄集》,第628页。

忽无况。云破山出，时时若相慰藉者，邂逅邻人，出此纸见邀作字，既与素意相投，凡数十番，不觉写遍，安得能文词者，相与周旋，既为之太息，而又字画不工，似是此纸厄会所招也。①

据此可知，由拳纸的制作受到澄心堂纸的影响，因其原料不纯，质量要比澄心堂纸差一点。但在当时因其具有莹滑、受墨、耐舒卷等优点，仍得到人们的喜爱。

南宋时，由拳纸的生产技术和质量均比过去有了进一步的提高。李祖尧注孙觌《与临安王宰》书中曰："由拳聚落名也，在临安县治之西数十里。村氓往往业纸以自给，其质匀细而重厚，为江浙冠，目曰由拳纸也。"②陆游也认为由拳纸的质量仅在温州蠲纸之下。③ 宋释文珦更有"丑梨生樗李，佳纸出由拳"的诗句。④ 因为质量好，故由拳纸被中央政府用作法令用纸。如南宋赵升《朝野类要》卷四《省札》载："自尚书省施行事，以由拳山所造纸书押给，降下百司监司州军去处是也。"

由拳纸至明代犹在生产，但其质量已经远不如前。奉国将军多炡《送沈子健之余杭簿》诗曰：

苕水分西浙，余杭更向西。
邮餐供海错，县鼓候朝鸡。
风壤吴趋接，征徭苗簇齐。
由拳纸价贱，乡信日堪题。⑤

5. 小井纸

小井纸又名井纸，出自富阳县。⑥

---

① 李之仪：《姑溪居士文集》卷一七《庄居阻雨，邻人以纸求书，因而信笔》，第2册，中华书局1985年影印《丛书集成初编》本，第131－132页。
② 孙觌：《内简尺牍》卷九，文渊阁《四库全书》本。
③ 程棨：《三柳轩杂识·蠲纸》曰："温州作蠲纸，洁白坚滑，大略类高丽纸。东南出纸处最多，此当为第一焉。由拳皆出其下。"载陶宗仪《说郛》卷二四下，文渊阁《四库全书》本。
④ 释文珦：《潜山集》卷一二《闲居多暇追叙旧游成一百十韵》，文渊阁《四库全书》本。
⑤ 《御选明诗》卷二，文渊阁《四库全书》本。
⑥ 《梦粱录》卷一八《物产·货之品》，第163页。

上述的小井纸、赤亭纸、油拳纸等均为藤纸。藤纸以藤条为原料，用其皮，故又名皮纸。它是南宋时期两浙地区的著名纸品，大量生产。这种纸张特别坚韧，耐磨性好，当时多用作官令纸。现代著名造纸史专家潘吉星指出："在宋元造纸领域内占有统治地位的纸种，是竹纸和皮纸。在宋元书画、刻本和公私文书、契约中，有许多是用皮纸。其产量之大，质量之高，大大超越了隋唐五代。"①这一观点是符合历史实际的论断。

需要补充的是，竹纸、皮纸的盛行是在南宋。竹纸前已述及，这里来看皮纸。皮纸是以藤皮为原料，主要产于两浙地区，有越藤、剡垂等品种，其中以余杭油拳村出产的"油拳藤纸"最为著名。所以，当地"多造纸袄为衣"②。

（二）纸在临安的使用及其产品

在宋代，纸张已经在社会上得到广泛的使用。官方是纸张消费的大客户，宫廷和中央及各地方机构需要数量浩大的纸张用于公文，印制书籍、邸报及纸币、度牒、盐钞、茶引等有价证券，甚至还用来制造军器。而在民间，纸张更是得到了广泛的使用，进入千家万户，消费量十分可观。临安城中开设有众多的纸铺，如市西坊南和剂惠民药局前的"舒家纸扎铺"、"狮子巷口徐家纸扎铺"，李博士桥的"汪家金纸铺"，以及"鬫镊纸"行、"造翠纸"行、"乾红纸"行等。③ 人们除了用于书写作画等文化生活方面外，还大量用其来印刷书籍、制作扇面、纸马、年画、门神、纸钱（即冥钱）、五色瘟纸、广告等，还往往有用其来包裹商品（食品、药品、首饰等），制成纸衣、纸冠、纸帐、纸被、纸伞、纸扇、纸屏风、纸灯、纸鸢等各种日常物品，甚至还有上厕所专用的纸张。下面择要介绍当时临安流行的一些纸产品。

1. 纸衣

以纸为衣，始于唐代。大历二年（767），"及智光死，忠臣进兵入华州大掠，自赤水至潼关二百里间，畜产财物殆尽，官吏至有著纸衣或数日不食

① 潘吉星：《中国造纸技术史稿》第五章第一节，文物出版社1979年版。

② 王辟之：《渑水燕谈录》卷九《杂录》，中华书局1981年版，第117页。

③ 《梦粱录》卷一三《铺席》，第116－117页；《西湖老人繁胜录·诸行市》，载《南宋古迹考》（外四种），第115页。

者”。[①] 这当是中国古代文献中最早有关纸衣的记载。此后，周世宗柴荣鉴于唐代陵墓因藏有金银、玉器等珍宝而“无不发掘者”，故嘱咐亲人在经办他的丧事时“当衣以纸衣，敛以瓦棺”[②]。

杭州在五代吴越国和北宋时，也有人穿纸衣的现象。如程珌《临安府五丈观音胜相寺记》载：“予比年焚绮研，不复作羡语。今寿来千里门之不去者逾月，勉即其录而次第之。其录云：寺负钱塘龙山，唐开成四年建，曰隆兴千佛寺。后有西竺僧，曰智冰，炎一楮袍，人呼纸衣道者。”[③]叶绍翁《四朝闻见录》载：“观音高五丈，本日本国僧转智所雕，盖建隆元年秋也。转智不御烟火，止食芹蓼；不衣丝绵，尝服纸衣，号纸衣和尚。高宗偕宪圣尝幸观音所。宪圣归，即制金缕衣以赐之，及挂体，仅至其半。宪圣遂遣使相其体，再制衣以赐。”[④]

至南宋时，纸衣在社会上极其流行。据《武林旧事》卷六《游手》所载，当时临安城内的一些奸商为了牟取暴利，竟“卖买物货，以伪易真，至以纸为衣”，欺骗顾客。纸能代替绵布制成衣服，且能轻易蒙过顾客的眼睛，至少可以说明以下几个问题：一是纸的质量较好，与绵布不相上下，几乎可以以假乱真；二是具有较强的韧性和弹性，耐折叠、耐磨损；三是保暖性和透气性较好；四是价格便宜。

2. 纸帐

纸帐早在唐代便已流行，这种用藤皮茧纸制作而成的纸帐，具有厚实、保暖的特点，因此在临安颇为常见，这在当时诗人的作品中得到了充分的反映。如叶绍翁《纸帐》诗曰：

五色流苏不用垂，楮衾木枕更相宜。
高眠但许留禅客，低唱应难着侍儿。
白似雪窗微霁后，暖于酒力半醺时。

---

① 《旧唐书》卷一一四《周智光传》，中华书局1975年版，第3370页。
② 《资治通鉴》卷二九一，显德元年正月戊子，中华书局1956年版，第9500页。
③ 程珌：《洺水集》卷七，文渊阁《四库全书》本。
④ 叶绍翁：《四朝闻见录》甲集《五丈观音》，中华书局1989年版，第31－32页。

蒲团静学观身法，岁晚工夫要自知。①

陈起《纸帐送梅屋小诗戏之》：

十幅溪藤皱縠纹，梅花梦里闼氤氲。
裴航莫作瑶台想，约取希夷共白云。②

据这两首诗，我们还可知纸帐上还画有梅花等图案。

纸帐的制作方法，在明代屠隆的《考盘余事》中有载："用藤皮茧纸缠于上，以索缠紧，勒作皱纹，不用糊，以线折缝缝之，顶不用纸，以稀布为顶，取其透气，或画以梅花，或画以蝴蝶，自是分外清致。"

3. 纸被

纸被又称为楮衾、纸衾。在南宋比较常见，在市场上可以很方便地买到。如赵蕃说："初寒无衾，买纸被以纾急。"③当时许多文人有诗赞美这种物品。如陆游《谢朱元晦寄纸被》诗：

纸被围身度雪天，白于狐腋软于绵。
放翁用处君知否，绝胜蒲团夜坐禅。④

又，杜旃《纸被》诗：

疏布裹败绵，破碎错经纬。
严风过强弩，终夜缩如猬。
剡溪楮夫子，益友吾所畏。
策勋在覆冒，周密罕传汇。
隐然万里城，可却戎马气。
脉髓盎春温，浊酒有酡味。
直躬免拳局，夜气益洪毅。
吴宫凤花锦，伐命可歔欷。

---

① 《江湖小集》卷一〇。
② 《江湖小集》卷二八。
③ 赵蕃：《章泉稿》卷四，中华书局1985年影印《丛书集成初编》本，第80页。
④ 《剑南诗稿》卷三六，载《陆游集》，第937页。

物微用匪薄，道在穷不讳。

缊袍可终身，狐貉不足贵。①

而真德秀更撰有《楮衾铭》，对纸被流行原因及好处等作了详细的说明：

楮君之先，滕同厥宗，麻源湛卢，岂其分封。粤有智者，创之为纸，传圣贤心，衣被万世。巧者述之，制为斯衾，覆冒生人，厥功亦深。朔风怒号，大雪如席，昼且难胜，况于永夕。岂无纤纩，衣以厚缯，拥之高眠，可当严凝。井地不行，民俗所窭，终岁之廛，弗给布絮。一衾万钱，得之曷繇？不有此君，冻者成丘。我尝评君，盖具四德：盎兮春温，皓兮雪白，廉于自鬻，乐于燠贫。谁其似之？君子之仁，我方穷时，惟子与处。岂如弁髦，而忍弃汝？不歃而盟，偕之终身。且将传之，于万子孙。……②

从上述作品中可以看出，纸被由相当厚实的藤纸制成，里面藤纸的层数往往达数十层，甚至厚达一尺；其色彩为白色，故诗人有"宿云层"之语。且有暖和御寒、雪白如云、价廉物美、贫民乐用四大特点。

人们还以纸被作为馈赠品，如陈起《次黄伯厚惠纸衾韵》：

冷浸溪藤松下月，密缄远寄袁安雪。

忍蹴茸茸一径毡，依约江行晓时节。③

又，徐集孙《遗僧楮衾》诗：

练从秋水桂华乡，雅称分供衲子床。

一段温和云共软，十分明洁月争光。

吟魂有梦圆春草，禅骨无因怯晓霜。

金帐绣衾皆业境，此中清趣最深长。④

---

① 《江湖小集》卷一九。

② 真德秀：《西山文集》卷三三，文渊阁《四库全书》本。

③ 《江湖后集》卷二四。

④ 《江湖小集》卷一六。

或用来赒济贫穷的人，据《西湖老人繁胜录》载："雪夜，贵家遣心腹人，以银凿成一两半两，用纸裹，夜深拣贫家窗内或门缝内，送入济人。日间散絮胎或纸被，散饭贴子无数。""买纸被计口分给。"

4. 名刺

名刺又名拜帖，是一种拜客时用以通报来访者姓名的纸片。盛行于南宋，周密《癸辛杂识》载："节序交贺之礼，不能亲至者，每以束刺签名于上，使一仆遍投之，俗以为常。"①这种名刺作为当时上层官员士大夫在元旦等重大节日时用的礼仪用纸，自然需要精心制作，使用最贵最好的纸张，如梅花笺等。

名刺起源于汉代，当时"未有纸，书姓名于刺，削竹木为之，后以名纸代刺也"。② 至南宋"绍兴初，士大夫犹有以手状通名，止用小竹纸亲书，往还多以书简，莫非亲笔。小官于上位亦然。自行札子，礼虽至矣，情则反疏"③。这种社会风气逐渐弥漫开来后，于是纸名刺成为纸张的一个新用途，名刺不再用毛笔书写，而是精心印刷而成。但时人多有非议，如周辉认为，印制的名帖虽然便于投送，但跟亲笔书写名帖相比，显得有点敷衍的感觉，礼节虽到，情义反而有点疏远了。

5. 庚帖

庚帖是一种男女订婚时所用的帖子。据《梦粱录》载，临安人婚嫁，订婚时男女双方交换"庚帖"，用泥金银绘龙凤图案。男家定亲，"用销金色纸四幅为三启，一礼物状共两封，名为双缄，仍以红绿销金书袋盛之"。④ 这里说的"销金色纸"是一种用金银粉印制而成的粉笺，或名彩笺或金花笺。

金花笺在唐代已经出现，宋代得到进一步的发展。沈从文先生曾对此种纸作过比较深入的研究，并介绍了金花笺的加工处理方法："一，小片密集纸面如雨雪，通称'销金'、'屑金'或'雨金'，即普通洒金。二，大片分布纸

---

① 《癸辛杂识》前集《送刺》，第 35 页。

② 冯鉴：《续事始》，《说郛》卷一〇，文渊阁《四库全书》本。

③ 《清波杂志》卷一一《书札过情》，第 479 页。

④ 《梦粱录》卷二〇《婚嫁》，第 186 – 187 页。

面如雪片，则称‘大片金’，又通称‘片金’，一般也称‘洒金’。三，全部用金的，即称‘冷金’。冷金中又分为有纹、无纹二种。纹有布纹、罗纹的区别。”①

6. 墙纸

《西湖老人繁胜录·诸行市》中所载的“粘顶胶纸”，是当时比较流行的一种墙纸。

7. 香纸

香纸是指人们在烧香时使用的一种纸，消费量巨大。如《西湖老人繁胜录·天竺光明会》载：“递年浙江诸富家舍钱作会，烧大烛数条如柱，大小烛一二千条，香纸不计数目。”又述及“上真生辰”时，曰：“殿前司在京十军各有社火，上庙酌献烧香，诸处有庙。唯殿前司衙内与游奕军庙，烧香者人多士庶，烧香纸不绝。”六月初六日，“内庭差天使降香设醮，贵戚士庶，多有献香化纸”。②

8. 纸灯

纸灯是一种用纸制成的灯笼，一般只在元宵节上使用，属一次性产品。临安每年因制作纸灯的用纸量极大。据《西湖老人繁胜录》载：“预赏元宵，诸色舞者，多是女童。先舞于街市，中瓦南北茶坊内挂诸般琉栅子灯、诸般巧作灯、福州灯、平江玉棚灯、珠子灯、罗帛万眼灯，沙河塘里最胜。街市扑卖，尤多纸灯，不计数目。”

9. 纸画

纸画是一种印刷品，犹如今日的年画，上画门神、桃符、迎春牌儿以及钟馗、财马、回头马等。纸马铺往往以经营纸画为大宗生意。如《梦粱录》卷五《明禋年预教习车象》载：“市井扑卖土木粉捏妆彩小象儿，并纸画者，外郡人市去，为土宜遗送。”又，《梦粱录》卷六《十二月》载：“岁旦在迩，席铺百货，画门神桃符，迎春牌儿，纸马铺印钟馗，财马、回头马等，馈与主顾。”由于市

① 沈从文：《金花纸》，《文物》1959 年第 2 期。

② 《梦粱录》卷四《六月（崔真君诞辰附）》，第 24 页。

场所需甚大,故临安专门形成了"纸画儿"一行。①

二、制笔业

杭州的制笔业在北宋时就著名于时,据文献记载,宋神宗、哲宗年间,大文豪苏轼非常推崇钱塘程奕所制的笔,认为"北方无此笔"。他离开杭州时,"当致数百枚而去"。② 到南宋,制笔业更是得到突飞猛进的发展,出现了一批优秀的笔工,屠希就是其中的杰出代表。

屠希,生活于南宋初年,陆游《书屠觉笔》一文对此作了详细的记载:

> 建炎、绍兴之间,有笔工屠希者,暴得名。是时大驾在宋,都在广陵,又南渡幸会稽、钱塘。希尝从驾。自天子、公卿、朝士,四方士大夫,皆贵希笔,一筒至千钱,下此不可得……有吴先生师中,字茂先,得其笔,以一与先少师。希之技诚绝人,入手即熟,作万字不少败,莫能及者。后七十余年,予得其孙屠觉笔,财价百钱,入手亦熟可喜,然不二百字,败矣。或谓觉利于易败而速售,是不然。价既日削矣,易败则人竟趋它工。觉固不为书者计,独不自为计乎?乃书希事,庶觉或见之。③

并作《屠希笔》一诗:

> 屠希一笔价必千,绍兴初载海内传。
> 高皇爱赏登玉几,求书早暮常差肩。
> 一朝希死子孙弱,岁久仅可售百钱。
> 宣城晋陵竞声价,外虽甚饰中枵然。
> 呜呼世事每如此,使我太息中夕起。④

侍读晁说之也作《赠笔处士屠希》诗称誉之:

① 《武林旧事》卷六《小经纪》,第 102 页。
② 苏轼:《东坡志林》卷八,文渊阁《四库全书》本。
③ 《渭南文集》卷二五,载《陆游集》第 5 册,第 2220 页。
④ 《剑南诗稿》卷七三,载《陆游集》第 4 册,第 1729 页。

屠希祖是屠牛坦，今日却屠秋兔毫。
自识有心三副健，可怜无补一生劳。①

除屠希笔外，临安八字桥张文贵家所制的画笔也知名于时。据《小山画谱》卷下《画笔》载：“画笔，惟杭州八字桥张文贵（其孙号思溪）家所制为得法，点花用白描，行干用狼毫，钩筋用小狼，毫叶用小着色翎毛，蜂蝶用须眉，山石用蟹爪，点花心用白描秃笔，天水、烟云、地坡、石岸用排笔，判笔用过即洗，净置笔筒内。粉笔、胭脂笔各不相假，余或通用。”又，明高濂《遵生八笺》曰：“杭笔不如湖笔得法，湖笔又以张天锡为最，惜乎近无传其妙者。然画笔向以杭之张文贵首称，而张亦不妄传人。今则分而为三，美恶无准，世业不修，似亦可惜。”②

三、制墨业

南宋临安的制墨业较为兴盛，出现了一批优秀的墨工，其中著名的有戴彦衡、赵令衿、叶世英、叶邦宪、刘士先等。

戴彦衡，新安人，生活于绍兴年间（1131－1162）。据陆游《老学庵笔记》卷五载：“绍兴间，复古殿供御墨，盖新安墨工戴彦衡所造。自禁中降出双角龙文，或云米友仁侍郎所画也。中官欲于苑中作墨灶，取西湖九里松作煤。彦衡力持不可，曰：‘松当用黄山所产，此平地松岂可用！’人重其有守。”后人有诗赞曰：

松烟制罢制桐烟，墨客挥犀证果禅。
道士龙宾香人谱，宫人螺子靓疑仙。
泥金字细供宸翰，紫玉光新灿御筵。
曾记琅嬛珍重制，玉皇案近五云边。③

赵令衿，字表之，号超然居士，为宋太祖五世孙。靖康初，论事被谪。高

① 《宋诗纪事》卷二八，第706页。
② 《遵生八笺·燕闲清赏笺中·论笔》，第602页。
③ 陆友《墨史》卷下《宋》对其生平事迹也有比较详细的记载。

宗召见令衿，奏乞留。曾知泉州。张浚召赵鼎，以言不合罢官，寓居三衢。后袭封安定郡王。赵令衿居衢州期间，因观桧家庙记，口诵“君子之泽，五世而斩”之句。通判汪召锡、教授莫汲于坐闲闻之，因告令衿谤讪，权相秦桧闻后大怒。不久，高宗下诏谪令衿于汀州，且下狱死。① 据元陆友《墨史》卷下记载，他善制墨。子子觉，孙伯鹿皆传其胶法。铭曰“超然清芬如在”。“子觉字彦先，幼俊敏有文，世授墨法，手自制铭曰‘雪斋’，为世所贵。得之者，价比金玉。彦先有子十四人，仕皆通显，惟伯鹿传其胶法最精，铭曰‘超然清芬如在’。超然，表之自称也。世言李氏对胶之妙，彦先以为非特坚钝难磨，且终不能黑。其法用煤六分、胶四分，始为中度，但取烟贵轻，杵和贵匀熟耳。煎胶以麋鹿角为上，驴胶次之，阿井胶又次之。至其要诀，又非人所能知也。”②

叶世英，闽（今福建）人。为御前墨工，专门为德寿宫造墨。周必大《玉堂杂记》卷中曾述及叶世英墨：

> （淳熙丁酉）十一月壬寅，轮当内直。申时二刻，宣召至清华阁。上曰：“学士宴见无时，最为亲近朕和史浩。诗待录示，卿可和以进，此学士职也。”又云：“卿想不甚饮，比赐宴时，见卿面赤却至诚不辞。”既退，中使李肃传旨，赐诗本，并戊戌小春茶二十铸、叶世英墨五团，以代赐酒。世英，御前墨工也。……

叶邦宪、徐知常两人的籍贯不详，据陶宗仪《辍耕录》卷二九记载，两人专门造复古殿墨，可知他们两人也是御前墨工。

刘士先，庐陵（今属江西）人。为御前墨工之一，专门为缉熙殿造墨。据周密《云烟过眼录》载：刘士先一笏题云：“缉熙殿乙未星砂，胡光烈黑犀一笏。”③其墨深受文人士大夫的喜爱，即使在后世也是如此。如明赵琦美《赵氏铁网珊瑚》卷一四《黄大痴画》载：“大痴道人有山癖，写似刘阮入画屏。鼎

---

① 凌迪知：《万姓统谱》卷八三，文渊阁《四库全书》本。

② 《墨史》卷下《宋》，载《生活与博物丛书》下册，上海古籍出版社 1993 年版，第 188 页。

③ 陈元龙：《格致镜原》卷三七《文具类一》，文渊阁《四库全书》本。

湖龙去芝房紫，巫峡猿啼枫树青。猩猩过桥时脱屐，燕燕落纸曾污经。海上呼龙须有约，镆邪篴子许君听。辛丑冬十一月廿有二日，铁笛道人在吴氏桂隐堂，试刘士先经贡墨书，大痴笔力破沧溟，为写巫阳十二屏。”人们还将刘士先所制的墨作为珍贵的礼品馈赠给友朋，元袁桷曾以刘士先子墨赠薛玄卿，并有诗曰：

虚堂集万灶，高下旭流萤。
寒膏玉虫缀，幽光耿晶荧。
巡行蚁旋磨，龟手日不停。
范围金屑精，胶辖桂杵灵。
刘氏祖子孙，妙诀通玄冥。
沉沉缉熙殿，函封英露零。
龙笺掣鲸海，黯淡松花馨。
往事归逝水，残璧传千龄。
云馆道气寂，守黑深仪刑。
散发结琼章，研摩固幽扃。
持此以远慰，点翰补黄庭。①

李世英，也是临安知名的墨工。据元陆友《墨史》卷下载：“绍兴中，在吴秦王益府治墨。一日，王为世英进墨入内，率一圭重十两。高宗见其墨挺厚大难执，遂不御而还之。其铭为丛桂堂。李世英造者特佳。子克恭。”②

华邦宪，临安知名的墨工之一。据元陆友《墨史》卷下载：“华邦宪，孝宗朝供御造墨。其一面曰：‘选德殿制，淳熙癸卯臣华邦宪造。’幕有特龙如画。”其墨深受当时书画家的喜爱，非常珍贵。如元倪瓒《清闷阁全集》卷九《题画》载：

夏圭所作《千岩竞秀图》，岩岫萦回，层见迭出，林木楼观深邃清远，亦非庸工俗吏所能造也。盖李唐者，其源亦出于荆范之间。夏圭、马远

① 袁桷：《清容居士集》卷四《以刘士先子墨赠薛玄卿》，文渊阁《四库全书》本。
② 其事又见叶绍翁《四朝闻见录》乙集《技术不遇》，第84页。

辈又法李唐，故其形模若此，便如马和之人物犬马，未尝不知祖吴生而师龙眠耳。钱塘詹仲华以端石一、华邦宪墨半丸、古玉璏一易此卷。至正四年十二月廿四日倪瓒记。

第二节 日常生活用品制造业

一、制扇业

杭州的制扇业，早在北宋时就已经形成。这有史料为证：

先生（苏轼——著者按）临钱塘日，有陈诉负绫绢钱二万不偿者。公呼至询之，云："某家以制扇为业，适父死，而又自今春已来连雨天寒，所制不售，非故负之也。"公熟视久之，曰："姑取汝所制扇来，吾当为汝发市也。"须臾扇至，公取白团夹绢二十扇，就判笔作行书草圣及枯木竹石，顷刻而尽，即以付之，曰："出外速偿所负也。"其人抱扇泣谢而出，始逾府门，而好事者争以千钱取一扇，所持立尽。后至而不得者，至懊恨不胜而去。遂尽偿所逋。一郡称嗟，至有泣下者。①

至南宋，制扇业更加发达了。《梦粱录》卷一三《铺席》中载中瓦子前徐茂之家扇子铺、官巷内有周家折扇铺、陈家画团扇铺、炭桥河下青篦扇子铺，这些扇铺采用前店后作坊的形式从事经营活动。由于临安从事扇子的人较多，"京都有四百十四行"中，还出现了"纸扇行"和"修破扇"、"扇牌儿"的行业。② 而"扇子巷"地名的出现，更表明这里集中了众多的扇子制作作坊和扇子店铺。③

临安扇子的品种更是繁多，见于文献记载的，除了宫中"卤簿仪仗"和官

---

① 何薳：《春渚纪闻》卷六《东坡事实·写画白团扇》，中华书局1983年版，第93页。

② 《西湖老人繁胜录·诸行市》，载《南宋古迹考》（外四种），第115页。

③ 《梦粱录》卷七《禁城九厢坊巷》，第60页。

府仪式上使用的有大扇“黄罗御扇(简称御扇或黄罗扇)”、“方扇”、“龙凤掌扇”、“红绣日扇”、“朱圆扇”、“黄伞雉扇”、“青绢白扇”等外,还有日常使用的细画绢扇、细色纸扇、漏尘扇柄、异色影花扇、梅竹扇面儿、张人画山水扇等。① 在每年的端午节等重要节仪中,皇帝往往将御书葵榴画扇、金丝翠扇、翠花扇子、白玉香珀扇柄儿等物分赐给“诸阁分、宰执、亲王”。② 宫中举办关扑游戏时,所用的物品中有“画领花扇”。③ 而市井上还用“宜男扇儿”、“道扇儿”作关扑物品。④

二、金银器和铜器铸造

在金银器和铜器铸造方面,临安也非常发达。制作机构和场所,官府有文思院,其上界专“造金银珠玉”,“金银犀玉工巧之制,彩绘装钿之饰,若舆辇法物器具等皆隶焉”。⑤ 私营作坊更多,“京城内外有专以打造金箔及铺翠销金为业者不下数百家,列之市肆,藏之箧盝,通贩往来者往往至数千人”⑥。在此风气下,临安形成了专门的金银打作作坊。

金银器和铜器的制作技术已经达到了相当高的水平,特别是后苑修内司为宫中制作的金银器,十分精巧。例如《武林旧事》卷三《岁除》便载:

> 后苑修内司各进消夜果儿,以大合簇饤凡百余种,如蜜煎珍果,下至花饧、萁豆,以至玉杯宝器、珠翠花朵、犀象博戏之具,销金斗叶、诸色戏弄之物,无不备具,皆极小巧。又于其上作玉辂,高至三四尺,悉以金玉等为饰护,以贴金龙凤罗罩,以奇侈求胜。一合之费,不啻中人十家之产,止以资天颜一笑耳。

铜器制作同样如此,铸成各式各样的器具有铜锣、铃铎、铜壶、花器、烛

---

① 《梦粱录》卷一三《夜市》,第119页。
② 《梦粱录》卷三《五月(重午附)》,第21页;《武林旧事》卷三《端午》,第42页。
③ 《武林旧事》卷二《赏花》,第36页。
④ 《西湖老人繁胜录·关扑》,载《南宋古迹考》(外四种),第105页。
⑤ 《梦粱录》卷九《六院四辖》,第77页。
⑥ 《宋会要辑稿》刑法二之一三九。

台、马具、铜钟、铙钹等。如《宋史》载理宗淳祐八年(1248)时的临安:

> 京城之销金,衢信之鍮器,醴泉之乐具,皆出于钱。临川、隆兴、桂林之铜工,尤多于诸郡。姑以长沙一郡言之,乌山铜炉之所六十有四,麻潭、鹅羊山铜户数百余家,钱之不坏于器物者无几。今京邑鍮铜器用之类,鬻卖公行于都市。①

南宋临安代表铜器铸造水平的,当推浑天仪的制作。《建炎以来朝野杂记》甲集卷四《浑天仪》载:

> 浑天仪,古器也。旧京凡四座,每座约用铜二万斤。至道,仪在测验浑仪所。皇祐间,仪在翰林天文局。熙宁,仪在太史局天文院。元祐,仪在合台。绍兴三年,工部员外郎、晋陵袁正功献浑仪本样,命有司制之。太史局请折半制造,计用铜八千四百余斤。诏工部侍郎提举,后以巡幸不克成。时资州龙水县士人张大樴以木为盖,言可备军幕中候验。七年夏,席大光为制置大使,献诸朝。其后,上在宫中自作浑仪,然制差小。十四年四月,遂命有司制之,内侍邵谔领其事。久之乃成。三十二年,以授太史局焉。

当时的贵族之家,更是对铜器需求量大。如秦桧的儿子熺,"十九年间无一日不锻酒器"②。在这种氛围下,临安出现了姜娘子等名匠。王士祯《居易录》卷二四:"古来薄技,小器皆可成名。铸铜如王吉、姜娘子,琢琴如雷文、张越,磁器如哥窑、董窑,漆器如张成、杨茂、彭君宝。士大夫宝玩欣赏,与诗画并重。当时文人墨士、名公钜卿不知湮没多少,而诸匠之名顾得不朽,所谓'五谷不熟,不如稊稗'者也。"又,同书卷二五载:"过国子博士孔东塘(尚任),观宋方炉,款识云:'绍兴二年大宁厂臣苏汉臣监督、姜氏铸,至德坛用。'凡二十字,小篆。姜氏即姜娘子。"对于这两人的技艺高下,明曹昭《格古要论》卷上《新铜器》曾有评述:"宋句容县及台州铸者多是小雷纹花

---

① 《宋史》卷一八〇《钱币下二》,第 4399 页。

② 《老学庵笔记》卷三,第 32 页。

儿,元杭州姜娘子、平江王吉铸铜器皆得名,花纹粗,姜铸胜于王,俱不甚直钱。"清厉鹗有诗赞曰:

小雨春寒白昼长,杏花红遍锦胭廊。

熏炉巧样姜娘子,细炙龙涎几品香。①

现北京中国历史博物馆收藏有一只姜娘子所铸的铜方炉。

需要说明的是,统治者对铜器的制作有非常严格的限制。庆元二年(1196)八月二十七日,臣僚言:

钲销之禁,不可不严。且如辇毂之下,实为法令之始,孝宗皇帝固尝亲有训戒矣。今乃列肆负担,无非铜器,打铸棱作,公然为业。又如建康之句容,台州之城下,专以古器得名,今则绍兴、平江等处皆有之。江西之抚州专以七筋器皿得名,今则四明、隆兴、鄂州、静江等处皆有之。且今冶司岁铸生铜,所入盖自有限,其余皆是取给于淋铜、浸铜。夫毁一钱则有十余之获,小人嗜利十倍,何所顾藉?欲责之守令,凡臣庶家所有铜器及僧道供具,立以近限,赴官镌凿,不得续行置造。如有违犯,坐以违制之罪,不以荫论。官吏失觉察,罪亦如之。其皷铸打造炉户,仰所属州县括籍姓名,监令日下改业,犯者决配海外,永不放还。仍乞重立赏格,许人告捕。②

于是,宁宗诏令三省制订法律,并将具体措施呈报自己。次年正月,三省根据宁宗的诏令,详细制订了以下几项措施:

一、令诸路监司、守臣行下州县等结甲,立罪赏,粉壁晓谕。

一、令诸路监司、守官根刷私铸铜器之家,免罪改业,再犯立赏断配。

一、有于军寨、寺观、舟船内铸造,仰主兵官、巡尉严切缉捉。

一、官民户除日前现有腰带、鍒鏻及鞍辔、作子、照子外,应有铜器

---

① 《南宋杂事诗》卷六,第226页。

② 《宋会要辑稿》刑法二之一二七。

并有铜钉饰器具不许使用。

一、巡尉、都监捉获铤销铜钱到官，即与保奏推赏。

一、内外应奉官司等处，法物等应用铜铸钉饰，限一月申朝廷，仍旧使用。

一、僧道钟磬等并民间及船户日前置到铜锣，系防托使用者，仰寺观主首及民户各开具件数，经州府陈状镌凿，限一月申官。

一、铸造之家未卖器皿，委官置场，立限听人户投卖。

一、钟磬等、鞍辔、作子，令文思院铸造，听人户、僧道请买。

一、应造军器须用铜者，申所属支降。

一、民间照子，令湖州拘籍工匠在官铸造，从人户请买。

一、诸路监司、州军公然呼集工匠铸造，今后敢自违戾，外责监司互察，内委御史台弹奏。

一、自今降指挥之后，官员、士庶尚敢私下收买者，许人陈告。

一、今降指挥到日，仰诸路监司等镂板晓示。

一、有关防未尽事件，许所在官司限一月降[条]具申闻。

宁宗阅后，同意了这一方案，诏令刑部马上公布施行。①

私人铸造铜器的风气虽然压下去了，而一些官府机构却趁机大肆铸造铜器，以赢取暴利。开禧元年(1205)五月十八日，工部郎官吴铸言："昨者朝廷禁止私铸铜器，闾巷游手末作铸造卖鬻之风一旦浸息，而在京官司工役之处，或因制造军器及公廨用度之物，旁缘打造，巇行货鬻。窃恐人见辇毂之下尚敢如此，远州遐邑相率效尤，渐不可制，乞申严禁约。"于是，宁宗再次下令官府机构无计划铸造铜器赢利。②

三、髹漆业

临安的髹漆业也很发达。从文献记载来看，杭州的髹漆业在北宋时就

---

① 《宋会要辑稿》刑法二之一二七、一二八。

② 《宋会要辑稿》刑法二之一三五。

很知名。如宋张世南《游宦纪闻》卷九载道：

按坡诗，有以涵星砚赠范纯夫侍讲，风月石屏赠子功中书共二首。诗中模状，与此砚实合。以年谱考之，当在元祐八年癸酉。砚后归李才元家，其孙家于成都之成都县。史君以百五十缗购得之，外周以二髹匣。盖阴各有朱字纪岁月及土人姓名。外者，乙亥洋州造，大方志；内者，辛未杭州后洋沈上牢。坡仙元祐己巳，以龙图阁直学士、左朝奉郎知杭州，至辛未二月九日除翰林承旨。则内匣为坡仙在杭作无疑，距作诗为先三年耳。

文中所述的"杭州后洋沈上牢"，即是指杭州钱塘县后洋街的髹工沈上牢。

南宋时，临安的髹漆业更是较过去有了进一步的发展。《梦粱录》卷一三《铺席》中所载的漆器名店，就有里仁坊口的游家漆铺。《都城纪胜·铺席》则载有"温州漆器铺"。由于这一行业的兴盛，形成了"金漆卓凳行""掩漆子"的行业，[①]生产螺钿交椅、螺钿投鼓、螺钿鼓架、螺钿玩物、朱红圆兀子、朱红匣、金漆桃符板等"时样漆器"。[②] 建国后，考古工作者曾在杭州老和山宋墓中发掘出漆碗和漆盘，均为薄木胎，黑漆，碗口处有朱书铭文："壬午临安符家真实上牢。"这"符家"，便是临安的漆铺名家。[③]

需要说明的是，螺钿是从北宋时期从日本传入的。南宋初年，镇江、台州等地的地方官府曾以此物进呈朝廷，但高宗以此物太奢侈，统统加以焚毁。[④] 后来，随着统治者生活的腐化，螺钿开始在临安市场上出现，并成为宫廷手工业品中的佳品，以金银为质地。后来江西吉州等地也能制造这种高档的家具了。元陶宗仪《辍耕录》卷二三《书画褾轴》载："螺钿，宋高宗内府皆钿匣。"又，明方以智《通雅》卷三四《器用·杂用诸器》云："螺钿，宋多金

---

① 《西湖老人繁胜录·诸行市》，载《南宋古迹考》（外四种），第115页。

② 《西湖老人繁胜录·关扑》，载《南宋古迹考》（外四种），第105页。

③ 参见《文物参考资料》1957年第7期。

④ 《系年要录》卷一七一"绍兴二十有六年春正月丁未"条载："绍兴初，徐康国为浙漕，进台州螺钿椅桌。陛下即命焚之，至今四方叹诵圣德。上指御座曰：'如一椅子只黑漆便可用，何必螺钿。'"

银为素,近以锡木为胎,旧称蒋制倭漆。"

四、玉器制作业

临安的玉器制作业非常发达。宫中专门在后苑修内司内设有官营的玉器制作作坊,制作宫中所需的玉器。其制作极其精致,代表着当时玉器制作的最高水准。以玉辂为例,据《梦粱录》载:

> 明禋止用玉辂,郊祀用五辂,俱顿于太庙侧辂屋下。玉辂。按《周礼·春官》:"巾车。掌王之玉辂,锡繁缨十有再就,建太常十有二斿以祀。"康成注曰:"玉辂,以玉饰诸末。"今玉辂顶耀叶三层,凡八十一叶,皆镂金间真玉龙,大莲叶攒簇,四柱栏槛,镂玉盘花龙凤,悬挂照山河社稷大镜,及悬缨旗佩。御座后真锦绣围之,后出青绣山河龙凤旗二面。有诗咏曰:
>
> 镂琼云朵贴瑶箱,珠网雕檀七宝床。
> 首建太常鸣大佩,玉龙耀叶发祥光。①

而民间更是形成了碾玉作,玉器作坊和店铺除出售玉器和玉料外,还往往采用来料加工的形式以赢利。此外,一些富贵之家中还专门设有玉器作坊,为他们专门定制喜爱的玉器。小说《碾玉观音》便对此有比较详细的记载:

> 郡王……去府库里寻出一块透明的羊脂美玉来,即时叫将门下碾玉待诏道:"这块玉堪做甚么?"内中一个道:"好做一副劝杯。"郡王道:"可惜!恁般一块玉,如何将来只做得一副劝杯?"又一个道:"这块玉上尖下圆,好做一个摩侯罗儿。"郡王道:"摩侯罗儿只是七月七日乞巧使得,寻常间又无用处。"数中一个后生,年纪二十五岁,姓崔名宁,趋事郡王数年,是昇州建康人,当时叉手向前,对着郡王道:"告恩主:这块玉上尖下圆,甚是不好,只好碾一个南海观音。"郡王道:"好!正合我意。"就

---

① 《梦粱录》卷五《五辂仪式》,第34页。

叫崔宁下手，不过两个月，碾成了这个玉观音。郡王即时写表上御前，龙颜大喜。

正因为临安碾玉业发达，因此市民佩带玉首饰也蔚成风气。如《宋史》卷六五《五行志三》载："咸淳五年，都人以碾玉为首饰，有诗云：'京师禁珠翠，天下尽琉璃。'"

另据姚宽《西溪丛语》卷上所载："临安府仁和县图经出櫜钥沙，在县东四里，海际之人采用皷铸铜锡之模。诸州皆来采，亦犹邢沙可以碾玉也。"

第三节　制盐业

杭州邻海，自古以来就出产食盐。汉置盐官，为吴王濞煮海为盐之地。这种现象至宋犹存，特别是宋室南渡后，统治者更是将盐业视为封建王朝赖以支持的一个重要基石。如淳祐元年（1241）有臣僚奏曰："南渡立国，专仰盐钞。绍兴、淳熙，率享其利。嘉定以来，二三十年之间，钞法或行或罢，而浮盐之说牢不可破，其害有不可胜言者。望付有司集议，孰为可行，孰为可罢。天地之藏与官民共之，岂不甚盛？"这一奏议得到了朝廷的允准。淳祐五年（1245），申严私贩苛征之禁。淳祐十二年（1252），"收趁到茶盐等钱一万一千八百一十五万六千八百三十三贯有奇，比今新额四千万贯增一倍以上，合视淳祐九年、十年、十一年例倍赏之，以励其后。有旨依所上推赏。四年五月，以行在务场比新额增九千一百七十三万五千九百一十二贯有奇，本务场并三省、户部、大府寺、交引库，凡通管三务场职事之人，视例推赏，后以为常"。[①] 宝祐元年（1253），都省言行在榷货务都茶场上本务场。

一、临安盐场的设置

杭州在北宋太平兴国四年（979），以旧临平监置官，总计有盐场八处，它

① 以上参见《宋史》卷一八二《食货志下四·盐中》，第4456－4457页。

们是上管、下管、蜀山、岩门、南路、袁花、黄湾、新兴八场。① 到南宋绍兴三十二年(1162)时,临安的盐场在过去八处的基础上增多至十处,②它们是:仁和买纳场、盐官买纳场、南路袁花黄湾新兴催煎场、茶槽催煎场、钱塘催煎场、新兴催煎场、蜀山催煎场、岩门催煎场、上管催煎场、下管催煎场。此后又有增置,新设了汤镇、许村两处,总为十二场。③ 又据《梦粱录》卷一〇《本州仓场库务》载:"新兴以下五场,西兴、钱清二场皆隶。"上述盐场的地理位置,南宋潜说友《咸淳临安志》有记载:

> 汤镇场,在汤镇。仁和场,在汤镇。许村场,在许村。盐官场,在盐官。南路场,在盐官。茶槽场,在仁和县界端平桥。钱塘场,在钱塘县界浮山。新兴场,在盐官。蜀山场,在许村。岩门场,在许村。上管场、下管场,并在盐官。新兴以下五场,监煎各一员,并摄官。外有西兴、钱清二场,系在绍兴府界。④

其中,仁和买纳场,蒋叔舆"历官自维扬户曹监仁和买纳场"。⑤ 谈钥也曾任此职,他在淳熙十六年(1189)撰的《催煎场题名记》中指出:"杭有场,临平有监。今之盐官县……买纳场,即临平监之旧。而蜀山诸场,即杭场之旧也。"继谈钥之后,任盐官县买纳场监官的王塀,在庆元三年(1197)撰的《买纳厅题名记》中作了更详细的说明:"盐官有监,辟自太平兴国,所以总纳诸场之盐课,如上管、下管、蜀山、岩门、南路、袁花、黄湾、新兴,皆隶此。其厅治,在县南一里许。考之《图经》,旧曰'临平监',而后改今名,总催煎场十,而今止存八。至其所以更废之故,则缺焉不书。岁合八场之额,以石计者,

---

① 嘉庆《两浙盐法志》卷二,文渊阁《四库全书》本。

② 《玉海》卷一八一《食货·盐铁·绍兴盐额》:"绍兴三十二年盐额:浙西路秀州有盐场十,平江四,临安十。浙东路绍兴府有场四,明州有场六,台州三,温州五。淮东路通州六,泰州十一,楚州三。广东路广州九,潮州三,惠州三,南恩州二。广西路廉州一,高州二,钦、雷各二,化州二。福建路福州有仓二,兴化有仓一。绍兴末年,东南岁产盐二万七千八百十六万斤,岁收钱二千一百万余缗。"(第3336页)

③ 《咸淳临安志》卷五五《官寺四·仓场库务等》,载《宋元方志丛刊》,第3842-3843页。

④ 《咸淳临安志》卷五五《官寺四·仓场库务等》,载《宋元方志丛刊》,第3842-3843页。

⑤ 吴泳:《鹤林集》卷三五《蒋知县墓志铭》。

凡十三万九千有奇。在临安四场中为最大，宜其体存事备。”①蜀山催煎场，据《咸淳临安志》卷二七《山川六》记载，蜀山在盐官县西南二十七里。这个盐场与盐官、上管、下管三个盐场，在嘉定十二年（1219）曾遭到毁灭性的破坏，据《宋史》记载，这一年“盐官县海失故道，潮汐冲平野三十余里，至是侵县治，庐州、港渎及上下管、黄湾冈等盐场皆圮；蜀山沦入海中，聚落、田畴失其半”。②

钱塘盐场和西兴盐场，原本是一个催煎场——钱塘西兴场，其亭户共同输盐于西兴买纳场。但钱塘、西兴盐场跨钱塘、萧山两县之地，中间隔着钱塘江，而买纳盐场则设在西兴，其西兴、钱塘煎盐去处并无官吏巡察，易以作弊。西兴有买纳官、催煎官各一员，而钱塘没有。这样易于产生许多弊病，不便于管理。乾道八年（1172）十一月一日，户部侍郎叶衡遂上言：乞将买纳官兼催煎官，以调拨一员充当钱塘之买纳官兼催煎官，以江为界，将盐场分作两场，只令钱塘亭户在本处纳盐。这一建议得到了皇帝的批准，诏将原分处临安府钱塘与绍兴府萧山西兴的一盐场，分为两盐场。③

关于上述诸盐场监官的设置状况，黄震在景定四年（1263）曾有述及：“浙西诸场，旧各置催煎官一员；县市，置买纳官、支盐官各一员。而提举司总其权。”④

二、临安海盐生产技术的进步

宋代的制盐技术，比往昔有了许多重要的发展，其中主要一项便是海盐生产技术的巨大进步。据郭正忠研究，宋代海盐生产技术的进步体现在以下几个方面：一是取卤技术与引潮工程；二是验卤和煮卤技术；三是晒盐。⑤

---

① 谈钥《催煎场题名记》、王墀《买纳厅题名记》两文，见《海宁县志》卷一三《艺文》。

② 《宋史》卷六一《五行志一上·水上》，第1337页。

③ 《宋会要辑稿》食货二七之四〇、四一。

④ 《黄氏日抄》卷七一《赴两浙盐事司禀议状》，文渊阁《四库全书》本。

⑤ 参见郭正忠《宋代盐业经济史》第一章《宋代食盐的生产技术》，人民出版社1990年版。以下相关部分大多参考此书，特此说明。

(一)取卤技术与引潮工程

取卤方法,在宋代有刮咸淋卤法(包括晒沙淋卤法)、晒灰取卤法、海潮积卤法三种。这三种方法,均在临安盐场中使用。其中,刮咸淋卤法在常棠的《澉水志》中曾有记述:“倚海筑场,刮壤聚土,暴曦钓咸,漏窍沥卤,三日功成。”①晒灰取卤法在临安盐场中也可见到。所谓“晒灰”,也叫“淋灰”,它包括开场、摊灰、灌灰、晒灰、淋灰等五道工序。赵彦卫《云麓漫钞》卷二曾简略记述了这种方法:“淮浙煎盐,布灰于地,引海水灌之,遇东南风,一宿盐上聚灰,曝干。凿地以水淋灰,谓之盐卤。”这一点从稍后出版的《熬波图》中得到了证实:“灰,乃(垯)内淋过卤水残灰,及柈内半灭不过、带性生灰……摊灰所晒咸灰,须日添生灰,刺合为母。当烧火时,扒出柈肚生灰半灭不过者,以水浇泼存性。”海潮积卤法同样存在于临安等地的盐场中,如北宋元丰初年卢秉提点刑狱会朝廷议盐法时就曾谓曰:

自钱塘县杨村场,上流接睦、歙等州,与越州钱清场等,水势稍淡,以六分为额;杨村下接仁和县汤村,为七分;盐官场,为八分。并海而东,为越州余姚县石堰场、明州慈溪县鸣鹤场,皆九分。至岱山、昌国,又东南为温州双穗、南天富、北天富场,十分。著为定数。盖自岱山及二大富,皆取海水炼盐,所谓熬波者也。自鸣鹤西南及汤村,则刮碱以淋卤,以分计之,十得六七而已。盐官、汤村用铁盘,故盐色青白,而盐官盐色或少黑,由晒灰故也。杨村及钱清场织竹为盘,涂以石灰,故色少黄。竹势不及铁则黄色为嫩,青白为上色,黑即多卤,或有泥石,不宜久停。石堰以东,虽用竹盘,而盐色尤白,以近海水咸故尔。后来法虽少变,公私所便,大抵不易卢法。且水性以润下为咸,其势不少折,则终不可成盐。安邑盐池,以浊河曲折,故因终南山南风以成。若明、越、温、杭、秀、泰、沧等州,为海水隈奥曲折,故可成盐。其数亦不等,惟隈奥多处则盐多,故二浙产盐尤盛他路。自温州界东南止闽、广,盐升五钱,比浙贱数倍。盖以东南最逼海,润下之势既如此,故可以为咸,不必

① 常棠:《澉水志》卷下《碑记门·鲍郎场政绩记》,载《宋元方志丛刊》,第4675页。

曲折也。①

郭正忠认为，方勺《泊宅编》卷三所说的“取海水炼盐”，“大抵也就是海潮积卤法”。

需要指出的是，临安一带的盐民，在南宋时已经常从事开港凿河、筑捺坝堰、疏浚潮沟等劳动。他们利用“月河”“候取远汛”，以及旱季“用水车逐级接高，车戽咸潮入港”之类的工作。“成云举万锸，落地连千锹，水性元润下，满沟来滔滔”、“滔滔车腹水逆行，辊辊车声雷大作。能消几部旱龙骨，翻得阳侯波欲涸”等诗②，正反映了他们向大海索取盐卤的斗争和气魄。

（二）验卤和煮卤技术

南宋临安的验卤方法，是用石莲试卤法，即将一定数量的石莲置于卤水中，观察它们的浮沉状态，以测定卤水的咸淡。这种方法早在北宋时就已经在杭州出现了，据江邻幾《嘉祐杂志》载：左丞吴春卿初任临安，召铺户诘验盐法，云煮盐用莲子为候。十莲者，为官盐。五莲以下卤水漓，为私盐。私盐色红，自烧稻灰染其色，以仿效官盐。于是，只能根据嗅觉来辨别官盐和私盐。到南宋时，这一技术更加成熟、更加先进了。元陈椿《熬波图》卷下便记载了南宋后期浙西一带比较先进的验卤技术：

> 管莲之法，采石莲，先于淤泥内浸过，用四等卤，分浸四处。最咸卤，浸一处（第一等）；三分卤浸一分水，浸一处（第二等）；一半水一半卤，浸一处（第三等）；一分卤浸二分水，浸一处（第四等）。后用一竹管，盛此四等所浸莲子四，放于竹管内。上用竹丝隔定，竹管口不令莲子漾出。以莲管汲卤试之，视四管莲子之浮沉，以别卤咸淡之等。

煮卤是制取海盐的最后一道工序，包括制作盐盆、砌灶装盘、贮运干柴、输卤入盘、起火煎炼、皂角结盐、收盐伏火等一系列的工作。从文献记载来看，南宋后期浙西一带盛行竹筒泻卤技术，如《熬波图》卷下载“上卤煎盐”曰：

---

① 方勺：《泊宅编》卷三，中华书局1983年版，第14页。

② 陈椿：《熬波图》卷上，文渊阁《四库全书》本。

> 柈面装泥已完,卤丁轮定柈(盘)次上卤,用上竹管相接于(卤)池边缸头内,将浣料舀卤,自竹管内流放上柈(盘)。卤池稍远者,愈添竹管引之。

另从《熬波图》卷下所载,南宋后期浙西一带还采用了"捞洒撩盐"和连续添卤技术。所谓"捞洒撩盐",就是将盘中将成的盐,不断"捞漉"到"撩床"、"竹篾"上,使之沥去卤水,成为干盐。所谓连续添卤技术,就是在"捞洒撩盐"的同时,不断地将生卤添入盘中,而不住火,这样,"昼夜出盐不息",比一昼夜一伏火"烧干出盐","倍省功力"!

(三)晒盐技术

据郭正忠考证,中国古代的海盐晒制技术,并非始见于明代,而是创行于宋末元初。当时的两浙和福建沿海地区,就出现了晒盐的事。大体上说,宋元之际的海盐晒制技术,主要有两道工序:一是制卤,二是晒盐。其制卤工序,一如煎煮前的取卤。其晒盐工序,包括砌筑石盘或沙埕、及引放卤水等。

三、临安盐事的管理

(一)管理机构和盐仓

为了加强盐事的管理,统治者在临安城艮山门外设立了盐事所、都盐仓两个机构。其中,盐事所职掌本地的盐政(如盐钞法、和买、盐课收入)及监察诸盐场、盐仓、都盐务公事,捕捉私盐等事。

都盐仓,是都城储藏食盐的仓库。南宋著名学者李丙曾以左修职郎监临安府都盐仓。李丙字仲南,著有《丁未录》二百卷。① 夏庭简也曾调临安府都盐仓任职,不久,他于嘉定十一年(1218)某月某日无疾卒,年四十六。夏庭简,字迪卿,世家台州黄岩,庆元五年(1199)登进士。②

天宗仓,据《咸淳临安志》卷五五记载,设在天宗门里场。

---

① 晁公武著、孙猛校证:《郡斋读书志校证》赵希弁《附志》,上海古籍出版社 1990 年版,第 1112 页。

② 《水心文集》卷二三《宣教郎夏公墓志铭》,载《叶适集》,第 442 页。

（二）盐事的管理

南宋统治者对临安盐事十分重视，曾多次下令，对都城的盐事进行管理。这主要体现在以下几个方面：

一是税收管理。绍兴元年（1131）四月二十九日，提举两浙路茶盐公事梁汝嘉上言云：原临安府盐官县等处所交纳二税，依条以盐折纳，今来罢支。而亭户僻在海隅，只以煎盐为业，不曾耕种田亩。请依皇祐专法，仍以盐折纳入官，候岁终粗计价钱拨还，乞申严行下。其建议得到了高宗的允准，诏依皇祐专法施行，恢复临安府盐官县以盐折纳二税做法。[①] 根据《咸淳临安志》卷五五和《嘉靖海宁县志》卷二的记载，临安府盐民赋税折盐的情况如下：

仁和县　盐折税钱　700贯342文；
盐折米钱　272贯600文；
盐官县　亭户盐折夏税钱　7462贯420文省。
除一半发赴转运司外，净纳本府4081贯79文。
夏税绢748.3492匹，夏税绸212.966匹，绵1456.17两。
亭户盐折米1364.8791石，计钱6820贯782文省。
除转运司催一半外，本府净催682.439石。每石折钱5贯，计3412贯198文。

二是对盐户和盐民的管理。南宋临安的盐场，推广使用熙宁年间两浙宪臣兼提举盐事司长官卢秉创行的亭户灶甲制，即：首先令各场盐官认真统计、核定该场制盐资料数量——"定盐灶、火灰、盘数"；然后，令亭户"自三灶至十灶为一甲"。如此这般，"煎盐地什伍其民，以相讥察"。[②] 到孝宗隆兴、乾道间（1163－1173），统治者更是在进一步加强了对亭户盘灶等的检查、组织和监督制度："据人丁、事力，品量"各家的生产能力；[③]"司火之起伏，稽灶

① 《宋会要辑稿》食货二六之一。
② 《续资治通鉴长编》卷二三〇，熙宁五年二月戊辰，第2149页。
③ 《宋会要辑稿》食货二七之一二。

之多寡！”①亭户划分为上等户、中等户、下等户三个等级，简称为上户、中户、下户。亭户等级划分的依据，主要是各户的家产或“物业”、“事力”的高低，人丁的多少，以及相应的每年煎盐数量。据曾任浙西盐官的梁汝嘉说，南宋初两浙“上等最高煎盐亭户，每户年终煎盐申官及一万硕”者，②即可得到政府的嘉奖。这一万硕，折算成斤，即五十万斤以上。其生产能力差不多等于一般盐户平均年产盐量的几十倍至一百多倍。假使这些盐产都按官价依法卖纳给官府，其价值给在七八千贯以上。而下等户的经济地位则十分低微，他们那可怜的简单再生产，完全仰赖盐场“支散”“本钱”才得以维系。在盐吏和上等户的层层盘剥下，他们常常沦为雇工或被迫流亡。特别是在南宋后期，下等盐户和煎盐雇工们“鹑衣鹄刑（形），流离饿莩者，满东西浙皆是”。③ 此外，政府还规定盐户的产业不得转移。如《乾道会要》载录行在榷货务的公文说：“在法，盐场亭户……所煎盐柴荡，不许作契生当。”④曾任浙西盐官的黄震也说：“在法，亭户产业不许典卖，虑其无根著而轻转徙也。”⑤

三是严禁私盐。在宋代，统治者为了保证国家的税收，制订了“私盐法”（或称“私盐律”），对于盐户的惩治，要比一般人重得多。官府如果发现亭户对自己的煎盐能力“隐减不实”，则“依违戾盐法，徒二年断罪”；“如卖所隐缩火伏盐”，则按“煎炼私盐法”论罪。“若将煎到盐折还私债”，亦“从私盐法”惩处。⑥ 南宋时，统治者更是多次完善此法，如：绍兴十三年（1143）九月十九日，刑部上奏言：行在榷货务申绍兴八年十一月指挥，透漏私盐三十斤，其巡尉捕盗官并冲替。切虑责罚太重，互相隐庇，伏望朝廷立法施行本部，下大理寺看详。欲自今后应巡捕官透漏私盐，败获不及百斤，罚俸二月，一百斤展磨勘一年，二百斤展磨勘二年，两犯通及三百斤以上差替。五百斤以上，收旨裁断。高宗批准了刑部的建议，调正并制定对官员失职透漏私盐的

---

① 《宋史》卷三八四《叶衡传》，第11823页。

② 《宋会要辑稿》食货二六之五。

③ 《黄氏日抄》卷七一《赴两浙盐事司季运使札状》。

④ 《宋会要辑稿》食货二七之一二。

⑤ 《黄氏日抄》卷七一《赴两浙盐事司禀议状》。

⑥ 《宋会要辑稿》食货二七之一二。

处罚标准。[①] 又，隆兴二年（1164）六月八日，诏访闻临安府城内外多有不畏公法之人，兴贩私盐，及结托贵势之家，倚为主张，公然货卖。令临安府重立赏钱，严行缉捉。日后有犯，如系贵要之家，令御史台具名弹奏。[②]庆元二年（1196）八月十四日，中书门下省言：访闻临安府城内外私盐盛行，多是无赖之徒，胁持铺户、寺观、营寨或士庶之家，随门挜卖，理合措置。令临安府日下镂板晓谕。以前罪犯一切不问，若今后再敢违犯，许诸色人告，依格给赏，犯人送狱根勘，依法断罪。诏禁临安府买卖私盐。[③] 庆元五年（1199）六月，参知政事何澹之弟涤，通判临安府；自临安还处州，舟子市私盐万余斤，为逻卒所捕，涤仗剑伤逻卒。事下临安府，司农卿丁逢知府事，当舟子杖罪，而逻卒杖脊编管。御史程松劾之，诏逢与宫观，而以工部侍郎朱晞颜知府事。[④]

第四节　食品制作业

一、屠宰业

临安的屠宰业十分发达，《梦粱录》卷一六《肉铺》对此作了比较详细的记载：

杭城内外，肉铺不知其几，皆装饰肉案，动器新丽。每日各铺悬挂成边猪，不下十余边。如冬年两节，各铺日卖数十边。案前操刀者五七人，主顾从便索唤刲切。且如猪肉名件，或细抹落索儿精、钝刀丁头肉、条撺精、窜燥子肉、烧猪煎肝肉、脊肉、盦蔗肉。骨头亦有数名件，曰双条骨、三层骨、浮筋骨、脊龈骨、球杖骨、苏骨、寸金骨、棒子、蹄子、脑头大骨等。肉市上纷纷，卖者听其分寸，略无错误。至饭前，所挂之肉骨

① 《宋会要辑稿》食货二六之三一。
② 《宋会要辑稿》食货二七之一五。
③ 《宋会要辑稿》刑法二之一二七。
④ 《续通鉴》卷一五五，第4170页。

已尽矣。盖人烟稠密，食之者众故也。更待日午，各铺又市熟食：头、蹄、肝、肺四件，杂蹄爪事件，红白肉等。亦有盘街货卖，更有铺，兼货生熟肉。且如，名件最多，姑言一二。其者：算条、影戏、盐豉、皂角、铤松、脯界、方条、线条、糟猪头肉、玛瑙肉、鹅、旋、寸金、鱼头酱、三和、切、桃花、骨、饭、槌脯、红羊、大鱼、鲟鳇鱼等类。冬间添卖冻姜豉蹄子、姜豉鸡、冻白鱼、冻波斯姜豉等。坝北修义坊，名曰"肉市"，巷内两街，皆是屠宰之家，每日不下宰数百口，皆成边及头蹄等肉，俱系城内外诸面店、分茶店、酒店、店及盘街卖肉等人，自三更开行上市，至晓方罢市。其街坊肉铺，各自作坊，屠宰货卖矣。或遇婚姻日，及府第富家大席，华筵数十处，欲收市腰肚，顷刻并皆办集，从不劳力。盖杭州广阔可见矣。

另据洪迈《夷坚志》载："临安屠猪，但一大屠为之长，每五鼓击杀于作坊，须割裂既竟，然后众屠儿分挈以去。"①"大屠"即肉猪屠宰业的行老，主持和分配全城的屠宰户的屠宰数，在肉市中统一集中宰杀后，各位屠宰户回到自己的肉铺上贷卖。其中，"内有起店数家，大店每日使猪十口……起每袋七十，省二斤二两；肉，卖九十，省一斤"。② 甚至起店还可将皮、骨等专门批发给小商贩，易地转售。

当然也有例外，如上述的"河东郑屠"，"自置肆杀之"。③

二、食用油制作业

油，在南宋临安已经成为居民开门七件事之一。如《梦粱录》卷一六《鲞铺》载："杭州内外，户口浩繁，州府广阔，遇坊巷桥门及隐僻去处，俱有铺席买卖，盖人家每日不可缺者，柴米油盐酱醋茶。"当时，市民们除用油食用外，还用作照明。故此，临安城中出现了油作、烛铺、油腊局、南油局等与油有关的作坊、店铺和机构，以及油车巷、灯心巷等与油有关的地名。④ 据此足可推

---

① 《夷坚志》丁卷九《河东郑屠》，第 611－612 页。

② 《西湖老人繁胜录·瓦市》，载《南宋古迹考》（外四种），第 113 页。

③ 《夷坚志》丁卷九《河东郑屠》，第 611－612 页。

④ 详见《梦粱录》卷七、九、一〇、一一、一二、一三、一九等的记载。

测出当时临安油的消费量，是极其巨大的。

官府在临安设有规模较大的油坊，官营油坊便是其中的代表。其设置当沿袭北宋东京，《宋会要辑稿》载道：

> 油醋库，在建初坊。掌造麻、荏、菜三等油及醋，以供膳局……监有油匠六十，醋匠四人……天圣元年四月，定夺所言：在京油麻，元纳油醋库，后为专典。乞钱三司，创置受纳脂麻库，隔手支与油醋库，岁费万余石。有监官、副知、杂役、斗子八人。如法酒库内酒坊造酒米麦，皆船般……欲乞如例，只于税仓寄厫收贮。从之。①

从这条史料中可以清楚地看出，在北宋都城东京宫廷诸库中有油醋库之设，官油坊中的"油匠"多达六十人，所造的食用油醋，专供宫廷御膳局烹饪之用。油有三色，即麻油、荏油和菜油。其中，仅芝麻一项，每年的用量就达万余石之多。当然，毋庸讳言，北宋初所食麻油为最主要品种，但菜油仍占一定比例无疑。②

另外，临安还有不少专门制作食用油的私营作坊。

宋代的食用油，可以分为植物油和动物油两类。其中，植物油又可分为麻油、菜油和豆油三种。而临安主要生产后两种植物油。③

菜油是由油菜籽榨制而成的，故又名菜籽油。在南宋中后期，临安所在的浙西地区已经普遍种植油菜了。如施宿《嘉泰会稽志》称："今浙西种芜菁者浸多，临安亦盛，唯越土不宜。"④"芜菁"即油菜的古名之一。时人普遍以油菜菜子榨油，如陈藻诗曰："木槽压油三石余，半为灯火半煮蔬。上山伐柴五十束，九分卖钱一烧肉。等闲八月举场归，早禾困毕晚禾稀……万一主司仍见遗，课奴种麦家相宜。"⑤

---

① 《宋会要辑稿》食货五二之三。

② 参见方健《油菜在我国大面积推广始于南宋时期》，载《南宋史及南宋都城临安研究》（上），人民出版社2009年版，第281页。

③ 斯波义信：《宋代商业史研究》，日本风间书房昭和43年版，第186－187页。

④ 《嘉泰会稽志》卷一七《草部》，载《宋元方志丛刊》，第7032页。

⑤ 陈藻：《乐轩集》卷一《赠叔嘉叔平刘丈》，文渊阁《四库全书》本。

豆油，即利用大豆制作而成的油。从文献记载来看，我国古代豆油的制作始于北宋。如苏轼在《物类相感志》中论饮食时说："豆油煎豆腐有味。"①

这些官私作坊中生产的油，通过商人源源不断地输送到客户手中。如居于临安观桥下的王良佐，"初为细民，负担贩油，后家道小康，启肆于门，称王五郎"。②

三、食醋制作业

醋在临安已经成为人们日常生活中必不可少的调味品之一，需求量极巨。李之仪说：杭人"食醋多于饮酒"③。正由于临安市民吃醋之风甚于饮酒，因此民间出现了"欲得官，杀人放火受招安；欲得富，赶著行在卖酒醋"的俚语。④

临安的酿醋业也与酿酒业不相上下。是时，都城临安除宫中所设的醋库外，共设有醋库十二座⑤，分布如下：

公使醋库，在府衙后教场角子门。

红亭醋库，在菜市桥东街南面。清厉鹗《东城杂记》卷下《红亭醋库》对这一醋库有比较详细的考述：

> 《咸淳临安志》：红亭醋库，在菜市桥东街南面北。今名醋坊巷。宋时，酒醋皆官库酝造，纳缗钱于户部。临安有醋库十二，此其一也。但今巷在，东街北面南与志异耳。庄季裕《鸡肋编》载建炎后俚语云："欲得富，赶著行在发酒醋。"盖宋自王安石设法卖酒，并醋亦榷之。南渡后，军兴百费浩繁，遂不能革。既禁私造，其直必昂，遂有因此致富者矣。

---

① 陶宗仪：《说郛》卷二二下，文渊阁《四库全书》本。

② 《夷坚志》支癸卷三《宝叔塔影》，第1239页。

③ 李之仪：《姑溪居士文集·后集》卷一九《故朝请郎、直秘阁、淮南江浙荆湖制置发运副使、赠徽猷阁待制胡公行状》，载《姑溪居士全集》，中华书局1985年影印《丛书集成初编》本，第126页。

④ 庄绰：《鸡肋编》卷中，中华书局1983年，第67页。

⑤ 《乾道临安志》卷二《仓场库务（钱监作院附）》载："醋库一十八处，分在府城内外。"

北大路营醋库，在小新营上街东。

棚前醋库，在棚北桥东面。

西北比较醋库，在都酒务西、新房廊相对。

都醋库，在井亭桥东、大街面北。

朝天门醋库，在朝天门里大街面西修。

城北醋库，在鹅鸭桥东大路面北。

南北较醋库，在三桥大街。

北城南醋库，在牛皮巷口。龙舌头停闭日久，已行坍倒，续据点检所柴客葛太请佃，安顿柴薪，月纳公使库息钱。

范浦醋库，在仁和尉司衙侧。

江涨桥醋库，在城北厢醋房巷桥河东岸。①

这些醋库中有朝廷和临安府分别设立的御醋库和公使醋库。当时，醋与酒一样皆官库酝造，纳缗钱于户部。

四、食糖制作业

蔗糖是榨取甘蔗汁液，并将之提纯而炼制而成的食糖。甘蔗在宋代的种植，广泛见之于江、浙、闽、广、川蜀和荆湖南路，其中福建福州、浙东四明、广东番禺（即广州）和蜀川广汉、遂宁尤为知名。王灼《糖霜谱》称："糖霜，一名冰糖。福唐、四明、番禺、广汉、遂宁有之，独遂宁为冠。"

南宋临安城郊也盛产制作蔗糖的原料甘蔗，如《咸淳临安志》卷五八《物产·果之品》载："甘蔗，旧贡。今仁和临平小林地多种之，以土窖藏至春夏，可经年其味不变。小如芦者，曰荻蔗，亦甘。"故此，城中的制糖作坊也极为多见，其总体制糖能力应有一定的规模。《马可波罗行纪》中对此有所反映：

应知此城（指行在杭州）及其辖境制糖甚多，蛮子地方其他八部亦有制者，世界其他诸地制糖总额不及蛮子地方制糖之多，人言且不及

① 《咸淳临安志》卷五五《官寺四·仓场库务等》，载《宋元方志丛刊》，第3846页。

半,所谓糖果,值百取三。①

五、面粉加工业

临安由于居住着大量的南渡北方人士,因此面粉加工业也在这里兴起了。洪迈《夷坚志》戊卷七《许大郎》便对此有所述及:

许大郎者,京师人。世以鬻面为业,然仅能自赡。至此老颇留意营理,增磨坊三处,买驴三四十头,市麦于外邑。贪多务得,无时少缓。如是十数年,家道日以昌盛,骎骎致富矣。每夕分命干奴守?于磨傍,其一小二者,睡中闻呼声,时明月穿窗,历历可认,起视两畔,盖寂无一人。久之,声益高。谛听之,乃一驴探首于磨脐中作人语,而众驴此际皆憩栈下,元无在磨室者,磨脐又窄不能容畜首。极异之,不敢发问,怖悚。至旦,走白主人,曰:"怪物入室,不可复往。"许扣其故,笑曰:"汝昏花妄言耳,安有是物?吾当自验之。"迨夜,亲往独宿,即闻呼大郎者三许。起坐,咄之曰:"业畜,作何等妖怪!"驴应曰:"也好,休得了。"许又咄之曰:"业畜,住便住,何消吓人,我不怕汝!"遂默默无影响。及明日,诸磨皆中裂,如截,不可用。自是生计浸衰,许亦死。其子以好弓手应募,为禁卫。至孙,经以班校换授得官,庆元初为饶信州都巡检使。

从这一记载可以看出,许大郎经营的磨坊已经达到了一定的规模,有"磨坊三处,买驴三四十头,市麦于外邑"。磨坊中还有众多的雇工,从事面粉的加工。

① 《马可波罗行纪》第一五四、一五五诸章,第570页。

第五节 制冰业

一、制冰业在临安的兴起

制冰业早在唐代就已经非常发达了。是时,冰块在夏天是一种高档消费品,价格非常昂贵,非一般百姓所能享用。唐代冯贽《云仙杂记》卷六讲到唐都长安夏天冰块的使用情况,说:"长安冰雪至夏月,则价等金璧。白少傅诗名动于闾阎,每需冰雪论筐取之,不复偿价,日日如是。"①

北宋时,都城开封及其所在的中原地区,藏冰及制冰技术已经十分娴熟,达到了极高的水平,并且可以及时地供应市场。田锡《鬻冰咏》描述云:

赫日生炎晖,鬻冰方及时。
邀利有得色,冰消俄若遗。
两失俱无猜,虽悔安可追。
仁惠当务远,勿使失其宜。②

宋室南渡后,北方的这种高超的制冰和藏冰技术也传到了临安。庄绰《鸡肋编》卷中载道:

> 二浙旧少冰雪。绍兴壬子车驾在钱唐,是冬大寒屡雪,冰厚数寸。北人遂窖藏之,烧地作荫,皆如京师之法。临安府委诸县皆藏,率请北人教其制度。明年五月天中节日,天适晴暑,供奉行官,有司大获犒赏。其后钱唐无冰可收,时韩世忠在镇江,率以舟载至行在,兼昼夜牵挽疾驰,谓之进冰船。

此后,临安的制冰和藏冰技术不断得到完善和发展,制冰业遂成为临安

① 冯贽:《云仙杂记》卷六《冰雪至夏价等金璧》,文渊阁《四库全书》本。
② 田锡:《咸平集》卷一八,文渊阁《四库全书》本。

的一大特色产业。朝廷专门设立“冰井务，掌藏冰以荐献宗庙、供奉禁庭及邦国之用，若赐予臣下，则以法式颁之”。① 绍兴三十一年(1161)八月癸亥，太常少卿王普言：“三衙藏冰甚富，而祭祀未尝供冰，望自今令供冰如故事。”从之。② 其中，孤山是临安的一处重要藏冰处。据周紫芝《无住庵主为余写真报之以诗》注曰：“孤山之颠，旧有开氏四照阁。次年，部使者献《西湖图》，神庙阅图久之，问：‘开氏四照阁安在?’部使者失对。其知名如此。昨跋马过下山，见赭衣荷锸数百人，问之，则军中藏冰于此也。”③

除官府和军队制冰、藏冰外，临安城郊的僧人和百姓见有利可图，也纷纷从事这一行业。杨万里有诗云：

西湖野僧夸藏冰，半年化作真水精。
南湖诗人笑渠拙，不如侬家解藏雪。
藏冰窖子山之幽，才透九地山鬼愁。
侬家藏雪有妙手，分明晒在翡翠楼。
向来巽二拱滕六，玉妃夜投玉川屋。
剪水作花吹朔风，揉云为粉散寒空。
醉挥两袖拂银汉，梢头万斛冷不融。
琼田挈月拾翠羽，砌成重楼天半许。
盘作青蛟吐绿雾，乱飘六出熏沉炷。
人间雪脆那可藏，天上雪落何曾香?
三月尽头四月首，南湖香雪今谁有?
分似诚斋老诗叟，碎挼玉花泛春酒，一饮一石更五斗。④

因临安的制冰业已经形成较大的规模，大大降低了其制作的成本，使其从宫廷的奢侈品变成为大众的消费品。不仅能够供应本地的需要，而且还能运销到邻近的地区，如会稽(今浙江绍兴)，这在陆游《重午》一诗中有载：

---

① 《宋史》卷一六六《职官志六》，第3934页。

② 《系年要录》卷一九二，绍兴三十一年八月癸亥，第3215页。

③ 周紫芝：《太仓稊米集》卷三三，文渊阁《四库全书》本。

④ 《诚斋集》卷三〇《走笔谢张功父送白酴醾》。

叶底榴花蹙绛缯，街头初卖苑池冰。
世间各自有时节，萧艾着冠称道陵。

并在诗注中曰："会稽不藏冰，卖者皆自行在来。"①

二、冰在临安的使用

在临安，冰块是人们夏天消暑的最佳日常用品。《西湖老人繁胜录》载："六月初六日，崔府君生辰……富家散暑药冰水。"《梦粱录》卷四《六月（崔真君诞辰附）》云："六月季夏，正当三伏炎暑之时，内殿朝参之际，命翰林司供给冰雪，赐禁卫殿直观从，以解暑气。"不仅如此，冰也被人们用来作为水果、水产等食品的保鲜品。杨万里《荔枝歌》一诗便对此作了详细的描述：

粤犬吠雪非差事，粤人语冰夏虫似。
北人冰雪作生涯，冰雪一窖活一家。
帝城六月日卓午，市人如炊汗如雨。
卖冰一声隔水来，行人未吃心眼开。
甘霜甜雪如压蔗，年年窨子南山下。
去年藏冰减工夫，山鬼失守嬉西湖。
北风一夜动地恶，尽吹北冰作南雹。
飞来岭外荔枝梢，绛衣朱裳红锦包。
三危露珠冻寒泚，火伞烧林不成水。
北人藏冰天夺之，却与南人消暑气。②

在这首诗中，不仅说到了夏天临安市民对冰块的喜爱程度——"行人未吃心眼开"，而且重点指出了当时人用冰块保鲜荔枝的方法。袁文《瓮牖闲评》卷八也云：

自古藏冰，盖有用也，见于《周礼》并《诗》。至本朝，始藏雪。唐高

---

① 《剑南诗稿》卷二一，载《陆游集》第2册，第611页。
② 《诚斋集》卷一八。

宗朝方士明崇,俨取以进,云自山阴得来。盖是时未知藏雪也。今余乡亦能藏雪,见说初无甚难。藏雪之处,其中亦可藏酒,及柤梨橘柚诸果,久为寒气所浸。夏取出,光彩灿然如新,而酒尤香冽。余性喜食果,近得此方,可以娱老。若酒,则非余所嗜也。

而苏州等地的冰冻水产品也源源不断地输入临安等地。如范成大《吴郡志》便载苏州所产的、"为江海鱼中之冠"的石首鱼,"二十年来,沿海大家始藏冰,悉以冰养鱼,遂不败。然与自鲜好者味终不及。以有冰故,遂贩至江东金陵以西,此亦古之所未闻也"。①

第六节　军火制造业

一、军火生产机构

南宋初年,临安府生产军器的机构主要有都作院、东西作坊、万全指挥等。

(一)都作院

都作院系北宋时即已成立的地方军器作坊,如《淳熙三山志》载:"国初,州有作院,以待朝廷抛造及州自制军器。"②据此可知,地方作院的生产任务有二:一是为中央制造上供军器;二是制造地方自用的军器。当时,作院每年所生产的军器的数量十分巨大。王应麟《玉海》载北宋初"诸州有作院,岁造弓弩、箭、剑、甲胄、箭镞等,凡六百二十余万"。③ 熙宁六年(1073),诏诸路置都作院,凡四十一所。九年正月,枢密院札子:诸都作院元额工匠三百人以上,置副、正指挥各一人,都头五人,十将、将虞候、承局、押官各五人。大观元年(1107)十二月,徽宗诏令东南州军"军器以承平日,久全不修治,亦

① 《吴郡志》卷二九《土物》,江苏古籍出版社1986年版,第432页。

② 《淳熙三山志》卷一八《兵防类一·都作院指挥》,载《宋元方志丛刊》,第7936页。

③ 《玉海》卷一五一《兵制·开宝弓弩院》,第2780-2781页。

多缺数，仰帅府封桩三将军器，望州两将。非军须盗贼，不得支用。仍三年一修。讫申提刑司、帅府、望州，未有都作院，各许一处置立二匠。帅府二百人，望州一百人。若帅府、望州人工物料不足，许抛下出产诸州小作院分造。所造军器，东南土俗不同，春夏气暖，筋胶不可施用，可三分中计，以一分置土俗所用。器仗如偏架、弩、纸皮甲之类，令本路官取索，讲求便利轻捷可用。名件制造仍具图样名色奏闻。靖康间，诸作院多物料不备，匠人移占他役，诸州军遇有调发军器，皆从京支降。乃令提刑司专一管干，有作院州军，招集匠人，转运司应副材料"。① 建炎三年(1129)，并入军器所管理。绍兴二年(1132)，因军兴，"惟戎器方急"，又"诏于行在别置作院造器甲，令工部长贰提点，郎官逐旬点检"。② 官吏的设置仍旧额。根据《淳祐临安志》和《咸淳临安志》两书的记载，临安有都作院指挥和小作院指挥各一，前者额管兵匠四百八十人，后者额管兵匠一百人。③

(二)东西作坊和万全指挥

南宋临安的东西作坊制度，始于宋初。曾巩《兵器》一文曰：

> 宋兴，太祖将平定四方，命魏丕主作，责以称职。每造兵器，十日一进，谓之旬课。上亲阅之，作治之巧尽矣。国工署有南北作坊，岁造甲铠、具装、枪、剑、刀、锯、器械、箭葫簏、皮笠、弩樘、床子弩，凡三万二千。又有弓弩院，岁造弓、弩、箭、弦、镞等，凡千六百五十余万……凡诸兵械，置五库以贮之。戎具精劲，近古未有焉。④

北宋初，南北作坊，各以京朝官、诸司使副、内侍二人监领，两坊内部共有木作、漆作、马甲作、大弩作、剑作、铁甲作、皮甲作、铜作、大炉作、小炉作、枪作等五十一作。南坊有兵校、工匠三千七百四十一人，北坊有兵校、工匠四千一百九十人，总计达七千九百余人。如此多的作坊和工匠，表明北宋中央军

① 罗濬：《宝庆四明志》卷七《郡志七·叙兵》，载《宋元方志丛刊》，第5071－5072页。

② 《宋史》卷一六三《职官志三》，第3862页。

③ 《淳祐临安志》卷七《军营》；《咸淳临安志》卷五七《武备·厢军》，载《宋元方志丛刊》，第3863页。

④ 曾巩：《曾巩集》卷四九，中华书局1984年版，第656页。

器生产规模宏大，分工细致。熙宁三年(1070)六月，因神宗欲创东西府，遣中人度北作坊坊址为之而并北作坊于南作坊。十二月，改南北作坊为东西作坊。元丰时，东西作坊有工匠五千人。① 南宋后，临安的东西作坊沿袭东京制度。

万全指挥又称万全作坊、万全作坊指挥。其成立的时间和内部情况，因史料缺乏，一概不详，仅知元丰时有军匠三千七百人。② 宋室定都临安后，仍置这一机构。如《咸淳临安志》卷一二《行在所录》载："别试所，在大理寺之西。旧在贡院右，专以待贡士之避亲嫌者。厥后繇监、漕选皆试于此。湫隘不足以容，淳祐十二年有旨令临安府别创，乃斥军器所万全指挥营空地为之，其元址并入贡院。"

但在绍兴初年，东西作坊和万全指挥经过战乱后，工匠人数仅为千人而已。③ 绍兴四年(1134)，工匠增至一千九百多人。④ 绍兴十一年(1141)，在役工匠已经达到四千五百余人，其中从诸路州军差到的工匠有二千九百余人。⑤ 绍兴二十六年(1156)，因宋金和议，久不用兵，工匠人数减到了八百六十四人，加上诸州差到的工匠一千五百零四人，总计为二千三百余人。⑥ 绍兴三十年(1160)，因宋金战起，"万全工匠以二千，杂役兵士五百人为额"；"东西作坊以一千六百人，每坊八百人，杂役兵士各四十八人为额"。当年制造诸色军器三百二十三万六千九百四十二件。⑦ 到孝宗乾道年间(1165－1173)，工匠又增至四千人左右。⑧ 淳熙六年(1179)，工匠略有减少，为三千五百人。⑨ 至南宋末年度宗咸淳年间(1265－1274)时，仅有工匠七百余

---

① 《建炎以来系年要录》甲集卷一八《御前军器所(器甲物料所书斤重价直等附)》，第433页。
② 《建炎以来系年要录》甲集卷一八《御前军器所(器甲物料所书斤重价直等附)》，第433页。
③ 《建炎以来系年要录》甲集卷一八《御前军器所(器甲物料所书斤重价直等附)》，第433页。
④ 《宋会要辑稿》职官一六之六。
⑤ 《宋会要辑稿》职官一六之九。
⑥ 《宋会要辑稿》职官一六之一〇。
⑦ 《宋会要辑稿》职官一六之一二、一三、一五。
⑧ 《宋会要辑稿》职官一六之一七、一八、二〇。
⑨ 《文献通考》卷一六一《兵考一三·军器》，第1404页。

人。[①] 由此可见,南宋临安的东西作坊始终没有达到北宋东京时的规模。

(三)其他军器生产机构

在南宋,中央除上述作坊进行军器生产外,其他一些部门也生产部分的军器。如殿前司,有自隶军匠造甲,御前应奉所下有"制造军器处"。[②] 修内司同样曾制造过军器,且数量极其庞大。乾道元年(1165)四月至八年(1172)三月,"将及七年造纳过军器一百五十三万余件,并各精致"。[③]

二、军火生产情况

(一)军火生产的分工

关于临安军火制作作坊的分工,史籍缺乏详细的记载。但我们仍可从北宋东京的军火生产机构和南宋地方官府的相关机构的分工中窥见一二。

以都作院的军火生产为例,据《淳熙三山志》载:福州分十一作,即:"箭作、弓弩作、甲作、皮作、铜作、漆作、旗作、条作、木作、磨锃作、铁作。"[④]明州有十三作,"曰大炉作,曰小炉作,曰穿联作,曰磨锃作,曰磨擦结裹作,曰头魁作,曰熟皮作,曰头魁衣子作,曰弓弩作,曰箭作,曰漆作,曰木弩桩作,曰木枪作"。[⑤] 建康都作院的规模更大,分工也更细,达到了二十八种:"锻、砺、刮、磨、绵、络、弦、甲、筋、革之工,凡十有二列于左;熔、冶、麻、缕、竹、木、骨、角诸色之工,凡十有六位于右。"

东西作坊的规模远比都作院要大。据《宋会要辑稿》方域三所述,北宋初南北作坊内部共有五十一作,即"木作、杖鼓作、藤席作、鏁子作、竹作、漆作、马甲作、大弩作、绦作、沨作、胡鞍作、油衣作、马甲生叶作、打绳作、漆衣甲作、剑作、糊粘作、戎具作、掐素作、雕木作、蜡烛作、地衣作、铁甲作、钉钗作、铁身作、马甲造熟作、磨剑作、皮甲作、钉头牟作、铜作、弩鸤作、打弩鸤红破皮作、针作、漆器作、画作、镴摆作、纲甲作、柔甲作、大炉作、小炉作、器械

① 《咸淳临安志》卷九《监当诸局》,载《宋元方志丛刊》,第3435页。

② 《文献通考》卷一六一《兵考一三·军器》,第1404页。

③ 《宋会要辑稿》职官三〇之四。

④ 《淳熙三山志》卷一八《兵防类一·都作院指挥》,载《宋元方志丛刊》,第7936页。

⑤ 梅应发等:《开庆四明续志》卷六《作院》,载《宋元方志丛刊》,第5996页。

作、错磨作、琉作、鳞子作、银作、打线作、打麻线作、枪作、角作、锅炮作、磨头牟作”。而南宋临安的东西作坊沿袭这一制度而设立，想必其分工也与此相差不多。

（二）军器的制作

1.宋代军器的标准化生产和保密制度

宋代的军器生产已有国家的统一标准。成书于仁宗庆历年间(1041－1048)的《武经总要》对宋初的军器种类和式样进行了规范，并绘出了器图，为军器生产提供了标准。神宗时期，在改革军器生产和管理体制时，又进行了军器标准化的工作，并专门成立了“编修军器什物法制所”。编修军器什物法制所的主要任务，就是对军器、什物“择其精致者，修为法式”。所谓有“法式”，就是法定军器、什物的种类、式样、生产规程和质量标准。王得臣《麈史》卷上《朝制》就对此作了记载：

> 神宗留意军器，设监以侍臣董之，前后讲究制度，无不精致，卒著为式，合一百一十卷，盖所谓《辨材》一卷，《军器》七十四卷，《什物》二十一卷，《杂物》四卷，《添修及制造弓弩式》一十卷是也。后人将神宗熙宁年间的军器标准化，称为“熙宁法式”。

依“法式”进行军器生产是宋代历朝的一贯制度。如北宋政和二年(1112)二月，“诏诸路州郡造军器有不用熙宁法式者，有司议罚，具为令”。① 南宋时亦然。绍兴三十年(1160)七月二十七日，“诏军器所见造军器，不得减克物料，须管造作精致，仍仰逐处常切点检，候造致数，将逐处色样进呈试验。若稍不如法，工部、军器监、军器所当职官吏等第重作责罚”。② 同年九月又重申：“如有制造不如法及不依元样，追当行合干人行遣，重者送所属当职官具名取旨。”③

“法式”系国家重大机密，宋朝统治者规定：“非长贰当职官不得省阅，及

① 《宋史》卷一九七《兵志一一》，第3863页。

② 《宋会要辑稿》职官一六之一二。

③ 《宋会要辑稿》职官一六之一三。

传写漏泄，论以违制。”[①]对涉及新发明的火药、火器等生产技术，更是有十分严格的保密要求：有关“制度、作用之法，俾各诵其文，而禁其传”。[②]

2. 临安军器的生产量

临安生产的军器，品种繁多，数量巨大。绍兴三十年(1160)，因宋金战起，万全工匠和东西作坊共制造诸色军器三百二十三万六千九百四十二件。[③] 修内司在乾道元年(1165)四月至八年(1172)三月，“将及七年造纳过军器一百五十三万余件”。[④]

在临安的军器制造中，火器的制作尤为引人注目。火器制作在当时可以说是一项高科技。关于其制作，文献没有记载，但其在当时的军演中已经广泛使用了。如《梦粱录》卷四《观潮》载：

> 且帅府节制水军，教阅水阵，统制部押于潮未来时，下水打阵展旗，百端呈拽，又于水中动鼓吹，前面导引，后抬将官于水面，舟楫分布左右，旗帜满船，上竿舞枪飞箭，分列交战，试炮放烟，捷追敌舟，火箭群下，烧毁成功，鸣锣放教，赐犒等差。

这里述及的火炮和火箭，便是当时高科技的产品。另外，从当时临安城中常见的烟火表演用品也反映了这一点。《武林旧事》记载临安的陈太保、夏岛子以制烟火著称，他们设计表演的有各色爆仗、烟火、起轮、走线、流星、水爆、地老鼠等。上元节，皇宫中及豪门富家大放烟火，其产品有“成架烟火”、“烟火屏风”等之类。[⑤] “至于爆仗，有为果子、人物等类不一。而殿司所进屏风，外画钟馗捕鬼之类，而内藏药线，一爇连百余不绝。”[⑥]而烟火地老鼠的技术含量更高，这是一种使用喷射推动的烟火。周密《齐东野语》一书曾对其有比较详细的记载：

---

① 《宋史》卷一六五《职官志五·军器监》，第3920页。

② 王得臣：《麈史》卷上《朝制》，上海古籍出版社1986年版，第4页。

③ 《宋会要辑稿》职官一六之一二、一三、一五。

④ 《宋会要辑稿》职官三〇之四。

⑤ 《梦粱录》卷六《十二月》，第50页。

⑥ 《武林旧事》卷三《岁除》，第46－47页。

穆陵初年，尝于上元日清燕殿排当，恭请恭圣太后。既而烧烟火于庭，有所谓地老鼠者，径至大母圣座下，大母为之惊惶，拂衣径起，意颇疑怒，为之罢宴。

穆陵恐甚，不自安，遂将排办巨珰陈询尽监系听命。黎明，穆陵至陈朝谢罪，且言内臣排办不谨，取自行遣。恭圣笑曰："终不成他特地来惊我，想是误耳，可以赦罪。"于是子母如初焉。①

除地老鼠外，起轮、走线等也都是喷射推动的烟火。由此可以推测，当时的火器制作技术已经非常成熟了。

由于制造的军器数量巨大，因此所需的原材料也非常大。淳熙七年(1180)，周必大《乞免闽浙收买军器所牛皮》奏议就充分反映了这一点：

仰惟陛下，以浙东祷雨未应，内批禁止屠宰甚严。夫鸡、猪、鹅、鸭，本以养人，圣意尚且曲推不忍之心，况牛者稼穑所资，固不欲其觳觫而就烹剥。但器甲所需诚有不容已者。臣前日见密院关因军器所，陈乞抛买牛皮一万张，行下浙东、福建两路，限一季收买。臣初谓急缺要用，不敢有言，连日询访，却知近日岁额诸路取解黄牛皮二万五千张，而第十三料又收买三万八千余张，数目浩瀚，缘实到者常不及半，然而已能足用。故本所申出剩牛皮六千一百张，此则其未至缺用明矣。臣今欲乞出自圣意，念浙东岁事既未可必来年耕牛不可多杀，令军器所且将出剩牛皮对减，两路抛买之数或且宽展期限，免致州县寅缘科扰。臣每观陛下仁风爱物，无所不用，其至常惧，无以效其愚，偶有所见，冒昧以言，伏望圣明特赐矜恕。②

正因为如此，给国家造成了沉重的负担，有官员建议朝廷适当减负。如楼钥给皇帝上奏曰：

臣窃惟国家军器之备，置监以总其要，置所以鸠其工，器械犀利，诚

① 《齐东野语》卷一一《御宴烟火》，第208页。

② 《文忠集》卷一四四。

得戒不虞之上策。臣愚以谓戒不虞者，本以安民也。而无名之敛，或至于扰民，本以卫国也。而无用之工，或至于蠹国，何谓无名之敛？每岁收买军器物料，朝廷虽许支钱州县。或无钱可支，不免科扰。又有津遣之费，大率多出于民。民输常赋，犹不能给，况重之以此乎？此所谓扰民者也。何谓无用之工，本所万全指挥及东西作坊，见役五千七百余人，岁支钱二十九万缗，约米四万余斛。用人不为不多，廪之不为不厚，而犹以为未足。更于诸州作院，差拨兵士入所又一千余人，岁支钱八万余缗，米九千余斛。而诸州又厚有衣粮以赡给之，此所谓蠹国者也。陛下睿明洞照，灼知扰民之弊，近已将诸路日前岁额泛抛军器物料并皆除放，民颇息肩矣。惟蠹国之弊未有以上闻者，夫以本所日役三千七百余人，苟能汰除老弱，严禁冗占，专择可用之卒，日督其程，则军器不患于不办。今既以无用之人杂处其中，而徒取外郡之卒更置于此，重耗廪给，将焉用之。臣愚欲望圣慈特赐，详酌考军器之程，计工徒之费。如臣言，或有可采，即乞睿旨将本所三千余人专其工役，所有诸州兵匠遣还原来去处，岁省公家之钱几万缗，米几万斛。蠹国之害既衰，而小人亦免旅居之叹，有利而无害。惟陛下图之。①

（三）工匠的来源与使用

临安从事军器生产的工匠，可以分为军匠、民匠和诸军子弟匠三类。军匠本身即是厢兵，宋代以厢兵给役，军器生产自然是役作的一部分。民匠是因应付劳役而到作坊当差或被"和雇"到作坊劳动。诸军子弟匠系上述军匠的子弟后代，因有一技之长而被招收为军器工匠。这三类工匠中，以军匠所占的比重最大，人数最多。②

军器生产机构差雇民匠的现象，在临安颇为普遍。如绍兴二年（1132）十月，军器所因紧急打造手射弓两千张，"其合用工匠权于诸军借差"，"如不、

① 《攻媿集》卷二六《论军器冗费》。

② 以上参见张德宗《宋代的军器生产》，载邓广铭、王云海等主编《宋史研究论文集》，河南大学出版社1993年版。

足，许令和雇”。绍兴六年(1136)六月，军器所“昨缘添作，遂差雇工匠，增置官属趁办”。绍兴三十年(1160)九月，军器所工匠缺乏，“乞行和雇制造，其合支钱米，从小工限则例”。①

子弟匠的招收也沿袭北宋制度，如绍兴三十年(1160)八月，军器监报告：“近承指挥置军器所作匠……并万全指挥、东西作坊兵匠子弟招收十五岁以上、三十岁以下不及禁军等样，谙会造作之人补填名阙。”又，乾道元年(1165)八月，因“近来工匠逃亡数多，见今阙额，令工部行下本所招刺能造作工匠子弟补填万全作坊指挥”。②

工匠依其技术高低分为三等。三等之上又有甲头、作头、作家、都作家之称，③这些都是高级技师或技师，负责领工、领班或领作等技术性的领导工作。如绍兴三十年(1160)九月，因军器所“造作降样军器全藉知次第人指数”，工部遂请求“令殿前，马步军司各制差谙会造作军匠各二人赴军器所指教……其推赏责罚并依本所作甲头体例”。④ 作头又有都作头、大作头、小作头之分。如《庆元条法事类》卷三二《营缮令》载：

> 诸钱监小作头阙，于工匠内选试精巧人充，大作头于小作头、都作头于大作头内选尤精者充。若工匠造作不如法及工程不敷，即时注籍。大小作头每季、都作头每半年比较分数，最多者并降充别作工匠。

这里虽说的是钱监作坊内的情况，但宋代官营作坊内的情况大致相似。技术工匠之外，还有杂役，是为力工，由“不堪披带”⑤的禁兵、厢兵拣充为之，即文献中所称的杂役兵匠或杂役兵士。三等之下有“习学”，即学徒。

军器工匠依类等有不同的“请给”，或谓“谓受”。请给大致包括月粮、食钱、口食米几类。如绍兴初年，杂役兵匠月食一石七斗，每日食钱一百文，后因“赡给不足”，月粮又增至一石九斗。下等工匠(即第三等工匠)月粮两石，

---

① 《宋会要辑稿》职官一六之四、七、一四、一五。

② 《宋会要辑稿》职官一六之一二、一三、一七。

③ 《宋会要辑稿》职官一六之五、八，三〇之八。

④ 《宋会要辑稿》职官一六之一四。

⑤ 《宋会要辑稿》职官一六之五。

添支钱八百文,每日食钱一百二十文。[①] 至绍兴三十年(1160)九月,殿前、马步军司所差赴军器所指教的谙会造作军匠,"除见请给外,每人日添支食前(钱)三百"。[②] 此外,从地方调拨上来的工匠来回还发给一定数量的路费。[③]

为了保证军器的质量,统治者还对工匠"日程其功,月阅其课",[④]实行严格的奖罚和考核制度。宋朝法律规定:工匠造作,"所造诸色军器各行镌记元造合干人,甲头姓名"。镌记的方法也规定得非常明确:"刀剑铁甲镌凿,弓弩箭之类用朱漆写记。"以此"视精粗利钝以为之赏罚"。如绍兴四年(1134)二月二十三日,工部言:

> 提举制造御前军器所刘岑乞将见管兵工内都作家甲头各与推恩一次,其余工匠、行人、杂役并乞等第犒设事。本部勘当,欲将应造到军器候及半年,委军器监丞取索,逐一看验是与不是精巧,有无拙堕驳退亏损工程,具精粗人匠等第,保明申取朝廷赏罚施行。如半年内遇有支遣,亦依此委官点检,报军器监置簿,先次籍记,候及半年通行比较。

这一工匠造作考察办法得到了高宗的批准。同年十月三日,提举制造御前军器所又言:

> 乞将见管本所万全并拨到作坊工匠,开具精巧之人,取众推伏次第试验保明,申提举所审验讫,内第二等人匠升作第一等,第三等升作第二等,仍支本等请受,今后每年一次依此。其逐等工匠见请每月添支,作具折麦食钱米数。

这一建议同样得到了高宗的允准。九年(1139)六月三十日,诏:"军器所见造御前宣赐并起样器甲工匠王成等二十五人,已及十年工课,并皆趁办,可依本所实该二年作家甲头例各与转一资。"[⑤]

当然,"如有制造不如法及不依元样",统治者则要追究当事人的责任,

---

① 《宋会要辑稿》职官一六之五。

② 《宋会要辑稿》职官一六之一四。

③ 《宋会要辑稿》职官一六之一〇、一一。

④ 吕陶:《净德集》卷四,文渊阁《四库全书》本。

⑤ 《宋会要辑稿》职官一六之五至八。

给予一定的处分，或赔款，严重者甚至黥面流配外地。① 如绍兴三十年(1160)七月二十七日诏："军器所见造军器不得减物料，须管造作精致。仍仰逐处常切点检，候造致数，将逐处色样进呈试验，若稍不如法，工部、军器监、军器所当职官吏等第重作责罚。"②又，绍兴三十二年(1162)闰二月二十四日，枢密院机速房言："每遇造到军器，立界比试，如其间制造精妙者，量行推赏；如所造灭裂，勒令陪还元用物料工价外，更赐责罚。"③

但在封建政府和官吏的统治压迫下，军器工匠的生活和命运实际上是非常悲惨的。他们的劳动条件和待遇极差，"人所不堪"，更加上官吏私役盘剥，其工资收入不足以赡养家人。因此，提辖制造御前军器所"所管万全作坊人匠，数年以来往往厌倦工役"，"其间逃走、疾病、死亡，殆无虚日"。④

---

① 《宋会要辑稿》职官一六之一三。
② 《宋会要辑稿》职官一六之一二、一三、一七。
③ 《宋会要辑稿》职官一六之一六。
④ 《宋会要辑稿》职官一六之九。

下编　商　业

第八章　发展概况

第一节　商业经营风尚兴起

一、宋代全民皆商现象的出现

首先从社会阶层来看，统治者无疑是趋利好贾风气的始作俑者。如宋初大臣赵普就“尝以隙地私易尚食蔬圃，广第宅，营邸店，夺民利”。[①]大将石守信“累任节镇，专务聚敛，积财巨万”。其子石保吉等也“所至有邸店、别墅”。[②] 米信“外营田园，内造邸舍，日入计算，何啻千缗”。[③] 而一些“近臣戚里遣人市竹木秦、陇间，联巨筏至京师，所过关渡，矫称制免算；既至，厚结有司，悉官市之，倍收其值”。[④] 如武宁节度使兼侍中夏竦，“以文学起家，有名一时”。然其“性贪，每商贩部中，至并州，使其仆贸易，为所侵盗，至杖杀之，积财累巨万，自奉尤侈，畜声伎甚众”。[⑤] 神宗朝大臣吕惠卿，以缗钱贷与商

① 《续资治通鉴长编》卷一四，太祖开宝六年六月丁未，第116页。

② 《宋史》卷二五〇《石守信传》，第8811、8813页。

③ 上官融：《友聚会谈》卷上，文渊阁《四库全书》本。

④ 《宋史》卷二五七《王仁赡传》，第8957页。

⑤ 《续资治通鉴长编》卷一七一，仁宗皇祐三年九月，第1571页。

客,命为其“贩纱罗”。① 汴京何执中,其家“邸店之多,甲于京师”,每年因此而获利四万余缗。② 南宋理宗朝,大臣史嵩之、贾似道从事食盐贩卖,时人曾作诗以辛辣的讽刺:

千舸万艘满运河,人人尽道相公鹾。
相公虽是调羹手,傅说何曾用许多。③

不仅文武大臣如此,而且有许许多多低级的官员由于俸薄而加入到经商的行列。例如王安礼在知青州任内,“买丝勒机户织造花隔织等匹物,妄作名目,差役兵般担,偷慢一路商税上京货卖,赢掠厚利,不止一次”。④ 南宋高宗时,沈该灌职四川时,“买贱卖贵,舟车络绎,不舍昼夜”,因有“沈本(商贾为本)”的绰号。⑤ 孝宗时,台州知州唐仲友家还公开开设彩帛铺、鱼鲞铺和书坊。⑥ ……针对官员竞相经商的风气,王安石曾在奏议中指出:“方今制禄,大抵皆薄。自非朝廷侍从之列,食口稍众,未有不兼农商之利而能充其养者也……故今官大者,往往交赂遗、营赀产,以负贪污之毁;官小者,贩鬻、乞丐,无所不为。”⑦蔡襄更深刻地描述了这一习俗的演变过程:“臣自少入仕,于今三十年矣,当时仕宦之人粗有节行者,皆以营利为耻;虽有逐锥刀之资者,莫不避人而为之,犹知耻也。今乃不然,纡朱怀金,专为商旅之业者有之。兴贩禁物,茶、盐、香草之类,动以舟车,楙迁往来,日取富足。”⑧

商人在过去为士大夫们所不屑,至唐代且还有士大夫家婢女以主人与商人接触为可耻的传说,但现在商人则被士大夫们倾心接纳,以礼相待,并积极投身到经商逐利的行列。如宋代大文学家晏殊⑨、苏轼等人都从事过商

① 《续资治通鉴长编》卷二七一,神宗熙宁八年十二月壬寅,第2558页。
② 董棻:《闲燕常谈》,载陶宗仪《说郛》卷三七。
③ 佚名:《东南纪闻》卷一,文渊阁《四库全书》本。
④ 《续资治通鉴长编》卷四四九,哲宗元祐元年十月戊戌,第4219页。
⑤ 《系年要录》卷一八二,绍兴二十九年六月戊申,第3030页。
⑥ 《晦庵集》卷一八《按唐仲友第三状》,文渊阁《四库全书》本。
⑦ 《王文公文集》卷一《上皇帝万言书》,上海人民出版社1974年版,第8页。
⑧ 《蔡忠惠集》卷二二《国论要目·二曰正风俗·废贪赃》,载《蔡襄集》,第380页。
⑨ 蔡襄《蔡忠惠集》卷一八《乞罢晏殊宰相》载:晏殊射占蔡河官地,“盖屋僦赁”。(载《蔡襄集》第326页)

业活动；著名的散文家穆修，则在开封相国寺摆过书摊。甚至连大唱义利之弁的理学创始人程颢、程颐，也不能免俗，在京师与州郡之间大搞长途运输的商业活动，赚钱不少，且毫无愧色地与人津津乐道。这种现象到南宋时更为普遍，更为常见。据《张氏可书》载："绍兴间，盗贼充斥，每招致必以厚爵。又行朝士子多鬻酒醋为生，故谚云：'若要富，守定行在卖酒醋；若要官，杀人放火受招安。'"宁宗时，监察御史石宗万上奏，说长江沿岸的商税务，"较之往年，所收十不及四五，推原其由，皆士大夫之贪黩者为之。巨艘西下，舳舻相衔，捆载客货，安然如山，问之则无非士大夫之舟也"。① 至于进士经商的事例则更多了，甚至有的士子由于仕途不达，转而专门从事贸迁经营，有些还是学术上具有相当造诣的学者，如南宋临安城中开经史书籍铺的陈起，就是一位在文学上颇有贡献的诗人。画家"李东，不知何许人，理宗时尝于御街，鬻其所画《村田乐》、《常酣图》之类，仅可娱俗眼耳"。② 而各地来都城临安的举子们，也趁进京赶考的时机，进行一些商业活动，赚一点路费。如《西湖老人繁胜录》载："遇补年，天下待补进士，都到京赴试。各乡奇巧土物，都担戴来京都货卖，买物回程。都城万物皆可为信。"《梦粱录》也曰："此科举试三年一次，到省士人不下万余人，骈集都城，铺席买卖如市。俗语云：'赶试官生活，应一时之需耳。'"③针对这一现象，有人批判道：

> 臣闻风俗之厚薄，上之人实为之。故士大夫不言风俗，以风俗自士大夫出也。西汉有一孔光、张禹，便能化其风俗为柔谀。东汉有一李固、杜乔，便能化其风俗为沽激。虽沽激与谀柔不同，而其失一也。今天下风俗亦弊矣，知有利禄而不知有名节，知有权势而不知有义理，蝇营狗苟惟得之趋。推其受病之源，盖必有任其责者。夫一念私意，起于芽蘖之微耳。然而推是心以往，则贪爵慕禄，而宁负天子矣。简贤附势，而不恤清议矣。义利之界限可不谨哉！而世之士大夫，方且有为吏商而舳舻相衔，以坏朝廷之钞法者；方且有为驵侩而市井交关，以亏朝

---

① 《宋会要辑稿》食货一八之二五。

② 夏文彦：《图绘宝鉴》卷四，文渊阁《四库全书》本。

③ 《梦粱录》卷二《诸州府得解士人赴省闱》，第10页。

廷之楮令者;方有为城狐社鼠而浆酒藿肉、囊金柜帛,以渔猎朝廷之百姓者。此士大夫心髓之病,非针艾所能达,药石所能疗也。惟在陛下清心寡欲,以神化转移之耳。①

至于平民百姓从商的浪潮更是风起云涌,他们“命其子若孙,倚市门,坐贾区,俯取仰给,争锥刀之末,以滋贮储”。② 诗人梅圣俞《村豪》一诗便描述了这一景象:“日击收田鼓,时称大有年。烂倾新酿酒,饱载下江船。女髻银钗满,童袍翠氍鲜。里胥休借问,不信有官权。”③

佛寺中的僧尼也受到了全民经商之风的冲击,他们明目张胆地加入到商人、高利贷者的行列,“或贮积谋利,坐列市贩,赋役不及”。④ “甚或破戒律,私妻子,近屠沽市贩”。⑤ 对此,宋代高僧居简也不得不承认:“僧者,佛祖所自出。今也,货殖贤,不肖无禁。”⑥

二、“好贾”的杭州人

两浙地区素有“好贾”的风俗,⑦而作为两浙地区中心所在的杭州更是如此。周淙在《乾道临安志》风俗中说,杭人“善于图利”,“习俗浮薄,趋利而逐末,顾虽有良子弟,或沦于工商释老之业,曾不知师儒之道尊,而仁义之术胜也”。北宋时,杭州“俗习工巧,邑屋华丽,盖十余万家。环以湖山,左右映带。而闽商海贾,风帆浪舶,出入于江涛浩渺、烟云杳霭之间,可谓盛矣”⑧。时人强至《送药王圆师》一诗就对杭州的僧人唯利是图的商业行为作了无情的鞭挞:

---

① 方岳:《秋崖集》卷一八《代范丞相奏》,文渊阁《四库全书》本。

② 范俊:《香溪集》卷二二《张府君墓志铭》,文渊阁《四库全书》本。

③ 《宛陵集》卷三三,文渊阁《四库全书》本。

④ 《乐全集》卷一五《原蠹中篇》,文渊阁《四库全书》本。

⑤ 《斐然集》卷二〇《丰城县新修智度院记》,文渊阁《四库全书》本。

⑥ 《北磵集》卷一〇《夷禅师塔铭》,文渊阁《四库全书》本。

⑦ 韩元吉:《南涧甲乙稿》卷一七《贾说》,文渊阁《四库全书》本。

⑧ 欧阳修:《居士集》卷四《有美堂记》,载《欧阳修全集》,第281页。

吴僧甚商贾，嗜利角毫芒。
或以医自业，利心剧虎狼。
今时愚鄙人，平居悭私囊。
寒饿来求仁，一毫不肯将。
不幸病且亟，呼医计仓忙。
惟医所欲求，万金弗较量。
吴僧业医者，十室九厚藏。
张口待人哺，喋喋厌酒粱。
求其不尔徒，萧丛拣兰芳。①

这种现象至南宋时更为习以为常了，据统计，南宋都城临安有二十余万人从事工商业活动，约占城区居民总人数的三分之一左右，②以至当时还流行着这样一句俚语："欲得官，杀人放火受招安；欲得富，赶著行在卖酒醋。"③《马可波罗行纪》也载："城中有商贾甚众，颇富足，贸易之巨，无人能言其数。"④

当时各行各业竞相以经商为尚，陆游《夜泛西湖示桑甥世昌》一诗就鞭挞了临安僧人嗜利经商的现象：

嗟我客上都，忽已见暮春。
骑马出暗门，眯眼吹红尘。
西湖商贾区，山僧多市人。
谁令污泉石，只合加冠巾。
黄冠更可憎，状与屠沽邻。
齁齁酒肉气，吾辈何由亲。
少须一哄散，境寂鸥自驯。⑤

① 强至：《祠部集》卷一，文渊阁《四库全书》本。
② 参见徐吉军《宋代都城社会风尚初探》，载《浙江学刊》1989年第6期。
③ 庄绰：《鸡肋编》卷中，中华书局1983年版，第67页。
④ 《马可波罗行纪》，第571页。
⑤ 《剑南诗稿》卷一七，载《陆游集》，第503页。

在杭州，还出现了妇女普遍经商的现象。曾先后任杭州通判、知府的苏轼，在《书林逋诗后》中对杭州妇女的经商状况作过描写：

吴侬生长湖山曲，呼吸湖光饮山绿。
不论世外隐君子，佣儿贩妇皆冰玉。①

南宋时，临安妇女经商的现象更是层出不穷。叶适就曾作诗歌颂一位开酒店的女掌柜——朱娘，他在诗中曰：

忆昔剪茅长桥滨，朱娘酒店相为邻。
自言三世充拍户，官抛万斛嗟长贫。
母年七十儿亦老，有孙更与当垆否？
后街新买双白泥，准拟设媒传归好。
由来世事随空花，成家不了翻破家。
城中酒徒犹夜出，惊叹落月西南斜。
桥水东流终到海，百年糟丘一朝改。
无复欢歌撩汝翁，回首尚疑帘影在。②

第二节　商业与贸易的迅猛发展

南宋临安不仅是全国最大的手工业中心，而且也是最为繁华的商业城市。《梦粱录》卷一三《两赤县市镇》条曰："杭为行都二百余年，户口蕃盛，商贾买卖者十倍于昔，往来辐辏，非他郡比。"又，卷一九《塌房》云："柳永咏钱塘词曰：'参差十万人家。'此元丰前语也。自高庙车驾由建康幸杭，驻跸几近二百余年，户口蕃息近百万余家。杭城之外城，南西东北各数十里，人烟生聚，民物阜蕃，市井坊陌，铺席骈盛，数日经行不尽，各可比外路一州郡，

① 《苏轼诗集》卷二五，第1343－1344页。
② 叶适：《水心文集》卷六《朱娘曲》，载《叶适集》，中华书局1961年版，第56页。

足见杭城繁盛矣。"耐得翁《都城纪胜》序:"圣朝祖宗开国,就都于汴,而风俗典礼,四方仰之为师。自高宗皇帝驻跸于杭,而杭山水明秀,民物康阜,视京师其过十倍矣。虽市肆与京师相侔,然中兴已百余年,列圣相承,太平日久,前后经营至矣,辐辏集矣,其与中兴时又过十数倍也。"

具体来说,临安商业的繁荣反映在以下几个方面:一是城内外店铺林立;二是商品琳琅满目;三是买卖昼夜不绝。

一、城内外店铺林立

南宋临安的商业完全突破了传统的坊市制度,"自大街及诸坊巷,大小铺席,连门俱是,即无虚空之屋"①。居民密集的闹市区更是店铺林立,仅御街中段有店名可考的大店就达一百二十余家②。《都城纪胜·诸行》便列举了一些:

> 都下市肆,名家驰誉者,如中瓦前皂儿水、杂卖场前甘豆汤,如戈家蜜枣儿、官巷口光家羹、大瓦子水果子、寿慈宫前熟肉、钱塘门外宋五嫂鱼羹、涌金门灌肺、中瓦前耿家羊饭、彭家油靴、南瓦宣家台衣、张家团子、候潮门顾四笛、大瓦子丘家筚篥之类。

是时,长达数千米的御街,已经形成了多个商业中心。耐得翁《都城纪胜·市井》载:"自大内和宁门外,新路南北,早间珠玉珍异及花果时新海鲜野味奇器天下所无者,悉集于此;以至朝天门、清河坊、中瓦前、灞头、官巷口、棚心、众安桥,食物店铺,人烟浩穰。"吴自牧《梦粱录》卷一三《团行》也载:"大抵杭城是行都之处,万物所聚,诸行百市,自和宁门杈子外至观桥下,无一家不买卖者。"这种现象,即连"坊巷桥门及隐僻去处,俱有铺席买卖"③。陆游"近坊灯火如昼明,十里东风吹市声"的诗句,就是生动的描述。④

---

① 《梦粱录》卷一三《铺席》,第117页。

② 据《梦粱录》卷一三《铺席》统计。

③ 《梦粱录》卷一六《鲞铺》,第150页。

④ 《剑南诗稿》卷二一《夜归砖街巷书事》,载《陆游集》,第600页。

二、商品琳琅满目

南宋临安不仅城内外店铺林立，而且品种也十分齐全，品类繁多。葛澧《钱塘赋》描述云：

> 江帆海舶，蜀商闽贾，水浮陆趋，联樯接武。红尘四合，骈至丛贮。矗栄 ，挥袂风举。息操倍蓰，功辨良苦。乃有安康之麸金白胶，汝南之蓍草龟甲。上党之石蜜赀布，剑南之缟纻笺锦。其他球琳琅玕，铅松怪石，玭珠栿丝，杶干栝柏，金锡竹箭，丹银齿革，林漆丝枲，蒲鱼布帛。信都之枣，固安之栗，暨浦之三如，奉化之海错，奇名异状，夥够堆积。贸易者莫详其生，博洽者畴克遍识。①

这些商品，从产地来说，既有本地所产的，也有来自本国其他地区的，甚至是异国他乡的舶来品，可以说这里是国家市场或国际市场。从其生产属性来说，既有官府组织生产的，也有大量民间私营的。从时间上来看，既有当时生产的，也有前朝，甚至是三代时期的。从商品的使用功能来看，既有吃的，也有穿的、用的、玩的。从商品的自然属性来看，既有山珍，也有海味……真可谓中外珍异宝物、古今奇器精品、宫廷玩好、民间日用百货，一应俱全了。

以市民日常所食的米为例，其品种极其丰富，仅本地产就有早占城、红莲、礌泥乌、雪里盆、赤稻、黄籼火、杜糯、光头糯、蛮糯等九种②。至于从淮南、广南等地输入的商品粮品种，则更加丰富了。质量则分为数等，如早米、晚米、新破砻、冬舂、上等白米、中色白米、红莲子、黄芒、上秆、粳米、糯米、箭子米、黄籼米、蒸米、红米、黄米、陈米等。③

豆的品种也不少，仅本地所产的就有：大黑、大紫、大白、大黄、大青、白扁、黑扁、白小、赤小、绿豆、小红、楼子红、青豌、白眼、羊眼、白缸、白豌、刀豆

① 王国平主编：《西湖文献集成》第14册，杭州出版社2004年版，第67页。

② 《梦粱录》卷一八《物产·谷之品》，第162页。

③ 《梦粱录》卷一六《米铺》，第148－149页。

一十八种。①

蔬菜的原料也是极其丰富。《西湖老人繁胜录》云都城临安"蔬菜一年不绝",仅一月份就有"台心菜、黄芽菜、矮菜、甘露子、菠菜、芋头、芋奶、山药之类,葱韭尤多"。而《梦粱录》卷一八《物产·菜之品》所载,有苔心野菜、矮黄、大白头、小白头、夏菘、黄芽、芥菜、生菜、菠 菜、莴苣、苦荬、葱、薤、韭、大蒜、小蒜、紫茄、水茄、梢瓜、黄瓜、葫芦、冬瓜、瓠子、芋、山药、牛蒡、茭白、蕨菜、萝卜、甘露子、水芹、芦笋、鸡头菜、藕条菜、姜、姜芽、新姜、老姜、菌等数十种。众多的蔬菜品种,为临安蔬菜类菜肴的制作创造了良好的条件。据文献记载,临安的蔬菜类菜肴名目繁多,当在百种以上,其中仅《武林旧事》卷六《菜蔬》中就列举了姜油多、薤花茄儿、辣瓜儿、倭菜、藕鲊、冬瓜鲊、笋鲊、茭白鲊、皮酱、糟琼枝、莼菜笋、糟黄芽、糟瓜齑、淡盐齑、鲊菜、醋姜、脂麻辣菜、拌生菜、诸般糟腌、盐芥二十道蔬菜菜肴。

居民食用的水产品种类多达数十种,有的种类还可细分数以十计的小品种。如以鲞铺所售的鱼鲞名件为例,有:郎君鲞、石首鲞、望春、春皮、片鳓、鳓鲞、鳘鲞、鲭鲞、鳗条弯鲞、带鲞、短鲞、黄鱼鲞、鲭鱼鲞、鱿鲞、老鸦鱼鲞、海里羊,更有海味,如酒江瑶、酒香螺、酒蛎、酒蛣龟脚、瓦螺头、酒垅子、酒鲴鲎、酱蜮蛎、锁官蜮、小丁头鱼、紫鱼、鱼膘、蚶子、鲭子、魭子、海水团、望潮卤虾、蜮鲚鲞、红鱼、明脯、鲭干、比目、蛤蜊、酱蜜丁、车螯、江蠘、蚕蠘、鳔肠等类。与此同时,铺中亦兼卖大鱼鲊、鲟鱼鲊、银鱼鲊、饭鲊、蟹鲊、淮鱼干、蟛蚏、盐鸭子、煎鸭子、煎鲚鱼、冻耍鱼、冻鱼、冻鲞、炙鲠、炙鱼、粉鳅、炙鳗、蒸鱼、炒白虾。②

水果的品种也较过去有了大幅度的增多,其中仅《梦粱录》卷一八《物产·果之品》所载本地出产的水果,就有橘、橙、梅、桃、李、杏、柿、梨、枣、莲、瓜、藕、菱、林檎、枇杷、木瓜、樱桃、石榴子、杨梅、葡萄、鸡头、银杏、栗子、甘蔗等二十四种。此外,临安还有许多种从外地进口的水果,如《西湖老人繁胜录》"食店"条中所载时果有"罗浮橘、洞庭橘、花木瓜、余甘子、赏花甜、亢

---

① 《梦粱录》卷一八《物产》,第162页。

② 《梦粱录》卷一六《鲞铺》,第150页。

堰藕、青沙烂、陈公梨、乳柑、鹅梨、甘蔗、温柑、橄榄、匾橘、香枨”。这些水果均非本地所产，全部从外地进口。具体来说，主要有：广东的椰子，福建的柑橘、军庭李、荔枝、圆眼，温州的蜜柑，黄岩的乳柑，越州的樱桃，奉化项里的杨梅，苏州的洞庭橘、蜜林檎、韩墩梨，建康的枣，罗浮的橘，泽州的饧，太原的葡萄，密云的柿，陈州的果子，等等。甚至还有一些来自海外或者本地引种的水果，如番梓桃、番葡萄、胡桃、新罗葛之类。①

蜜饯和糖饯的品种比较丰富，《西湖老人繁胜录》载南宋临安食店中提供的这类产品有：

> 蜜煎：蜜金橘、蜜木瓜、蜜林檎、蜜金桃、蜜李子、蜜木弹、蜜橄榄、昌园梅、十香梅、蜜枨、蜜杏、珑缠茶果。糖煎尤多，担杖抬木架子：香药灌肺、七宝科头、杂合细粉、水滑糍糕、玲珑划子、金铤裹蒸、生熟灌藕、水晶炸子、筋子膘皮、乳糖鱼儿、美醋羊血、澄沙团子、天花饼、皂儿膏、宜利少、煎鸭子、酿栗子、莲子肉、爊肝肉、望口消、蜜枣儿、兔耳朵、酥枣儿、重剂枣、糖寿带、酸红藕、宝索儿、玉柱糖、泽州饧、玉消膏、乌梅膏、韵梅膏、薄荷膏、香枨膏、橘红膏、糖乌李、杨梅糖、法豆、轻饧。

冷饮在临安称作“凉水”，主要供市民在夏季饮用。据《武林旧事》卷六“凉水”条及《西湖老人繁胜录·诸般水名》等记载，当时的冷饮食品有甘豆汤、椰子酒、绿豆水、漉梨浆、卤梅水、姜蜜水、木瓜汁、江茶水、沆瀣浆、梅花酒、皂儿水、衮苏饮、缩脾饮、沉香水、荔枝膏水、苦水、香薷饮、五苓大顺散、紫苏饮、白水、乳糖真雪等二十多种。

临安市场上名酒荟萃，品种繁多。据文献记载，临安流行的名酒有：蔷薇露、流香（一作内府流香）、宣赐碧香、思春堂、凤泉（一作殿司凤泉）、香羔儿酒、进酥酒、羔儿法酒、两殿酒、雪浸白酒、醽醁沉香酒、无灰酒、玉练槌、有

---

① 《梦粱录》卷一二《江海船舰》云：“其浙江船只，虽海舰多有往来，则严、婺、衢、徽等船多尝通津买卖往来，谓之长船等只，如杭城柴炭、木植、柑橘、干湿果子等物，多产于此数州耳。”卷一六《分茶酒店》：“四时果子：……福柑……福李、台柑、洞庭橘……衢橘……又有陈州果儿、密云柿……”又，《西湖老人繁胜录》云：“罗浮橘、洞庭橘……温柑。”（载《南宋古迹考》第104页）

美堂、中和堂、黄华堂、雪醅、雪腴、真珠泉、珍珠泉、皇都春、常酒、和酒、藩葑府第酒、供给酒、龙游、太常、夹和、步司小槽、兰陵、皇华堂、爰咨堂、琼花露、六客堂、齐云清露、双瑞、爱山堂、得江、留都春、静治堂、十洲春、玉醅、海岳春、筹思堂、清若空、蓬莱春、第一江山、江山第一、北府兵厨、锦波春、浮玉春、秦淮春、银花、清心堂、丰和春、蒙泉、萧酒泉、金斗泉、思政堂、龟峰、错认水、谷溪春、庆远堂、清白堂、蓝桥风月、紫金泉、庆华堂、元勋堂、眉寿堂、万象皆春、济美堂、胜茶等六七十种。这些名酒分别来自扬州、湖州、苏州、秀州、越州、镇江、建康、温州、严州、常州、衢州、婺州、兰溪等地,几乎囊括了南宋各地的名酒。除上述这些以粮食酿制的黄酒外,临安市场上还有北方产的葡萄酒出售。

三、买卖昼夜不绝

南宋临安店铺的营业时间,已完全突破了过去"以午时击鼓二百下而众会,日入以前七刻击钲三百下散"①规定,"杭城大街,买卖昼夜不绝,夜交三四鼓,游人始稀;五鼓钟鸣,卖早市者又开店矣"②。而一些位居热闹区的饮食店,更是"通宵买卖,交晓不绝"。《梦粱录》卷一三《天晓诸人出市》载道:"最是大街一两处面食店及市西坊西食面店,通宵买卖,交晓不绝。缘金吾不禁,公私营干,夜食于此故也。"陆游有诗曰:

随计当时入帝城,笙歌灯火夜连明。
宁知六十余年后,老眼重来看太平。③

---

① 《唐会要》卷八六《市》,上海古籍出版社 1991 年版,第 1874 页。
② 《梦粱录》卷一三《夜市》,第 119 页。
③ 《剑南诗稿》卷五三《绍兴癸亥,余以进士来临安,年十九。明年上元,从舅光州通守唐公仲俊招观灯。后六十年嘉泰壬戌,被命起造朝。明年癸亥,复见灯夕游人之盛,感叹有作》,载《陆游集》,第 1293 页。

第三节　会子的流通

一、会子的创始与发行

商业的发展,需要大量的钱币作为流通手段。但金属的钱币携带不便,这样便需要用轻便的货币来代替。北宋时,在川陕一带首先出现了携带方便的钱券——"交子",这是世界上最古老的纸币。不久,这种纸币在河东、京西、京东诸路迅速流通开来。

大约到北宋末年,首都开封出现了寄附钱物会子,并且"诸色人多将京城内私下寄附钱物会子之类出城及于外处行使"。至绍兴五年(1135),便钱会子已在临安市场上确立了自己的权威——信用,并使得专制帝王的权威屈服。如《建炎以来系年要录》卷九三"绍兴五年九月乙酉"条说:"诏临安府在城寄附充(兑)便钱会子,毋得出门;仍依在京小平钱法立定刑名,用守臣梁汝嘉请也。都人不以为便,翌日遽罢之。"这是现存史籍关于便钱会子最早的记载。日本著名的中国经济史专家加藤繁在论述东南会子的由来时,认为"在临安的叫做寄附兑便钱会子中,此外还有一种,就像初期的交子那样,存钱,开出存钱的票证,作为代替现钱使用的一种票据。由于绍兴末年临安府发行的会子是模仿民间的会子发行的,可以推定它的存在",并断言:"临安府的会子制度就是模仿其中之一的钱票而创立起来的。"①

绍兴六年(1136)二月甲辰,南宋朝廷为了适应形势的需要,根据都督行府主管财用张澄的建议和请求,在临安府成立交子务,"依四川法造交子,与见缗并行"。在宋廷正式决定推向全国以前,已先在江淮地区发行了三十万贯。不久,正式任命了监官,以右朝奉大夫王约监行在交子务。另外,发行

---

① [日]加藤繁:《交子、会子、关子的语意》,载《中国经济史考证》第2册(中译本);刘森:《宋代会子的起源及其演变为纸币的过程》,载《中州学刊》1993年第3期。

一百五十万缗充籴本,“将悉行东南焉”。五月乙酉,改为关子。[①] 这种楮币,时人称为“和籴本钱交子”,行用于两浙、江东、江西。[②]

但到绍兴末年,临安城内一些市民“复私置便钱会子,豪右主之”[③],富商豪强为他们作后盾,在都城内外市场上使用。有鉴于此,临安知府钱端礼将私营会子收归官营。[④] 绍兴三十一年(1161)二月丙辰,统治者置行在会子务,专门管理与正式发行会子,由权户部侍郎兼临安知府钱端礼负责。[⑤] 会子务隶属榷货务都茶场,下设六个分支机构。[⑥] 朝廷吸取民间私会的经验,“体仿民间寄附会子印造官会,张官置吏,论建渐广”。[⑦] 这种官会,一开始在临安府“城内外与铜钱并行”。[⑧] 先印发一千文、二千文、三千文三种定额的会子,流通市场,时称为“东南会子”。后来,又相继增印二百文、三百文、五百文三种会子。行用范围扩及整个东南地区,从而使其由一种地方性流通的纸币一跃而成为全国性流通的纸币。[⑨]

会子之名在纸币会子产生之前很久就已存在,它往往作为一种文字凭证被使用。而至此则发展为一种结算凭证,通俗地讲,过去纳税后给的是正式收据,现在则是一个结算凭证。[⑩] 它的发行,毫无疑义是宋代商品经济发展的结果,也是临安商业繁华的表现与标志,有力地促进了临安商业的发展。

会子在初期发行较为顺利,戴埴《鼠璞》卷上《楮券源流》对此作了记载:

---

① 《系年要录》卷九八,绍兴六年二月甲辰,第1611页。

② 《系年要录》卷一〇一,绍兴六年五月乙酉,第1656页。

③ 《建炎以来朝野杂记》甲集卷一六《财赋三·东南会子》,第361-363页。

④ 《系年要录》卷一八七,绍兴三十年十二月乙巳,第3129页。

⑤ 《建炎以来朝野杂记》甲集卷一六《财赋三·东南会子》,第361-363页。

⑥ 熊克《中兴小纪》卷四〇载:“[绍兴三十一年二月]甲子,诏于都茶场置会子务,仍拨左藏库钱一十万贯为本。时户部侍郎钱端礼经画为六务,出纳制用皆有法焉。”福建人民出版社1985年版,第477页。

⑦ 卫泾:《后乐集》卷一五《知福州日上庙堂论楮币利害札子》,文渊阁《四库全书》本。

⑧ 《系年要录》卷一八七,绍兴三十年十二月乙巳,第3129页。

⑨ 《系年要录》卷一八八,绍兴三十一年二月丙辰,第3150页。又《宋史·食货志》云:“会子初行,止于两浙,后通行于淮浙、湖北、京西。除亭户盐本用钱,其路不通舟处,上供等钱许尽输会子;其沿流州军,钱会中半。民间典卖田宅、马牛、舟车等如之;全用会子者听。”

⑩ 汪圣铎:《两宋货币史》,社会科学文献出版社2003年版,第656页。

绍兴间，钱端礼议令榷货务给降诸军见钱公据、关子三百万，及以分数给朝士俸，于市肆要闹处置五场，同见钱收换。每一千别输钱十，以为吏卒用。总不过四百余万。商贾入纳，外郡纲运悉同见钱，无欠数、帖偿、脚乘之费，竞欲得之，有不止用官价者。

乾道初年，会子的发行遇到了比较严重的信用问题。乾道三年正月，度支郎唐(王掾)言："自绍兴三十一年印造会子，至乾道二年七月，共印造二千八百余万贯。止乾道三年正月六日以前，措置收换外，尚有八百余万贯在民间未收。今来诸路纲运依近降指挥并要十分见钱，故州县不许民户输纳会子，致流转不行，商贾低价收买，辐凑行在，所以六务支取拥并喧闹。今欲给降度牒及诸州助教帖各五千道付榷货务，召人依见立价例，全以会子进纳，庶几少息拥并之弊，而会子在民间亦不过数月便可收尽。"为此，朝廷曾决定停止发行，收回已经发行的会子，但中途又改变了主意，并初步采取了一些措施加以解决。"诏先次给降度牒并助教帖各五百道，候出卖将尽，取旨接续给降"。[①] 李心传《建炎以来朝野杂记》就对此作了详细的记载：

乾道初，户部以财匮，增印会子二百万缗。李侍郎(若川)因请官兵廪给减支见钱，岁中可省缗钱二百四十万，上以其动众，难之(原注：二年二月辛未)。时会子初行，军中多以为不便。镇江都统制郭振与总领赵公称有隙，奏乞公称易见缗付本军，上以谕辅臣，洪丞相曰："楮币在处可行，但须得本钱称提乃可。"遂命行之淮东(原注：三月辛亥)。然楮券所出既多，而有司出纳皆用见钱，民不以为便。陈天与(良祐)在谏院，为上言之。先是，已增榷货务入纳会子二分，上谕辅臣，不可失信于民(原注：二年二月癸卯)。三年，遂出南库钱二百万缗，收回所增会子，而命三衙全支银钱。时会子已造者二千八百余万，已用者一千五百六十余万，而在民间者九百八十万缗。始议尽收之，已降内藏、南库银各百万两矣。曾钦道为户部侍郎，乞存民间见在者五百十九万。上

① 《宋史全文》卷二四下《宋孝宗二》，黑龙江人民出版社2005年版。

从之。①

乾道四年(1168),朝廷"以取到旧会毁抹截凿付会子局重造"。新会子以三年为界(期),每界以一千万贯为额,逐期造新换旧。差户部尚书曾怀同共措置,铸提领措置会子库印,依左藏库推赏,其将带经过务场不得收税。②这样,朝廷在没有尽收旧会的情况下,不久又发行了新的会子,且立了界,并决定两界沓行,从而造成了政策上的混乱。《建炎以来朝野杂记》甲集卷一六《东南会子》对朝廷在会子政策上的前后不一作了比较详细的记载:

> 然银直既低,军士患其折阅。殿帅王琪因为执政言之。钦道复请以分数支会子。上不欲。魏丞相曰:"今会子已非前日比。"上乃许之(原注:七月己亥)。先是,谏官陈天与尝言不可失信于民,乞复置会子务。(原注:三月癸亥)蒋参政行丞相事,力主之。其冬,复印新会子五百万(十一月己酉)。四年春,诏诸军、诸司皆分数支会子,德寿宫依旧支见钱,禁中亦分数支会子(原注:三月甲申)。其秋,曾钦道奏:伪造会子人,籍其赀充赏;再犯,依川钱引法。从之(八月癸卯)。五年春,诏以一千万缗为一界,钦道已迁版书,而陈季若以兵部侍郎提领,共奏:乞如川钱引例,两界相沓行使。许之(原注:正月辛酉)。

会子从乾道七年(1171)到嘉熙四年(1240),共发行了十八期。后来,政府又规定十七、十八期会子永远行使。这样,纸币逐渐代替了铜钱,成为主要的交换媒介,这对城市商业的发展起了一定的推动作用。但南宋后期由于政府滥印会子以弥补财政亏损,引起会子不断贬值。如嘉定三年(1210)发行的一千文会子,到嘉熙四年(1240)时只能换五十文,三十年内贬值了十九倍。这不仅严重影响到农民、工匠和小商小贩等下层市民的生活,也使南宋的经济发展受到严重阻碍。洪迈《容斋三笔》载曰:

> 官会子之作,始于绍兴三十年,钱端礼为户部侍郎,委徽州创样撩

---

① 《建炎以来朝野杂记》甲集卷一六《东南会子》,第361-362页。

② 《文献通考》卷九《钱币考二·历代钱币之制》,第99页。

造纸五十万，边幅皆不剪裁。初以分数给朝士俸，而于市肆要闹处置五场，辇见钱收换，每一千别输钱十，以为吏卒用。商贾入纳，外郡纲运，悉同见钱。无欠数陪偿及脚乘之费，公私便之。既而印造益多，而实钱浸少，至于十而损一，未及十年，不胜其弊。寿皇念其弗便，出内库银二百万两售于市，以钱易楮焚弃之，仅解一时之急，时乾道三年也。淳熙十二年，迈自婺召还，见临安人揭小帖，以七百五十钱兑一楮，因入对言之，喜其复行。天语云："此事惟卿知之，朕以会子之故，几乎十年睡不着。"然是后曩弊又生，且伪造者所在有之。及其败获，又未尝正治其诛，故行用愈轻。迨庆元乙卯，多换六百二十，朝廷以为忧，诏江、浙诸道必以七百七十钱买楮币一道。此意固善而不深思，用钱易纸，非有微利，谁肯为之？因记崇宁四年有旨，在京市户市商人交子，凡一千许损至九百五十，外路九百七十，得贸鬻如法，毋得辄损，愿增价者听。盖有所赢缩，则可通行，此理固易晓也。①

会子在南宋的使用，虽然有不尽意的地方，但其意义不可低估，正如当时朝野上下舆论认为的，会子"省脚乘"，②"一夫可以赍千万缗，而无关津讥征之患，无变易轻货之劳，其于民亦可谓便矣"。③

二、会子在临安的使用

南宋官方收纳接受会子，据汪圣铎研究，主要有两方面，一是赋税，二是禁榷货物算请。榷货算请是以官民交易的形式寓税于利，是一种变相的税收。宋代禁榷货物以盐、茶、香、矾为主，南宋时期约占财政总收入的四分之一，特别是其收入基本上都是货币，对国家有举足轻重的作用。另外，算请榷货的都是商人，如果国家不允许算请榷货时使用楮币，那么会子就很难在商业活动中流通，会子代替铜钱的功能就受到很大的削弱。所以，允许算请

① 洪迈：《容斋随笔·三笔》卷一四《官会折阅》，上海古籍出版社 1978 年版，第 584－585 页。
② 吴泳：《鹤林集》卷一五《乾淳讲论会子五事》。
③ 林駉：《古今源流至论》续集卷四《楮币》。

榷货使用会子，是会子能代钱流通的一个必要条件。①

统治者还对会子的使用采取鼓励的措施，免税就是其中之一项。如《庆元条法事类》卷三六《商税》载："乾道四年五月五日，敕：客旅与诸色人将带会子经过场务不得收纳税钱，亦不得别作名目骚扰，如违，许客旅越诉。"在统治者的极力提倡下，会子得到了商人们的喜爱。淳熙二年（1175），大臣龚茂良曾对宋孝宗说："闻得商旅往来贸易，竟用会子，一为免商税，二为省脚乘，三为不复折阅。由此观之，会子可谓流通。"②

会子在临安的使用主要集中在盐、茶、香、矾等。如乾道五年（1169）"令行在榷货务、都茶场将请算茶、盐、香、矾钞引，权许收换第一界，自后每界收换如之"。③ 乾道九年（1173）五月二日，杨倓又言："乞将行在榷货务都茶场算请茶盐内，六分轻赍许用关子三贯外，并用四分本色银两，余听用余银，会子从便入纳。余并依见行条法。"④嘉泰四年（1204）三月一日，诏令"临安、建康条场发卖淮浙盐钞，自嘉泰四年四月一日为始，除盐仓合纳钱依旧外，每袋于务场合纳钱数内各减二贯文，内临安五分金并以会子入纳"。⑤

对于破损的会子，临安府曾通过卖酒、征收商税等方式回收。如淳祐十年（1250）十月壬申诏："给度牒千道，下临安府易民间两界破会。"⑥淳祐末年（1241－1252），兼知临安府颜颐仲"被旨入对"，宋理宗问他："近日破楮少否？"颜回答："检点所卖酒，以十分为率，二分用破楮，税务亦行用。"⑦宝祐三年（1255）正月甲子，"上谕辅臣马光祖措置铜钱旧楮如何？［谢］方叔等奏：以盐收敝楮已合事宜，但钱未流通耳"。⑧ 同年二月乙酉，"诏以告身、祠牒、新会、香、盐，命临安府守臣马光祖收换两界旧弊会子"⑨。九月乙卯，"上

---

① 汪圣铎：《两宋货币史》，社会科学文献出版社 2003 年版，第 686 页。
② 《鹤林集》卷一五《乾淳讲论会子五事》。
③ 《宋史》卷一八一《食货志下三·会子》，第 4407 页。
④ 《宋会要辑稿》食货二七之四二。
⑤ 《宋会要辑稿》食货二八之四九至五〇。
⑥ 《宋史全文》卷三四。
⑦ 《后村先生大全集》卷一四三《宝学颜尚书神道碑》，《四部丛刊》初编本。
⑧ 《宋史全文》卷三五。
⑨ 《宋史》卷四四《理宗纪》，第 854－855 页。

曰:楮币何以救之?[董]槐奏:‘以临安府酒、税专收破会,解发朝廷,逐旋焚毁,官司既可通融,民间自然减落。’上然之曰:‘朝廷以为重则人自厚信。’”①宝祐四年(1256)十月癸亥,出封桩库新钱兑便以济民用。② 宝祐六年(1258)九月丁卯,“诏出平粜仓米二万九千九百石有奇赈粜,以收弊楮。己巳,诏京城弊楮不堪行用,于封桩库支拨两界好会,尽数收换”。③

① 《宋史全文》卷三五。
② 《宋史全文》卷三五。
③ 《宋史全文》卷三五。

第九章 市 场

第一节 城镇市场的分布

南宋临安城郊出现了许多商业繁盛的镇市，据《都城纪胜·坊院》所云，“城之南西北三处，各数十里，人烟生聚，市井坊陌，数日经行不尽，各可比外路一小小州郡，足见行都繁盛”。又据《梦粱录》卷一三《两赤县市镇》载，临安府城外有浙江市、北郭市、江涨东市、湖州市、江涨西市、半道红市、西溪市、赤山市、龙山市、安溪市、范铺镇市、汤村镇市、临平市、南土门市、北土门市十五个镇市，它们在临安城外的分布位置为：

浙江市，在嘉会门外，距钱塘县十一里。

北郭市，在余杭门（北关门）外，距钱塘县二里。在这十五个镇市中，北郭市最为繁盛，“商贾骈集，物货辐凑，公私出纳与城中相若，车驰毂击，无间昼夜”。① 税收高达十万零八百九十贯四百四十三文。

江涨桥镇市，距钱塘县八里。江涨桥市的繁华虽不及北郭市，但也发展迅速，已从北宋时的一市，以桥为界，分为东西两市。其税收，北宋时每年仅为二千八百零五贯；至南宋时则成倍增加。以淳祐年间（1241－1252）的税

① 冯檝：《中兴永安桥记》，《咸淳临安志》卷二一《疆域六·桥道》，载《宋元方志丛刊》，第3567页。

收为例,为四万五千零十七贯六百四十七文。

湖州市,距钱塘县五里。陆游有《送客至湖州市》诗述及其地景色:

偶驾鸡栖送客行,迢迢十里出关城。
谁知小市萧条处,剩有丰年笑语声。
聊借野风吹醉颊,更凭陂水濯尘缨。
故庐想见春回近,邻曲家家已遍耕。①

西溪市,在西溪,距钱塘县二十五里。

赤山市,在惠因市北教场南,距钱塘县十里。

龙山市,在江儿头,距钱塘县十五里。龙山税务为三万六千九百六十八贯九百零一文。②

安溪市,安溪镇前,距钱塘县五十五里。

半道红市,距钱塘县四里。

江涨桥头市,在余杭门外,距仁和县七里。

范浦镇市,在艮山门外范浦镇,去仁和县四里。

汤村镇市,在安仁东乡汤村,去仁和县四十一里。

北土门市,在东青门外,去仁和县三里。

南土门市,在城东崇新门外,去仁和县四里。

临平镇市,在临平镇,距仁和县五十七里。③

第二节　市场的类型

临安城内的商业市场也极其繁荣,其发展水平远远超过了北宋都城开封。《马可波罗行纪》描述道:

---

① 《剑南诗稿》卷五二,载《陆游集》,第1281页。
② 《咸淳临安志》卷五九《贡赋·商税》,载《宋元方志丛刊》,第3886页。
③ 《咸淳临安志》卷一九《疆域四·市》,载《宋元方志丛刊》,第3550页。

城中有大市十所，沿街小市无数，尚未计焉。大市方广每面各有半哩，大道通过其间。道宽四十步，自城此端达于彼端，经过桥梁甚众。此道每四哩必有大市一所，每市周围二哩，如上所述。市后与此大道并行，有一宽渠，邻市渠岸有石建大厦，乃印度等国商人挈其行李商货顿止之所，利其近市也。

每星期有三日，为市集之日，有四五万人挈消费之百货来此贸易。①

当时的临安，不仅有白天开市的日市，而且还出现了早市、夜市、季节市、专业市等不同类型的市场。

一、早市和日市

（一）早市

早市是指清晨开市的市场，在宋代又称为晓市。这种市场在临安遍布城市内外，为数众多。《梦粱录》卷一三《天晓诸人出市》载：

每日交四更，诸山寺观已鸣钟，庵舍行者头陀，打铁板儿或木鱼儿沿街报晓，各分地方……御街铺店，闻钟而起，卖早市点心，如煎白肠、羊鹅事件、糕、粥、血脏羹、羊血、粉羹之类。冬天卖五味肉粥、七宝素粥，夏天卖义粥、馓子、豆子粥。又有浴堂门卖面汤者，有浮铺早卖汤药二陈汤，及调气降气并丸剂安养元气者。有卖烧饼、蒸饼、糍糕、雪糕等点心者。以赶早市，直至饭前方罢。及诸行铺席，皆往都处，侵晨行贩。和宁门红杈子前买卖细色异品菜蔬，诸般嗄饭，及酒醋时新果子，进纳海鲜品件等物，填塞街市，吟叫百端，如汴京气象，殊可人意。孝仁坊口，水晶红白烧酒，曾经宣唤，其味香软，入口便消。六部前丁香馄饨，此味精细尤佳。早市供膳诸色物件甚多，不能尽举。自内后门至观桥下，大街小巷，在在有之，不论晴雨霜雪皆然也。

临安市民喜欢逛早市，陈起在《买花》一诗中就表露了他逛早市的快乐

① 《马可波罗行纪》，第579页。

心情：

今早神清觉步轻，杖藜聊复到前庭。
市声亦有关情处，买得秋花插小瓶。①

(二)日市

日市是指早上天亮开门营业、直到傍晚天黑才闭市的市场。一般为坐商店铺集中的市场，多沿城市中主要街区设置。

这种整个白天正常开业的店铺在临安城内外极其繁多。《梦粱录》卷一三《铺席》载："自大街及诸坊巷，大小铺席，连门俱是，即无虚空之屋。每日清晨，两街巷门，浮铺上行，百市买卖，热闹至饭前，市罢而收。"

二、夜市

夜市是指晚上开市的市场。一般至日落西山开始，至深夜三四更方才结束。这种市场在临安城内外迅速兴旺起来，成为商业活动不可或缺的一部分。《梦粱录》卷一三《夜市》载：

杭城大街，买卖昼夜不绝，夜交三四鼓，游人始稀；五鼓钟鸣，卖早市者又开店矣。大街关扑，如糖蜜糕、灌藕、时新果子、象生花果、鱼鲜猪羊蹄肉，及细画绢扇、细色纸扇、漏尘扇柄、异色影花扇、销金裙、段背心、段小儿、销金帽儿、逍遥巾、四时玩具、沙戏儿。春冬扑卖玉栅小球灯、奇巧玉栅屏风、捧灯球、快行胡女儿沙戏、走马灯、闹鹅儿、玉梅花、元子槌拍、金橘数珠、糖水、鱼龙船儿、梭球、香鼓儿等物。夏秋多扑青纱、黄草帐子、挑金纱、异巧香袋儿、木犀香数珠、梧桐数珠、藏香、细扇、茉莉盛盆儿、带朵茉莉花朵、挑纱荷花、满池娇、背心儿、细巧笼仗、促织笼儿、金桃、陈公梨、炒栗子、诸般果子及四时景物，预行扑卖，以为赏心乐事之需耳。衣市有李济卖酸文，崔官人相字摊，梅竹扇面儿，张人画山水扇。并在五间楼前大街坐铺中瓦前，有带三朵花点茶婆婆，敲响

① 《江湖小集》卷二八。

盏,撥头儿拍板,大街玩游人看了,无不哂笑。又有虾须卖糖,福公个背张婆卖糖,洪进唱曲儿卖糖。又有担水斛儿,内鱼龟顶傀儡面儿舞卖糖。有白须老儿看亲箭拨闹盘卖糖。有标竿十样卖糖,效学京师古本十般糖。赏新楼前仙姑卖食药。又有经纪人担瑜石钉铰金装架儿,共十架,在孝仁坊红杈子卖皂儿膏、澄沙团子、乳糖浇。寿安坊卖十色炒团。众安桥卖澄沙膏、十色花花糖。市西坊卖蚫螺滴酥,观桥大街卖豆儿糕、轻饧。太平坊卖麝香糖、蜜糕、金铤裹蒸儿。庙巷口卖杨梅糖、杏仁膏、薄荷膏、十般膏子糖。内前杈子里卖五色法豆,使五色纸袋儿盛之。通江桥卖雪泡豆儿、水荔支膏。中瓦子前卖十色糖。更有瑜石车子卖糖糜乳糕浇,亦俱曾经宣唤,皆效京师叫声。日市亦买卖。又有夜市物件,中瓦前车子卖香茶异汤,狮子巷口熝耍鱼、罐里熝鸡丝粉、七宝科头,中瓦子武林园前煎白肠、熓肠,灌肺岭卖轻饧,五间楼前卖余甘子、新荔枝,木檐市西坊卖焦酸馅、千层儿,又有沿街头盘叫卖姜豉、膘皮腜子、炙椒、酸㹠儿、羊脂韭饼、糟羊蹄、糟蟹,又有担架子卖香辣罐肺、香辣素粉羹、腊肉、细粉科头、姜虾、海蛰鲊、清汁田螺羹、羊血汤、胡蝱、海蛰、螺头蝱、馉饳儿、斋面等,各有叫声。大街更有夜市卖卦:蒋星堂、玉莲相、花字青、霄三命、玉壶五星、草窗五星、沈南天五星、简堂石鼓、野庵五星、泰来星、鉴三命。中瓦子浮铺有西山神女卖卦,灌肺岭曹德明易课。又有盘街卖卦人,如心鉴及甘罗次、北算子者。更有叫"时运来时,买庄田、娶老婆"卖卦者。有在新街融和坊卖卦,名"桃花三月放"者。其余桥道坊巷,亦有夜市扑卖果子糖等物,亦有卖卦人盘街叫卖,如顶盘担架卖市食,至三更不绝。冬月虽大雨雪,亦有夜市盘卖。至三更后,方有提瓶卖茶。冬间,担架子卖茶,馓子慈茶始过。盖都人公私营干,深夜方归故也。

这种现象,"无论四时皆然"。《西湖老人繁胜录》对夜市扑卖的物品更是作了进一步的说明:"夜市扑卖狼头帽、小头巾抹头子、细柳箱、花环钗朵篋儿头罨、销金帽儿、罗木桶杖、诸般藤作、琉璃炮灯、银丝合子、时文书集、猪胰胡饼、挂屏头屋儿、乌木花梨动使、行灯、香圆、查子、画烛、鱼鲜、头罨、炸藕、红边糍、蜂糖饼。”

有鉴于此，时人撰四六词赞曰：“夜市三更，灿烂楼台之灯火；春风万井，喧阗帘幕之笙歌。”①又，王庭珪诗云：

坐待银蟾上，寒禁酒力加。
霜清群动息，雁过几行斜。
楼角犹吹笛，天街又走车。
客眠终未稳，人语已争哗。②

三、季节市

季节市是适应买卖时令或节日商品的需要而出现的。如宋代成都府每月都有不同的季节市，一月称“灯市”，二月称“花市”，三月称“蚕市”，四月称“锦市”，五月称“扇市”，六月称“香市”，七月称“宝市”，八月称“桂市”，九月称“药市”，十月称“酒市”，十一月称“梅市”，十二月称“桃符市”。这种季节市，由于其所售的商品具有很强的时令性，在节日期间的需求量相当可观，而其他时间却很少有人问津这种商品，所以都集中在一年中的固定季节或节日前夕出售。如每年的“乞巧市”，以卖女人用品为主，北宋司马光《和公达过潘楼观七夕市》就对此作过描述：

织女虽七襄，不能成报章。
无巧可乞汝，世人空自狂。
帝城秋色新，满市翠帟张。
伪物逾百种，烂漫侵数坊。
谁家油壁车，金碧照面光。
土偶长尺余，买之珠一囊。
安知杼轴劳，何物为蚕桑。
纷华不足悦，浮侈真可伤。③

---

① 《新编方舆胜览》卷一《浙西路·临安府》，中华书局2003年版，第24页。
② 王庭珪：《卢溪文集》卷一〇《次韵杨廷秀临安小楼不寐之什》，文渊阁《四库全书》本。
③ 司马光：《传家集》卷三，文渊阁《四库全书》本。

五月初的“鼓扇百索市”，则卖端午节所需的百索、艾花、银样鼓儿、花巧画扇、香糖果子、粽子等。

临安同样存在着这种季节市，灯市和蟋蟀市就是其中的代表。临安灯市，据《武林旧事》卷二《元夕》载：“都城自旧岁冬孟驾回，则已有乘肩小女、鼓吹舞绾者数十队，以供贵邸豪家幕次之玩。而天街茶肆，渐已罗列灯球等求售，谓之灯市。”蟋蟀市，在官巷。开设于秋天。《西湖老人繁胜录》载：“促织盛出，都民好养。”当促织（即蟋蟀）多的时候，“每日早晨，多于官巷南北作市，常有三五十火（伙）斗者，乡民争捉入城货卖，斗赢三两个，便望卖一两贯钱。苕生得大，更会斗，便有一两银卖。每日如此。九月尽，天寒方休”。

此外，临安还有清明市、上巳市等等。《西湖老人繁胜录》载清明节时的市场：“公子王孙、富室骄民踏青游赏城西。店舍经营，辐凑湖上，开张赶趁。”范成大《暮春上塘道中》一诗对此作了描述：

店舍无烟野水寒，竞船人醉鼓阑珊。
石门柳绿清明市，洞口桃红上巳山。
飞絮著人春共老，片云将梦晚俱还。
明朝遮日长安道，惭愧江湖钓手闲。①

上塘河是临安城外重要的运河之一，此诗表述了清明市上都城市民赛龙舟庆祝的习俗。

四、专业市

南宋时，临安城内外出现了米市、菜市、茶市、肉市、珠子市、药市、花市、布市、生帛市、蟋蟀市、象牙玳瑁市、丝绵市、枕冠市、故衣市、衣绢市、卦市等专业市场。下面择要予以介绍。

（一）米市

南宋临安人口众多，最盛时人口多达百万之巨，故每日所需之米数量极其庞大。周密《癸辛杂识》续集上《杭城食米》对此便有论述：“余向在京幕，

① 范成大：《范石湖集·诗集》卷三，第27页。

闻吏魁云:‘杭城除有米之家,仰籴而食凡十六七万人,人以二升计之,非三四千石不可以支一日之用,而南北外二厢不与焉,客旅之往来又不与焉。’”临安的米市,集中在西北余杭门外崇果院黑桥头以及市镇湖州市,新开门外草桥下南街和米市桥,时人统称为“城北米市”①。《梦粱录》卷一六《米铺》载:“本州所赖苏、湖、常、秀、淮、广等处客米到来,湖州市、米市桥、黑桥,俱是米行,接客出粜。”

(二)花市

花市,在御街中段官巷内。官巷即寿安坊,亦称冠巷,可能原作冠巷,以出产冠子著称。后来经营品种增加,逐渐扩大到相关的物品。如《都城纪胜·诸行》载:“大抵都下万物所聚,如官巷之花行,所聚花朵、冠梳、钗环、领抹,极其工巧,古所无也。”由此可以看出,所谓“花”,主要是指人们装饰打扮用的首饰、帽饰、手饰、颈饰、衣饰等物品,因此时人也有称其为假花的。花市中不仅设有作坊专门制作,即所谓“花作”,更设有推销的铺席。据说“最是官巷花作,所聚奇异飞鸾走凤、七宝珠翠、首饰花朵、冠梳及锦绣罗帛、销金衣裙、描画领抹,极其工巧,前所罕有者悉皆有之”。② 从文献记载来看,都城中元宵节时有许多民间舞队,其中以官巷口苏家巷的“二十四家傀儡”最为出色,服饰艳丽,细旦戴着各种精美的花朵和珠翠冠儿。所说“二十四家傀儡”,当是指苏家巷二十四家“花作”的制作。③ 官巷内花市的著名店铺,有飞家牙梳铺,齐家、归家花朵铺,盛家珠子铺,刘家翠铺,马家、宋家领抹销金铺,沈家枕冠铺,等等。④ 官巷还有方梳行、销金行,冠子行,当是由于花市的兴旺,花作和铺席的增多,从中细分出来的。销金是当时流行的一种服饰上的美术工艺,它用金箔或金色线条制成花朵、花边或装饰用的图案。销金行就是专门制作这种销金工艺以及有销金装饰的头巾和服装的,看来当时城中居民很讲究华丽的服饰,因而珠子市和花市的生意十分兴盛。⑤ 后来这

① 《都城纪胜·市井》,载《南宋古迹考》(外四种),第81页。

② 《梦粱录》卷一三《团行》,第115页。

③ 《梦粱录》卷一《元宵》,第3页。

④ 《梦粱录》卷一三《铺席》,第117页。

⑤ 以上参见杨宽《中国古代都城研究》,上海古籍出版社1993年版,第381页。

里叫“花市巷,宋时作鬻花朵者居之”。至元代,花巷寿安坊遭受到了一场空前的浩劫。方回曾有诗详细描述道:

倾国倾城夸美色,千金万金供首饰。
武林城中花巷名,绍兴年前人未识。
亮死瓜洲再讲和,巷名不为栽花窠。
象珠翠玳玉笄外,紫紫红红裁绮罗。
是时永嘉有佳士,叹嗟花巷名太侈。
繁华渐盛古朴衰,书谓乡人非美事。
谁知骜集一朝非,妇鬟女髻弥芳菲。
冠梳簪珥向晓卖,百伪一真无关讥。
戊戌年冬十月十,爇此阛阓成瓦砾。
岂料郁攸再作祟,庚子春残小尽日。
一十六度蓂荚新,两见焦头花巷人。
买卖假花牟厚利,坐此得罪于神明。
君不见,九重一言轩轾易,头白纷纷无忌讳。
人人一朵牡丹春,四海太平呼万岁。①

但到明代,花巷的南宋遗风犹存。田汝成《西湖游览志》便载:“今寿安坊两岸多卖花之家,亦其遗俗也。”②

当然,除上述的假花市场外,都城常见的还有鲜花市场。由于临安人素有种花、赏花、簪花等习俗,因此鲜花贸易非常兴盛。《西湖老人繁胜录》载:临安“城内外家家供养,都插菖蒲、石榴、蜀葵花、栀子花之类,一早卖一万贯花钱不啻。何以见得?钱塘有百万人家,一家买一百钱花,便可见也”。在城内外众多的鲜花市场中,最为著名的一处位于和宁门外。当时的诗人对此多有描述,如杨万里有诗云:

① 方回:《桐江续集》卷二五《三月二十九夜二更,杭火焚花巷寿安坊,至四月一日寅卯止》。
② 《西湖游览志》卷一三《南山分脉城内胜迹·城闉》。

剩雨残风一向颠，花枝酒盏两无缘。
忽逢野老从湖上，担取名园到内前。
芍药截留春去路，鹿葱赶上夏初天。
众红半霎聊经眼，不枉皇州第二年。①

又其《经和宁门外卖花市见菊》诗：

病眼仇冤一束书，客舍葭莩菊一株。
看来看去两相厌，花意索寞恰似无。
清晓肩舆过花市，陶家全圃移在此。
千株万株都不看，一枝两枝谁复贵？
平地拔起金浮屠，瑞光千尺照碧虚。
乃是结成菊花塔，蜜蜂作僧僧作蝶。
菊花障子更玲珑，生采翡翠铺屏风。
金钱装面蜜如积，金钿满地无人拾。
先生一见双眼开，故山三径何独怀。
君不见，内前四时有花卖，和宁门外花如海。②

从杨万里的这两首诗中可以看出，和宁门外的鲜花市场非常繁华，以至诗人用夸张性词句赞美市场“花如海”。花商们为了吸引买家的注意，特别是为了做好宫中的生意，以至不恤血本，大做广告。花商们在营销菊花时节，在平地上堆起了“千尺”高的菊花塔，气势非凡，真可谓流光溢彩，美不胜收；有的则织起了玲珑剔透的“菊花障子”，犹如“生采翡翠铺屏风”，金光灿灿。面对着“金钱装面蜜如积，金钿满地无人拾”的美景，买花、赏花的人纷至沓来，以至花市说不清是花海还是人海。

除杨万里外，陆游、家铉翁等人的诗歌作品中也多提及这个鲜花市场。如陆游《出东城并江而归》：

① 杨万里：《初夏清晓，赴东宫讲堂，行经和宁门外赏花市》，载《宋诗钞》卷七五，第2205页。
② 《诚斋集》卷二三。

上车容假寐，出郭当闲游。
远笛临风起，高帆到岸收。
人归花市路，客醉酒家楼。
径就东窗卧，孤灯欲话愁。①

这首诗中提及的“花市”，当指和宁门外花市。家铉翁同样提及这个花市：

沙河红烛暮争然，花市清箫夜彻天。
客舍风光如昨梦，帝城歌酒又经年。
老僧强作琉璃供，上客先逢玳瑁筵。
不许裴郎同夜饮，新妆月底为谁妍？②

从这首诗歌来看，和宁门外的花市不仅四时皆有，而且早晚都开。家铉翁“沙河红烛暮争然，花市清箫夜彻天”，便是指鲜花夜市。

马塍因是临安最大的鲜花产地，故此在这里也自然而然地形成了一大鲜花批发和零售的市场，其经营规模当在全国首屈一指。方岳《湖上八首》诗之一：

今岁春风特地寒，百花无赖已摧残。
马塍晓雨如尘细，处处筠篮卖牡丹。③

（三）肉市

肉市，实际上是屠宰作坊。当时都城内外街坊到处开设有肉铺，如《梦粱录》卷一六《肉铺》载：“杭城内外，肉铺不知其几，皆装饰肉案，动器新丽。每日各铺悬挂成边猪，不下十余边。如冬年两节，各铺日卖数十边。案前操刀者五七人，主顾从便索唤刲切……至饭前，所挂之肉骨已尽矣。盖人烟稠密，食之者众故也。”但这些肉铺由于“各自作坊，屠宰货卖”，无法满足城市居民庞大的猪肉需要。于是，城内出现了集中宰杀猪再行批发出售的猪肉

---

① 《剑南诗稿》卷五二，载《陆游集》，第1288页。

② 家铉翁：《则堂集》卷六《前岁上元与赵任卿寓临安，追逐甚乐。今年同在建溪，任卿先赴郡席，小雪忽作，且知早筵遂散，独坐无聊，因得二诗却寄》其二，文渊阁《四库全书》本。

③ 方岳：《秋崖小稿》卷一，文渊阁《四库全书》本。

批发中心。修义坊肉市,就是其中的代表。①"巷内两街,皆是屠宰之家,每日不下宰数百口,皆成边及头、蹄等肉",用来分批卖给城内外的面食店、分茶店、酒店、䆉店以及盘街卖熬肉等人,从三更开行上市,到天晓才罢市。②

肉市上的猪肉产品,已经达到了很精细化的程度。为了满足居民的不同需求,铺户们将猪肉分为肉、骨及内脏三大类,三大类中再细分为众多的小类。"且如猪肉名件,或细抹落索儿精、钝刀丁头肉、条撺精、窜燥子肉、烧猪煎肝肉、膂肉、庵蔗肉。骨头亦有数名件,曰双条骨、三层骨、浮筋骨、脊龈骨、球杖骨、苏骨、寸金骨、棒子、蹄子、脑头大骨等。肉市上纷纷,卖者听其分寸,略无错误。"③头、蹄、血、肝、肠、肺、腰子、肚等内脏,时称为"事件"。它们在唐代及其以前是被人们视为下脚料而不被重视,但在南宋都城临安却得到了充分的利用。铺户们利用他们的专业知识,往往将其制作成熟肉产品,使猪肉的利润最大化。如《梦粱录》卷一六《肉铺》载:"更待日午,各铺又市熟食:头、蹄、肝、肺四件,杂蹄爪事件,红白肉等。"毫无疑义,猪肉产品的精细化,一方面提高了产品的附加值,另一方面也有利于猪肉的销售,方便市民的食用。

(四)药市

药市,在小河中段炭桥(即羲和坊内芳润桥),时人称"炭桥药市"。这些药材主要从川广等地运来,如《西湖老人繁胜录》"诸行市"条中所述的"川广生药市",当指此。曾为国子监丞、礼部侍郎等职的度正,长期生活在都城临安,曾对当时的药市作了极其生动细致的描述:

肩舆访药市,散步困两膝。行行初及门,品第已不一。
细阅廊宇下,纷然莫穷诘。席地堆雄附,连盘伫参术。
云乳色晶荧,沈檀气芬苾。溪毛极草莽,水族包虫蛭。
贵者如丹砂,贱者如干漆。苦者如胆矾,甘者如石蜜。
陈者如醯醢,新者如枣栗。来为中国用,往往四夷出。

① 《咸淳临安志》卷一九《疆域四·市》,载《宋元方志丛刊》,第3548页。
② 《梦粱录》卷一六《肉铺》,第150页。
③ 《梦粱录》卷一六《肉铺》,第149页。

海贾冒风涛,蛮商经崒嵂。厚利诱其前,颠沛不遑恤。
小亦挟千钚,多至金百镒。开张自寅卯,收拾过酉戌。
富豪盛僮奴,羸老携儿侄。车马浩骈填,坌然皆迸溢。
晚饮各酩酊,归装满箱帙。人生天地间,禀赋阴阳质。
寒温傥乖误,未免生众疾。至人穷物性,扶世方开术。
春冬别根苗,南北辨枳橘。形色与气味,审订皆具述。
庸夫肆胸臆,妄以甲代乙。瞶瞶莫知诚,十疗宜十失。
念我奉慈亲,春秋垂八秩。仰事则欣欣,退处常栗栗。
尝闻仁者寿,又闻惠迪吉。版舆来三年,清健如一日。
平生读医书,殆未通六七。甘草真国老,盐梅乃良弼。
储蓄以待用,选抡贵纤悉。譬如天未雨,先已营居室。
所以身强健,有若天阴骘。正惟养生外,万宝无所昵。
往年忆曾游,初亦无固必。忽得九老图,如得清庙瑟。
仪冠甚英伟,真是旧名笔。右太师潞公,左司马君实。
弹棋以为戏,一局良未毕。君实思沈吟,心志何专一。
潞公随所应,气貌加闲逸。诸公各注视,袖手观弹击。
焚香与之对,想象见真率。携持恐失堕,固已藏之密。
重来何所见,追叹空唧唧。他年玉局仙,希踪老蓬荜。①

从这首诗中可以看出,设在寺院的药市,堆满了廊庑。药市的开张时间,是“开张自寅卯,收拾过酉戌”,最长可达十一个时辰。这些药材既有新采的,也有陈年的;既有十分名贵的丹砂和参术,也有价格非常低廉的干漆、雄附;既有质量高的,也有质量低劣、甚至是以假充真的……参加药市的,既有来自海外的番客海贾,也有来自国内的富商巨室和小商小贩。他们在药市上认真细致地甄别药材的真假和好坏,并往往讨价还价,最后总是满意地做成了生意,满载而归。

① 度正:《性善堂稿》卷一《步自玉局,会饮于判院涂文廨舍,正得日字》。

（五）灯市

灯市是为元宵节而设的市场。每年元宵节前，临安官巷口至众安桥一带就悬卖各色花灯。《武林旧事》卷二《元夕》载道：

都城自旧岁冬孟驾回，则已有乘肩小女鼓吹舞绾者数十队，以供贵邸豪家幕次之玩，而天街茶肆渐已罗列灯球等求售，谓之灯市。自此以后，每夕皆然。三桥等处客邸最盛，舞者往来最多。每夕楼灯初上，则箫鼓已纷然自献于下。酒边一笑，所费殊不多。往往至四鼓乃还。自此日盛一日。

灯市中汇集了来自全国各地的灯品，《武林旧事》卷二《灯品》就对此作了详细的记载：

灯品至多，苏、福为冠；新安晚出，精妙绝伦。所谓无骨灯者，其法用绢囊贮粟为胎，因之烧缀，及成去粟，则混然玻璃球也。景物奇巧，前无其比。又为大屏，灌水转机，百物活动。赵忠惠守吴日，尝令制春雨堂五大间，左为汴京御楼，右为武林灯市，歌舞杂艺，纤悉曲尽。凡用千工。外此有 灯，则刻镂金珀玳瑁以饰之。珠子灯则以五色珠为网，下垂流苏，或为龙船、凤辇、楼台故事。羊皮灯则镞镂精巧，五色妆染，如影戏之法。罗帛灯之类尤多，或为百花，或细眼，间以红白；号“万眼罗”者，此种最奇。外此有五色蜡纸，菩提叶，若沙戏影灯马骑人物，旋转如飞。又有深闺巧娃，剪纸而成，尤为精妙。又有以绢灯剪写诗词，时寓讥笑；及画人物，藏头隐语，及旧京诨语，戏弄行人。有贵邸尝出新意，以细竹丝为之，加以彩饰，疏明可爱。穆陵喜之，令制百盏，期限既迫，势难卒成，而内苑诸珰，耻于不自己出，思所以胜之，遂以黄草布翦镂，加之点染，与竹无异，凡两日，百盏已进御矣。

（六）书市

据《都城纪胜·市井》记载，书市集中在橘园亭书房。这里经销的书籍，除本地出版的外，还有许多来自全国各地，其中就有建阳版本书籍。当时，朱熹就自豪地说:“建阳版本书籍,行四方者,无远不至。”①来自本地及海内外的人,纷纷至此购求所需的书籍。张镃《买书》诗云:

自笑从来癖,诗书满屋藏。
不充饥鼠喙,即饱蠹鱼肠。
插架牙签整,开编竹简香。
他年林下去,谁与记山房。②

(七)布市

布市,亦称布行,在东南便门外横河头。其贩运至外地的数量极大,这从当时政府颁布的赦文等可以清楚地看到。如绍兴三十二年(1162)六月十三日的一道赦文说:“临安府内外买卖兴贩金银、匹帛、杂物之类,除依省则合收门税外,访闻税务将铺户已卖物色,因所买人漏税及元未经税卖下之物,辄于铺户一例追纳罚钱。”③又,庆元六年(1200)五月七日,中书门下省言:“临安府城内诸行铺户买卖金银、匹帛之类,如系将带出门首,自合于都税务回纳税钱。”④

(八)其他专业市

金银市,在《西湖老人繁胜录》“诸行市”条有记载,据杨宽考证,可能即指御街中段的两行金银盐钞引交易铺。⑤

马市,在马市巷,因南宋时设马市于此而名。⑥

菜市,有两处,一处集中在城东崇新门外南土门市、东青门外菜市桥、坝子桥,概称为“城东菜市”⑦。“盖西门绝无民居,弥望皆菜园。”⑧另一处则在北土门。

---

① 《晦庵集》卷七八《建宁府建阳县学藏书记》。
② 张镃:《南湖集》卷四,文渊阁《四库全书》本。
③ 《宋会要辑稿》食货一八之一。
④ 《宋会要辑稿》食货一八之二二。
⑤ 杨宽:《中国古代都城制度史研究》,第378页。
⑥ 《西湖游览志》卷一三《南山分脉城内胜迹》,第188页。
⑦ 《都城纪胜·市井》,载《南宋古迹考》(外四种),第81页。
⑧ 周必大:《二老堂杂志》卷四《临安四门所出》,载《文忠集》卷一八二。

鱼市，在坝子桥。俞桂《买鱼》诗曰：

芦花荷叶晚秋天，雁影横斜远水连。
频唤买鱼人不应，偷忙撑入怕官船。①

水果市，有数处，其中五间楼专售泉州、福州等地来的糖蜜及荔枝、圆眼等水果。

茶市，在崇新门外南北土门及东青门外坝子桥等处。茶叶多从外地贩运而来，如绍熙五年（1194），临安茶商沈八"偕伴侣三十辈"到常熟贩运。②

柴市，在东南候潮门外下教场门东柴市桥。如《梦粱录》卷七《倚郭城南桥道》载，候潮门外，"下教场门东曰柴市桥"。当时临安市民中流行着这样一句谚语："东门菜，西门水，南门柴，北门米。"③

珠子市，在御街中段融和坊北到市南坊，后又扩到官巷（或名"冠巷"）④。据文献记载，这里的交易数量很大，"如遇买卖，动以万数"。⑤

生帛市，在大河北段盐桥。⑥

卦市，在御街。如《西湖老人繁胜录》载："御街应市，两岸术士有三百余人设肆。"这种卦市的盛行，与临安居民的信仰有关。《马可波罗行纪》载："行在居民风习，儿童诞生，其亲立即记录其生庚日时，然后由星者笔录其生肖。儿童既长，经营商业，或出外旅行，或举行婚姻，须持此纸向星者卜其吉凶。有时所卜甚准，人颇笃信之。此种星者要为巫师，一切公共市场中为数甚众。未经星者预卜，绝不举行婚姻。"⑦此外，还有象牙玳瑁市、丝绵市、枕冠市、故衣市、衣绢市、衣市等等。

---

① 《江湖小集》卷五三。

② 《夷坚志》支庚卷四《奔城湖女子》，第1167页。

③ 《二老堂杂志》卷四《临安四门所出》，载《文忠集》卷一八二。

④ 《咸淳临安志》卷一九《疆域四·市》，载《宋元方志丛刊》，第3548页。

⑤ 《梦粱录》卷一三《铺席》，第116页。

⑥ 《梦粱录》卷一三《团行》，第115页。

⑦ 《马可波罗行纪》，第584页。

第三节 市场交易活动

一、市场交易活动的活跃

南宋临安的市场批发活动极为活跃，其批发业务的水平达到了中国历史上的最高水平。首先，表现在出现了以行老为首的批发机构，批发商通过团行将同业零售商组织起来，形成了一个完整的、有机的、细密的批零销售网络。这在《梦粱录》卷一六所载之肉铺、鲞铺、米铺中可以清晰地看到。

> 姑以鱼鲞言之，此物产于温、台、四明等郡，城南浑水闸，有团招客旅，鲞鱼聚集于此。城内外鲞铺，不下一二百余家，皆就此上行合摭……又有盘街叫卖，以便小街狭巷主顾，尤为快便耳。①

据此可知，鲞团先统一招邀温、台、四明等地的鲞商，集中于临安城南的浑水闸，然后再分销给城内外一二百余家鲞铺及叫卖小贩，从而使鲞鱼迅速进入到城市的消费市场。再以肉铺为例：

> 坝北修义坊，名曰肉市，巷内两街，皆是屠宰之家，每日不下宰数百口，皆成边及头蹄等肉，俱系城内外诸面店、分茶店、酒店、羓鲊店及盘街卖熬肉等人，自三更开行上市，至晓方罢市。其街坊肉铺，各自作坊，屠宰货卖矣。或遇婚姻日，及府第富家大席，华筵数十处，欲收市腰肚，顷刻并皆办集，从不劳力。盖杭州广阔可见矣。

坝北修义坊的肉市为城内外最大的肉食批发市场，数量巨大，供应各店铺及流动小贩之需。由于这个批发市场在组织上井井有条，并将肉类按部位和质量等进行分类，故交易顷刻即成。“临安宰猪，但一大屠为之长，每五鼓击

① 《梦粱录》卷一六《鲞铺》，第150页。

杀于作坊，须割裂既竟，众屠儿分挈以去"。[①] 大屠（即行老）主持集中宰杀，众屠户各回自己的肉铺贷卖。其中，"内有起店数家，大店每日使猪十口……起每袋七十省，二斤二两；肉，卖九十，省一斤"[②]。这种"起店"与一般肉铺又有不同，还将皮骨专门批发，易地转售。批发价为七十，零售价九十，两者之间的批零差价为二十。

其他水产品的销售，亦大致类此。以泥鳅为例，"向有陈翁者，专为货鳅主人，凡自余杭门入者，悉经其手乃敢售"。[③]

临安城内的食米批发业务与销售渠道，较之肉类更为细致完备。《梦粱录》卷一六《米铺》中就为我们清楚地作了记录：

> 杭州人烟稠密，城内外不下数十万户，百十万口。每日街市食米，除府第、官舍、宅舍、富室，及诸司有该俸人外，细民所食，每日城内外不下一二千余石，皆需之铺家，然本州所赖苏、湖、常、秀、淮、广等处客米到来。湖州市米市桥、黑桥，俱是米行，接客出粜。其米有数等，如早米、晚米、新破砻……黄米、陈米。且言城内外诸铺户，每户专凭行头于米市做价，径发米到各铺出粜。铺家约定日子，支打米钱。其米市小牙子，亲到各铺支打发客。又有新开门外草桥下南街，亦开米市三四十家，接客打发，分表铺家。及诸山乡客贩卖，与街市铺户，大有径庭。杭城常愿米船纷纷而来，早夜不绝可也。且叉袋自有赁户，肩驼脚夫亦有甲头管领，船只各有受载舟户，虽米市搬运混杂，皆无争差，故铺家不劳余力而米径到铺家矣。

从这段文献记载中我们可以清楚地知道，临安城内外的食米批发商（即米行、米市），主要分布于城北湖州市和新开门外草桥下南街两处，数量达百家左右；零售商——铺户则散布在城内外，数量也当在数百家，甚至达到上千家。他们之间的批发职能渐趋完备：收购环节，有赁户执掌叉袋，甲头管领

① 《夷坚志》丁卷九《河东郑屠》，第611页。

② 《西湖老人繁胜录》，载《南宋古迹考》（外四种），第113页。

③ 《夷坚志》支甲卷二四《九里松鳅鱼》，第743页。

的肩驼脚夫搬运；储存环节有大规模的、管理有方的仓库；分销环节，有小牙子服务上门，运至各零售铺户；批发价格则由行头制定，分品种定价，并约定日期由零售商支付米钱。每一环节都井然有序，收购食米虽搬运混杂，却皆无分争；分销网络更使零售商不遗余力，米自上门；零售商支付米钱则约定日期。此后，杭城百十万口即可以至各零售铺家购买，简便而省事。由此可以看出，临安城商品粮的销售渠道是相当精致细密、畅通无阻的。毫无疑义，这种渠道的形成，其前提自然在于巨大的食米消费市场，它的完善则又吸引着浙西及各地食米纷纷而来，早夜不绝。①

由于各地自然差异大，各方特产不同，各地市场波动起伏，商人们根据市场信息与价格变化，随机应变，及时投入资本获取高额利润。洪迈《夷坚志》便记载了临安城中一位裴姓商人这样的故事：

> 绍兴十年七月，临安大火，延烧城内外室屋数万区。裴方寓居，有质库及金珠肆在通衢，皆不顾，遽命纪纲仆，分往江下及徐村，而身出北关，遇竹木砖瓦芦苇椽桷之属，无论多寡大小，尽评价买之。明日有旨，竹木材料免征税，抽解城中，人作屋者皆取之，裴获利数倍，过于所焚。②

然而，商人们普遍受到官府科配摊派的盘剥，《异闻总录》卷四就记载了这样一个故事："临安种园人，涤菜于白龟池，闻水中人语言相应答，其一云：'明日沙河塘开彩帛铺王家一掌事，当死于此。'……园人识掌事者，即走报。其人感谢，誓终日不出门。逮旦且晡，天府快卒来，须铺家供缣帛。不得已而往。"

一些不法官吏也借故敲诈勒索。宋宁宗庆元六年(1200)五月七日，据中书门下省言："访闻栏头、书手等人与铺户有仇，辄将不合收税物件，妄作漏税告首，致被断罪。号令追赏，委实骚扰。"诏令本府今后仔细查究。"如委是不合收税，即将首人重行断罪。"③

---

① 以上参见龙登高《宋代东南市场研究》，云南大学出版社1994年版，第184页。

② 《夷坚志》再补《裴老智数》，第1784页。

③ 《宋会要辑稿》食货一八之二二、二三。

二、市场中的经纪人

所谓经纪人，就是买卖双方交涉各项商品交易事务的中间人。他们缺乏足够的资本独立从事商品贩运与销售，只能为买主牵线搭桥，促成交易，或者接受委托，代人经商。他们对商品没有所有权，只能通过经纪活动获取相应的报酬。这些买卖中间人多为茶肆、邸店之主人及普通市民，他们虽然因资金缺乏而无力从事商业活动，但他们信息灵通，对市场行情了如指掌，因此，凭着他们的如簧巧舌，穿梭往返于买卖双方之间，穿针引线，促使双方成功交易。如《梦粱录》卷一九《闲人》便载道："（临安）又有一等手作人，专攻刀镊。出入宅院，趋奉郎君子弟，专为干当杂事，插花挂画，说合交易，帮涉妄作，谓之涉儿，盖取过水之意。"这种商业现象，在军队中也同样存在，例如，"（张）浚于财利之事，专任驵侩……且驵之杰黠者，浚皆任以回易之事"。①

宋代的经纪人称为"牙人"、"牙侩"或"驵侩"等，是一种居间斡旋、从中说合交易、抽制"牙钱"（手续费）为生的中间人。② 时人胡颖解释道："大凡求利，莫难于商贾，莫易于牙侩。奔走道途之间，蒙犯风波之险，此商贾之难也，而牙侩则安坐而取之；数倍之本，趁锥刀之利，或计算不至，或时月不对，则亏折本柄者常八九，此又商贾之所难也，而牙侩则不问其利息之有无，而已之所解落者（牙钱）一定而不可减。"③又，《刘贡父诗话》曰："今人谓驵侩为牙，谓之互郎主互市事也。"④"泗州榷场博易，竢得北物，复易其半以往。大商悉拘之，以待北价之来。两边商人各处一廊，以货呈主管官牙人。往来评议，毋得相见。每交易，千钱各收五厘息钱入官"。⑤

为了防止交易牙人串通买卖双方中的任何一方从中作弊，致使另一方

---

① 《系年要录》卷一一四，绍兴七年九月乙丑，第1839页。

② 姜锡东：《宋代商人和商业资本》，中华书局2002年版，第228页。

③ 胡颖：《治牙侩父子欺瞒之罪》，载《名公书判清明集》卷一一，中华书局1987年版，第409页。

④ 吴曾：《能改斋漫录》卷四《牙郎》，上海古籍出版社1960年版，第72页。

⑤ 《系年要录》卷一四五，绍兴十二年五月乙巳，第2326页。

蒙受损失,宋代对牙人的条件规定甚严,“须召壮保三两名及递相结保,籍定姓名,各给木牌子随身别之,年七十以上者不得充”。[①] 这种木牌子又称为“身牌”,上面写有对牙人的各种约束,时人称为“牙人付身牌约束”,其内容是:

> 某县某色牙人付身牌开坐县司约束如后:
>
> 一、不得将未经印税物货交易。
>
> 二、买卖主当面自成交易者,牙人不得阻障。
>
> 三、不得高抬价例,赊买物货,拖延留滞客旅。如是自来体例赊作限钱者,须分明立约,多召壮保,不管引惹词讼。
>
> 右给付某人,遇有客旅欲作交易,先将此牌读示。[②]

牙人因经营的类品不同,又可分为米牙、炭牙、茶牙、酒牙、庄宅牙、牛马牙等。如绍兴二十六年(1156)七月丙辰,诏:临安府猪羊圈,并安抚司回易麻布连竹纸增息出卖,及责借官钱,付炭牙人放炭收息,可并住罢。[③]

因商业的发达,南宋的牙人在城市中随处可见,十分活跃。如《景定建康志》说:“(建康城)数拾万之生齿,常寄命于泛泛之舟楫。而米价低昂之权,又倒持于牙侩之手。”[④]他们控制着市场,在乡村小农和城市消费者之间,人为地筑起一道门槛,小农出卖产品被额外掠夺走一笔手续费——“牙钱”,对买卖双方都很不利。绍兴二十六年(1156)七月,户部尚书兼权知临安府韩仲通上奏时就指出:“居民日用蔬菜果实之类,近因牙侩陈献置团拘卖,克除牙钱太多,致细民难于买卖。”[⑤]朱熹在《约束米牙不得兜揽搬米入市等事》中更载:“契勘诸县乡村人户,搬米入市出粜,多被米牙人兜揽拘截,在店入水拌和,增抬价值,用小升斗出粜,赢落厚利,遂致细民艰食,情实切害,合

---

① 李元弼:《作邑自箴》卷二。

② 《作邑自箴》卷八。

③ 《系年要录》卷一七三,第2856页。

④ 周应合:《景定建康志》卷二三《城阙志四·诸仓·平止仓》,载《宋元方志丛刊》,第1686-1687页。

⑤ 《系年要录》卷一七三,绍兴二十六年七月辛亥,第2855页。

行约束。”[①]毫无疑义，这种现象也出现在临安。如绍兴末年，钱塘县民杨康进状，“乞每岁献纳卖羊抽分牙利钱二万三千缗，应办太庙、景灵宫大小酌献支用，并买献内膳御膳羊七百二十口，计钱一万缗，自今猪羊圈交易，并不许余人干预”。事下临安府。御史中丞汤鹏举等言，康“轻量朝廷，欲擅一府屠宰之利”，故治杨康罪。绍兴二十六年(1156)五月丙辰，杨康送大理寺治罪。[②]

需要说明的是，临安城内外还活跃着一批女性牙人，时称“牙嫂”。如《梦粱录》卷一九《顾觅人力》载：“如府宅官员，豪富人家，欲买宠妾、歌童、舞女、厨娘、针线供过、粗细婢妮，亦有官私牙嫂，及引置等人，但指挥便行踏逐下来。”

三、市场交易活动中的不法行为

需要指出的是，在临安发达的市场经济中也存在着一些严重的问题，这就是一些不良商人为了追逐金钱，做出一些以假乱真、以次充好等的不法行为。岳珂在《桯史》卷一三《冰清古琴》中曾说：“今都人多售赝物，人或赞孅，随辄取赢焉。或徒取龙断者之称誉以为近厚，此与攫昼何异，盖真敝风也。”他还在此条中详细列举了一个事例：

> 嘉定庚午，余在中都燕李奉宁坐上，客有叶知几者，官天府，与焉。叶以博古知音自名。前旬日，有士人携一古琴，至李氏，鬻之。其名曰“冰清”，断纹鳞皴，制作奇崛，识与不识，皆谓数百年物。腹有铭，称晋陵子题，铭曰：“卓哉斯器，乐惟至正。音清韵高，月苦风劲。瓅余神爽，泛绝机静。雪夜敲冰，霜天击磬。阴阳潜感，否臧前镜。人其审之，岂独知政。”又书大历三年三月三日，上底蜀郡雷氏斲，凤沼内书正元十一年七月八日再修，士雄记。李以质于叶，叶一见色动，掀髯叹咤，以为至宝。客又有忆诵《渑水燕谈》有是名者，取而阅之，铭文岁月皆吻合，良

---

① 《晦庵别集》卷六《约束》。

② 《系年要录》卷一七二，第2840页。

是。叶益自信不诬,起附耳谓主人曰:"某行天下,未之前觌,虽厚直不可失也。"李敬受教,一偿百万钱。鬻者撑拒不肯,曰:"吾祖父世宝此,将贡之上方,大珰某人固许我矣,直未及半,渠可售?"李顾信叶语,绝欲得之;门下客为平章,莫能定。余觉叶意,知其为赝,旁坐不平,漫起周视,读沼中字,皆历历可数。因得其所疑,乃以袖覆琴而问叶曰:"琴之媺恶,余姑谓弗知,敢问贞元何代也?"叶笑未应,坐人曰:"是固唐德宗,何以问为?"余曰:"诚然,琴何以为唐物?"众哗起致请,乃指沼字示之,曰:"元字上一字,在本朝为昭陵讳,沼中书贞从卜从贝是矣,而贝字阙其旁点,为字不成,盖今文书令也。唐何自知之?贞元前天圣二百年,雷氏乃预知避讳,必无是理,是盖为赝者。徒取《燕谈》,以实其说,不知阙文之熟于用而忘益之,且沼深不可措笔,修琴时必剖而两,因题其上。字固可识,又何疑焉。"众犹争取视,见它字皆焕明,实无旁点,乃大骇。李更衣自内出,或以白之,抵掌笑。叶惭曰:"是犹佳琴,特非唐物而已。"李不欲逆,勉强薄酬,顿损直十之九得焉。鬻琴者虽怒而无以辞也,它日遇诸涂,頩而过之。①

明田汝成在《西湖游览志余》卷二五《委巷丛谈》说:"(杭州)俗喜作伪,以邀利目前,不顾身后,如酒搀灰,鸡塞沙,鹅羊吹气,鱼肉贯水,织作刷油粉,自宋时已然,载于《癸辛杂识》者可考也。"陈造《七月附米舟之浙中作》一诗就对此现象作了描述:

白虫散如蛆,黑虫聚如蚁。
循缘仍咂咕,欲寐复九起。
吾舟玉为粒,生此果何理。
神奇作臭腐,秋暑况如毁。
人生托洪炉,一饱盖分尔。
临流念雕年,胡乃置身此。
关口忽喈惋,曼肤或疮痏。

① 《桯史》卷一三《冰清古琴》,第155-156页。

堤防费应俗，情伪良不美。
短篱护松菊，吾归殊可喜。
锥刀诧朋侪，嗟尔商贩子。①

从诗中可以看出，当时有一些不法米商为了追逐金钱，竟然在米中掺水，导致米很快生虫变质，危害人们的健康。对米商这种弄虚作假、见利忘义的丑恶现象，诗人作了极其深刻的揭露和批判。

有的则将已经污染的食品，卖给不知真相的市民食用。如元无名氏《湖海新闻夷坚续志》载：

杭州旧有卖灌肺汤者，每于入夜，夯担出街，旋行调和。一夕，有太学士人乘醉到担头，忽然沤酒入于锅内，卖者不敢言，即灭灯火挑入小巷内，拭括加料而后复出。视之呕中尚有饭糁，遂插标改其名曰"米脯灌肺"，不知者皆买食之。否则一时喧哄，士人未必有偿，而一日之经纪休矣！②

而在粮商中，一些不良商人在好利之心、发财欲望的驱使下，还在市民粮食青黄不接之时，用贱价出籴、贵价出粜的卑鄙办法，囤积居奇，牟取超额暴利。绍兴六年(1136)三月，殿中侍御史周秘曾上言说："乘时射利，闭籴待价。富民好利之心，固多如是。"③庆元元年(1195)六月七日，权两浙路转运副使沈诜上奏说："窃见两浙州县亦多饥疫，自近及远，德意不可不均一。浙西如湖、秀、常、润，浙东如庆元、绍兴，自今疾疫颇盛，其他州县亦多有之。穷下之民，率无粥药，(生)[坐]以待毙……探闻商贩之家多有积米，藏寄碓坊，质当库户，犹欲待价。"④对于这种现象，时人李之彦深恶痛绝，他在《东谷所见》"谋利"条作了一针见血的抨击：

利者，害之对才。谋利，即有害。然谋利营生，世所不免。为富不

---

① 陈造：《江湖长翁集》卷二。

② [元]无名氏《湖海新闻夷坚续志》前集卷二《拾遗门·米脯灌肺》。

③ 《系年要录》卷九九，绍兴六年三月己巳，第1623页。

④ 《宋会要辑稿》食货五八之二二、二三。

仁,人所当戒。有能于其间寡,愿少取,殆庶几焉。最是不仁之甚者,粜籴一节。聚钱运本,乘米粒狼戾之时,贱价以籴。翘首企足,俟青黄不接之时,贵价以粜。其籴也,多方折挫以取赢;其粜也,杂糠粃而亏斗斛。天生百谷,以存活一世。而谋利之徒,不欲其丰而幸其歉,不喜其饱而愿其饥,逆天心、拂人心,以此致富而望绵远,万万无此理。又有富贵之家,积谷以邀价,放债以取息,开库以解质,与民争利,不一而足。方且语人曰:"吾家支遣颇广,不得不如此耳。"吁!倘用度果不足,曷不减损环列之侍姬?曷不谨节非法之费用?乃甘为是狼贪,使水火盗贼之灾,刑祸戮辱之危,子孙荡覆之报,不在目前,则在他日,昭然有不能免者。善乎!孟子有言曰:"不仁者,可与言哉!"不仁而可与言,则何亡国败家之有?①

有的不法粮商则与官吏沆瀣一气,抬高籴价,损公肥私。如孝宗淳熙六年(1179)正月十四日,户部尚书曾怀等人奏曰:

访闻从来委官置场和籴米斛,多是被牙侩、公吏与中卖之人通同作弊,比之市直高抬价例,赢落官钱。所委官恬不省察,或籴湿恶米斛不耐也贮,因而腐烂,失陷官物。②

这种奸商与籴场官吏勾结,公开或隐蔽地大做投机生意的现象,在当时是极为常见的。

---

① 陶宗仪:《说郛》卷七三下。

② 《宋会要辑稿》食货四一之六。

第十章　店铺和流动摊点

据《梦粱录》所云，临安城内外"处处各有茶坊、酒肆、面店、果子、彩帛、绒线、香烛、油酱、食米、下饭、鱼、肉、鲞、腊等铺。盖经纪市井之家，往往多于店舍，旋买见(现)成饮食，此为快便耳"①。《都城纪胜·铺席》也说："且夫外郡各以一物称最，如抚纱、洪扇、吴笺之类。都会之下皆物所聚之处，况夫人物繁夥，客贩往来，至于故楮、羽毛、扇牌皆有行铺，其余可知矣。"从这一记载中，可见南宋临安的店铺，门类非常齐全，除众多的饮食店外，尚有珠宝、彩帛、绒线、香烛等十余类店铺。下面择要予以介绍。

第一节　食店

南宋临安的食店，从其经营的食品特色来看，可分为分茶店、面食店、羊饭店(又称肥羊酒店)、䶌鲊店、南食店、疙瘩店、菜面店、素食店、羹店、菜羹饭店、衢州饭店等数种。从食品店饮食的风格上看，又可分为北馔、南食、川饭三大类。从经营的规模来看，首推分茶店，羊饭店、川饭店、南食店、疙瘩店、菜面店、素食店、衢州饭店等次之。从经营者的籍贯来看，既有本地的，也有许多来自北方、特别是旧京开封的经营者，如著名的鱼羹宋五嫂、羊肉

① 《梦粱录》卷一三《铺席》，第118页。

李七儿、奶房王家、血肚羹宋小巴之类，就是从东京迁来的①。

食店出售的商品十分丰富，《西湖老人繁胜录》一书曾详细加以记载，现摘录如下：

海鲜头羹、三软头羹、江珧柱、大片腰子、松花腰子、燥子决明、三色茧儿、江鱼玉叶、鲟鱼拖濫、羊头鼋鱼、锦鸡鼋鱼、夺真元鱼、剪花馒头、剪羊事件、荤素签、锦鸡签、杂菜羹、蝤蛑签、鼎煮羊、盏蒸羊、羊炙焦、大包子、羊血粉、龟背、大骨、乾京果、南京枣、番蒲萄、巴榄子、御枣圈、松阳柿、蜂儿榧、药滓鱼、锦荔枝、大圆眼、顶山栗、蜂儿干、莲子肉、糖霜、梨花、梨条、梨肉、桃条、大虾巨、蝤鲇干、大鲟鱼、人面干、江𧓍肉、芭蕉干、大决明、沙鱼线、鳎鱼干、银鱼干、黄蔻花、索果、饼果、子、孔酥。

时果：罗浮橘、洞庭橘、花木瓜、余甘子、赏花甜、亢堰藕、青沙烂、陈公梨、乳柑、鹅梨、甘蔗、温柑、橄榄、匾橘、香枨。

海鲜：江珧、青虾、白蟹、香螺、竦螺、石首、蝤蛑蝳鱼、乌贼、鳁鱼、江鱼、鲒鱼、蚶子、蛤蜊、淡菜、鲜蛤、白虾、车螯、水母线、蜜丁、比目鱼、望潮鱼、火珠鱼、蚵蚾鱼、河鱼、白鱼、鲥鱼、鲟鱼、鲫鱼、鲤鱼、银鱼、鲚鱼、青鱼、白白类、鲇鱼、螃蟹、黄螃蟹、鲟鳇鱼。

肉食：入炉炕羊、窝凉姜豉、双条刬子、皮骨姜豉、猪舌头、冻白鱼、白炸鸡、白燠肉、花事件、八糙鸭、炕鸡、炕鹅、燠肝、肚肺、糟鲍鱼、豝脯鲊酱、红羊豝、影戏豝、箅条豝、皂角铤、线条儿、肉瓜濫、雪团鲊、鲟鱼鲊、春子鲊、黄雀鲊、荷包鲊、玉版鲊、桃花鲊、三和鲊、大鱼鲊、旋鲊、咸鲊、鹅鲊、削脯、苷脯、松脯、切鲊、饭鲊。

茶果仁儿：棒子仁、括子仁、松子仁、橄榄仁、杨梅仁、胡桃仁、西瓜仁。

蜜煎：蜜金橘、蜜木瓜、蜜林檎、蜜金桃、蜜李子、蜜木弹、蜜橄榄、昌园梅、十香梅、蜜枨、蜜杏、珑缠茶果。

糖煎尤多，担杖抬木架子：香药灌肺、七宝科头、杂合细粉、水滑糍

① 袁褧：《枫窗小牍》卷上，载《宋元笔记小说大观》，上海古籍出版社2001年版，第4771页。

糕、玲珑划子、金铤裹蒸、生熟灌藕、水晶炸子、筋子膘皮、乳糖鱼儿、美醋羊血、澄沙团子、天花饼、皂儿膏、宜利少、煎鸭子、酿栗子、莲子肉、熝肝肉、望口消、蜜枣儿、兔耳朵、酥枣儿、重剂枣、糖寿带、酸红藕、宝索儿、玉柱糖、泽州饧、玉消膏、乌梅膏、韵梅膏、薄荷膏、香枨膏、橘红膏、糖乌李、杨梅糖、法豆、轻饧。

食店可以根据顾客的要求提供饮食，以免浪费他们的时间。如《都城纪胜·食店》曰："都城食店……凡点索食次，大要及时：如欲速饱，则前重后轻；如欲迟饱，则前轻后重。"所谓重轻，指容易填饱肚子的菜肴。耐得翁解释说："重者如头羹、石髓饭、大骨饭、泡饭、软羊、淅米饭；轻者如煎事件、托胎、奶房、肚尖、肚胘、腰子之类。"其意思是说，如果顾客要求马上吃了走，则上一些容易填饱肚子的饭菜；如果顾客吃饭时间比较充裕，则上一些可以慢慢品尝的菜肴。

一、分茶店

"分茶店"亦称分茶酒店、茶饭店，是食店中规模最大的一种，《东京梦华录》卷四《食店》载："大凡食店，大者谓之分茶。"由于它又是一种综合性的食店，因此时人又往往将面食店统称为"分茶店"。《梦粱录》一书列举的著名食店中，就只见面食店，而不见分茶店，如保佑坊前的张卖食面店、金子巷即市南坊前的陈花脚面食店、太平坊南的倪设门面食店、南瓦子北的卓道王卖面店。

所谓"分茶"，即指食品、菜肴，其花色品种十分繁多。《梦粱录》卷一六《面食店》载："若曰分茶，则有四软羹、石髓羹、杂彩羹、软羊焙腰子、盐酒腰子、双脆、石肚羹、猪羊大骨、杂辣羹、诸色鱼羹、大小鸡羹、撺肉粉羹、三鲜大熬骨头羹。饭食，更有面食名件：猪羊庵生面、丝鸡面、三鲜面、鱼桐皮面、盐煎面、笋泼肉面、炒鸡面、大熬面、子料浇虾燥面、熬汁米子、诸色造羹、糊羹、三鲜棋子、虾鱢棋子、虾鱼棋子、丝鸡棋子、七宝棋子、抹肉、银丝冷淘、笋燥齑淘、丝鸡淘、耍鱼面。又有下饭，则有焙鸡、生熟烧、对烧、烧肉、煎小鸡、煎鹅事件、煎衬肝肠、肉煎鱼、炸梅鱼、鲊鲫杂焐、豉汁鸡、焙鸡、大熬爊鱼等下饭。更有专卖诸色羹汤、川饭，并诸煎肉色下饭。”

从文献记载来看，临安分茶酒店和面食店出售的下饭名件，主要有以下五类：

第一类是羹，如百味羹、头羹、三脆羹、石髓羹、石肚羹之类，这些羹有许多都是北宋东京流行的名菜，如宋五嫂的鱼羹，经过高宗的品赏之后，名气大增，人所共趋，遂成富婆。临安的分茶店只是在花色品种上有所增多而已。如头羹一味，临安有锦丝头羹、十色头羹、间细头羹、杈叶头羹、象眼头羹、莲子头羹、海鲜头羹、三软头羹①等等。

第二类是腰子。腰子一味原来也是北宋东京分茶店拿手的名件，如二色腰子（即赤白腰子）、角炙腰子、荔枝腰子、还元腰子等。② 宋室南渡后，临安的分茶店也把腰子当作店中的名菜，菜牌上的名次仅次于羹，其品种有焙腰子、盐酒腰子、脂蒸腰子、酿腰子、荔枝焙腰子、腰子假炒肺、大片腰子、松花腰子、水龙腰子、假淳菜腰子、炒白腰子③等。

第三类是一种名叫“签”的菜。“签”为肥肠，在东京也很出名，其品种主要有入炉细项莲花鸭签、羊头签、鹅鸭签、鸡签、细粉素签等。临安的分茶店则把这种“签”菜发扬光大，花色品种较之东京更多了，其著名的品种有鸡丝签、鹅粉签、肚丝签、双丝签、荤素签、抹肉笋签、锦鸡签、蝤蛑签④等。

第四类是羊肉制成的菜。与羹一样，羊肉原来也是东京最受顾客喜爱的食品。临安的饮食店主为了争取北方迁来的贵族和官僚，投其所好，也往往仿效东京的饮食口味，甚至“效御厨体式，贵官家品件”⑤。据文献记载，当时羊肉制作的菜肴品种极其繁多，如批切羊头、虚汁垂丝羊头、入炉羊、点羊

---

① 海鲜头羹、三软头羹见《西湖老人繁胜录》，其余都见于《梦粱录》卷一六《分茶酒店》、《面食店》。

② 《东京梦华录》卷二《饮食果子》，载《东京梦华录注》，中华书局1982年版，第73页。

③ 大片腰子、松花腰子见《西湖老人繁胜录》，其余都见于《梦粱录》卷一六《分茶酒店》、《武林旧事》卷九《高宗幸张府节次略》。

④ 锦鸡签、蝤蛑签见《西湖老人繁胜录》，其余都见于《梦粱录》卷一六《分茶酒店》。《武林旧事》卷九《高宗幸张府节次略》中有奶房签、羊舌签、肫掌签、蝤蛑签。

⑤ 《梦粱录》卷一六《分茶酒店》，第142页。

头、汤骨头乳炊羊、羖羊、闹厅羊、软羊、插肉拨刀炒羊等。[①] 临安沿袭这种风气，羊肉制作的菜肴品种也很多，如蒸软羊、鼎煮羊、羊四软、酒蒸羊、绣吹羊、五味杏酪羊、千里羊、羊杂熓、羊头元鱼、羊蹄笋、细抹羊生脍、改汁羊窜粉、细点羊头、剪（疑当作"煎"）羊事件、盏蒸羊、黄羊、米脯羊、五辣醋羊、铺羊、红羊犯、羊炙焦、羊血粉。[②]

第五类是叫做"脍"的菜，例如香螺脍、鱼鳔二色脍、海鲜脍、群鲜脍、鲤鱼脍、鲫鱼脍、蚶子脍、淡菜脍[③]、肚胘脍、沙鱼脍、鲜虾蹄子脍、五珍脍、鹌子水晶脍、虾枨脍、水母脍、炙肚脍、鲟鱼脍、七宝脍[④]等，这些"脍"类菜肴是北宋东京所没有的，当为临安所特有，属"南食"。

二、面食店

面食店，顾名思义就是一种以经营面食为主的饮食店铺。这种店在北宋东京时就非常普遍，当时店中出售的面食品种有：分茶店有罨生软羊面、桐皮面、冷淘棊子、寄炉面饭；川饭店有插肉面、大燠面；南食店则有桐皮熟脍面。据杨宽考证，"庵生"当即"罨生"，罨生软羊面该与猪羊庵生面属于同一品种。桐皮面与鱼桐皮面也是同一品种。冷淘棋子与三鲜棋子也是同一品种。[⑤]

南宋定都临安后，为适应北方人的饮食习惯，开设了许多面食店。其中，著名的有：张卖食面店（保佑坊前）、陈花脚面食店（金子巷口）、侃没门面食店（太平坊南）、卓道王卖面店（南瓦子北）。[⑥] 这些面食店经营的饭食品种，除一部分与分茶店相同外，尚有其特色的东西，这就是面食。据文献记载，南宋临安面食店经营的面食品种极其繁多，主要有：猪羊庵生面、丝鸡

---

① 《东京梦华录》卷二《饮食果子》，载《东京梦华录注》，中华书局 1982 年版，第 73 页。

② 剪羊事件、盏蒸羊、羊炙焦、羊血粉见《西湖老人繁胜录》，其余均见于《梦粱录》卷一六《分茶酒店》。

③ 《梦粱录》卷一六《分茶酒店》，第 143－145 页。

④ 《武林旧事》卷九《高宗幸张府节次略》，第 139－145 页。

⑤ 杨宽：《中国古代都城制度史研究》，第 385 页。

⑥ 《梦粱录》卷一三《铺席》，第 116－117 页。

面、三鲜面、鱼桐皮面、盐煎面、笋泼肉面、炒鸡面、大熬面、子料浇虾燥面等等。此外,三鲜棋子、虾燥棋子、虾鱼棋子、丝鸡棋子、七宝棋子等也属面食。需要说明的是,在这众多的面食中,有许多是素面。①

临安的面食店又有疙瘩店、菜面店等之分。

疙瘩店:疙瘩即疙瘩面,俗称为面疙瘩。《梦粱录》卷一六《面食店》说:"有店舍专卖疙瘩面,如大熬疙瘩、大燥子、料浇虾、燥丝鸡、三鲜等疙瘩,并卖馄饨",指的就是疙瘩店。其名件主要有大熬疙瘩、燥子疙瘩、料烧虾、燥丝鸡、三鲜等疙瘩。

菜面店:《梦粱录》卷一六《面食店》说:"亦有专卖菜面、熟齑笋肉淘面,此不堪尊重,非君子待客之处也",指的就是菜面店。"专卖菜面、齑淘、血脏面、素棋子、经带,或有泼刀、冷淘。"②著名的有腰棚前的菜面店。

毫无疑义,这种疙瘩店、菜面店都是"北食",与北人南迁有关。《东京梦华录》卷四《食店》说:"又有菜面、胡蝶、齑疙瘩,及卖随饭、荷包白饭……"

这些名目繁多的面条,从其成熟的方法来看,可分为煎面、炒面、燠面、浇头面;从其制作的方法而论,有拨刀面、大燠面等之分;从辅料来分,有荤面、素面;从地方风味来分,北食有庵生软羊面、桐皮面、冷淘棋子、寄炉面饭等,川食有插肉面、大燠面,南食店有桐皮熟脍面,等等。

三、羊饭店

羊饭店或称为肥羊酒店,是一种以经营北方菜肴食品为主的饭店,顾名思义,就是一种以经营羊肉类食品为主的饭店,如分茶店经营的羊肉菜肴,有许多品种便是这种店铺的特色菜。当然,其制作的总体水平要低于分茶店,特别是使用的原料多为内脏之类的下脚料。店内除出售羊肉菜肴和米饭外,还兼卖酒。顾客如没有多少吃饭时间,则先上头羹、石髓饭、大骨饭、泡饭、软羊、淅米饭诸类的饭食。如顾客吃饭时间宽裕,则先上煎事件、托胎、奶房、肚尖、肚肱、腰子之类的菜肴,供顾客饮酒下饭,慢慢食用。

---

① 《梦粱录》卷一六《面食店》,第147页。

② 《都城纪胜·食店》,载《南宋古迹考》(外四种),第83页。

南宋临安著名的羊饭店和肥羊酒店，主要有中瓦子前的耿家、后市街口的施家、丰豫门的归家、钱湖门外南首省马院前的莫家以及马婆巷的双羊店，其中著名的羊肉李七儿是从北方南迁至临安的肥羊酒店①

四、犯鲊店

“犯”是经过加工调味的干肉；“鲊”是经过加工调味的鱼、虾、蟹、雀等肉。邓之诚在注《东京梦华录》一书“犯鲊”时按道：“犯鲊应从周辉言作把鲊。”又案：“饮食最易变迁，《资暇集》、《清异录》所言已异于《梦华录》，《梦华录》所言又与《都城纪胜》、《西湖繁胜录》、《梦粱录》、《武林遗事》诸事有别，盖南北好尚不同，随时随地而变。然有不变者，有名变而实不变者。鲊，《说文》云：鳝藏鱼也，南方谓之魿，北方谓之鲊。俗作鲊，是古已有之。由鱼而虾而蟹而雀而肉，皆可为鲊。宋人记载鲊必参以糖酒及醋，则今之熏鱼、熏鸡、稣鱼、醉蟹、盐水鸡鸭其遗制也。犯是晒干，与脯腊之盐腌者有别，如交片、如干鱼虾、如晾干肉之类。脯腊，今日腊味。昔年都中盒子铺四时有之。”②

犯鲊店铺在北宋都城东京就很盛行。当时，东京东华门外的魏氏所造犯鲊就很有名③；另外，东华门外何、吴两家所造的鱼鲊也是名闻天下，被人们称作珍味佳肴。南宋时，周辉曾在其笔记中说道：“辉出疆日，虹县及汴京顿，皆供犯鲊，甚美。一路俱无之，岂皆出于此耶？”④孟元老《东京梦华录》曾提到“玉版鲊”和“玉版鲊犯”⑤。

南宋时，临安特有的犯鲊店就是从东京特有的食品犯鲊发展而来的。是时，临安犯鲊店所制作的犯鲊，其名件已多到四十种，除北宋东京常见的玉版鲊以外，称为鲊的就有十七种之多。《梦粱录》卷一六《肉铺》载：“其犯

---

① 袁褧：《枫窗小牍》卷上，载《宋元笔记小说大观》，第 4771 页。
② 孟元老著，邓之诚注：《东京梦华录注》，中华书局 1982 年版，第 81 页。
③ 《夷坚志》补卷九《徐汪二仆》，第 1633 页。
④ 《清波别志》卷下，文渊阁《四库全书》本。
⑤ 《东京梦华录》卷四《会仙酒楼》、卷二《饮食果子》。

鲊者:算条、影戏[1]、盐豉[2]、皂角铤、松脯、界方条、线条、糟猪头肉、玛瑙肉、鹅鲊、旋鲊[3]、寸金鲊、角头酱、三和鲊、切鲊、桃花鲊、骨鲊、饭鲊、槌脯、红羊羓[4]、大鱼鲊、鲟鳇鱼鲊等类。"同书卷一六《分茶酒店》又载有海蛰鲊、影戏算条、红羊羓、槌脯线条、界方条儿、鲜鹅鲊、大鱼鲊、鲜鳇鲊、獐羓、鹿脯、三和花桃骨、筋子鲊等。《武林旧事》卷六《羓鲊》也列举三十一种羓鲊,除去与《梦粱录》相同的名件外,还有削脯、兔羓、腊肉、炙骨头、旋炙荷包、荔枝皮、春子鲊、雪团鲊、玉版鲊、黄雀鲊、银鱼鲊、蜮鲊。《西湖老人繁胜录》也载有"苷脯"一种。

南宋临安著名的羓鲊店有位于石榴园的倪家。这些羓鲊店除主营羓鲊外,还兼营生熟肉。

五、川饭店

川饭店,或称川饭分茶,原来北宋都城东京的饮食店主为了方便四川地区去的士大夫而设的,是一种经营四川风味菜肴的饭店。《东京梦华录》卷四《食店》载:"川饭店,则有插肉面、大燠面、大小抹肉、淘煎燠肉、杂煎事件、生熟烧饭。"

宋室南迁至临安后,饮食店主们也仿北宋汴京,在都城中设立了川饭店。

六、南食店

南食店或称南食面店,原来北宋都城东京的饮食店主为了方便江南地区去的士大夫而设的,为一种经营江南地方风味菜肴的饭店。吴自牧说:

---

① 《武林旧事》卷六《羓鲊》作"鱼肉影戏",第99页。

② 《武林旧事》卷六《羓鲊》作"干咸豉",同上。

③ 《武林旧事》卷六《羓鲊》作"荷包旋鲊"。又,蔡絛《铁围山丛谈》卷六载:"开宝末吴越王钱俶始来朝,垂至,太祖谓大官:'钱王浙人也,来朝宿共帐内殿矣,宜创作南食一二以燕衎之。'于是大官仓卒被命。一夕取羊为醢以献焉,因号旋鲊。至今大宴首荐是味,为本朝故事。"

④ 《武林旧事》卷六《羓鲊》作"胡羊羓"。

“向者汴京开南食面店，川饭分茶，以备江南往来士夫，谓其不便北食故耳。”①在北宋东京，这种南食店主要经营鱼兜子、桐皮熟脍面、煎鱼饭等食品②。南宋临安虽沿袭北宋东京设立南食店，然而至南宋末年已经名不符实，由于“南渡以来，几二百余年，则水土既惯，饮食混淆，无南北之分矣”③，“所以专卖面食鱼肉之属，如铺羊面、盦生面、姜泼刀、盐煎面、鲟鱼桐皮面、抹肉淘、肉虀淘、棋子、虾燥子面、带汁煎。下至拨刀鸡鹅面、家常三刀面皆是也。若欲索供，逐店自有单子牌面。”④已经演变为一种以经营水产菜肴为特色的店铺。王十朋《和南食》诗对此有详细的描述，他在诗序中说：“万先之送巨蛎百房，大破馋愿。正炰啜间，记忆前日作东平客，饫啖兹味，先之举退之南食诗‘蚝相黏为山，千百各自生’之句，仆方追和韩诗，遂用其韵以谢。”诗曰：

海错千万族，惟蚝不能行。
潮来腹自饱，亦足遂厥生。
翻笑鱼蟹虾，晨夜何营营。
风味与江瑶，可以次第名。
荐身炮炙间，壳破材始呈。
北客昔南食，一见生怪惊。
故人居海滨，群鲜厌炰烹。
酷爱此味真，不假姜桂橙。
遥怜山间友，混迹黎与骍。
蔬肠久不饱，肌骨尪且狞。
巨房饷馋腹，一笑百念平。
岂为饮食欲，实见亲旧情。
谁知虀盐余，盘餐味常开。

① 《梦粱录》卷一六《面食店》，第145页。

② 《东京梦华录》卷四《食店》，载《东京梦华录注》，中华书局1982年版，第127页。

③ 《梦粱录》卷一六《面食店》，第146页。

④ 《都城纪胜·食店》，载《南宋古迹考》（外四种），第134－135页。

故乡实堪恋，未用图西行。①

南食与北食明显有异，这体现在以下几个方面：一是北食主食以麦面为主，南方以稻米为主；二是北食副食以羊肉为主，南方以鱼虾等水产品为主；②三在食味上北食以酸味为主，南方则以咸味为主。③

七、素食店

素食店又称“素食分茶店”，这是一种专供佛教信徒饮食的饭店，使他们“不误斋戒”。据《都城纪胜·食店》云：“素食店专卖素签、头羹、面食、乳囊、河鲲、脯煸、元鱼。凡麸笋乳蕈饮食，充斋素筵会之备。”出售的菜肴有头羹、双峰、三峰、四峰、到底签、蒸果子、鳖蒸羊、大段果子、鱼油炸、鱼茧儿、三鲜、夺真鸡、元鱼、元羊蹄、梅鱼、两熟鱼、炸油河豚、大片腰子、鼎煮羊麸、乳水龙麸、笋辣羹、杂辣羹、白鱼辣羹饭。

此外，如五味熬麸、糟酱、烧麸、假炙鸭、干签杂鸠、假羊事件、假驴事件、假煎白肠、葱焙油炸、骨头米脯、大片羊、红熬大件肉、煎假乌鱼等亦是素食店常见的菜肴，专供下饭。素面则有大片铺羊面、三鲜面、炒鳝面、卷鱼面、笋泼面、笋辣面、乳虀淘、笋虀淘、笋菜淘面、七宝棋子、百花棋子等，“皆精细乳麸，笋粉素食”④。

八、衢州饭店

衢州饭店，又称“闷饭店”，这是一种专卖家常饭食的饭店，犹如今日以

---

① 《王十朋全集·诗集》卷九，上海古籍出版社1998年版，第134–135页。

② 潘子真《潘子真诗话·试茶诗》：“叶涛诗极不工而喜赋咏，尝有《试茶诗》云：‘碾成天上龙兼凤，煮出人间蟹与虾。’好事者戏云：‘此非试茶，乃碾玉匠人尝南食也。’”（陶宗仪《说郛》卷八一，文渊阁《四库全书》本）又，宋代李正民《寄邦求拟南食作》诗：“不到浙乡辜负口，昔人有语真可取。我住柯山三四年，厌饫蕨薇几噎呕。扁舟乘流来檇李，极目江湖几千里。白鱼市上烂如银，紫蟹篛头多似蚁。舒凫帖帖堕水面，亦有麕麞来近县。黄闲射雉出林中，田鼠化鹑毛彩绚。况复海物错难名，蝤蛑轮囷似斗升。纷纷虾蛤不足数，淡菜蚶蛎资多腥。僻居海岸久寂寞，寒拥红炉聊独酌。芼之橙桂荐玉盘，不比屠门空大嚼。我念孙卿久滞留，欲致数品无传邮。烹羊炰羔自不恶，更有负郭新良畴。”（《大隐集》卷七）

③ 朱彧《萍洲可谈》卷二：“大率南食多咸，北食多酸。”

④ 《梦粱录》卷一六《面食店》，第147页。

经营农家饭食为主的饮食店，在饭店中档次极低。饭店除出售盦饭外，还卖撺肉羹、骨头羹、蹄子清羹、鱼辣羹、鸡羹、耍鱼辣羹、猪大骨清羹、杂合羹、南北羹等羹。另外兼卖蝴蝶面、煎肉、大熬虾燥等，以及供下饭所用的煎肉、煎肝、冻鱼、冰鳖、冻肉、煎鸭子、煎鲚鱼、醋鳖等菜肴，“欲求粗饱者可往，惟不宜尊贵人”①。

九、菜羹饭店

菜羹饭店即《东京梦华录》卷四《食店》中所谓的“瓠羹店”，专售各种菜羹，兼卖煎豆腐、煎鱼、煎鲞、烧菜、烧茄子等菜肴，这是都城中平民百姓的食店。“此等店肆乃下等人求食粗饱，往而市之矣。”②这种菜羹饭店在北宋都城东京曾经风行一时，深受下层劳动人民的欢迎，是时潘楼街的徐家瓠羹店就很出名。

临安的菜羹饭店亦较为兴盛，著名羹店有钱塘门外的宋五嫂鱼羹、官巷口的光家羹以及李婆婆羹店。

宋五嫂原是北宋都城东京开封的酒家妇，善作鱼羹，名闻于时。开封沦陷后，随着宋室南下到临安，在钱塘门外开饭店为生。《枫窗小牍》卷下载：“旧京工役，固多奇妙，即烹煮盘案亦复擅名……宋五嫂，余家苍头嫂也。每过湖上，时进肆慰谈，亦他乡寒故也。悲夫！”淳熙六年（1179）的一天，太上皇赵构乘龙舟游西湖时，宋五嫂带浓重的东京口音的叫卖声，勾起了赵构的思乡之情，遂派人购买她制的鱼羹，品尝后觉得鲜美可口，于是亲自召见她，向其询问她在东京时的事及流落到临安的经过，听后非常凄然。高宗念其年老，赐金钱十文，银钱百文，绢十匹，仍令后苑时常进宋五嫂鱼羹到宫。消息传出，都城市民竞相购买宋五嫂的鱼羹，宋五嫂也由此变成富婆。朱静佳六言诗云：

① 《都城纪胜·食店》，载《南宋古迹考》（外四种），第84页。

② 《梦粱录》卷一六《面食店》，第147页。

柳下白头钓叟,不知生长何年。

前度君王游幸,卖鱼收得金钱。①

南宋苏泂《寄颖季》诗也有“未擉刘差鳖,谁羹宋嫂鱼”之句。②

与宋五嫂一样,李婆婆也是“京师流寓经纪人”③,即来自开封。周密《癸辛杂识》别集上《德寿买市》载:“隆兴间,德寿宫与六宫并于中瓦相对,令修内司染坊,设著位观,孝宗冬月正月孟享回,且就看灯买市。帘前堆垛见钱数万贯,宣押市食歌叫直一贯者,犒之二贯。时尚有京师流寓经纪人,如李婆婆鱼羹、南瓦张家圆子之类。”又,《武林旧事》卷七《乾淳奉亲》载:“淳熙五年二月初一日……太上宣索市食,如李婆婆杂菜羹、贺四酪面、脏三猪胰、胡饼、戈家甜食等数种,太上笑谓史浩曰:‘此皆京师旧人,各厚赐之。’”由此可知,李婆婆以经营鱼羹、杂菜羹等知名于时,淳熙五年(1178)尚存。

羹的品种繁多,其中仅《梦粱录》卷一三《面食店》所载的就有:四软羹、石髓羹、杂菜羹、石肚羹、猪羊大骨杂辣羹、诸色鱼羹、大小鸡羹、撺肉粉羹、三鲜大熬骨头羹、撺肉羹、骨头羹、蹄子清羹、鱼辣羹、耍鱼辣羹、猪大骨清羹、杂合羹、南北羹,以及诸色造羹、糊羹等。《梦粱录》卷一三《夜市》载担架子卖香辣素粉羹、清汁田螺羹等。《武林旧事》卷九《高宗幸张府节次略》载绍兴二十一年十月高宗幸清河郡王府,张府所上的菜中,有三脆羹、鹌子羹、奶房玉蕊羹、螃蟹清羹、二色齏儿羹、血粉羹、齏儿羹、肚子羹、鲜虾蹄子羹、蛤蜊羹、莱羹、薛方瓠羹、大碗百味羹、肚羹、羊舌托胎羹十五种。此外,还有鱼羹、头羹、粉羹、瓫羹、血肚羹、瓠羹、瓫羹等名。这些羹到南宋末年,有许多已经消亡。如《都城纪胜·食店》载:“市食有名存而实亡者,如瓠羹是也;亦有名亡而实存者,如瓫羹,今号齑面是也。”

与羹店的经营者和厨师大都来自旧京开封一样,这些羹的制作方法也同样来自开封一带,如《东京梦华录》卷二《饮食果子》载:“其余小酒店亦卖

① 《武林旧事》卷三《西湖游幸(都人游赏)》,第 37-38 页;同书卷七《乾淳奉亲》,第 121 页。

② 苏泂:《泠然斋诗集》卷三,文渊阁《四库全书》本。

③ 《都城纪胜·市井》,载《南宋古迹考》(外四种),第 80 页。

下酒,如煎鱼、鸭子、炒鸡、兔煎、燠肉、梅汁、血羹、粉羹之类,每分不过十五钱。”

第二节 点心店

南宋临安的点心店,可以分为荤素从食店、素点心从食店、馒头店、粉食店、饼店数种。

一、荤素从食店

从食是指各色品种的蒸作糕点,包括多种馒头、包子(包儿)、糕、饼、馅、酥、夹子(夹儿)、元子(即团子)、粽子、豆团、麻团、糍团、油炸、千层儿。①

荤素从食店是点心店中规模最大、品种最全的一种。这种荤素从食店早在北宋东京时就很盛行,当时东京著名的有州桥以南的曹家从食。至南宋建都临安后,荤素从食店更多了,著名的有大内前的下家从食。② 此外,“坝桥榜亭侧朱家馒头铺”、③市西坊的朱家馒头铺、南瓦子前的张家元子铺和朝天门里大石板的朱家元子糖糕铺等等都属从食店。

从食店出售的品种极其丰富,《梦粱录》卷一六《荤素从食店》,列举蒸作面行出卖的从食五十一种,素点心从食店出卖的素从食二十六种,粉食店出卖的各色元子、水团、糕、粽子等十五种。《武林旧事》卷六《糕》列举各种糕十九种,《蒸作从食》列举从食五十二种以及诸色夹子、诸色包子、诸色角儿、诸色果食、诸色从食。根据这些文献记载,其出售的食品主要有:四色馒头、细馅大包子、米薄皮春茧、生馅馒头、掩子、笑靥儿、金银炙焦牡丹饼、杂色煎花馒头、枣箍荷叶饼、芙蓉饼、菊花饼、月饼、梅花饼、开炉饼、寿带龟仙桃、子

---

① 《中国古代都城制度史研究》,第387页。

② 《都城纪胜·食店》,载《南宋古迹考》(外四种),第84页。

③ 见《梦粱录》卷一三《铺席》,这里的“桥”字当为“头”字之误,上文有“坝头榜亭安抚司惠民熟药局”可证。坝头即市西坊。

母春茧、子母龟、子母仙桃、圆欢喜、骆驼蹄、糖蜜果食、果食将军、肉果食、重阳糕、肉丝糕、水晶包儿、笋肉包儿、虾鱼包儿、江鱼包儿、蟹肉包儿、鹅鸭包儿、鹅眉包儿。十色小从食有细馅夹儿、笋肉夹儿、油炸夹儿、金铤夹儿、江鱼夹儿、甘露饼、肉油饼、菊花饼、糖肉馒头、羊肉馒头、太学馒头、笋肉馒头、蟹肉馒头、肉酸馅、千层儿、炊饼、鹅弹、蚫螺滴酥、焦酸馅、豆儿糕①、糕糜②,合计五十余种点心食品。

二、素点心从食店

素点心从食店专售素食点心,如丰糖糕、乳糕、粟糕、镜面糕、重阳糕、枣糕、糖糕、蜜糕、栗糕、麦糕、豆糕、花糕、糍糕、雪糕、小甑糕、蒸糖糕、生糖糕、蜂糖糕、线糕、闲炊糕、干糕、社糕、③麸笋丝、假肉馒头、笋丝馒头、裹蒸馒头、波菜果子馒头、七宝酸馅馒头、姜糖馒头、辣馅糖馅馒头、活糖沙馅诸色春茧、仙桃龟儿、包子、点子、诸色油炸(如油条、油炸粽子等)、素夹儿、油酥饼儿、笋丝麸儿、果子、韵果、七宝包儿等。

三、馒头店

馒头店,顾名思义就是一种以出售馒头为主的店铺。馒头为一种有馅的发酵面团蒸食,形如人头,故名。或以皮之厚薄,与包子有别。

宋代馒头的品种甚多,见于文献记载的有四色馒头、生馅馒头、杂色煎花馒头、糖肉馒头、羊肉馒头、太学馒头、笋肉馒头、鱼肉馒头、蟹黄馒头、蟹肉馒头、剪花馒头、灌浆馒头、假肉馒头、笋丝馒头、裹蒸馒头、波菜里子馒头、辣馅糖陷馒头、蕈馒头、巢馒头等几十种。其中,太学馒头是颇具特色的一种。

太学馒头源于北宋太学。据《茶余客话》卷二〇所云,元丰初年的一天,宋神宗赵顼去视察国家的最高学府——太学,正好学生们吃饭,于是令人取

① 《梦粱录》卷一三《夜市》,第119页。
② 《都城纪胜·食店》,载《南宋古迹考》(外四种),第84页。
③ 以上参见《武林旧事》卷六《糕》等,第100页。

太学生们所食的饮馔看看。不久饮馔呈至,他品尝了其中的馒头,食后颇为满意,说:“以此养士,可无愧矣!”从此,太学生们纷纷将这种馒头带回去馈送亲朋好友,以浴皇恩。“太学馒头”的名称由此名扬天下,成了京师内外人人皆知的名吃。宋室南迁之后,太学馒头的制法又传到了临安,成为那里著名的市食之一。

据孙世增研究,太学馒头的制法颇为简便,它是将切好的肉丝,拌入花椒面、盐等佐料来作馅,再用发面作皮,制成今日的馒头状即可。其形似葫芦,表面白亮光滑,具有软嫩鲜香的风味特色,即使是没有牙齿的老人也乐于食用①。所以宋人岳珂在其《馒头》诗中赞道:

几年太学饱诸儒,余技犹传笋蕨厨。
公子彭生红缕肉,将军铁杖白莲肤。
芳馨政可资椒实,粗泽何妨比瓠壶。
老去齿牙辜大嚼,流涎聊复慰馋奴。②

馒头店除出卖各种馒头以外,兼卖江鱼兜子、杂合细粉、灌熬软烂大骨料头、七宝料头。

四、粉食店

所谓粉食,据明代宋诩《竹屿山房杂部》一书的解释:“粉者,屑米之谓也。凡粉皆用稻米,而黍稷之米虽佳,不若稻米尤精美也。”③由此可知,这是一种主要经营稻米粉食品的点心店。当时临安的粉食店,专卖山药元子、真珠元子、金桔水团、澄粉水团、乳糖槌、拍花糕、糖蜜糕、裹蒸粽子、栗粽、金铤裹蒸茭粽、糖蜜韵果、巧粽、豆团、麻团、糍团及四时糖食点心。

---

① 孙世增:《“太学馒头”与“发面包子”》,载《烹饪史话》,中国商业出版社1986年版,第478页。
② 岳珂:《玉楮集》卷三,文渊阁《四库全书》本。
③ 宋诩:《竹屿山房杂部》卷二《養生部二·粉食制》,文渊阁《四库全书》本。

五、饼店

饼店在宋代可以划分为油饼店、胡饼店两类。据《东京梦华录》卷四《饼店》载:“凡饼店有油饼店,有胡饼店。若油饼店,即卖蒸饼、糖饼、装合、引盘之类。胡饼店即卖门油、菊花、宽焦、侧厚、油锅、髓饼、新样、满麻。每案用三五人捍剂卓花入炉。自五更卓案之声,远近相闻。唯武成王庙前海州张家、皇建院前郑家最盛,每家有五十余炉。”南宋临安的饼店,从数量上说自然无法与北宋都城东京相比,但由于这里聚集了大量的北人,特别是南迁的北方贵族,故饼店经营的种类数量远胜东京。如《东京梦华录》载都城东京市面上出售的饼仅有油饼、蒸饼、宿蒸饼、油蜜蒸饼、糖饼、胡饼、茸割肉胡饼、白肉胡饼、肉饼、莲花肉饼、环饼、髓饼、天花饼等十余种;而至南宋都城临安时,《梦粱录》、《武林旧事》等书中则载有蒸饼[①]、金银炙焦牡丹饼、三肉饼、枣箍荷叶饼、芙蓉饼、菊花饼、月饼、梅花饼、开炉饼、甘露饼、肉油饼、炊饼[②]、乳饼、糖蜜酥皮烧饼、春饼、芥饼、辣菜饼、熟肉饼、鲜虾肉团饼、羊脂韭饼、旋饼、胡饼、猪胰胡饼、七色烧饼、焦蒸饼、风糖饼、天花饼、秤锤蒸饼、金花饼、睡蒸饼、炙炊饼、菜饼、荷叶饼、韭饼、糖饼、髓饼、宽焦饼、蜂糖饼等数十种。[③] 由此可见,南宋临安饼的制作技术在东京的基础上有了进一步的发展。当时,吴山所产的酥油饼,被人们称为“吴山第一点”,至今仍名闻江南。

毫无疑义,饼是“北食”。例如酪面就是一种北食,当时临安还有著名的铺席。《都城纪胜》“食店”条载道:“如酪面,亦只后市街卖酥贺家一分,每个五百贯,以新样油饼两枚夹而食之,此北食也。”这种油饼至今仍为常见,

---

① 施德操《北窗炙輠录》卷上云:“姚进道在太学日,每夜必市两蒸饼,未尝食,明日辄以饲斋仆。同舍皆怪之。子韶问曰:‘公所市蒸饼不食,徒以饲仆,何耶?’进道曰:‘固也。某来时,老母戒某,之学中,夜间饥则无所得食,宜以蒸饼为备。某虽未尝饥,然不敢违老母之戒也。’市之如初。”按:进道名述尧,华亭人。所著有《萧台公余词》。《词综》作钱塘人。名见《咸淳临安志·进士表》。

② 吴处厚《青箱杂记》卷二:“仁宗庙讳贞,语讹近蒸。今内庭上下皆呼蒸饼为炊饼。”

③ 据邓之诚解释:“蒸饼亦曰炊饼、笼饼,数以扇计,即今馒头。胡饼即烧饼有芝麻者。油饼为起稣者。糖饼有馅。环饼即寒具,亦曰馓子。毕罗或即川陕锅魁,侧厚似是都中马蹄烧饼。宽焦即薄脆,都中高粱桥薄脆,起自乾隆时。”《东京梦华录注》,第81页。

而酪面据杨宽考证,“该是一种用牛羊乳炒熬而成的面食品”。①

第三节 凉水店和果子店

一、凉水店

凉水店为一种饮料店,早在北宋都城东京就已流行于世。当时东京的州桥夜市,每当夏天就有凉水出售,著名品种有沙糖绿豆甘草冰雪凉水和荔枝膏。这种凉水到南宋临安时又得到了进一步的发展。《武林旧事》卷六把“凉水”视作为一类重要的食品,他在书中列举了十八种凉水;《西湖老人繁胜录》“诸般水名”也列举了十七种。除去两书中重复的,共有二十三种之多,它们是:甘豆汤②、椰子酒、漉梨浆③、卤梅水、木瓜汁、茶水④、荔枝膏、雪泡缩皮饮⑤、梅花酒、五苓散、大顺散、紫苏饮、皂儿水、绿豆水、白水、乱糖真雪、富家散暑药冰水、豆儿水、姜蜜水、沉香水、苦水、金橘水、香薷饮。其中,前面十二种为《武林旧事》卷六《凉水》与《西湖老人繁胜录》“诸般水名”相同的,第十三至十七种凉水为《西湖老人繁胜录》所独有,最后六种为《武林旧事》独有。此外,《武林旧事》卷三《都人避暑》中还载有“团麻饮”“芥辣”“白醪凉水”三种。

当时临安著名的凉水,有中瓦子前的皂儿水和张家豆儿水,杂卖场前的甘豆汤,通红桥的雪泡豆儿水和荔枝膏。⑥

---

① 《中国古代都城制度史研究》,第387页。
② 《西湖老人繁胜录》“汤”误作“糖”,载《南宋古迹考》(外四种),第108页。
③ 《西湖老人繁胜录》“鹿”作“漉”,载《南宋古迹考》(外四种),第108页。
④ 《西湖老人繁胜录》作“江茶水”,载《南宋古迹考》(外四种),第108页。
⑤ 宋刻作“缩脾”;《西湖老人繁胜录》作“缩脾饮”,载《南宋古迹考》(外四种),第108页。
⑥ 《梦粱录》卷一三《铺席》、《夜市》,第116–120页。

二、果子店

果子店即糖果店，为一种专售时鲜水果及果脯等的店铺。这种店铺在临安也很多，著名的如大瓦子的水果子、五间楼前周五郎蜜煎铺[①]、中瓦子前钱家干果铺、水巷（兰陵坊）口阮家干果铺、杂卖场前戈家蜜枣儿。它们经营的品种比较繁多，《西湖老人繁胜录》列举十五种"时果"（即时新果子）：罗浮橘、洞庭橘、花木瓜、余甘子、赏花甜、亢堰藕、青沙烂、陈公梨、乳柑、鹅梨、甘蔗、温柑、橄榄、匾橘、香枨；七种"茶果仁儿"：榛子仁、括子仁、松子仁、橄榄仁、杨梅仁、胡桃仁、西瓜仁；十二种"蜜煎"：蜜金橘、蜜木瓜、蜜林檎、蜜金桃、蜜李子、蜜木弹[②]、蜜橄榄、昌园梅[③]、十香梅、蜜枨、蜜杏、珑缠茶果；三十九种"糖煎"：香药灌肺、七宝科头、杂合细粉、水滑糍糕、玲珑划子、金铤裹蒸、生熟灌藕、水晶炸子、筋子膘皮、乳糖鱼儿、美醋羊血、澄沙团子、天花饼、皂儿膏、宜利少、煎鸭子、酿栗子、莲子肉、熝肝肉、望口消、蜜枣儿、兔耳朵、酥枣儿、重剂枣、糖寿带、酸红藕、宝索儿、玉柱糖、泽州饧、玉消膏、乌梅膏、韵梅膏、薄荷膏[④]、香枨膏、橘红膏、糖乌李、杨梅糖、法豆、轻饧。此外，他在书中尚列有相银杏、炒椎栗、方顶柿、盐官枣、玉石榴、红石梅、晚橙、红柿、巧柿、绿柿、榄柿、雪梨、水晶葡萄、太原葡萄十四种干湿水果。《武林旧事》卷六《果子》列举糖煎和蜜煎以及其他制法的点心有四十多种，其中还有不少品种是西湖老人没有记录的，如瓜蒌煎、鲍螺、裹蜜、糖丝线、蜜麻酥、炒团、十般糖、甘露饼、玉屑膏、爊木瓜、糖脆梅、破核儿、查条、荔枝膏、蜜姜豉、韵姜糖、花花糖、二色灌香藕、糖豌豆、芽豆、栗黄、乌李、酪面、蓼花、桃穰酥、重剂、蜜枣儿、乌梅糖、乳糖狮儿、琥珀蜜、饧角儿、诸色糖蜜煎。

另从《武林旧事》卷九《高宗幸张府节次略》来看，果子店经营的商品远不止上面这些。下面摘录如下：

---

① 《梦粱录》卷一三《团行》载有"五间楼泉、福糖蜜及荔枝、圆眼汤等物"，第115页。

② 《武林旧事》卷六《果子》作"蜜弹弹"，第98页。

③ 《武林旧事》卷三《都人避暑》作"蜜渍昌元梅"，第43页。

④ 《武林旧事》卷六《果子》作"薄荷蜜"，第98页。

鲜果(切时果、时新果子):香圆、真柑、石榴、枨子、鹅梨、乳梨、榠楂、花木瓜、春藕、鹅梨饼子、甘蔗、乳梨月儿、红柿子、切枨子、切绿橘、生藕铤子、金橘、葴杨梅、新罗葛、切蜜蕈、切脆枨、榆柑子、新椰子、切宜母子、藕铤儿、甘蔗柰香、新柑子、梨五花子;

干果子:荔枝、圆眼、香莲、榧子、榛子、松子、银杏、梨肉、枣圈、莲子肉、林檎旋、大蒸枣;

"雕花蜜煎";雕花梅球儿、红消花儿、雕花笋、蜜冬瓜鱼儿、雕花红团花、木瓜大段儿、雕花金橘、青梅荷叶儿、雕花姜、蜜笋花儿、雕花枨子、木瓜方花儿;

"砌香咸酸":香药木瓜、椒梅、香药藤花、砌香樱桃、紫苏柰香、砌香萱花柳儿、砌香葡萄、甘草花儿、姜丝梅、梅肉饼儿、水红姜、杂丝梅饼儿;

"珑缠果子":荔枝甘露饼、荔枝蓼花、荔枝好郎君、珑缠桃条、酥胡桃、缠枣圈、缠梨肉、香莲事件、香药葡萄、缠松子、糖霜玉蜂儿、白缠桃条。

"更有专卖小儿戏剧糖果,如打娇惜、虾须、糖宜娘、打秋千、稠饧之类"。①

第四节　酒店

酒店是临安最赚钱的地方,当时社会上流行着这样一句谚语,这就是:"欲得官,杀人放火受招安;欲得富,赶著行在卖酒醋。"②这里说的"行在",即是临安。其时,酒店在南宋临安的商业和饮食业中占有非常重要的地位。

由于开酒店在临安最赚钱,因此酒店的数量非常庞大,时人诗有"青楼酒旗三百家"之说。③

---

① 《都城纪胜·食店》,载《南宋古迹考》(外四种)第84页。

② 《鸡肋编》卷中,第67页。

③ 陈允平:《西麓诗稿》之《春游曲》,文渊阁《四库全书》本。

一、酒店的经营性质

从南宋临安酒店的经营性质来看，可以分为官营和私营两种。

(一)官营酒店

官营酒店由官府开办，一般多属官酒务经营。当时临安共有十三所官营酒库，其中七所设有酒楼，它们是：

南酒库，简称为南库，原名升阳宫(一作升旸宫)，在清河坊南建有和乐楼。洪迈《夷坚志》丙志卷九《李吉鸡》所载，范寅宾自长沙调官于临安，与客买酒升阳楼上。

中酒库，又名银瓮子中库，简称为中库，在众乐坊北。王楙《野客丛书》卷一七载："都下有银瓮酒库，或问何谓？余考《瑞应图》'王者宴不及醉，则银瓮呈祥'，盖取此意。"造清界，有中和楼。

南上酒库，又名武林园南上库，简称为南上库，在睦亲坊建有和丰楼，该酒楼正对吴越两山，故民间又名正南楼。

北酒库，简称为北库，在鹅鸭桥东，处于小河(市河)街市的中段，建有春风楼。

东酒库，简称为东库，在太和桥东，处于大河(盐桥运河)街市的中段，建有太和楼。这在当时是一家著名的官营大酒楼。康与之(字伯可)曾监太和楼酒，盗库钱饰翠羽为妓金盼履，事发后坐罪免官，落魄无所与归。① 时人作的《题太和楼壁》一诗便用淋漓尽致的笔触详细地描述了这一酒楼的宏伟壮丽：

太和酒楼三百间，大槽昼夜声潺潺。
千夫承糟万夫瓮，有酒如海糟如山。
铜锅镕尽龙山雪，金波涌出西湖月。
星宫琼浆天下无，九酝仙方谁漏泄。
皇都春色满钱塘，苏小当垆酒倍香。

---

① 周南：《山房集》卷四《康伯可传》，文渊阁《四库全书》本。

席分珠履三千客,后列金钗十二行。
一座行觞歌一曲,楼东声断楼西续。
就中茜袖拥红牙,春葱不露人如玉。
今年和气光华夷,游人不醉终不归。
金貂玉麈宁论价,对月逢花能几时?
有个酒仙人不识,幅巾大袖豪无敌。
醉后题诗自不知,但见龙蛇满东壁。①

从这首诗中,可知太和楼设有三百间包厢,如果按今每一包厢十平方米来计算,则达三千平方米,再加上制作菜肴的厨房、酿酒存酒的作坊和仓库、走廊、大厅等,则其建筑面积至少在五千平方米以上,这在今日杭州也无疑是一个超大型的酒楼了,真可谓气势非凡。在这个酒楼里,有上千名工人在从事酿酒等工作,以至酒楼"有酒如海糟如山"。酒楼每天的高档客人达三千人左右,而要招待好这些挥金如土的豪客,自然服务工作必须尽善尽美,让客人满意。为此,酒楼招聘了成百上千的年轻漂亮的美女,甚至酒楼的负责人也是"苏小当垆"。她们除殷勤为客人倒酒外,还唱歌跳舞,演奏各种乐器,为客人饮酒助兴。因此,这座酒楼在南宋盛极一时。陈著曾同梅山弟来此酒楼饮酒,并写有《梅山弟来同饮醉书本堂》诗:

谁将糟粕视诗书,兄弟何妨做拙儒。
流水青山同醉处,清风明月几归途。
樵歌相与为吟友,草市谁教见瑞夫。
宇宙如今惟有酒,太和楼下渺烟芜。②

可惜的是,在南宋后期,这座酒楼由于火灾被烧毁了。

西酒库,又称为金文库或金文西库,在丰豫门(即涌金门)外建有西楼,当时名人楼钥曾为其书写楼匾,后为好奇者取去。西库分出有子库,时人称

---

① 厉鹗:《宋诗纪事》卷九六,上海古籍出版社1983年版,第2312-2313页。

② 陈著:《本堂集》卷一八,文渊阁《四库全书》本。

西子库,该酒库拥有太平楼和丰乐楼两大酒店,均在丰豫门外①。这里面临西湖,风景绝佳,故而游人众多,以至西库和西子库都要在此设立大型的酒楼②。其中,丰乐楼的前身为柳洲亭,北宋政和七年(1111–1117),于湖堂右以众乐亭旧基建楼,匾“耸翠”。南宋建炎以后,高宗见嘉兴、湖州等地连年丰收,建此楼以与民共乐,故名。③ 曾一度被和王杨存中占有,改为耸翠楼。后张定叟兼领库事,将其收归国有,并将其再次作为西子库的酒楼。淳祐九年(1249),临安知府赵与篙再撤新创,使酒楼更加“瑰丽宏特,高接云霄,为湖山壮观”。《梦粱录》卷一二《西湖》载此楼“据西湖之会,千峰连环,一碧万顷,柳汀花坞,历历栏槛间,而游桡画舫,棹讴堤唱,往往会于楼下,为游览最。顾以官酤喧杂,楼亦临水,弗与景称”。楼旁“花木亭榭,映带参错,气象尤奇。”此楼是官僚士绅设同年宴或乡会之处。“缙绅士人,乡饮团拜,多集于此”。④

南宋文人士大夫对丰乐楼极尽赞美之辞,留下了大量的优秀作品。淳熙十一年(1184)二月甲子,吴文英作《莺啼序·丰乐楼节斋新建》词,并大书于壁。此词绘声绘色地描写了丰乐楼的宏伟与繁华,是当时此类作品中的杰作:

天吴驾云阆海,凝春空灿绮。倒银海、蘸影西城,四碧天镜无际。彩翼曳、扶摇宛转,雩龙降尾交新霁。近玉虚高处,天风笑语吹坠。清濯缁尘,快展旷眼,傍危栏醉倚。面屏障、一一莺花,薜萝浮动金翠。惯朝昏、晴光雨色,燕泥动、红香流水。步新梯,藐视年华,顿非尘世。麟翁衮舄,领客登临,座有诵鱼美。翁笑起、离席而语,敢诧京兆,以后为功,落成奇事。明良庆会,赓歌熙载,隆都观国多闲暇,遣丹青、雅饰繁华地。平瞻太极,天街润纳璇题,露床夜沉秋纬。清风观阙,丽日罘罳,正午长漏迟。为洗尽、脂痕茸唾,净卷曲尘,永昼低垂,绣帘十二。高轩驷马,

① 《都城纪胜》“酒肆”条;《武林旧事》卷六《酒楼》亦载有太平楼和丰乐楼。
② 朱彭《南宋古迹考·城郭考》“丰豫门外”引“知当日涌金门酒亦甚著名”。
③ 张岱:《西湖梦寻》卷四《西湖南路·柳洲亭》,江苏古籍出版社2002年版,第48页。
④ 《梦粱录》卷一二《西湖》,第105页。

峨冠鸣佩，班回花底修禊饮，御炉香、分惹朝衣袂。碧桃数点飞花，涌出官沟，溯春万里。①

约南宋中后期，丰乐楼遭火灾，化为灰烬，在都城消失了。虽然其宏大的建筑不存于世，但其辉煌的历史却对后世产生了深远的影响，成为文人们追述其兴衰的典型物象，并感叹不已。例宋末元初的诗人方回，曾有多首诗述及此楼：

往年灯火醉樊楼，月落吹箫未肯休。
不惜黄金追胜事，肯回青眼顾时流。

来舆去马禁城空，丰乐楼消一炬红。
说与吴侬莫惆怅，龙墀犹化梵王宫。②

又，元杨载《题丰乐楼》诗：

峥嵘飞构压名邦，西望平湖东望江。
气合重玄蒙流瀣，标存九域奠洪庞。
朝来散雾萦朱栱，夜后流星透碧窗。
倚遍阑干愁目眩，飞鸢旋转故双双。③

北外库，在余杭门外左家桥北，接近米市，建有春融楼。

除上述外，更有碧香诸库，如钱塘门外上船亭南的钱塘正库，设有先得楼，此楼由过去的望湖楼演变而来。咸淳中，州里以三篆字揭之。董嗣杲《西湖百咏·先得楼》诗：

潋滟澄波漾彩椽，柳丝晴绊俊游鞭。
傍湖莫厌官楼小，得月无如此地先。
迎榜书生空绛帐，抱琴才子沃金船。
壶天萧爽人人醉，雪色屏风画谪仙。

① 吴文英：《梦窗乙稿》卷二。又见《全宋词》，中华书局1965年版，第2907页。

② 《桐江续集》卷一〇《次韵宾旸啼字犹字二首》、卷二三《记正月二十五日西湖之游十五首·丰乐楼》。

③ 《杨仲弘集》卷六，文渊阁《四库全书》本。

造清界库，在睦亲坊北，有和丰酒楼。

（二）私营酒店

私营的酒楼，顾名思义就是由私人经营，时人或称为"市楼"。

南宋临安的市楼甚多，其中最著名的是中瓦子前武林园的三元楼，此楼一向是由康、沈家开酤，店门首彩画欢门，设红绿杈子，绯绿帘幕，贴金红纱栀子灯，装饰厅院廊庑，花木森茂，酒座潇洒。从店门进去，一直是主廊，约一二十步才分南北两廊，全部是诸如今日包厢及"稳便坐席"。到晚上，灯烛辉煌，上下相照，如同白昼。数十名浓妆打扮的妓女，聚于主廊槏面上，等待着酒客的呼唤，望之宛如神仙。① 南宋叶绍翁《四朝闻见录》丙集卷三《悼赵忠定诗》还记载了与这一酒楼有关的一个故事：

> 庆元初，韩侂胄既逐赵忠定，太学诸生敖陶孙赋诗于三元楼，云："左手旋干右转坤，如何群小恣流言。狼胡无地居姬旦，鱼腹终天吊屈原。一死固知公所欠，孤忠幸有史长存。九原若遇韩忠献，休说如今有末孙（渠家末世孙）。"陶孙方书于楼壁民，酒一再行，壁已不存。陶孙知诗必为韩所廉得，捕者将至，急更行酒者衣，持暖酒壶下楼。捕者与交臂，问以"敖上舍在否？"敖对以"若问太学秀才？即饮方酣"。陶孙亟亡命归闽。捕者入闽，逮之入都。至都，以书祈哀于韩，谓诗非己作。韩笑而命有司复其贯，敖陶孙旋中乙丑第，由此得诗名。《江湖集》中诗最多，予尝以其卷示杜忠可，杜谓典实。其诗率多效陆务观，用事终不肯效唐风。初识南岳刘克庄，得其诗卷，曰所欠典实尔。南岳集中诗率用事，盖取其说。后得南岳刻诗于士人陈宗之，喜而语宗之曰："且喜潜夫已成正觉。"陶孙，字器之，号癯翁，福唐人。

稍次于三元楼的，有南瓦子的熙春楼（此楼由王厨开酤），新街巷口的花月楼（施厨开酤），融和坊的嘉庆楼、聚景楼（此两店均为康、沈脚店），金波桥的风月楼（严厨开酤），灵椒巷口的赏新楼（一作赏心楼，沈厨开酤），坝头西市坊的双凤楼（施厨开酤），下瓦子前的日新楼（郑厨开酤），荐桥以东丰禾坊

① 《梦粱录》卷一六《酒肆》，第 141 页。

的王家酒店等。与三元楼一样,这些酒店大多也设有妓女,以供风流酒客买笑追欢。① 此外,还有银马杓、翁厨、任厨、陈厨、周厨、巧张、张花等酒店,它们都是以著名厨师来号召的,各具特色。如暗门(清波门)外郑厨分茶酒肆,"只卖好食,虽海鲜头羹皆有之"。又如御街中段太平坊大街东南角有虾蟆眼酒店,"只卖好酒"。②

二、酒店的等级

南宋临安的酒店,分正店、脚店、拍户酒店数等。

(一)正店

正店是第一等为大型的酒店,如前述的众多大型酒店便属于此等。这等酒店建筑雄伟壮观,装饰富丽堂皇,环境优美典雅,并备有各式各样的精美餐具,特别是酒器更是如此,全部用银制作而成。主要为上层顾客服务,基本上集中在闹市区。不管是官营酒楼,还是私营酒楼,都有大量的妓女为客人服务,前者往往设有官妓数十人,后者亦有私妓数十人。客人刚至酒店坐定,酒家人便先给看菜几碟,问酒多少,然后送上上面写有各式各样菜肴名称的单子和牌面供客人点唤好酒好菜。如煮酒,或可先索到十瓶,逐瓶开饮,多余可退回酒店。如下酒品件,其钱数不多,谓之"分茶"、"小分下酒";客人如要招唤妓女服务,就得索唤高价的细食,酒店借机高抬价钱。③ 需要说明的是,这些大酒店,"娼妓只伴从而已"④。洪迈《夷坚志补》卷七《丰乐楼》对妓女伴酒的现象便有描述:

> 临安市民沈一,酒拍户也。居官巷,自开酒庐,又扑买钱塘门外丰乐楼库,日往监沽,逼暮则还家。淳熙初,当春夏之交,来饮者多。一

---

① 《武林旧事》卷六《酒楼》,第94页;《梦粱录》卷一六《酒肆》,第141页。

② 《武林旧事》卷六《酒楼》,第94页。

③ 如《梦粱录》卷一六《酒肆》:"或命妓者,被此辈索唤珍品、下细食次,使其高抬价数,惟经惯者不堕其计。"《都城纪胜·酒肆》:"若命妓,则此辈多是虚驾骄贵,索唤高价细食,全要出著经惯,不被所侮也,如煮酒,或有先索到十瓶,逐旋开饮,少顷只饮五六瓶佳者,其余退回,亦是搜弊之一诀。"

④ 《都城纪胜·酒肆》,载《南宋古迹考》(外四种),第82页。

日，不克归，就宿于库。将二鼓，忽有大舫泊湖岸，贵公子五人，挟姬妾十数辈，径诣楼下，唤酒仆，问何人在此，仆以沈告，客甚喜，招相见，多索酒，沈接续侍奉之。纵饮楼上，歌童舞女，丝管喧沸，不觉罄百樽。饮罢，夜已阑，偿酒直，郑重致谢。

(二)脚店

第二等为"脚店"，或称"分茶酒店"。这种店在规模上要小于"正店"，但大于"拍户酒店"，可以说是一种中型的酒店。专卖上等的名酒及下酒菜肴，其客人以中等收入的市民为主。

(三)拍户酒店

第三等为"拍户酒店"。《梦粱录》卷一六《酒肆》载："大抵酒肆除官库、子库、脚店之外，其余谓之拍户，兼卖诸般下酒，食次随意索唤。""拍户"一词是由买扑制度而起的，指官、私营的酒务、酒库、酒坊买酒销售的人户。这些私商小贩从官酒务或大酒户中按批发价买酒，再至指定地界内设店销售，从批发价与市场零售价的差额中获取利润。这类"拍户酒店"在南宋临安极多，遍布城内外。

拍户酒店虽是一种小型的零卖酒店，但其经营却颇具特色，又可分为以下几种：

1. 包子酒店

包子酒店是一种以兼卖包子、肠血粉羹等下酒小菜为特色的酒店。据《梦粱录》卷一六《酒肆》载，这种酒店"专卖灌浆馒头、薄皮春茧包子、虾肉包子、鱼兜杂合粉、灌煎大骨之类"。《都城纪胜·酒肆》则谓其"卖鹅鸭包子、四色兜子、肠血粉羹、鱼子、鱼白之类，此处易为支费"。

2. 肥羊酒店

肥羊酒店是一种兼卖羊肉食品为特色的酒店。据《梦粱录》卷一六《酒肆》载，南宋都城临安"丰豫门归家、省马院前莫家、后市街口施家、马婆巷双羊店等铺，零卖软羊、大骨龟背、烂蒸大片、羊杂四软、羊撺四件"。

3. 茶饭店

茶饭店，《都城纪胜·酒肆》："谓兼卖食次下酒是也。但要索唤及时食品，知处不然，则酒家亦有单子牌面点选也。”

4. 宅子酒店

所谓宅子酒店，就是将酒店装饰成官宦人家的宅舍，或者由过去仕宦人家所住的房子改建而成。这种酒店使人有一种宾至如归的感觉，颇受文人士大夫及普通官吏的喜爱①。

5. 花园酒店

所谓花园酒店，就是指一种园林式的酒店。这种酒店大多设在城郊景色秀丽、花草繁多的地区；个别设在城内，其建筑设计仿照园馆装饰②。范成大有诗述道：

九陌缁尘满客襟，钱塘门外有园林。
胡床住处梅无限，酒斾垂边柳未深。
晴日暖风千里目，残山剩水一人心。
元方伯始皆吾党，解后清游直万金。③

6. 直卖店

直卖店又称“角球店”，是一种专卖酒而不供应下酒食品的酒店。如《都城纪胜·酒肆》曰：“直卖酒，谓不卖食次也。”《梦粱录》卷一六《酒肆》：“有一等直卖酒，不卖食次下酒。”

7. 散酒店

散酒店是一种零沽散卖的小酒店，《都城纪胜·酒肆》：“谓零卖百单四、七十七、五十二、三十八，并拆卖外坊酒。”

8. 碗头店

碗头店，门首不设油漆杈子，只挂草葫芦。用银马勺、银大碗等酒具。也有的挂银裹直卖牌。店铺比较简陋，多是用竹栅布幕搭建而成，时人谓之为“打碗头”，意思是顾客多是只喝三二碗酒，甚至只喝一杯便走的人。

① 《都城纪胜·酒肆》，载《南宋古迹考》（外四种），第82页。
② 《都城纪胜·酒肆》，载《南宋古迹考》（外四种），第82页。
③ 范成大：《石湖居士诗集》卷九《与胡经仲、陈朋元游照山堂，梅数百株盛开》，载《范石湖集》，第108页。

酒店出售的下酒食品也非常低劣，如血脏、豆腐羹、熬螺蛳、煎豆腐、蛤蜊肉之类。到这种酒店喝酒的人大多是下层的劳动人民。“不甚尊贵，非高人所往”①。

9. 庵酒店

庵酒店是一种以卖酒为名，主营妓业的酒店。《都城纪胜·酒肆》曰：“庵酒店，谓有娼妓在内，可以就欢，而于酒阁内暗藏卧床也。门首红栀子灯上，不以晴雨，必用箬䉶盖之，以为记认。其他大酒店，娼妓只伴坐而已。欲买欢，则多往其居。”“箬䉶”是用箬叶制成的防雨的灯罩。毫无疑义，这种庵酒店实质上就是一种下等的妓院。

10. 罗酒店

罗酒店在北宋时流行于山东、河北地区。后随着宋室的南渡，这种酒店形式也传至南方，但已失去了往日的风采。《都城纪胜·酒肆》云：“罗酒店……今借名以卖浑头，遂不贵重也。”

三、酒店的分布

这些酒店除大量分布在城内外，还有一些分布在西湖周围。据《武林旧事》卷三《西湖游幸》记载，孝宗有一次游湖经过断桥，见桥旁有一小酒店，十分雅洁，遂入内休息。酒店中有一素屏，上面书有太学生俞国宝的“醉笔”《风入松》一词：“一春长费买花钱，日日醉湖边。玉骢惯识西泠路，骄嘶过，沽酒楼前。红杏香中歌舞，绿杨影里秋千。东风十里丽人天，花压鬓云偏。画船载取春归去，余情在，湖上湖烟。明日再携残酒，来寻陌上花钿。”孝宗观赏后说：“此词甚好，但末句未免儒酸。”认为应把“明日再携残酒”改为“明日重扶残醉”。又，《西湖游览志余》卷一〇《才情雅致》载：“林外，字岂尘，泉南人。词翰潇爽，谈论不羁，饮酒无算。在上庠，暇日独游西湖幽寂处，坐小旗亭饮焉。外丰姿都雅，角巾鹤氅，飘飘若神仙。置虎皮钱箧数枚藏腰间，每出其一，命酒家倾之，视钱计酒直。酒且尽，复倾一箧。迨暮，凡

① 《都城纪胜·酒肆》，载《南宋古迹考》（外四种），第82页。

饮数斗不醉，而箧中之钱若循环无穷，肆中人惊异。将去，索笔题壁间云：‘药炉丹灶旧生涯，白云深处是吾家。江城恋酒不归去，老却碧桃无限花。’明日，都下喧传某肆有神仙至饮云。”《齐东野语》卷一三《西林道人》载：“端平间，周文璞、赵师秀数诗人，春日薄游湖山，极饮西林桥酒垆，皆大醉熟睡。”

西溪也有酒店，如《西溪梵隐志》载：西溪留下西南三里，东有宋人禁酒牌。高宗过西溪，入酒肆，喜其供奉精洁，御书界牌以赐曰：“不为酒税处。”①

四、酒店的装饰及经营风俗

临安的酒店，建筑和装饰极具特色。耐得翁《都城纪胜·酒肆》载：“酒家事物，门设红杈子绯绿帘贴金红纱栀子灯之类。旧传因五代郭高祖游幸汴京潘楼，至今成俗。酒阁名为厅院，若楼上则又或名为山，一山、二山、三山之类。牌额写过山，非特有山，谓酒力高远也。”即大型酒店沿袭北宋东京潘楼的风俗，在门口设立杈子，上面的绯绿帘贴金，挂着醒目的红纱栀子灯。酒店为多层的大型建筑，底层为大厅，楼上设立有众多的酒阁（即今日所称的包厢），《武林旧事》、《梦粱录》等书名为“厅院”。酒量不好的一般只在楼下所设的散坐中饮酒，不可轻易登楼上阁。

当然，绝大多数的中小型酒店在装饰上并没有这样气派，而是简单实用得多。据《搜采异闻录》记载：“都城酒肆皆揭大帘于外，以青白布数幅为之。或挂瓶瓢帚秆，时人多咏于诗。”

在当时的都城临安，还有一种“迭构如井”的井字楼酒楼，民间俗称为“井字楼”。②

临安酒店的用词颇具特色，《都城纪胜·酒肆》载：“大抵店肆饮酒，在人出著如何，只如食次，谓之下汤水。其钱少，止百钱五千者，谓之小分下酒。若命妓，则此辈多是虚驾骄贵，索唤高价细食，全要出著经惯，不被所侮也。如煮酒，或有先索到十瓶，逐旋开饮，少顷只饮五六瓶佳者，其余退回，亦是

---

① 吴本泰：《西溪梵隐志》卷一《纪胜》，杭州出版社 2006 年版，第 14 页。

② 《西湖游览志》卷二〇《北山分脉城内胜迹》，第 257 页。

搜弊之一诀。”如果客人买酒不多、只就楼下散坐的，谓之为“门床马道”。

此外，临安的酒店还形成了一定的行规。客人刚坐下，酒家人先是送上下酒的样菜，供客人点菜所用；然后，问客人需要多少酒。当客人选定下酒的菜肴品种和酒的份量后，再正式送上下酒的菜肴。于是，一些不懂行规的，看到酒家人送上的“看菜”便匆忙下箸，被人当作笑料。

第五节　茶楼

一、茶楼的分布

临安茶肆与酒店一样，也遍布杭城内外，其中以御街中段和中瓦子为最多。《西湖老人繁胜录》讲“预赏元宵”，谈到“中瓦南北茶坊内挂诸般琉珊子灯、诸般巧作灯、福州灯、平江玉棚灯、珠子灯、罗帛万眼灯”。除城中分布有众多的茶馆外，西湖边也有一些茶坊，如南山的茶坊岭就因当时设有茶坊而名。[①] 又，周密《齐东野语》卷一〇《明真王真人》载有“西陵桥茶肆”。

据《梦粱录》、《都城纪胜》、《武林旧事》等书所载，临安城中著名的茶馆有数十家，如：太平坊郭四郎茶坊，太平坊北首张七相干茶坊，市西坊南有潘节干茶坊、俞七郎茶坊，以上四家茶坊都位于御街西侧。御街东侧宝祐坊（一作保佑坊）北有朱骷髅茶坊。中瓦一带则有黄尖嘴蹴球茶坊、王妈妈家茶肆（又名一窟鬼茶坊）、大街车儿茶肆、蒋检阅茶肆，其中，黄尖嘴茶坊在宝祐坊；蒋检阅茶肆即是蒋检阅茶汤铺在清河坊[②]。此外，尚有清乐茶坊、八仙茶坊、珠了茶坊、连二茶坊、连三茶坊等。

需要说明的是，当时的茶肆为了吸引顾客，在晚间常请艺人在里面讲史或小说。如《西湖老人繁胜录》说：“余外尚有独勾栏瓦市，稍远，于茶中作夜场。”洪迈《夷坚志》就对此作了描述：乾道六年（1170）冬，吕德卿曾和他的朋

---

① 《西湖游览志》卷三《南山胜迹》，第 27 页。

② 《梦粱录》卷一三《铺席》，第 116 – 117 页。

友王嵎、魏羔如、上官仁三人，出嘉会门茶肆中坐，看见幅纸用绯贴尾云："今晚讲说《汉书》。"①

二、茶楼的等级

临安的茶肆，按其规模可以分为以下数等：

第一等为"大茶坊"。据《梦粱录》卷一六《茶肆》载："更有张卖面店隔壁黄尖嘴蹴球茶坊，又中瓦内王妈妈家茶肆名一窟鬼茶坊，大街车儿茶肆、蒋检阅茶肆，皆士大夫期朋约友会聚之处。"这类茶肆装饰颇为讲究，四壁张挂名人的书法与绘画作品，并在茶楼内设花架，安顿松桧等花卉盆景，花瓶中插四时花朵。除"四时卖奇茶异汤"之外，"冬月添卖七宝擂茶、馓子、葱茶，或卖盐豉汤；暑天添卖雪泡梅花酒，或缩脾饮暑药之属"。绍兴年间卖梅花酒的茶肆，用鼓乐吹奏《梅花引》一曲号召，用银盂、银杓、银盏子盛来出卖。后来就只敲打响盏唱歌叫卖，只用瓷盏、漆托供卖。到这里饮茶者大多是富室子弟、诸司下直等人，他们会聚在这里"习学乐器、上教曲赚之类，谓之挂牌儿"②，作为学习乐器、教练唱曲的场所。于是，这一等茶坊实际上已经作为文人士大夫约会朋友高谈阔论的地方。

第二等为"人情茶肆"。这类茶肆有点像今天的会所或俱乐部，是都市中社会交际最活跃的场所。自然这一等茶肆本非以出售茶汤为业，只是以茶的名义多得一些茶钱。它的顾客可以分为二大类：一是专供娼妓弟兄（即假父）会聚，消遣娱乐；一是成为各种行业出卖技艺的雇佣劳动者会聚"行老"的地点，谓之"市头"。③

第三等为"花茶坊"（又称"水茶坊"）。《梦粱录》卷一六《茶肆》讲到大街有三五家茶肆是花茶坊。这类茶肆由娼家开设，在店中只简单地放些桌椅作为装饰，实际上在茶楼安置有妓女，以茶为名勾引青年人。"凡初登门，则有提瓶献茗者，虽杯茶亦犒数千，谓之'点花茶'。登楼甫饮一杯，则先与

---

① 《夷坚志》支丁卷三《班固入梦》，第991页。

② 《梦粱录》卷一六《茶肆》，第140页。

③ 《梦粱录》卷一六《茶肆》，第140页。

数贯，谓之‘支酒’，然后呼唤提卖，随意置宴，赶趁祗应扑卖者亦皆纷至，浮费颇多”①。妓女们在此“争妍卖笑，朝歌暮弦，摇荡心目”②。“后生辈甘于费钱，谓之干茶钱”③。他们在此争风吃醋，“多有吵闹，非君子驻足之地也”④。这种花茶坊在都城中颇有市场，仅御街中段的街市就有五家著名的“花茶坊”，它们是郭四郎茶坊、张七相干茶坊、潘节干茶坊、俞七郎茶坊、朱骷髅茶坊。周密《武林旧事》卷六《歌馆》也把不少茶肆归入歌馆一类，他在讲述许多“群花所聚之地”之后，接着说：“外地诸处茶肆，清乐茶坊、八仙茶坊、珠子茶坊、潘家茶坊、连三茶坊、连二茶坊，及金波桥等两河以至瓦市，各有等差，莫不靓妆迎门”。所有这些茶肆，也具“花茶坊”的性质。

第六节　油铺和汤店

一、油铺

油与米、面、柴、炭、茶、酒等一样，“皆系民间日用之物”⑤。人们除食用外，还用油点灯。因此，临安油铺遍布城内外，洪迈《夷坚志》对此便有记载：“忠训郎王良佐，居临安观桥下。初为细民，负担贩油，后家道小康，启肆于门，称王五郎。”⑥又，《咸淳临安志》卷八九《纪事》载：绍兴二十六年（1157）七月辛亥，户部尚书兼权知临安府韩仲通言：“安抚司回易库，昨将官钱责借油铺，并置米铺以收利息。”⑦

---

① 《武林旧事》卷六《歌馆》，第 95 页。
② 《武林旧事》卷六《歌馆》，第 95 页。
③ 《都城纪胜·茶坊》，载《南宋古迹考》（外四种），第 85 页。
④ 《梦粱录》卷一六《茶肆》，第 140 页。
⑤ 《宋会要辑稿》食货一八之八。
⑥ 《夷坚志》支癸卷三《宝叔塔影》，第 1239 页。
⑦ 《系年要录》卷一七三，绍兴二十六年七月辛亥，第 2855 页。

二、汤店

汤在宋代是一种极为流行的饮料，其地位仅次于酒和茶，为第三大饮料。这是一种用药物配制的饮料。朱彧《萍洲可谈》卷一曰："今世俗客到则啜茶，去则啜汤。汤取药材甘香者屑之，或温或凉，未有不用甘草者，此俗遍天下。"宋佚名《南窗纪谈》载："有武臣杨应诚独曰：'客至设汤，是饮人以药也，非是。'故其家每客至，多以蜜渍橙、木瓜之类为汤饮客。"据唐慎微《证类本草》卷六载："甘草，一名蜜甘，一名美草，一名蜜草，一名蕗草。生河西川谷积沙山及上郡。二月、八月除日采根，暴干十日成。"其性"味甘，平，无毒。主五脏六腑寒热邪气，坚筋骨，长肌内，金疮尰解毒……久服轻身延年。"苏颂《本草图经》云："今甘草有数种，以坚实断理者为佳。其轻虚纵理及细韧者不堪，惟货汤家用之。"①

汤的品种甚多，仅《事林广记》别集卷七《诸品汤》就列有干木瓜汤、缩砂汤、无尘汤、荔枝汤、木犀汤、香苏汤、橙汤、桂花汤、湿木瓜汤、乌梅汤等十余种汤品，并附有配方、服法；又《调燮类编》卷二《清饮》中也载有诸般汤品，如橘汤、暗香汤、天香汤、茉莉汤、柏叶汤、橙汤等。陆游《家世旧闻》卷上载有"绿豆粉山药汤"。② 陈直《养老奉亲书》也载有姜汤、姜桔皮汤、杏汤等。如："食治老人饮食不下或呕逆虚弱，生姜汤方：生姜二两去皮，细切；浆水一升。右和少盐煎取七合，空心常作开胃进食。""食治老人冷气、心痛，姜桔皮汤方：生姜一两，切；陈桔皮一两，炙为末。右以水一升，煎取七合，去滓，空心食之，日三两服尤益。""老人可常服杏汤：杏仁板儿炒熟。麻子芝麻子作汤服之，亦能通利。"

吃汤之俗在北宋极为盛行。无名氏《南窗纪谈》云："客至则设茶，欲去则设汤，不知起于何时。然上自官府，下至闾里，莫之或废。"

据薛瑞兆研究，客罢点汤，其缘起或如《南窗纪谈》所云："客坐既久，恐

---

① 苏颂：《本草图经》卷四《甘草》，安徽科学技术出版社 1994 年版，第 90 页。

② 陆游《家世旧闻》卷上曰："楚公性俭约，尤不喜饮酒。每与弟子诸生语至夜分，不过啜绿豆粉山药汤一杯，或进桃奴丸一服而已。"中华书局 1993 年版，第 188 页。

其语多伤气。”实际上，这种彬彬礼节的背后，却明白无误地表示：或客至稍久，欲结束会晤；或恶客临门，不愿接待，以点汤示意其速去①。

至南宋，这种先茶后汤的习俗仍然存在，但已不如过去流行。袁文《瓮牖闲评》卷六云：“古人客来点菜，茶罢点汤，此常礼也。近世则不然，客至点茶与汤，客主皆虚盏，已极好笑。而公厅之上，主人则有少汤，客边尽是空盏，本欲行礼而反失礼，此尤可笑者也。”但汤仍是待客之饮料。如《湖海新闻夷坚续志》前集卷一《人伦门·遇贵升迁》载：“宋孝宗时，蜀士许志仁在临安袁家汤店止泊。一夕，孝宗与曾参政从龙微行，入袁店吃汤。”市场上有卖汤者，品种较多，如《梦粱录》卷一三《天晓诸人出市》载有“浮铺早卖汤药二陈汤，及调气降气并丸剂安养元气者”。又，同卷《夜市》载“中瓦前车子卖香茶异汤”。另，《湖海新闻夷坚续志》前集卷二《米脯灌肺》载：“杭州旧有卖灌肺汤者，每于入夜，夯担出街，旋行调和。”

第七节　药店

一、临安的著名药店

随着宋室定都临安，当地人口急剧增加，达官贵人云集，于是临安成为当时国内外最为兴盛的医药市场。旧京开封和各地的名医纷纷来到这个新都寻找商机，药店在城内外开设起来，星罗棋布。陆游《老学庵笔记》对此现象曾有述及：

> 大驾初驻跸临安，故都及四方士民商贾辐辏。又创立官府，扁榜一新。好事者取以为对曰：“钤辖诸道进奏院，详定一司敕令所。”“王防御契圣眼科，陆官人遇仙风药。”“干湿脚气四斤丸，偏正头风一字散。”“三朝御裹陈忠翊，四世儒医陆大丞。”“东京石朝议女婿乐驻泊药铺，西蜀

---

① 薛瑞兆：《元杂剧中的“点汤”》，载《文史》第21辑，中华书局1983年版。

费先生外甥寇保义卦肆。"如此凡数十联,不能尽记。①

其时,临安著名的药店有:猫儿桥潘节干熟药铺,坝头榜亭安抚司惠民坊熟药局,市西坊南和剂惠民药局,五间楼前有张家生药铺,中瓦前陈直翁药铺、梁道实药铺,赏心楼前又有仙姑卖食药,市西坊有毛家生药铺,官巷有仁爱堂熟药铺、金臼楼太子药铺(一作金药臼楼太丞药铺),漆器墙下李官人双行解毒丸,宝祐坊有讷庵丹砂熟药铺,金子巷(即市南坊)有杨将领药铺,修义坊有三不欺药铺,外沙皮巷(清平坊)口有双胡芦眼药铺,太平坊大街东南角虾蟆眼药铺,太庙前陈妈妈泥面具风药铺,大佛寺有疳药铺,保和大师乌梅药铺,三桥街毛家生药铺,石榴园张省干金马杓小儿药铺,沿桥下郭医产药铺,杨三郎生药铺等,②共数十家。

从这些药店的店名中,我们可以看出,临安街市的药店,既有国营的,也有私营的;既有生药店,也有熟药店;既有综合性的药店,又有各种专业性的药店,如眼药店、疳药店以及卖解毒丸的药店等等。

需要说明的是,宋代私家医铺禁止用官号揭榜门肆,如北宋宣和元年(1119)六月十一日,中书省言:"近降指挥,禁止市井营利之家不得以官号揭榜门肆,其医药铺以所授官号职位称呼,自不合禁止。检准宣和五年三月十七日延康殿学士赵遹奏,乞降睿旨禁止市井营利之家、伎巧贱工不得以官号揭榜于门肆,诏令开封府禁止,外路依此。"③诏宣和五年三月指挥更不施行,令开封府出榜晓谕。毫无疑义,说明这一法令在南宋时仍在实施。

二、临安民间名医

南宋都城临安医家众多,其中医术高明的专家有郭时义、皇甫坦、严防御、邢氏、李立之、张风子、范从明、陈沂、嵇清、李信、靳傢、王继先、邢澄(释智融)、王介、罗知悌等,下面择要予以介绍。

---

① 《老学庵笔记》卷八,第104页。

② 以上见《梦粱录》卷一三《铺席》,第116-117页。

③ 《宋会要辑稿》刑法二之八七、八八。

1. 郭时义

郭时义，生卒年不详，生活于高、孝两帝时。其家世代为医，曾祖郭昭乾（一作照乾），号文胜，以妇科擅名于时。北宋元符三年（1100）从东京（今河南开封）迁到临安，寓居于此。时义承祖业，并得祖传之医术，据家藏秘方等撰成医书《牡丹十三方》，主要内容为治疗妇科病症的十三种方法。按方疗疾，每多奇验。宋高宗建炎元年（1127），孟太后生病，久治不愈。遂向民间广召名医，时义让母亲冯氏应召。冯氏以祖传秘方医好了孟太后的病，高宗大喜，遂封其为安国夫人，赐国姓、田地以及药碾等，其居到清时犹称为赵郭里。①

2. 皇甫坦

皇甫坦，夹江（今属四川）人。善医术。绍兴十九年（1149），年已七十的显仁太后为眼病所苦，御医无法疗治，于是高宗只好下诏征募民间名医。临安守臣张偁推荐皇甫坦，高宗召见，问皇甫坦用什么办法行医。皇甫坦回答说："心无为则身安。人主无为，则天下治。"高宗颇为赞赏，遂派人引其至慈宁殿，为太后治眼病。皇甫坦一医，太后的眼病立愈。高宗知后大喜，厚赐金钱财物，皇甫坦一无所受。于是，高宗令其持香祷青城山。皇甫坦归来后，高宗再次召见他，问以长生久视之术。皇甫坦曰："先禁诸欲，勿令放逸。丹经万卷，不如守一。"高宗听后极为叹服，书"清静"两字以名其庵，且绘其像挂于禁中。②

3. 严防御

严防御，生卒年及籍贯均不详。在都城中开设有小药铺，坐堂行医，专治痢疾等症。宋孝宗常患痢疾，宫中诸御医都无法将其治好。为此，太上皇宋高宗极为忧虑。一天，高宗回宫时偶然看到严防御的小药店，遂派宫人上前询问，问能否治痢疾。严防御回答是他的擅长专科。于是，召严防御到宫中治疗。严防御询问中得知孝宗食湖蟹过多，诊为冷痢，遂进一方：用莲藕一味，不拘多少，取新采者为佳，细捣取汁，以热酒调服。捣时用金杵臼，酒

---

① 雍正《浙江通志》卷一九六《方技上》，中华书局2001年版。

② 《宋史》卷四六二《方技下·皇甫坦传》，第13530页。

调服数次而孝宗病愈。于是,高宗大喜,就以杵药金杵臼赐严防御,授官为防御。严防御遂以皇帝所赐的金杵臼为市招,人称"金杵臼严防御家"。①

4. 邢氏

邢氏,佚名。生卒年及籍贯均不详,绍熙间(1190－1194)以医名于都城。医业甚高,時韩侂胄知阁门事,将出使外国,临走时让邢氏诊脉。邢氏诊脉后,对韩说:"和平无可言,所可忧者夫人耳!知阁回轺日恐未必相见也。"当时韩妻一点也没有疾病,怪其妄诞,然私下非常担忧。等韩出疆数月尚未回国时,而其妻果然暴病而死。又,宰相朱胜非子妇偶感小疾,命邢氏看病,邢氏看后说:"小疾耳,不药亦愈,然不宜孕,孕必死。"其家以为狂言。后一岁朱妇生下了一个男婴,其家方有抱孙之喜,但未弥月而妇疾病暴作,急忙遣人召邢氏医治,邢氏坚不肯来,曰:"去岁已尝言之,势无可疗之理。"第二天,妇人果然病死。②

5. 李立之

李立之,生卒年不详,临安(今浙江杭州)人,以小儿医擅名一时。有婴儿忽患瘖求治,立之令以被子裹儿,从高处投到地上,小儿不觉大惊,遂发声能言。有人不解,向其请问原因,他说:"此乳搐心也,非药石所能疗。"③

6. 张风子

张风子,佚其名,生卒年、籍贯均不详。周密《癸辛杂识》续集卷下《张老防御沈垚》载:"杭医老张防御,向为谢太后殿医官。革命后犹出入杨驸马家,言语好异,人目为张风子。然其人尚义,介靖不徇流俗。其家影堂之上作小阁,奉理宗及太后神御位牌,奉之惟谨,以终其身焉,可谓不忘本者矣!"《异闻总录》也载有一则与其相关的故事:

昔京庠有士友数人,步月夜行,见一小厮持红纱笼前导,一少妇冉冉后随。士友疑其暮夜独行之异,迹而视之。至众安桥左侧,扣内医张防御门,谒药。张启户视之,即掩门不纳。次扣李提点铺,李出视,延

① 成化《杭州府志》卷一四九《艺术·严防御》;《名医类案》卷四。
② 雍正《浙江通志》卷一九六《方技上》,中华书局2001年版。
③ 雍正《浙江通志》卷一九六《方技上》,中华书局2001年版。

入，遂为诊脉。士友候久不出，默志两医之门而归。次早，访张防御，曰：“暮夜独行，必非良家子女，所以却之。”次过李铺，闻其家有哀哭声。问之，则曰：“昨夜一妇女扣门谒药，去后中风而卒。”方知鬼化为妇扣门求医，岂非李见其华丽，动兴而致然耶！①

故事虽然有些荒诞，但通过这一故事，我们可以知道张风子的药铺位于众安桥的左侧，旁边还有李提点的药铺等。他们应病人需要，时常在夜间出诊治病。

7. 范从明

范从明，生卒年不详，为小儿医。杨维桢《吴氏归本序》中对其事迹有述及：“钱唐吴观善，字思贤，自杭之淞谒东维先生曰：‘善之外高祖徐防御氏，在宋为小儿医，赘婿曰范防御氏，范无子又赘宋四门教授。吴氏子从明，字公亮，承其家而嗣其业。南渡后自汴徙家杭之东青门。从明生德诚，提领平江医学。德诚生仁荣，杭州路医学录。”②

另据清学者吴农祥考证，随宋室南渡的名医还有耳目痹医金虾蟆、画儿陈及疡医金耳朵等，因他们的事迹不详，此不赘述。③ 此外，据洪迈《夷坚志》丙志卷一八《韩太尉》所载，临安城中还活动着一些游医：

韩公裔太尉，绍兴中以观察使奉朝请，暴得疾。太上皇帝念藩邸旧人，遣御医王继先诊之，曰：“疾不可为也。”时气息已绝，举家发声哭。继先回奏，命以银绢各三百赐其家。临就木，适草泽医过门，呼曰：“有偏僻病者道来。”韩氏诸子试延入，医视色切脉，针其四体，至再三，鼻息拂拂，微能呻吟，遂命进药，迨晚顿苏。明日，具奏归所赙，复赐为药饵费。宗室中善谑者至相戏曰：“吾家贫如许，若如韩太尉死得一番，亦大妙。”后韩至节度使，又三十年乃卒。

---

① 又见无名氏《湖海新闻夷坚续志》后集卷二《怪异门·鬼扣医门》，中华书局1986年版。

② 杨维桢：《东维子集》卷八，文渊阁《四库全书》本。

③ 《康熙钱塘县志》，转引自丁丙《武林坊巷志》第5册，浙江人民出版社1990年版，第323页。

第八节　书坊

南宋是中国古代书坊业大发展的时期，在这一时期，“它是以一种独立的姿态，成为出版业的一支主体性的力量，并在规模和数量上又在官刻和私刻之上，得到了社会的认同、大众的欢迎。”①商人们突破了官府的禁令，在各地纷纷开设书坊。闽中的建阳、建安、麻沙，浙中的婺州，蜀中的成都、眉山、广都，都开设有众多的书坊。而都城临安，自然也不例外，集中了众多的书坊，其中有名可考的就有以下十八家，其名在前面印刷业一章中已经列出，此不赘述。文人们喜欢到这些书坊购书，如张镃《买书》诗云：

自笑从来癖，诗书满屋藏。
不充饥鼠喙，即饱蠹鱼肠。
插架牙签整，开编竹简香。
他年林下去，谁与记山房？②

在这十八家书坊中，荣六郎开设的经史书籍铺是从东京大相国寺东边迁来的，曾将原来东京刊行的旧本《抱朴子内篇》重新刊行③，在南宋初年曾名闻一时。而本地人陈起、陈思两人开的书肆，在这众多的书籍铺中最为著名。

如前所述，陈起是一位著名的出版家，也是一位大书商。他在睦亲坊开肆卖书，所设书铺称陈道人书籍铺或陈宅经籍铺、陈宅书籍铺，亦称陈解元宅。时人多有描述，如赵师秀有赠卖书陈秀才诗，方回在诗后注云：“陈起字宗之，所谓卖书陈彦才，亦曰陈道人，睦亲坊卖书开肆。予丁未至行在所，至辛亥年，凡五年，犹识其人，且识其子，今四十年，肆毁人亡，不可见矣。”④此

---

① 戚福康：《中国古代书坊研究》，商务印书馆2007年版，第95页。
② 张镃：《南湖集》卷四。
③ 《两浙古刊本考》卷上。
④ 《瀛奎律髓》卷四二，文渊阁《四库全书》本。

外，郑斯立在《赠陈宗之》诗中也描述了陈起卖书的事实：

昔人耽隐约，屠酤身亦安。
矧伊丛古书，枕藉于其间。
读书博诗趣，鬻书奉亲欢。
君能有此乐，冷淡世所难。
我本抱孤尚，为贫试弹冠。
欲和南熏琴，秋风欻戒寒。
恬无分外想，剩有日晷闲。
阅书于市廛，得君羁思宽。
诵其所为诗，刻苦雕肺肝。
陶韦淡不俗，郊岛深以艰。
君勇欲兼之，日夜吟辛酸。
京华声利窟，车马如浪翻。
淡妆谁为容，古曲谁为弹。
桐阴覆月色，静夜独往还。
人皆掉臂过，我自刮眼看。
百年适志耳，岂必身是官。
不见林和靖，清名载孤山。①

需要指出的是，陈起与一些见利忘义的商人不同，具有良好的社会道德。他对贫困的文士时有慷慨解囊之举，这一助人为乐的举动，给当时的文人士大夫留下了极其深刻的印象。

与陈起一样，陈思也是一位著名的出版家兼书商。关于陈思在临安城中开书肆，多见于时人的文献记载，如陈振孙《宝刻丛编》序称："都人陈思卖书于都市，士之好古博雅，搜遗猎忘，以足其所藏，与夫故家之沦坠不振，出其所藏以求售者，往往交于其肆，且售且卖，久而所阅滋多，望之辄能别其真赝。"又曰："思，市人也。其为是编，志于卖而已矣，而于斯文有补焉。视他

① 《宋诗纪事》卷六四，上海古籍出版社 1983 年版，第 1600－1601 页。

书坊所刻或芜秽不切，徒费板墨，靡棕楮者可同日而语哉？诚以是获厚利，亦善于择术矣。"①从上述这些文献记载来看，陈思暨收罗故家沦落之旧籍，又自己刊刻书籍出售给市人。久而久之，其知识愈深，业务愈精，用心愈勤，所刻的书籍也愈来愈受读者欢迎。

第九节　质库和金银盐钞引交易铺

临安质库和金银盐钞引交易铺的大量涌现，尤为引人注目。

一、质库

质库又称解库，是近代典当铺的前身。宋代吴曾《能改斋漫录》卷二《事始》解释曰："以物质钱为解库。江北人谓以物质钱为解库，江南人谓质库。然自南朝已如此，按：齐阳玠《谈薮》云：'有甄彬者，行业以一束苎就荆州长沙寺库质钱，后赎苎于苎束中，得金五两。'云云。"

质库在北宋东京就开设很多，据徐梦莘《三朝北盟会编》载："请括在京质库户，每家出备十人绵袄绵裤绵袜。纳袄纳袜，除鞋外并不得用麻，如敝损不堪及绵薄之类，皆重作行遣。一万家可得十万人衣服，温暖如此，然后军兵乐战而忘死矣。"②

至南宋，质库业更加发达了，且所质的东西也极多。如《宋史》载：

绍兴以来，讲究推割、推排之制：凡百姓典卖产业，税赋与物力一并推割。至于推排，则因其赀产之进退为之升降，三岁而一行之。然当时之弊，或以小民粗有米粟，仅存室庐，凡耕耨刀斧之器，鸡豚犬彘之畜，纤微细琐皆得而籍之。吏视赂之多寡，为物力之低昂。上之人忧之，于

① 倪涛：《六艺之一录》卷一二六《石刻文字一百二·陈直斋宝刻丛编序》，文渊阁《四库全书》本。

② 《三朝北盟会编》卷六七，靖康中帙起靖康元年闰十一月十四日乙巳尽十六日丁未，上册，上海古籍出版社 1987 年版，第 507－508 页。

是又为之限制，除质库房廊、停塌店铺、租牛、赁船等外，不得以猪羊杂色估计。其后，并耕牛租牛以免之。①

临安城内外设有数十处质库，规模都较大。质库的开设者既有官府和军队，也有民间富户。如军队设立质库，并招募百姓代为经营。绍兴二十六年(1156)正月，杨存中说：殿前司"逐军虽有酒坊、解库、房廊、盐米等铺，各和雇百姓开张，依市价出卖，即不曾敷配军士，皆系外入利源，内主管钱物，系不入队人……"②又，《都城纪胜·铺席》载："间有府第富室质库十数处，皆不以贯万收质。"③如富户裴方，便在临安通衢开设有质库和金珠肆。④

质库中的工作者有专门的职业装。如《东京梦华录》卷五《民俗》载："其士农工商诸行百户，衣装各有本色，不敢越外。谓如香铺裹香人，即顶帽披背。质库掌事，即着皂衫角带，不顶帽之类。街市行人便认得是何色目。"这种习俗至南宋犹然，如《梦粱录》卷一八《民俗》曰："杭城风俗，凡百货卖饮食之人，多是装饰车盖担儿，盘盒器皿新洁精巧，以炫耀人耳目，盖效学汴京气象。及因高宗南渡后，常宣唤买市，所以不敢苟简，食味亦不敢草率也。且如士农工商诸行百户，衣巾装著，皆有等差。香铺人顶帽披背子，质库掌事裹巾著皂衫角带。街市买卖人，各有服色头巾，各可辨认是何名目人。"

典当物品，质库要收一定的利息。据袁采《袁氏世范》卷下《治家》所云："今若以中制论之，质库月息自二分至四分，贷钱月息自三分至五分。"

可以典当的物品较多，如不动产的房屋、土地、山林和金银首饰、服装等，也有动产的牛、马等家畜。

典当房屋的，如方回《典秀山宅半》诗：

---

① 《宋史》卷一七八《食货志上六·役法下》，第4333页。

② 《系年要录》卷一七一，绍兴二十六年正月丙辰，第2804页。

③ 《梦粱录》卷一三《铺席》也有同样的记载："有府第富豪之家质库，城内外不下数十处，收解以千万计。"

④ 赵与时《宾退录》卷九转引洪迈《夷坚戊志·裴老智数》，上海古籍出版社1983年版，第110页。

半宅分僚友，门开别向西。
送书人未识，归舍犬犹疑。
老喜吟窝窄，廉从典价低。
余山兼剩沼，亦足杖吾藜。

又，方回《再赋典半宅》诗：

屋以多为贵，思之亦太愚。
灯膏徒重费，庖膳卒难呼。
榻外知何用，杯中不可无。
质钱分客住，得醉且频沽。①

典当衣服等物品的，更为普遍。如绍兴十一年(1141)，开封人鲁畤在临安送其亲戚于北关下，走时忘记携带钱，于是解下随身的贵重衣服，将其质于库。② 淳熙年间(1174－1189)，一位外地小商贩来京，因生意亏本，"忧忧绕西湖而行，过赤山，见军人取质衣于肆"。③ 南宋末年，文天祥因在都城中生活困难，遂将他向欧阳巽斋先生借来的一只金碗抵押在质库某处，而无钱取回。这只金碗颇为珍贵，"乃先生为景献太子府教授，讲经彻章，上赐也"。为此，文天祥深感惭愧，觉得对不起先生，专门写信向先生道歉。④ 宋末元初的方回便常以衣服质钱，以换取生活所需的饮食。其《九日烹二鸡，终不得酒。长女近归宁念母省所患，临别无可烹，仅余一老雁》诗，便生动地表明了其典衣的无奈和苦闷心情：

兹辰遂重九，空庖绝刍豢。
伏雌劣足膳，时醪靡由办。
平生万卷肠，半世饫藜苋。
中尝长军府，岂不燕集惯。

---

① 《桐江续集》卷五。
② 《夷坚志》乙卷一一《涌金门白鼠》，第276页。
③ 佚名：《鬼董》卷五，续修《四库全书》本。
④ 《文天祥全集》卷五《回秘书巽斋欧阳先生》，江西人民出版社1987年版，第160页。

晚年畏祸机，弃官老林涧。
卖书辍架签，典衣解袍襻。
佳节无一钱，终不羡朽贯。
瓶罄何耻为？更用奴隶讪。
但甘颜乐瓢，宜免周誓辗。
粲粲东篱英，聊与岁同晏。①

需要说明的是，军器等物品是不能典当的，否则会触犯法律。如嘉泰四年(1204)三月九日，根据枢密院奏，严禁临安府街市铺户典当质库收受、出卖弓弩箭凿之属，并重立罪赏约束，但系军器，不许收当出卖。②

典当物品，一般多有资金周转困难之时。如朱彧《萍洲可谈》载："故凡富人，无所措手。开封府得旨：民间质库，限五日作当十赎质。细民奔走趋利，质者不堪命，稍或拥遏，有司即以重刑加之。有巨豪善计者，至官限满，自展五日，依旧作当十赎质，大榜其门。朝廷闻而录赏之。余族父炳居湖州仪凤桥西，常贮数百缗钱以射利，会当十法变，子弟先得消息，请速以钱易他货。族父笑而不答，良久云：'钱遂不可用耶？'子弟曰：'然。'族父曰：'我不用，他人亦不可用，又何为？'既失此，后稍不给，终不少悔。"③一些聪明的商人往往利用质库来周转资金，赚取厚利。

当时，一些质库往往利用时间差赚取黑心钱。朱熹《约束质库不许关闭等事》就反映了这种现象："契勘质库户，平时开张库店，典质钱物，利息所入不为不多，才值旱伤岁时，辄以阙钱关闭邀阻，遂至细民急切阙用无处质当。兼目今阙雨泽，城市古井多被有钱之家拘占，夹栏不令众人汲运，情理切害。合行告示，约束施行。"④毫无疑义，这种现象在临安也出现过。

① 《桐江续集》卷九。

② 《宋会要辑稿》刑法二之一三三。

③ 朱彧：《萍洲可谈》卷二，上海古籍出版社1989年版，第37－38页。

④ 《晦庵别集》卷六，文渊阁《四库全书》本。

二、金银盐钞引交易铺

金银盐钞引交易铺，源起于北宋东京时的交引铺。交引为有价证券，本由官府直接发行给入中的商人，再由商人到官府指定的地点给以茶盐香药等物。① 榷货务为了防止冒名支请，规定付给入中商人现金或交引时，需要铺户作保。因为外地人在京办事遇到种种困难，于是在北宋都城东京出现了一种专门从事转卖交引的交引铺，或称交引铺户、交引户，充当保人。这种交引铺户为在京的富户，他们隶名于榷货务，以物产作抵押，才能充作保人。一旦失保，要向官府赔偿。因此，交引铺与有关政府机构的官吏紧密勾结，官吏不断刁难商人入中，使交引铺乘机牟取入中之利。在"入中制度正常情况下，他们既有积极发展商业的一方面，同时，又有利用入中制度的弊病，上勾官府、下欺商人的一方面。在整个入中过程中，他们从中攫取了很大一部分利益"。②

至南宋时，交引铺的业务又有了进一步的开拓，往往与金银铺合二为一，这便是都城临安出现的"金银盐钞引交易铺"。盐钞引是当时政府发给特许商人支领和运销盐茶等类管制产品的证券。这种主要经营金银买卖和钱钞、盐引票证交易的金银盐钞引交易铺，为近代钱庄业的前身。据《都城纪胜·铺席》载："都城天街，旧自清河坊南则呼南瓦，北谓之界北。中瓦前谓之五花儿中心。自五间楼北至官巷南御街，两行多是上户金银钞引交易铺，仅百余家，门列金银及见钱，谓之看垛钱。此钱备入纳算清钞引，并诸作匠炉鞴纷纭无数。"在都城五间楼北和官巷南御街中段之间的两侧，短短一段路，便开设有一百多家金银盐钞引交易铺，店铺数量极其可观，并在门口陈列有金银和现钱，以便双方交易后到榷货务入纳清算钞引之用。③ 其中著名的，如市南坊南、惠民药局北局前的沈家、张家金银交引铺和天井巷张家

---

① 《宋会要辑稿》食货三六之八载："后以西北用兵，又募商人入粟麦材木于边郡……然入粟木者，亦有不知茶利，至京多以交引鬻于茶商，百千裁得二十余缗，谓之实钱。辇下坐贾遂蓄交引以射利，谓之交引铺。"

② 周宝珠：《宋代东京研究》，河南大学出版社 1992 年版，第 263－264 页。

③ 《梦粱录》卷一三《铺席》，第 116 页。

金银铺。①

金银盐钞引交易铺的货币交易活动有两种：一是金银买卖，如上述《都城纪胜》记载的便属于这一种；二是货币兑换和倒卖纸币。金银盐钞引交易铺收买生金银一事就已经具备货币兑换性质。② 南宋时纸币普遍流行，又出现金银铺以银子兑换会子的现象。③ 关于金银盐钞引交易铺倒卖纸币问题，早在孝宗乾道年间(1165－1173)就已经盛行。乾道三年，有官员向孝宗上言曰："今来诸路纲运依近降指挥，并要十分见钱。故州县不许民户输纳会子，致流转不行。商贾低价收买，辐凑行在，所以六务支取拥并、喧闹。"④金银盐钞引交易铺倒卖纸币活动的利润极其丰厚，这可从宋宁宗嘉定三年(1210)八月二十七日的诏令中看出："亭(停)塌、钞引之家，低价买会，每贯用钱三四百文，及纳官却作一贯见钱直使。"⑤而一些官员更是利用交引的买卖，牟取不法利益。绍兴三年(1133)十月，殿中侍御史常同弹劾提举榷货务都茶场张纯时揭露说："纯阴狡恣横，肆为不法……每客人入纳稀少，则强抑交引铺户先次纳钱，给空名文钞，俟入纳拥并日，旋填姓名。"⑥

---

① 周密：《癸辛杂识》别集上《丁酉异星》，第224页。另据洪迈《夷坚志》丁志卷九《龙泽陈永年》所载，也有单独名银铺者，如乾道年间，"严州人陈永年同其兄开银铺于临安市"(第613－614页)。

② 姜锡东：《宋代新兴商人资本交引铺的经营活动及其对经济生活的影响》，载漆侠主编《宋史研究论丛》，河北大学出版社1990年版，第200页。

③ 《宋会要辑稿》食货二八之七载：淳熙三年(1176)二月二十五日，提领榷货务都茶场言："近来人纳稀少。询访得有客人赍到银两，谓见入纳官司，许令在外变转会子，是致将银变卖与金银铺户。"

④ 《皇宋中兴两朝圣政》卷四六，文渊阁《四库全书》本。

⑤ 《宋会要辑稿》食货二八之五一。

⑥ 《系年要录》卷六九，绍兴三年十月己亥，第1170页。

第十节 衣料服装店和其他杂货铺

一、衣料服装店

专销有关丝绸彩帛的服装铺也颇为繁盛，它们大多集中在都城天街和平津桥沿河一带。著名的有数十家，如：南瓦子宣家台店铺，清和坊有顾家彩帛铺，市西坊北有钮（纽）家、刘家、吕家、陈家彩帛铺、柴家绒线铺，中瓦子有彭家油鞋铺，抱剑营有李家丝鞋铺，市南坊有沈家白衣铺、徐官人幞头铺、纽家腰带铺，沙皮巷（清平坊）有孔八郎头巾铺、陈家绦结铺，宝祐坊有孔家头巾铺，水巷（兰陵坊）有徐家绒线铺、俞家冠子铺，水巷口徐家绒线铺。从这些店名来看，既有综合性的服装铺，也有专业性的服装铺；有直接出售原料的，也有加工后出售成品服装的。以《梦粱录》所列举世的"淳祐年有名相传"的一百零六家店铺中，就有九家彩帛铺直接出售丝织匹帛，以丝织品为原料或与之相关的店铺有十三家，共计二十二家，占其名店铺者五分之一。①

在这些铺席中，有不少是从东京迁来的，"如厢王家绒线铺，自东京流寓，今于御街开张，数铺亦不下万计"②。绍兴二年（1132）二月，高宗赵构对秦桧说："前日百姓揭牌，题以'供御绣服'。问之，乃十年前京师铺户，用其旧牌。已令毁撤。不知者将谓旧习未除。朕所服者多缯素，岂复有绮绣也。"③

陆游尝问高似孙曰："比在都城，见彩帛铺榜曰'翠色真红'，殊不晓所谓，红而曰翠，何也？"高似孙回答道："嵇康《琴赋》曰：'新衣翠灿，缨徽流芳。'班婕妤《自伤赋》曰：'纷翠灿兮纨素声'，翠灿，取鲜明也。东坡牡丹诗

① 参见李卿《略论宋代丝织生产的商品化》，载《河北学刊》2001 年第 2 期。

② 《都城纪胜·铺席》，载《南宋古迹考》（外四种），第 91 页。

③ 《系年要录》卷五一，绍兴二年二月己卯，第 906 页。

云‘一朵妖红翠欲流’,盖取乡语。”陆游听后叹服。①

二、其他杂货铺

除上述诸种店铺外,临安城中尚有乐器店、胭脂铺、颜色铺、扇铺、漆器铺、瓷器铺等,如《都城纪胜·铺席》云:“又有大小铺席,皆是广大物货,如平津桥沿河,布铺、扇铺、温州漆器铺、青白碗器铺之类。”

乐器店,著名的有大瓦子的丘家筚篥和候潮门的顾四笛。② 筚篥即觱篥,是西域传入的一种管乐器,当时是很风行的,《武林旧事》卷四《乾淳教坊乐部》,就有“觱篥色”,列在“笛色”之前。

漆铺,是专营漆器的店铺。《梦粱录》卷一三《铺席》中就载有不少,如“里仁坊游家漆铺”、“彭家温州漆铺”、“黄草铺温州漆铺”等。这些漆铺多半是“前店后坊”,自制自售。生产的品种齐全,饮食类器具有盘、碗、托、钵、盒、罐子,装饰类有盒、鬃卷、梳,文具类有笔筒、笔床等。

胭脂铺为化妆品店,如修义坊的张古老胭脂铺、官巷的染红王家胭脂铺。

颜色铺,著名的有兰陵坊的戚百乙郎颜色铺。

饰物店,如宝祐坊的俞家七宝铺。又,《马可波罗行纪》载:“上述之十市场,周围建有高屋。屋之下层则为商店,售卖种种货物,其中亦有香料首饰珠宝。”③

扇店在临安城中也较多,《梦粱录》卷一三《铺席》中载官巷内有周家折扇铺、陈家画圆扇铺。时人还往往在扇上题写诗词或绘上画,如《西湖游览志余》卷一五《方外玄踪》载:“景定间,清河坊扇店,有一道人求补扇,店乃与一新扇。道人于扇板题一诗曰:‘一轮明月四时新,一握清风煞可人。明月清风年年有,人世炎凉知几尘。’题毕,掷扇而去。板厚数寸,墨迹直透于背,

---

① 《西湖游览志余》卷二五《委巷丛谈》,第364页。

② 《都城纪胜·诸行》:“都下市肆,名家驰誉者,如……候潮门顾四笛、大瓦子丘家筚篥之类。”

③ 《马可波罗行纪》,第580页。

观者纷纷，卖扇比常十倍，遂致富。”

香烛铺，在《西湖游览志余》卷二六《委巷丛谈》中有载：“绍兴间，秦桧有施全之变，诏以亲兵五百卫之，每日更番。有王立者，材武过人，嗜酒博，不自给，因深冬直宿，窃叹曰：‘负材如此，乃饥寒死耶？’觇得府侧望仙桥香烛铺周氏，物货充溢，遂起不良之念。”《梦粱录》卷一三《铺席》载有吴家、夏家、马家等多家香烛头铺。

香药铺，在临安较多，但香药由官府专营，当时还专门成立了“香药社”。由于香药销路好，利润高，很多商人为此制造假香，以牟取暴利。如“许道寿者，本建康道士，后还为民，居临安太庙前，以鬻香为业，仿广州造龙涎诸香，虽沉麝笺檀，亦大半作伪”①。

临安的珠宝铺也很多，据《四朝闻见录》卷三《慈明》载：吴益子琚，宪圣父宣靖王，即今所谓京师珠子吴员外。“以蠙珠为业，累赀数百万”。《梦粱录》卷一三《铺席》也载有“盛家珠子铺”。这些珠宝铺还成立了“七宝社”等组织。

第十一节　流动摊点

除上述这些固定的店铺外，临安城内外还有许多的流动摊点（货郎担）。这些流动的摊点虽然在经营资金、商品品种等方面无法与固定的店铺相比，但其流动性强、数量庞大，直接渗透到城内外的大街小巷之中，非常方便居民购买商品，因此，它深受临安市民的欢迎，起到了拾遗补缺的作用，成为临安商业市场中不可或缺的重要组成部分。

流动摊点售卖的商品，主要有食品、花草、日常用品等。

一、流动叫卖食品饮料

小商贩沿街巷陌挑着食担，日夜遍路歌叫，流动售卖点心，是临安的一

① 《夷坚志》丁卷九《许道寿》，第609页。

大市俗风情。如《都城纪胜·食店》载：

> 市食点心，凉暖之月，大概多卖猪羊鸡煎炼、俰划子、四色馒头、灌肺、灌肠、红燠姜豉、蹄子肘件之属。夜间顶盘挑架者，如鹌鹑馉饳儿、焦锤、羊脂韭饼、饼饺、春饼、旋饼、澄沙团子、宜利少、献餈糕、炙豝子之类。遍路歌叫，都人固自为常，若远方僻土之人乍见之，则以为稀遇。

商贩盘卖的点心品种主要有馒头、炊饼、糖蜜酥皮烧饼、夹子、薄脆、油炸从食、诸般糖食油炸、虾鱼划子、常熟糍糕、馉饳瓦铃儿（又称鹌鹑馉饳儿）、焦锤、羊脂韭饼、饼饺、春饼、芥饼、旋饼、澄沙团子、宜利少、元子、汤团、蒸糕、献餈糕、炙豝子、栗粽、裹蒸、米食等。此外，还兼卖熬肉、炙鸭、熬鹅、熟羊、鸡鸭等熟食，以及羊血、灌肺、撺粉、科头等。

此外，小商贩们还将居民们日常所需的猪肉、鱼鲞等食品，主动上门销售到临安城内外的千家万户之中。人口密集的巷陌街坊，是小商贩们竞往的地方。如《梦粱录》卷一六《鲞铺》载："又有盘街叫卖，以便小街狭巷主顾，尤为快便耳。"同卷一六《肉铺》则云猪肉中的"头、蹄、肝、肺四件，杂蹄爪事件，红白肉等，亦有盘街货卖"。他们有的则提着茶瓶沿门"点茶"（即用沸水泡茶）。"寻常月旦望，每日与人传语往还，或讲集人情分子"①。如遇吉凶两事，小商贩们往往还上门服务，为顾客运送茶水②。而游人众多的西湖，同样可以见到一些流动叫卖酒和茶水的小贩。他们"撑船卖买羹汤、时果；掇酒瓶，如青碧香、思堂春、宣赐、小思、龙游新煮酒俱有"③。据载，赵孟坚"尝客行都，会菖蒲节，周公谨偕一时好事者邀子固，各携所藏，买舟湖上，相与评赏。饮酣，子固脱帽，以酒晞发，箕踞歌《离骚》，傍若无人"。④

关于小商贩经销食品的过程，《夷坚志》丁志卷四《王立爊鸭》中曾有披露：

---

① 《都城纪胜·茶坊》，载《南宋古迹考》（外四种），第85页。

② 《梦粱录》卷一六《茶肆》，第141页。

③ 《梦粱录》卷一二《湖船》，第111页。

④ 《西湖游览志余》卷一〇《才情雅致》，第148页。

中散大夫史忞自建康通判满秩，还临安盐桥故居，独留虞候一人。尝与俱出市，值卖爊鸭者，甚类旧庖卒王立，虞候亦云无小异。时立死一年，史在官日，犹给钱与之葬矣。恍忽间已拜于前，曰："仓卒逢使主，不暇书谒。"遂随以归，且献盘中所余一鸭。史曰："汝既非人，安得白昼行帝城中乎？"对曰："自离本府即来此。今临安城中人，以十分言之，三分皆我辈也。或官员、或僧、或道士、或商贩、或倡女，色色有之。与人交关往还不殊，略不为人害，人自不能别耳。"史曰："鸭岂真物乎？"曰："亦买之于市，日五双，天未明，赍诣大作坊，就釜灶治成熟，而偿主人柴料之费，凡同贩者亦如此。一日所赢自足以糊口，但至夜则不堪说，既无屋可居，多伏于屠肆肉案下，往往为犬所惊逐，良以为苦，而无可奈何。鸭乃人间物，可食也。"史与钱两千遣去，明日复以四鸭至，自是时时一来……

此则故事虽属荒诞，但真实地反映了当时小商贩十分艰辛的、像鬼一样的生活：每天凌晨先从市场上买来一定数量的活鸭，然后在天明之前拿到"大作坊"中加工成熟，向作坊主人支付了加工费（即"柴料之费"）后，再拿到市场上销售。其一天辛苦下来，所得的利润仅足糊口。到了晚上，由于无屋可居，只能"伏于屠肆肉案下，往往为犬所惊逐，良以为苦，而无可奈何"。

二、流动卖花

流动卖花，是临安城中一道亮丽的风景。当时的文献，就对此多有记载。如《梦粱录》卷二《暮春》载：

是月，春光将暮，百花尽开，如牡丹、芍药、棣棠、木香、酴醾、蔷薇、金纱、玉绣球、小牡丹、海棠、锦李、徘徊、月季、粉团、杜鹃、宝相、千叶桃、绯桃、香梅、紫笑、长春、紫荆、金雀儿、笑靥、香兰、水仙、映山红等花，种种奇绝。卖花者以马头竹篮盛之，歌叫于市。买者纷然。

范成大《梅谱》：

早梅，花胜直脚梅。吴中春晚，二月始烂漫，独此品于冬至前已开，故得早名。钱塘湖上亦有一种,尤开早。余尝重阳日亲折之,有“横枝对菊开”之句。行都卖花者争先为奇,冬初折未开枝置浴室中,薰蒸令拆,强名早梅,终琐碎无香。①

洪迈《夷坚志》:

临安丰乐桥侧,开机坊周五家,有女颇美姿容。尝闻市外卖花声,出户视之,花鲜妍艳丽,非常时所见者比。乃多与直,悉买之,遍插于房栊间,往来谛玩,目不暂释。自是若有所迷,昼眠则终日不寤,夜坐则达旦忘寝。每到晚,必洗妆再饰,更衣一新。②

当时的词人和诗人们,更是用大量的笔墨加以描述,如黄子常《卖花声》词:

人过天街晓色,担头红紫。满筠筐,浮花浪蕊。画楼睡醒,正眼横秋水。听新腔,一回催起。吟红叫白,报得蜂儿知未?隔东西,余音软美。迎门争买,早斜簪云髻。助春娇,粉香帘底。

陆游《临安春雨初霁》诗:

世味年来薄似纱,谁令骑马客京华。
小楼一夜听春雨,深巷明朝卖杏花。
矮纸斜行闲作草,晴窗细乳戏分茶。
素衣莫起风尘叹,犹及清明可到家。③

连文凤《赠卖花湖妓》:

客来不惜买花钱,客醉青楼月在天。
欲尽樽前歌舞意,湖头已有早开船。④

张镃《卖花》:

① 《范成大笔记六种》,中华书局2002年版,第254页。
② 《夷坚志》丁卷八《周氏买花》,第1033页。
③ 《剑南诗稿》卷一七,《陆游集》,第502页。
④ 连文凤:《百正集》卷中,文渊阁《四库全书》本。

种花千树满家林，诗思朝昏恼不禁。
担上青红相逐定，车中摇兀也教吟。
虽无蜂过曾偷采，犹恐尘飞数见侵。
应是花枝亦相望，恨无人似我知音。①

吴龙翰《京城寓居春日》：

春城庭院柳风轻，帘影玲珑爱晓晴。
红日半窗吟梦觉，咿哑墙外卖花声。②

李龏《马塍卖花者》：

十里宜春下苑花，浓香染着洞中霞。
采夫移得将何处，担入官城许史家。③

孙惟信《禅寂之所有卖花声，出廊庑间，清婉动耳》：

曲巷深房忆帝州，卖花庭宇最风流。
窗纱破晓斜开扇，帘绣笼阴半上钩。
少日喜拈春在手，暮年羞戴雪盈头。
泉南寺里潇潇雨，婉婉一声无限愁。④

从上述这些文献中，我们可以看出，小贩既有花农（如马塍卖花者、卖花老翁等）自产自销的现象，也有女子（如湖妓等）从市场或花圃批发来花卉拿来转售的；盛花的工具，既有用肩挑担的，也有提着马头竹篮等的；他（她）们的足迹遍布城内外，深入到市场、大街小巷、旅游景点及千家万户之中，甚至“禅寂之所”（即寺院）等处也可听到卖花声，可以说是无所不在。

南宋灭亡后，都城临安往日的卖花声，竟然还勾起了遗民诗人陈著的美好回忆：

---

① 《南湖集》卷六，文渊阁《四库全书》本。
② 吴龙翰：《古梅遗稿》卷一，文渊阁《四库全书》本。
③ 《江湖小集》卷二二。
④ 《诗家鼎脔》卷上，文渊阁《四库全书》本。

卖花声，卖花声，识得万紫千红名。
与花结习夙有分，宛转说出花平生。
低发缓引晨气软，此断彼续啬风萦。
九街儿女方睡醒，争先买新开门迎。
泥沙视钱不问价，惟欲荡意摇双睛。
薄鬟高髻团团插，玉盆巧浸金盆盛。
人心世态本浮靡，庶几治象有承平。
卖花声，卖花声，如今风景那可评。
向时楼台买花户，凄烟落日迷荆榛。
但见马嘶逐水草，狐狸白昼嗥荒城。
万花厄运至此极，纵有卖声谁耳倾。
吾生不辰苦怀旧，如病入痼酒宿酲。
况被春风暗撩拨，旁无知我难号鸣。
忽焉夜枕发为梦，恍恍惚惚行故京。
一唱再唱破垣隔，闻声不见花分明。
谓此何日尚有此，倾面大恸泪纵横。
久而方觉更哽塞，拥被危坐百感并。
我年今已七十一，岂是年少闲关情。
天空地阔说不尽，山外杜鹃啼残更。①

三、流动卖日常用品

临安城内外活跃着数量庞大的流动摊点（货郎担），如洪迈《夷坚志》载流动售药者：

乾道间，仁和县一吏早衰病瘠，齿落不已。从货药道人求药，得一单方，只碾生硫磺为细末，实于猪脏中，水煮脏烂，同研细，用宿蒸饼为

---

① 陈著：《本堂集》卷三一《夜梦在旧京，忽闻卖花声，感有至于恸哭，觉而泪满枕上，因趁笔记之》。

> 丸，随意服之。两月后，饮啖倍常，步履轻捷，年过九十，略无老态，执役如初。因从邑宰出村，醉食牛血，遂洞下数十行，所泄如金水，自是尫悴，少日而死。李巨源得其事于临安人内医官管范，尝与王枢使言之。王云："但闻猪肪脂能制硫磺，兹用脏尤为有理，亦合服之，久当见功效也。"①

而来自山区的猎户则在城内摆地摊，"卖山风药铺"，并出售虎皮、虎头、虎爪等物。② 当时城中的舞队还模仿货郎的动作进行表演。③

南宋画家对货郎颇感兴趣，创作了许多与此有关的作品。如著名画家李嵩曾于嘉定三至五年（1210－1212）连续三年内绘了三幅《货郎图》，描绘了同一货郎在同一地点不同季节的商业活动。从图画上看，货担百货杂陈，挂满着各种日常所用的小商品，如玩具、食品等等。清乾隆《题李嵩货郎图》诗赞曰：

> 肩挑重担那辞疲，夺攘儿童劳护持。
> 莫笑货郎痴已甚，世人谁不似其痴。④

苏汉臣也画有《婴戏货郎》和《货郎图》等多幅。乾隆鉴赏后，更是在《货郎行题苏汉臣画》一诗作了详细的描述：

> 货郎担货人休笑，深宅曲院无不到。
> 借问此法创由谁，乃自宣和苏待诏。
> 待诏尤复善婴孩，森森玉笋戏庭阶。
> 忽然轩渠舞且咕，群喜街头货郎来。
> 货郎担上无不有，文具武备箱笥甀。
> 傀儡格五及乐器，币帛杂组筐篓帚。
> 都无实用象形为，推车拽以褷襶儿。

---

① 《夷坚志》甲卷七《仁和县吏》，第60－61页。
② 《西湖老人繁胜录》，载《南宋古迹考》（外四种），第109页。
③ 《武林旧事》卷二《舞队》，第34页。
④ 《御制诗》四集卷一六。

转东邻更过西舍，佁儗左右常相随。
纷呼争贳或力夺，货郎欲行行不脱。
本以鞭贾眩他人，系徽反致他嘈聒。
待诏此画非夸奇，极闹场中合静思。
金刚六如犹费说，斯以一图而转之。①

① 《御制诗》三集卷三五。

第十一章　娱乐业和服务业

第一节　瓦子和路岐

瓦子为宋代的市语，时人或称为瓦、瓦舍、瓦市、瓦肆等，原是临时集合、以演艺的勾栏为中心的集市，后来逐渐演变为一种固定的大型演艺场所，也是当时各种娱乐场所的通称，犹如今日上海大世界娱乐城。《梦粱录》卷一九《瓦舍》解释道："瓦舍者，谓其来时瓦合，去时瓦解之义，易聚易散也。不知起于何时。"《都城纪胜·瓦舍众伎》也说："瓦者，野合易散之意也。"又因其往往与一定的商品贸易结合在一起，故时人又谓之瓦市、瓦肆。如临安的桑家瓦子中就"多有货药、卖卦、喝故衣、探博、饮食、剃剪、纸书、令曲之类"，成为一个以勾栏为中心的集市。而处于热闹街市的瓦子，不仅有一般饮食店，还设有大酒楼和茶坊。

一、瓦子

(一)瓦子在临安的兴起

瓦舍大约兴盛于北宋中后期。① 到南宋时,瓦子又有了进一步的发展。南宋绍兴初年定都临安,城内外有大量驻军。殿前都指挥使杨沂中因军士多为西北人,且大多带有家属,于是在临安城外"创立瓦舍,招集妓乐,以为军卒暇日娱乐之地"②。此后,修内司又于城中建立了五处瓦子以供市民游艺。这些瓦舍原事出于官府创设,因而隶属官府主管,城内瓦舍隶属修内司,城外瓦舍隶属殿前司③。修内司设有教乐场,专管官府所属乐人。殿前司主管禁军,城外瓦舍所以要隶属于殿前司,就是由于驻军都在城外和城内靠近城墙地区,瓦舍多为士兵娱乐场所的缘故。由于这种融娱乐市场为一体的大型综合性游艺场适应了时代的需要,故逐渐从城外向城内发展,并成为居民的主要娱乐场所,正如《西湖老人繁胜录》所说的"深冬冷月无社火看,却于瓦市消遣"。《梦粱录》卷一九《瓦舍》也说:"顷者京师甚为士庶放荡不羁之所,亦为子弟流连破坏之门";"今贵家子弟郎君因此荡游,破坏尤甚于汴都也。"

(二)临安瓦子的数量和分布

1. 临安瓦子的数量

临安瓦子的数量较多,但具体有多少,各书记载不尽相同。《梦粱录》卷一九《瓦舍》云:"杭城之瓦舍,城内外合计有十七处。"《咸淳临安志》卷一九《市(行团瓦子附)》所载的瓦子数也是十七处。《武林旧事》卷六《瓦子勾栏》中列举有二十三个瓦子的名称和地点。而《西湖老人繁胜录·瓦市》则载都城内外有二十五个瓦子,其中城外有二十座瓦子,城内有五座。各书记

① 如孟元老《东京梦华录》卷五记载,北宋崇宁、大观年间(1107-1110),张廷叟、孟子书"主张"汴京瓦舍伎艺。而廖奔更是认为:"汴京的瓦舍勾栏兴起于北宋仁宗(1023-1063)中期到神宗(1068-1085)前期的几十年间。"廖奔:《中国古代剧场史》,中州古籍出版社1997年版,第42页。

② 《梦粱录》卷一九《瓦舍》,第179页。

③ 《武林旧事》卷六《瓦子勾栏》,第92页。

载的瓦子数量不一,可能与作者生活的年代或掌握的资料等有关,西湖老人生活的年代早,因此他掌握的资料要比吴自牧、周密两人多,故其记载的瓦子数量也比吴、周两人更为可靠。

2. 临安瓦子的分布

(1)南瓦,又称南瓦子,位于小河(市河)清泠桥西,在著名的酒楼——熙春楼附近。

(2)中瓦,又称中瓦子,位于御街中段市南坊北,在著名的酒楼——三元楼前。

(3)大瓦,又名大瓦子,旧呼上瓦或上瓦子,因其位于御街中段的市西坊内三桥坊,故又名西瓦。

(4)北瓦,又名北瓦子,原名下瓦或下瓦子,位于御街北段众安桥南。《武林旧事》卷六《瓦子勾栏》曰:"如北瓦羊棚楼,谓之游棚(宋刻作邀棚),外又有勾栏甚多,北瓦内勾栏十三座最多。"里面据《西湖老人繁胜录》说,有"起店数家"。

(5)东瓦,又名东瓦子。因位于蒲桥东,故民间又名蒲桥瓦。吴自牧写《梦粱录》一书时,此瓦已经废为民居。

(6)便门瓦,又名便门瓦子,位于城东南便门外北首。

(7)候朝门瓦,又名候朝门瓦子,位于城东南候潮门外北首。

(8)小堰门瓦,又名小堰门瓦子,位于城东保安门(俗名小偃门)外。

(9)新门瓦,又称新门瓦子,原名四通馆瓦。位于城东新开门外南首。

(10)荐桥门瓦,又名荐桥门瓦子,位于城东崇新门(俗名荐桥门)前。

(11)菜市门瓦,又名菜市瓦子,位于城东东青门外直东的菜市桥南。

(12)艮山门瓦。位于城东北艮山门外。

(13)嘉会门瓦。因位于嘉会门外,故又称嘉会门外瓦。

(14)钱湖门瓦,又名钱湖门瓦子,位于城西钱湖门外南首省马院前。咸淳年间(1265-1274),钱湖门瓦"仅存勾栏一所"。

(15)行春桥瓦,又名行春桥瓦子,位于城西西湖灵隐天竺路东行春桥侧。

(16)赤山瓦,又名赤山瓦子,位于城西西湖赤山步司后军寨前。咸淳年间(1265-1274),赤山瓦"今惟存勾栏"。

(17)羊坊桥瓦,位于城西钱塘门外。

(18)米市桥瓦,一作米市瓦或米市桥瓦子,位于城北余杭门外米市桥下。

(19)旧瓦,又名旧瓦子,位于城北余杭门外石牌头北麻线巷内。

(20)北郭瓦,又名北郭瓦子,俗名大通店。位于城北余杭门外北郭税务北。咸淳年间(1265-1274),北郭瓦"惟存勾栏"。

(21)王家桥瓦。位于都城北郊王家桥。

(22)北关门瓦。又称北关门新瓦。位于余杭门外。

(23)龙山瓦。位于南郊龙山之麓。①

在上述这些瓦子中,前面五瓦在城内,后十八瓦在城外。其中,城内五瓦归修内司管理,城外十八瓦归殿前司管理。

(三)瓦子中表演的节目及著名演员

瓦舍中表演的节目"百戏杂陈",名目繁多。据《梦粱录》、《武林旧事》、《都城纪胜》等书所记载,临安瓦舍中的"百戏伎艺",有唱赚、诸宫调、转踏、大曲、清乐、小唱、弹唱、京词、崖词、耍令、商谜、相扑、女飐、踢弄、踏索、打硬、举重、射弩、竹马、蛮牌、神鬼、扑旗、夹棒、吟叫、合生、象生、道情、泥丸、头钱、沙书、弄水、舞旋、舞绾、鲍老、筑球、下棋、小说、烟火、说药、捕蛇、消息、参军、杂剧、院本、鼓子词、说诨话、学乡谈、教走兽、乔相扑、教飞禽、教虫蚁、装秀才、放风筝、七圣法、划旱船、耍和尚、村田乐、马后乐、藏去之术等六七十种伎艺。

瓦子不仅表演的节目繁多,而且还培养了数以百计的表演艺术家。《西湖老人繁胜录》"瓦市"条就对此作了详细的记载:

> 南瓦、中瓦、大瓦、北瓦、蒲桥瓦。惟北瓦大,有勾栏一十三座。常是两座勾栏,专说史书:乔万卷、许贡士、张解元。

① 以上参见《咸淳临安志》卷一九《市(行团瓦子附)》,载《宋元方志丛刊》,第3549页。

背做蓬花棚，常是御前杂剧：赵泰、王英喜、宋邦宁、何宴清、锄头段子贵。

弟子散乐，作场相扑：王侥大、撞倒山、刘子路、铁板踏、宋金刚、倒提山、赛板踏、金重旺、曹铁凛，人人好汉。

说经：长啸和尚、彭道安、陆妙慧、陆妙净。

小说：蔡和、李公佐。

女流：史惠英、小张四郎，一世只在北瓦，占一座勾栏说话，不曾去别瓦作场，人叫做小张四郎勾栏。

合生：双秀才。

覆射：女郎中。

踢瓶弄碗：张宝歌。

杖头傀儡：陈中喜。

悬丝傀儡：炉金线。

使棒作场：朱来儿。

打硬：孙七郎。

杂班：铁刷汤、江鱼头、兔儿头、菖蒲头。

背商谜：胡六郎。

教飞禽：赵十七郎。

装神鬼：谢兴歌。

舞番乐：张遇喜。

水傀儡：刘小仆射。

影戏：尚保仪、贾雄。

卖嘌唱：樊华。

唱赚：濮三郎、扇李二郎、郭四郎。

说唱诸宫调：高郎妇、黄淑卿。

乔相扑：鼋鱼头、鹤儿头、鸳鸯头、一条黑、斗门桥、白条儿。

踢弄：吴全脚、耍大头。

谈诨话：蛮张四郎。

散耍：杨宝兴、陆行、小关西。

装秀才：陈斋郎。

学乡谈：方斋郎。

分数甚多，十三应勾栏不闲，终日团圆。

(四)瓦子的设施及服务

临安瓦舍的范围和规模，大小并不相同，多者有五十多座勾栏或乐棚、露台。① 当时，瓦舍作为大型的固定剧场，有以下几个问题值得注意：

(1)瓦舍拥有固定的演员队伍。如艺人小张四郎，“一世只在北瓦，占一座勾栏说话，不曾去别瓦作场，人叫做小张四郎勾栏”。②

(2)瓦舍不受时间限制，不受气候变化影响。从文献记载来看，瓦舍设有早、晚场。早场在凌晨五更便已开始，而夜场关门则至深夜。如《西湖老人繁胜录·瓦市》载：“独勾栏瓦市，稍远于茶，中作夜场。”

(3)瓦舍勾栏中配置有相应的灯光设施。

(4)瓦舍勾栏中的密封和通风设施齐全，可遮拦风、雨、雪，使冬天不至于太冷，夏天不至于太闷热，以保证全天候演出。

(5)瓦舍勾栏理当有相应的扩音设备。像容纳数千人之多的大勾栏，若演出“浅斟低唱”的说唱节目，如果没有扩音设备，是不可能的。

(6)瓦舍中除有勾栏演艺服务外，尚有一整套与其相关的服务设施，如茶坊、酒肆、饮食店铺、歌楼、妓院、浴堂等，融赏、吃、赌、嫖、玩等感官享乐于一身，使人们在此获得全方位的娱乐与满足。③ 如南瓦有酒店熙春楼，中瓦内有王妈妈家茶肆及刊印书籍的张家书铺，北瓦内有起店数家。这些店铺一般以出售食品和工艺品为主。

---

① 勾栏的本意原为栏栅或栏杆之意，在古代或作勾阑、钩栏，指用栏杆或绳索、幕幛等围成一个圈子，成为一个演出场所，由专业艺人在里面表演节目。而露台为一种露天的戏台，始于汉文帝时期，在唐代已经用于乐舞百戏表演。乐棚也是一种戏台或剧场，又因人们往往在乐棚上要装饰一些花彩之物，故时人又称为彩棚。

② 《西湖老人繁胜录·瓦市》，载《南宋古迹考》(外四种)，第113页。

③ 参见程民生《略论宋代市民文艺的特点》，载《史学月刊》1998年第6期。

二、路歧

除以上城内外众多的瓦子外，临安还有所谓“路歧”和“路歧人”。“路歧”是指被用作演艺场所的街头空隙地段；“路歧人”是指演出于街头的民间艺人。①《武林旧事》卷六《瓦子勾栏》说：“或有路歧，不入勾栏，只在要闹宽阔之处做场者，谓之打野呵，此又艺之次者。”又，《西湖老人繁胜录》载：“余外尚有独勾栏瓦市，稍远于茶，中作夜场，街市举放风筝轮车数椽，有极大者，多用朱红，或用黑漆，亦有用小轮车者，多是药线，前后赌赛输赢。输者顷折三二两线，每日如此。宽阔处踢球，放胡哮、斗鹌鹑，卖等身门神、金漆桃符板、钟馗、财门。”又曰：“十三军大教场、教奕军教场、后军教场、南仓内、前杈子里、贡院前、佑圣观前宽阔所在，扑卖并路歧人在内作场。行七圣法，切人头下，卖符，少间依元接上。畣伞子、吞剑、取眼睛、大里捉当、三钱教鱼跳刀门、乌龟踢弄、金翅覆射、斗叶猢狲、老鸦下棋、蜡觜舞斋郎、鹌鹑弩、教熊使棒、相棒、王宣弄面、打一丈方饼。……天武张擎石球，花马儿掇石墩。”《都城纪胜·市井》：“如执政府墙下空地，诸色路歧人，在此作场，尤为骈阗。又皇城司马道亦然。候潮门外殿司教场，夏月亦有绝伎作场。其他街市，如此空隙地段，多有作场之人。”而《梦粱录》卷二〇《百戏伎艺》亦有“村落百戏之人，拖儿带女，就街坊桥巷，呈百戏伎艺，求觅铺席宅舍钱酒之资”的话。又《妓乐》载：“街市有乐人三五为队，擎一二女童舞旋，唱小词，专沿街赶趁。”《角抵》：“瓦市相扑者，乃路歧人聚集一等伴侣，以图摽手之资。先以女飐数对打套子，令人观睹，然后以膂力者争交。”

这些在街头宽阔热闹处表演的艺人，大多数没有经过专业的培训，故此其艺术水平要比专业演员逊色得多。赵升在《朝野类要》卷一中说：“自汉有琵琶筝箫之后，中国杂用戎夷之声，六朝则又甚焉。明皇遂别置为教坊，其女乐则为梨园弟子也。自有《教坊记》所载，本朝增为东西两教坊，又别有化成殿钧容班。中兴以来亦有之。绍兴末，台臣王十朋上章奏罢之。后有名

① 赵彦卫《云麓漫钞》卷一二：“今人呼路岐人为散乐。按《周礼》：‘掌教散乐。’释云：‘散乐，野人为乐之善者。’以其不在官之员内，谓之散乐。”中华书局1996年版，第222页。

伶达伎，皆留充德寿宫使臣，自余多隶临安府衙前乐。今虽有教坊之名，隶修内司教乐所，然遇大宴等，每差衙前乐权充之，不足，则又和雇市人。近年衙前乐已无，教坊旧人多是市井岐路之辈。欲责其知音晓乐，恐难必也。”当然，有的技艺并不差，甚至要高于在瓦舍中表演的艺人。他们有时也被人请至官府人家中演出，如金盈之《醉翁谈录》卷四便载道：“中曲者散乐杂班之所居也。夫善乐色技艺者，皆其世习，以故丝竹管弦艳歌妙舞，咸精其能。凡朝贵有宴聚，一见曹署行牒，皆携乐器而往。所赠亦有差。暇日群聚金莲棚中，各呈本事。来观者皆五陵年少及豪贵子弟，就中有妖艳入眼者，竢散访其家而宴集焉。”《湖海新闻夷坚续志》后集卷二《精怪门·樟精惑人》就载有这样一个故事：“咸淳甲戌冬，有二男子斋官会于杭州三桥，请路岐人祗应，云是张府姻事，先议定不许用黄钟宫曲调。”或陪酒，如洪迈《夷坚志》乙卷六《合生诗词》载：“江浙间，路岐伶女有慧黠知文墨，能于席上指物题咏，应命辄成者，谓之合生；其滑稽含玩讽者，谓之乔合生。盖京都遗风也。”都城中的不少著名艺人就是从街头演出中逐渐成长的。“若唱嘌耍令，今者如路岐人王双莲、吕大夫唱得音律端正耳。”①

第二节　歌楼妓院

从事商业性活动的歌楼妓院，能否列入商业的范畴，确实存在着商榷之处。但拙者认为，宋代妓业的商业化，是一个不容讳言的事实。北宋陶穀《清异录》卷上《峰窠巷陌》载当时东京的妓业时说：“四方指南海为烟月作坊，以言风俗尚淫。今京师鬻色户将及万计，至于男子举体自货，进退恬然，遂成蜂窠巷陌，又不止烟月作坊也。”孟元老《东京梦华录》也载东京城中有数十处妓馆娼楼，如曲院街，“向西去皆妓馆舍，都人谓之院街”。朱雀门外，东去大街麦秸巷、状元楼，“余皆妓馆，至保康门街”。朱雀门外西通新门瓦

① 《梦粱录》卷二〇《百戏伎艺》，第193页。

子及以南的杀猪巷,“亦妓馆”。旧曹门外之南北斜街,“两街皆妓馆”。牛行街,“亦有妓馆,一直抵新城”。马行街鹩儿市之东、西鸡儿巷,“皆妓馆所居”。景德寺前之桃花洞,“皆妓馆”。相国寺东之录事巷、寺北之小甜水巷,“妓馆亦多”。再北之姜行后巷,“乃脂皮画曲妓馆”。此外,“别有幽坊小巷,燕馆歌楼,举之万数”。① 正因为歌楼妓院中妓女商业化,后人将这类妓女称之为“市妓”,并将这一行业归入服务业或娱乐业,更通俗一些的,则干脆称作色情业。当然,这种妓业仍属一种畸形的商业景象,即使在宋代也遭时人的非议,但在封建社会长期存在,直到建国初年才被政府取消。

一、临安的妓业

(一)妓业的繁荣

南宋都城临安的妓业之盛,在北宋都城开封之上,时有“色海”之艳称。②意大利旅行家马可波罗对此深为惊讶,他在游记中写道:

> 其他街道,娼妓居焉。其数之多,未敢言也,不但在市场附近此辈例居之处见之,全城之中皆有。衣饰灿丽,香气逼人,仆妇甚众,房舍什物华美。此辈工于惑人,言词应对皆适人意,外国人一旦涉足其所,即为所迷,所以归去以后,辄谓曾至天堂之城行在,极愿重返其地。③

> 京师(指临安)城……妇人多娇丽,望之若仙……青楼盛多,皆靓妆艳饰,兰麝熏人,贮以华屋,侍女如云,尤善诸艺,娴习应对,见者倾倒,甚至醉生梦死,沉溺其中。故凡游京师者,谓之登天堂,归后尤梦京师。在城里,娼妓不敢活动,她们多在市郊一带。为数之多,真可令人咋舌,足足有两万人数,全都赖此为生。④

---

① 《东京梦华录》卷二《朱雀门外街巷》、《潘楼东街巷》等,载《东京梦华录注》,第59、70页。

② 胡仔《渔隐丛话前集》卷二七《蔡文忠》:“余旧记一小诗云:‘京师素号酒色海,溺者常多济者稀。吾子堂前有慈母,布衣须换锦衣归。’不知谁氏作规诲之言,惜其散逸,故附于后。”

③ 《马可波罗行纪》,第580-581页。

④ 据陶穀《清异录》卷上《蜂窠苍陌》所载“今京师鬻色户将及万计”,即北宋都城开封的妓女在万人以上来看,则马可波罗所说的临安妓女人数也基本可信。

更为离奇的是，临安还出现了数百名男妓。他们忸怩作态，涂脂抹粉，亦歌亦舞，与女娼无异。但他们的组织较诸歌妓完备，城外新门乃其聚集之地。周密《癸辛杂识》后集《禁男娼》对此曾有记载：

书传所载龙阳君、弥子瑕之事甚丑，至汉则有籍孺、闳孺、邓通、韩嫣、董贤之徒，至于傅脂粉以为媚。史臣赞之曰："柔曼之倾国，非独女德。"盖亦有男色焉。闻东都盛时，无赖男子亦用此以图衣食。政和中，始立法告捕，男子为娼者杖一百，赏钱五十贯。吴俗此风尤盛，新门外乃其巢穴，皆傅脂粉，盛装饰，善针指，呼谓亦如妇人，以之求食。其为首者号师巫行头。凡官府有不男之讼，则呼使验之。败坏风俗，莫甚于此，然未见有举旧条以禁止之者，岂以其言之丑故耶？

据此可知，此风流行于北宋东京，到南宋临安更是达到鼎盛，并得到了政府的默认。

妓院在临安又称为歌馆，凡是比较热闹的街市上都有。如周密《武林旧事》卷六《歌馆》载："平康诸坊，如上下抱剑营、漆器墙、沙皮巷、清河坊、融和坊、新街、太平坊、巾子巷、狮子巷、后市街、荐桥，皆群花所聚之地。"文中所述的抱剑营，在御街东侧新开坊和清平坊之间；沙巷即清平坊；巾子巷即市南坊。上列地名中，只有漆器墙、狮子巷和荐桥在大河（即盐桥运河）沿岸，其余都在御街中段的东西两侧。据此可知，南宋临安的妓院以御街中段的街市和大河（盐桥运河）沿岸近桥的街市最多，其次是小河（市河）沿河近桥的街市。

时人对临安的妓院多有描述，如赵蕃《长安行》：

东街女儿谁家子，有名籍籍长安市。
不知身失不自回，顾侈金珠炫罗绮。
西街贫女夫何如，年长不见行媒车。
有时视倡独叹息，从之不可翻踌躇。
伤哉彼倡不自丑，顾嘲贫女为牛后。

此时贫女将何言，嫁与不嫁悬诸夫。①

周紫芝《倡楼词》：

桃李艳春风，荣华照京洛。
九陌飞香尘，朱楼响弦索。
美人倚修栏，青娥卷珠箔。
白面谁家郎，巴商载金橐。
大艑何嵔峩，系舟楼下泊。
哀弹杂清歌，日日楼中乐。
谓言如江流，偕老有盟约。
一朝买婵娟，蝉鬓轻梳掠。
情从新人欢，恩与旧人薄。
去年与青棠，今年赠芍药。
人生有荣谢，曾不待衰落。
倡女不嫁人，深心失期约。②

由于临安娼妓业发达，以至这里还出现了专门经营买卖娼妓的集市组织——“娼侩”，这在中国历史上真可谓前所未闻。据《尊德性斋集》载：“滕洙为人恭俭好义，尝有一二族女，年甫龆龀，家贫母疾，父为牙侩所欺，鬻之娼家，闻者不平，而莫敢谁何。君独愤然一呼，娼侩许偿直还女，阳诺而谋挟之遁。君廉知之，亟诉诸官，未决。娼与侩谋伪契，增其直，累数倍”。③ 从这段文字可以看出，当时士民告娼家买良家女为娼“诉官未决”。娼侩与娼家“伪契增直”的事，俨然要用法律来解决，可见买良为娼已为官府所承认和默许了。

临安的娼妓，从所属关系来看，可以分为宫妓、府妓、营妓和家妓四种。这四种娼妓虽均被称作妓女，但她们的身份、生活却各不相同。

① 赵蕃：《淳熙稿》卷六，第1册，《丛书集成初编》本，第108页。
② 周紫芝：《太仓稊米集》卷二。
③ 又参见《晦庵集》卷九四《滕君希尹墓志铭》。

宫妓不是现代意义上的以卖淫为职业的娼妓，而是专门供奉宫廷的女艺人。她们或习歌舞、丝竹之艺，或习绳、竿、球、马和摔跤等杂技。她们的职责是在皇家举行的各种节日盛会、宴饮典礼等仪式上演出节目，并在平时为天子提供耳目之娱。

府妓又有官妓、公妓、官娼、官奴、官柳、籍妓、籍娼等名称，它是指隶属于临安州府及钱塘、仁和两个县府乐籍的妓女。这种妓女大多集卖艺和卖身于一体，具有后来意义上的娼妓性质，是临安娼妓的重要组成部分。

家妓顾名思义，就是不由官府供给衣食，而是由私家蓄养的妓女。

营妓是以卖淫为生的自由专业妓女，在临安娼妓业中的主力军，她们大多集中在妓院、歌馆之类名称的卖淫场所，抱剑街是当时妓院的集中地。她们一般都是被称为“假母”的鸨婆买来充作养女，鸨婆带着几个养女经营淫生业。这类妓女的生活最为艰夺，她们大多是从贫家被买来的幼女，冒称假母鸨婆之姓，有的甚至连自己的生身父母都不知道。也有的是被人拐骗而堕入风尘。如《卖油郎独占花魁》中的名妓美娘就是一例，她十二岁被人拐骗到妓院，鸨婆王九妈以五十两银子买下，将其改名王美。妓女们被鸨婆买来后，便学习吹弹歌舞、酒令等等，稍有怠惰，便会遭到鸨婆鞭棒毒打，从十四五岁开始便被遣出接客赚钱。她们行动极不自由，一般不能随意出门，平时在家中接纳嫖客，或者被富贵人家召去侍奉宴饮冶游。

（二）妓院的活动

临安的娼妓不仅以色貌著称于世，而且大多擅长歌舞及书画诗词之道，善于谈谑逢迎，令人倾倒。如苏小小、王美娘等就是其中的代表。她们一般以陪宿卖淫和陪席佐谈为主，以献艺为辅。价钱随妓女的名声、身价而定，高低相差悬殊，高的一般“要十两放光，才宿一夜哩”。而低的只有几文钱。除了嫖资外，如嫖客们玩得高兴一般有彩缯赠给妓女，以作酬答，但这全凭嫖客的自愿了。如果是梳弄（即雏妓的“初夜权”），其价钱远比一般留宿侍席要高。如小说《卖油郎独占花魁》中金二员外梳弄美娘的身价是三百两纹银，比美娘梳弄后的身价要高出三十倍。

这些妓女所接待的客人，各个阶层都有。上自帝王将相，下至市侩小民,可以说是无所不包。只要客人们能够给以一定的报酬,她们便以身相许,而对于嫖客身价的贵贱一般是不大讲究的,即使是乞儿,只要有银子,她们照样接纳。但是,贫人要嫖妓女,多是力不能及,如卖油郎秦重一年辛辛夺积攒起来的十余两银子,仅能做一夜的花柳之费,且过一个多月才见到名妓王美娘,其难可知。因此要嫖妓院的名妓,多为有钱的富贵人家。《卖油郎独占花魁》中的王美娘接待的嫖客就都是王孙公子、富室豪家,真是"谈笑有鸿儒,往来无白丁"。

此外,也有一些妓女另立门户以家为单位独自营业的,即当时所说的"打野呵者"。庄绰《鸡肋编》卷中对此曾有记载:"两浙妇人皆事服饰口腹,而耻为营生。故小民之家,不能供其饰者,皆纵其私通,谓之贴夫,公然出入不以为怪。如近寺居人,其所贴者皆僧行者,多至有四五焉。"这类妓女从事卖淫有两种原因:一是因为一些"小民之家"的妇女懒为营生,但家里的经济收入又不能供其修饰打扮者;另一种则是因为家中没有生计而不得不以此谋生。

妓女们对于温柔体贴之道十分娴熟,拉客手段也非常高明,献媚卖俏,去迎合各种嫖客的心理。与各色人等言谈也皆能融洽和谐,其烟视媚行,柔语如磬,足使人一旦陷入她们的迷魂阵中,就会如醉如痴,销魂荡魄,听凭其摆布,流连忘返,沉湎于眠花宿的温柔乡中,真有乐不思蜀之感。

文人士大夫到妓院狎妓的现象极为普遍,如谢希孟在临安狎娼,陆九渊责骂曰:"士君子乃朝夕与贱娼女居,独不愧于名教乎?"①有的还留下了所谓的"风流佳话":

> 绍兴十五年三月十五日,予在临安试词科第三场毕出院。时尚早,同试者何作善伯明、徐抟升甫相率游市。时族叔邦直应贤、乡人许良佐舜举省试罢,相与同行。因至抱剑街,伯明素与名娼孙小九来往,遂拉访其家,置酒于小楼。夜月如昼,临栏凡爇两烛结花灿然若连珠,孙娼

① 庞元英:《谈薮》。又载潘永因编《宋稗类钞》卷一七《颐养第二十八》,文渊阁《四库全书》本。

固黠慧解事，乃白坐中曰："今夕桂魄皎洁，烛花呈祥，五君皆较艺兰省，其为登名高第，可证不疑。愿各赋一词纪实，且为他日一段佳话。"遂取吴笺五幅置于桌上。升甫、应贤、舜举皆谢不能，伯明俊爽敏捷，即操笔作《浣溪沙》一阕曰："草草杯盘访玉人，灯花呈喜坐添春，邀郎觅句要奇新。黛浅波娇情脉脉，云轻柳弱意真真，从今风月属闲人。"众传观叹赏，独恨其末句失意。予续成《临江仙》曰："绮席留欢欢正洽，高楼佳气重重。钗头小篆烛花红。直须将喜事，来报主人公。桂月十分春正半，广寒宫殿葱葱。姮娥相对曲栏东。云梯知不远，平步揖东风。"孙满酌一觥相劝曰："学士必高中，此瑞殆为君设也。"已而予果奏名赐第，余四人皆不偶。①

在频繁的朝廷御宴、官府公筵及三学斋会、缙绅同年会、乡会等活动中，均可见到歌妓大展身手的场面。② 正由此，都城临安涌现出了许许多多知名的演员。对此，《梦粱录》卷二〇《妓乐》有详细的记载：

朝廷御宴，是歌板色承应。如府第富户，多于邪街等处，择其能讴妓女，顾倩祗应。或官府公筵及三学斋会、缙绅同年会、乡会，皆官差诸库角妓祗直。自景定以来，诸酒库设法卖酒，官妓及私名妓女数内拣择上中甲者，委有娉婷委媚，桃脸樱唇，玉指纤纤，秋波滴溜，歌喉宛转，道得字真韵正，令人侧耳听之不厌。官妓如金赛兰、范都宜、唐安安、倪都惜、潘称心、梅丑儿、钱保奴、吕作娘、康三娘、桃师姑、沈三姐等，及私名妓女如苏州钱三姐、七姐、文字季惜惜、鼓板朱一姐、媳妇朱三姐、吕双双、十般大胡怜怜、婺州张七姐、蛮王二姐、搭罗邱三姐、一丈白杨三妈、旧司马二娘、裱褙陈三妈、屐片张三娘、半把伞朱七姐、轿番王四姐、大臂吴三妈、浴堂徐六妈、沈盼盼、普安安、徐双双、彭新等。后辈虽有歌

① 《夷坚志》支景卷八《小楼烛花词》，第2册，第944页。

② 《癸辛杂识》后集《学舍燕集》载："学舍燕集必点妓，乃是各斋集正自出帖子，用斋印，明书'仰弟子某人到何处祗本斋燕集。'专有一等野猫儿卜庆等十余人，专充告报，欺骗钱物，以为卖弄生事之地。凡外欲命妓者，但与斋生一人相稔，便可借此出帖呼之。此事不知起于何时，极于无义，乃所以起多事之端也。"（第66页）

唱者，比之前辈终不如也。

二、妓女的生活

（一）名妓

临安名妓众多，其中在后世有影响者，主要有以下几位：

1. 李师师

李师师，为北宋东京大名鼎鼎的妓女，深得徽宗的宠幸。但就是这样一位红极一时的名妓，也逃脱不了最终的悲惨命运。东京陷落后，她随着浩浩荡荡的南迁大军流落到了新的京城临安。她利用其能歌善舞的特长，在临安以此糊口。时人刘子翚曾用诗歌对其晚年的凄凉生活作了描述：

辇毂繁华事可哀，师师垂老过湖湘。
缕衣檀板无颜色，一曲当时动帝王。①

2. 李生

李生与李师师一样，都是南迁而来的东京名妓。张邦基《墨庄漫录》卷八对其事迹有详细的记载："晁无咎《和李秬双头牡丹》有云：'二乔新获吴宫怯，双隗初临晋帐羞。月地故应相伴语，风前各是一般愁。'政和间，汴都平康之盛，而李师师、崔念月二妓名著一时。晁冲之叔用每会饮，多召侑席。其后十许年再来京师，二人尚在，而声名溢于中国。李生者，门第尤峻。叔用追往昔，成二诗以示江子之。其一云：'少年使酒来京华，纵步曾游小小家。看舞霓裳羽衣曲，听歌玉树后庭花。门侵杨柳垂珠箔，窗对樱桃卷碧纱。坐客半惊随逝水，吾人星散落天涯。'其二云：'春风踏月过章华，青鸟双邀阿母家。系马柳低当户叶，迎人桃出隔墙花。鬓深钗暖云侵脸，臂薄衫寒玉照纱。莫作一生惆怅事，邻州不在海西涯。'靖康中，李生与同辈赵元奴及筑球吹笛袁绹、武震辈例籍其家。李生流落来浙中，士大夫犹邀之以听其歌，然憔悴无复向来之态矣。"

① 刘子翚：《屏山集》卷一八《汴京纪事》，文渊阁《四库全书》本。

3. 秦妙观

秦妙观为“宣和名倡”，“色冠都邑，画工多图其貌售于外方”①，后来与李师师、李生等一样南下流落到宋室新都临安，据王明清《玉照新志》卷二载：

> 陆升之仲高，山阴胜流，词翰俱妙，晚坐秦党，遂废于家。尝语明清曰：“顷客临安，雨中一老妇人，蓬首垢面而丐于市，藉檐溜以濯足，泣诉于升之曰：‘官人曾闻秦妙观否？妾即是也。’虽掩抑困悴，而声音举措固自若也。多与之金而遣之去。仲高言已泪落盈襟，盖自怜其晚年流落不偶，特相似尔。言犹在耳，兴怀太息。”

4. 唐安安

唐安安，为临安著名的官妓，歌色绝伦。宝祐元年（1253）元夕，理宗命太监董宋臣将唐安安呼入禁中，帝爱幸之。侍郎牟子才奏曰：“此皆董宋臣辈引诱，坏陛下三十年自修之操。”子才又作《高力士脱靴图》。宋臣大怒，持图入谓上曰：“牟子才在当涂骂官家。”上视其图笑曰：“乃骂汝，非骂我也。”宋臣曰：“彼谓陛下为明皇，阎妃为太真，臣为力士，而以李太白自居。”自此上不悦。②《武林旧事》卷六《歌馆》曰：“近世目击者，惟唐安安最号富盛，凡酒器、沙锣、冰盆、火箱、妆盒之类，悉以金银为之。帐幔、茵褥，多用锦绮。器玩珍奇，他物称是。”

5. 郭双莲

郭双莲，在《武林旧事》卷六《诸色伎艺人》中有载，为都城中唱耍令的艺人。李莱老《余不溪二隐丛说》对其事迹有载：“予友临安何应龙子翔，诗多风怀之作。二韵小诗尤佳，酷似温岐。予最爱其《湖亭席上赠别郭双莲绝句》云：‘楼上佳人唱渭城，楼前杨柳绾离情。一声未是难听处，最是难听第四声。’自注：‘双莲能歌周美成《兰陵王》曲，并能魇（下鬼改手）笛倚之。衙前和顾前钧容直一辈人，皆从渠授技。周词，瓦子中以方渭城三迭。旗亭送

---

① 王明清：《玉照新志》卷二，上海古籍出版社1991年版，第24－25页。

② 彭大翼：《山堂肆考》卷一六六《技艺·脱靴图》，文渊阁《四库全书》本。

别,并歌是词。'"

6. 吴怜儿

吴怜儿,为湖上名妓。能诗善画,与赛观音、孟家蝉等名妓齐名,“皆以色艺冠一时,家甚华侈”。① 王奕《玉斗山人集》云:“往见怜于花月楼,风调楚楚,诗札均有意致,不知其善画也。李君元辉携示怜团扇,上着色山水,工致细润,不让赵大年。仿佛钿车中人,手绾柳条,作同心结一段态度。岁月不居,丛残金粉,对此坐增叹惋。”花月楼在金波桥。

7. 苏小娟

苏小娟,钱塘妓,艺精音律,才工文翰,与姊盼奴齐名。盼奴与太学生赵不敏甚洽欵,不敏日益贫,盼奴周给之,使其专心于学业。在盼奴的帮助下,赵不敏遂在科举中高中南省,得授官襄阳府司户。但当时盼奴因没有落籍,不能与赵不敏一起偕老。不敏赴官三载,想念成疾,不久郁郁而死。临死前,他将其官禄俸平均分为两份:一份给其弟赵院判,一分给盼奴。且对其弟说:盼奴有妹名小娟,俊雅能吟,可以与其结为佳偶。不敏死后,其弟听其言至钱塘,托故人到钱塘当官者,召盼奴。其家云:盼奴一月前死矣,小娟亦为盼奴所欢者以於潜官绢诬攀系狱中。召小娟出给之曰:“汝负商人官绢百匹,何以偿之!”小娟叩头言:“此乃姊盼奴事,乞赐周旋。非惟小娟感荷更生,盼奴亦蒙恩泉下也。”倅喜其词,婉因问:“汝识襄阳赵司尹否?”小娟曰:“赵司尹未仕时,与姊盼奴交好,后中科授官,盼奴相思致疾而死。”倅曰:“赵司尹亦谢世矣。彼遣人附一缄及馈物一罨。外有其弟院判一缄付尔。”开之,小娟自谓不识院判何人,及拆书,惟一诗云:“当时名妓镇东吴,不好黄金只好书。借问钱塘苏小小,风流还似大苏无?”小娟得诗默然,倅索和之,小娟不得已,和诗曰:“君住襄阳妾住吴,无情人寄有情书。当年若也来相访,还有於潜官绢无?”倅大喜,尽以赵院判所寄物给她,免其偿绢,且为其脱籍,归院判偕老。②

---

① 《武林旧事》卷六《歌馆》,第95页。

② 彭大翼:《山堂肆考》卷一一一《人品·娼妓·偕老赵判》。

(二)妓女的生活

妓女们的生活因其名声等而有明显的差异。一些有名声的妓女能够吸引众多的狎客,为鸨婆赚得大量的钱财,所相交的又都是大名人、大富豪,盛名之下鸨婆一般不敢触怒她们,待她们也较好,故此这些妓女的生活比较优裕,甚至可以说过着极其奢侈的生活。如赛观音、孟家蝉、吴怜儿等名妓们就过着富衣足食的生活,她们的住处布置得十分豪华,所有酒器、沙锣、冰盆、火箱、妆台(盒)之类,全是用金银制作而成;帐幔茵褥,多用锦绮。此外,室内还陈设有各种奇珍器玩。周密《癸辛杂识》一书就记载了这样一个事例:

> 淳祐间,吴妓徐兰擅名一时。吴兴乌墩镇有沈承务者,其家巨富,慕其名,遂驾大舟往游焉。徐知其富,初至则馆之别室,开宴命乐,极其精腆。至次日,复以精缣制新衣一袭奉之。至于舆台各有厚犒,如此兼旬日,未尝略有需索。沈不能自已,以白金五百星并彩缣百匹馈之。凡留连半年,糜金钱数百万而归。于是徐兰之声,播于浙右,豪侠少年,无不趋赴。其家虽不甚大,然堂馆曲折华丽,亭榭园池无不具。至以锦缬为地衣,乾红四紧纱为单衾,销金帐幔,侍婢执乐音十余辈,金银宝玉器玩、名人书画饮食受用之类,莫不精妙,遂为三吴之冠。其后死葬于虎丘,太学生边云遇作墓铭云:"此亦娼中之贵者。"①

而次等的妓女,她们所有酒器、首饰、被褥、衣服之属,虽然在财力上不及这些名妓,但亦是竞相奢侈,穿戴着华丽的服饰,当然都是因为工作需要从各处租借来的。②

但一般的低级妓女,由于所赚的钱较小,生活自然比名妓们要清苦艰难得多,即使存有一些私房钱在箱笼内,也多被鸨婆拉开锁钥,翻箱倒柜,拿个罄空。平常的衣食也仅是粗衣淡饭而已。为此,有的只能依靠卖花等商业活动度日。如连文凤《赠卖花湖妓》诗:

① 《癸辛杂识》续集下《吴妓徐兰》,第167-168页。

② 以上依据《武林旧事》卷六《歌馆》,第95页。

客来不惜买花钱，客醉青楼月在天。

欲尽樽前歌舞意，湖头已有早开船。①

第三节　四司六局

为筵会服务的机构，早在北宋东京时就出现了茶酒司和厨司的四司。如《东京梦华录》卷四《筵会假赁》载：

凡民间吉凶筵会，椅卓陈设、器皿合盘、酒檐动使之类，自有茶酒司管赁；吃食下酒，自有厨司。以至托盘下请书，安排坐次，尊前执事，歌说劝酒，谓之白席人。总谓之四司人。欲就园馆亭榭寺院游赏、命客之类，举意便办，亦各有地分，承揽排备，自有则例，亦不敢过越取钱，虽百十分厅馆整肃，主人只出钱而已，不用费力。

至南宋时，这一服务机构日趋完善，进一步发展为所谓的"四司六局"。据《都城纪胜·四司六局》载：

官府贵家置四司六局，各有所掌，故筵席排当，凡事整齐，都下街市亦有之。常时人户，每遇礼席，以钱倩之，皆可办也。

帐设司，专掌仰尘、缴壁、桌帏、搭席、帘幕、罘罳、屏风、绣额、书画、簇子之类。

厨司，专掌打料、批切、烹炮、下食、调和节次。

茶酒司，专掌宾客茶汤、暖烫筛酒、请坐谘席、闲盏歇坐、唱揭迎送、应干节次。

台盘司，专掌托盘、打送、赍擎、劝酒、出食、接盏等事。

果子局，专掌装簇、饤盘、看果、时果、准备劝酒。

蜜煎局，专掌糖蜜花果、咸酸劝酒之属。

---

① 连文凤：《百正集》卷中。

菜蔬局,专掌瓯饤、菜蔬、糟藏之属。

油烛局,专掌灯火照耀、立台剪烛、壁灯烛笼、装香簇炭之类。

香药局,专掌药楪、香球、火箱、香饼、听候索唤、诸般奇香及醒酒汤药之类。

排办局,专掌挂画、插花、扫洒、打渲、拭抹、供过之事。

凡四司六局人祗应惯熟,便省宾主一半力,故常谚曰:"烧香点茶,挂画插花,四般闲事,不许戾家。"若其失忘支节,皆是祗应等人不学之过。只如结席喝犒,亦合依次第,先厨子,次茶酒,三乐人。

据此可知,所谓的"四司六局",实际上是官府支持的一种服务性行业,专门为官府和富贵人家举办筵席提供全方位的服务。它们不仅帮办春宴或乡会,还帮办祝寿和公宴、鹿鸣宴、同年宴以及婚丧筵席。① 春宴如果要在风景区的园林或西湖画舫中举行,"但指挥局分,立可办集,皆能如仪"。②

第四节 租赁业

租赁是宋代城市服务业的一个重要组成部分。从文献记载来看,临安的租赁业,大致可以分为以下几种:

一、房屋租赁

(一)临安房屋租赁状况

临安的房屋租赁业十分发达,这可从赵彦卫《云麓漫钞》卷四中看出:"绍兴既讲和,务与民休息,禁网疏阔,富家巨室,竟造房廊,赁金日增。"宝祐年间(1253 - 1258),福王府将大批房屋赁给市民,收取高额的房租,但房子坏损漏雨他却不整修,照样收钱。于是,有些胆子较大的房客拒交房租,福

① 《中国古代都城制度史研究》,第420页。
② 《梦粱录》卷一九《四司六局筵会假赁》,第185页。

王采用“恶人先告状”的办法，向临安府上告这些房客，要知府马光祖替他出头。马光祖了解了事情的前因后果之后，不但不支持福王，反而站在平民百姓这一边，支持他们修漏后再交房租的合理请求。他写了一首饶有风趣的打油诗作为判词：

晴则鸡卵鸭卵，雨则盆满钵满。
福王若要房钱，直待光祖任满。①

在南宋初期，房屋租赁多发生在中原地区南下的移民和官员身上。为此，高宗在绍兴三年(1133)三月二十二日诏：“江北流寓之人，赁屋居住，多被业主骚扰，添搭房钱，坐致穷困。又豪右兼并之家，占据官地，起盖房廊，重赁与人，钱数增多，小人重困。令临安府禁止，仍许被抑勒之人，诣府陈告。根究得实，将业主重行断遣，其物没纳入官。”②到中后期，则以来京办事、任职的官员或来京参加科举考试的士人为主。淳熙(1174－1189)初年，李椿尹临安时曾给孝宗上言：“百官赁屋钱月出无艺，行都为之虚匮。”因此，他建议“城内外僧尼私庵籍之，足以居官寮，不惟省临安大费，亦足以除僧俗淫僻杂乱之患”。③

大多数居民只能赁房而居，数十人局促于一隅，拥挤不堪。如“沈居武雄营门，无厅事，只直头屋一间，逼街狭小，室仅容膝”。④ 嘉定进士、后为吉州判官的姚镛，在《赁宅》诗中生动地描述了这一景况：

及春游帝里，赁宅是吾家。
雨溜生春草，风床受落花。
病多添老懒，虑淡远纷华。
时与幽人遇，烧香煮茗芽。

又，何应龙《题临安僦楼》诗：

---

① 《西湖游览志余》卷二五《委巷丛谈》，第379页。
② 《宋会要辑稿》刑法二之一四七。
③ 陈造：《江湖长翁集》卷二四《罪言》。
④ 《夷坚志》三志壬卷三《沈承务紫姑》，第1486页。

过了烧灯望燕归，春寒划地勒芳期。

杏花深巷无人卖，细雨空帘尽日垂。①

为了减轻租赁者的经济负担，统治者曾多次下诏给予减免。如绍兴六年(1136)二月癸亥，“诏临安府民间僦舍钱，不以多寡，并三分中减一分，白地钱减四分之一”。② 嘉定十七年(1224)十二月甲午，雪寒，免京城官私房赁地、门税等钱。自是祥庆、灾异、寒暑皆免。③

(二)楼店务

在临安的房屋租赁业中，官府居有非常重要的地位。当时，官府管理房地产的机构称为楼店务。

楼店务始设于宋初。太平兴国(976－983)初，改名为店宅务。太平兴国中，改为左右厢店宅务。淳化三年(992)，分四厢。至道三年(997)，复名为店宅务。咸平元年，为都大店宅务。大中祥符六年(1013)，恢复店宅务的名称。④ 据文献记载，太宗端拱二年(989)，京师店宅务“以所收钱供禁中脂泽之用，日百千”。⑤ 一年当入三万余贯，全部用于皇室私费。然而至熙宁十年(1077)，京师“左右厢店宅务管赁屋一万四千六百二十六间，空地六百五十四段，宅子一百六十四所，岁收二十一万六千五百八十一贯六十六文省”，⑥超过了开封府的商税额(一十五万二千八百零一贯)，可见其收入已经相当可观了。

到南宋，朝廷又在临安设立楼店务。“楼店务在流福桥北，有官设吏令宅务合于人员，收检民户年纳白地赁钱。”⑦咸淳六年(1270)，安抚潜说友又移建于玉莲堂旧址。南宋临安的房屋赁钱，又比北宋东京有了大幅度的增

① 《江湖小集》卷二五。

② 《系年要录》卷九八，第1619页。

③ 《宋史》卷四一《理宗纪一》，第785页。

④ 高承：《事物纪原》卷七《店宅务》引《宋朝会要》，《丛书集成》初编本。

⑤ 《续资治通鉴长编》卷三〇，太宗端拱二年，第267页。

⑥ 方勺：《泊宅编》卷一〇，中华书局1983年版，第57页。另参见《宋会要辑稿》食货五五之一三。

⑦ 《梦粱录》卷一〇《本州仓场库务》，第87页。

长。绍兴年(1131－1162)中,“临安楼店务钱岁三十余万缗”,除绝大部分供皇室消费外,乃“以十万归省额”。①

二、仓库租赁

临安的火灾极为频繁而厉害,这对于居民和商人都是个严重的威胁,因此防火防盗的寄存财物的仓库建设,成为当务之急。“塌房”的创设适应了这一时代的需要。

塌房又称塌坊、坊院,为商人和达官贵人们寄存货物的栈房。在临安,这种榻房往往设在水陆交通发达的码头附近,即城内东北部,从大河(盐桥运河)通济桥(俗名梅家桥)到白洋地、方家桥以及法物库、市舶新务(都在梅家桥北)。其数量不仅众多,而且规模较大,耐得翁《都城纪胜》“坊院”条载道:

> 城中北关水门内,有水数十里,曰白洋湖。其富家于水次起造塌房十数所,每所为屋千余间,小者亦数百间,以寄藏都城店铺及客旅物货。四维皆水,亦可防避风烛,又免盗贼,甚为都城富室之便。其他州郡无此,虽荆南、沙市、太平州、黄池,皆客商所聚,亦无此等坊院。②

这些塌房不仅规模大,而且管理也极其到位。凡寄放货物的客旅,按月日向塌房和堆垛场的主人缴付保管费,时称这种钱为“巡廊钱”或“堆朵钱”。吴自牧《梦粱录》卷一九《塌房》记载说:“盖置塌房家,月月取索假赁者管巡廊钱会,顾养人力,遇夜巡警,不致疏虞。”

塌房的出现,不仅有利于富贵人家和富商,而且对保护都城工商业的发展起了很大的作用,解除了他们的后顾之忧。

三、西湖游船和车子租赁

西湖游船的租赁业非常发达,据《西湖老人繁胜录》载:

---

① 《宋史》卷四〇四《张运传》,第12220页。

② 《梦粱录》卷一九《塌房》则记载有“塌房数十所”,第180页。

寒食前后，西湖内画船布满，头尾相接，有若浮桥。头船、第二船、第三船、第四船、第五船、槛船、摇船、脚船、瓜皮船、小船自有五百余只。南山、北山龙船数只。自二月初八日下水，至四月初八日方罢。沓浑木、拨湖盆，它郡皆无。节日大船，多是王侯节相府第及朝士赁了，余船方赁市户。

其租赁服务亦十分周到方便。《都城纪胜·舟船》曰：

行都左江右湖，河运通流，舟船最便。而西湖舟船，大小不等，有一千料，约长五十余丈，中可容百余客；五百料，约长三二十丈，可容三五十余客。皆奇巧打造，雕栏画栋，行运平稳，如坐平地。无论四时，常有游玩人赁假。舟中所须器物，一一毕备，但朝出登舟而饮，暮则径归，不劳余力，惟支费钱耳。

此后的《马可波罗行纪》同样有详细的描述：

湖上有大小船只甚众，以供游乐。每舟容十人，十五人，或二十人以上，舟长十五至二十步，底平宽，常保持其位置平稳。凡欲携其亲友游乐者，只须选择一舟可矣，舟中饶有桌椅及应接必须之一切器皿。舟顶用平板构成，操舟者在其上执篙撑舟湖底以行舟，（盖湖深不过两步）拟赴何处，随意所欲。舟顶以下，与夫四壁，悬挂各色画图。两旁有窗可随意启闭，由是舟中席上之人，可观四面种种风景。地上之赏心乐事，诚无有过于此游湖之事者也，盖在舟中可瞩城中全景，无数宫殿庙观园囿树木，一览无余。湖中并见其他游船，载游人往来，盖城民操作既毕，常携其妇女或娼妓乘舟游湖，或乘车游城。其车游亦有足言者，城民亦以此为游乐之举，与游湖同也。①

除游船外，临安城中还有车子租赁。如《马可波罗行纪》载：

首应知者，行在一切道路皆铺砖石，蛮子州中一切道途皆然，任赴何地，泥土不致沾足。惟大汗之邮使不能驰于铺石道上，只有在其旁土

---

① 《马可波罗行纪》，第583页。

道之上奔驰。

上言通行全城之大道，两旁铺有砖石，各宽十步，中道则铺细砂，下有阴沟宣泄雨水，流于诸渠中，所以中道永远干燥。在此大道之上，常见长车往来，车有棚垫，足容六人。游城之男女日租此车以供游乐之用，是以时时见车无数，载诸城民行于中道，驰向园囿，然后由看守园囿之人招待至树下休息，城民偕其妇女如是游乐终日，及夜，始乘原车返家。①

四、器物租赁

除上述几项大的租赁外，还有各种器物的租赁，包括花轿、酒檐、首饰、衣服、被褥、布囊、酒器、茶具、帏设、家具、盘合、丧具等。如周密《武林旧事》卷六《赁物》曰："凡吉凶之事，自有所谓茶酒厨子专任饮食请客宴席之事。凡合用之物，一切赁至，不劳余力。虽广席盛设，亦可咄嗟办也。"又同卷《歌馆》曰："下此虽力不逮者，亦竞鲜华，盖自酒器、首饰、被卧、衣服之属，各有赁者。故凡佳客之至，则供具为之一新，非习于游者不察也。"

第五节　邸店

一、邸店的分布

邸店在南宋又称为旅店或客邸，是一种既可供客人住宿又可供客商存放、保管货物的场所。②

临安的客邸主要集中在闹市区，如"三桥等处，客邸最盛"。③ 当时有许多文人学者喜欢在此借宿。如"浙西一后生官人，赴铨试，寓于三桥黄家客

① 《马可波罗行纪》，第583－584页。
② 据《唐律疏义》卷四《平赃者》解释："邸店者，居物之处为邸，估卖之所为店。"
③ 《武林旧事》卷二《元夕》，第30页。

店楼上"①。岳飞之孙岳珂的寓所也在三桥，并自称为"三桥子"，他在《梦尚留三桥旅邸》诗描述道：

天上归来打六更，梦回搔首正瞢腾。
玉绳初上三桥月，绛彩犹明九市灯。
声彻铜鱼催漏箭，影斜金雀在觚棱。
帝乡东望重回首，佳气何时到五陵？②

南宋末年，诗人方回来杭，同样寓居在三桥旅楼。③ 另据洪迈《夷坚志》所载，括苍士人何湛，淳熙年间（1174－1189）赴省试，馆三桥旅邸。揭榜之夕，有登桥听响卜事。④ 此外，清河等处也有不少旅馆，例浙西人郑主簿赴调，就馆于清河旅舍。⑤

郊区也有不少旅馆，如乾道六年（1170）冬，吕德卿偕其友王季夷、魏子正、上官公禄，往临安观南郊，舍于黄氏客邸。⑥

旅馆的客人身份非常复杂，既有官员、士子，又有商人和游客等。其中，官员是其重要的服务对象。如詹太和"召对，复知虔州。又召对，卒于临安客舍，年四十八，时绍兴十年十月癸未也"。⑦ 来京参加科举的士人数量也不少，如临江郭应祥跋廖行之《省斋集》时云："淳熙辛丑春，余待试南宫，始识廖天民于临安。"⑧

因生活窘困，大多来京的士人借住在一些价格低廉的旅邸中，当然这些旅邸的硬件设施也较差。这在当时文人的作品中可以看出，如姜夔《临安旅邸答苏虞叟》诗：

---

① 《夷坚志》志补卷八《临安武将》，第1619页。
② 宋陈思编、元陈世隆补：《两宋名贤小集》卷三六〇，文渊阁《四库全书》本。
③ 《癸辛杂识》别集卷上《方回》，第250页。
④ 《夷坚志》支景卷一〇《婆惜响卜》，第958－959页。
⑤ 《夷坚志》补卷八《郑主簿》，第1620页。
⑥ 《咸淳临安志》卷九二《纪事》，载《宋元方志丛刊》，第4205页。
⑦ 汪藻：《浮溪集》卷二八《詹太和墓志铭》，文渊阁《四库全书》本。
⑧ 廖行之：《省斋集》卷一〇，文渊阁《四库全书》本。

垂杨风雨小楼寒，宋玉秋词不忍看。
万里青山无处隐，可怜投老客长安。①

又，袁说友《临安邸中即事，且谢诚斋惠诗十二首》：

犹得千篇慰旅思，坐吟行咏只相随。
岂无一个闲宾客，便有谁来得似诗。

东风一夜转西南，分外羁愁分外寒。
秋里酒肠浑不放，一杯全似十杯宽。

老来无复梦清都，到得清都却守株。
些子行期犹自拙，个中能巧定应无。

一去重来发已星，八年归老卧漳滨。
似曾相识满天下，不信怜渠未有人。

闷杀楼居隘似囚，一楼四壁障双眸。
趁晴下得楼来看，又被西风赶上楼。

有愁无睡照灯青，鼠啮虫吟到五更。
不分小鼷同作祟，呼牌也作百般声。

世事全无只恁闲，光阴闲里故相关。
欲将睡去消磨日，睡得醒时日未阑。

只作离家一月程，如今一月正飘零。
定非官禄星临命，想见流年是客星。

① 姜夔：《白石道人诗集》卷下，文渊阁《四库全书》本。

急雨斜风一夜狂，客衾愁枕五更长。
问君个里情怀恶，不听鹃啼也断肠。

挑灯拭眼聚诗材，捻断须时句欲裁。
判却三更犹不寐，待渠明月过楼来。

万瓦丛中客里身，可怜虚度一番春。
日长寻得宽心术，唤取门前卖卜人。

男儿弧矢四方居，何以家为莫念渠。
打扑精神希一遇，书来不必问何如。①

这首诗将作者在都城临安期间的旅邸生活和苦闷心情作了细致的描述。他们住在狭如囚室的房间里，四壁密不透风，几乎要被闷死。想跑到旅馆外面去透透气，结果又被寒冷的西风逼回到房中。晚上，老鼠在房间里上窜下跳，跑来跑去，房间外则有高分贝的"虫吟"，吵得人无法安睡，直到五更以后方静。在无法安睡这段时间里，他们只好打起精神，挑灯夜读，以积累一些诗歌的素材；或借酒浇愁，以打发这漫漫的长夜。希望好运早日到来，脱离苦海。

除上述的邸店外，临安城内外的许多寺院道观也兼营旅馆的生意。据《西湖老人繁胜录》载："混补年，诸路士人比之寻常十倍，有十万人纳卷，则三贡院驻著诸多。士子权借仙林寺、明庆寺、千顷寺、净住寺、昭庆寺、报恩观、元真观。太学、武学、国子监，皆为贡院，分经入试。每士到京，须带一仆；十万人试，则有十万人仆，计二十万人，都在都州北权歇。盖欲入试近之故也。可见都城之大。"当然这二十万人的"权借"，是要收费的。

① 袁说友：《东塘集》卷六，文渊阁《四库全书》本。

二、文人士大夫在旅馆中的生活

许多文人虽然行资窘困,但腹中却是因此而文思泉涌。他们往往在旅馆中作诗书怀,以呈才艺。如上述袁说友的“犹得千篇慰旅思”,便是例证。又,杜旃《旅馆书怀,呈陈秘监》诗:

结楼临交河,虚檐映疏棂。
朱阑俯长衢,开帘出娉婷。
修蛾接青鬓,明眸灿流星。
急管催飞觞,歌声入青冥。
中宵逮明发,灯烛光荧荧。
嗟尔幽窗下,书生抱遗经。①

更甚者在驿舍旅邸留题壁间,其中不乏可取者。例有一士人临安旅邸壁间题一绝云:

太一峰前是我家,满床书籍旧生涯。
春城恋酒不归去,老却碧桃无限花。②

而淳熙时士人林升,更是在临安旅邸留下了一首名作,其《题临安邸》诗曰:

山外青山楼外楼,西湖歌舞几时休?
暖风熏得游人醉,直把杭州作汴州。③

文人士大夫除在临安邸店创作诗文外,还从事一些艺术创作或艺术鉴定、交流方面的工作。赵希鹄《洞天清录》“御府珍储”便对此有载:

徽宗御府所储书,其前必有御笔金书小楷,标题后有“宣和玉瓢”御宝。淳祐壬寅于临安客舍,见永嘉一士人藏一法帖,乃唐人硬黄仿右军,书前有金字御笔,云“王右军书”。长者帖后有“宣和玉瓢”样御宝。

---

① 《南宋古迹考》卷下《寓居考》,第58-59页。
② 《咸淳临安志》卷九一《纪遗三·纪事》引《庚溪诗话》,载《宋元方志丛刊》,第4191页。
③ 《宋诗纪事》卷五六,上海古籍出版社1983年版,第1425页。

今售墨迹者,或云古人真迹,皆笔势相联属,后世赝作者,必逐字为之,殊不知此论行草者也。若楷书,则此说难用。古人真字迹,书虽不连,而意实相联属,观其意可也。若泥其说,误矣!

赵孟坚《临安客中》诗:

小楼面面着疏棂,静有蟾光绝市声。
读罢离骚临晋帖,菊花香里数寒更。①

第六节　高利贷和关扑

一、高利贷

中国高利贷资本起源很早,至春秋战国时代就已经相当发达了。到宋代,高利贷资本更是有了进一步的发展。据刘秋根研究,宋代高利贷资本根据经营者的不同,可以划分为私营和官营两个部分。官营高利贷,主要是利用公使钱进行各种赢利性活动,取息以给公用,这便是所谓的回易。私营高利贷亦可分为两个部分:一是兼营高利贷,这是指一些商人、地主或官僚以自己剥削所得放贷取利的资本;二是专营高利贷资本,这是指由"库户"、"钱民"等专业高利贷者掌握的高利贷资本。②

在临安,私人高利贷资本非常活跃,其利息一般是"倍称之息"。如乾道三年(1167)八月,有官员上言曰:"临安府诸县及浙西州军,旧来冬春之间,民户艰食,多诣富家借贷,每借一斗限至秋成交还,加数升或至一倍。"③

从事高利贷业务的,除官府和富家大户外,还有高级将领和佛寺僧人

① 赵孟坚:《彝斋文编》卷二,文渊阁《四库全书》本。

② 刘秋根:《两宋私营高利贷资本初探》,载漆侠主编《宋史研究论丛》,河北大学出版社1990年版,第259页。

③ 《宋会要辑稿》食货五八之五。

等。绍兴三十一年(1161)有诏指出:“殿前司日前诸将下有除克掊敛,私放债负之类。”①开禧元年(1205)五月二十五日,又诏曰:“访闻内外诸军将合干等人有诈作百姓名色,私放军债……”②

甚至佛寺也经营高利贷业务。据陆游《老学庵笔记》卷六所云:“今僧寺辄作库质钱取利,谓之长生库。”对佛寺的这一举动,陆游“至为鄙恶”,希望当政者“设法严绝之”。然而,这种“长生库”在临安颇为普遍。据载,有一位姓汪的钱塘县令刚上任,就有僧人“诉百姓负长生库息”。汪县令认真阅过其递上的“库簿”后,对这位僧人说:

> 然则取息已多。汝僧自号脱离生死,视世上为昨梦空华,何必乃尔?汝僧自有忏罪法令,今为汝焚此簿,汝幸行道诵经赞献之,助汝成一善因缘。

僧人听后不知所对,“即下阶行诵如公戒。而凡隶于簿者皆得免,不但被诉者一人也”。③ 又,元无名氏《湖海新闻夷坚续志》补遗《报应门·侵用寺财》也述及临安寺院“长生库”之事:

> 杭州宝藏寺主藏僧志诠,所管施财,素无侵用。偶寺有为志诠假贷十缗,酬以三缗之息,志诠曰:“此息钱非常住物也。”半以买酒,半以买香烛为供佛之费。畜一猫甚驯,起居之间未尝相舍。后猫死,志诠昼梦至一官府,有金紫人曰:“某前生过,合受畜生为猫,偿报既尽,帝以宿性刚直,俾为冥官。昨受吾师六年爱育之恩,每思无以为报,今召师来,将有欲言。师往来受寺僧贷藏钱三千之息,虽以一半供佛,然利归己,是亦准盗,法当受地狱之若。”师哀告曰:“何以消忏?”金紫人曰:“只有世间十三仗之苦可免此罪!”梦觉,铨尽舍衣钵为佛僧以忏悔。岁余,会钱塘县官携家入寺,适众僧皆出赴供,更无一人相迎。县官已怀怒,偶登方丈,足为猫粪所污,大怒。从者径入方丈,扭诠以出,责以洒扫怠慢之

① 《系年要录》卷一八八,绍兴三十一年二月甲寅,第3150页。

② 《宋会要辑稿》刑法二之一三五。

③ 黄震:《黄氏日抄》卷九六《知兴化军宫讲宗博汪公行状》,文渊阁《四库全书》本。

罪，即呼吏杖之十三而去。诠始悟前梦之验，遂戒其徒，常住之物虽一毫不可轻用也。

二、关扑

关扑又称关赌、扑卖，是一种通过赌博买卖物品的商业活动。始于北宋熙宁年间王安石变法之时。“扑”即博易之博，因说起来不好听，所以称“关扑”。根据当时的法律规定，起初仅在元旦、冬至、寒食三大节日，允许京城居民关扑三天。如《东京梦华录》卷六《正月》载：

> 正月一日年节，开封府放关扑三日，士庶自早互相庆贺，坊巷以食物、动使、果实、柴炭之类，歌叫关扑。如马行潘楼街、州东宋门外、州西梁门外踊路、州北封丘门外，及州南一带，皆结彩棚，铺陈冠梳、珠翠、头面、衣着、花朵、领抹、靴鞋、玩好之类间列舞场歌馆，车马交驰。向晚，贵家妇女纵赏关赌，入场观看，入市店饮宴，惯习成风，不相笑讶。

又，赵彦卫《云麓漫钞》卷五曰：

> 关扑食物，法有禁，惟元正、冬至、寒食三节，开封府出榜放三日。或以数十笏银，或以乐艺女人，为一掷。其他百物无不然。非如今常得关扑也。

关扑的物品十分丰富，不但有冠梳、珠翠、衣服、花朵、靴鞋、玩具、食品之类的小型物品，甚至也可以是金银珠宝、车马、田地、房产、歌童舞女，都可以用一扑来得到。如《东京梦华录》卷七《池苑内纵人关扑游戏》载：

> 池苑内，除酒家艺人占外，多以彩幕缴络，铺设珍玉奇玩、匹帛动使、茶酒器物关扑。有以一笏扑三十笏者，以至车马地宅、歌姬舞女皆约以价而扑之。

宋室南渡后，关扑开始在临安盛行起来，成为官府和商贩以摊钱赌博游戏的方式来招揽生意的一种主要方式。吴自牧《梦粱录》卷一《正月》载：

> 正月朔日，谓之元旦，俗呼为新年。一岁节序，此为之首……街坊

以食物、动使、冠梳、领抹、缎匹、花朵、玩具等物,沿门歌叫关扑。

较之北宋都城开封,临安的关扑活动,时间和地点都不受限制,随时随地均可举行。

以场地来说,当以街市最为常见。如《西湖老人繁胜录》载:“街市扑蒲合、生绢背心、黄草布衫、苎布背心。扑黑伞、花手巾、凉伞、凉簟、凉枕、紫纱裙、凉鞋”。“御街扑卖摩侯罗,多著乾红背心,系青纱裙儿;亦有著背儿、戴帽儿者。牛郎织女,扑卖盈市。”《梦粱录》卷一三《夜市》:“大街关扑,如糖蜜糕、灌藕、时新果子、象生花果、鱼鲜猪羊蹄肉……”也有在园林中进行的,如《梦粱录》卷一九《园囿》载:“内侍蒋苑使住宅侧筑一圃,亭台花木最为富盛。每岁春月,放人游玩,堂宇内顿放买卖关扑,并体内庭规式,如龙船、闹竿、花篮。花工用七宝珠翠、奇巧装结,花朵冠梳并皆时样,官窑碗碟、列古玩具铺列堂右,仿如关扑。歌叫之声,清婉可听。”此外,店铺、私家宅院、瓦舍、妓院、游船等处,甚至宫中,也有关扑的活动。例周密《武林旧事》载宫廷赏花时,皇帝就命宫中太监列肆关扑,置备“珠翠冠朵、篦环绣段、画领花扇、官窑定器、孩儿戏具、闹竿龙船等物”。①

以时间来说,可以是大白天,也可以是晚上。当时的文献就对临安夜市上的关扑活动作了记载,如《西湖老人繁胜录》载:“夜市扑卖狼头帽、小头巾抹头子、细柳箱、花环钗朵篋儿头须、销金帽儿、罗木桶杖、诸般藤作、琉璃炮灯、银丝合子、时文书集、猪胰胡饼、挂屏头屋儿、乌木花梨动使、行灯、香圆、查子、画烛、鱼鲜、头须、炸藕、红边糍、蜂糖饼。”耐得翁《都城纪胜·市井》:“其夜市除大内前外,诸处亦然,惟中瓦前最胜,扑卖奇巧器皿百色对象,与日间无异。”其中,节日时尤其盛行。如元宵时,“街市扑卖,尤多纸灯,不计数目……扑卖到元宵、小春,盆花奇巧果儿”。“一阳节近,都城乡风:抬采覆淳,大虾、栗子、郎君粪之类。多扑十淳,三文一扑,扑一只斗鸡,饶两贯会,或饶一贯伍伯文足。拗一钱饶三扑,拦街斗扑”。②

---

① 《武林旧事》卷二《赏花》,第 36 页。

② 《西湖老人繁胜录》,载《南宋古迹考》(外四种),第 112 页。

关扑的物品也较北宋东京丰富得多，名目繁多，《西湖老人繁胜录》一书对此作了详细的记载：

关扑螺钿交椅、螺钿投鼓、螺钿鼓架、螺钿玩物、时样漆器、新窑青器、乳窑楪碟、桂浆合伏、犀皮动使、合色凉伞、小银枪刀、诸般斗笠、打马象棋、杂彩梭球、宜男扇儿、土宜栗粽、悬丝狮豹、土宜巧粽、杖头傀儡、宜男竹作、锡小筵席、杂彩旗儿、单皮鼓、大小采莲船、番鼓儿、大扁鼓、道扇儿、耍三郎、泥黄胖、花篮儿、一竹竿、竹马儿、小龙船、糖狮儿、檐前乐、打马图、闹竹竿有极细用七宝犀象揍成者、赶趁船。

《梦粱录》卷一三《夜市》所载的关扑物品更多：

杭城大街……关扑，如糖蜜糕、灌藕、时新果子、象生花果、鱼鲜猪羊蹄肉，及细画绢扇、细色纸扇、漏尘扇柄、异色影花扇、销金裙、段背心、段小儿、销金帽儿、逍遥巾、四时玩具、沙戏儿。春冬扑卖玉栅小球灯、奇巧玉栅屏风、捧灯球、快行胡女儿沙戏、走马灯、闹娥儿、玉梅花、元子槌拍、金橘数珠、糖水、鱼龙船儿、梭球、香鼓儿等物。夏秋多扑青纱、黄草帐子、挑金纱、异巧香袋儿、木犀香数珠、梧桐数珠、藏香、细扇、茉莉盛盆儿、带朵茉莉花朵、挑纱荷花、满池娇、背心儿、细巧笼仗、促织笼儿、金桃、陈公梨、炒栗子、诸般果子及四时景物，预行扑卖，以为赏心乐事之需耳。

当时的文献，就记载了不少临安关扑的故事。如洪迈《夷坚志》载：

（余三乙）徙居临安外沙，扑卖头帑篦掠。①

又，张仲文《白獭髓》载：

嘉定丁丑九月，臣僚奏孔炜罢知高安。孔本三衢人，乙亥生，仕至都官，以女为门人郑复礼盗去，遂有此玷。复礼乃永嘉人，因善医为孔门宾客。与诸子游，惟馆于民家。先数日前，因见行都博鸡者。（行都

---

① 《夷坚志》补卷三《余三乙》，第1575页。

以三文十纯博鸡并钱）。复礼博之，以骰钱祝之得纯成。欲盗此女，随手得纯字。更借取一祝，再博而又纯。遂漫因孔君奉祭牙斋坛。是夜，复礼遂盗此女。

为了增加关扑活动的娱乐性和趣味性，时人还发明了关扑船等关扑专用的工具。关扑船在城内外有不少，西湖中更是常见。另据曾三异《因话录》载：

都下卖饧者，作一圆盘，可三尺许，其上画禽鱼器物之状数百枚，长不过数寸，阔如小指，甚小者只如两豆许。禽之有足，鞋之有带，弓之有弦，纤悉琐细，大略皆如此类。以针作箭，而别以五色之羽。旋其盘，买者投一钱，取箭射之，中者得饧。数箭并下，其盘方旋而未止。卖饧者唱曰："白中某，赤中某，余不中。"逮旋止盘定。视之无差。卖饧者乃自取箭，再旋盘射之以酬之。

这种圆形的转盘，至今我们仍可在一些偏僻的城镇和赌场见到。

第十二章　物价与商税

第一节　物价

物价自古以来是人们(特别是平民百姓)最为关心的一个问题。在封建社会,它是国家经济实力的测试表,真实地反映了国家经济运行的状况。南宋临安是当时世界上最繁华、最巨大的商业都会,是南宋社会经济的龙头老大,其商品价格不仅具有代表意义,而且对海内外具有比较重大而深远的影响。权户部侍郎王俣便曰:"车驾驻跸浙右,东南商贾繁盛,兼物价倍贵,比之昔日不同。"①

一、临安的各类物价

物价,包括商品价格和服务价格。在临安,最重要的商品价格当推与人们日常生活密切相关的粮价、地价、房价和日常生活用品的价格等。过去曾有不少学者作过研究,特别是程民生《略述南宋临安府的物价》一文更是对

① 《系年要录》卷一〇一,绍兴六年五月甲申条,中华书局1988年版,第1655页。

此作了比较深入的研究，可谓集大成之作①。本部分便在上述学者的研究成果基础上，结合自己的研究加以阐述。

（一）有关饮食的价格

1. 米价

粮价是维持人类社会生存的必需品，也是宋代流通最广泛、最基本的商品。因此，其价格的高低，对社会的稳定具有极其重要的作用。

临安的粮价在整个南宋时期，经历了飞涨到稳定再到飞涨的过程。

南宋前期，由于大量中原和外地人士迁入临安城中，加上战争的影响等因素，极大地冲击了当地的粮食市场和粮价的稳定。巨大的粮食消费需求，造成市场供不应求。孙觌说："临安戎马之后……月用军粮九千斛，而一斗之直为钱一千一百，籴买于湖、秀境上。"②绍兴元年（1131）三月十九日诏："比来行在米价腾踊。或重税以困其兴贩，或遏籴以扼其流通，或夺舡以害其往来。今后仰州县特蠲收税、严止遏籴、及不得夺装载米斛舟船。如违，并以违制论。"③其时，城中的粮价居高不下，较北宋中期相比，上升了四五倍。④ 为此，叶适感叹说："往者东南为稻米之区，石之中价财三四百耳，岁常出以供京师而资其钱；今其中价既十倍之矣，不幸有水旱，不可预计。"⑤但至绍兴后期，随着社会的稳定和经济的恢复，这种现象有所改变，粮价也开始稳定下来。绍兴二十六年（1156）四月，户部尚书韩仲通言："今斗米为钱不满二百，正宜积谷之时。如辇毂之下，诸军云屯，仰哺太仓，终岁之用，亦有余数。若岁取所余之数，别置仓廪贮积，以一百万石为额，常以新易陈，阙即

① 载《中国南宋史国际学术研讨会暨南宋定都临安（杭州）870周年纪念会论文集》，2008年未刊本。另程民生近著《宋代物价研究》（人民出版社2008年版）一书，更是宋代物价研究的集大成之作，本章在写作时多有借鉴，特此说明并致谢。

② 孙觌：《鸿庆居士集·补遗》卷四《上吕丞相》，文渊阁《四库全书》本。

③ 《宋会要辑稿》刑法二之一〇二。

④ 咸平三年（1000），知泰州田锡在给真宗的上疏中说，此年春季杭州的米价为"每升六十五文足"（《续资治通鉴长编》卷四六，咸平三年三月，第1003页）；大中祥符六年（1013），两浙转运使陈尧佐奏杭州等州的米斗钱六十（《续资治通鉴长编》卷八〇，大中祥符六年正月乙巳，第1815页）；庆历三年（1043），范仲淹上书中言："江浙之米石不下六七百文足至一贯省。"（范仲淹《范文正公奏议》卷上《答手诏条陈十事》）

⑤ 叶适：《水心别集》卷二《财计中》，载《叶适集》，中华书局1961年版，第662页。

补之,遇有水旱,助给军食,减价出粜,以资民用,实为经久之利。”因临安的粮价便宜,朝廷遂建立了丰济仓存贮粮食。①

此后,在孝宗时期,临安的米价没有继续上涨,一般维持在二百五十文上下,很少超过三百文。

乾道五年(1169),知绍兴府史浩称本府米石中价三贯省,而行都省仓中界米价为二贯九十九陌,②折为足钱分别是二贯三百文上下和一贯九百八十文。

淳熙(1174-1189)中,临安所在的两浙地区粮食获得大丰收,“斗米之直,百五六十钱”③,每石的米价为一贯五百文至一贯六百文。

淳熙七年至九年(1180-1182),两浙地区遭灾,临安等地的米价上涨至每石三贯以上,甚至高达七贯足。④ 淳熙十年至十三年(1183-1186),因为风调雨顺,粮食获得丰收,故米价又大幅下降到过去正常的水平。“早谷到来数量最多,每石一贯二百文”,故统治者要求当地官员“宜趁此价平广数收籴”。⑤

淳熙十三年(1186)十月,司农司认为“每石作二贯二百文价大贱”,会打击粮农种粮的积极性,因此认为可以在其价格上加价一百文,以调动粮农们的种粮积极性,保护他们的利益。⑥

淳熙末年,蔡戡指出:“自去岁江浙大稔,斗米之直百五六十钱。今浙西雨旸时若,高下之田,皆有丰登之望,新谷既升,其直愈贱。老农咸谓数十年来所未尝有……今也负担适市,人莫之顾,不得已而委之,仅得千钱而去。一岁所入,不足以纾目前之急。”⑦由于粮食获得空前的大丰收,临安的粮价大幅度下降,每石最多只能卖到六百文。这个价格与大中祥符六年(1014)

---

① 《系年要录》卷一七二,绍兴二十六年四月戊戌,第2836页。
② 《玉海》卷一八四《食货·绍兴省仓、丰储仓》,第3381页。
③ 蔡戡:《定斋集》卷四《乞平籴札子》,文渊阁《四库全书》本。
④ 朱熹:《晦庵集》卷一七《奏衢州官吏擅支常平义仓米状》。
⑤ 《宋会要辑稿》食货四一之一二。
⑥ 《宋会要辑稿》食货四一之一六。
⑦ 蔡戡:《定斋集》卷四《乞平籴札子》,文渊阁《四库全书》本。

杭州的粮价相同,为南宋两浙的最低粮价。

绍熙五年(1194),临安米价"斗米至千钱"。是年闰十月,彭龟年上奏说:"今岁淮东、两浙多被旱潦。如常、润、扬、楚、盱眙等处,当此收成之时,斗米至为钱四百上下,无下三百足陌者。近日行都米价顿增,至烦朝廷辍军储给籴,以纾目前,而米价依旧不减。异日春秋之交,必大翔踊,实为可虑。访闻江西南北州军间有丰稔去处。设使就彼和籴,又恐官司交易,易得成扰。收籴津运,倍有所费。据臣愚见,不若通商,最为上策。欲望圣慈行下三路漕司,俾之约束沿流州县,不得遏籴……不特移粟之惠可以救民,而盐课必增,亦以利国事,莫便于此者。"①"或遇大雪,路无行径,长幼啼号,口无饮食,身无衣盖,冻饿于道者。"②

庆元年间(1195-1200),浙西地区粮食又获大丰收,有地方官奏称:"今斗仅及二百,父老皆谓二十余年未有此稔。及今广籴,恐正其时。"③粮食大丰收后,临安及其所在的浙西地区的米价为每石两贯。

嘉定二年(1209)十二月十四日,有官员说:"都城内外,一向米价腾踊,钱币不通,间阎细民饘粥不给,为日已久……"④

淳祐年间(1241-1252),"都城米升六百旧会,似更廉于外处"。⑤

根据上述的文献记载,南宋中期临安的常年米价一般维持在二贯足上下。

2. 麦价

南宋绍兴初年,临安城内外居住着大量南下的北方人。他们习惯吃麦食,因此都城需要大量的麦面,但本地及周围地区不产小麦。由此,小麦成为临安的稀缺物品,价格骤然高涨,"麦一斛至万二千钱",即一石麦销价竟

① 彭龟年:《止堂集》卷五《论淮浙旱潦乞通米商仍免总领司籴买奏》。

② 《梦粱录》卷一八《恤贫济老》,第175页。

③ 周南:《山房集》卷二《代监司乞行下浙西广籴札子》,文渊阁《四库全书》本。

④ 《宋会要辑稿》食货六八之一〇六。

⑤ 方大琮:《宋忠惠铁庵方公文集》卷二〇《(与)福建赵仓纶(书)》,文渊阁《四库全书》本。

然高达一百二十贯，为北宋初年开封麦价的上千倍。① 在此利好消息的影响下，临安郊区及两浙地区的农民竞相种麦，以至临安城内外出现了大麦岭、小麦岭、麦庄等地名。对此，庄绰有感云："南人罕作麦饵，有戏语云：'孩儿先自睡不稳，更将杆桿杖拄门，何如买个胡饼药杀著。'盖讥不北食也。建炎之后，江、浙、湖、湘、闽、广，西北流寓之人遍满。绍兴初麦一斛至万二千钱，农获其利倍于种稻，而佃户输租只有秋课，而种麦之利独归客户。于是，竞种春稼，极目不减淮北。"②

随着麦子在两浙地区的广泛种植，其价格自然也急速下降。淳熙十年(1183)闰十一月，宋孝宗说："闻外间米面甚平，见老兵云：'三十文买面一碗，可饱终日。'"③这就是说，在都城临安用三十文钱可以买到一大碗的麦面，足够保证一个年轻力壮的士兵一天不饿了。

为了让大家对临安的粮价变化有一个比较清楚的认识，特将有宋一代杭州(临安)的粮价列表如下，以供比较研究。

两宋杭州(临安)粮价一揽表(文/斗)

粮　价	年　代	史料来源
咸平三年(970)二月	杭州米价"每升六十五文足"	《续资治通鉴长编》卷四六
大中祥符元年(1008)九月	两浙米斗七至八文	《续资治通鉴长编》卷七〇
大中祥符六年(1014)正月	杭州米斗六十文	《续资治通鉴长编》卷八〇
庆历三年(1043)	"今江浙之米，石不下六七百足至一贯省"	《范仲淹全集·范文正公政府奏议》卷上《答手诏条陈十事》
元祐四年(1089)八九月 十一月	"杭州在市米价每斗六十文足" 米价每斗长至"九十五文足"	《苏轼文集》卷三二《再乞发运使应副浙西米状》
元祐五年(1090)九月	"今来在市米见今已是七十五文足"	《续资治通鉴长编》卷四五一

① 北宋端拱二年(989)四月，李觉给皇帝上奏曰："近岁以来，都下粟麦至贱，仓库充牣，露积红腐，陈陈相因，或以充赏给，斗直十钱。"(《续资治通鉴长编》卷三〇，第679页)

② 《鸡肋编》卷上，中华书局1983年版，第36页。

③ 《宋史全文》卷二七上，淳熙十年闰十一月乙未，第1885页。

续表

粮价	年代	史料来源
元祐六年(1091)三月	"七十足钱收籴一斗"	《苏轼文集》卷三二《再乞发运使应副浙西米状》
绍兴五年(1135)四月	"街市每斗已七百文"	《建炎以来系年要录》卷八八
绍兴八年(1138)	"每一斗民间率用钱三百足,亦有三百已下"	《宋会要辑稿》食货四〇之二三
绍兴二十六年(1156)四月	"今斗米为钱不满二百"	《建炎以来系年要录》卷一七二
淳熙四年(1177)	"每石大约价钱二贯五百文足"	《宋会要辑稿》食货四一之五
淳熙中	"斗米之直,百五六十钱"	蔡戡《定斋集》卷四《乞平籴札子》
乾道五年(1169)	行都省仓中界米价为二贯九十九陌	《玉海》卷一八四《食货·绍兴省仓》
绍熙五年(1194)闰十月	"斗米至为钱四百上下,无下三百足陌者"	彭龟年《止堂集》卷五《论淮浙旱潦乞通米商仍免总领司籴买奏》
庆元年间(1195–1200)	"米仅及二百"	周南《山房集》卷二《代监司乞行下浙西广籴札子》
嘉定元年(1208)	"行都亦饥,米斗千钱"	《宋史》卷六七《五行志》
淳祐年间(1241–1252)	"都城米升六百旧会"	方大琮《宋忠惠铁庵方公文集》卷二〇《(与)福建赵仓纶(书)》

3. 猪肉价

猪肉是临安市民日常食用的一种肉,消费量极大。《梦粱录》卷一六《肉铺》载:"杭城内外,肉铺不知其几,皆装饰肉案,动器新丽。每日各铺悬挂成边猪,不下十余边。如冬季两节,各铺日卖数十边……至饭前,所挂之肉骨已尽矣。盖人烟稠密,食之者众故也。"关于其价格,《西湖老人繁胜录·瓦市》有载:

内有起店数家,大店每日使猪十口,只不用头蹄血脏。遇晚烧晃灯拨刀,饶皮骨,壮汉只吃得三十八钱,起吃不了皮骨,饶荷叶裹归,缘物贱之故。起每袋七十省,二斤二两;肉,卖九十,省一斤。城内诸店皆如此饶皮骨。

据此可知,大约在宋宁宗时,都城临安的猪肉价格非常低廉。一个成年男子只要用三十八文钱购买熟猪肉,就足够吃饱肚子了。具体来说,猪肉卖九十文省一斤;猪的皮、骨每袋二斤二两,卖七十文省,每斤折算起来约为三十余文省。

4. 羊肉价格

羊肉被临安市民视为贵重的食品。据宋代医书记载,羊肉有"补中益气、安心止惊"、开胃健力、壮阳益肾的功效,①所以人们将其与人参同等看待,认为"人参补气,羊肉补形"②。临安市民都以嗜食羊肉为美事,以至在举行订婚大礼时,亦将羊列为必备的礼品之一。③ 但临安本地并不盛产羊,因此由于羊只稀少、食者众多而导致羊肉价格大涨,贵得吓人。绍兴二十六年(1156),临安府钱塘县的一位经营羊肉的巨商杨康,提出向朝廷每年进献"御膳羊七百二十口,计钱一万缗"④。据此计算,平均每只羊要十三贯八百八十八余文。如果每只羊能得净肉一百斤,那每斤羊肉的价格约为一百三十九文。为北宋盛产羊的长安羊肉价格的三倍多⑤,也远远超过稀缺的牛肉价格,当是宋代所见最贵的肉类价格之一。但较之物品稀缺的南宋初年,其价格已经大幅度下降了。如当时平江府(今江苏苏州)每斤羊肉的价格是九百文,有人写打油诗挖苦曰:

平江九百一斤羊,俸薄如何敢买尝。
只把鱼虾充两膳,肚皮今作小池塘。⑥

---

① 唐慎微:《证类本草》卷一七,华夏出版社1993年版,第451页。

② 朱橚:《普济方》卷五《方脉药性》,文渊阁《四库全书》本。

③ 《梦粱录》卷二〇《嫁娶》:"既已插钗,则伐柯人通好,议定礼,往女家报定。若丰富之家,以珠翠、首饰、金器、销金裙褶,及缎匹茶饼,加以双羊牵送,以金瓶酒四樽或八樽,装以大花银方胜,红绿销金酒衣簇盖酒上,或以罗帛贴套花为酒衣,酒担以红彩缴之。"第186页。

④ 《系年要录》卷一七二,绍兴二十六年五月丙辰,第2840页。

⑤ 《续资治通鉴长编》卷五一六元符二年闰九月甲戌条注宋英宗治平末年,"长安钱多物贱……猪、羊肉三四十钱一斤"。第12269页。

⑥ 《夷坚志》丁志卷一七《三鸦镇》,第682-683页。

临安与平江府邻近，其价格当也相差无几。

5. 水产品价格

杭州为著名的鱼米之乡，北宋文人晁补之在《七述》中赞道：

杭之为州，负海带山，盖东南美味之所聚焉。水羞陆品，不待贾而足……鱼则鲻魴鳣鱮鲈鳜鳊鲤，黄颡黑脊，丹腮白齿，江鲟之酰，石首之羹，或腊或枯，或脍而生。白鳗青鲞，黄龟黑蟹，鮔鱼花蛤，车蛾淡菜，蛙白肖鸡，螺辛类芥，鼎调瓯饾，牛呵狢嚗。

自古以来，这里形成了饭米羹鱼的饮食习俗。至南宋犹然，水产深受临安市民的喜爱。李公端说："（杭）人喜食鲜，多细碎水类，日不下千万。"①对此，马可波罗也颇感惊异，他在游记中写道：

每日从河之下流二十五哩之海洋，运来鱼类甚众，而湖中所产亦丰，时时皆见有渔人在湖中取鱼。湖鱼各种皆有，视季候而异，赖有城中排除之污秽，鱼甚丰肥。有见市中积鱼之多者，必以为难以脱售，其实只须数小时，鱼市即空，盖城人每餐皆食鱼肉也。②

由于这里的水产品十分丰富，加之外地的水产品源源不断地运入都城，因此临安的水产品，特别是鱼的价格比较便宜。如陆游《买鱼》诗云：

两京春荠论斤卖，江上鲈鱼不直钱。
斫脍捣齑香满屋，雨窗唤起醉中眠。③

鲈鱼是一种比较鲜美、珍贵的鱼，其价格尚且如此，其他普通常见的鱼类更是价钱低廉了！故宋高宗时的张九成就对家乡临安的水产品价格低贱感叹道："吾乡十月间，海错贱如土。"④

需要指出的是，在临安卖水产要较卖蔬菜的利润高。如临安人舒懋，"以卖鱼饭为业，多育鳅鳝瓮器中，旋杀旋烹"，生意极好。后来在佛教不杀

① 李公端：《姑溪居士文集·后集》卷一九《胡公行状》，文渊阁《四库全书》本。
② 《马可波罗行纪》，第580页。
③ 《剑南诗稿》卷一，载《陆游集》，第19页。
④ 张九成：《横浦集》卷三《子集弟寄江蟹》，文渊阁《四库全书》本。

生观念的影响下，“易为蔬馔。经数月，所入殊薄，不足以赡家，乃如其故”。①

6. 饭店的酒菜价格

饭店的酒菜价格，《西湖老人繁胜录·瓦市》亦有记载：

> 大酒店用银器，楼上用台盘洗子银筷菉菜糟藏甚多。三盏后换菜，有三十般，支分不少。两人入店买五十二钱酒，也用两支银盏，亦有数般菜。

据此可知，宋宁宗（1195－1224在位）时都城临安的酒菜价格与猪肉一样，也是非常低廉。人们到城内的大酒店消费，如果是“两人入店买五十二钱酒”，酒家就会在酒桌上摆两支银盏，送上数盘精致可口的小菜，让两人在店中痛痛快快地小酌一场，满意而归。

但到了理宗端平年间（1234－1236），城中饭店内酒菜的价格已经非常贵了。据《都城纪胜·酒肆》载：

> 大凡入店，不可轻易登楼上阁，恐饮燕浅短。如买酒不多，则只就楼下散坐，谓之门床马道。初坐定，酒家人先下看菜，问酒多少，然后别换菜蔬。亦有生疏不惯人，便忽下箸，被笑多矣。大抵店肆饮酒，在人出着如何，只如食次，谓之下汤水，其钱少，止百钱五千者，谓之小分下酒。

其意思是说，由于物价昂贵，人们不敢轻易上酒店、饭店消费了。其时，吃顿一般的酒食，大概最少也要花费一百文钱，多者则达五贯。

7. 水果价

水果中的鲜荔枝、鲜葡萄，由于来自遥远的福建、广东、太原等地，在当时保鲜困难，运价高的情况下，自然价格十分昂贵。刘克庄《和赵南塘离支五绝》诗中有“十颗千钱品最珍，北人鲐背未濡唇”、“辇毂尝新著价高，土人弃掷等弁髦”的诗句。②

① 《夷坚志》丁志卷九《舒懋育鳅鳝》，第611页。

② 刘克庄：《后村先生大全集》卷八《和赵南塘离支五绝》，《四部丛刊》初编本。

8. 酒价

宋代杭州的酒价,随着经济的发展和粮价的变动而不断变化。宋太祖、太宗时期,杭州所在的两浙地区的酒价是煮酒每升十五文。至宋真宗乾兴元年(1022),杭州每瓶酒的"官价六十八文,本务添作七十文"①。绍兴六年(1136),两浙煮酒每升为一百三十文。两年后,即绍兴八年(1138)官酒务煮酒每升的价格上涨到了一百七十文。次年,再涨至一百八十文。淳熙四年(1177),进一步涨到二百文。由此可见,两宋时期杭州(临安)的酒价是一路上涨的。陆游《对酒戏咏》诗曾述及临安的酒价:

长安市中多美酒,一斗才当三百钱。
堪笑书生消几许,有钱十万醉经年。②

据此可知,陆游在京为官时临安市场上的一斗美酒价钱是"三百钱",一斗为十升,则每升酒的价钱为三十文。如果有钱十万,便够吃酒一整年了。这个价钱当是临安最便宜的,与宋徽宗时东京每斗酒五百文钱相比③,更是便宜得多。

9. 茶价

饮茶是临安市民开门七件事之一,每日不可或缺。人们雅好在饭余酒后饮茶聊天,以解一天的疲劳。

临安市民饮用的茶叶大多出自本地及附近地区。在当时,临安以盛产茶叶著称,品种主要有宝云茶、香林茶、白云茶等。此外,宝严院垂云亭、径山等地亦出名茶。为此,南宋政府在此设立榷茶场,专门收购茶叶。又由于临安是南宋都城所在,所以全国各地的名茶亦荟萃于此,如建安的北苑茶,湖州顾渚茶,绍兴日铸茶,洪州双井、白芽茶,雅州蒙顶茶等,都在临安市场上有售。

建安的北苑茶,为帝王及达官贵人所饮茶的首选。宋孝宗时,每年的仲

---

① 《宋会要辑稿》食货二〇之六。

② 《剑南诗稿》卷五六,载《陆游集》,第1370页。

③ 孟元老著、伊永文笺注:《东京梦华录笺注》卷三《般载杂卖》,中华书局2006年版,第326页。

春，福建转运司即向皇帝进呈第一纲蜡茶，名“北苑试新”，其价值自然也是十分高昂，据《武林旧事》卷二《进茶》载：

仲春上旬，福建漕司进第一纲蜡茶，名“北苑试新”。皆方寸小夸。进御止百夸，护以黄罗软，藉以青箬，裹以黄罗夹复，臣封朱印，外用朱漆小匣，镀金锁，又以细竹丝织笈贮之，凡数重。此乃雀舌水芽所造，一夸之直四十万，仅可供数瓯之啜耳。

一“方寸小夸”、“仅可供数瓯之啜”的北苑蜡茶，竟值四十万（即四百贯），可以说是天价了，非贵族豪富之家，自然无法奢望享受。

（二）有关服饰的价格

1. 绢价

在临安市民的日常生活中，服饰占据着非常重要的地位。而制作服饰的主要原料是绢、绸等丝织品。

关于临安的绢价，在当时的文献中多有记载。如绍兴三年（1133），每匹的“绢价不下四五贯”①。而同时户部桩管的一万五千匹高丽绢，“每匹作六贯”②。绍兴二十六年（1156），由于社会稳定，经济迅速得到发展，丝织业更是如此，因此绢价有所下降。当时临安市场上的一匹绢，其价格是“五千五百”。③ 到宋孝宗时，绢价更是大幅度持续下降。乾道元年（1165）五月十二日，右正言程叔达曾曰：“今一缣之直，在市不过三数千。”④即一匹绢的市场价格大约在三贯多一点。淳熙四年（1177），临安府钱塘、仁和两县的绢价略有上升，“本色所直不过四五千，折价所输其费七贯五百”。⑤

2. 服装和饰品价格

关于临安人的服饰价格，在文献记载中并不多见，但我们还是可以通过

---

① 《宋会要辑稿》刑法三之六。

② 《宋会要辑稿》食货四〇之一七。

③ 《系年要录》卷一七四，绍兴二十六年八月癸酉，第2864页；《宋会要辑稿》食货六八之八。宋高宗说：“临安民有纳本户绢一匹被退，因询之。云：‘官中以不经揽户，不肯交。’朕令人用钱五千五百买之，乃好衣绢。”

④ 《宋会要辑稿》食货三八之二二。

⑤ 《宋会要辑稿》食货七〇之六九。

这并不多见的史料窥见当时服饰价格的一斑。

(1)普通服装。据俞文豹《吹剑录外集》载,嘉定年间(1208－1224),临安府"有士人为贩夫摘破背裾"。背裾即背子,是宋代男子最为盛行的一种服装。[①] 士人要求贩夫赔偿他的衣服损失,官司打到临安府。府尹问士人:"背直几钱?"士人回答道:"元制十千"。"十千"即十贯。由此可以看出,当时一件普通的服装——背子,其价格为十贯。

(2)帽子。帽子的价格根据其制作的工艺、材料等而高低不同。绍兴年间(1131－1162),太学生范元卿到临安街市上去买冠,卖冠的商人开价是三千(即三贯)一顶。想买冠的士子觉得价高,遂以《论语》次第为隐语,和同行的另一士子商量道:"与《颜渊》如何?"同行的士子说:"未可,且只《乡党》。"卖冠的商人听到后嬉笑不语,转身便走。买冠的士子急忙追上去,说:我还未曾还价,你怎么就离开了?商人解释道:"听得所说,无缘可成。自当《卫灵公》本了。"[②]按《论语》的编排次第,《颜渊》为第十二篇,《乡党》为第十篇,《卫灵公》为第十五篇。据此,我们可以知道买卖的经过大概是:商人开价是三贯一顶,但买冠者觉得其开价太高,遂与随行的友人用隐语商量,问其给价一贯二百文如何?但同行的士人认为还可再低一点,只要付一贯钱就可以了。不想卖冠者所懂了他们两人的隐语,见他们还价实在离谱,自己无利可赚,遂即离开。两位士人见商人能够听懂自己的暗语,惭愧不已,于是立即追上去将其拦下,表示愿意以一贯五百文成交。

当然,贵族家中使用的帽冠自当别论。据载,宋宁宗权臣侂胄生日时,百官争贡珍异。临安知府赵师羼为了巴结韩侂胄,挖空心思,"最后至,出小合曰:'愿献少果核侑觞。'启之,乃粟金葡萄小架,上缀大珠百余,众惭沮。

---

① 程大昌《演繁露》卷三曰:"今人服公裳,必衷以背子。背子者,状如单襦,袷袄,特其裙加长直垂至足焉耳。"其制根据袖子可以分为以下三种形式:一是长袖;二是短袖;三是无袖。长袖背子又可分为两种,一种袖长而大,前襟平行而不缝合,两腋以下开衩;另一种是在两腋和背后都垂有带子,腰间以勒帛束缚。如程大昌说:"今长背既与袭制大同小异而与古中单又大相似,殆加减其制而为之耳。中单腋下缝合而背子则离异其裾。中单两腋各有带穴,其腋而互穿之以约定里衣,至背子则既悉去其带,惟此为异也。"又说:"今世好古而存旧者,缝两带缀背子腋下垂而不用盖,放中单之交带也。虽不以束衣而遂舒垂之欲,存古也。"

② 《夷坚志》三志己卷五《卫灵公本》,第1339－1340页。

侂胄有爱妾十四人,或献北珠冠四枚于侂胄,侂胄以遗四妾,其十人亦欲之,侂胄未有以应也。师羼闻之,亟出钱十万缗市北珠,制十冠以献。妾为求迁官,得转工部侍郎”①。由此可知,每顶珠冠的材料费就值一万贯,这还不包括制作的工费。为前者普通冠帽价格的数千倍。

(3)腰带。腰带是腰佩的主要组成部分。在宋代,人们所使用的腰带可以分成两类:一类是以皮革为之,称革带,带首缀以钩鐍,尾端垂头,带身饰以金、银、玉、犀角、铜、铁等材料制成的牌饰,并以带“銙”质料、形状及数量区别等级,为官僚的专用品。其中,以金带和玉带最为贵重。金革带又可根据其纹饰分为数种,岳珂《愧郯录》卷一二《文武服带之制》载:

> 国朝服带之制,乘舆东宫以玉,大臣以金,亲王勋旧,闲赐以玉,其次则犀则角,此不易之制……金带有六种:球路、御仙花、荔枝、师蛮、海捷、宝藏。金涂带有九种:天王、八仙、犀牛、宝瓶、师蛮、海捷、双鹿、行虎、窪面;金束带有八种:荔枝、师蛮、戏童、海捷、犀牛、胡荽、凤子、宝相花;金涂束带有四种:犀牛、双鹿、野马、胡荽。

其使用者为一般为贵戚大臣。因其多用犀角、玉、金等珍稀材料制成,故此价值不菲。据岳珂《桯史》记载,有一年喜好古玩的太上皇赵构将要做寿,宋孝宗想送一件珍奇物品给父亲,以讨得他的欢心。恰好临安市场上来了一位北方大商人,携带来一条极其珍贵罕见的通犀带,“因左珰以进于内”。此“带十三銙,銙皆正透,有一寿星,扶杖立”。寿宗见后非常喜欢,连价都不问,准备以为元日太上皇寿宴之侑。北方商人索价十万缗钱,孝宗一口答应。②

(4)钗簪饰品。妇女们使用的首饰品,因质料、制作工艺等因素的影响,价格高低不一。大约在宋孝宗时,盐官县黄天荡民余三乙在街市上卖了一支银钗,得钱三千三百文(即二贯三百文)。但有的首饰价格,则非常人所能承受。宋宁宗嘉定十年(1217),王迈揭露当时社会的奢侈之风时指出:“妇

---

① 《宋史》卷二四七《宗室传四》,第8749页。

② 《桯史》卷四《寿星通犀带》,第40页。

女饰簪之微,至当十万之直。不惟巨室为之,而中产亦强仿之矣。”①也即一个妇女的头饰,其价值一般都“至当十万之直”,即至少在一百贯以上。

(三)地价和房价

临安作为都城,在最盛时集中了上百万的人口。由于城市面积不大,因此人多地少的问题十分突出。在北宋时许多尚属人迹稀少的地方,至南宋时都成为人口密集的住宅区,如杨和甫《行都纪事》载:

俞家园,在今井亭桥之南,向时未为民占,皆荒地,或种稻、或种麦,故以为名,今则如蚁房蜂窝,尽为房廊屋舍,巷陌极难辨认,盖其错杂与棋局相似也。

橘园亭,在今丰乐桥投北,自棚前直穿即是。盖向来未建都之时,此地皆种橘。高宗欲亲征,就此乘舟,创亭其上,前临大河。故至今此街市传为橘园亭。

不仅过去曾经是稻麦田和橘园的田园平地变成巷陌街市,而且连僻远的山岭也开辟成为住宅区。南宋周辉《清波杂志》卷三《钱塘旧景》就对此感叹曰:

尝见故老言:“昔岁风物与今不同,四隅皆空迥,人迹不到。宝莲山、吴山、万松岭,林木茂密,何尝有人居!城中僧寺甚多,楼殿相望。出涌金门,望九里松,极目更无障碍。自六蜚驻跸,日益繁盛,湖上屋宇连接,不减城中。‘一色楼台三十里,不知何处觅孤山?’近人诗也。”

又,施锷《淳祐临安志》述及万松岭时也云:

旧《图经》云:在钱塘旧治正南,到县一十里,岭上夹道栽松。白居易《夜归诗》云:“万株松树青山上,百里沙堤明月中。”翰林苏公轼《蜡梅诗》亦有“万松岭下黄千叶”之句。今在大内之西,皆为第宅居,层累

---

① 王迈:《臞轩集》卷一《丁丑廷对策》,文渊阁《四库全书》本。

鬓积，直至颠顶焉。[1]

到南宋末年，都城之内更是出现了“民居屋宇高森，接栋连檐，寸尺无空，巷陌壅塞，街道狭小，不堪其行”的现象[2]。

在这种情况下，临安的地价和房价自然在全国各个城市里是高不可攀。如淳祐十年(1250)，临安府拨出纸币五万五千余贯给报恩光孝观，购买仁和、德清的闲田五十余亩，“得楮五万五千有奇”[3]，平均每亩的地价高达一千一百余贯，是为已知宋代最高的土地价格。[4] 有鉴于此，有人感叹道：“有钱米可以盖屋者，千万之家不过一二；至盖屋之后而能有生事者，又可数也。”[5]西湖诗僧清顺更是在诗中描述“城中寸土如寸金”[6]。

但是，临安的地价并非一成不变。大致社会稳定、经济发达之时，地价则高；反之，则否。例乾道八年(1172)，马军司长官李显忠“乞兑换民田充都教场。有司申明(民?)间不愿，欲每亩支钱五贯文收买”[7]。由于是官府征民田为教场，故每亩价值强行定为五贯。但到了绍定元年(1228)，右丞相史弥远给灵芝崇福寺捐“私钱二百万，易沃壤为亩二十有五”[8]。即每亩良田的地价折算起来为八十贯，这比乾道八年的地价疯狂增长了十六倍。

正因为临安地价昂贵，因此许多达官贵人总是利用各种方法进行巧取豪夺。如景定年间(1260-1264)，朝廷实行公田法时，“浙西田亩有值千缗者”，但权相贾似道利用职权，“均以四十缗买之”[9]。

与地价一样，临安城内外的房价也是高得离谱。绍兴年间(1131-1162)，太尉邢孝阳起初寓居在湖州德清，不久就谋求迁居都城临安。他经

---

① 《淳祐临安志》卷八《山川·城内外诸岭》，载《南宋临安两志》，第161页。

② 《梦粱录》卷一〇《防隅巡警》，第89页。

③ 姚勉：《雪坡集》卷三三《重修报恩光孝观记》，文渊阁《四库全书》本。

④ 《宋代物价研究》，第17页。

⑤ 曹彦约：《昌谷集》卷一二《上丞相论都城火灾札子》，文渊阁《四库全书》本。

⑥ 释惠洪：《冷斋夜话》卷六《僧清顺十竹林下诗》，文渊阁《四库全书》本。

⑦ 《宋史全文》卷二五下，乾道八年三月己巳，第1751-1752页；佚名：《皇宋中兴两朝圣政》卷五一，台湾文海出版社1967年版，第1907页。

⑧ 《咸淳临安志》卷七九《寺观五·灵芝崇福寺》，载《宋元方志丛刊》，第4073页。

⑨ 《宋史》卷四七四《贾似道传》，第13782页。

人介绍，看中了位于荐桥门的太尉王夑宅，卖主仅要价三千缗。有知情人向他透露说："都城中如此第宅，当直伍万缗。今不能什一，亦知其说乎？是宅久为妖物所占，人不堪处，故以相付耳！"①据此，我们可以知道，当时临安城内一处高档住宅，其正常的市价在五万缗（即五万贯）左右。这还可从南宋一朝皇帝们赐给文武大臣的造宅钱中可以看出："赐刘光世造宅钱三万贯"②。此后，随着地价、物价等的提高，贵族的住宅建造费用也急剧飞涨。淳熙十五年（1188）十一月五日，诏封桩库支会子一十万贯奉皇太后充修盖家庙使用。③ 嘉熙四年（1240），宋理宗派遣中使赐前宰相郑清之"楮十万缗为筑室"，同时为其住宅御书"辅德明谟之阁"④。即郑清之的宰相府，造价需要十万贯会子。而至景定三年（1262）正月，宋理宗把位于临安城外西湖葛岭的集芳园赏赐给权相贾似道，另外又拨"缗钱百万，展拓规模，就建家庙"⑤。这一百万贯钱仅是扩建部分的建筑费用，并不包括巨大的地皮钱。但这一数据可以说是整个南宋时期皇亲贵戚住宅费的最高历史记录了。

江湖游士宋谦父，名自逊，别号壶山居士，金华（今属浙江）人。能诗，文笔高绝，当代名流皆敬爱之。他曾以文字作干谒，"自逊一谒贾似道，获楮币二十万缗，以造华居是也"⑥。

除城内外，西湖风光优美，邻近城区，因此这里的房价也不便宜。宝庆二年（1226），南山之北新堤上，"居民有以屋庐、园池求售者"，地方官"因捐公帑以酬其直"，计"缗钱七千有畸"，即七千余贯钱。这处花园式的宅院环山面水，"其地前挹平湖，四山环合，基址夷旷，意象窈深"⑦。

当然，平民百姓的宅院价格要低得多。李心传《建炎以来系年要录》一书透露了临安府居民普通住宅的价钱：

---

① 《夷坚志》补志卷一七《王夑荐桥宅》，第 1710 – 1711 页。
② 廖刚：《高峰文集》卷二《论赐造宅钱札子》，文渊阁《四库全书》本。
③ 《宋会要辑稿》后妃二之一八。
④ 《宋史》卷四一四《郑清之传》，第 12420 页。
⑤ 《咸淳临安志》卷一〇《行在所录・太傅平章贾魏公府》，载《宋元方志丛刊》，第 3445 页。
⑥ 方回：《瀛奎律髓》卷二〇《梅花类》，文渊阁《四库全书》本。
⑦ 《咸淳临安志》卷三二《山川十一・先贤堂》，载《宋元方志丛刊》，第 3652 页。

诏："临安府失火，延烧官私仓宅及三百间以上，正犯人作情重法轻奏裁。芦草竹板屋，三间比一间，五百间以上取旨。"先是有旨："失火焚烧数多，取旨依军法。"刑寺以为无所执守，乃比附立法焉。其后，御史台又乞估计价钱量轻重取旨。刑部请延烧直万缗者比三百间，直五千缗者比五百间。从之。①

从这条材料"延烧直万缗者比三百间，直五千缗者比五百间"中，我们可以非常清楚地推算出："官私仓宅"每间是按三十三贯余核算的，"芦草竹板屋"每间则是按十贯核算的。这也就是说，绍兴四年(1134)临安城中砖石或砖木结构的房屋，每间价钱约值三十三贯；芦草竹板结构的简易房屋，每间价钱约值十贯。政府的拆迁费也是按照这一标准核发给拆迁户的。例绍兴二十八年(1158)，有诏修筑皇城东南的外城，增展出故城十三丈，"凡民所占，以隙地偿之，每楹赐钱十千，为改筑之费"②。拆迁的居民房屋，官方是按每间十贯钱支付补偿费用。此后绍熙元年(1190)的拆迁费也是大致按此支付的，是年十二月二十八日诏曰："见建皇后家庙，展套后市街韩彦直房廊，赁户户支般家钱三十贯文。"但此时临安的物价已经远比绍兴末年要高，相比较政府给的拆迁费太低了。因此，有官员向皇帝说："其中有于元赁之地添造间架多者，概以给之，似觉太轻，乞命临安守臣再行审核，稍与添给。"这一合理化建议得到了同意。于是，"添造楼屋者加给七千，平屋者加给五千"。③

军队营房的造价也有记载，如绍兴二十年(1150)六月戊午，"出内府钱十五万缗付两浙转运司，他皇城司寨三千间，限一季毕"④。折算起来，每间为二十贯。乾道六年(1170)三月，临安府修盖营房两千间，共用钱三万六千

---

① 《系年要录》卷七四，绍兴四年三月戊寅，第1231页。

② 《系年要录》卷一八〇，绍兴二十八年七月己未；《宋会要辑稿》方域二之二一。按楹就是间，多互用。《演繁露》卷一四《屋几楹》："元祐初，程颐议更立太学，先言三舍每斋须屋七楹。其后，又言七间为一斋。学制所诘问颐，前后所须间架不同。颐曰：所称斋七楹即是七间，别无间架不同。不知此时何人主学制所，殊可笑也。"徐禧《洪州安龙山兜率禅院记》："屋以楹计，其间二百有奇。"（《全宋文》第102册第295页）童宗说《遗爱亭记》："间以楹计，一十有二。"(《全宋文》第214册第240页)

③ 《宋会要辑稿》后妃二之二四。

④ 《系年要录》卷一六一，绍兴二十年六月戊午，第2615页。

五百一十八贯文省，平均每间在“砖瓦、芦、竹篾、石灰等价钱”上就要花费十八贯二百五十九文省，①显然其造价由于质量要求较高，比民房造价高了将近一倍。

（四）珠宝、黄金、白银、香药等奢侈品的价格

1. 珠宝价格

临安是南宋的都城，这里集中着数十万计的达官贵人和富商巨贾等，成为国内外奢侈品的最佳销售处，这里的高档商品琳琅满目，不胜枚举，其中珠宝便是其中的典型代表。

珠宝种类繁多，其中来自日本的水晶数珠，在宋高宗时，“每串不下百千至五十贯”。随着进口量的增多和市场竞争的激烈，至宋宁宗时已比过去减价三分之二。同时，由于各地产珠的质量和色泽、大小不一，以及市场消费能力的影响，故顾客对它们的喜爱程度也不一样。如两广商人贩到临安的象牙数珠，买者就不多，“少有人要，大者价直贯百文”，即一贯多一点，价值只有倭国水晶数珠几十分之一。因此这种象牙数珠多发到消费能力稍弱的淮上，卖给北方客人，运到金国，供当地的达官贵人使用。②

而体型庞大的宝石，更是价值连城。据洪迈《夷坚志》载，“水精出于信州灵山之下，唯以大为贵及其中现花竹象者”。当地的朱秀才，“尝因寒食拜扫先墓，小民百十为群入山寻觅水精，且斗百草为戏。朱独行陂陀间，忽见一石块光辉射人，就视之，真宝石也，高阔如大瓮。喜甚，惧为众所见，取乱叶蔽之。既还舍，呼集田仆二十辈，乘夜舁归。已而市侩皆传闻，相率来观，共酬价六千贯，朱犹未许。临安内苑匠闻之，请于院珰，求假至信，视已立价，复增三千贯。朱付之，赖以小康”。③

珠筛在南宋有银筛、铜筛、铁筛之分，其价格也因其材质及制作工艺等的不同而有所区别。一套完整的官样铜筛，有二十只，在临安“约直钱百千，亦有直五十千者”，即其价钱在五十贯到一百贯之间。而同样的一套铁筛

① 《宋会要辑稿》兵六之二〇。

② 佚名：《百宝总珍集》卷二《水晶珠》，《四库全书存目丛书》子部第78册第791页。

③ 《夷坚志》支丁卷七《灵山水精》，第1023－1024页。

(如果只有十只),其价格就要比铜筛便宜得多,在宋宁宗时,其价钱约为十至二十贯。[①]

2. 黄金价格

黄金是宋朝严格控制的禁榷物品,其价格一般都是官价。南宋初年,由于战乱,临安市场上的金价较高。据岳珂《鄂国金佗稡编》记载,绍兴四年(1134),岳飞军"今于行在榷货务支……金五千两,每两三十贯文"[②]。即临安府黄金的官价是每两三十贯,较咸平时期黄金每两五贯,足足翻了六倍。此后,随着南宋政局的稳定和经济的发展,特别是临安经济的繁荣,奢侈风气的兴起,金价也是一路上涨。隆兴二年(1164),临安府官价为每两三十贯,市价三十五贯。[③] 嘉定二年(1209),官卖金的价格继续上涨,达到每两四十贯。[④] 端平二年(1235),魏了翁奉命开督府,朝廷拨给督府的钱财中有"金二千两,约计官会十六万"。[⑤] 按此计算,则每两金子为官会八十贯,比绍兴初年足足高了一倍以上。

3. 白银价格

宋代的白银具有货币的职能,其价格在文献中多有记载。以南宋都城临安为例,绍兴三年(1133),户部支拨钱物作籴本,"余不足钱三千贯,并以银折支,每两作二贯二百"[⑥]。次年,有官员向高宗报告:"广东上供白金,近岁每一两率为钱三千有畸。比至输于太府,准价以给官吏军旅,则为钱二千有畸。"[⑦]据此可知,每两白银在各地的价格并不一致,广东约值三贯余,但在两浙等地则为两贯余,两地相差约为一贯。这一价格在岳珂《鄂国金佗稡编》的记载中也可得到证实:绍兴四年(1134),岳飞军"于行在榷货务支银一

---

① 《百宝总珍集》卷二《珠筛》,《四库全书存目丛书》子部第78册,第791页。

② 岳珂:《鄂国金佗稡编·续编》卷五《朝省行下事件省札》,中华书局1989年校注本,第1210页。

③ 彭信威:《中国货币史》第508页《宋代金价表》,上海人民出版社1965年版。

④ 《宋史》卷一八一《食货志下》,第4408页。

⑤ 魏了翁:《鹤山先生大全集》卷二八《奏乞增支督府钱物》,《四部丛刊》初编本。

⑥ 《宋会要辑稿》食货四〇之一七。

⑦ 《宋会要辑稿》食货二六之二二。

十万两,每两二贯五百文”[①]。即临安白银的官价是每两两贯五百文。绍兴二十九年(1159),中书舍人洪遵等言:“欲依旧料次,银三千两,计一万二百贯。”[②]则知临安白银的官价,每两合三贯四百文。乾道五年(1169),有官员向孝宗报告说:“递年民户输银于官者,每两折直三千二百,而输之左藏库,却折三千三百,每两暗赢人户百钱。”[③]则知当时临安白银的官价是每两三贯三百文,较过去有所下降。嘉泰初年(1201-1204),“今诸道上供银两,皆置场买发。蜀中银每法秤一两,用本引钱六,而行在左藏库折银才直三千三百云。然民间之直,又不满三千”[④]。其意是:临安的白银官方购买价定为每两三贯三百文,而民间的市场价却三贯不到,两者有三百文左右的差价。

4. 香药价格

香药是宋代的奢侈品,品种繁多,其中,尤以沉香、龙涎香等最为贵重。

龙涎香是抹香鲸的病态分泌物,从古至今一直是文人士大夫最喜爱的天然香料,有“天香”、“香料之王”等美誉。其特点是能“聚烟”,且其香味久久不散,营造出神秘浪漫的气氛。如周去非《岭外代答》卷七云:“龙涎于香本无损益,但能聚烟耳。和香而用真龙涎,焚之一铢,翠烟浮空,结而不散,座客可用一剪分烟缕。”张世南《游宦纪闻》也说:“诸香中,龙涎最贵重,广州市直,每两不下百千,次等亦五六十千,系番中禁榷之物,出大食国。”又曰:“龙涎入香,能收敛脑麝气,虽经数十年,香味仍在。”[⑤]在宋宁宗时的临安,出自南海山岛的龙涎,“每两价值百千以上”[⑥],即一百贯以上。

乳香主要产于红海沿岸的索马里、埃塞俄比亚等地,是橄榄科植物乳香树渗出的树脂,在宋代也属于禁榷物品,只有官方专卖。绍兴中,户部储备有“三佛齐国所贡乳香九万一千五百斤,直可百二十余万缗”[⑦],折算起来每

---

① 《鄂国金佗稡编·续编》卷五《朝省行下事件省札》,第1210页。
② 《宋会要辑稿》职官五七之七五。
③ 《宋会要辑稿》食货九之一一。
④ 《朝野杂记》甲集卷一六《金银坑冶》,第353页。
⑤ 张世南:《游宦纪闻》卷七,中华书局1981年版,第61页。
⑥ 《百宝总珍集》卷八《龙涎》,《四库全书存目丛书》子部第78册,第806页。
⑦ 《宋史》卷四〇四《张运传》,第12220页。

斤约十三贯余。嘉定二年(1209),朝廷禁榷货物中有“散乳香十六万七千七百余斤,可打一百万二十套”①,按当时临安的会子每贯实际价值铜钱七百文,则每斤约需铜钱六贯三百文。

香药价格的昂贵,顺便也带动了制香模具——香印的价格。宋代香印在制作材料上有象牙、乌木、花梨木等之分,每套十个。在南宋中期的临安,“往日木头者雕时不下百千”,即木质制作的香印每套不下一百贯。宋宁宗时,价格有所下降,故有人曰:“昔日贵人大钱置,如今可作价钱低。”②

5. 香水价格

南宋临安贵族,特别是贵妇有使用香水的习惯,她(他)们当时追求的名品是出自南洋的蔷薇水。③ 临安市场上的蔷薇露“用琉璃瓶儿盛卖,每瓶直钱百三二十钱以上,更看临时商量何如。殿阁贵人多作刷头水及修合龙涎、花子、数珠、背带之属”④。每瓶一百二三十文似乎太便宜了,仅琉璃瓶的价值恐怕就不止此数。因此,估计此处“百三二十钱”为“百三二千钱”之笔误,每瓶应为一百二三十贯。⑤

6. 名贵酒具

临安市民的饮酒风气十分浓厚,这具体体现在以下几个方面:一是酿酒业发达;二是名酒荟萃,品种繁多;三是酒肆林业,生意兴盛;四是盛行以酒为馈赠的礼品;五是一年四季及各种节日、各种活动中一般都以饮酒为乐。这些,毫无疑义带动了临安酒具的销售。但由黄金、玉石、象牙等材料制作的酒具,在临安市场上价格不菲。如嘉泰(1201－1204)末,临安城中王家店肆中出售的粟金台盏,“十具重百星,以四千缗得而献之耳”⑥。即十具粟金台盏重一百星,其出售价格为四千贯,平均每具达四百贯。又,宋宁宗时的

① 《朝野杂记》乙集卷一六《东南收兑会子》,第787页。
② 《百宝总珍集》卷八《香印》,《四库全书存目丛书》子部第78册第807页。
③ 据《宋史》卷四八九《外国列传五》所载,“蔷薇水洒衣,经岁香不歇”。
④ 《百宝总珍集》卷八《蔷薇水》,《四库全书存目丛书》子部第78册,第805页。
⑤ 《宋代物价研究》,第490页。
⑥ 《建炎以来朝野杂记》乙集卷一三《六部架阁官》,第729页;《宋史全文》卷二九下,嘉泰四年三月甲戌。

临安市场上出售的犀牛角酒盏,“每只直钱二三十贯者”。当时也有在此价格以下的,“更看大小做造如何”①。即其价格高下,按犀牛角酒盏体积的大小和做工的好坏精细程度等而定。

7. 工艺品珍宝价格

临安是南宋最大的奢侈品市场,工艺珍宝市场十分兴盛。如《西湖老人繁胜录》载:

> 七宝社:珊瑚树数十株,内有三尺者。玉带、玉碗、玉花瓶、玉束带、玉劝盘、玉轸芝、玉绦环、玻璃盘、玻璃碗、菜玉、水晶、猫睛、马价珠。奇宝甚多。

> 霍山行祠,正赛长生马社是诸王府第娇马,或用金鞍、银鞍、绣鞍、养鞍、金勒、玉勒、乌银勒、玉作子、玛瑙作子、箱嵌作子、透犀作子、七宝作子、玉作子、玳帽作子。

又,《都城纪胜·市井》载:

> 自大内和宁门外,新路南北,早间珠玉珍异及花果、时新海鲜、野味、奇器,天下所无者,悉集于此。

而一些权贵富豪家中更是珍藏了无数的金银珠宝。绍兴二十一年(1151)十月,高宗幸清河郡王张俊的府第,张俊进奉给高宗的宝器有:

御药带一条	玉池面带一条
玉狮蛮乐仙带一条	玉鹘兔带三条
玉璧环二	玉素钟子一
玉花高足钟子一	玉枝梗瓜杯一
玉瓜杯一	玉东西杯一
玉香鼎二盖全	玉盆儿一
玉椽头碟儿一	玉古剑璏等十七件

① 《百宝总珍集》卷四《犀角》,《四库全书存目丛书》子部第78册,第796页。

玉圆临安样碟儿一　　玉靶独带刀子二
玉并三靶刀子四　　玉犀牛合替儿一
金器一千两
珠子十二号共六万九千五百九颗
珠子念珠一串一百九颗
马价珠金相束带一条
翠毛二百合
白玻璃圆盘子一　　玻璃花瓶七
玻璃碗四　　玛瑙碗大小共二十件
古器：
龙文鼎一　　商彝二　　高足商彝一
商父彝一　　周盘一　　周敦二
周举罍一　　有盖兽耳周罍一
汝窑：
酒瓶一　　对洗一　　香炉一
香合一　　香球一　　盏四只
盂子二　　出香一对　　大奁一
小奁一
合仗：
螺钿合一十具织金锦褥子全　　犀毗合一十具织金锦褥子全

除上述所载的外，《都城纪胜》、《西湖老人繁胜录》、《梦粱录》、《武林旧事》四书所载的工艺品珍玩还有：平江玉棚灯、镀金大下腰带、金花瓶、兽炉一香座、玉拄杖、玉乐器、玉爵、奇巧玉棚屏风、玉束带、金玉文房玩具、玉轴琵琶、玉方响、玉龙冠、金凤瓶、叠珠嵌宝金器、涂金器、碾玉水晶、金壶、大食玻璃瓶、白玉桃杯、玉酒器、垒珠嵌宝器皿、克丝作金龙装花软套子、黄玉紫心葵花大盏、玉酒船、白玉碾花商尊、玉鞦辔、七宝篦刀子、垒金嵌宝注碗杯盘、白玉笙、紫番罗水晶注碗、水晶提壶连索儿、白玉双莲杯盘、碾玉香脱儿、白玉香珀扇柄儿等等。特别是宫中，“凡御榻、御屏、酒器、香奁、器用，并用水晶”。①

毫无疑义,上述这些工艺品珍玩的价格十分昂贵,非常人所能拥有。如《武林旧事》卷二《立春》载:“后苑办造春盘供进,及分赐贵邸宰臣巨珰,翠缕红丝,金鸡玉燕,备极精巧,每盘直万钱。”又,每年的二月八日,相传是桐川张王神的生辰,临安市场上便出现一种名为“意思作”的商品:“有所谓意思作者,悉以通草罗帛,雕饰为楼台故事之类,饰以珠翠,极其精致,一盘至直数万。然皆浮靡无用之物,不过资一玩耳。”②

(五)日用品及杂物价格

1. 铜器价格

如前所述,临安等地的铜器制作业相当发达,能够铸造成各式各样的器具,如铜锣、铃铎、铜壶、花器、烛台、马具、铜钟、铙钹等。这些铜器汇聚在临安,成为市民们喜爱的日用品之一。如《宋史》卷一八〇《食货志下二·钱币》载:“今京邑(注:理宗淳祐八年时的临安)鍮铜器用之类,鬻卖公行于都市畿甸之近。”但临安铜器的价格,随着市场的供求关系等因素的影响,价格也高低不同。绍兴年间(1131-1162),民间私自铸造和贩卖铜器的现象非常严重,“且以铜钱一百文足为率,变造成器物十两,卖钱仅一贯,获利至厚”③。这就是说,用铜钱一百文足可以熔煅成十两重的铜器,卖到一贯钱,其利润相当可观。为了限止不法商人的暴利,户部和工部在绍兴十二年(1142)联合下达文件,要求“将民间见买卖铜器之物,立定每两价钱不得过二十文足”。即要求民间的铜器买卖,每两价钱不得超过二十文足。如果擅自提高价钱一文以上,则处以决杖一百的刑罚。④

2. 紫绒座价格

紫绒座是宋代文武大臣骑马时使用的一种坐垫,是当时身份的一个重要标志。据《百宝总珍集》所载:“武官副使已上及入国副使方得用,其余官

① 《武林旧事》卷七《乾淳奉亲》,第123页。

② 《武林旧事》卷三《社会》,第40页。

③ 李弥逊:《筠溪集》卷三《户部乞禁铜器札子》,文渊阁《四库全书》本。

④ 《宋会要辑稿》刑法二之一四九。

员不得用此物。新造者百千已上,工钱在外。现成买后约直钱五十千左侧。"在宋宁宗时的临安,一只重量为一百两的新紫线座,仅原料成本就需一百多贯,因此其价格也远在一百贯以上。但市场上买卖的二手货,其价格则要便宜得多,一般用五十贯钱便可买到一只。①

3. 阇婆簟价格

阇婆簟为阇婆(今爪哇)出产的一种精致藤编织品。此簟质地柔软,胜于绵,"如棋子布花儿"。上面染有各种颜色,"黄白新红黑与绿"。多用于夏季的马鞍,"堪作夏鞍凉侣玉"。但这种远自外国来的商品价格也不菲,"每床紧要直钱二十千",即每床二十贯。②

4. 瓦缶价格

钱塘人万延之,徙居余杭。他初赴选时,遇都下铜禁严甚,因以十钱市一瓦缶以代沃盥之用。③

(六)皮货价格

临安是海内外皮货的集中地,如《西湖老人繁胜录》载猎户在城中卖虎皮等皮货。皮货品种极多,常见的有虎皮、豹皮、犀皮、狨皮、牛皮、马皮、羊皮,甚至还有十分稀见的海马皮。在这些皮货中,虎皮、豹皮、犀皮、狨皮等比较珍贵。

虎皮多出自两广和"汉、淮、楚间",其价格依据虎的性别、所产的时间及其大小、面相等而定。一般规律是:雄虎皮要高于雌虎皮,冬季出产的虎皮要高于夏季所产的虎皮。雄虎皮价格高是因为"皮好,花儿粗黑好看",而雌虎皮"花儿稀细不美看"。此外,还要看其有没有破损,虎皮上没有箭孔的,因其虎皮完整而显得"尤妙"。以宋宁宗时的临安市场为例,一张又大又好的雄虎皮,价值为十贯。④ 虎皮、豹皮制成的品种,临安有白豹皮杖榼、白虎皮杖榼、虎豹皮弓箭袋葫芦等。

---

① 《百宝总珍集》卷七《紫绒座》,《四库全书存目丛书》子部第78册,第803页。

② 《百宝总珍集》卷一〇《阇婆簟》,《四库全书存目丛书》子部第78册,第811页。

③ 何薳:《春渚纪闻》卷二《瓦缶冰花》,中华书局1983年版,第24页。

④ 《百宝总珍集》卷七《虎豹皮》,《四库全书存目丛书》子部第78册,第804页。

犀皮即犀牛皮，系远洋进口而来的产品，临安城中清湖河下有专门经营犀皮的戚家犀皮铺，产品有犀皮动使、犀皮御座椅。

狨是一种珍稀动物，陆佃云："狨，盖猿狖之属，轻捷善缘木，大小类猿，长尾，尾作金色，俗谓之金线狨。生川峡深山中，人以药矢射杀之，取其尾为卧褥、鞍、被、坐毯。中矢毒，即自啮断其尾以掷之。"①在宋宁宗时的临安，狨皮按质量分成数等。质量上者"头尾有长四尺，满面金色，长一小尺者尤佳"；而质量最差的是雌狨皮，时人称为"龊皮"，只能当作"脚皮"使用。它们的价格也按质定价，"上至五六贯，下至有两贯者"，特别是用作"脚皮"的"龊皮"，"好者约直一贯"②。

用金丝猴脊部皮毛饰的鞍坐，是宋代官员身份的象征。叶梦得《石林燕语》卷三曰："狨坐，不知始何时？唐以前犹未施用，太平兴国中，诏工商、庶人许乘乌漆素鞍，不得用狨毛暖坐，则当时盖通上下用之矣。天禧元年，始定两省五品宗室将军以上许乘狨毛暖坐，余悉禁，遂为定制。今文臣自中书舍人以上、武臣节度使以上方许用，而宗室将军之制亦不行矣。"又，陆游《老学庵笔记》言："建炎维扬南渡，时虽甚仓猝，二府犹张盖搭狨坐而出，军民有怀砖徂击黄相者。既至临安，二府因言：'方艰危时，臣等当一切贬损。今张盖搭坐尚用承平故事，欲乞并权省去，候事平日依旧。'诏从之，实惩维扬事也。"③据此可见，狨坐在绍兴初年曾一度废去，但不久又行了。如理宗朝周汉国公主出降慈明太后侄孙杨镇，就乘涂金御仙花鞍辔狨座马。范成大曾有诗赞狨坐曰：

蠹蚀尘昏度几年，蒙茸依旧软如绵。
且来助暖乌皮几，莫忆冲寒紫绣鞯。④

这种以金丝狨饰鞍坐，价格自然是极其高昂。据朱彧《萍洲可谈》记载，狨坐选取"色如黄金"的狨皮"而缝之，数十片成一座，以籍衣不皱。价直钱

① 陆佃：《埤雅》卷四《释兽·狨》，文渊阁《四库全书》本。
② 《百宝总珍集》卷七《狨皮》，《四库全书存目丛书》子部第78册，第803页。
③ 《老学庵笔记》卷一，第7页。
④ 《石湖诗集》卷三二，文渊阁《四库全书》本。

百千。背用紫绮,缘以簇四金雕法锦"①。朱彧《萍洲可谈》成于宣和年间,由此可知当时一只狨座的价值为"钱百千",即一百贯。到了南宋时期,临安的狨坐价格大幅度下降。据《百宝总珍集》卷七《狨毛座》载:"狨毛长密,紫大花绫作理(里?),八搭韵锦沿边道及新者,往日曾直五十千,今时不同,约直钱五百十千左侧。"即狨坐从南宋前期的五十贯,到宋宁宗时已经下跌到约值十贯。

牛皮、马皮往往用来制作兵器、皮鞋等。如绍兴末年,工部报告:"自后皮剥所剥到马皮,每张估钱三百五十文省。"②

羊皮用来制作皮影戏道具、小水灯等。如《梦粱录》载:"更有弄影戏者,元汴京初以素纸雕簇,自后人巧工精,以羊皮雕形,用以彩色妆饰,不致损坏。"③又《武林旧事》载中秋"此夕,浙江放'一点红'羊皮小水灯数十万盏,浮满水面,烂如繁星,有足观者"④。

飞生皮也是一种比较名贵的皮货,主要用于产妇脚踏,民俗以为可以使产妇顺产。飞生又名鼺鼠、耳鼠、鼯鼠、飞鼠,出自四川,其皮毛"焦黄如赤马颜色"。在宋宁宗时,临安市场上的飞生皮,"每个值钱七八百"⑤。

翠毛即翡翠鸟的羽毛,在古代又称为翠羽,多被人们用作饰物。翠毛以出自"南番(南洋)"的"软翠"质量最好,价格也最高。其他如产自两广的翠毛——"广翠",因其质量较"软翠"要低,故价钱也要低一些。翠毛每两片谓之一合。临安市民视其为宝器,绍兴二十一年(1151)十月,高宗幸清河郡王第,张俊所献的宝器中就有"翠毛二百合"。⑥ 在宋宁宗时,临安市场上的翠毛,"每合价高曾卖上三千以上,如无行市,曾卖四百一合"⑦。

---

① 朱彧:《萍洲可谈》卷一,中华书局2007年版,第116页;参见郑兴裔《郑忠肃奏议遗集》卷下《狨座》,文渊阁《四库全书》本。

② 《宋会要辑稿》职官六之四一。

③ 《梦粱录》卷二〇《百戏伎艺》,第194页。

④ 《武林旧事》卷四《中秋》,第44页。

⑤ 《百宝总珍集》卷七《飞生皮》,《四库全书存目丛书》子部第78册,第804页。

⑥ 《武林旧事》卷九《高宗幸张府节次略》,第149页。

⑦ 《百宝总珍集》卷七《翠毛》,《四库全书存目丛书》子部第78册,第804－805页。

（七）图书和书画价格

1. 图书

临安是全国图书市场的集中地，官营、私营的书铺遍布城市内外。其中，与科举考试的用书和日历等是常年的畅销书。

日历书的编纂、印制与销售等，均为官方所垄断。乾道元年（1165）八月五日，秘书少监陈岩肖等言："秘书省辖下太史局，每岁笺注到大、小历日，小本依年例令榷货务雕印出卖，大本止是印造颁赐毕，发送太史收管，便为无用之物。其漕司雕造上件印板，费用不赀。又缘印匠递年循习，衷私印造出外，侵夺官课。乞自今后大本历日颁赐数足，将上件历板下太史局，候历日进呈毕，牒送榷货务措置定价，出卖施行。"得到了皇帝的批准。① 乾道四年（1168）五月十三日，礼部向孝宗奏言，原先太史局每年笺注的历日，交由两浙转运司雕版，然后再由将板送秘书省印造，颁发给交趾国及朝廷内外的官员。此外，书板即无用。故此，礼部希望将其书板由榷货务印造，向民间出卖，以达到利益的最大化。"每本立价三百文出卖，专委提辖检察，不得盗印。"②

与日历书一样，印数极大的科举考试用书也由官方所专营。嘉定十六年（1223），临安书铺上出售的科举考试用的工具书——"小册韵略本，计百五十文"③。南宋末年，临安府有人在市井中贩卖《小儿学书字本》，"一贯三张"④。

2. 书画

临安的书画市场十分繁荣，其原因是临安市民在高宗、吴皇后等帝后的影响下对书画十分嗜好，不仅文武大臣喜好收藏书画，连酒楼、茶肆、寺观、妓院等也附弄风雅，在里面悬挂名人书画作品。⑤ 于是，各地的商人纷纷携

---

① 《宋会要辑稿》职官一八之三一。

② 《宋会要辑稿》职官一八之九二。

③ 《宋会要辑稿》选举六之四九。

④ 吾衍：《闲居录》，文渊阁《四库全书》本。

⑤ 如《梦粱录》卷一六《茶肆》载："汴京熟食店，张挂名画，所以勾引观者，留连食客。今杭城茶肆亦如之，插四时花，挂名人画，装点店面。"

带名家书画作品来临安销售，毕良史就是其中的一位典型性的代表。据徐梦莘《三朝北盟会编》记载：

（毕）良史字少董，蔡州人。略知书传，喜学，粗得晋人笔法。少游京师，以买卖古器书画之属，出入贵人之门，当时谓之“毕偿卖”。遭兵火后，侨寓于兴国军，江西漕运蒋杰喜其辩慧，资给令赴行在，遂以古器、书画之说动诸内侍，内侍皆喜之。上方搜访古器书画之属，恨未有辨其真伪者，得良史甚悦，月给俸五十千，仍令内侍延请为门客，又得束修百余千。良史月得钱几二百千……权知东明县，良史到县，及搜求京城乱后遗弃古器书画，古今骨董买而藏之。会金人败盟，良史无用心，乃从学解《春秋》。及复得还归，遂尽载所有骨董而到行在。上大喜，于是以解春秋改京秩，自此人号良史为“毕骨董”。①

书画的价格跟现在一样，与作者的名气、作品的大小和优劣等密切联系在一起，高低悬殊。以书法作品为例，宋高宗御笔草书临古法帖《四皓帖》，嘉定年间（1208 - 1224），被岳珂“以三万钱得之”②。而名家的名作即使是好的临摹作品，价格同样不菲。如周密《志雅堂杂钞》卷上曾载：

癸巳八月十四日，瓜徐以乔仲山求售智永真草千文，绝佳，欲钞七定。上有徽宗御题，政和宣和印。即此项郭祐之谓内有“祐”字系双钩，此米老所谓临本也。然亦奇物，不易得者。颜书马病帖，欲钞五定。有高宗题签头，希世印在前，亦奇物。

又，宋高宗的皇后所临摹的《兰亭帖》，流失在民间，绍兴十五年（1145）七月，韩世忠“以钱百万得之”③。唐人临摹的王羲之《留女帖》一卷，原为秦桧家所有，“桧之孙有某者不肖，游娼肆，荡无一簪，几不能自存。初以此求售于所托。上有绍兴一玺，前后有古半印八，中缝有古墨印一，皆不可辨。纸甚

① 徐梦莘：《三朝北盟会编》卷二〇八《炎兴下帙·起绍兴十一年十二月二十九日癸巳尽十二年八月》。

② 岳珂：《宝真斋法书赞》卷三《高宗皇帝御笔临古法帖四皓帖》，文渊阁《四库全书》本。

③ 《中兴小纪》卷三二，绍兴十五年七月，福建人民出版社 1985 年版，第 385 页。

类唐,硬黄而尤奇。末着本朝李公择、钟离等四跋,盖赐书明甚”。岳珂看到后大喜过望,立即“以二十万钱得之”①。

收藏名家画作,更是在社会上蔚然成风。周密《志雅堂杂钞》卷上载:“四月二十八日,庄肃蓼塘,出示周昉《挥扇图》,高宗御题,元张受益者。张萱《鼓琴士女》,明昌御题,曾入贾公家。董元《溪山图》,高宗御题,元王子庆物。董元著色《山居图》,元是予得之子珰,后归许氏者。余作四定与许,许作八定与庆。”一些画家也将自己的作品放到市场上出售,如理宗时画家李东就在临安御街贩卖所画的《村田乐》、《尝醋图》之类的画作。甚至还有寄售的现象,《志雅堂杂钞》卷上又载:“十一月十九日,访伯几,张受益在焉。观李成《晴峦叠嶂横卷》,不甚好。上有小玺印,王端琴棋人物,徽宗御题平平。汤子昇《铸镜图》,有后主亲题,徽宗御题;琴高故实,平卢楞迦罗汉,徽宗御题。及有李后主题字画押,董羽龙范宽雪景好,黄筌时苗留犊双幅,皆司德用寄售者。”至于低劣的民间画品,更是充斥市场。如《西湖老人繁胜录》云:“御街应市,两岸术士有三百余人设肆,年夜抱灯,及有多般,或为屏风,或做画,或作故事人物,或作傀儡神鬼,驱邪鼎佛。”宋宁宗朝韩侂胄当权时,临安市民对其专制弄权极为不满,“有市井小人以片纸摹印乌贼出没于潮,一钱一本以售。儿童且诵言云:‘满潮都是贼,满潮都是贼。’”②可见,这种漫画书的售价是“一钱一本”。

3. 纸张价格

朝廷修内司所造的蠲纸,在当时是一种质量较高的产品。如南宋中期的“内司蠲纸成匹者,价直不下一十千。若论一张直一百,糨纸减半五十钱”。临安商人解释道:“蠲纸修内司抄成者,成匹无缝,长二长四五大尺,小者如札子长短。捣糨成纸,低,比蠲纸轻薄,近日有卖者。”③其意思是:成匹的蠲纸价值不下十贯,如果将其裁成一张张卖,则其利润可以大大提高,价格变为一张一百文;糨纸价格每张五十文。

---

① 《宝真斋法书赞》卷七《右军留女帖》。

② 《四朝闻见录》戊集《满潮都是贼》,第189页。

③ 《百宝总珍集》卷一〇《蠲纸》,《四库全书存目丛书》子部第78册,第810页。

(八)乐器价格

南宋临安的音乐艺术,较之北宋东京仍有一定程度的发展,这体现在以下三个方面:一是形成了多种形式的乐种;二是乐器与器乐的进步;三是音乐理论的提高。特别是在乐器方面,临安一方面继承并改进了隋唐五代及北宋时的乐器。如唐代已有的奚琴与轧筝两种拉弦乐器,到南宋时不仅在民间得到了普遍使用,而且还被搬到宫廷宴会上演出;另一方面,临安还出现了官笛、羌笛、夏笛、小孤笛、鹧鸪、扈圣、七星、横箫、竖箫、箫管、倍四、银字中管、中管倍五等吹乐器和锹琴、葫芦琴、渤海琴、双韵等弦乐器,以及"云璈"和"铳鼓"两种新型敲击乐器。器乐在临安更是有了新的发展。据《都城纪胜》、《武林旧事》《梦粱录》等书记载,当时民间流行着几种器乐合奏形式:一种叫"细乐",是用箫管、笙、篆、嵇琴、方响等乐器合奏;一种叫"清乐",是用笙、笛、觱篥、方响、小提鼓、拍板、札子等合奏,或用很多龙笛齐吹;一种叫"小乐器",是由一二人作独奏或小型的合奏,如双韵合阮咸,嵇琴合箫管,锹琴合葫芦,琴独弹十四弦,吹赚动鼓板等;一种叫"鼓板";主要是用拍板、鼓和笛等三种乐器合奏,或用札子、水盏、锣等击乐器合奏。器乐独奏也已达到相当高的造诣,在当时,笛、箫、笙、觱篥等管乐器,琵琶、筝、十四弦、琴等弦乐器,方响等击乐器,都曾用于独奏表演。

临安音乐的发展,带动了市场上乐器的销售,并使其价格较前有了大幅度的提高。据《百宝总珍集》所载,一把质量比较优良的琴阮,价值在十贯以上①。以四川竹子做的笙,"手弄多年,深深紫颜色,约直钱十五千";而紫竹做的笙,"约直千四五钱"②。箫筦一般价格是五贯,"如是银丝缠满,不下六两银"③。琵琶槽"往日不下直钱一二百贯,今日不比旧日"④。磬,"声长圆、十斤以下者,每斤值钱两贯"⑤。铜铸的打击乐器——铙钹,南宋时主要产于建康府,"明、越州亦有",但以建康府铸造的最好,"高者每副直钱十千已上

① 《百宝总珍集》卷五《琴阮》,《四库全书存目丛书》子部第78册,第799页。
② 《百宝总珍集》卷五《笙》,《四库全书存目丛书》子部第78册,第799页。
③ 《百宝总珍集》卷五《箫筦》,《四库全书存目丛书》子部第78册,第800页。
④ 《百宝总珍集》卷五《琵琶槽》,《四库全书存目丛书》子部第78册,第800页。
⑤ 《百宝总珍集》卷六《钟磬》,《四库全书存目丛书》子部第78册,第801页。

已下,低者有直钱四贯者”①。锣儿“响得噪杂可人爱,价直不下一两银”。但以高丽铜铸造的锣儿,“唐声有韵者,不下直千(钱?)三千”②。角球“计六十四两,上行价例一十千买得”③。而如果是古代的名琴,其价格更是惊为天价。嘉定年间(1208-1224),有人在临安市场上贩卖仿造的唐代雷氏琴,买家出“百万钱”也不肯,被岳珂识破为赝品后,“顿损直十之九得焉”。因其琴音质确实良好,买家最后以一百贯钱成交。④ 这一价格,可以视为当时人制作优良琴的价格。

(九)宠物价格

1. 宠猫价格

说起临安人对猫的宠爱及其时的养猫之风,不得不说历史上著名的“狮猫案”。据载,南宋初年的宰相秦桧有一孙女,在她六七岁时便被皇帝御封为崇国夫人。有一天,她喜欢的一只“狮猫”逃走了。秦桧限令临安府寻找。于是,临安府请画家画出此猫的画像一百多幅,在全城张贴,但经多方努力仍一无所获。而因此猫而受到牵连入狱的人却达一百多人。最后,知府曹泳只好以“金猫贿恳”才算罢事。⑤ 从这则故事中可以看出,猫在当时已被许多人当作玩物、宠物。

正是在这种风气下,一些名猫在都城中价格飞涨。而一些奸人鉴于临安市民对猫的狂热爱好,设计以猫谋取厚利。洪迈《夷坚志》就生动地记载了这样的一则故事:

> 临安内北门外西边小巷,民孙三者居之。一夫一妻,无男女。每旦携熟肉出售,常戒其妻曰:“照管猫儿,都城并无此种,莫要教外间见。若放出,必被人偷去。我老无子,抚惜他便与亲生孩儿一般,切须挂意。”日日申言不已。邻里未尝相往还,但数闻其语。或云:“想只是虎

① 《百宝总珍集》卷六《铙钹》,《四库全书存目丛书》子部第78册,第801页。
② 《百宝总珍集》卷六《锣儿》,《四库全书存目丛书》子部第78册,第801-802页。
③ 《百宝总珍集》卷六《角球》,《四库全书存目丛书》子部第78册,第801页。
④ 《桯史》卷一三《冰清古琴》,第155-156页。
⑤ 《老学庵笔记》卷三,第32页。

斑,旧时罕有,如今亦不足贵,此翁切切护守,为可笑也。"一日,忽拽索出到门,妻急抱回,见者皆骇。猫乾红深色,尾足毛须尽然,无不叹羡。孙三归,痛棰厥妻。已而浸浸达于内侍之耳,即遣人以厚直评买。而孙拒之曰:"我孤贫一世,有饭吃便了,无用钱处。爱此猫如性命,岂能割舍!"内侍求之甚力,竟以钱三百千取之。孙垂泣分付,复捶妻,仍终夕嗟怅。内侍得猫不胜喜,欲调驯安帖,乃以进入。已而色泽渐淡,才及半月,全成白猫。走访孙氏,既徙居矣。盖用染马缨绋之法,积日为伪。前之告戒捶怒,悉奸计也。①

一只猫"竟以钱三百千取之",可见其价之昂贵了。

2. 鸟价

临安养鸟之风甚盛,以至出现了"擎鹰、驾鹞、调鹁鸽、养鹌鹑、斗鸡、赌博、落生"之类的社会"闲人"阶层。每年霍山行祠,"庙东大教场内,走马、打球、射弓、飞放鹰鹞,赌赛叫、老鸦打线、告天子、番吃嘋、青菜、画眉;赛诸般花虫蚁:鹅黄百舌、白鹅子、白金翅、白画眉、白青菜、白角全眉、白青头、芦花角全、芦花画眉、鹅黄相思、紫鹩绣眼、金肚钿瓮、秦吉了、倒挂儿、留春莺,宠尤非细"。②

临安人喜欢养白鸽、鹦鹉等鸟,宋高宗就是其中的代表。史载记载"高宗好养鹁鸽,躬自飞放"。因当时的徽、钦两帝尚还留在金营中,故有士人写诗讽刺道:

鹁鸽飞腾绕帝都,暮收朝放费工夫。
何如养个南来雁,沙漠能传二帝书。

高宗知道后,马上召见他,并立即下令给他补官,想以此封住他的口③。此外,高宗还在宫中养有一百多只鹦鹉。

至于民间养鸟之风,则更是兴盛了。白鸽、鹦鹉等鸟是民间蓄养最为常

① 《夷坚志》三志己卷九《乾红猫》,第1372页。
② 《西湖老人繁胜录》,载《南宋古迹考》,第102页。
③ 《西湖游览志余》卷二《帝王都会》,第9页。

见的鸟类,如《四朝闻见录》丙集《鹁鸽诗》载道:“东南之俗,以养鹁鸽为乐,群数十百,望之如锦。”鹦鹉因能仿效人类讲话,故也深受人们喜爱。此外,还有蓄养鹤、鹰等鸟类的。

与猫等宠物一样,白鸽、鹦鹉、鹰等宠鸟价格也不菲。如《肯綮录·啉嗽书》载:“余顷在萧山时,地近武林,一族人家好养鹰。一日,有中贵人以百余千买一鹰去。”即一只好的鹰,值钱一百余贯。

3. 蟋蟀价格

临安居民喜爱斗蟋蟀,这里不仅出现了赫赫有名的“蟋蟀宰相”贾似道,而且还有成千上万的蟋蟀迷。正是由于斗蟋蟀之风盛行,以致社会上产生了以捉蟋蟀、卖蟋蟀、养蟋蟀、斗蟋蟀等为生的“闲汉”阶层。《西湖老人繁胜录》就对临安的这一风俗及蟋蟀价格作了极其详细的记载:

> 促织盛出,都民好养,或用银丝为笼,或作楼台为笼,或黑退光笼,或瓦盆竹笼,或金漆笼,板笼甚多。每日早晨,多于官巷南北作市,常有三五十火斗者,乡民争捉入城货买,斗赢三两个,便望卖一两贯钱。若生得大,更会斗,便有一两银卖。每日如此。九月尽,天寒方休。

从上述记载中我们可以看出,一只“生得大、更会斗”的蟋蟀,“便有一两银卖”。

4. 金鱼价格

临安素有养观赏鱼及乌龟等水生观赏动物的风俗习惯。如《西湖老人繁胜录》载:“社火内有鱼儿活檐,上有:金龟、金鳝、金虾、金鳅、玳瑁龟、玳瑁虾、白龟、金鲹、金田螺之类。”其中,尤以蓄养金鱼最为盛行。

杭州是我国金鱼的发源地,这可在许多文献中得到证实。如戴埴《鼠璞》卷下《临安金鱼》云:苏轼尝读诗人苏舜钦的《六和塔》诗,有“沿桥待金鲫,竟日欲迟留”之句,初不解此语的意思。到熙宁四年(1071)十一月他通判杭州,乃知六和寺后有池,中有金色的鱼。时人以为奇物,投饵出之,不食而没,始悟。苏轼说,自苏子美作诗,至今四十余年,已有迟留之语,可见这种鱼早已经在杭州蓄养,颇为珍贵。此后,苏轼在元祐四年(1089)知杭州,又在西湖南屏山兴教寺中的放生池中见到了鲫鱼十余尾,均为金色,即我们今日所称金鲫鱼，又名锦鱼，由同种的鲫鱼演化而来。道人斋余，竞相倚栏投饵为戏。苏轼有诗写道：

我识南屏金鲫鱼，重来拊槛散斋余。
还从旧社得心印，似省前生觅手书。
葑合平湖久芜漫，人经丰岁尚凋疏。
谁怜寂寞高常侍，老去狂歌忆孟诸。①

据此，则知金鱼始于北宋杭州，杭州是金鱼的故乡，至今已有近千年的历史了。

南渡后，临安城内外王公贵人园池相望，其中，花港、玉泉是当时临安城外西湖两个著名的观赏鱼类的最佳去处。于是在这种风气的影响下，金鱼的豢养之法也逐渐成熟起来了。据岳珂《桯史》载：

> 今中都有豢鱼者，能变鱼以金色，鲫为上，鲤次之。贵游多凿石为池，填之檐牖间，以供玩。问其术，秘不肯言，或云以阛市洿渠之小红虫饲，凡鱼百日皆然。初白如银，次渐黄，久则金矣，未暇验其信否也。又别有雪质而黑章，的皪若漆，曰玳瑁鱼，文采尤可观。逆曦之归蜀，汲湖水浮载，凡三巨艘以从，诡状瑰丽，不止二种。惟杭人能饵蓄之，亦挟以自随。余考苏子美诗曰："沿桥待金鲫，竟日独迟留。"东坡诗亦曰："我识南屏金鲫鱼。"则承平时盖已有之，特不若今之盛多耳。②

《梦粱录》卷一八《特产·虫鱼之品》载："金鱼，有银白、玳瑁色者……此色鱼旧亦有之。今钱塘门外多畜养之，入城货卖，名鱼儿活。豪贵府第宅舍沼池畜之。"

金鱼的价格，南宋中期的刘学箕曾有记载："曩客中都十年，见贵戚豪右，搜网此鱼为佳玩，每尾不下数千钱。"③由此可以看出，当时临安的金鱼每条需数贯，价格绝对不菲。

---

① 《苏轼诗集》卷三一《去杭州十五年，复游西湖，用欧阳察判韵》，第1646－1647页。

② 《桯史》卷一二《金鲫鱼》，第143页。

③ 刘学箕：《方是闲居士小稿》卷下《金鲤说》，文渊阁《四库全书》本。

5. 宠鼠价格

临安人除蓄养上述宠物外，还有喜欢蓄养小白鼠、甚至黄鼠狼等为宠物的。南宋初年，临安有流浪者看见一只极为稀见的白鼠，捕获后将其“货于禽戏者，必直数百钱”①。大理评事钱仲本的仆人，在临安市场用五百钱买了一只“黠而驯”的“鼠狼”（即黄鼠狼），“每于人手内取食，戏扰于傍，如素所蓄者”②。

（十）花木价格

临安人对花卉有一种特别的爱好，这里栽花、赏花、卖花、戴花之风盛行。从赏花的社会阶层来看，上自帝王，下至平民百姓；从赏花的对象来看，主要有牡丹花、菊花、桃花、梅花、荷花等。在这种风气的带动下，花卉消费十分旺盛。以五月为例：“初一日，城内外家家供养，都插菖蒲、石榴、蜀葵花、栀子花之类，一早卖一万贯花钱不啻。何以见得？钱塘有百万人家，一家买一百钱花，便可见也。酒果、香烛、纸马、粽子、水团，莫计其数，只供养得一早，便为粪草。虽小家无花瓶者，用小坛也插一瓶花供养，盖乡土风俗如此。”③就是说，如果当天每家平均购买一百文的花，则全城的花卉销售额就可达一万贯之巨。

临安的花价，因花卉的品种、销售季节等而异。大致上花卉品种名贵、花卉初开就价高，反之则否。例茉莉花“初出之时，其价甚穹。妇人簇带，多至七插，所直数十券，不过供一饷之娱耳”④。即妇女买刚上市的茉莉花用于佩带，仅七簇就要花费数十贯会子了。而梅花、菊花等常见的、普通的花卉，其价格大致是三百文钱一枝。如杨万里诗曰：

官路桐江西复西，野梅千树压疏篱。
昨来都下筠篮底，三百青钱买一枝。⑤

---

① 《咸淳临安志》卷九二《纪遗四·纪事》，载《宋元方志丛刊》，第4202页。
② 《夷坚志》支戊卷七《钱氏鼠狼》，第1109页。
③ 《西湖老人繁胜录》，载《南宋古迹考》，第107页。
④ 《武林旧事》卷三《都人避暑》，第43页。
⑤ 《诚斋集》卷二《甲申上元前闻家君不快西归见梅有感二首》，《四部丛刊》本，第11页。

诗中的“都下”指的就是南宋都城临安。当然，作者诗中的三百文，只是概言整数而已。

(十一)人口买卖及劳动力雇佣价格

1. 人口买卖价格

宋代人口买卖比较盛行，特别是富贵之家购买年轻美貌的女子为妾更是极其常见。如绍兴年间(1131－1162)，汴人王从事挈妻妾来临安调官，住在抱剑营邸中。结果，他的妻子被奸人拐骗到女侩家，卖给另外一个官员为妾，“得钱三十万”①。嘉泰元年(1201)，韩侂胄的一位爱姬因犯了一个小错被韩赶出家府，程松“亟召女侩，以八百千市之”②。此价虽为当时临安的最高价，但尚远低于北宋末年开封的价格。③

妾的买卖价，因女子的相貌好坏、技艺的高低、是否破身、及其使用年限等因素，差距很大。庆元六年(1200)正月，一代名人高观国“为奉侍汤药”，在临安买了一个名叫银花的姑娘作小妾。银花色艺双全，“善小唱嘌唱，凡唱得五百余曲，又善双韵，弹得五六十套”。双方遂约定年限，身价是每月一石米。三年后期满，银花自愿留下，高观国对她的服务工作也是十分满意，“约以每年与钱百千，以代加年之直”④。淳熙末年，“前衡州通判孙朝请”，闻知临安牙侩处有吴知阁家所出的三位当妾待卖的妇女中，“其一少艾有乐艺”，而价才八十千(即纸币八十贯，后同)，“其二差不及，而为钱皆四五十万”，即四百贯至五百贯。孙不明其原因，遂问牙侩，牙侩解释其原因是：“少者受雇垂满，但可补半年，故价值不多。彼二人则在吴宅未久，当立三年券，今须评品议直耳。”用现在的白话文来说：年轻而色艺双全者，因只有半年期限，故只能卖八十贯；其他两位是三年期限，虽然色艺差些，但价钱要高的多。经双方讨价还价，最后，年老的两位被孙“以六百千并买之”，即用六百

① 《夷坚志》丁志卷一一《王从事妻》，第631－632页。

② 刘时举：《续宋编年资治通鉴》卷 二，嘉泰元年八月，文渊阁《四库全书》本。

③ 朱彧《萍洲可谈》卷一载：“京师买妾，每五千钱一个，美者售钱三五十千个。近岁贵人，务以声色为得意，妾价腾贵至五千缗，不复论个数。既成券，父母亲属又诛求，谓之‘遍手钱’。”上海古籍出版社1989年版，第20页。

④ 《癸辛杂识》别集下《银花》，第272－273页。

贯买走,每人合钱三百贯。按此推算,如果那位年轻而色艺双全者是三年期的话,价钱当是四百八十贯。按买妾时间定价,和包养妓女的性质差不多。当时,有人认为孙以这个价钱买走,实在是拣了个大便宜,即使"以八十千不多,且又美色"①。

2. 劳动力雇佣价格

临安有着十分庞大的雇工市场,如《梦粱录》卷一九《顾觅人力》载:

凡顾倩人力及干当人,如解库掌事,贴窗铺席主管,酒肆食店博士、铛头、行菜、过买,外出鬙儿,酒家人师公、大伯等人,又有府第宅舍内诸司都知,太尉直殿御药、御带,内监寺厅分,顾觅大夫、书表、司厅子、虞候、押番、门子、直头、轿番小厮儿、厨子、火头、直香灯道人、园丁等人,更有六房院府判提点,五房院承直太尉,诸内司殿管判司幕士,六部朝奉顾倩私身轿番、安童等人,或药铺要当铺郎中、前后作、药生作,下及门面铺席要当铺里主管后作,上门下番当直安童,俱各有行老引领。如有逃闪,将带东西,有元地脚保识人前去跟寻……或官员士夫等人,欲出路、还乡、上官、赴任、游学,亦有出陆行老,顾倩脚夫脚从,承揽在途服役,无有失节。

以下对临安顾觅人力的价格,择要介绍如下:

(1)建筑工匠:临安的建筑业非常发达,当时宫廷、府城、寺观、道路、桥梁、店铺、住宅、园林名胜、仓库、码头、钱塘江堤等的建筑和维护,以及运河、西湖的疏浚等等,都需要成千上万的建筑工人,需要政府投入巨量的资金,建筑工匠的工资就是其中的一项。例绍兴二十八年(1158)七月二日,临安府修筑城墙,"日支工食钱,监修官欲置[支]一贯二佰文,壕寨官一贯文,监修、收支钱米、部役、计置般运物料、受给官八佰文,作家六佰文,诸作作头、壕寨五佰文,米二胜半,工匠三佰五十文,杵手三佰文,杂役军兵二佰五十文,各米二胜半,行遣人吏手分各三百文,贴司各二百文"。②

---

① 《夷坚志》补卷八《郑主簿》,第1620-1621页。

② 《宋会要辑稿》方域二之二一。

(2)搬运工:南宋时,海内外大量物资源源不断地运入都城临安,这些物资每天需要搬运工搬进或搬出仓库,工作量极大。如《梦粱录》卷九《诸仓》载:“凡诸仓支纳下卸,自有下卸指挥兵士,遇月分支遣,皆至祗役。叉袋自有赁者应办。如遇支界日,仓前成市,水陆壅塞。诸军校给打诸粮,不许雇人搬担,须亲于廒中肩出仓外。”又,同书卷一二《河舟》载:“杭州里河船只,皆是落脚头船,为载往来士贾诸色等人,及搬载香货杂色物件等。又有大滩船,系湖州市搬载诸铺米及跨浦桥柴炭、下塘砖瓦灰泥等物,及运盐袋船只。”……搬运工搬运物资往往采用记件工资,如绍兴四年(1134)高宗诏曰:“杂买场依榷货务例,雇人串省陌钱,每贯支钱六文……般担钱至左藏库送纳,每贯支长短脚钱三文足。”①

(3)抄书人:南宋秘书监、国史院、日历所等中央政府机关,在短短的一百多年时间里编纂出了卷帙浩大的文献;而临安更是文人荟萃,著述成风。在编纂书籍的过程中,需要大量的人力帮助工作,抄书就是其中之一。例如朝廷国史日历所“修纂圣政文字浩瀚,本所人吏除见管额外,更不添置。如遇文字冗并日,依例雇工书写”。以至当时京城四百一十四行中出现了“写文字”一行。由于抄书者具有一定的文化知识,因此雇他们书写的价格相比之下要比其他工匠高得多。淳熙十六年(1189),日历所编修完成《日历》,“篇帙起自绍兴三十二年六月十一日至淳熙四年十二月,与自今接续所修日历通为一书,写成副本,约为约为二千卷。依淳熙六年体,每卷约五千字,雇工钱四百五十文。纸四十五张,刷黄纸二张,共合用雇工钱九百贯文”②。平均每十一字合一文钱。同年十二月二十六日,秘书监杨万里等言:“国史日历所修写《至尊寿皇圣帝日历》,进册三本,合行事件下项:照得今来修写进册,每本约计一千五百余万字,三本共计合用雇工钱九千余贯。”即四千五百多万字,共计付雇工钱九千余贯,折算起来为每万字两贯。淳熙年间,秘书省雇人抄书,“约计合书写五千万字,用钱五千贯省”③。每千字合一百文。

---

① 《宋会要辑稿》食货五四之一八。

② 《宋会要辑稿》职官一八之一〇四、一〇五。

③ 《宋会要辑稿》职官一八之三七。

嘉定六年(1213)五月一日,有官员谈及贡院誊录试卷的抄写者工钱时说:"诸处差到誊录人,多是游手,所得雇直,随手已尽。空身入院,每日食钱五百十文,既无斗籴处,往往就院买饭,日夜誊写,不休食,不饱腹。乞今后每人日支米二升半,令钱粮官点检,发赴誊录官,当官给散,以防吏辈减剋。"即抄写者的工钱是"每日食钱五百十文"①,但不知是铜钱还是会子。宋孝宗时,李焘的《续资治通鉴长编》写成后,朝廷诏令临安府提供笔札在李焘家抄录,临安府知府韩彦古"阴戒书吏传录,每一板酬千钱"②。属于私人偷录的副本,所以酬金比较高,每页一贯。

(4)轿夫:宝庆二年(1226),探花李昴英为了方便自己的频繁应酬,雇佣"轿番四名,每月二十余千(会子);书司、厅子二名,每月亦十五千"③。按此折算,轿夫每人每月的工资为会子五贯余,随从、秘书之类的书司、厅子每人每月会子七贯五百文。

(5)厨娘:临安的烹饪技艺达到较高的水平,"京都厨娘"的出现便是其中的标志。然而她们的身价极高,"非极富贵家不可用"。雇家除了花费大量的金钱让她们置办酒席外,还得出一笔大工钱。据洪巽《旸谷漫录》所载,宝祐年间(1253-1258),"其例每展会支赐或至千券数匹,嫁娶或至三二百千双匹,无虚拘者"。由此,连一些家底还可以的官员也感叹曰:"吾辈事力单薄,此等筵宴不宜常举,此等厨娘不宜常用。"④

(6)乐工:临安宫廷、官府和民间时常要举行各种礼仪活动,而这些礼仪活动往往有规模大小不一的乐器演奏,需要雇用大量的乐工。由于乐工是"技术"工,因此其工价要比普通工匠要高。如绍兴末年,朝廷所雇乐工在"肄习之日,日支食钱四百文"⑤。

---

① 《宋会要辑稿》选举六之一四。

② 《癸辛杂识》前集《韩彦古》,第38-39页。

③ 李昴英:《文溪存稿》卷二〇《第二家书》,暨南大学出版社1994年版,第217页。

④ 廖莹中:《江行杂录》,载陶宗仪《说郛》卷四七,载第5册第2168页。

⑤ 洪适:《盘洲文集》卷四三《乞减乐员札子》,《四部丛刊》本,第7页。

(十二)渡船过渡费和西湖游船租赁价格

1. 钱塘江渡船价格

南宋时,钱塘江是都城临安的重要交通乾道。如绍兴五年(1135)闰二月十三日,尚书省言:"车驾驻跸临安,四方辐凑。钱塘水阔流湍,全藉牢固舟船往来济渡。"为此,朝廷在钱塘江上设有浙江、龙山、西兴、渔浦四大渡口,配备数十只渡船,供浙江、龙山、西兴、渔浦四个渡口使用,"专一济度,不得他用"。①

嘉泰元年(1201),朝廷统一规定渡船过江的价格。除官员、军兵和僧道等凭证优免外,普通百姓每人每次一律付三十一文,先购买船脾一张,凭船牌过渡。如遇车轿、牛马济渡,也"折人"买牌。规定船"官牌钱"以十分为率,收入的十分之一上交给分管的两司,作为船只等的添置和修理费用;其余作为船工、水手的"雇值"。②

2. 西湖游船租赁价格

南宋西湖,游船如织。湖上除皇室所属的数只超大型的豪华御舟外,尚有上千只大小游船,其中仅名叫头船、楼船、大舫(或称画舫)的大船就有数百只。这些大型游船大小不一,"有一千料,约长五十余丈,中可容百余客;五百料,约长三二十丈,可容三五十余客"③。"皆精巧创造,雕栏画拱,行如平地。各有其名,曰百花、十样锦、七宝、戗金、金狮子、何船、劣马儿、罗船、金船、黄船、董船、刘船,其名甚多,姑言一二"④。大型游船,按其载重力大小,又可划分为头船、第二船、第三船、第四船、第五船、槛船、摇船等。头船自然是这些大船中最大的一种⑤,其名称也甚多,《武林旧事》卷三《西湖游幸》载道:"承平时头船,如大绿、间绿、十样锦、百花、宝胜、明玉之类,何翅百余。其次则不计其数,皆华丽雅靓夸夸竞好。"这些湖中的中小型船只,除极少数私用外,大多供游人租赁。其服务十分周到,"舟中所须器物,一一毕

---

① 《宋会要辑稿》方域一三之七。
② 《宋会要辑稿》方域一三之一五、一六。
③ 《都城纪胜·舟船》,载《南宋古迹考》(外四种),第90页。
④ 《梦粱录》卷一二《湖船》,第90页。
⑤ 厉鹗《湖船录》曰:"头船,大者谓之头船。马虚中诗:'贵家游赏占头船。'"

备,但朝出登舟而饮,暮则径归,不劳余力,惟支费钱耳"①。

当然,游船的租赁费用,视船只的大小、装修的豪华程度、租赁的时间及提供的服务多少等等,是有较大区别的。大致来说,装修豪华的大型游船,由于提供的服务项目较多,船只环境优美舒适,其租赁费用相对较高,平常百姓是无福享受的,只有富贵之家才用得起。因此,《西湖老人繁胜录》一针见血地指出:"节日大船,多是王侯节相府第及朝士赁了,余船方赁市户。"从租赁时间上来说,节日时由于租船的人较多,故价格较平时要高得多。如二月八日及寒食、清明时租船,游客还必须事先向船主预约。其租费,《梦粱录》卷一二《湖船》有载:"非二三百券不可雇赁。至日,虽小脚船亦无空闲者。船中动用器具,不必带往,但指挥船主一一周备。盖早出登舟,不劳为力,惟支犒钱耳。"据此可知,西湖游船的租金一般是一天二三百贯会子,这个价钱除了游船的租金,还包含了船上相关器具用品的租金。低于这个价是很难租到游船的,这还不包括游客给船上相关服务人员(如船夫、厨师等)的小费。

(十三)其他价格

1. 卜卦价格

算命、占卦在临安非常盛行,赵溍《养疴漫笔》载:"临安中瓦在御街上,士大夫必游之地,天下术士皆聚焉。"据文献记载,当时御街两旁"术士三百余人设肆",②中瓦子更是成了"天下术士皆聚"③之所,时有"衣山衣海(南瓦)、卦山卦海(中瓦)、南山南海(上瓦)、人山人海(下瓦)"之说④。中瓦子浮铺有西山神女卖卦、灌肺岭曹德明易课。御街里比较著名的占卜师有蒋星堂、玉莲相、花字青、霄三命、玉壶五星、草窗五星、沈南天五星、简堂石鼓、野庵五星、鉴三命、泰来星等。卜肆生意极其兴隆,每当夜市到来,算卦先生便来此卖卦,一直要忙碌到三更半夜。此外,其他大街小巷也有流动的盘街

① 《都城纪胜·舟船》,载《南宋古迹考》(外四种),第90页。
② 《西湖老人繁胜录》,载《南宋古迹考》(外四种),第114页。
③ 张端义:《贵耳集》卷下,中州古籍出版社2005年版。
④ 《西湖老人繁胜录》,载《南宋古迹考》(外四种)第116页。

卖卦人，著名者如心鉴、甘罗次、北算子。算命占卦的价格根据卦师的名气、算命者的身份和设铺的地段等而定。绍熙年间（1190－1194），“精于卜筮”的夏巨源，居临安中瓦，“每来卜者，一卦率五百钱”①。另一位中瓦术士杨二官人，结交了宫中权贵，“依之为课息……占必千钱”②，即一贯钱，这当是比较贵的价格了。

2. 油价

油是临安市民开门七件事之一。如吴自牧在《梦粱录》卷一六鲞条中说：“杭州城内外，户口浩繁，州府广阔，遇坊巷桥门及隐僻去处，俱有铺席买卖，盖人家每日不可缺者：柴米油盐酱醋茶。”因此，油价的高低对临安市民的生活有很大的影响。庆元年间（1195－1200），临安府的“油钱每斤不过一百会”③。由于灯油的价钱十分便宜，因此“巷陌爪札，欢门挂灯，南至龙山，北至北新桥，四十里灯光不绝。城内外有百万人家，前街后巷，僻巷亦然，挂灯或用玉栅，或用罗帛，或纸灯，或装故事，你我相赛。州府札山栅，三狱放灯，公厅设醮，亲王府第、中贵宅院，奇巧异样细灯，教人睹看”④。

二、物价管理

与民生密切相关物品价格的高低，关系着社会的稳定与否。高斯得《物贵日甚》一诗便对此作了表述：

自从为关以为暴，物价何止相倍蓰。
人生衣食为大命，今已剿绝无余遗。
真珠作襦锦作袴，白玉为饭金为糜。
苍天苍天此何人，遣此大疾谁能医。
无食吾欲食其肉，无衣吾欲寝其皮。
谁能为我覆八溟，一洗世界无疮痍。

---

① 《夷坚志》支丁卷五《夏巨源》，第1003页。
② 佚名：《鬼董》卷二，文渊阁《四库全书》本。
③ 《西湖老人繁胜录·街市点灯》，载《南宋古迹考》（外四种），第99页。
④ 《西湖老人繁胜录·街市点灯》，载《南宋古迹考》（外四种），第99页。

丝麻粪土被天下，菽粟水火赒民饥。

风后力牧不可起，吾辈碌碌安能追。①

由此，统治者将商品价格作为操纵轻重之权的重要手段。其常用的方法，一是通过货币的发行量来调节物价。但货币发行过多过滥，反过来又会影响物价。高斯得《物贵》一诗，就针对楮币发行过多而导致物价上涨的社会问题，作了激烈的抨击：

一从泉法乱，都野咸荒荒。

片楮毋偏重，无子相低昂。

奸人窃其权，百物因大翔。

握薪重寻桂，尺鱼贵河鲂。

我闻辇毂下，鞅法半毛详。

物物揭成价，大字悬康庄。

肮鲍榷公肆，饼师聚官场。

市易祖嘉问，均输肖弘羊。

罻罗四面布，摇手触刑章。

哀哉今之人，逢时何不祥。

谷斛八钱汉，米斗三钱唐。

安得生其时，鼓腹咏太康。②

在民间的商品交易活动中，统治者一般对商品价格不再干预，市场的商品价格任由商人们自行决定。于是，通过激烈的市场竞争，大商人及由其主要控制的商业行会对商品价格的影响力变得非常大。如《梦粱录》载都城粮米贸易时，"城内外诸铺户，每户专凭行头于米市做价，径发米到各铺出粜。铺家约定日子，支打米钱"③。故时人感叹道："市价起于何人？不出于民，不

① 高斯得：《耻堂存稿》卷七，《丛书集成》初编本，第129页。

② 《耻堂存稿》卷六，第109页。

③ 《梦粱录》卷一六《米铺》，第149页。

出于官,而出于谋利之商贾。"①

即使对粮食这种特殊的商品,其市场价格管制也逐渐呈多样化与市场化的倾向。在粮价平稳的情况下,统治者一般不作干预。但在米价过贱或米价过高的特殊情况下,统治者往往利用市场的手段巧妙地调控都城的粮价。如绍兴五年(1135),"行在斗米千钱,时留守参政孟庾、户部尚书章谊不抑价,大出陈廪,每升粜二十五文,仅得时价四之一,既于小民大有所济。次年米贱,令诸路以上供钱收粜,复多赢余。况村落腾踊极不过三两月,民若食新,则价自定矣"。② 咸淳元年(1265)闰五月,临安一带久雨成灾,粮食生产受到很大的影响,京城缺粮严重,于是"京城减直粜米三万石。自是米价高即发廪平粜,以为常……丁巳,以钱三十万命临安府通变平物贾"③。

二是以行政和法律的手段打击市场垄断。李心传《建炎以来系年要录》就记载了绍兴二十六年(1156)发生的这样一件事:即钱塘县民杨康向有关部门呈状,想每年缴纳卖羊抽分牙利钱二万三千缗,承包太庙、景灵宫大小酌献支用,并买献内膳、御膳羊七百二十口,总计钱一万缗。并要求有关部门"自今猪羊圈交易,并不许余人干预"。此事下达到临安府后,激起了御史中丞汤鹏举、起居舍人权给事中凌景夏、中书舍人吴秉信三位大臣的不满,他们认为杨康在天子眼下搞市场垄断,实在是"轻量朝廷,欲擅一府屠宰之利",希望送大理寺治罪。结果,这一建议得到了高宗的允准。④ 但这样的事例,在南宋一朝极为罕见。

三是动用国家储备的战略物资来遏止物价。如绍熙五年(1194)淮东、两浙地区大旱,临安米价飞涨,朝廷就动用军粮来投放市场,平抑粮价。同时,有官员向皇帝上奏建议禁止遏籴,疏通商道,让江西等地的粮食能够顺利地贩运到都城来。是年闰十月,彭龟年的上奏就说明了这一点:

---

① 黄榦:《勉斋集》卷一二《复吴胜之湖北运判》,文渊阁《四库全书》本。

② 董煟:《救荒活民书》卷上,文渊阁《四库全书》本。

③ 《宋史》卷四六《度宗纪》,第894页。

④ 《系年要录》卷一七二,绍兴二十六年五月丙辰,第2840页;《宋会要辑稿》刑法二之一五三。

窃见今岁淮东、两浙多被旱潦，如常、润、扬、楚、盱眙等处，当此收成之时，斗米至为钱四百上下，无下三百足陌者。近日行都米价顿增，至烦朝廷辍军储给粜，以纾目前，而米价依旧不减。异时春秋之交，必大翔踊，实为可虑。访闻江西南北州军间有丰稔去处。设使就彼和籴，又恐官司交易，易得成扰。收籴津运，倍有所费。据臣愚见，不若通商最为上策。欲望圣慈行下三路漕司，俾之约束沿流州县，不得遏籴。如商旅米舡，特免力胜税钱，至岁终而止，不得妄以他货阻滞。客旅如果有他货，令所至州军勒客人别用舟装载，依法收税，仍关报前路官司，从漕司多出榜文，晓谕商旅闻此，必须方舟而下，不特移粟之惠可以救民，而盐课必增，亦以利国事，莫便于此者，伏候进止。①

第二节 商税

一、商税的征收

（一）宋代的商税制度

宋代的商税制度基本上沿袭唐代，并根据本朝的情况略有修改。元代史学家马端临在《文献通考》中曾对宋代的商税制度作过概述：

关市之税，凡布帛、什器、香药、宝货、羊彘，民间典卖庄田店宅、马牛驴骡橐驼及商人贩茶盐皆算。有敢藏匿物货为官司所捕获，没其三分之一，以其半畀捕者。贩鬻而不由官路者，罪之。有官须者十取其一，谓之抽税……凡州县皆置务，关镇或有焉，大则专置官监临，小则令、佐兼领，诸州仍令都监、监押同掌之。行者赍货，谓之过税，每千钱算二十；居者市鬻，谓之住税，每千钱算三十。大约如此，然无定制，其

① 彭龟年：《止堂集》卷五《论淮浙旱潦乞通米商仍免总领司籴买奏》，文渊阁《四库全书》本。

名物各从地宜而不一焉。①

上述所谓的"过税",乃是商人长途贩运过程中沿途各税务、场所征之税。在宋代,官府于交通要道、各枢纽之处都设有税务、税场,向过路的商人征收商税。每次过税,按规定的税率为千分之二十。如果商人在长途的贩运过程中要经过多处税务或税场,则要缴纳多次的过税。如绍兴九年(1139)大臣陈渊上奏,言从衢州至临安三百多里的路程,"应税者凡七处,使其每处止于三十而税一,不为多矣",然到临安时已税三十之七,即近四分之一。② 乾道六年(1170),户部尚书曾怀上言,自行在至建康,沿路征税多处,契勘临安府长安闸、平江府平望、常州、望亭、横林、镇江府吕城、丹徒镇五去处,前后税务地理因密,乞行减罢。内临安府除省额税务外,又于黑亭子、四板桥、龙山、儿门、白塔、赤山、九里松等处设关铺,以栏税为名,而苛细收取。并乞先罢。同年六月十八日,诏减罢行在至建康收税处所与临安府非法收税点。③ 为了避免官府税务、税场的多次征税,一些胆大的商人便设法绕路逃税,为此,官府又有"贩鬻而不由官路者罪之"的规定。沿途税务、税场征税后,发给商人文引(又称公引、关引)以资证明。有时由于货物品类等特殊情况,也采取由始发地官府发给长引,到达目的地后一并计税的办法。所谓"住税",实则是交易税,它不仅包括坐贾居市出鬻征税,也包括生产经营者出卖产品所征税和行商将贩来货物出卖给坐贾时所征税。总之,凡属商品交易,都要在交易地缴纳住税。④

与北宋一样,南宋统治者对商人偷税、逃税是要治罪的。如庆元六年(1200)五月七日,中书门下省言:"临安府城内诸行铺户买卖金银、匹帛之类,如系将带出门首,自合于都税务回纳税钱。访闻栏头书手等人与铺户有仇,辄将不合收税对象,妄作漏税告首,致被断罪。号令追赏,委实骚扰。"诏

① 《文献通考》卷一四《征榷考一 · 征商 · 关市》,第 145 页。

② 陈渊:《默堂集》卷一二《十二月上殿札子》,文渊阁《四库全书》本。

③ 《宋会要辑稿》食货一八之五。

④ 参见汪圣铎《两宋财政史》上册,中华书局 1995 年版,第 293 页。

令本府今后仔细究实,如委是不合收税,即将首人重行断罪。①

(二)临安的税务机构及商税

1. 临安的税务机构

为了管理临安的税务,朝廷在都城设立了数个税务机构。据《梦粱录》卷一〇《本州仓场库务》载:临安"税务凡五处,名曰都税务、浙江税务、龙山税务、北郭税务、江涨税务。但州府虽有税务之名,则朝家多有除放,以便商贾"。临安的税务机构,地域分布如下:

都税务,为都商税务或都商税院的简称,"掌收京城商旅之算,以输于左藏"②。它是临安府的商税征收机构。由唐代的"市署令"发展而来。在坝头市东、大和桥北。据葛邲言,"辇下都税务,绍兴间所趋茶盐,岁以一千三百万缗为额。乾道六年后,增至二千四百万缗"③。

浙江税务,在浙江岸跨浦桥南。赵伯骕曾监临安府市舶务、浙江税务。④

龙山税务,在嘉会门外浙江岸龙山之东。该机构早在北宋时便已经设立,如大理评事唐埛尝监龙山税务。⑤ 张即之也曾先后监临安府楼店务、龙山税务。⑥

北郭税务,在余杭门外,旁边有北郭驿亭。始设于五代吴越国时。据北宋苏轼《东坡志林》卷二载:"钱塘寿禅师,本北郭税务专知官,每见鱼虾辄买放生,以是破家。后遂盗官钱为放生之用,事发,坐死,领赴市矣。吴越钱王使人视之,若悲惧如常人即杀之,否则舍之。禅师澹然无异色,乃舍之,遂出家。"南宋淳祐六年(1246),安抚赵与簒重建。⑦

江涨桥税务,在江涨桥镇市。

红亭税务,在崇新门外。始设于南宋初年,至乾道年间(1165-1173)犹

① 《宋会要辑稿》食货一八之二二。

② 《宋史》卷一六五《职官志五》,第3908页。

③ 《宋史》卷三八五《葛邲传》,第11827页。

④ 周必大:《文忠集》卷七〇《和州防御使赠少师赵公神道碑》。

⑤ 陈襄:《古灵集》卷一《太子中允降授大理评事唐埛》。

⑥ 《宋史》卷四四五《张即之传》,第13145页。

⑦ 《咸淳临安志》卷五五《官寺四·仓场库务等》,载《宋元方志丛刊》,第3846页。

存。陆游《入蜀记》卷一曾载："买小舟出北关，登漕司所假舟于红亭税务之西。"潜说友《咸淳临安志》载"外沙河南自竹车门，北去绕城，东过红亭税务"。并注明"今废"①，说明这个税务机构到咸淳年间已经废除了。故此，吴自牧《梦粱录》只载临安城的税务机构为五处。

此外，尚有市舶务和酒务等与税务相关的机构。市舶务一处，设在保安门外、诸家桥之东。五处酒务，分别是：都酒务，在清河坊西；南比较务，一名武林园，在坝头市南；北比较务，一名虎跑泉，在后洋街；龙山酒务，在龙山白塔岭下；江涨桥务，在江涨桥镇市。②

2. 临安的商税

南宋时，临安的工商业如此发达，因此税收也是相当巨大。所以，蒙古兵占领临安以后，非常注意此城的税收。《马可波罗行纪》云：

> 凡关涉此城之事，悉具广大规模。大汗每年征收种种赋税之巨，笔难尽述。其中财富之广，而大汗获利之大，闻此税而未见此事者，必不信其有之。③

在这一时期，临安的商税较北宋时期有了飞速的增长。如孝宗淳熙年(1174－1189)中，临安府城内外及诸县岁入商税钱一百零二万余缗④，这与北宋东京地区熙宁十年(1077)的岁入四十九万八千五百十一贯、元丰八年(1085)年岁入五十五万二千余贯相比⑤，钱数足足增加了一倍左右。

据《咸淳临安志》卷五九《商税》记载，临安"五税预元额，自赵安抚与簋申请减放外，一岁共收四十二万贯文为额"。其中，"都税务，一十五万五千三百一十三贯一百五十八文；浙江税务，八万一千八百一十贯二文；北郭税务，一十万八百九十贯四白四十三文；龙山税务，三万六千九百六十八贯九

① 《咸淳临安志》卷三五《山川十四·外沙河》，载《宋元方志丛刊》，第3675页。

② 《乾道临安志》卷二《仓场库务（钱监作院附）》载："乾道二年五月二十五日，户部侍郎曾怀申请并归户部赡军库，取二年所趁息钱，以一年酌中之数为额，却干赡军库收趁息钱，内拨还临安府。奉圣旨依奏。"载《南宋临安两志》，第38页。

③ 《马可波罗行纪》，第573页。

④ 《建炎以来朝野杂记》甲集卷一四《景祐庆历绍兴盐酒税绢数》，第290页。

⑤ 方勺：《泊宅编》卷一〇，中华书局1983年版，第57页。

百一文;江涨税务,四万五千一十七贯六百四十七文”。从记载来看,商税比过去有了惊人的增长。仅浙江场,其税额就十分接近杭州城熙宁十年的税额;而北关(郭)镇则以十万余贯的巨额税远超之。

临安府诸镇场的商税①(单位:贯)

	熙宁十年税额	咸淳税额	增长率
全府(州)税额	185 813	减收后共收 420 000	126.03%
在城	82 173	都税务 155 313	89.01%
浙江场	16 447	81 810	397.42%
龙山场	2 992	36 969	1135.59%
江涨桥镇	2 806	45 018	1504.35%
北郭镇		100 890	

需要说明的是,如北宋杭州一样,酒税在临安的商税中占有举足轻重的地位。绍兴三年(1133)十月十九日,知临安府梁汝嘉言:“临安府素号会府,前此费用悉藉酒税,今日事体既倍于昔,费用滋广,而酒税之利益薄。盖税课以驻跸之地,或多蠲除,而酒课比之往时十无三四。乞给降度牒五百道,以周给阙。”诏令礼部给降两浙路空名度牒三百道,付梁汝嘉,专究造煮酒支用。② 绍兴三十一年(1161)正月六日,权户部侍郎赵子潚、钱端礼更是明确指出:“财用之源,实出酒税。”③

(三)临安的逃税、偷税现象

需要指出的是,临安也存在着比较严重的逃税、偷税等现象。如《鬼董》卷五载:“训与兴国、孝忠自京口舟行,宝、林青、彭八自建康宣城陆行,会于北关。宝先贩药时,尝倩顾八船,往来多与之资,使匿税,又时商客杂沓,顾八不以为怪也。”

① 参见龙登高《宋代东南市场研究》,云南大学出版社 1994 年版,第 71 页。

② 《宋会要辑稿》食货二〇之一五。

③ 《宋会要辑稿》食货二一之一。

二、商税的减免

临安"虽有税务之名"，然而朝廷为了让"商贾诸货壅于杭城"，往往采取减税的办法，吸引外地商人来都城经商。如潜说友《咸淳临安志》卷五九《商税》曰："朝廷免税指挥：景定改元以来，朝廷务平物价纾民力，节次降黄榜指挥免税，仍令本府具合收钱数，申尚书省科还。咸淳二年二月十三日，准指挥免税。五月自后接续展放，常以五月为期，每五月照本府征额，拨十八界一十七万五千贯以补郡计，至今行之。藏于市，出于涂者，莫不鼓舞。上赐亦前代所罕有也。"

在南宋，朝廷减免税钱有以下几个原因：

一是原税率过多，不利于经济的发展和社会的稳定等，遂调到相对合理的税率。如绍熙四年（1193）三月四日，准临安府言，减免余杭、富阳两县税务。当时，临安府上言略云：余杭、富阳两县，税务比他县课额素重，将村落土产竹木等不到务之物，抑令乡民遥认。税钱重为民患。今乞自绍熙四年为始，将两县务税额内富阳县岁趋五万六千余贯通减七千贯，余杭县岁趋四万四千余贯，通减五千贯，下两县税务，不得出违五里之限邀栏税物，及不得以乡村土产不到务之物，以钓税为名，横取税钱。许被扰人赴府陈诉，追究得实，专栏决配，监官按劾。①

二是发生灾害时，对特定的商品，如粮食或建筑材料等采取减免税率的措施。如嘉泰四年（1204）三月四日，因临安府大火，烧毁房屋无数，急需竹木建房。凡官民与贩及收买竹木等与免收税两月。十日，又诏客人愿往出产州军与贩竹木等物赴临安府出卖，仰于两浙运司陈状，给据前去，沿路州军税钱与免三分之一。至临安府城下者，全免。② 又，嘉定十三年（1220）十一月壬子，临安府火。大火烧毁城内外数万家，"禁垒百二十区"③。著作郎吴泳上疏曰："京城之灾，京城之所见也。四方有败，陛下亦得而见之乎？夫

① 《宋会要辑稿》食货一八之一九、二〇。

② 《宋会要辑稿》食货一八之二三。

③ 《宋史》卷六三《五行志二上》，第1384页。

惨莫惨于兵也，而连年不戢，则甚于火矣；酷莫酷于吏也，而频岁横征则猛于火。闽之民困于盗，浙之民困于水，蜀之民困于兵。横敛之原既不澄于上，苞苴之根又不绝于下，譬彼坏木，疾用无枝，而内涸之形见矣。”①宁宗不置可否。二十七日，诏官员户与贩及收买竹木、砖瓦、芦箔等，今两浙转运司行下临安府并出产及经由州军与免抽解税两月，仍札下临安府严立罪当晓示行铺户并不得高抬价值出卖，如违仰本府密切觉察，将犯人重作断治。以是月二十六日临安府居民遗漏，从中书门下请也。② 绍定五年（1232）二月，因去岁临安大火，烧毁官署民房颇多，急需盖房砖瓦、竹木。己酉，蠲砖瓦、竹木、芦箔之征。③

三是其他原因，如国家军事需要等。如绍兴二十七年（1157）八月二十四日，诏：殿前司收买造军器，筋角、牛羊皮、箭苛条铁，可与免临安府及沿路收税。④ 宋宁宗开禧元年（1205）二月，诏蠲临安府历年积欠酒税共十八万缗有奇。⑤ 淳熙五年（1178）十二月，免收临安府并属县百货税一年。诏：临安府驻跸之地，理宜优恤，颇闻征税稍重，是致物价未平。可自淳熙七年正月一日为始，府城内外并属县应干百货并免收税一年。其税额合纳钱已令内藏库等处对数补还。如官司辄敢违戾收税，许被收税人径赴御史台越诉，许本台具奏，取旨施行。仍令尚书省出黄榜降付本府并属县晓谕。⑥

---

① 杨士奇等：《历代名臣奏议》卷三〇九《灾祥》，上海古籍出版社 1989 年版，第 4001 页。

② 《宋会要辑稿》食货一八之二九。

③ 《宋史全文》卷三二，第 2177 页。

④ 《宋会要辑稿》食货一七之四四。

⑤ 《宋史》卷三八《宁宗纪二》，第 737 页。

⑥ 《宋会要辑稿》食货一八之二〇。

第十三章　商品的输入

第一节　商品的输入

一、食品的输入

(一)米的输入

临安人烟稠密,城内外不下数十万户,其人口最盛时达到一百五十万。据吴自牧《梦粱录》所云,都城每日街市食米,细民所食,每日城内外不下一二千余石。① 而要加上"府第、官舍、宅舍、富室及诸司有该俸人"的食米量,则数量还要加上一倍。如周密《癸辛杂识》续集上《杭城食米》云:

> 余向在京幕,闻吏魁云:"杭城除有米之家,仰籴而食凡十六七万人。人以二升计之,非三四千石不可以支一日之用,而南北外二厢不与焉,客旅之往来又不与焉。"

又周密《武林旧事》卷六《小经纪》云:

> 俗谚云:"杭州人一日吃三十丈木头。"以三十万家为率,大约每十

① 《梦粱录》卷一六《米铺》,第148页。

家日播槌一分。合而计之，则三十丈矣。

按：周密为宋末元初人。因此，他这里说的“向在京幕”，显然是指南宋末年的京师临安。

临安城内外居民食用的米，主要就来自浙西的苏、湖、秀三个州。当时，“苏、湖、秀三州，号为产米去处，丰年大抵舟车四出”。① 其中，以湖州米运入临安最多，所以临安北关门外有一以其地命名的镇市——“湖州市”。《梦粱录》一书对此多有记载，如：

杭州里河……又有大滩船，系湖州市搬载诸铺米……船只。（卷一二《河舟》）

湖州市、米市桥、黑桥俱是米行，接客出粜。（卷一六《米铺》）

又，洪迈《夷坚志》亦有湖州人运米赴临安的记载，更可见其盛况：

沈持要枢，湖州安吉人。绍兴十四年，妇兄范彦辉监登闻鼓院，邀赴国子监秋试。既至，则有旨：“唯同族亲乃得试，异姓无预也。”范氏亲戚有欲借助于沈者，欲令冒临安户籍为流寓，当召保官，共费二万五千。沈不可，范氏挽留之，为共出钱以集事。约已定，沈殊不乐。而湖州当以八月十五日引试，时相去才二日耳，虽欲还，亦无及。是日晚，忽见室中长人数十，皆如神祇。叱之曰：“此非尔所居，宜速去。不然，将杀汝。”沈惊怖得疾，急遣仆者买舟归。行至河滨，见小舟，呼舟人平章之，曰：“我安吉人，贩米至此，官方需船，不敢归。若得一官人，当不取其僦直。然所欲载何人也？”曰：“沈秀才。”复询其居，曰：“吾邻也。虽病，不可不载。”即率舟人共舁以登。薄暮出门，疾已脱然如失。十六日早，抵吴兴城下……②

此外，常州、秀州、镇江、婺州等处也有米船贩往临安的现象。如施谔《淳祐临安志》卷一〇《城外诸河》云：

① 王炎：《双溪类稿》卷二一《上赵丞相》，文渊阁《四库全书》本。

② 《夷坚志》甲卷一九《沈持要登科》，第172页。

> 城外运河，在余杭门外东新桥之北，通苏、湖、常、秀、镇江等河。凡诸路纲运及贩米客船，皆由此河达于行都。

另据方回《古今考续考》卷一八载：

> 予见佃户携米或一斗，或五七三四升，至其肆，易香烛、纸马、油盐、酱醯、浆粉、麸面、椒姜、药饵之属不一，皆以米准之，整日得米数十石，每一百石舟运至杭、至秀、至南浔、至姑苏粜钱，复买物货归售水乡佃户如此。

而距离较远的淮南、广东、江西、湖南等地同样有米贩运到都城临安来卖。例《梦粱录》卷一六《米铺》云："然本州所赖苏、湖、常、秀、淮、广等处客米到来。"其中，两广地区的米质量较好，朱熹说："今二广之米，舻舳相接于四明之境。乘时收籴，不至甚贵，而又颗粒匀净，不杂糠粃，干燥坚硕，可以久藏。"①再通过浙东运河，从四明运到都城临安。江西、湖南等地的米，则通过长江输入到临安。如《宋会要辑稿》食货一七说江西稻米运销于浙中云："（绍兴）十五年八月十三日，上宣谕宰臣曰，'朕谓天下之物，有不当税者甚多，如柴面之类是也。'（秦）桧奏曰：'如去岁浙中艰食，陛下令不收米税，故江西诸处客贩俱来，所全活者不可胜计。'"又，朱熹说湖南稻米输入临安时云："京师月须米十四万五千石，而省仓之储多不能过两月。公请给南库钱以足岁籴之数，又籴洪吉潭衡军食之余，及鄂商船，并取江西湖南诸寄积米，自三总领所送输，以达中都，常便及二百万石，为一岁备。"②全汉昇经过认真细致的深入考证后认为，湖南、江西等地的米输入临安，是很明显的事实，因为临安在当日是江浙中人口最密集的消费都市，当然有输入这些稻米的需要。③

（二）酒的输入

南宋临安名酒众多，既有本地御库、三省激赏库、殿司等处所产的蔷薇

① 《晦庵集》卷二六《上宰相书》。
② 《晦庵集》卷九四《敷文阁直学士李公（椿）墓志铭》。
③ 全汉昇：《南宋稻米的生产与运销》，载《南宋史研究论丛》上册，杭州出版社2008年版，第196页。

露、流香、宣赐碧香、思春堂、凤泉、玉练槌、有美堂、中和堂、雪醅、真珠泉、皇都春、常酒、和酒、皇华皇等，也有来自全国各地的名酒，如：扬州的琼花露，湖州的六客堂，苏州的齐云清露、双瑞，东总的爱山堂、得江，江阃的留都春、静治堂，海阃的十洲春、玉醅，西总的海岳春，江东漕的筹思堂，秀州的清若空，越州的蓬莱春，镇江的第一江山、北府兵厨、锦波春、浮玉春，建康的秦淮春、银光，温州的清心堂、丰和春、蒙泉，严州的萧洒泉，常州的金斗泉，衢州的思政堂、龟峰，婺州的错认水，兰溪的谷溪春，等等。① 此外，常州宜兴、衢州龙游两县的酒也曾在京城销售，如张端义《贵耳集》卷下就对此作了非常生动的记载："袁彦纯尹京师，专留意酒政，煮酒卖尽，取常州宜兴县酒、衢州龙游县酒在都下卖。御前杂剧：三个官人，一曰京尹，二曰常州太守，三曰衢州太守。三人争座位，常守让京尹曰：'岂宜在我二州之下。'衢守争曰：'京尹合在我二州之下。'常守问云：'如何有此说？'衢守云：'他是我两州拍户。'宁庙亦大笑。"

下面择要介绍数种临安所售的外地名酒：

1. 琼花露

琼花露为扬州所产的名酒，盛如梓《庶斋老学丛谈》卷下云：

> 昔在宋时，建制阃于扬，事大体重，既兼州事，又以调度浩繁，仍兼盐司财计，可以那融，仓场库务尤多。仓有常平屯田桩管，大军平籴交受。赵节斋又建百万仓库，有军资激赏钱物，分制司帅司有犒赏公使者四。又有受给排办从物等库。酒库有都造公使整暇集思。酒旧名云液，坡诗"扬州云液却如酥"，后名琼花露。

又，元刘壎《隐居通议》卷二一云：

> 陈丞相文龙咸淳初为太学生。是年学中引放公试之旦，适奔驰弗及。既至公闱，则试者毕入，已扃钥绝关矣。公既弗得入，亟陈于当国者。贾师宪特笔送入试。已而同舍生忌公才名，幸其不试。又以为此

① 《武林旧事》卷六《诸色酒名》，第101－102页。

贾相送至，有司必观望私取，则有妨同进。竟白于监试者。卒不启关。公以此终不得试，惟以一启谢庙堂，当时传诵……启曰：……既上，贾师宪嘉其材，馈以琼花露百瓶，盖扬州名酒也。

从上述文献的记载中可知，琼花露酒的历史可以推溯到北宋，时名云液，苏轼曾有诗赞美它。到南宋时才改名为琼花酒，成为当地的名产，是人们馈送亲友的佳品。

2. 六客堂

六客堂原为湖州府署中的主要建筑，明彭大翼《山堂肆考》述六客堂的来由说：

堂在湖州郡治园中。宋元祐中，知州张询作《六客词》序云："昔李公择为此郡，张子野、刘孝叔在焉，而杨元素、苏子瞻、陈令举过之，会于碧澜堂。子野作《六客词》，传于四方。今仆守是邦，子瞻与曹子方、刘景文、苏伯固、张乘道来过，与仆为六，而向之六客，独子瞻在。故复继前作，子野为前《六客词》，子瞻为后《六客词》。①

南宋时，湖州府将官府所产的酒命名为六客堂，知名于时。

3. 齐云清露、双瑞

齐云清露和双瑞两种酒，均为苏州所产。其中，"双瑞"酒名来源于苏州府署的双瑞堂。双瑞堂旧名西斋，绍兴十四年郡守王唤建，前有花石小圃，为休闲的好去处。绍熙元年(1190)，长洲有瑞麦四歧，及后池出双莲，郡守袁说友葺西斋，以双瑞名堂，以识嘉祥。范成大作《双瑞堂记》：

绍熙初元夏四月，吴郡袁使君为政之再阅月也。长洲之彭华乡，以瑞麦献。又三月，木兰后池以瑞莲献。麦两歧，已坚栗可刈，歧间复出新苗，玉枝青葱，且秀且实。后十日，又歧于新苗之半，亦秀实如前。按瑞图，麦自两歧至九歧者有矣，未闻枯茎之稊，一再重出，青黄殊色而三颖俱茂，有生生不穷之意，盖创见云。莲则共蒂异花，连理并秀，丰腴适

① 彭大翼：《山堂肆考》卷一七三《宫室·堂》，文渊阁《四库全书》本。

相当,亦奇产也。吏民欢喜,谓造物者效珍发祥,工深巧妙,非贤使君孰能致此?又谓:使君辱临吾州,政尔暖席,而嘉瑞辄应,何其速耶?余闻神人精祲之交,其迹固相绝远,一念感通,则和同无间,直瞬息顷尔,固未可速计也。方使君持节按刑时,以柱后惠文绳,郡县弗虔,官吏累足,立逐捕剧贼,血其鲸鲵,风采烈于秋霜。朝廷第最课进,直中秘书,就牧此邦。吴人憺其威名,相与屏气惕息。使君一日过范村,从容为余言:"向吾以衣绣持斧为职,知饬法锄奸而已。今为郡守,号称民父母,当有恻怛之爱,拊摩惸鳏,若乳保之于赤子,使百姓知吾此心,庶几有不忍欺者,虽蒲鞭且弗愿用,况于桁杨敲扑乎?"余矍然起贺,曰:"公此心当与天通,人固未能户知,神者其知之矣。"阅时亡几,而叶气薰翔,被于珍物,岂非一念之感,如鼓应桴,有不疾而速,不召而至欤!是岁秋,大熟,政成人和,庭讼稀简,郡廓廓无事,曩之蕲望于民者,皆如本指,益知祥应之不虚。于是,部使者暨府县之宾佐,皆画图以传,赋诗以相倡酬,犹谓未足传久远。且春秋有年、大有年,皆以喜书,今兹乐岁善收,瓯窭污邪,无不满望,二瑞实兆其祥,尤不可以弗识。乃以双瑞名郡之东堂。余又为原其所以致祥者为之记,因以附见有年之喜,亦春秋之遗意焉。使君名说友,字起岩,建阳人。嘉平日,石湖范成大记。①

双瑞酒因此而名。

4. 清心堂

清心堂在温州旧郡治,宋守吕由诚诗:"夜榻卧看池上月,晓窗吟听竹间风。此心所得无多事,要在灵源一点通。"又,杨蟠诗:"前后坐堂上,饮水皆自持。其间贤太守,谁独畏人知?"后来,温州官署所酿的酒便命名为清心堂。范成大曾在府衙与友人饮过这种酒。②

5. 丰和春

丰和春酒也是温州所产,《瓯江逸志》载:"唐人酒多以春得名,如抛青

---

① 孔凡礼辑:《范成大佚著辑存》,中华书局 1983 年版,第 165 - 166 页。

② 《范石湖集·诗集》卷一七《九月十九日衙散回,留大将及幕属,饮清心堂观晚菊,分韵得噪暮字》,中华书局 2006 年版,第 230 页。

春、松醪春之类。永嘉丰和春，亦著名《酒史》，盖仿于唐也。”①

6. 秦淮春

建康（今江苏南京）的秦淮春酒，酒名源于内翰程珌《题朝阳亭》诗中“修鳞烂银瓶，更酌秦淮春。配此玉豉羹，了无一物俗”的诗句。②

7. 北府兵厨

北府兵厨为镇江所产的名酒。罗大经《鹤林玉露》丙编卷四对这种酒有比较详细的记载：

唐子西在惠州，名酒之和者曰“养生主”，劲者曰“齐物论”。杨诚斋退休，名酒之和者曰“金盘露”，劲者曰“椒花雨”。尝曰：“余爱椒花雨，甚于金盘露。”意盖有为也。余尝谓，与其一于和、劲，孰若和、劲两忘。顷在太学时，同舍以思堂春合润州北府兵厨，以庆远堂合严州潇洒泉，饮之甚佳。余曰：“不刚不柔，可以观德矣；非宽非猛，可以观政矣。”厥后官于容南，太守王元邃以白酒之和者、红酒之劲者，手自剂量，合而为一，杀以白灰一刀圭，风韵顿奇。索余作诗，余为长句云：“小槽真珠太森严，兵厨玉友专甘醇。两家风味欠商略，偏刚偏柔俱可怜。使君袖有转物手，鸬鹚杓中平等分。更凭石髓媒妁之，混融并作一家春。季良不用笑伯高，张竦何必讥陈遵。时中便是尼父圣，孤竹柳下成一人。平虽有智难独任，勃也未可嫌少文。黄龙、丙魏要兼用，姚、宋相济成开元。试将此酒反观我，胸中问学当日新。更将此酒达观国，宇宙皆可归经纶。书生触处便饶舌，以一贯万如斲轮。使君闻此却绝倒，罚以太白眠金尊。”

8. 锦波春

锦波春是镇江所产的名酒。张元幹《水龙吟·周总领生朝》词云：

水晶宫映长城，藕花万顷开浮蕊。红妆翠盖，生朝时候。湖山摇曳、珠露争圆，香风不断普熏，沉水似瑶池，侍女霞裾缓步寿。烟光里霖

---

① ［清］雍正《浙江通志》卷一〇七《物产七·温州府》，中华书局2001年版。

② 周应合：《景定建康志》卷三七《文籍志五·诗章》，载《宋元方志丛刊》，第1951页。

雨，已沾千里兆丰年。十分和气，星郎绿鬓，锦波春酿，碧筩宜醉，荷橐还朝，青毡奕世，除书将至，看巢龟戏叶，蟠桃着子，祝三千岁。①

据此可知，时人用这种酒作为寿酒。

9. 第一江山

第一江山为镇江的名酒，该酒名来自宋人吴琚为镇江府北固山山上甘露寺榜书的“天下第一江山”额。官府以此名酒，知名于时。刘宰有诗曰：

第一江山酒两壶，送君鼓箧入皇都。
直须第一收名第，莫使江山擅美呼。②

10. 清若空

秀州（今浙江嘉兴）的清若空，酒名源自唐代大诗人李白的“玉壶美酒清若空”的诗句。③ 南宋孙觌有诗赞此酒曰：

翠木苍藤缭白沙，槿篱茅店野人家。
了无狡兔营三窟，只有黄蜂趁两衙。
树头猎猎酒旗风，罨画溪边卖酒翁。
银瓶快泻清若空，令君一笑面生红。④

又，李处权《岁晚诸君送酒赋长歌以谢之》诗云：

满壶倾泻清若空，一酹衰颜返丹渥。
此物难从俗士论，古今与世收奇勋。⑤

陆游《半丈红盛开》诗：

满酌吴中清若空，共赏池边半丈红。
老子通神谁得似，短笻到处即春风。⑥

---

① 张元幹：《芦川归来集》卷七，文渊阁《四库全书》本。
② 刘宰：《漫塘集》卷一《送张端质上春官》，文渊阁《四库全书》本。
③ 李白：《李太白文集》卷二《前有樽酒行二首》。
④ 孙觌：《鸿庆居士集》卷五《罨画溪行》，文渊阁《四库全书》本。
⑤ 李处权：《崧庵集》卷三，文渊阁《四库全书》本。
⑥ 《剑南诗稿》卷三四，载《陆游集》，第892页。

陈造《百花楼》诗：

楼中香漂百和浓，楼下锦缬翻东风。
玉樽美酒清若空，吴姬妆面相映红。
人生一笑不易得，是间一醉千金直。
元龙百尺君勿论，芳时且可金杯侧。①

从上述这些诗中可以看出，清若空酒深受当时文人士大夫的喜爱，更为当地妓院的必备酒。

11. 蓬莱春

蓬莱春为绍兴府所产的名酒。南宋张端义《贵耳集》卷上曾云及此酒：

寿皇忽问王丞相淮及执政，近日曾得李彦颖信否？臣等方得李彦颖书，绍兴新造蓬莱春酒甚佳，各厅送三十樽。寿皇曰："此间思堂春不好。"宰执郄不敢受。嘉定以来有珠玉之贡，闻此可愧矣。

12. 思政堂

思政堂为衢州官署中的一座主要建筑。南宋周必大《归庐陵日记》载："壬寅，雨。毛平仲开提干自烂柯石桥相访，赴州会于思政堂。堂颇宏丽，张嵲巨山所造。"②思政堂酒便由此而名。

13. 双鱼酒、金波酒

双鱼酒、金波酒为明州（今浙江宁波）所产。是时，城中"（月湖）北有酿泉，其甘如蜜。当时酒务于此焉设。曲车沉沉，双鱼最冽。贡之天子，御尊所列"③。由此可见，双鱼酒由于质量好，曾成为贡品。而当地的百姓更是看重此酒，泗水潜夫《名酒记》云："酒出明州者，曰金波酒。舒信道（亶）四明杂诗注：俗重双鱼酒。"

---

① 《江湖长翁集》卷七。

② 《文忠集》卷一六五《起隆兴癸未三月甲辰止是年六月壬午》。

③ 全祖望：《鲒埼亭集》卷四《湖语》，载《全祖望集汇校集注》，上海古籍出版社2000年版，第95页。舒亶《和马粹老四明杂诗，聊纪里俗耳十首》中有"酒罂双印贵"之句，注云："俗重双鱼酒。"（袁桷：《延祐四明志》卷二〇《集古考·诗》）

14. 错认水

婺州(今浙江金华)所产的错认水酒,为当时的名酒。明宋诩《竹屿山房杂部》卷一五《尊生部三·酒部》载有此酒的酿制方法,现摘录如下:

错认水酒:白糯米二石,水酵二百斤足称,绿豆曲二十五斤足称,纯白面曲亦得。又糯米饭三斗,临榨时用枥柴灰六升。其醅过熟三两日,上榨无妨。醅不能汪去,此犹不用石灰,味极珍美;或云不用灰更好,枥柴灰亦可。

(三)茶的输入

饮茶是临安市民开门七件事之一,每日不可或缺。人们雅好在饭余酒后饮茶聊天,以解一天的疲劳。

临安市民饮用的茶叶大多出自本地及附近地区。在当时,临安以盛产茶叶著称,品种主要有宝云茶、香林茶、白云茶等。① 此外,宝严院垂云亭、径山等地亦出名茶。为此,南宋政府在此设立榷茶场,专门收购茶叶。又由于临安是南宋都城所在,所以全国各地的名茶亦荟萃于此,如建安的北苑茶,湖州顾渚茶,绍兴日铸茶,洪州双井、白芽茶,雅州蒙顶茶等,都在临安市场上有售。

建安的北苑茶,在南宋初期尚具一定的生产规模,仍极负盛名,为达官贵人饮茶的首选。皇帝常以此茶馈赠给文武大臣,如任希夷《扈从朝献》四首中有"扈从斋宫每赐茶,玉瓯常瀹建溪芽"之诗句。② 同样,北苑贡茶也是馈赠外国使者的绝佳礼品。绍兴四年(1134)春,南宋朝廷以"《资治通鉴》、木棉虔布、龙凤茶"馈赠金国大臣。③《建炎以来朝野杂记》亦有绍兴四年"明堂,始命市五万斤为大礼赏"④的记载。

湖州顾渚茶、绍兴日铸茶同样是人们喜爱的茶叶品种。袁说友曾作有多首诗赞美此茶,如其《惠顾渚芽答以建茗》诗:

---

① 《梦粱录》卷一八《物产·货之品·茶》,第163页。

② 《咸淳临安志》卷一五《行在所录·赋咏》,载《宋元方志丛刊》,第3508页。

③ 《系年要录》卷七二,绍兴四年春正月乙卯条,第1199页。

④ 《建炎以来朝野杂记》甲集卷一四《建茶》,第304页。

一室环三径,诸郎读五车。

山高空锁翠,涧阔自流花。

辍我闽山焙,酬君顾渚芽。

书来惊岁晚,老去各天涯。①

来自四川的蜀茶,在临安市场上也可见到。在当时的蜀茶中,以雅州蒙顶茶最为著名。蒙顶茶产于雅州名山县西北一十五里蒙山之上。白居易诗中有“茶中故旧是蒙山”之句。此茶叶厚而圆,色紫赤,味略苦。发于三月,成于四月间,苔藓庇之。汉时僧理真所植,岁久不枯。《九州记》云:“蒙者沐也,言蒙露常沐,因以为名。”山顶受全阳气,其茶香芳。按《茶谱》云:山有五峰,顶有茶园,中顶曰上清峰,所谓蒙顶茶也,为天下所称。②

洪州双井茶也是宋代的顶级名茶之一。陈师道《后山谈丛》曰:“茶,洪之双井、越之日注;登、莱鳆鱼;明、越江瑶柱;莫能相先后而强为之第者,皆胜心耳。”③

(四)水果的输入

水果是临安市民嗜好的食品,需求量极大。这些水果除本地供应一部分外,还大量依赖外地进口或进贡,如广东的椰子,福建的柑橘、军庭李、荔枝、圆眼,温州的蜜柑,黄岩的乳柑,越州的樱桃,奉化项里的杨梅,苏州的洞庭橘、蜜林檎、韩墩梨,建康的枣,罗浮的橘,泽州的饧,太原的葡萄,密云的柿,陈州的果子,等等。甚至还有一些来自海外或者本地引种的水果,如番椁桃、番葡萄、胡桃、新罗葛之类。④ 绍兴二十六年(1156)十二月二十一日,吏部员外郎续觱进见高宗时的一段对话便充分说明了这一点:

---

① 袁说友:《东塘集》卷三,文渊阁《四库全书》本。

② 以上参见明曹学佺撰《蜀中广记》卷六五《方物记第七·茶谱》,文渊阁《四库全书》本。

③ 陈师道:《后山谈丛》卷三,上海古籍出版社1989年版,第26页。

④ 《梦粱录》卷一二《江海船舰》云:“其浙江船只,虽海舰多有往来,则严、婺、衢、徽等船多尝通津买卖往来,谓之长船等只。如杭城柴炭、木植、柑橘、干湿果子等物,多产于此数州耳。”(第112页)卷一六《分茶酒店》:“四时果子:……福柑……福李、台柑、洞庭橘……衢橘……又有陈州果儿、密云柿 ……”(第145页)又,《西湖老人繁胜录》云:“罗浮橘、洞庭橘……温柑。”(载《南宋古迹考》第104页)

果州黄柑、广安紫梨、涪陵荔子、遂宁糖冰、合阳细茗、洋州香枨、左绵耿梨、抛科掊敛，动以千数，文移督促，过于税租。村疃穷畛，所产既竭，不免转市旁求。一果之直，率数百金；一夫之费，至十余千。其间又橐笼妆奁，争(奸)[妍]巧，谀悦当路，幸掩己私。弊俗相承、民不堪命。望严赐诫敕，自今四川监司，尚敢狃于旧态，重置典宪。”上曰：“不知何用此物?”嚳奏曰：“多以更相馈送，殊以为扰。”上曰：“如廉州采珠，朕亦无用，惧伤人命，立诏禁止。”嚳曰：“如监司，岂可不上体圣意。”上曰：“当严行禁止。”于是诏四川置制司，常切觉察，仍令御史台采访弹劾。①

据此可知，从绍兴末年起，远在千里之外的四川地方官，将当地所产的名贵水果带到京城，用来馈送权臣。

现根据文献记载，择要介绍十数种外地运入临安的水果：

1. 蜜林檎

来自苏州。范成大《吴郡志》卷三〇《土物下》：“蜜林檎实，味极甘，如蜜。虽未大熟，亦无酸味。本品中第一，行都尤贵之。他林檎虽硬大且酣红，亦有酸味，乡人谓之平林檎，或曰花红林檎，皆在蜜林檎之下。”

2. 杨梅

越州会稽(今浙江绍兴)的杨梅名闻天下，临安的杨梅便主要来自这里。陆游《项里观杨梅》诗便对此作了说明：

山前五月杨梅市，溪上千年项羽祠。
小伞轻舆不辞远，年年来及贡梅时。

山中户户作梅忙，火齐骊珠入帝乡。
细织筠笼相映发，华清虚说荔枝筐。②

人们纷纷以杨梅作为礼品，馈赠亲朋好友。如朱翌《谢惠杨梅》诗：

① 《宋会要辑稿》崇儒七之六四。
② 《剑南诗稿》卷四三，载《陆游集》，第1091页。

杭州金氏越州楞，撒火飞星五月春。
百果若重推贡士，风流应不下平津。①

又，张镃《张户部惠山杨梅》诗：

聊将一粒变万颗，掷向青林化珍果。
仿佛芙蓉箭镞形，涩如鹤顶红如火。
只随翁字姑号阳，姓杨乃是讹偏旁。
迄今年深少人识，地姬山君应记得。
木生曲直味宜酸，此独甘香胜蜜团。
吾宗望郎忽驰送，色映筠篮光欲动。
想因见此列宿躔，曾遣冰壶纤指弄。
我方水际呼清风，葛巾高挂千丈松。
为公摘荷盛荐酒，此乐城中那更有。②

3. 荔枝及圆眼

宋代荔枝和圆眼的生产，以福建和广东地区最盛。北宋蔡襄《荔枝谱》第三载：

福州种殖最多，延施原野，洪塘水西，尤其盛处。一家之有，至于万株……初著花时，商人计林断之以立券，若后丰寡，商人知之，不计美恶，悉为红盐者，水浮陆转以入京师，外至北漠、西夏，其东南舟行新罗、日本、流求、大食之属，莫不爱好，重利以酬之。故商人贩益广，而乡人种益多，一岁之出不知几千万亿。

进入南宋，这种商业化的现象尤其明显，福建及广东一带所产的荔枝大量运往临安销售。如《西湖老人繁胜录》曰："福州新荔枝到进上，御前送朝贵，遍卖街市。生红为上，或是铁色。或海船来，或步担到。直卖至八月，与新木弹相接。"而其中尤以福建泉州、福州荔枝在临安的买卖最大。《梦粱录》卷

① 朱翌：《灊山集》卷三，中华书局1985年影印《丛书集成初编》本，第71页。
② 张镃：《南湖集》卷三，文渊阁《四库全书》本。

一三《团行》云："五间楼泉、福糖蜜及荔枝、圆眼汤等物。"范成大《新荔枝四绝》云：

荔浦园林瘴雾中，戎州沽酒擘轻红。
五年食指无占处，何意相逢万壑东。

海北天西两鬓蓬，闽山犹欠一枝筇。
鄞船荔子如新摘，行脚何须更雪峰？

甘露凝成一颗冰，露浓冰厚更芳馨。
夜凉将到星河下，拟共嫦娥斗月明。

趠泊飞来不作难，红尘一骑笑长安。
孙郎皱玉无消息，先破潘郎玳瑁盘。

并诗云："四明海舟自福唐来，顺风三数日至。得荔子，色香都未减，大胜戎涪间所产。莆阳孙使君许寄蜜荔，过期不至。贰车潘进奏饷玳瑁一种，亦佳。并赋之。"①刘克庄《和赵南塘离支五绝》诗亦云：

侧生海畔远难将，风日犹能变色浆。
借问驿驰丞相府，何如辇致道山堂。

却贡无因送上天，漫山如锦但堪怜。
罗浮所产真奴隶，只为曾逢玉局仙。

十颗千钱品最珍，北人鲐背未濡唇。
若生京洛豪华土，买断丹林肯算缗。（皱玉盛时颗值百钱。）

---

① 《范石湖集·诗集》卷二一，第302页。

辇毂尝新著价高，土人弃掷等弁髦。
不嗔园客工偷窃，绝喜天公享老饕。

风韵能令百果低，难将卢橘斗新奇。
品题自合还诗祖，摸写何须觅画师。①

4. 柑橘

柑橘来自温州永嘉、台州黄岩及衢州一带。在南宋，这一带均是柑橘的重要产地。如韩彦直《橘录》序云："橘出温郡最多种，柑乃其别种。柑自别为八种，橘又自别为十四种。橙子之属类橘者，又自别为五种，合二十有七种，而乳柑推第一。故温人谓乳柑为真柑，意谓他种皆若假设者，而独真柑为柑耳。然橘亦出苏州、台州，西出荆州，而南出闽、广，数十州皆木橘耳，已不敢与温橘齿，矧敢与真柑争高下耶？且温四邑俱种柑，而出泥山者又杰然推第一。"又，张世南《游宦纪闻》卷五曰："永嘉之柑，为天下冠。"《橘录》卷下《采摘》曰："岁当重阳，色未黄，有采之者，名曰摘青，舟载之江浙间。"洪迈《夷坚志》述临安贩卖温州黄柑云：

李生将仕者，吉州人。入粟得官，赴调临安。舍于清河坊旅馆……会有持永嘉黄柑过门者，生呼而扑之。输万钱，愠形于色，曰："坏了十千，而一柑不得到口！"②

又，陈耆卿《嘉定赤城志》卷三六《土产》载台州乳柑运往临安云："乳柑出黄岩断土者佳。……未霜，以饷行都，贵游谓之青柑。"

此外，苏州洞庭山、衢州等地出产的柑桔也源源不断地运到都城临安。宋代的洞庭山是著名的柑橘产地，这里"地占三乡，户率三千，环四十里。民俗……皆以树桑栀甘柚为常产，每秋高霜，余丹苞朱实，与长松茂树相差间于岩壑间，望之若图绘，金翠之可爱"。③ 质量也极佳，据当地人所云："洞庭

① 《后村集》卷八，文渊阁《四库全书》本。
② 《夷坚志》补卷八《李将仕》，第 1618 页，。
③ 苏舜钦：《苏学士集》卷一三《苏州洞庭山水月禅院记》，文渊阁《四库全书》本。

四面皆水,水气上腾,尤能辟霜。所以洞庭橘最佳,岁收不耗。"①如此多的水果,自然本地是无法消化的,必须运到外地去销售,而人口众多、消费力强的都城则是首选之地。庄绰《鸡肋编》卷中就载:"平江府洞庭东西二山,在太湖,种柑橘桑麻,糊口之物尽仰商贩。"

5. 樱桃

南宋时,绍兴(今属浙江)为樱桃的重要产地。绍兴初年,来自中原的陈与义在食用了绍兴所产的樱桃后,专门作了一首名叫《樱桃》的诗,对此种水果极为赞赏,诗云:

四月江南黄鸟肥,樱桃满市灿朝晖。
赤瑛盘里虽殊遇,何似筠笼相发挥。

当时,临安城中出售的樱桃就来自绍兴。如田汝成《西湖游览志余》云:"董宋臣,始为小黄门,稍进东头供奉官。极善逢迎。如樱桃宴,即于樱桃未出时,遣人往越州买得百颗,奏曰:'请赏樱桃!'"②

6. 葡萄

葡萄在宋代已经开始大面积种植,其中尤以河东地区为最盛。《西湖老人繁胜录》记临安市场上有"太原葡萄"及"番蒲萄"等。《马可波罗行纪》说:"此地不产葡萄,亦无葡萄酒,由他国输入干葡萄及葡萄酒,但土人习饮米酒,不喜欢葡萄酒。"③按:马可波罗所指的"他国",即指金国的太原等处。鲜葡萄即使在今天,限于条件也难以保存,在一千年左右的南宋时期,是如何从外地运到临安的,可以说是一个谜。正因为如此,临安人将其视为一种极其珍贵的水果。用"名传马乳久,物比蚌胎稀"、"玉盘一朵直万钱"等诗句

---

① 潘永因编:《宋稗类钞》卷八《草木》,书目文献出版社1985年版,第757页。

② 《西湖游览志余》卷二《帝王都会》,第26页。

③ 《马可波罗行纪》,第579-580页。但《马可波罗游记》中的说法并不完全正确,其实,临安至少从南宋末年起已经开始种植葡萄。据《梦粱录》卷一八《物产·果之品》(第164页)所载,其品种有数种。其中,黄而莹白者名"珠子",又名"水晶",味道最甜;紫而玛瑙色者,味道要差一些。

来形容它。[①]

7. 巴榄子

巴榄子，为宋代一种名贵水果。朱弁《曲洧旧闻》卷四载："巴榄子如杏核，色白，扁而尖长。来自西蕃。比年近畿人种之，亦生树，似樱桃。枝小而极低，惟前马元忠家开花结实，后移植禁御。予尝游其圃，有诗云：'花到上林开'，即谓此也。"来自四川一带。绍兴二十一年(1151)十月高宗幸清河郡王张俊府第时，张俊便进奉了这种名贵水果。[②] 另外，市场上也有这种水果出售。

8. 人面子

人面子，为蜜饯之一。晋嵇含《南方草木状》卷下载："人面子树，似含桃，结子如桃实，无味，其核正如人面，故以为名。以蜜渍之，稍可食。以其核可玩于席间，饤饾御客。出南海。"南宋范成大《桂海虞衡志·志果》说："人面子如大梅李，核如人面，两目鼻口皆具。肉甘酸，宜蜜煎。"而周去非《岭外代答》卷八《花木门·果实附》更补充曰："人面子……镂为细瓣，去核，按匾煎之，微有橘柚芳气。南果之珍也。"临安人就非常喜欢这种来自南海两广地区的水果食品。杨万里有诗赞曰：

喜时能笑醉能歌，眉映青山眼映波。
旧日美如潘骑省，只今瘦似病维摩。[③]

9. 嘉庆子

嘉庆子，即李。如唐代韦述《两京记》云："东都嘉庆坊有美李，人称为嘉庆子。"但至宋代，人们始称干李为嘉庆子。[④]《御定佩文斋广群芳谱》卷五五《果谱·李》载其制法曰："嘉庆子取朱李蒸熟晒干。又糖藏、蜜煎皆可久

---

① 《盘洲文集》卷六《和景严咏新得蒲萄》；杨万里：《诚斋集》卷二七《初食太原生蒲萄时十二月二日》。

② 《武林旧事》卷九《高宗幸张府节次略》，第140页。

③ 《诚斋集》卷一四《德远叔坐上赋肴核·人面子》。

④ 《演繁露》卷一五《嘉庆李》载："韦述《两京记》：东都嘉庆坊有李树，其实甘鲜，为京城之美，故称嘉庆李。今人但言嘉庆子，盖称谓既熟不加李。亦可记也。"

留。”这种蜜饯在北宋东京极为常见，如孟元老《东京梦华录》卷二《饮食果子》载：“又有托小盘卖干果子，乃旋炒银杏、栗子、河北鹅梨、梨条、梨干、梨肉、胶枣、枣圈、梨圈、桃圈、核桃、肉牙枣、海红、嘉庆子、林檎旋、乌李、李子旋、樱桃煎，西京雪梨、夫梨、甘棠梨、凤栖梨，镇府浊梨，河阴石榴，河阳查子、查条，沙苑榅桲，回马孛萄，西川乳糖狮子糖、霜峰儿、橄榄，温柑，绵枨、金橘、龙眼、荔枝、召白藕、甘蔗、漉梨、林檎干、枝头干、芭蕉干、人面子、巴览子、榛子、榧子、虾具之类。”南宋时，有官员出使大辽时携种子归，始在南方种植。洪适《嘉庆子》诗云：“雪艳燕脂萼，京都核远来。游人初识面，不作李花猜。”并作诗注曰：“壬午年仲弟使边，遇此果熟，带其核归种。”①临安人将其视为珍果。据《武林旧事》卷八《宫中诞育仪例略》所载，宫中所送的礼物中即有嘉庆子五十斤。

10. 槟榔

槟榔来自广南（今海南一带），尤其是琼州“以槟榔为命”。琼人云：“其产于石山者最良。岁过闽、广者，不知其几。非槟榔之利，不能为此一州也。”②郑刚中有诗对其地食槟榔的风俗作了极其详细生动的描述：

海风飘摇树如幢，风吹树颠结槟榔。
贾胡相衔浮巨舶，动以百斛输官场。③

从这首诗中“贾胡相衔浮巨舶，动以百斛输官场”，我们可以推测出，琼州所产的槟榔已经行销到了都城临安。

11. 金橘

据张世南《游宦纪闻》卷二所载：“金橘产于江西诸郡。有所谓金柑，差大而味甜。年来，商贩小株，才高二三尺许，一舟可载千百株。其实累累如

① 《盘洲文集》卷八。
② 《方舆胜览》卷四三《海外四州·琼州》，第770页。
③ 郑刚中：《北山集》卷二一《广南食槟榔，先嚼蚬灰、蒌藤叶，津遇灰藤则浊，吐出一口，然后槟榔继进，所吐津到地如血，唇齿颊舌皆红。初见甚骇，而土人自若，无贵贱、老幼、男女，行坐咀嚼，谓非此亦无以通殷勤焉。于风俗珍贵，凡姻亲之结好、宾客之款集、苞苴之请托，非此亦无以通殷勤焉。余始至，或劝食之。槟榔未入口，而灰汁藤浆隘其咽嗽，濯逾时未能清。赋此长韵》，文渊阁《四库全书》本。

垂弹，殊可爱。价亦廉，实多根茂者，才直二三镮。往时因温成皇后好食，价重京师；然患不能久留。惟藏菉豆中，则经时不变，盖橘性热、豆性凉也。”南宋时，李纲《初食金橘》一诗对这种果中珍品作了高度的评价：

江湖种橘侔洞庭，于中小者如龙睛。
珊瑚枝干碧玉叶，结实璀璨罗繁星。
客持赠我意已重，贮以翠笼尤晶荧。
气含风露更高洁，色着霜日微红青。
匀圆入手讶磊砢，甘酸流颊凄芳馨。
金丸玉齿乍破碎，中有沆瀣凝清冰。
厥包忆昔贡宫阙，潇湘远物来天扃。
争新效美不论直，万颗坐觉千金轻。
美人转赐入怀袖，归来分饷同瑶琼。
只今八骏杳安在？此物亦尔无光精。
天涯相见两寂寞，敢以陋质伤飘零。
举觞为尔成一醉，醉中不省居蛮荆。①

金橘在临安有售。② 绍兴二十一年（1151）十月，高宗幸张俊甲第，张俊供进御的“时新果子一行”中，就有金橘一品。此外，还有雕花金橘和大金橘等名目。③ 而皇帝也以这种珍果馈赠近臣，周必大有诗曰：

昼卧玉堂殿，眼看金弹丸。
禹包经岁月，郑驿助杯盘。
黄带霜前绿，甘移醉后酸。
江湖有兄弟，此日忆团栾。④

---

① 李纲：《梁溪集》卷二二，文渊阁《四库全书》本。
② 《梦粱录》卷一六《分茶酒店》，第145页。
③ 《武林旧事》卷九《高宗幸张府节次略》，第140页。
④ 《文忠集》卷七《内直以金橘送七兄》。

12. 梨

临安饮食店铺中的梨，除一部分为本地出产外，还有一部分来自外地，苏州韩墩梨、秀州丑梨、四川广安的紫梨就是其中的代表。叶绍翁《四朝闻见录》戊集《韩墩梨》载："姑苏地名韩墩，产梨为天下冠，比之诸梨，其香异焉，中都谓之'韩墩梨'。后因光皇御讳，改为'韩村梨'。至侂胄专国，馈之者不敢谓'韩村'，直曰'韩梨'。因此皆谓韩梨矣，非侂胄意也。"又，范成大《吴郡志》载："韩梨，出常熟韩丘。皮褐色，肉如玉。每岁所生不多，价极贵。凡梨削皮切片，不移时，色必变。惟韩梨虽经日不变，所以独贵。"①

丑梨出崇德之东，"貌虽恶，而味绝胜"。陆埈《丑梨》诗赞曰：

灰貌疑清古，霜津溢脆甜。
面嫌汤后白，心慰邑中黔。
美实钟寒谷，珍尝近御奁。
彼姝徒冠玉，争得似无盐？②

13. 真柑

临安市场上的真柑来自苏州。如绍兴二十一年（1151）十月，高宗幸清河郡王第，清河郡王臣张俊供进御筵中的"绣花高一行八果垒"，其中有一种水果便是真柑。③ 这是一种名贵水果，范成大《吴郡志》一书对其有比较详细的介绍：

真柑，出洞庭东、西山。柑虽橘类，而其品特高。芳香超胜，为天下第一。浙东江西及蜀果州皆有柑，香气标格，悉出洞庭下。土人亦甚珍贵之。其木畏霜雪，又不宜旱，故不能多植及持久。方结实时，一颗至直百钱，犹是常品，稍大者倍价。并枝叶剪之，饤盘时，金碧璀璨，已可人矣。安定郡王以酿酒，名洞庭春色。苏文忠公为作赋，极道包山震泽土风，而极于追鸱夷而酌西子，其贵珍之至矣。又有"三日手犹香"之

① 《吴郡志》卷三〇《土物下》，第441页。
② 《宋诗纪事》卷五三，第1359页。
③ 《武林旧事》卷九《高宗幸张府节次略》，第139页。

词，则其芳烈又不待言而知。①

(五)水产品的输入

1. 海产品

杭州水系众多，江河湖海兼有，故此这里的渔业非常发达，并形成了饭米羹鱼的饮食习俗。北宋文人晁补之在《七述》说："杭之为州，负海带山，盖东南美味之所聚焉。水羞陆品，不待贾而足……鱼则鲻、魴、鳣、鲄、鲈、鳜、鳊、鲤，黄颡黑脊，丹腮白齿，江鲟之酰，石首之羹，或腊或枯，或脍而生。白鳗青鲞，黄龟黑蟹，鲘鱼花蛤，车螯淡菜，蛙白肖鸡，螺辛类芥，鼎调瓯饾，牛呞猪嗫。"《马可波罗行纪》说："每日从河之下流二十五哩之海洋，运来鱼类甚众，而湖中所产亦丰，时时皆见有渔人在湖中取鱼。湖鱼各种皆有，视季候而异，赖有城中排除之污秽，鱼甚丰肥。有见市中积鱼之多者，必以为难以脱售，其实只须数小时，鱼市即空，盖城人每餐皆食鱼肉也。"②

从文献记载来看，临安市场上的海产品来自海滨各地。宋末元初久居杭州的方回有诗云：

浙乡巨舰供鱼鲞，淮郡骈肩致蟹螯。
牛尾狸兼马蹄鳖，消得坡仙赋老饕。③

临安邻近的浙东滨海明、越、温、台诸州，是南宋海产品的主要出产地之一。如《宝庆四明志》卷四《叙产》载：每年的三四月，当地的"业海人每以潮讯竞往采之，曰洋山鱼。舟人连十郡出洋取之者，多至百万艘，盐之可经年。"毫无疑义，这里所产的海产品，因地理的关系，成为临安最大的海产品供应地。《梦粱录》卷一二《江海船舰》就明确指明了这一点："明、越、温、台海鲜鱼蟹鲞、腊等货，亦上潬通于江、浙。"又同书卷一六《鲞铺》曰："姑以鱼鲞言之，此物产于温、台、四明等郡。"

关于四明(今浙江宁波)海产品在临安的销售，明田汝成《西湖游览志

① 《吴郡志》卷三〇《土物下》，第440页。

② 《马可波罗行纪》，第580页。

③ 《桐江续集》卷二八《思家五首》。

余》曾有说及：

> 高宗尝宴大臣，见张循王俊持一扇，有玉孩儿扇坠。上识是十年前往四明，误坠于水，屡寻不获。乃询于张循王，对曰："臣于清河坊铺家买得。"召问铺家，云："得于提篮人。"复遣根问，回奏云："于候潮门外陈宅厨娘处买得。"又遣问厨娘，云："破黄花鱼腹中得之。"奏闻，上大悦，以为失物复还之兆。铺家及提篮人补校尉，厨娘封孺人。循王赏赐甚厚。①

又，洪迈《夷坚志》说浙东的海蛳云："临安荐桥门外太平桥北细民张四者，世以海蛳为业。每浙东舟到，必买而置于家。计逐日所售，入盐烹炒。杭人嗜食之。积戕物命百千万亿矣。"②

在这些来自浙江沿海的水产品中，尤以石首、春鱼、梅鱼最为珍贵，这三种鱼的形状一样，但大小不同，临安人张镃因赋长篇诗曰：

遐陬编户居海滨，不但生涯仰虾蟹。
鬻盐成雪雪成堆，清曝群鱼趋市卖。
其间石首最得名，随潮百万鼙鼓声。
长舻巨艑斗截取，急逐风便来王城。
头中有物从何得，精卫含冤口抛石。
此鱼腹小不容舟，只把石吞那患迮。
错将转上泥丸宫，又疑当年漱石翁。
临流快咽透入脑，化作鳞鬣金芼炭。
子孙诜诜仍亹亹，曰春曰梅俱可喜。
醉乡贪衔风味高，失身盘脍杯羹里。
先生趁晴携酒觞，柳色正似鹅儿黄。
与渠岂暇考族谱，便结保社南湖傍。
软炊玉饭乘燕艇，撑对柴门乱花径。

① 《西湖游览志余》卷二《帝王都会》，第 9－10 页。

② 《夷坚志》支丁卷三《张四海蛳》，第 991－992 页。

并呼三子伴渔童，食肉诸公自时政。①

四明（今浙江宁波）等地出产的江珧、香蠃等海鲜珍品也源源不断地运往都城临安。江珧又称江瑶、大海红，为一种贝类软体动物，分布于东南沿海地区，以味道鲜美闻名于世。由江珧的闭壳肌加工而成的称干贝，又称江珧柱、江瑶柱、车螯等，俗谓红蜜丁。苏轼贬官海南琼州时，曾品尝过干贝，深为其鲜美的味道而倾倒，后写有《江珧柱传》一文，认为江珧之味要胜过民间传说的龙肝、凤髓等仙菜。其文曰：

生姓江，名瑶柱，字子美，其先南海人。十四代祖媚川，避合浦之乱，徙家闽越……始来鄞江，今为明州奉化人，瑶柱世孙也。性温平，外悫而内淳。稍长，去襁褓，颀长而白晰，圆直如柱，无丝发附丽态。父友庖公异之，且曰："吾阅人多矣。昔人梦资质之美有如玉川者，是儿亦可谓瑶柱矣。"因以名之……生亦自养，名声动天下，乡间尤爱重之。凡岁时节序、冠婚庆贺，合亲戚，燕朋友，必延为上客，一不至，则慊然皆云无江生不乐……至于中朝达官名人游宦东南者，往往指四明为善地，亦屡属意于江生……嗟乎瑶柱，诚美士乎！方其为席上之珍，风味蔼然，虽龙肝凤髓，有不及者。②

绍圣三年（1096），"始诏福唐与明州岁贡车螯肉柱五十斤，俗谓之红蜜丁，东坡所传江瑶柱是也"。时曾子开感而赋诗，略云："岩岩九门深，日举费十万。忽于泥滓中，得列方文案。腥咸置齿牙，光彩生顾眄。从此辱虚名，岁先包橘献。微生知几何，得丧孰真赝。玉食有云补，刳肠非所患。"③南宋定都临安，这种美味的江珧柱更是成为达官贵人的日常食品。周必大《周愚卿、江西美、刘棠仲各赋江珧诗，牵强奉答，用一字格》诗对此曾有述及：

东海沙田种蛤珧，南烹苦酒濯琼瑶。

馔因暂弃常珍变，指为将尝异味摇。

① 《南湖集》卷三《石首、春鱼、梅鱼三物形状如一，而大小不同，尔因赋长篇》。

② 《苏轼文集》卷一三，中华书局1986年版，第427－428页。

③ 《能改斋漫录》卷一五《方物·车螯》，第439页。

珠剖蚌胎那畏鹬，柱呈马甲更名珧。
累人口腹吾何敢，惭愧三英喜且谣。①

并自注云：“四明江珧自种而为大，生致行都广南则腊之，近方稍用酒渍乃能寄远。韩文公诗：‘章举马甲柱，斗以怪自呈。’柱即珧也。《广韵》亦注：蜃属，可饰甲。《临海志》：玉珧似蚌壳，中有柱美。”

除浙东沿海地区外，江淮和福建等地也向都城临安供应海产品。临安“南海行”的命名恐与两广地区大量的海鲜产品运往临安销售有关。当时，两广地区输入临安的海鲜产品中有香蠃一种。香蠃即香螺，是沿海地区所产的一种肉类鲜美的贝类动物。岳珂《香蠃》诗云：

金相玉质介为裳，一骑红尘自远方。
籍挂众香椒桂国，身居大海水云乡。
丁蠃荐醢体犹具，甲煎流芬名未亡。
举酒便应酬一醉，尊前风味试平章。②

临安的鱼鲞行团全都设在城外，如《咸淳临安志》云：“鲜鱼行，候潮门外；鱼行，余杭门外水冰桥头……蟹行，在崇新门外南士门……鲞团，在便门外浑水闸头，亦名南海行。”③之所以这样，为的是便于接受浙东沿海地区以及江淮、福建和两广等地区运来的水产品。接受后，再分发给各商店零卖。例《梦粱录》一六《鲞铺》云：“城南浑水闸，有团招客旅，鲞鱼聚集于此。城内外鲞铺，不下一二百余家，皆就此上行合摭。”

2. 淡水品

淡水品则来自临安邻近的湖州、秀州、苏州、绍兴等地。当时这些地区除天然湖泊和河流盛产鱼类外，其养鱼业也非常发达。如绍兴“会稽诸暨以南，大家多凿池养鱼为业。每春初，江州有贩鱼苗者，买放池中，辄以万计。方为鱼苗时，饲以粉；稍大，饲以糠糟；久则饲以草。明年卖以输田赋，至数

① 《文忠集》卷四三。
② 岳珂：《玉楮集》卷五。
③ 《咸淳临安志》卷一九《市（行团瓦子附）》，载《宋元方志丛刊》，第3549页。

十百缗……池有仅数十亩者。”①因为距离都城临安较近，这些地区所产的很多鱼都运销到临安去。如范成大《骖鸾录》记载湖州德清县：“龟溪倚山，而薪蒸贵溪，而不数得嘉鱼。以其密迩行都，尽贩以往。”

苕溪的鳊鱼同样因肉质鲜美深受人们的喜爱。据周密《癸辛杂识》后集《桐蕈鳆鱼》载：

贾师宪当柄日，尤喜苕溪之鳊鱼。赵与可因造大盘，养鱼至千头，复作机使灌输不停，鱼游泳拨刺自得，如在江湖中，数舟上下递运不绝焉。余尝于张称深座间，有以活鳆鱼为献，其美盖百倍于槁干者。

除湖州外，昆山一带水产亦多运销到都城临安去售。如洪迈《夷坚志》云：

昆山县东近海村中一老叟，梦门前河内泊一大舟。舟中罪人充满，皆绳索缠缚。见叟来，各哀呼求救。继而舟师携钱诣门籴米。寤而怪焉。迨旦启户，岸下果有一舟。舟子市米，与所梦合。亟趋视，满舱皆鳖也，垛迭缧缚，莫知其数！询其所之，曰：“将贩往临安鬻之。”叟悚悟此梦，问所直若干，为钱三万，叟家颇富赡，如数买之，尽解缚放诸水。是夜，梦数百人被甲，于门外唱连珠喏。惊出视之。相率列拜，谢再生之恩，且云：“令君家五世大富，一生无疾，寿终生天。”自是叟日康宁，生计日益。乾道中事也，方可从说。②

淮南地区和州出产的名贵、鲜美的淡水品——淮白鱼，也源源不断地运进都城，成为皇亲贵族的日常食品。司膳内人的《玉食批》中，便有“酒炊淮白鱼”之类的菜肴。而权倾一时的秦桧家中，则数量更多了。罗大经《鹤林玉露》载道：

秦桧之夫人，常入禁中。显仁太后言近日子鱼大者绝少。夫人对曰：“妾家有之，当以百尾进。”归告桧，桧咎其失言，与其馆客谋，进青鱼

① 施宿：《嘉泰会稽志》卷一七《鱼部》，载《宋元方志丛刊》，第7039页。

② 《夷坚志》补卷四《村叟梦鳖》，第1577页。

百尾。显仁拊掌笑曰:“我道这婆子村,果然!”盖青鱼似子鱼而非,特差大尔。观此,贼桧之奸可见。①

当时的文人以食淮白鱼为荣为豪,食后更是赞美不已,如杨万里《初食淮白鱼》诗曰:

淮白须将淮水煮,江南水煮正相违。
霜吹柳叶都落尽,鱼吃雪花方解肥。
醉卧糟丘名不恶,下来盐豉味全非。
饔人且莫供羊酪,更买银刀二尺围。

并诗注云:“淮人云白鱼食雪乃肥。”②又,曾幾《食淮白鱼》二首:

十年不踏盱眙路,想见长淮属玉飞。
安得玻璃泉上酒,藉糟空有白鱼肥。

帝所三江带五湖,古来修贡有淮鱼。
上方无复蠙珠事,玉食光辉郄要渠。③

(六)家畜家禽的输入

临安居民的肉类消费达到了较高的水平,《马可波罗行纪》载其地的“居民食各种肉类,甚至狗肉等不洁兽类亦供食用,基督徒所不为也”。“每星期有三日,为市集之日,有四五万人挈消费之百货来此贸易。由是种种食物甚丰,野味如獐鹿、花鹿、野兔、家兔,禽类如鹧鸪、野鸡、家鸡之属甚众。鸭、鹅之多,尤不可胜计,平时养之于湖,上其价甚贱,物搦齐亚城银钱一枚,可购鹅一对鸭两对。复有屠场,屠宰大畜,如小牛大牛山羊之属,其肉乃供富人大官之食,至若下民,则食种种不洁之肉,毫无厌恶”。④ 这一说法在《梦粱录》卷一六《肉铺》中可以得到印证,吴自牧云:“杭城内外肉铺不知其几……

① 《鹤林玉露》甲编卷五《进青鱼》,第26－27页。

② 《诚斋集》卷二七。

③ 曾幾:《茶山集》卷八,文渊阁《四库全书》本。

④ 《马可波罗行纪》,第579页。

市上纷纷……至饭前,所挂之肉骨已尽矣。盖人烟稠密,食之者众故也。更待日午,各铺又市爆……红白熬肉等……或遇婚姻日,及府第富家大席,华筵数十处,欲收市腰肚,顷刻并皆办集,从不劳力。盖杭州广阔可见矣。"

临安肉铺的买卖是如此的发达,其销售外来的牲口数量自然很大。兹分别述之:

1. 猪

猪肉是临安市民日常食用最大的一种肉,消费量极大。《梦粱录》卷一六《肉铺》载:"杭城内外,肉铺不知其几,皆装饰肉案,动器新丽。每日各铺悬挂成边猪,不下十余边。如冬季两节,各铺日卖数十边……至饭前,所挂之肉骨已尽矣。盖人烟稠密,食之者众故也。"

临安肉铺所宰的猪,除少量由城郊的居民提供外①,主要由秀州(治今浙江嘉兴)一带养猪专业户提供。如何薳《春渚纪闻》云:

> 秀州东城居民韦十二者,于其庄店豢豕数百,散市杭、秀间,数岁矣。建炎初,因干至杭。过肉案见悬一豕首,顾之而人言曰:"韦十二,我等偿汝债亦足矣。"从者亦闻其言。韦愕然悔过。还家尽毁圈牢,取所存豕市之。得钱数千缗,散作佛事及印造经文。冀与群豕求免轮回刀刃之苦。知者谓韦善补过矣。②

2. 羊

羊肉在宋朝统治者的饮食生活中,占有极其重要的地位。据李焘《续资治通鉴长编》所载:"饮食不贵异味,御厨止用羊肉,此皆祖宗家法所以致太平者。"③其消费量极大,如真宗咸平五年(1002)"御厨岁费羊数万口"。④ 到仁宗嘉祐三年(1058)以前更是"日宰二百八十羊,以后日宰四十羊"。⑤ 至

---

① 如《夷坚志》三志辛卷一〇《李三夫妻猪》载,临安城郊赤山居民李三夫妻在冬至节时宰杀了家养的一头猪,"人争买肉,顷刻而尽"。

② 何薳:《春渚纪闻》卷三《悬豕首作人语》,中华书局1983年版,第51页。

③ 《续资治通鉴长编》卷四八〇,元祐八年正月丁亥,第4481页。

④ 《宋会要辑稿》职官二一之一〇。

⑤ 《续资治通鉴长编》卷一八七,嘉祐三年三月癸酉,第1720页。

南宋时犹然，虽然宫廷的羊肉消费量急剧减少①，但被临安市民视为贵重食品，都以嗜食羊肉为美事，以至在举行订婚大礼时，羊列为必备的礼品之一，且烹饪方法较之过去更为丰富。据《梦粱录》等书所载，以羊肉为主要原料制成的菜肴有蒸软羊、鼎煮羊、羊四软、酒蒸羊、绣吹羊、五味杏酪羊、千里羊、羊杂熓、羊头元鱼、羊蹄笋、细抹羊生脍、改汁羊撺粉、细点羊头、鹅排吹羊大骨、大片羊粉、红羊羓、元羊蹄、米脯羊、五辣醋羊、羊血、入炉炕羊、糟羊蹄、熟羊、盏蒸羊、羊炙焦、剪羊事件、羊血粉等二十多种。品种之丰富，远远超过北宋之东京。这种饮食风尚，自然促进了羊的贸易。朝廷在临安专门设有牛羊司，"掌畜牧羔羊，栈饲以给烹宰之用"。② 此外，会稽（今浙江绍兴）的羊亦大量贩至临安。据《嘉泰会稽志》记载："会稽往岁贩羊临安，渡浙江，置羊艎版下。羊啮船茹，舟漏而沉溺者甚众，至今人以为戒。"③

3. 牛

宋代养牛业以南方为盛，"浙东、福建系出产牛去处"④。临安食用牛所需主要来自婺州（治今浙江金华）等地⑤。如孝宗朝诏婺州市牛筋五千斤。时李椿为守，奏曰："一牛之筋才四两。今必求此，是欲屠二万牛也。"孝宗阅后如梦初醒，遂收回前诏。⑥ 由此可见，当地的养牛业极为发达。因当时食用牛肉的人众多，故有人作《食牛》诗曰：

万物皆心化，唯牛最苦辛。
君看横死者，尽是食牛人。⑦

---

① 据《宋会要辑稿》职官一三之四三载："绍兴八年七月十八日，礼部言：见今牛羊司宰供御膳羊，每日一口，供应每收四十口为额，内一十口充泛索使用。"又，《宋会要辑稿》职官一三之四三、四四载：绍兴十二年（1142）"诏供进皇太后每日常膳并生料每月实计用羊九十口"。

② 《宋会要辑稿》食货四二之九。

③ 《嘉泰会稽志》卷一七《兽部·羊》，载《宋元方志丛刊》，第7043页。

④ 《宋会要辑稿》食货六三之九六。

⑤ 南宋时，两浙地区已经出现了养牛专业户，且规模不小。如洪迈《夷坚志》丙卷一一《牛疫息》载浙东余干村村民张氏，家养有五十头牛。

⑥ 《桃源手听》，《说郛》卷二九，文渊阁《四库全书》本。

⑦ 《夷坚志》乙卷一三《食牛诗》，第295页。

4. 鸡、鸭、鹅

鸡、鸭、鹅也是临安人经常食用的肉类之一，消费量极大。以鹅为例，早在北宋时，“赵霆在余杭，每鹅掌鲊入国门，不下千余罐子”。[①] 苏轼也说钱塘有人“日屠百鹅而鬻之市”。[②] 至南宋时，食鹅之风更盛了。庄绰《鸡肋编》卷上载“浙人七夕，虽小家亦市鹅鸭食物，聚饮门首，谓之吃巧”。又，洪迈《夷坚志》载钱塘有一县尉，因做鹅鲊，一次就宰杀了五百只鹅。[③] 鸭、鹅类菜肴和食品主要有鹅粉签、五味杏酪鹅、绣吹鹅、间笋蒸鹅、鹅排吹羊大骨、八糙鹅鸭、白炸春鹅、炙鹅（或作“鹅炙”）、糟鹅事件、鲜鹅鲊、煎鸭子、炙鸭、爊鸭、熬鹅、炕鹅、鹅鲊、鹅肫常汤齑、拨刀鸡鹅面、鹅鸭包儿、笋鸡鹅等。

临安市民所食用的鸡、鸭、鹅等家禽，主要来自城郊及邻近的地区。如《马可波罗行纪》记述杭州时说：“家鸡之属甚众，鸭、鹅之多，尤不可胜计，平时养之于湖上，其价甚贱，物搦齐亚城银钱一枚，可购鹅一对、鸭两对。”[④]由于临安市场庞大，本地所产的鸡、鸭、鹅等家禽远远无法满足临安居民消费的需要，因此外地所产的鸡、鸭、鹅等家禽源源不断地运入临安。如《嘉泰吴兴志》卷二〇《物产》载：“鸡……今田家多畜，秋冬月乐岁尤多，盖有粞谷之类为食也。”朝廷在临安专门设立鸡鹅行，负责鸡鸭鹅的销售。[⑤]

（七）蔬菜的输入

南宋都城临安的蔬菜种植业，已随着城市的发展迅速走上了专业化的道路。周必大《二老堂杂记》卷四云：“车驾行在临安，土人谚云：‘东门菜，西门水，南门柴，北门米。’盖东门绝无居民，弥望皆菜园。”潜说友《咸淳临安志》卷五八也云：“（临安）城东横塘一境，种菜最美。”蔬菜的品种极其繁多。《西湖老人繁胜录》云临安“蔬菜一年不绝”，仅一月份就有“台心菜、黄芽菜、矮菜、甘露子、菠菜、芋头、芋奶、山药之类，葱韭尤多”。而《梦粱录》卷一八《物产·菜之品》所载，有苔心野菜、矮黄、大白头、小白头、夏菘、黄芽、芥

① 朱弁：《曲洧旧闻》卷八，文渊阁《四库全书》本。
② 《东坡志林》卷三，文渊阁《四库全书》本。
③ 《夷坚志》支甲卷八《钱塘县尉》，第771页。
④ 《马可波罗行纪》，第579页。
⑤ 《梦粱录》卷一三《团行》，第115页。

菜、生菜、菠菜、莴苣、苦荬、葱、薤、韭、大蒜、小蒜、紫茄、水茄、梢瓜、黄瓜、葫芦、冬瓜、瓠子、芋、山药、牛蒡、茭白、蕨菜、萝卜、甘露子、水芹、芦笋、鸡头菜、藕条菜、姜、姜芽、新姜、老姜、菌等数十种。

临安市场中的蔬菜，除本地所产外，也有一些来自外地的，如桐蕈和笋就是其中的代表。

1. 桐蕈

天台出产的桐蕈，亦为临安居民所食用。周密《癸辛杂识》后集《桐蕈鳆鱼》云："天台所出桐蕈，味极珍。然致远必渍之以麻油，色味未免顿减。诸谢皆台人，尤嗜此品，乃并舁桐木以致之，旋摘以供馔，甚鲜美，非油渍者可比。"

2. 笋

笋是临安市民喜食的蔬菜之一，主要来自周围的山区。周必大《招陆务观食江南笋，归有绝句云"色如玉版猫头笋，味抵驼峰牛尾狸。归向妻孥夸至夕，书生寒乞定难医"戏和》：

东厨日日厌侯鲭，却羡萍虀捣韭根。
如我乃真寒乞耳，只知肉味笋殊村。①

为了便于接受外地运来的蔬菜，临安的菜市与米市、鱼行等一样设在城外。如《咸淳临安志》云："菜市在崇新门外南北土门及东青门外、灞子桥等处。"②

（八）调味品的输入

1. 盐

绍兴二年（1132）闰四月三日，临安府上言，据钱塘县报告，临安府城内城外都有私盐买卖，而城外城内处罚不同却不甚明确，请求以近降指挥施行，严格处罚。如军人百姓结集徒众，恃势买盐，公然盗贩，城内城处皆合严行禁止。据此，诏：军人百姓，结集徒众买私盐一百斤以上，入城货卖，并依

① 《文忠集》卷二。

② 《咸淳临安志》卷一九《市（行团瓦子附），载《宋元方志丛刊》，第 3548 –3549 页。

已降指挥,许人告捕,每名支赏钱二百贯文,犯人取旨法外,重行处断;若于城外结集徒众,买贩二百斤以上,依此断罪理赏。①

绍兴五年(1135)八月十二日,臣僚上言,前时临安府私盐盛行,后添差枢密院使臣带兵,巡逻钱塘江两岸,往来缉补,现私盐屏息。②

到南宋末年,外地的盐更是大量进入都城临安。如田汝成《西湖游览志余》记载贾似道令人从外地贩盐百艘运至都城临安销售,当时有太学生作诗讽刺云:

昨夜江头长碧波,满船都载相公卤。
虽然要作调羹用,未必调羹用许多。③

2. 蔗糖

蔗糖是重要的调味品之一,临安自然需求量极大。贾似道家中的果子库曾屯积糖霜达数百瓮④,就从一个侧面反映了砂糖在临安人生活中的作用。

福建福清等地是临安市场上砂糖的重要的输入地。宋代林蒙亨《螺江风物赋》描述此地蔗糖远销盛况云:"其沃衍之畴,则植蔗以为糖。于是盛之,万瓮竹络。于以奠之,千艘挂楫。顺风扬帆,不数日而达于江浙、淮湖都会之区。"而仙游县,每年将砂糖运销到江浙地区,"不知几千万坛"。⑤

四明亦是临安重要的蔗糖供应地。洪迈《容斋随笔》载:"甘蔗所在皆植,独福唐、四明、番禺、广汉、遂宁有糖冰,而遂宁为冠。四郡所产甚微,而颗碎、色浅、味薄,才比遂之最下者,亦皆起于近世。"⑥

3. 胡椒

胡椒为宋代食品中的常用佐料,具有刺激性的辣性和芳香,常作为烹饪

① 《宋会要辑稿》食货二六之五、六。
② 《宋会要辑稿》食货二六之二四。
③ 《西湖游览志余》卷五《佞幸盘荒》,第72页。
④ 《齐东野语》卷一六《多藏之戒》,第297页。
⑤ 方大琮:《铁庵集》卷二一《乡守项寺丞书》;方大琮:《铁庵方公文集》卷二一《项卿守博文》。
⑥ 《容斋随笔·五笔》卷六《糖霜谱》,第872页。

肉类、炒菜或汤类的调味品，来自西洋。如绍兴二十六年（1156）十二月二十五日，三佛齐国进奉胡椒一万七百五十斤。淳熙五年（1178）正月六日，三佛齐国进贡胡椒一千五百五十斤。① 这种来自远方的调味品，非常名贵，成为达官贵人的奢侈品。据载，朝廷籍没权相贾似道家财物中，就发现其家贮藏有“胡椒八百斛”。② 临安居民每日所消耗的胡椒甚多，《马可波罗行纪》记载宋末元初杭州人消耗外来胡椒的数量云：“兹取本城所食之胡椒以例之，由是可知平常消耗其他物品若肉酒香料之属之众。马可波罗阁下曾闻大汗关吏言，行在城每日所食胡椒四十四担，而每担合二百二十三磅也……”③

二、日用品、文房用品和药物的输入

（一）日用品的输入

1. 茶具

茶具主要来自长沙。周密《癸辛杂识》前集《长沙茶具》载：“长沙茶具，精妙甲天下。每副用白金三百星或五百星，凡茶之具悉备，外则以大缕银合贮之。赵南仲丞相帅潭日，尝以黄金千两为之，以进上方，穆陵大喜。盖内院之工所不能为也。”

2. 剪刀

剪刀主要来自青州。倪思《经钽堂杂志》卷六《不减价以求售》载：

> 临安有世卖剪子者，曰青州刘家。他剪子铺随时逐利，每柄不过一二百钱可得，唯青州刘执价必五百，不减。然其打制精利，用之可过常剪数柄。彼其价高，非妄增也。盖其铁既精好，工价数倍，若稍减价，则不复能如此。人用其剪者，信之，买以五百，未尝少吝。执价守业，可嘉一也；久而使人信之，可嘉二也；好物价高，贱者不堪久用，其理可验，三也。事有可以类推者，故志之。

---

① 《宋会要辑稿》蕃夷七之四八、五六。

② 《齐东野语》卷一六《多藏之戒》，第297页。

③ 《马可波罗行纪》，第581页。

3. 席子

宋代的席子，可以分为芦席、草席数种。其中，临安市民所用的芦席由华亭（今上海前身）输入。洪迈《夷坚志》记载华亭客商贩运芦席往都城临安的故事：

> 绍兴二十八年，华亭客商贩芦席万领往临安，巍然满船。晚出西栅，一道人呼于岸，欲附载。商曰："船已塞满，全无宿卧处，我自露立，岂能容尔！"道人曰："与汝千钱，但辍一席地足矣！"商曰："遇雨奈何？"道人曰："更与汝百钱，买芦席一领，遇雨自覆。"商利其钱，使登舟，坐于席上，仅容膝，不见其饮食便溺。在途亦无雨。到北关乃离去，曰："谢汝载我，使汝多得二十千以相报。"商殊不晓。适是年郊祀大礼，青城用芦席甚广，临安府惧乏，凡贩此物至者，每领额外增价钱二文，尽买之。遂赢二万。搬卸既毕，最下一领有墨书六大字曰："吕洞宾曾附舟。"字画遒劲，好事者争来观视，知为仙翁。①

而草席则由福州、明州等地输入，如梁克家《淳熙三山志》载"闽县江南沙洲草熟，织作尤盛。陆贩上四郡，舟运至淮浙"。② "淮浙"自然少不了临安。明州"江东多席草，人业于织，著名四方，曰'明席'"。③ 其产品同样销售到临安。

4. 柴炭

临安的柴炭主要来自严、婺、衢、徽等州以及富阳等地。如《梦粱录》卷一二《江海船舰》云：

> 其浙江船只，虽海舰多有往来，则严、婺、衢、徽等船，多尝通津买卖往来，谓之长船等只。如杭城柴炭、木植、柑橘、干湿果子等物，多产于此数州耳。

这些沿钱塘江而下的柴炭，运到临安后集中在南门外，故《咸淳临安志》卷二

---

① 《夷坚志》补卷一二《华亭道人》，第 1655 页。

② 《淳熙三山志》卷四一《土俗类·物产·草席》，载《宋元方志丛刊》，第 8252 页。

③ 《宝庆四明志》卷四《叙产·草之品》，载《宋元方志丛刊》，第 5040 页。

二《山川一》云:“薪南粲北,舳舻相衔。”周必大《二老堂杂志》卷四的记载更详细:

车驾行在临安,土人谚云:“东门菜。西门水。南门柴。北门米。”盖东门绝无民居,弥望皆菜圃。西门则引湖水注城中,以小舟散给坊市。严州、富阳之柴聚于江下,由南门而入。苏,湖米则来自北关云。

是时,由于世事艰难,宫中的用炭质量也下降了。周辉《清波杂志》卷六《御炉炭》对此便有记载:“南渡后,有司降样下外郡,置御炉炭胡桃纹、鹁鸪色者若干斤。知婺州王居正论奏,高宗曰:‘朕平居,衣服饮食且不择美恶,隆冬附火,止取温暖,岂问炭之纹色也!’诏罢之。宣和间,宗室围炉次索炭,既至,诃斥左右云:‘炭色红,今黑,非是!’盖常供熟火也。以此类推之,岂识世事艰难。”①

需要指出的是,宋室定都临安,由于消费用的树木、柴炭数量极其惊人,对周围地区山林的保护极为不利。庄绰《鸡肋编》卷中曰:“昔汴都数百万家,尽仰石炭,无一家燃薪者。今驻跸吴越,山林之广,不足以供樵苏。虽佳花美竹,坟墓之松楸,岁月之间,尽成赤地。根枿之微,斫撅皆遍,芽蘖无复可生。思石炭之利而不可得。”

(二)文化娱乐用品的输入

1. 墨

墨来自四川等地,其中涪州乐温县蒲大韶所制的墨,因其工艺非常精良,深受文人士大夫的喜爱。元陆友《墨史》卷下《宋》对此有比较详细的记载:

蒲大韶,阆中人。得墨法于黄鲁直,所制精甚。东南士大夫喜用之。尝有中贵人持以进御。高宗方留意翰墨,视题字曰“锦屏蒲舜美”,问何人,中贵人答曰:“蜀墨工蒲大韶之字也。”即掷于地曰:“一墨工而敢妄作名字,可罪也!”遂不复内,自是印识即言姓名。云大韶死,子知

① 《老学庵笔记》卷五:“故都时,御炉炭率斫作琴样,胡桃纹、鹁鸪青。高宗绍兴初,巡幸临安,诏严州进炭,止令用土产,勿拘旧制。”

微传其法，与同郡史威皆著名。夔帅韩球令造数千斤。愆期不能。就遣人逮之。舟覆江中，二工皆死。所售者，皆其族人及役作窃大韶以自贵之。何子楚云："近世所用蒲大韶墨，盖油烟墨也。"后见续仲永言："绍兴初，同中贵郑几仁抚谕吴少师玠于仙人关，回舟自涪陵来，大韶儒服手刺，就船来谒，因问油烟墨何得如是之坚大也。大韶云："亦半以松烟和之，不尔则不得经久也。"又周昭礼云："大韶，涪州乐温人。聓文子安梁杲，渠州人。皆世业此。梁胶法精而价直昂，蒲粗而损梁直大半，出蜀者，利其廉，携以来者，皆蒲墨也。虽均名川墨，而工制异外有幸。垕又居蒲下，其家无人。杲有子思温，绍其业。"①

不仅如此，他们还以蒲大韶墨作为馈赠亲朋好友的礼品。如杨万里《谢胡子远郎中惠蒲大韶墨报以龙涎心字香》诗曰：

墨家者流老蒲仙，碧梧采花和麝烟。
华阳黑水煎胶漆，太阴玄霜作肌骨。
龙尾磨肌饮鼠须，落点髹几几不如。
夷甫清瞳光敌日，一见墨卿惊自失。
后来夔州有梁杲，尔来黟州有吴老。
亦追时好得时名，竟为蒲生竖降旌。
吴墨往往玄尚白，梁墨湿湿糯黏壁。
南宫先生来自西，惠然赠我四玄圭。
我无鹊返鸾回字，我无金章玉句子。
得君此赠端何似，兀者得靴僧得髢。
安得玉桌双鸣珰，金刀绣段底物偿。
送以龙涎心字香，为君兴云绕明窗。②

2. 乐器

南宋临安乐工使用的乐器，部分来自金国。这些乐器，一部分为金国所

---

① 何薳《春渚纪闻》卷八《杂书琴事墨说附》和周辉《清波杂志》卷一等也对此有相似的记载。
② 《诚斋集》卷一九；《宋诗钞》卷七五。

产,如《鬼董》卷五云:

> 十四弦,胡乐也。江南旧无之。淳熙间,木工周宝以小商贩易安丰场,得其制于敌中,始以献群阉,遂盛行。

也有一部分是金国灭北宋时从东京宫中掳获而去的,而今通过边贸回归南宋。如载:理宗朝,有人向张循王府进献白玉箫,箫管长二尺,中空而莹薄,为乐器中的奇宝。当时宫中还没有这种乐器。理宗听说后即命张循王府立即将白玉箫进献给官中。不久,韩蕲王府有献白玉笙一攒,其薄如鹅管,声音清越,也是一件稀世之珍。这两件乐器皆是张俊、韩世忠在军中时从北方获得的,均为宣和时的宫中故物。①

3. 泥孩儿玩具

南宋时,西湖的旅游纪念品也越来越多了。《西湖游览志余》卷二六《幽怪传疑》载:"宋时,临安风俗,嬉游湖上者,竞买泥孩、莺歌花、湖船回家,分送邻里,名曰湖上土宜。"从这一段文献记载中,可以看到当时西湖的旅游纪念品中主要有"泥孩、莺歌花、湖船"。

泥孩儿为摩睺罗的俗称。摩睺罗,又称磨喝乐,为梵语的音译。在佛经中,磨喝乐本为天龙八部神之一。据说当年曾为一国国王,后因罪坠入地狱。经过六万年的修炼才得以脱身成胎,再经过六万年方出世成人。六年出家成佛,名磨喝乐。人们喜爱这个人物,希望也能生一个这样的孩子,于是便将磨喝乐用泥捏成一种具有浓厚佛教色彩的儿童玩具。因其是一种泥制的黄土偶,往往呈胖形,故时人又俗称为"黄胖"。时人许棐《泥孩儿》一诗赞曰:

> 牧渎一块泥,装塑恣华侈。
> 所恨肌体微,金珠载不起。
> 双罩红纱厨,娇立瓶花底。
> 少妇初尝酸,一玩一心喜。

---

① 《癸辛杂识》续集卷下《白玉笙箫》,第166页。

潜乞大士灵，生子愿如尔。
岂知贫家儿，呱呱瘦于鬼。
弃卧桥巷间，谁或愿生死。
人贱不如泥，三叹而已矣。①

这种旅游纪念品，早在北宋时就已经盛行于中原。据陆游《老学庵笔记》卷五载："承平时，鄜州田氏作泥孩儿，名天下，态度无穷，虽京师工效之莫能及，一对至直十缣，一床至直十千。一床者，或五或七也。小者二三寸，大者尺余。无绝大者。予家藏一卧者，有小字云：'鄜畤田玘制。'绍兴初避地东阳山中，归则亡之矣。"北宋东京开封就在七夕节时盛行这种玩具，如孟元老《东京梦华录》卷八《七夕》载：

七月七夕，潘楼街东宋门外瓦子、州西梁门外瓦子、北门外、南朱雀门外街及马行街内，皆卖磨喝乐，乃小塑土偶耳，悉以雕木彩装栏座，或用红纱碧笼，或饰以金珠牙翠。有一对直数千者。禁中及贵家与士庶为时物追陪。

商人们还将其作为关扑的主要物品，如《醉翁谈录》卷四云："京师是日多博泥孩儿，端正细腻，京语谓之摩喝罗，小大甚不一，价亦不廉。或加以男女衣服，有及于华侈者"。

宋室南渡后，泥孩儿在临安也成为一种非常时尚的旅游纪念品。据张仲文《白獭髓》载："开禧初，权臣将用事之初，以所赐南园新成会诸朝士，席间分题各赋春景，以都城外土物为题。时一朝士姓俞，在座分得游春黄胖诗。（都城春间湖边，则以泥制黄土偶，谓之土宜）。俞即赋曰：'两脚捎空欲弄春，一人头上又安人。不知终入儿童手，筋骨翻为陌上尘。'薄有所讥。继出知苕霅。后嘉定戊辰，边警之变果然。（游春黄胖，起于金明池。有杏花园游人，取其黄土戏捏为人形尔。）"又，叶绍翁《四朝闻见录》戊集《黄胖诗》载："韩以春日宴族人于西湖，用土为偶，名曰黄胖，以线系其首，累至数十

① 许棐：《梅屋集》卷四，文渊阁《四库全书》本。

人。游人以为土宜。韩售之以悦诸婢,令族党仙胄赋之云云:'一朝线断他人手,骨肉皆为陌上尘。'侂胄大不悦。仙胄家于会稽,以侂胄故,有官不仕。韩败,竟保其族云。"

与旧都东京一样,磨喝乐也是临安七夕节物之一。如《武林旧事》卷三《乞巧》载:"七夕节物,多尚果食、茜鸡。及泥孩儿号摩睺罗,有极精巧,饰以金珠者,其直不赀……小儿女多衣荷叶半臂,手持荷叶,效颦摩睺罗。大抵皆中原旧俗也。七夕前,修内司例进摩睺罗十卓,每卓三十枚,大者至高三尺,或用象牙雕镂,或用龙涎佛手香制造,悉用镂金珠翠。衣帽、金钱、钗镯、佩环、真珠、头须及手中所执戏具,皆七宝为之,各护以五色镂金纱厨。制阃贵臣及京府等处,至有铸金为贡者。宫姬市娃,冠花衣领皆以乞巧时物为饰焉。"[①]由于人们的喜爱,商人们还往往以其作为关扑的物品之一,在御街等处扑卖。如《西湖老人繁胜录》所载:"御街扑卖摩睺罗,多著乾红背心,系青纱裙儿;亦有著背儿、戴帽儿者。牛郎织女,扑卖盈市。"

临安市场上的泥孩儿玩具,主要来自苏州等地。如陈元靓《岁时广记》卷二六载:

> 磨喝乐,南人目为巧儿。今行在中瓦子后市街众安桥,卖磨喝乐最为旺盛。惟苏州极巧,为天下第一。进入内庭者,以金银为之。谑词云:"天上佳期,九衢灯月交辉。摩睺孩儿,斗巧争奇。戴短檐珠子帽,披小缕金衣,嗔眉笑眼,百般地敛手相宜。转睛底工夫不少,引得人爱后如痴。快输钱,须要扑,不问归迟,归来猛醒,争如我活底孩儿。"

(三)彩灯的输入

节日所用的彩灯主要来自苏州、福州、婺源等地。如《武林旧事》卷二《灯品》曰:"灯品至多,苏、福为冠;新安晚出,精妙绝伦。"苏灯"圈片大者径三四尺,皆五色琉璃所成,山水人物,花灯翎毛,种种奇妙,俨然着色便面也。

---

① 《梦粱录》卷四《七夕》则载:"内庭与贵宅皆塑卖磨喝乐,又名摩睺罗孩儿,悉以土木雕塑,更以造彩装襕座,用碧纱罩笼之,下以桌面架之,用青绿销金桌衣围护,或以金玉珠翠装饰尤佳。"又,《岁时广记》卷二六载:"磨喝乐,南人目为巧儿。今行在中瓦子、后市街、众安桥卖磨喝乐最为旺盛。"

其后福州所进,则纯用白玉,晃耀夺目,如清冰玉壶,爽彻心目。近岁新安所进益奇,虽圈骨悉皆琉璃所为,号无骨灯”。① “其法用绢囊贮粟为胎,因之烧缀,及成去粟,则混然玻璃球也。景物奇巧,前无其比。又为大屏,灌水转机,百物活动”。② 李龏《婺源琉璃万灯歌》赞云:

婺源灯匠夺天巧,做出新灯极精好。
细细琉璃万缕中,织得禽鱼及花草。
锦娘眷眷绣娘羞,煌芒五色耀冰球。
江梅盈枝玉彯蕊,离枝满树红堆头。
水晶不莹珠玑冷,屏间云毋空烘影。
百尺长竿横画梁,宝盖悬空系纤绠。
绿滟鳞鳞晃曲波,斜冈蹙蹙映平坡。
瓶中栀子豆心绽,篮里海棠绒带拖。
午夜高堂明似昼,璧月涵光灿星斗。
蜡香块霭焰春阳,锦光倒射金杯酒。
此灯绝妙世间无,乃是婺源灯画图。
梁园下客非夸大,从今不必说姑苏。③

(四)药物的输入

临安市民所用的药物,主要来自四川及广东,都城内就专门设有“川广生药市”。④ 又有来自淮南的。佚人撰《鬼董》卷五记临安商客往淮南市药云:

周宝先贩药时,尝僦顾八船往来,多与之赀,使匿税。又时商客杂沓,顾八不以为怪也。至是亦用之。谓曰:“我与数布客欲往淮南市药,不欲昼行。夜分当集于舟。俟我来,即疾出临安界。必倍酬汝。”雇舣

① 《武林旧事》卷二《元夕》,第29页。
② 《武林旧事》卷二《灯品》,第34页。
③ 《江湖后集》卷二〇。
④ 《西湖老人繁胜录·诸行市》,载《南宋古迹考》(外四种),第114页。

舟新桥以待。

按同书又云:"淳熙间木工周宝以小商贩易安丰场",那么,这里所说的"往淮南市药"的"药"是不限于淮南出产的药,而且包括在榷场与金人榷易所得的药了。

此外,会稽出产的药也运往杭州去卖。《嘉泰会稽志》云:

> 紫石英……今诸暨枫桥山间,每雷雨后民竞往采之。然必祠神而后入山。盖用谢敷故事。但土豪为垄断,民得石多归之。它人未易得也。自此至婺女,地产紫石英甚多,但不如诸暨之莹洁有光彩尔。都下及吴中药肆所卖紫石英,皆此石也。①

至于香药,则从海外输入。如《宋史》卷四〇四《张运传》载:"户部所储三佛齐国所贡乳香九万一千五百斤,直可百二十余万缗。请分送江浙荆湖漕司卖之,以籴军饷。"又,《建炎以来系年要录》载:绍兴二十五年(1155)十一月,占城"贡沈笺等香万余斤、乌里香五万五千余斤、犀角象牙翠羽玳瑁等"。② 此外,也有从海南岛输入的。如丁谓之《天香传》云:

> 琼管之地,黎母山酋之四部境域,皆枕山麓,香多出此山,甲于天下。然取之有时,售之有主。盖黎人皆力耕,治业不以采香专利。闽越海贾惟以余杭船即市香,每岁冬季,黎峒俟此船方入山寻采,州人从而贾贩,尽归船商。故非时不有也。香之类有四:曰沉、曰栈、曰生结、曰黄熟,其为状也。十有二,沉香得其八焉。③

三、服用类和奢侈品的输入

(一)服用类商品的输入

临安是一个人口极多的大都市,需要数量庞大的服用类商品。临安虽以丝织著名,但有待于外来之供给者亦不少。《马可波罗游记》云:"居人面

---

① 《嘉泰会稽志》卷一七《药石部》,载《宋元方志丛刊》,第7044页。

② 《建炎以来系年要录》卷一七〇,绍兴二十五年十一月戊午,第2777页。

③ 陈敬:《陈氏香谱》卷四,文渊阁《四库全书》本。

白形美，男妇皆然，多衣丝绸，盖行在全境产丝甚饶，而商贾由他州输入之数尤难胜计。”①以来自海外的纺织品为例，绍兴二年（1132）闰四月三日，高丽国王遣使所进贡的众多礼品中，就有“满花紧丝五十匹，金花注丝五十匹，色大纹罗五十匹，色大绫五十匹”、“早地紫花紧丝二匹，金线注丝二匹，真红大纹罗二匹，真紫大纹罗二匹，明黄大纹罗二匹，生大纹罗一十五匹，生厚罗五匹……大布二百匹……”绍兴二十六年（1156）正月十四日，交趾遣使所进贡的众多礼品中也有“绫绢五十匹”。淳熙三年（1176）四月，安南进“杂色绫纱绢五十匹”。②

现将各地贩往杭州的服用类商品分述如下：

1. 绫

绫来自苏州和越州。洪迈《夷坚志》云：

> 又有郭信者，京师人。父为内诸司官。独此一子，爱之甚笃，遣从临安蔡元忠先生学。信自僦一斋。好洁其衣服。左顾右眄，小不整即呼匠治之。以练罗吴绫为鞋袜，微污便弃去，浣濯者不复着。③

上述中所述及的“吴绫”便产自苏州。吴绫在当时多被画家们当作绘画材料，如周密《云烟过眼录》卷一云：“一幅轻绢三尺阔，百岁丹青半尘脱，谁将光景写吴绫。”

越州出产的寺绫也盛行于临安。据庄绰《鸡肋编》卷上载：“越州尼皆善织，谓之寺绫者，乃北方隔织耳，名著天下。”

2. 纱

《都城纪胜·铺席》记载临安的商业云：“且夫外郡各以一物称最，如抚纱……之类。”可见，临安城中出售的纱以抚州出产的质量最好。而抚州出产的纱，早在北宋时就已经著名于时。朱彧《萍洲可谈》曰：

> 抚州莲花纱，都人以为暑衣，甚珍重。莲花寺尼凡四院，造此纱。

---

① 《马可波罗行纪》，第581页。

② 《宋会要辑稿》蕃夷七之四五、四七、五五。

③ 《夷坚志》丁卷六《奢侈报》，第583页。

捻织之妙，外人不得传。一岁，每院才织近百端，市供尚局并数当路计之已不足用。寺外人家织者甚多，往往取以充数。都人买者亦自能别寺外纱，其价减寺内纱什二三。①

3. 绢

主要来自会稽诸暨。《嘉泰会稽志》云："绢，旧总称吴绢。今出于诸暨者，曰花山，曰同山，曰板桥。其轻匀最宜春服。邦人珍之。或贩鬻，颇至杭而止，以故声价亦不远也。"②

4. 罗

两浙路是南宋罗的主要产地，其中婺州尤其发达，这里出产的罗，不仅数量大，而且质量很高。庄绰《鸡肋编》卷上曾曰："婺州红边贡罗、东阳花罗，皆不减东北，但丝缕中细，不可与无极、临棣等比也。"故此，临安府库所藏的罗多数来源于此地。例《宋会要辑稿》食货六四之二八载："户部言：左藏库常支罗不过万匹，其婺州绍兴三年分合发年额罗二万匹，恐不须尽数起发本色。"

5. 锦

宋代蜀锦独步全国，所谓蜀地"罗纨锦绮等物甲天下"③，"蜀土富饶，丝帛所产，民织作冰纨绮绣等物，号为冠天下"。④ 这种名列天下第一品的蜀锦，就深受中外人们的喜爱，成为当时服装原料的高档物品。皇宫贵族、文武大臣的服饰及官员的告身等，均取资于蜀锦。绍兴十二年(1142)，宋高宗指令四川"准备礼物使用"的高级丝织品，为此，成都府路收买了二十万缗川锦。⑤ 据著名史学家李心传说，当时四川每年上供绢绸七万四千匹，绫三万四千余匹，成都上供锦绮一千八百余匹段。⑥ 统治者还将这种珍贵的服饰原料作为赏赐外国贡使的礼品，如绍兴二十六年(1156)，"三佛齐国进奉使蒲

---

① 《萍洲可谈》卷二，第40页。
② 《嘉泰会稽志》卷一七《布帛·绢》，载《宋元方志丛刊》，第7049页。
③ 《宋史》卷二七六《樊知古传》，第9396页。
④ 杨仲良：《皇朝通鉴长编纪事本末》卷一三，太宗淳化四年。
⑤ 《系年要录》卷一四七，绍兴十二年十月戊寅，第2361页。
⑥ 《建炎以来朝野杂记》甲集卷一四《四川上供绢绸绫锦绮》，第293页。

晋等入见，献乳香八万升，胡椒万升，象牙四十斤，剑、名香、宝器甚众，又以明珠、琉璃、金酒器上宰相，而秦桧已死。诏以其物输御前激赏库，而以蜀锦答之”。① 此外，江、浙地区所产的锦在市场上也常见。绍兴二十五年(1155)十一月戊午，“执政进呈激赏库所卖锦三千余匹，系曹泳行下江、浙诸州办卖，已依旨拘收”②。

6. 丝帐

由临安城郊的褚家塘一带输入。《京本通俗小说》第十五卷《错斩崔宁》记载南宋临安的一件杀人公案，其中有云：

那后生叉手不离方寸：“小人是村里人。因往城中卖了丝帐，讨得些钱。要往褚家堂那里去的。”那后生道：“小人姓崔名宁，是乡村人氏。昨日往城中卖了丝，卖得这十五贯钱。今早偶然路上撞着这小娘子，并不知他姓甚名谁。那里晓得他家杀人公事？”

7. 布

布来自福建及广东。如洪迈《夷坚志》载闽商贩布往临安的故事云：

陈公任者，福州长乐县巨商也。淳熙元年正月一日，其妾梦三人入门。其二衣绿，抱文牍大书于壁间曰：“陈公任今年四月初七日主恶死。”妾识字能读，明旦告其侣曰：“夜来梦极不祥。”相与视壁上字，一无所有，皆匿讳不敢说。久之，众商张世显、何仲立、仲济十余辈识云：“福清东墙莫少俞治船，欲以四月往浙江，可共买布同发。”如期而行。至州界凫鹰港，夜可二鼓，船师报船无故自拆。世显遽拥衾出，是时碇泊处去岸犹丈许，觉如有人拥其背至岸。余人相继腾上，惟公任、仲立留恋货财，未肯舍。顷之舟沉，而綷出水面。二人急抱綷，逐浪上下，哀呼求救，不可忍闻。腹为綷所摇，几至于裂，竟堕死波中。正四月初七夜也。③

① 《系年要录》卷一七五，绍兴二十六年十二月壬戌，第2899页。

② 《系年要录》卷一七〇，绍兴二十五年十一月戊午，第2777页。

③ 《夷坚志》支戊卷一《陈公任》，第1059－1060页。

又,《夷坚志》载:“泉州杨客为海贾十余年,致赀二万万……(绍兴十年从海外贩运大量商品到临安)举所赍沉香、龙脑、珠琲珍异纳于土库中,他香布、苏木不减十余万缗,委之库外。”①《西湖游览志余》卷二《帝王都会》载广商贩布至临安云:

正月十四夜,蒋安礼进竹丝灯,其明过于栅子灯。上(理宗)大喜。(董)宋臣奏曰:“明日臣亦献此灯。”安礼退而笑曰:“吾经年乃成。岂一夕可办?”时有广商贩布、竹至杭。宋臣即买数匹,剪以为灯。顷刻而成,细而且薄。安礼骇服。

按:棉布、蕉布、葛布、苎布、麻布等品种,是福建、广东等地的特产,质量较高。如方勺《泊宅编》卷中载:

闽广多种木绵,树高七八尺,叶如柞,结实如大麦而色青,秋深即开,露白绵茸茸然。土人摘取出壳,以铁杖捍尽黑子,徐以小弓弹令纷起,然后纺绩为布,名曰吉贝。今所货木绵,特其细紧者尔。当以花多为胜,横数之得一百二十花,此最上品。海南蛮人织为巾,上作细字,杂花卉,尤工巧,即古所谓白叠巾也。李琮诗有“腥味鱼中墨(原诗注:乌贼鱼也),衣裁木上绵”之句。

这里的“木绵”,即今日所称的棉花;“吉贝”即棉布。据文献记载,绍兴年间(1131-1162),泉州上供的棉布达五千匹。② 又,“泉州葛布好造汗衫”,故“今越人衣葛出自闽贾”。③

(二)奢侈品之输入

南宋临安是当时世界海内外奢侈品的最大集中地和消费中心。耐得翁《都城纪胜》云:

自大内和宁门外,新路南北,早间珠玉珍异及花果时新海鲜野味奇

---

① 《夷坚志》丁卷六《泉州杨客》,第588-589页。

② 黄任等纂:乾隆《泉州府志》卷二一《田赋》,清乾隆二十八年刻本。

③ 释静、释筠:《祖堂集》,岳麓书社1996年版,第259页;沈作宾等纂:《嘉泰会稽志》卷一七《布帛·绢》,载《宋元方志丛刊》,第7049页。

器天下所无者,悉集于此。(《市井》)

锦体社、八仙社……七宝考古社,皆中外奇珍异货。(《社会》)

《西湖老人繁胜录》载"七宝社"内有珊瑚数十株……玻璃盘、玻璃碗、菜玉、水晶、猫眼、马价珠"。由"珠玉珍异及……奇器天下所无者"及"中外奇珍异货"等词句可以看出南宋临安输入外国或外地的奢侈品之一斑。

临安珍贵的货物或奢侈品,既有海外商人直接输入的,又有由泉州、广州等地转贩来的,这是泉州和广州在当时是最大的国际贸易海港的缘故。

南宋临安从海外输入的奢侈品,主要有沉香、龙脑、胡椒等。兹分别述之:

1. 沉香、龙脑等的输入

如洪迈《夷坚志》记泉州海贾贩运沉香、龙脑等物往临安云:

泉州杨客为海贾十余年,致赀二万万。每遭风涛之厄,必叫呼神明,指天日立誓,许以饰塔庙,设水陆为谢。然才达岸,则遗忘不省,亦不复记录。绍兴十年,泊海洋,梦诸神来责偿。杨曰:"今方往临安,俟还家时,当一一赛答,不敢负。"神曰:"汝那得有此福?皆我力尔。心愿不必酬,只以物见还。"杨甚恐。以七月某日至钱塘江下,幸无事,不胜喜,悉辇物货置抱剑街主人唐翁家。身居柴垛桥西客馆。唐开宴延伫,杨自述前梦,且曰:"度今有四十万缗,姑以十之一酬神愿,余携归泉南置生业,不复出矣。"举所赍沉香、龙脑、珠琲珍异纳于土库中。他香布、苏木不减十余万缗,皆委之库外。是夕大醉。次日,闻外间火作……稍定还视,皆为煨烬矣。遂自经于库墙上。①

由于沉香等大量进口到临安城中,因此一些贵族还用其来制作家具。例如乾道初内侍陈源坐罪,家赀被籍没,其中有二物:"其一琴台,虢州月石所作,色紫而理细,茂林修竹,江村小景,工妙不可名状,四脚各以绿丝绦系降真香靸子一枚;其一象棋桌,高一尺五寸,阔二尺五寸,空中以贮棋合,四

① 《夷坚志》丁卷六《泉州杨客》,第588-589页。

围有栏,沉香为局面,牙栅界之,其外用乌木、花黎、白檀数匝缘饰,以降真香刻水浪加金填。而浪头填以银,芬芗袭人。他物一切称是。”①

除沉香、龙脑等物外,大量进口到临安的还有香药等。如《宋会要辑稿》记载商客由泉、广贩运珍贵香药等物往临安云:

> 嘉定六年四月七日,两浙转运司言:“临安府市舶务有客人于泉、广蕃名下转买,已经抽解胡椒、降真香、缩砂、豆蔻、藿香等物,给到泉、广市舶司公引,立定限日,指往临安市舶务住卖。从例系市舶务收索公引,具申本司,委通判、主管官点检,比照原引色额数目,一同发赴临安府都税务收税放行出卖。如有不同,并引外出剩之数,即照条抽解。将收到钱分隶起发上供。今承指挥,舶船到临安府不得抽解收税,差人押回有舶司州军,即未审前项转贩泉、广已经抽解有引物货船只,合与不合抽解收税。”②

绍兴十五年(1145)十月十一日,臣僚言:“泉、广每岁起纲,所谓粗色,虽海运以达中都,然水脚之费亦自不赀。今外帑香货充斥,积压陈腐,几为无用之物,臣以为当令舶司就地头变卖,止以官券来输左帑。乞并赐行下,其于称提官会亦非小补。”③

而一些贵族家中更是收藏有大量这种十分名贵的香药等物。如张俊招待高宗,宴席之上则有“缕金香药”一行:脑子花儿、甘草花儿、硃砂圆子、木香、丁香、水龙脑、史君子、缩砂花儿、官桂花儿、白术人参、橄榄花儿,以及“砌香咸酸一行”:香药木瓜、椒梅、香药藤花、砌香樱桃、紫苏奈香、砌香萱花柳儿、砌香葡萄、砌香果子等多种以香药制成的食品。④

2. 北珠的输入

除上述海外所产的“珠琲”外,混同江中所产的珠,名叫“北珠”,亦自金国贩到杭州。《宋史》卷二四七《宗室传》记赵师羼在杭州购北珠赂韩侂胄诸

① 《夷坚志》支景卷四《琴台棋卓》,第907页。
② 《宋会要辑稿》职官四四之三四。
③ 《宋会要辑稿》刑法二之一四五。
④ 《武林旧事》卷九《高宗幸张府节次略》,第139-140页。

妾云：

（韩）侂胄有爱妾十四人。或献南北珠冠四枚于侂胄。侂胄以遗四妾。其十人亦欲之。侂胄未有以应也。（赵）师羼闻之，亟出钱十万缗市北珠，制十冠以献。妾为求迁官。得转工部侍郎。

此事在《庆元党禁》（撰人佚）中记载得更详细：

侂胄妻早死。有四妾，皆得郡封，所谓四夫人也。其次又十人，亦有名位。丁巳秋冬之间，有献北珠冠四枚者。侂胄喜，以遗四夫人。其十人皆愠曰："等人耳，我辈不堪戴耶！"侂胄患之。赵师羼时以列卿守临安，微闻其事。侂胄入朝未归，京尹忽遣人致馈。启之，十珠冠也。十人者大喜，分持以去。侂胄归，左右以告侂胄；未及有言，十人者咸来致谢，遂已。翌日，都市行灯，群婢皆顶珠冠而出。明日语侂胄曰："我曹夜来过朝天门，都人聚观，直是喝采。郡王奈何不与赵大卿转官耶？"翌日又言之。于是有工部侍郎之命。

按《都城纪胜·铺席》云："自融和坊北至市南坊，谓之珠子市头。如遇买卖，动以万数。"赵师羼买珠制冠十个即需钱十万缗，与此正合。

3. 螺钿

螺钿是一种镶嵌漆器工艺，即在漆器上镶嵌上贝壳以及琥珀、瑇瑁等材料。原是我国的发明，商周时期便已经出现。① 唐代传入日本，至今正仓院仍收藏有我国唐代所产的玉带箱、琵琶、镜箱等螺钿实物。但到唐末，我国的螺钿生产和技术急剧衰落，而日本却迅速发展，以至于宋代，有人竟将这种发明于祖国的螺钿技术视作"本出倭国"。②

南宋时，以日本所产的螺钿质量最好，临安的皇宫和富家也以拥有这种物品为荣。如周密《癸辛杂识·别集》卷下《钿屏十事》载："王橚，字茂悦，号会溪。初知郴州，就除福建市舶。其归也，为螺钿卓面屏风十副，图贾相

① 郭宝钧：《1950年春殷墟发掘报告》，载《考古学报》1957年第5期。

② 《泊宅编》卷三载："螺填器本出倭国，物象百态，颇极工巧，非若今市人所售者。"（中华书局1983年版，第16页）

盛事十项，各系之以赞以献之。贾大喜，每燕客必设于堂焉。行将有要除，而茂悦殂矣。"

4. 珍禽

南宋临安达官贵人玩弄珍禽的风气很盛，而珍禽亦有待于外地之供给。《咸淳临安志》卷四载绍兴二年(1132)八月禁止输入花木珍禽的诏令云：

访闻行在渐卖花木窠株，或一二珍禽。此风不可长。及有舟船兴贩，多以旗帜妄作御前物色。可严行禁止。或官司合行收买者，须明坐所属去处。其花木窠株珍禽，可劄下临安府诸门晓示，不得放入。①

在这些珍禽中，鹰由萧山输入。赵叔向《肯綮录》云："予顷在萧山时，地近武林，一族人家好养鹰。一日，有中贵人以百余钱买一鹰去。"

5. 奇异花木

南宋临安有许多奇异花木，以供欣赏。《都城纪胜・园苑》说："东西马塍诸园，乃都城种植奇异花木处。"既然说是"奇异"，当然是远道贩运来的花木，而不是习以为常的土产了。关于这些奇异花木的产地、名称，《武林旧事》卷三《社会》有"高丽、华山之奇松，交、广海峤之异卉"。又，《西湖游览志余》卷三《偏安佚豫》云：

二月八日为桐川张王生辰。霍山行宫朝拜极盛。百戏竞集……高丽、华山之奇松，交、广海峤之异卉，不可缕数。莫非动心骇目之观也。

在这些奇花异卉中，有茉莉、素馨等花。陈善《扪虱新语》说闽商贩运这些花卉赴浙云："近日浙中好事家亦时有茉莉、素馨。皆闽商转海而至。"②又，张邦基《墨庄漫录》卷七云：

闽、广多异花，悉清芬郁烈。而茉莉花为众花之冠。岭外人或云抹丽，谓能掩众花也。至暮则尤香。今闽中以陶盎种之。转海而来。浙中人家以为嘉玩。

---

① 《咸淳临安志》卷四〇《诏令一・高宗皇帝》，载《宋元方志丛刊》，第3722页。

② 陈善：《扪虱新语》卷一五《花木类・南地花木北地所无》，上海书店1990年版，第11－12页。

闽商既贩此花至浙中，当然完全可能贩花至临安。按《西湖老人繁胜录》记有“茉莉”，可证。此外，临安的外来花卉又有从潭州及福建输入的红梅。《梦粱录》云：“红梅有福州红，潭州红，柔枝、千叶、邵武红等种。”①赵蕃《卖花行》诗便对此有言及：

赪肩负薪行，所直不满百。
大舸载之来，江头自山积。
不如花作稛，先后价增损。
身逸得钱多，人宁知务本。②

这些奇花异卉运到临安，自然其成本极其高昂，为此统治者曾一度加以禁止。如绍兴二年(1132)八月，高宗诏曰：“访闻行在，渐卖花木窠株，或一二珍禽。此风不可长。及有舟船兴贩，多以旗帜妄作御前物色。可严行禁止。或官司合行收买者，须明坐所属去处，其花木窠株珍禽可札下临安府诸门，晓示不得放入。”③但在整个南宋时期，这个法令并没有得到很好的实施。

四、建筑、金属等类商品之输入

南宋临安建筑业十分发达，需要大量的建筑材料，但临安本地并非是建筑材料的主要出产地，本地出产的少量建筑材料远远不够需用，这样势必依赖外地的供给。这种现象在都城大火之后，往往更加突出。为了缓和这一问题，统治者诏在火灾后建筑材料可以从外地免税输入城中。如《宋史》卷一八六《食货志下八》载：

绍兴三年临安火。免竹木税。光、宁以降，亦屡与放免商税，或一年，或五月，或三月。凡遇火，放免竹木之税亦然。

而一些精明的商人，更是把握时机，赚取高额利润。如洪迈《夷坚志》记载临安一个姓裴的商人在都城大火后，把握商机而赚取暴利的故事：

---

① 《梦粱录》卷一八《物产·花之品》，第167页。
② 赵蕃：《淳熙稿》卷二，中华书局1985年影印《丛书集成初编》本，第27页。
③ 《咸淳临安志》卷四〇《诏令一·高宗皇帝》，载《宋元方志丛刊》，第3722页。

绍兴十年七月,临安大火,延烧城内外室居数万区。裴方寓居,有质库及金珠肆在通衢,皆不顾,遽命纪纲仆,分往江下及徐村,而身出北关,遇竹木、砖瓦、芦席、椽桷之属,无论多寡大小,尽评价买之。明日有旨:竹木材料免征税,抽解城中,人作屋者皆取之。裴获利数倍,过于所焚。①

(一)竹木等建筑材料的输入

1. 木材

临安建筑用的木材,主要来自歙浦,集中于严州,再由严州运往杭州销售。范成大《骖鸾录》云:

三日泊严州。渡江上浮桥,游报恩寺……浮桥之禁甚严,歙浦杉排,毕集桥下。要而重征之。商旅大困。有濡滞数月不得过者。余掾歙时,颇知其事。休宁山中宜杉。土人稀作田,多以种杉为业。杉又易生之物,故取之难穷。出山时价极贱。抵郡时已抽解不赀。比及严,则所征数百倍。严之官吏方曰:"吾州无利孔。微歙杉,不为州矣。"观此言,则商旅之病,何时而瘳!盖一木出山,或不直百钱,至渐江乃卖两千,皆重征与久客费使之。②

按:"渐江"即"浙江"。歙浦的杉木既贩运到浙江(水名),当然运到当时浙江流域中的大消费地临安了。这可从《梦粱录》卷一二《江海船舰》中的记载得到印证:

其浙江船只,虽海舰多有往来,则严、婺、衢、徽等船,多尝通津买卖往来,谓之长船等只。如杭城柴炭、木植、柑橘、干湿果子等物,多产于此数州耳。

按:产杉的歙浦及休宁均属徽州,严州是杉木的集中地。杉木当即是这里所说的"木植"之一种。

① 《夷坚志》再补《裴老智数》,第1784页。

② 《范成大笔记六种》,中华书局2002年版,第45页。

也有来自海外的,如日本。《建炎以来朝野杂记》甲集卷一《孝宗恭俭》载:淳熙年间,宋孝宗作"翠寒堂于禁中,以日本松木为之,不施丹雘,其白如象齿"。

2. 竹

竹为江南的特产。南宋时,由于临安所需建筑材料的量巨大,本地所产远远不能满足需要,故数千里外的广东也有海远竹子到都城的。如《西湖游览志余》卷二《帝王都会》云:"时有广商贩布、竹至杭。"

(二)砖瓦灰泥等建筑材料的输入

砖瓦灰泥由下塘输入。《梦粱录》卷一二《河舟》云:"杭州里河船只……又有大滩船,系湖州市搬载诸铺米及跨浦桥柴炭、下塘砖瓦灰泥等物。"关于临安所用的瓦之由外输入,明田汝成《西湖游览志余》卷二三《委巷丛谈》亦云:

> 高宗南渡后,驻跸临安,草创禁苑为行在所。适造一殿,无瓦而值雨。临安府与漕司皆忧之。忽一吏白于官长曰:"多差兵士,以钱镪分俵关厢铺席,赁借楼屋腰檐瓦若干。候旬月新瓦到,照数赔还。"府司从之。殿瓦咄诺而办。

临安建造假山用的石头除少量本地供给外①,大多来自外地。如某尚书家中的秀野堂,其园林中"怪石远从商舶至,名花多自别州移"。②

(三)铜、铁等金属材料的输入

临安铜器、铁器等的手工业生产非常发达,这可从《梦粱录》卷一三《铺席》和《诸色杂货》的记载中看出。当时,临安出售金属器具的店铺有:市西坊北的张家铁器铺,官巷北的淮岭倾锡铺,李博士桥邓家金银铺,水巷桥河

---

① 倪思《经鉏堂杂志·临安石》载:"杭州临安县石出土中,有两种:一深青色,一微青白。其质奇怪,尖峰峭崖,高者十数尺,小者数尺,或尺余,温润而坚,扣之有声。间有质朴,从而斧凿修治,磨砻增巧。顷岁钱唐千顷院有石一块,高数尺,旧有小承天法善堂徒弟折衣钵得此石,直五百余千。其石置方廨中,四面嵌空险怪,洞穴委曲,于石罅间植枇杷一株,颇年远,岩窦中尝有露珠凝滴,目为瑰石。"

② 《后村先生大全集》卷三《寄题李尚书秀野堂一首》,《四部丛刊》初编本。

下针铺；有关金属的器具有“铜铁器如铜铫、汤瓶、铜锥、熨斗、火锹、火箸、火夹、铁物、漏杓、铜沙锣、铜匙箸、铜瓶、香炉、铜火炉、帘钩，镴器如尊榼、果盆、果盒、酒盏、注子、偏提、盘、盂、杓”等。这些金属制品大多在临安生产，其中，打铁器行业中所需的原料铁，便来自福建等地。其实，这种现象在北宋时就已存在。如仁宗庆历三年(1043)，“发运使杨告乞下福建严行禁法，除民间打器锅釜等外，不许私贩下海。两浙运使奏：‘当路州军，自来不产铁，并是漳、泉、福等州转海兴贩，逐年商税课利不少。及官中抽纳折税，收买打造军器，乞下福建运司晓示。许有物力客人兴贩，仍召保出给长引，只得诣两浙路去处贩卖，本州今出给公据。’①另外，《至正四明续志》载两浙路的“生铁出闽广，船贩常至，冶而器用”，并云闽广输入两浙的生铁制品有“条铁、镬铁、丁铁”。②

铜、铅、锡由于身为铸钱的重要原料，而被政府明确定为“榷货”之物。“诸称禁物者，榷货同；称榷货者，谓盐、矾、茶、乳香、酒曲、铜、锡、铜矿、錀石。”③这些被称为榷货的矿产品，在两宋时期一直由政府监控其生产过程，并根据需要分配其产品的流向和数量。④除官府收买外，一般禁止民间私下贸易。临安官营手工业所需的这些原料，大多来自信州、韶州等地。

(四)漆的输入

漆，在中国自古以来就被用作手工业原料，除涂抹木器和杂器外，还广泛应用于建筑、兵器、绘画、制墨及黏合剂等。但临安本地并不盛产漆，而是从徽州、严州等地输入。如洪迈《夷坚丁志》卷一七《淳安民》载，严州淳安县一富翁受友人临安一市民的委托，曾买漆二百斤。

① 《淳熙三山志》卷四一《土俗类·物产·铁》，载《宋元方志丛刊》，第8252页。

② 《至正四明续志》卷五《土产·铁器》，载《宋元方志丛刊》，第6506页。

③ 《庆元条法事类》卷二八《榷禁门》，黑龙江人民出版社2002年版。

④ 王菱菱：《论宋代矿产品的禁榷与通商》，载漆侠、李埏主编《宋史研究论文集》，云南民族出版社1997年版，第171页。

第二节　商品的输入路线

综上所述,临安自宋室南渡后,因为是全国的政治中心,人口高度集中,达百万之巨,各类物品消耗较之过去大增,而本地所产又不能自给,于是有赖于外地商品的大量输入。在当时,外地商品输入临安主要通过水路;陆路因临安自身条件的限制,并不占重要地位。水路主要有以下几条:一是由两浙各地至临安;二是由淮南至临安;三是由四川至临安;四是由闽粤至临安。

一、两浙各地至临安的商路

这条线路又可分为以下三条支线:一是由苏、湖、常、秀等浙北诸州至临安;二是明、越、温、台等浙东诸州至临安;三是婺、严、处等浙西诸州至临安。

(一)苏、湖、常、秀等浙北诸州至临安的商路

苏、湖、常、秀等浙北诸州至临安,以江南运河为主。江南运河,又称为浙西运河,是指临安府北郭务至镇江江口闸的一段,计六百四十一里。这条运河是南宋都城临安最重要的生命线,在国家的政治、军事和经济中占有举足轻重的地位,嘉定十七年(1224)二月六日,有臣僚言:"仰惟国家中兴,驻跸东南且百年矣。处浙水之右,据吴会之雄。自临安至于京口,千里而远,舟车之轻[经]从,邮递之络绎,漕运之转输,军期之传送,未有不由此涂者。"①陆游在《常州奔牛闸记》中说:"自天子驻跸临安,牧贡戎贽,四方之赋输,与邮置往来,军旅征戍,商贾贸迁者,途出于此,居天下十七,其所系岂不愈重哉!"②又其《入蜀记》第一中也说:"自京口抵钱塘,梁宋以前不通漕。至隋炀帝始凿渠八百里,皆阔十丈。……朝廷所以能驻跸钱塘,以有此渠耳。汴与此渠皆假手隋氏而为吾宋之利,岂亦有数耶!"特别是粮食,俗话说:"民以食为天。"如果一旦浙西和浙东运河水浅,粮食等运输不继,整个都

---

① 《宋会要辑稿》方域一〇之九。

② 《渭南文集》卷二〇,载《陆游集》,第2165页。

城便会陷入困境。嘉定六年(1213),有官员在给皇帝的奏言中更是说:“国家驻跸钱塘,纲运粮饷,仰给诸道,所系不轻。水运之程,自大江而下至镇江则入闸,经行运河,如履平地。川、广巨舰,直抵都城,盖甚便也。”①

南宋时,上述各州至都城临安的水运航程和日限为:秀州一百九十八里,计四日二时;平江府三百六十里,计八日;湖州为三百七十八里,计八日二时;常州为五百七十八里,计十一日四时;江阴军为七百三十八里,计十六日。②

在这条商路中,镇江府由于有大运河连接临安府,位当各路通往行都的要冲,因此成为赋税、军粮和商品转运的重要枢纽③,成千上万的外地商人在此过往,大量商品在此集散,从而有力地推动了当地商业的发展和繁荣。对此,《嘉定镇江志》曾有比较详细的描述:

> 京口当南北之冲要,控长江之下流,自六飞驻跸吴会,夫蛮商蜀贾,荆湖闽广江淮之舟,辏江津,入漕渠,而径至行在所。
>
> 今天子驻跸钱塘,南徐实在北门,萃江淮荆广蜀汉之漕,辐辏于此,过客来往,日夜如织。④

(二)明、越、台、温等浙东诸州至临安的商路

明、越、温、台等浙东诸州至临安,一般通过浙东运河。浙东运河指钱塘江与姚江之间几段互相连接的运河,因地处浙东,故名。它北起钱塘江南,经西兴镇到萧山县城,又东南至钱清镇与钱清江交汇,又东南经绍兴城,东折至曹娥镇与曹娥江交会,曹娥江以东起自梁湖堰,东经上虞县(丰惠镇),至通明连接姚江,并经姚江经余姚、慈溪(慈城)、宁波,会奉化江后称甬江,又北至镇海入海。由于钱清江、曹娥江等潮汐河流切穿于浙东运河之间,历史上整条运河设有西兴、钱清北、钱清南、都泗、曹娥、梁湖、通明等七堰。船

① 《宋史》卷九七《河渠志七·东南诸水下·浙西运河》,第2406页。
② 《宋会要辑稿》食货四八之一。
③ 梁庚尧:《南宋城市的发展》,载《南宋史研究论丛》上册,杭州出版社2008年版,第264页。
④ 卢宪:《嘉定镇江志》卷六《地理志·山川门·水篇·丹徒县》、同卷《奥篇·丹徒县归水澳》。

舶小者,可候潮牵挽而过;大者必须盘挽,航运极费周折。特别是载重量大的海船,因钱塘江的高潮、积沙及罗刹石的阻途,无法从钱塘江直达临安,必须在余姚由运河船接替装运,经西兴渡到达临安府。① 据《嘉泰会稽志》所载,浙东运河在萧山境内可通二百石舟,山阴县境内可通五百石舟,上虞县境内可通二百石舟,姚江可通五百石舟。② 通过这条商路,浙东滨海各地的以鱼鲞为主水产品和水果等源源不断地输入临安。如《开庆四明续志》卷二《郡圃》载:"郡自望京门以西,繇慈溪接姚、虞,经稽、阴,趋钱塘,近数百里,行李舟车,鳞集辐凑。"

需要说明的是,通过这条商路,临安还沟通了与日本、高丽等国家和地区的商品联系。当时,高丽的人参、红花、茯苓、细辛、附子、延胡索,日本的药珠、鹿茸、硫黄等,都是先在明州登陆,然后经浙东运河,进口到都城临安。反之,临安出产的书籍、丝绸等也出口到了日本、高丽等国。

(三)严、婺、衢、处等浙西诸州至临安的商路

严州(今浙江建德)、婺州(今浙江金华)、衢州(今属浙江)和徽州(今安徽黄山市)到临安的路线,是一条沿钱塘江航行的路线。这条线路在当时具有极大的风险。赵彦卫《云麓漫钞》便对此作了详细的描述:

> 自浙江东南溪行,而溪水浅涩湍急,深五七寸,碎石作底,小者如弹,大者不过盆碗,齿齿无数,五色可爱,行三五步一滩,即四边或上流;或拥起碎石,或如堆阜,或如堤堰,水势喷激怒如瀑。而舟人所用器,特与它舟异。篙用竹,加铁钴;又有肩篙、拐篙,皆用木加拐,如到书某字于其上。每遇滩碛,即舟师足踏樯竿,手执篙,仰卧空中撑舟;忽翻身落舟上,覆面向水急撑,谓之"身擨篙"。舟师每呼"肩篙"、"头篙"、"转篙"、"身篙"、"抢篙",诸人即齐声和曰:"嗷!嗷!"诸人皆齐力急撑。所谓"肩篙"者,覆面向水用肩撑;所谓"头篙"者,覆面向水用头撑;"转篙"者,自身左移舟右转;"身篙"者,或仰面即覆面,覆面即仰面云;"抢

① 参见《梦粱录》卷一二《浙江》、《江海船舰》;姚宽《西溪丛语》卷上等。

② 《嘉泰会稽志》卷一二《八县》,载《宋元方志丛刊》,第6925、6933、6936、6938页。

> 篙”者,舟尾有穴,每诸篙出水,即一人急用一大木梃抢船尾,盖恐舟复下也。一舟复数人自水牵挽,水深处亦不过膝。自处之青田至温州,行石中,水既湍急,必欲令舟屈曲蛇行以避石,不然,则碎溺为害。故土人有“纸船铁梢工”之语,言寄命于舟师也。厥惟艰哉!①

为此,元祐六年(1091)三月,知杭州苏轼状奏乞相度开石门河,他在状中说:

> 臣昔通守此邦,今又忝郡寄,二十年间,亲见覆溺无数。自温、台、明、越往来者,皆由西兴径渡,不涉浮山之崄,时有覆舟,然尚希少。自衢、睦、处、婺、宜、歙、饶、信及福建路八州往来者,皆出入龙山,沿溯此江,江水滩浅,必乘潮而行。潮自海门东来,势若雷霆,而浮山峙于江中,与鱼浦诸山相望,犬牙错入,以乱潮水,洄洑激射,其怒自倍,沙碛转移,状如鬼神,往往于渊潭中,涌出陵阜十数里,旦夕之间,又复失去,虽舟师没,人不能前知其深浅。以故公私坐视覆溺,无如之何,老弱叫号,求救于湍沙之间,声未及终,已为潮水卷去,行路为之流涕而已。纵有勇悍敢往之人,又多是盗贼,利其财物,或因而挤之,能自全者,百无一二,性命之外,公私亡失,不知一岁凡几千万。而衢、睦等州,人众地狭,所产五谷,不足于食,岁常漕苏、秀米至桐庐,散入诸郡。钱塘亿万生齿,待上江薪炭而活,以浮山之崄覆溺留碍之故,此数州薪米常贵。又衢、婺、睦、歙等州及杭之富阳、新城二邑,公私所食盐,取足于杭、秀诸场,以浮山之崄覆溺留碍之故,官给脚钱甚厚,其所亡失,与依托风水以侵盗者不可胜数。此最其大者。其余公私利害,未可以一二遽数。②

严、婺、衢、处等浙西诸州运到临安的商品,主要是木材与林产品。来自天目山区的睦州、婺州和歙州,顺钱塘江等河流东下而至临安。这种现象早在北宋时便然,如《续资治通鉴长编拾补》卷四二便载:(睦州)“民物繁庶,有漆楮林木之饶,富商巨贾多往来江浙”。苏轼也说:“衢、睦等州,人众地狭,所产五谷,不足于食,岁常漕苏、秀米至桐庐,散入诸郡。钱塘亿万生齿,

---

① 《云麓漫钞》卷九,第149页。

② 《苏轼文集》卷三二《乞相度开石门河状》,第907页。

待上江薪炭而活,以浮山之险覆溺留碍之故,此数州薪米常贵。又,衢、婺、睦、歙等州及杭之富阳、新城二邑,公私所食盐,取足于杭、秀诸场……"①南宋时,这种现象更为突出,周必大说:"严州、富阳之柴聚于江下,由南门入。"②

二、淮南至临安的商路

这是一条水陆并行的路线,以运河为主。范成大《揽辔录》曾详细地记载了这条路线。这里在宋代也是经济比较发达的地区,如《宋史》卷八八《地理志四》载:"淮南东西路……土壤膏沃,有茶盐丝帛之利。人性轻扬,善商贾,閭里饶富,多高赀之家。扬、寿皆为巨镇,而真州当运路之要,符离、谯亳、临淮、朐山皆便水运,而隶淮服。"

扬州是这条商路中重要的商品贸易城市和交通枢纽,北宋沈括在《扬州重修平山堂记》中说:"扬州常节制淮南十一郡之地,自淮南之西、大江之东,南至五岭蜀汉,十一路百州之迁徙贸易之人往还,皆出其下。舟车南北日夜灌输京师者,居天下十之七。"③扬州的经济也非常发达,出产有锦绣、白苎布、酒、茶、莞席、纸张、铜镜、竹器、书籍等。南宋时,扬州因遭战争的破坏,经济大不如前,但其地所产的琼花露、云液酒等商品仍经此条商路运往临安销售。

南宋与金两国的使者往来,以及南宋与金榷易所得的物品,如药材、北珠、胡药、密云柿儿、太原葡萄等,源源不断地由淮南运往临安等地。如宋高宗嗜好书画,他"当干戈俶扰之际,访求法书名画,不遗余力。清闲之燕,展玩摹搨不少怠。盖睿好之笃,不惮劳费,故四方争以奉上无虚日。后又于榷场购北方遗失之物,故绍兴内府所藏,不减宣政"。④

---

① 《苏轼文集》卷三二《乞相度开石门河状》,第907页。

② 《二老堂杂志》卷四《临安四门所出》,载《文忠集》卷一八二。

③ 沈括:《长兴集》卷九,文渊阁《四库全书》本。

④ 《齐东野语》卷六《绍兴御府书画式》,第93页。

三、四川和荆湖地区至临安的商路

这是一条都城临安沟通荆湖和四川地区的主要通道,主要以江南运河和长江水道为主。其路线大致如下:从临安出发,沿江南运河北上,经秀州(今浙江嘉兴)、平江(今江苏苏州)、常州(今属江苏)、丹阳(今江苏镇江)至瓜洲,然后沿长江主干道逆流而上,经建康(今江苏南京)、江州(今江西九江)、鄂州(今湖北武汉)、沙市(今湖北江陵)、夔州至万州,然后离船走陆路,不到二十天即可到达成都。如果在万州继续乘船到成都则要花费一百天,路线则是经忠州、涪州、泸州、嘉州、眉州到成都。反之,从鄂州、成都等地到临安也是走这条水路,因是顺流,速度要快得多了。通过这条路线,四川和两湖地区出产的药材、丝织品、粮食、水果等商品大批输入临安。

四川和荆湖地区,在南宋都是经济发达的地区。四川素有"天府之国"的美誉。而荆湖地区也是如此,宋代著名学者杨时在给友人的信中说:"夫荆湖,望高地重,譬之据九达之衢,舟车之会,四方百物,盖衔尾结辙而至。明玑翡翠,夜光之璧,照乘之珍,为不乏矣。有人于此持千金之资,坐市区,售奇货,宜无不获也。"①鄂州和成都则是这条商路中两个最大的商品集散地和商业大都会。

鄂州在南宋极其繁华,有人口"十万家"。② 市区商业繁盛,史载其为"今之巨镇,王师所屯,通阛大衢,商贾之会,物货之交也"。③ 即使郊外亦然。范成大《吴船录》卷下说:

> (鄂州)南市在城外,沿江数万家。廛闬甚盛,列肆如栉,酒垆楼栏尤壮丽,外郡未见其比。盖川、广、荆、襄、淮、浙贸迁之会,货物之至者无不售;且不问多少,一日可尽。其盛壮如此!

陆游《入蜀记》卷四载:

---

① 杨时:《龟山集》卷一八《书三·谢程漕博文》,文渊阁《四库全书》本。

② 姜夔《白石道人诗集》卷上《春日书怀》有"武昌十万家"的诗句;又,戴复古《石屏诗集》卷一《鄂州南楼》:"江渚鳞差十万家,淮楚荆湖一都会。"

③ 叶适:《水心文集》卷九《汉阳军新修学记》,载《叶适集》,第141页。

至鄂州，泊税务亭。贾船客舫，不可胜计，御尾不绝者数里，自京口以西，皆不及。李太白赠江夏韦太守诗云："万舸此中来，连帆过扬州。"盖此郡自唐为冲要之地……市邑雄富，列肆繁错，城外南市亦数里，虽钱塘、建康不能过，隐然一大都会也。

成都在南宋时"城中繁雄十万户"，①经济生产已经具有相当的规模和水平，特别是其地的纺织、造纸、酿酒、印刷、陶瓷、制糖、制盐等手工业非常发达，商品化程度也较高。其地与江浙地区的经济交往，早在唐代就已经建立了极其密切的贸易联系。诗人卢纶"水程通海货，地利杂吴风"的诗句，便生动形象地说明了这一点。至宋代更密切了，自成都"顺流而下，委输之利，通西蜀之宝货，转南土之泉谷。健帆高挂则动越万艘，连樯直进则倏逾千里，为富国之资，助经邦之略"。② 南宋中期，成都"士大夫之贪黩者，为之巨艘西下，舳舻相衔，捆载客货，安然如山"。③

通过这条商路，临安还与湖南路的南岳和长沙等地的经济密切联系在一起。如范成大《骖鸾录》载："衡岳寺岳市者，环皆市区，江、浙、川、广诸货之所聚，生人所须皆有。"

然而这条路并非一帆风顺，而是充满着艰辛。南宋中期的度正曾感叹云：

然自承平之时（指北宋时），蜀士之贡于京师者，山行一月，而后至于秦，沙行数千里，而后至于礼部，盖已难矣。然当时进士之科最为贵重，所至郡县，所以奉朝廷之意而礼之者为颇厚，故士之往来著差易为力。然苏氏父子犹有"梯天航海"之叹，必谒于文定张公而后能行，而况其下者乎！中兴以来，蜀士犯三峡之险，涉洞庭、彭蠡之风波，而后达于行都，其视前日益以难矣。而又重之以秭归、夷陵、蕲阳、雁汉征商之厄。故蜀士之贫不能行，则有托以他事，愿附科目之末，而不敢亲往者。

① 《剑南诗稿》卷九《晚登子城》，载《陆游集》，第245－246页。
② 苏德祥：《新修江渎庙碑》，扈仲荣等编：《成都文类》卷三二。
③ 《宋会要辑稿》食货一八之二五。

此岂朝廷所以取士，而士之愿献刍荛之忠于天子之本心哉！士病此久矣。①

四、闽粤至临安的商路

这是一条以海道为主的商路。如宋宁宗嘉定十五年(1222)十月十一日，有官员向皇帝上奏说："泉、广每岁起纲，所谓粗色，虽海运以达中都，然水脚之费，亦自不赀。"②由于是海路，故充满着风险。《梦粱录》对此作了详细的描述：

> 自入海门，便是海洋，茫无畔岸，其势诚险。盖神龙怪蜃之所宅，风雨晦冥时，唯凭针盘而行，乃火长掌之，毫厘不敢差误，盖一舟人命所系也。愚屡见大商贾人，言此甚详悉。若欲船泛外国买卖，则是泉州便可出洋，过七洲洋，舟中测水，约有七十余丈。若经昆仑、沙漠、蛇龙、乌猪等洋，神物多于此中行雨，上略起朵云，便见龙现全身，目光如电，爪角宛然，独不见尾耳。顷刻大雨如注，风浪掀天，可畏尤甚。但海洋近山礁则水浅，撞礁必坏船。全凭南针，或有少差，即葬鱼腹。自古舟人云："去怕七洲，回怕昆仑。"亦深五十余丈。又论舟师观海洋中日出日入，则知阴阳；验云气则知风色顺逆，毫发无差。远见浪花，则知风自彼来；见巨涛拍岸，则知次日当起南风；见电光则云夏风对闪。如此之类，略无少差。相水之清浑，便知山之近远。大洋之水，碧黑如淀；有山之水，碧而绿；傍山之水，浑而白矣。有鱼所聚，必多礁石，盖石中多藻苔，则鱼所依耳。每月十四、二十八日，谓之"大等日分"，此两日若风雨不当，则知一旬之内，多有风雨。凡测水之时，必视其底，知是何等沙泥，所以知近山有港。若商贾止到台、温、泉、福买卖，未尝过七洲、昆仑等大洋。若有出洋，即从泉州港口至岱屿门，便可放洋过海，泛往外国也。③

---

① 度正：《性善堂稿》卷一〇《尚贤堂记》，文渊阁《四库全书》本。

② 《宋会要辑稿》刑法二之一四四。

③ 《梦粱录》卷一二《江海船舰》，第112页。

南宋时的福建，是当时国内经济比较发达的地区。其中，建安的北苑御茶，泉、福、仙游等地的白沙糖、红糖，福州、兴化等地的荔枝、龙眼、李、柑橘，子鱼等海产品，德化窑、建窑所产的瓷器，漳州、泉州所产的棉布、葛布，都是福建地区知名的特产。福建的福州、泉州和广东的广州，则是这条商路上最大的城市和通商口岸。

福州早在北宋时就是国内有名的富饶区域之一，庆历元年(1041)正月三日，著作佐郎、馆阁校勘蔡襄曰："若夫闽中之胜，域中三山，山之下，海之潮汐至焉。有鱼虾蠃蚌之饶，黄柑丹荔之实，并山又有竹林泉石旷清雅绝之美，可以宴喜而娱游。或杂言之，亦诗人之博兴也。"①到南宋，"长乐之巨藩，为七闽之胜地，故家按堵，民知陇亩之安，腐粟积仓，官无飞挽之役，盖不烦于卧治"。②

泉州是与福州并称的大城市，"城内画坊八十，生齿无虑五十万"。③ 这里"实今巨镇，舟车走集，繁华特盛于瓯闽"。"水陆据七闽之会，梯航通九译之重"。④ "蛮舶萃聚，财货浩穰"。⑤

与福州一样，广州也早在北宋时就非常繁华了。与苏轼同时的赵叔盎说："南海(按：即今广州)，广东之一都会也。襟带五岭，控制百粤。海舶贾蕃，以珠犀为之货，丛委于地，地大物伙，号称富庶。"⑥它不仅是岭南地区水果、花卉、棉布、蔗糖、海产品、金属制品等的主要集积地和输出地，也是南宋最为重要的外贸港口，从"南蕃诸国"进口的香药、真珠、犀角、象牙之类的"宝货"(或名"珍货")聚集于此。于是，广东等地的水果、花卉、生药、米、布、竹及海外各国以奢侈品为主的货物，都通过海上运往明州(今浙江宁波)，然后再通过浙东运河转运到都城临安销售。如《宋会要辑稿》说："嘉定六年四月七日，两浙转运司言，临安市舶务，有客人于泉、广蕃名下转买已经

① 蔡襄：《蔡忠惠集》卷二九《陈殿丞送行诗序》，载《蔡襄集》，第518页。
② 李弥逊：《筠溪集》卷四《折彦质知福州》，文渊阁《四库全书》本。
③ 陆守：《修城记》，载王象之《舆地纪胜》卷一三〇《泉州》，清咸丰五年南海伍氏粤雅堂刊本。
④ 王象之：《舆地纪胜》卷一三〇《泉州》，清咸丰五年南海伍氏粤雅堂刊本。
⑤ 许应龙：《东涧集》卷六《刘炜叔知泉州制》，文渊阁《四库全书》本。
⑥ 赵叔盎：《千佛塔记》，载康熙《广东通志》卷五一《风俗志》，文渊阁《四库全书》本。

抽解胡椒、降真香、缩砂、荳蔻、藿香等物，给到泉、广市舶司公行，立定限日，指往临安府市舶务住卖。”①

反之，临安等浙西地区运往福建、广东等地的商品也是通过这条线路进行的。如宋孝宗时，集英殿修撰、帅福建赵汝愚上奏曰：

> 臣契勘本路八州，今岁早稻多旱，惟泉州为甚，汀、漳、兴化次之，福州、南剑又次之，建宁、邵武不至甚损。臣所治福州，自六月十六日蒙恩降香祈祷之后，相继得雨，至二十七日大雨达旦，连接至七月初四日方止，其时雨势阔远，询之傍郡亦皆得雨沾足，晚稻尚可望七分丰熟。只缘本路地狭人稠，虽上熟之年，犹仰客舟兴贩二广及浙西米前来出粜。今岁适值二广更旱，米价比常年增及一倍以上，州县闭籴，客舟至彼者皆空载而还，缘此虽是秋成之际，本州米价全不甚减。泉州、兴化其价尤贵。臣方欲措置，差人于二浙丰熟去处博籴，又闻得浙西日来米价亦自顿长，见今疑惑，未敢发遣。窃恐将来本路必至大段阙食，临时仓卒无由措办。臣愚，欲望圣慈特赐指挥，于沿海平江、镇江等处朝廷封桩米内支拨和籴米十万石，付泉、福、兴化三州赈粜。内泉、福州各四万石，兴化军二万石，令逐州自备舟船前去般取，依元和籴本钱价认还朝廷。臣询访得今岁江东西大熟，米价甚贱，却有伤农之忧。朝廷若降指挥，就彼和籴，必不至亏损元数，委实利便。②

由于岭南地区距离临安远，故运到临安的物品需一二个月之久。例南宋后期的李昴英就称其家乡岭南距离京师临安“四千里，水浮陆驰大约七十程。士以补试，虽登名，犹未脱韦布也，故稍有事力者犹劳且费之，惮而尼其行，寒士又可知也”。③ 福建比岭南要近得多，但到临安也同样不易，顺利的

---

① 《宋会要辑稿》职官四四之三四。

② 杨士奇：《历代名臣奏议》卷二四七《荒政》，第3243页。

③ 李昴英：《文溪集》卷四《跋菊坡太学生时书稿》。

话一般需要七天左右时间①,而走十天以上的海路则是正常的现象。例南宋名臣真德秀之家乡福建浦城虽“去都(临安)十日事耳”,然其“初贡于乡,家甚贫,辛苦经营,财得钱万,囊衣笈书,疾走不敢停,至都则已惫矣”。②

除上述四条大的商路外,当然还有其他通达临安的商业路线。由于文献记载有缺,无法清楚地列出,只好留待以后条件成熟时再作考述了。

① 如王十朋云:“木老生迟六月丹。夔涪荔枝,皆五月熟……路远应难三日寄,荔枝过一日,则色味俱变。闽中荔枝,三日到永嘉。”(《梅溪后集》卷一二《静日军楼前有荔枝一株,木老矣,犹未生,予去其枯枝,今岁遂生一二百颗,至六月方熟》)又范成大《新荔枝四绝》诗后自注曰:“四明海舟自福唐来,顺风三数日至,得荔子,色香都未减,大胜戎、涪所产。”(《石湖居士诗集》卷二一)据此两诗类推,福建一地海舟运送货物来临安,顺利的话,需时七天左右。

② 真德秀:《西山先生真文忠公文集》卷二七《万桂社规约序》,《四部丛刊》初编本。

第十四章　经营方式与特色

第一节　经营方式

所谓商业经营方式，就是指商业资本的增殖方式。在宋代，由于商业的发达，因此其经营方式也丰富多彩，具体来说，可以归纳为委托经营、联合经营、承包经营、赊买赊卖和预付货款四种。[①] 而这几种经营方式，均存在于临安的商业活动中。

一、委托经营

委托经营，也可称代理制，即钱财所有者委托某个人或某些人替自己经商牟利。委托者既可以是官府，也可以是私人，但以私人居多，其中包括官员、地主和商人等。被委托者一般是缺乏资本但具有经营才干的下层平民或士兵。

委托者和被委托者之间的关系，主要是雇佣关系。洪迈《夷坚志》就记载了这样一个故事：

① 本节的写作主要参考了姜锡东先生所著的《宋代商人和商业资本》第三章《宋代官私商业的经营方式》，中华书局2002年版。以下引用该书的，恕不一一指出。

枣阳申师孟，以善商贩著干声于江湖间。富室裴氏访求得之，相与欢甚，付以本钱十万缗，听其所为。居三年，获息一倍，往输之主家，又益三十万缗。凡数岁，老裴死，归临安吊哭，仍还其赀。裴子以十分之三与之，得银二万两，买舟西上。①

在这个故事里，雇主裴氏是临安的富室，而枣阳申师孟则是一位“以善商贩著干声于江湖间”的优秀经营者。裴氏访求到申师孟后，给其十万缗钱作为本钱，随其所作所为，不予干涉。三年后，十万缗钱变成了二十万缗，获利达到一倍。于是，申师孟将赚来的钱送到雇主家，裴氏又在原来的基础上，追加资本三十万缗。几年后，雇主裴氏死，申师孟往临安吊哭，将资本和赚来的钱还给裴家，裴子将“十分之三”（银子二万两）付给申师孟作为酬金。由此看来，他们的关系相处得非常融洽，合作愉快，自然也达到了双赢的目的。

在临安，不仅在私人之间存在着委托经营的关系，而且在官府的“回易”活动中，也经常采用委托经营的方式。其中，最为典型的事例当推张俊令老卒回易：

张循王之兄保，尝怨循王不相援引，循王曰：“今以钱十万缗、卒五千付兄，要使钱与人流转不息，兄能之乎？”保默然久之，曰：“不能。”循王曰：“宜弟之不敢轻相援引也。”王尝春日游后圃，见一老卒卧日中，王蹴之曰：“何慵眠如是！”卒起声喏，对曰：“无事可做，只得慵眠。”王曰：“汝会做甚事？”对曰：“诸事薄晓，如回易之类亦粗能之。”王曰：“汝能回易，吾以万缗付汝，何如？”对曰：“不足为也。”王曰：“付汝五万。”对曰：“亦不足为也。”王曰：“汝需几何？”对曰：“不能百万，亦五十万乃可耳。”王壮之，予五十万，恣其所为。其人乃造巨舰，极其华丽。市美女能歌舞、音乐者百余人，广收绫锦奇玩、珍羞佳果及黄白之器；募紫衣吏轩昂闲雅若书司、客将者十数辈。卒徒百人。乐饮逾月，忽飘然浮海去，逾岁而归。珠犀香药之外，且得骏马，获利几十倍。时诸将皆缺马，惟循王得此马，军容独壮。大喜，问其何以致此，曰：“到海外诸国，称大

① 《夷坚志》三志辛卷八《申师孟银》，第1446页。

宋回易使,谒戎王,馈以绫锦奇玩。为具招其贵近,珍羞毕陈,女乐迭奏。其君臣大悦,以名马易美女,且为治舟载马,以犀珠、香药易绫锦等物,馈遗甚厚,是以获利如此。"王咨嗟褒赏,赐予优渥,问:"能再往乎?"对曰:"此幻戏也,再往则败矣,愿仍为退卒老园中。"呜呼!观循王之兄与浮海之卒,其智愚相去奚翅三十里哉!彼卒者,颓然甘寝苔阶花影之下,而其胸中之智,圆转恢奇乃如此。则等而上之,若伊、吕、管、葛者,世亦岂尽无也哉!特莫能识其人,无繇试其蕴耳。以一弊衣老卒,循王慨然捐五十万缗畀之,不问其出入,此其意度之恢弘,固亦足以使之从容展布以尽其能矣。①

到绍兴后期,军队经营回易则招募百姓代为经营。绍兴二十六年(1156)正月,杨存中说:殿前司"逐军虽有酒坊、解库、房廊、盐米等铺,各和雇百姓开张……内主管钱物,系不入队人"。②

二、联合经营

联合经营方式,即平民与平民之间、平民与官吏之间在进行商业活动时互相联合、互相协作,不同于独资经营和独家经营。

在宋代,私营商业中的联合经营又可分为两种:一是合资经营,即在资本资产上联合起来,这种方式在当时称为"连财合本"。一是合伙经营,即在资本资产上并未联合,但在外出经商时出于安全等原因而结伴同行。如宋高宗绍兴十二年(1142)八月三日的一道诏令中说:"禁客旅私贩茶货,私渡淮河,与北客私相博易。若纠合伙伴,连财合本;或非连财合本,而纠集同行之人,数内自相告发者,与免本罪,其物货给告人。若同伴客人,令本家人告发者,亦与本罪,减半给赏。"③

关于合资经营,在当时的买扑场制度中可以看到。如绍兴元年(1131)五月,临安府节度推官史棋孙上奏曰:"州县人户买扑坊场,岁人至厚。近时

① 《鹤林玉露》丙编卷二《老卒回易》,第269-270页。

② 《系年要录》卷一七一,绍兴二十六年正月丙辰,第2804页。

③ 《宋会要辑稿》刑法二之一〇七。

贼马蹂践之余，十无七八。今豪民欲买扑，往往以有官碍格。旧例多是百姓出名产、豪户出财本相合。自宣和年朝旨并止与出名产之家，而豪户有官者不许相合买扑。缘出产人率无财本，自此败阙者多。”①

合伙经营在临安也颇为常见，如绍熙五年(1194)，临安茶商沈八到常熟贩运时，就是“偕伴侣三十辈”出行的。②

三、赊买赊卖

赊买赊卖，是宋代非常重要的商业经营方式，不仅广泛见于官府的商品营销活动，而且也在民间盛行。以官府的赊卖为例，广泛采用此法。据北宋司马光记载：“市易司法，听人赊贷县官货财，以田宅或金帛为抵当。无抵当者，三人相保则给之。皆出息十分之二，过期不输息外每月更加罚钱百分之二。”③其赊卖对象有一定的限制。宋朝规定：“诸赊卖官物与兵级者，杖一百。”④即使是皇亲和官吏，市易务司也不许赊卖给他们。

赊卖的物品较多，主要有茶、酒、盐、绢帛、粮食等。政府还赊卖有价证券，包括茶引、盐钞和度牒。以赊酒为例，南宋时“是店皆赊酒”⑤。如陆游《北窗闲咏》诗曰：

阴阴绿树雨余香，半卷疏帘置一床。
得禄仅偿赊酒券，思归新草乞祠章。⑥

第二节 营销习俗

南宋时，在商品的营销上，可以说是达到了较高的水平，充分反映了当

---

① 《宋会要辑稿》食货二一之一二。
② 《夷坚志》支庚卷四《奔城湖女子》，第1167页。
③ 司马光：《涑水记闻》卷一四，中华书局1989年版，第287页。
④ 《庆元条法事类》卷八〇《出举债负》。
⑤ 舒岳祥：《阆风集》卷五《古渔父词二首》，文渊阁《四库全书》本。
⑥ 《剑南诗稿》卷二〇，载《陆游集》，第578页。

时商业的发达。当时，其营销的方式名目繁多，灵活多变。总之，只要能够赚到钱，无所不用其极。

一、名目繁多的营销方式

临安商业营销的方式名目繁多，花样百出。以卖糖为例，“又有虾须卖糖，福公个背张婆卖糖，洪进唱曲儿卖糖。又有担水斛儿，内鱼龟顶傀儡面儿舞卖糖。有白须老儿看亲箭闹盘卖糖。有标竿十样卖糖，效学京师古本十般糖”。[①] 从文献记载来看，主要有以下几种：

（一）以妓卖酒

此俗始于北宋，据文献所载，王安石变法时，官酒务曾想方“设法卖酒”，[②]如东京开封一带，“上散青苗钱于设厅，而置酒肆于谯门，民持（青苗）钱而出者，诱之使饮，十费其二三矣。又恐其不顾也，则令娼女坐肆作乐以蛊惑之”。[③] 对此，大儒杨时极为反感，他说：

> 官司设法卖酒，所在张乐、集妓女以来小民，此最为害教，而必为之辞曰：与民同乐岂不诬哉！夫引诱无知之民以渔其财，是在百姓为之，理亦当禁。而官吏为之，上下不以为怪，不知为政之过也。且民之有财，亦须上之人与之爱惜。不与之爱惜，而巧求暗取之，虽无鞭笞以强民，其所为有甚于鞭笞者矣。余在潭州浏阳，方官散青苗时，凡酒肆、茶店与夫俳优戏剧之罔民财者悉有，以禁之散钱已。然后令如故，官卖酒旧常。至是时，亦必以妓乐随处张设，颇得民利。或以请不许，往往民间得钱，遂用之有力。[④]

到了南宋，以妓女坐店作乐卖酒更成为一种风俗，几乎所有的官营酒肆

---

① 《梦粱录》卷一三《夜市》，第119页。

② 王楙《野客丛书》卷一五《设法》：“今用女倡卖酒，名曰设法。”中华书局1987年版，第164页。

③ 王栐：《燕翼诒谋录》卷三，中华书局1981年版，第23页。

④ 朱熹：《伊洛渊源录》卷一〇引《龟山语录》，文渊阁《四库全书》本。

“皆彩旗红旆，妓女数十，设法卖酒，笙歌之声，彻乎昼夜”。① 这种现象在都城临安更为普遍。如《梦粱录》卷一〇《点检所酒库》载：“其诸库皆有官名角妓，就库设法卖酒。此郡风流才子，欲买一笑，则径往库内点花牌，惟意所择。”

(二)歌卖、吆喝叫卖和代声叫卖

1. 歌卖

歌卖，就是商店和商贩以唱歌曲来吸收买主。如《梦粱录》载五月重午节时，“五更沿门唱卖声，满街不绝”。又云：“今之茶肆，列花架，安顿奇松异桧等物于其上，装饰店面，敲打响盏歌卖。”②

2. 吆喝叫卖

吆喝叫卖，就是通过商贩高声的唱卖，吸引顾客光临，向他们作生动的介绍，以煽动顾客的购买热情，达到推销商品的作用。是商业风俗中的一种声音标志形态，属“市声”的重要组成部分。这种吆喝叫卖的商品推销形式在宋代极为盛行，并成为南宋一门专门的技艺。如高承《事物纪原》卷九《吟叫》载：“京师凡卖一物，必有声韵，其吟哦俱不同，故世人采其声调，间以词章，以为戏乐也。今盛行于世，又谓之吟叫也。”这种叫声在临安时常可以闻到，《梦粱录》卷一三《天晓诸人出市》载：“和宁门红杈子前，买卖细色异品菜蔬、诸般下饭，及酒醋、时新果子、进纳海鲜品件等物，阗塞街市，吟叫百端，如汴京气象，殊可人意。”又，同卷《诸色杂卖》载“沿街市吟叫扑卖，及买卖品物最多，不能尽述”。

3. 代声叫卖

代声又称为“货声”，是指以器物发出的音响来代替商业叫卖的一种商业标志的风俗。在南宋都城临安街头，不同行业的代声叫卖也往往不同。如“有带三朵花点茶婆婆，敲响盏，掇头儿拍板”；③乡间货郎用的是手摇的“拨浪鼓”。据学者研究，这些行业之所以要用器物来代声，其原因大概有以

① 《至顺镇江志》卷一三《公廨》，载《宋元方志丛刊》，第 2801 页。

② 《梦粱录》卷三《五月（重午附）》、卷一六《茶肆》，第 22、140 页。

③ 《梦粱录》卷一三《夜市》，第 119 页。

下两种：一是一些流动性较强的小商贩，需要整日不停地吆喝，为了减少嗓音的疲劳改用代声的器具；二是某些特殊的经营行业，由于人们的传统习惯及价值观的制约，或是出于民间禁忌而不便于开口，而采用代声。①

（三）撒暂

撒暂为小贩在酒楼中的一种兜售方式：先给客人分送零食，吃后再收钱。这种习俗早在北宋东京时就已经流行于世。如《东京梦华录》卷二《饮食果子》载："又有卖药或果实萝卜之类，不问酒客买与不买，散与坐客，然后得钱，谓之撒暂。"宋室南渡后，这种习俗也传到了临安。《武林旧事》卷六《酒楼》载："有以法制青皮、杏仁、半夏、缩砂……至酒阁分俵得钱，谓之撒暂。"又，《梦粱录》卷一六《分茶酒店》："有卖食药、香药、果子等物，不问要与不要，散与坐客，名之撒暂。"

（四）盘卖和盘街

1. 盘卖

盘卖就是商贩托着盛有各种小商品的盘子四处兜售。这种方式在北宋东京时就极为常见，如《东京梦华录》卷二《饮食果子》载"又有托小盘卖干果子"。南宋时，这种营销方式传到了临安。《梦粱录》卷一三《夜市》曰："如顶盘担架卖市食，至三更不绝。冬月虽大雨雪，亦有夜市盘卖。"又，同书卷一六《荤素从食店》："沿街巷陌盘卖点心：馒头、炊饼及糖蜜酥皮烧饼。"从上述这些文献记载来看，盘卖的商品主要是点心之类的食品。

2. 盘街

盘街即指沿街走动，或串街游巷进行商业活动。如《梦粱录》卷一三《夜市》："中瓦子浮铺有西山神女卖卦，灌肺岭曹德明易课，又有盘街卖卦人，如心鉴及甘罗次、北算子者。"又，同卷《诸色杂货》载："若欲唤锢路钉铰、修补锅铫、箍桶、修鞋、修幞头帽子、补修冠、接梳儿、染红绿牙梳、穿结珠子、修洗鹿胎冠子、修磨刀剪、磨镜，时时有盘街者，便可唤之。"

---

① 王锐编著：《市井商情录——中国商业民俗概说》，河北人民出版社1997年版，第100页。

二、灵活多变的营销活动

临安商人们的经营活动紧紧围绕着顾客进行，哪里有生意可做，他们就到哪里。如《西湖老人繁胜录》载："清明节，公子王孙、富室骄民踏青游赏城西，店舍经营辐凑湖上，开张赶趁。"寒食前后，西湖"岸上游人，店舍盈满。路边搭盖浮棚，卖酒食也无坐处，又于赏茶处借坐饮酒"。

同时，他们讲求薄利多销。如《西湖老人繁胜录》"瓦市"载：

> 内有起店数家，大店每日使猪十口，只不用头蹄血脏。遇晚烧晃灯拨刀，饶皮骨，壮汉只吃得三十八钱，起吃不了皮骨，饶荷叶裹归，缘物贱之故。起每袋七十省，二斤二两；肉，卖九十，省一斤。城内诸店皆如此饶皮骨。大酒店用银器，楼上用台盘洗子银筷菉菜糟藏甚多。三盏后换菜，有三十般，支分不少。两人入店买五十二钱酒，也用两支银盏，亦有数般菜。

同时，为了吸引顾客的注意力，提高商品的附加值，他们还非常注意商品的包装。如《梦粱录》卷一三《夜市》载内前杈子里卖五色法豆，使五色纸袋儿盛之。

第三节　经营特色

临安商业的经营特色非常显著，这突出表现在以下两个方面：一是讲究环境布置；二是注重服务质量。

一、讲究环境布置

在商业经营活动中，顾客的第一印象便是商店的环境卫生、招牌设计、铺面风格、橱窗陈列、内部装饰、营业器具、商品摆设等，这些事物对顾客的印象如何，直接影响着商店的经营。因此，如何布置一个环境优美、气氛良好的营业场所，并使其引人注目，诱发顾客的消费欲望，是宋代商业经营者十分注意的问题。

首先，设立一些带有行业属性、标明主要服务项目或供应范围的商店标志物。这种标志物，据宋人文献记载，主要有幌子和招牌等。幌子多见于茶楼、酒肆。如宋代酒店沿用传统方式，在门前、屋顶等处悬挂酒旗或酒帘①。洪迈《容斋随笔》卷一六《酒肆旗望》载："今都城与郡县酒务，及凡鬻酒肆，皆揭大帘于外，以青白布数幅为之。"这些酒旗或酒帘，"无小无大，一尺之布可缝；或素或青，十室之邑必有"。② 酒旗或酒帘上一般题写酒店名或诸如"三碗酒不过岗"这样表明酒质量的字句。甚至有的大型酒肆，还有门首排设杈子及栀子灯等标志物，以显豪华气派。吴自牧解释道："酒肆门首排设杈子及栀子灯等，盖因五代时郭高祖游幸汴京，茶楼、酒肆俱如此装饰，故至今店家仿效成俗也。"③当然，城外村野小店的外部装饰并没有这么考究，它们"或挂瓶瓢，标帚秆"。④ 食店门首"以枋木及花样沓结缚如山棚，上挂半边猪羊，一带近里门面窗牖，皆朱绿五彩装饰，谓之欢门"⑤等等。

而招牌则一般竖放在店门前，如《京本通俗小说·碾玉观音》载："只见车桥下一个人家，门前出着一面招牌，写着'璩家装裱古今书画'。"⑥这样做的目的有三：一是引导与方便顾客的作用，使顾客看到这种标志物就可以一目了然地知道该店的主营项目或服务范围，起着商业广告的传播作用。孔平仲《酒帘》诗赞道："百尺风外帘，常时悬高阁。若夸酒味美，聊劝行人酌。"⑦二是利用这些造型新颖独特、鲜艳醒目的标志物来引起消费者的极大注意和兴趣，从而促使顾客走进店铺。三是用来表明商家正在营业还是已经关门歇业。

其次，搞好店铺的内部装修。在商业经营活动中，理想的店铺装饰对促

---

① 朱翌：《猗觉寮杂记》卷下："酒家揭帘，俗谓之酒望子。"

② 窦苹：《酒谱·酒之事三》，载《生活与博物丛书》下册，上海古籍出版社1993年版，第181页。

③ 《梦粱录》卷一六《酒肆》，第141页。

④ 《容斋随笔·续笔》卷一六《酒肆旗望》，第408页。

⑤ 《梦粱录》卷一六《面食店》，第146页。

⑥ 《京本通俗小说》，上海古籍出版社1988年版，第3页。

⑦ 孔平仲等：《清江三孔集》卷二二，齐鲁书社2002年版，第376页。

进顾客的消费行为和提高经营效率的心理功效是十分明显的。一方面它对顾客的感觉器官有着较强的刺激力，使他们在选购商品的过程中，能够得到一种亲切、舒适、和谐的感觉，始终保持在兴奋的状态之中，从而完成消费活动；另一方面它又能使商店的服务人员的精神更加饱满，有利于提高工作效率和服务质量。在这方面，临安饮食店的普遍作法是：

一是尽量拓宽店堂，增加营业场所的空间，使消费者有舒展开阔的良好感觉。如中瓦子前的武林园，“入其门，一直主廊，约一二十步，分南北两廊，皆济楚阁儿，稳便坐席”。①

二是利用灯光、色彩的调配来激发顾客的消费情绪。如武林园用“绯绿帘幕，贴金红纱栀子灯，装饰厅院廊庑”。② 绿是青春、生命的象征，使用绯绿色的帘幕，自然给人以恬静、柔和、明快的感觉；而红色则是热情、喜庆的象征，它会促使顾客的心理活动趋于活跃，激发他们的情绪。绯绿帘幕与贴金红纱栀子灯的结合，更使饮食店呈现出华贵、高雅、幽静的气氛。

三是注意调节和控制好饮食店的气味、空气及声响等，使其适合饮食者的生理需要和心理需要。店堂内置放花木是宋代饮食店的普遍作法，如茶肆插有四时花卉，“列花架，安顿奇松异桧等物于其上，装饰店面”。酒肆“花木森茂”。在店堂内置放花草盆景，可以使空气清新宜人，使顾客一进入店堂就感到清新舒适，印象良好；同时也可以利用花草的芳香气味刺激顾客的感觉系统，使他们在饮食过程中精神愉快，心情舒畅，从而增强他们的购买欲和食欲。至于花园酒店更是临安饮食业经营者的一大创造。酒店采用园林式的建筑，将餐厅置放于水榭花坛、竹径回廊之间，使顾客如同置身于大自然之中，清新的空气，幽静的环境，高雅的装饰，顿使顾客的食欲大兴。这种把饮食与优美的自然环境结合起来的设计方法，既符合科学道理，又富有较强的艺术感染力。此外，控制商店的声响。商店内因人多声音嘈杂，走路声、谈话声及器具发出的声音等交杂在一起，严重地影响着顾客的消费心理，使他们心情烦躁，不愿在店堂里久留；同时也使服务人员注意力分散，工

---

① 《梦粱录》卷一六《酒肆》，第141页。

② 《梦粱录》卷一六《酒肆》，第141页。

作效率降低。为了解决这一问题,各饮食店采取的办法是“排列小小稳便阁儿,吊窗之外,花竹掩映,垂帘下幕”,①使消费者自成天地,互不影响。

四是饮食与娱乐相结合。酒店、茶肆等店铺还往往在店堂内悬挂名人书画。如“汴京熟食店,张挂名画,所以勾引观者,留连食客。今杭城茶肆亦如之,插四时花,挂名人画,装点店面”。② 一方面提高店铺的档次,给顾客以美的文化艺术享受,增添食客的雅兴;另一方面,也企图借此引起顾客的极大注意和兴趣,促使其走进店铺“消遣久待”,进而达到销售商品的目的。事实上,它也确实收到了明显的效果。据《武林旧事》记载,淳熙年间(1174－1189),孝宗到西湖游幸,御舟经过断桥时发现桥旁有一小酒店,非常雅洁,中设素屏,上面书有太学生俞国宝醉笔《风入松》。孝宗看后颇为赞赏。这个故事说明,饮食店悬挂名人书画,确能吸引顾客。③ 用歌舞娱乐来吸引顾客也是当时商店惯用的经营手段。如绍兴年间,临安的茶肆就以鼓乐吹《梅花引》曲来出售梅花酒。此后,社会上一直用“敲打响盏歌卖”。这样做的目的:一是可以调节商店的环境和气氛,使顾客的心理处于一种积极的、兴奋的状态之中,心情舒畅,精神焕发,对商店产生好感;同时还能提高营业员的服务热情和工作效率,使其对销售活动感到轻松愉快,富有节奏感。更有一些饮食店为了“勾引观者,留连食客”,还往往利用妓女为顾客佐酒助兴。如官府开办的大酒店,每处都设有官妓数十人。利用她们吸引顾客,时称“设法卖酒”。而一些私营的大酒店,同样也设有名妓数十名,她们“皆时妆袨服,巧笑争妍。夏月茉莉盈头,春满绮陌。凭槛招邀,谓之卖客。又有小鬟,不呼自至,歌吟强聒,以求支分,谓之擦坐。又有吹箫、弹阮、息气、锣板、歌唱、散耍之人,谓之赶趁”。④ 顾客在店堂内可以“随意命妓歌唱,虽饮宴至达

① 《梦粱录》卷一六《分茶酒店》,第145页。

② 《梦粱录》卷一六《茶肆》,第140页。

③ 从文献记载来看,宋代酒店所挂之画大多为仙人醉酒图。如《夷坚志》支丁卷五《醉石舞袖》载:“许先之尚书(几),信州贵溪人,住居鄱阳。知东平府时,得一奇石,高阔三尺,宛如酒家壁所画仙人醉后奋袖坐舞之状,跷其右足……”

④ 《武林旧事》卷六《酒楼》,第94页。

旦，亦无厌怠也”。[①] 这种将味、视、听、玩四者巧妙结合起来的做法，可见经营者的苦心所在。

二、注重服务质量

临安的商人们深深懂得，如果仅仅拥有一个装饰豪华、雅洁的店堂，而没有好的服务质量是无法吸引顾客的，更无法在激烈的商业竞争中求得生存和发展。因此，为了在激烈的商业竞争中求得生存和发展，十分注意服务的内容和质量。以服务的内容而言，只要顾客需要，商人们均能提供，这在服务性行业中得到了充分的体现。“宅舍养马，则每日有人供草料；养犬，则供饧糠；养猫，则供鱼鳅；养鱼，则供虮虾儿。”“其巷陌街市，常有使漆修旧人，荷大斧斫柴间，早修扇子，打镴器，修灶，提漏……”[②]租赁行业同样如此，“凡吉凶之事，自有所谓茶酒厨子专任饮食请客宴席之事。凡合用之物，一切赁至，不劳余力。虽广席盛设，亦可咄咄嗟办也”[③]。一些著名的大店铺，不仅经营品种繁多，而且注意经营品种随季节而不断变换。如八仙、清乐、珠子等茶肆，“冬月添卖七宝擂茶、馓子、葱茶，或卖盐豉汤；暑天添卖雪泡梅花酒，或缩脾饮暑药之属”。[④] 而饮食店的各种服务供应设施均以顾客为中心，服务主动，热情周到，“极意奉承”顾客，力求使顾客称心满意。以酒楼饭店为例：顾客一入门，便有专门服侍的店伙提瓶献茶，迎接入座。接着，精通业务、熟记数百品菜肴的堂倌拿着菜单，遍问坐客饮酒多少，请顾客点菜。一经点定，店伙便马上到“厨局”（即厨房）前，从头唱念，报与局内。当局者时谓为“铛头”（即厨师），又称“著案”。厨师将顾客所需的菜烧好后，再由行菜者用盘子将菜送到顾客食桌上，“从头散下，尽合诸客呼索指挥，不致错误”。食间，顾客可以随时要求增加菜肴，“或热，或冷，或温，或绝冷，精烧熬

---

① 《梦粱录》卷一六《分茶酒店》，第 145 页。

② 《梦粱录》卷一三《诸色杂货》，第 120－121 页。

③ 《武林旧事》卷六《赁物》，第 96 页。

④ 《梦粱录》卷一六《茶肆》，第 140 页。

烧,呼客随意索唤"①。"虽十客各欲一味,亦自不妨"②。如果顾客所需的菜肴在菜谱中没有,顾客可以"随进索唤",厨师根据顾客的要求制作,满足他们的特殊要求。真正做到了"顾客至上"。

同时为了满足顾客各方面的饮食需要,临安饮食业还开展了多种服务项目。一是开设"筵会假赁"的服务项目,出租茶酒器、盘合等,"凡吉凶之事,自有所谓'茶酒厨子'专任饮食请客宴席之事。凡合用之物,一切赁至,不劳余力。虽广席盛设,亦可咄咄办也"③。二是主动上门服务。临安各饮食店还派出伙计"就门供卖",以应顾客"仓卒之需"。④ 至于登门承办筵席更是临安饮食业的一项重要服务项目。为了适应都城的奢侈风尚,临安饮食服务业中还出现了"四司六局"这一新生事物,专门经营承办官私筵席的服务项目。"常时人户,每遇礼席,以钱倩之,皆可办也。"这样一来,可以"便省宾主一半力,故常谚曰:'烧香点茶,挂画插花,四般闲时,不许戾家'"⑤。三是提高工效,尽量缩短顾客的候餐时间。

为了保证服务质量,各饮食店都十分重视内部管理,职责分明,并有一套严格的奖罚制度。酒肆食店分量酒博士、铛头、行菜、过买、外出鬙儿数种。量酒博士,是专门负责接待食客的酒保。《梦粱录》卷一六《分茶酒店》说:"凡分茶酒肆,卖下酒食品厨子,谓之量酒博士。"铛头,又称著案师公,是专门负责烧菜的厨师。行菜为饮食店的堂倌,专门负责送菜,此外也兼任点菜之类的工作。过买是饮食店的堂倌、伙计,专门负责点菜。"外出鬙儿"又称"僧儿",是饮食店中专门负责拉客或兜售食品的小厮。分工非常明确。如店伙"少忤客意",或"食次少迟",食客将事告诉店主后,则店伙必然要遭到店主的处罚,轻则责骂罚工,重则逐出。⑥ 而浴堂中则设置了代人擦背、修脚、理发、按摩等的专职服务人员,为顾客提供全方位的服务。

---

① 《梦粱录》卷一六《面食店》,第146页。
② 《武林旧事》卷六《酒楼》,第94页。
③ 《武林旧事》卷六《赁物》,第96页。
④ 《梦粱录》卷一六《荤素从食店》,第148页。
⑤ 以上见《都城纪胜·四司六局》,载《南宋古迹考》(外四种),第85页。
⑥ 《梦粱录》卷一六《面食店》,第146页。

后 记

关于南宋都城临安工商业的研究,至今为止极其薄弱,见诸报刊的仅屈指可数的几十篇(本)论著,有研究深度的文章并不多见。代表作主要有:日本学者斯波义信的《宋代商业史研究》(风间书房昭和四十三年版)和《宋代江南经济史研究》(江苏人民出版社 2001 年版)两书中的部分章节;金普森主编《浙江通史(宋代卷)》(浙江人民出版社 2005 年版)、周峰主编《南宋都城临安》(浙江人民出版社 1986 年版)、林正秋《南宋都城临安》(西泠印社 1986 年版)、龙登高《江南市场史》(清华大学出版社 2003 年版)、杨宽《中国古代都城制度史研究》(上海古籍出版社 1993 年版)、刘志宽等主编《十大古都商业史略》等书也有或多或少的涉及。但上述这些书,涉及南宋都城临安经济最多的篇幅也就二三万字,少者只有数千字。此外,论文也有一些,如[日]斯波义信《南宋都城杭州的经济》(载施坚雅主编《中华帝国晚期的城市》,美国斯坦福大学出版社出版),全汉昇《南宋杭州的消费与外地商品之输入》(《历史语言研究所集刊》第 7 册,1936 年)、田中初《南宋临安房屋租赁述略》(《史林》1994 年第 3 期)、龙登高《南宋临安的娱乐市场》(《历史研究》2002 年第 5 期)等。在这种原始史料挖掘整理远远不够、研究远远不足的背景下,要写出一本比较全面系统、且有研究深度的专著,其难度是可想而知的。

笔者在二十多年前就已开始了与这一课题相关的研究工作,先后在《中国古都研究》、《浙江学刊》等刊物上发表了《南宋杭州的印刷业概述》、《论南宋临安的造船业》、《论南宋临安色妓之盛及其社会根由》、《南宋临安饮食业概述》、《南宋临安的商业店铺》、《南宋临安的点心食品》、《南宋临安的酿酒业》、《南宋临安的花卉消费及市场供应》等文。正是有了一定的研究基础，积累了大量的第一手史料，两年前我开始了这一课题的研究。幸运的是，本书的写作得到了笔者所在单位浙江省社会科学院的大力支持，列入浙江省社会科学重点研究基地——浙江历史文化研究中心的重点课题：南宋都城临安工商业研究（07jL2D04），基地负责人卢敦基兄多次过问此书的写作和出版事宜。同样是省社科重点基地的杭州市社会科学院南宋史研究中心，负责人史及伟研究员极力支持本书的出版，中心主任、浙江大学历史系博士生导师何忠礼教授更是拨冗审阅了本书，在给予好评的同时，也指出了本书中存在的一些问题，从而使本书的质量得到了进一步的提高。对于上述领导的支持和帮助，我将永远铭记在心，并表示衷心的感谢。

徐吉军

2009 年 10 月

编 后 语

历史并不意味着永远消失,从某种意义上说,它总会以独有的形式存在并作用于当前乃至未来。历史学“述往事”以“思来者”,“阐旧邦”以“辅新命”,似乎也可作如是观。历史的意义通过历史学的研究被体现和放大,历史因此获得生命,并成为我们今天的财富。

宋朝立国三百二十年(960—1279),是中国封建社会里国祚最长的一个朝代,也是封建文化发展最为辉煌的时期,对后世影响极大。其中立国一百五十三年(1127—1279)的南宋,向来被认为是一个国力弱小、对外以妥协屈辱贯穿始终的偏安王朝,但就是这一“偏安”王朝,在经济、文化、科技等方面却取得了辉煌成就,对金及蒙元入侵也作出过顽强的抵抗。如果我们仍囿于历史的成见,轻视南宋在中国历史上的地位和作用,就不会对这段历史作出更为深刻的反思,其中所蕴涵的价值也不会被认识。退一步说,如果没有南宋的建立,整个中国完全为女真奴隶主贵族所统治,那么唐、(北)宋以来的先进文化如何在后世获得更好的继承和发展,这可能也是人们不得不考虑的一个问题。南宋王朝建立的历史意义,于此更加不容忽视。

杭州曾是南宋王朝的都城。作为当时全国的政治、经济和文化的中心,近一个半世纪的建都史给杭州的城市建设、宗教信仰、衣食住行、风俗习惯,乃至性格、语言等方面都打下了深刻的烙印。南宋历史既是全国人民的宝贵财富,更是杭州人民的宝贵财富。深入研究南宋史,是我们吸取历史经验和教训的需要,是批判地继承优秀文化遗产的需要,也是今天杭州大力建设文化名城的需要。还原一个真实的南宋,挖掘沉淀在这段历史之河中的丰富遗产,杭州人责无旁贷。

2005年初,在杭州市委、市政府的大力支持和指导下,杭州市社会科学院将南宋史研究列为重大课题,并开始策划五十卷《南宋史研究丛书》的编纂工作,初步决定该丛书由五大部分组成,即《南宋史研究论丛》两卷、《南宋专门史》二十卷、《南宋人物》十一卷、《南宋与杭州》十卷、《南宋全史》八卷。同年8月,编纂工作正式启动。同时,杭州市社会科学院成立南宋史研究中心,聘请浙江大学何忠礼教授、方建新教授和浙江省社会科学院徐吉军研究员为中心主任和副主任,具体负责《南宋史研究丛书》的编纂工作。为保证圆满完成这项任务,杭州市社会科学院诚邀国内四十余位南宋史研究方面的一流学者担任中心的兼职研究员,负责《丛书》的撰写。同时,为了保证书稿质量,还成立了学术委员会,负责审稿工作,对于一些专业性较强的书稿,我们还邀请国内该方面的权威专家参与审稿,所有书稿皆实行"二审制"。2005年11月,《南宋史研究丛书》被新闻出版总署列为国家"十一五"重点图书出版规划项目。2006年3月,南宋史研究中心高票入选浙江省哲学社会科学首批重点研究基地,南宋史研究项目被列为省重大课题,获得省市两级政府的大力支持。

以一地之力整合全国学术力量,从事如此大规模的丛书编纂工作在全国为数不多,任务不仅重要,也十分艰巨。为了很好地完成编纂任务,2005、2006两年,杭州市社会科学院邀请《丛书》各卷作者和学术委员召开了两次编纂工作会议,确定编纂体例,统一编纂认识。尔后,各位专家学者努力工作,对各自承担的课题进行了认真、刻苦的研究和撰写。南宋史研究中心的尹晓宁、魏峰、李辉等同志也为《丛书》的编纂付出了辛勤的劳动,大家通力合作,搞好组稿、审校、出版等各个环节的协调工作,使各卷陆续得以付梓。如今果挂枝头,来之不易,让人感慨良多。在此,我们向参与《丛书》编纂工作的各位专家学者表示由衷的感谢!

鉴于《丛书》比较庞大,参加撰写的专家众多,各专题的内容多互有联系,加之时间比较匆促,各部专著在体例上难免有些不同,内容上也不免有些重复或舛误之处,祈请读者予以指正。

《南宋史研究丛书》是“浙江文化研究工程成果文库”中的一项内容,为该文库作总序的是原中共浙江省委书记,现中共中央政治局常委、中央书记处书记习近平同志,为《南宋史研究丛书》作序的是中共浙江省委常委、杭州市委书记、杭州市人大常委会主任王国平同志和浙江大学终身教授、博士生导师徐规先生。在此谨深表谢意!

希望这部《丛书》能够作为一部学术精品,传诸后世,有鉴于来者。

杭州市社会科学院院长　史及伟

2007 年 12 月

图书在版编目（CIP）数据

南宋临安工商业 / 王国平 主编；徐吉军 著.
-北京：人民出版社，2009
（南宋史研究丛书）
ISBN 978-7-01-008449-7
Ⅰ.南… Ⅱ.①王… ②徐…
Ⅲ.①工业经济-经济史-研究-临安（历史地名）-南宋 ②商业经济-经济史-研究-临安(历史地名)-南宋
Ⅳ.F129.442
中国版本图书馆CIP数据核字(2009)第203406号

南 宋 临 安 工 商 业

NANSONG LINAN GONGSHANGYE

作　　者：徐吉军
责任编辑：张秀平
封面设计：祁睿一
装帧设计：山之韵

人民出版社 出版发行
地　　址：北京朝阳门内大街166号
邮政编码：100706　www.peoplepress.net
经　　销：全国新华书店
印刷装订：北京昌平百善印刷厂
出版日期：2009年12月第1版　2009年12月第1次印刷
开　　本：787毫米×1092毫米　1/16
印　　张：32
字　　数：520千字
书　　号：ISBN 978-7-01-008449-7
定　　价：80.00元

人民东方图书销售中心电话：(010)65250042　65289539